Michel Rauch

Israel
Palästina · Sinai

REISE-HANDBUCH

Inhalt

Wiege des Abendlands 8
Israel als Reiseland 10
Planungshilfe für Ihre Reise 13
Vorschläge für Rundreisen 17

Wissenswertes über Israel

Steckbrief Israel und Palästina 22
Natur und Umwelt 24
Wirtschaft, Soziales und aktuelle Politik 32
Geschichte 40
Zeittafel 58
Gesellschaft und Alltagskultur 62
Architektur, Kunst und Kultur 76

Wissenswertes für die Reise

Anreise und Verkehr 94
Übernachten 100
Essen und Trinken 102
Outdoor 106
Feste und Veranstaltungen 110
Reiseinfos von A bis Z 112

Unterwegs in Israel

Kapitel 1 – Jerusalem und Totes Meer

Auf einen Blick: Jerusalem und Totes Meer 136
Jerusalems Altstadt 138
Stadtgeschichte 139
Aktiv: Auf der Stadtmauer um die Altstadt 140
Orientierung 145
Zitadelle 146
Armenisches Viertel 147
Berg Zion 149
Jüdisches Viertel 150

Muslimisches Viertel 154
Aktiv: Archaeological Park
    Davidson Center 155
Tempelberg 156
Via Dolorosa und Grabeskirche 159
Christliches Viertel 164

Außerhalb der Altstadt **166**
Ölberg und Berg Skopus 166
Von Davidsstadt zum Josaphat-Tal 169
Nördlich der Altstadt 171
Westlich der Altstadt 173

Totes Meer **194**
Qumran 194
Ein Gedi 197
Massada 198
Ein Boqeq 201
Region Sodom 203

Kapitel 2 – Tel Aviv und die Küste

Auf einen Blick: Tel Aviv und die Küste **206**	
Tel Aviv-Jaffa **208**	
Stadtgeschichte 210	
Zentrum 211	
Nördliches Tel Aviv 217	
Jaffa 219	
Holon 223	

Küste zwischen Tel Aviv und Ashkelon **232**
Von Tel Aviv nach Qiryat Gat 232
Aktiv: Bibelpark Neot Kedumim 233
Aktiv: Beit-Govrin-Nationalpark 236
Ashkelon 237
Ashdod 239
Kibbuz Palmakhim 239

Küste zwischen Tel Aviv und Haifa **240**
Netanya 240
Aktiv: Durch den Megiddo-Nationalpark 242
Caesarea 245
Aktiv: Tauchen im Unterwasserpark von Caesarea 248

Zikhron Ya'akov 249
Ein Hod 249
Drusendörfer im Karmel 250
Aktiv: Isfiya und Daliyat el Karmel 251

Kapitel 3 – Haifa und Umgebung

Auf einen Blick: Haifa und Umgebung **254**
Haifa **256**
Orientierung 256
Stadtgeschichte 257
Paris Square und Umgebung 259
Hadar-Viertel 260
Von Bat Galim auf den Karmel 261
Aktiv: Zu Fuß durch French Carmel 265

Akko und Umgebung **268**
Akko 268
Von Akko nach Nahariya 275
Montfort 276
Nach Rosh HaNiqra 276

Kapitel 4 – Galiläa und Golan

Auf einen Blick: Galiläa und Golan **282**
Nazareth und Umgebung **284**
Nazareth 284
Aktiv: Auf dem Jesus Trail durch Galiläa 286
Beit She'arim 290
Kafr Kana 291
Aktiv: Auf den Berg Tabor 292

See Genezareth und Umgebung **293**
Tiberias 293
Aktiv: Mit dem Rad um den See Genezareth 294
West- und Südufer 302
Beit She'an 304
Ost- und Nordufer 308

Nördliches Galiläa **312**
Safed und Umgebung 312
Hula-Naturreservat 315
Metulla 316
Hurshat-Tal-Nationalpark 316
Tel-Dan-Naturreservat 316

Golan	318
Banias und Umgebung	318
Aktiv: Trekking auf dem Israel National Trail (Shvil Jisra'el)	319
Berg Hermon	320
Majdal Shams	321
Quneitra · Qatzrin und Umgebung	322

Kapitel 5 – Negev und Sinai

Auf einen Blick: Negev und Sinai	326
Von Be'er Sheva nach Eilat	328
Be'er Sheva	328
Umgebung von Be'er Sheva	330
Shivta	332
Sde Boqer und Umgebung	335
Mitzpe Ramon	338
Aktiv: Kraterwandern um Mitzpe Ramon	340

Eilat und Umgebung	342
Eilat	342
Aktiv: Vogelbeobachtung bei Eilat	346
Timna Park	352
Hai-Bar-Yotvata-Naturreservat	352
Kibbuz Lotan	352
Ein Netafim	353

Sinai-Ostküste (Ägypten)	354
Von Taba nach Nuweiba	355
Aktiv: Mit dem Boot zur Pharaoneninsel	357
Nuweiba und Umgebung	359
Katharinenkloster	361
Aktiv: Wanderung auf den Mosesberg	367
Dahab	369
Sharm el Sheikh und Umgebung	371

Kapitel 6 – Autonomes Palästina

Auf einen Blick: Autonomes Palästina	378
Westjordanland (Westbank)	380
Ramallah	380
Nablus und Umgebung	384
Jenin	386
Bethlehem	387
Umgebung von Bethlehem	391
Hebron	392

Jericho 393
Aktiv: Auf den Berg der Versuchung 394
Nabi Musa 395
Qasr al Yehud/ El Maghtas 396
St. Georgskloster/ Wadi Qelt 396

Gazastreifen **398**
Gaza-Stadt 399
Rafah und Umgebung 403

Kulinarisches Lexikon **404**
Sprachführer **406**

Register **410**
Impressum **416**

Themen

Der Jordan 26
Die Kreuzzüge aus muslimischer Sicht 44
Fatah und Hamas 50
Shabbat – die Ruhe am siebenten Tag 66
Jüdische Kleiderordnung 71
Rudi Weissenstein – der Jahrhundertfotograf 78
Jüdischer Humor – Lachen auf eigene Kosten 82
Die Jerusalem- Frage – der Schlüssel zum Frieden 148
Sterbekult im Judentum – Steine statt Blumen 165
Zu Besuch in Mea She'arim 176
Theodor Herzl und der Basler Zionistenkongress 184
Bauhaus in Tel Aviv 216
Israels Diamantenindustrie 222
Autonome Republik Akhzivland 278
Deganya – Mutter aller Kibbuzim 300
Die Nabatäer 333
Rätselhaft: Wer war Moses? 362
Die palästinensische Universität Bir Zeit 382
Machsom Watch – die Frauen vom Checkpoint 390

Alle Karten auf einen Blick

Jerusalem und Totes Meer: Überblick 137
Jerusalem/Altstadt: Cityplan..................................... 142
Jerusalem/Ölberg: Cityplan...................................... 168
Jerusalem/Übersicht: Cityplan................................... 174

Tel Aviv und die Küste: Überblick 207
Tel Aviv-Jaffa: Cityplan 212
Jaffa: Cityplan.. 220
Beit-Govrin-Nationalpark... 236
Durch den Megiddo-Nationalpark................................. 242
Von Tel Aviv nach Haifa: Routenkarte 244
Tauchen im Unterwasserpark von Caesarea 248

Haifa und Umgebung: Überblick 255
Haifa: Cityplan 258
Akko: Cityplan 272

Galiläa und Golan: Überblick 283
Auf dem Jesus Trail durch Galiläa 286
Umgebung von Nazareth: Routenkarte 291
Mit dem Rad um den See Genezareth............................. 294
See Genezareth: Routenkarte..................................... 303
Nördliches Galiläa und Golan: Routenkarte 317
Trekking auf dem Israel National Trail (Shvil Jisra'el)............. 319

Negev und Sinai: Überblick 327
Sde Boqer, Mitzpe Ramon und Umgebung: Routenkarte 334
Kraterwandern um Mitzpe Ramon................................ 340
Sinai-Ostküste: Routenkarte...................................... 355
Mit dem Boot zur Pharaoneninsel 357

Autonomes Palästina: Überblick 379
Westjordanland: Routenkarte 385

Wiege des Abendlands

Der Staat Israel und das arabische Palästina existieren nebeneinander in einem ungelösten Dauerkonflikt, dessen Wurzeln in biblische Zeiten zurückreichen. Die Reise dorthin schärft nicht nur das Verständnis für die Ursachen, sie führt auch zu den Wurzeln abendländischer Zivilisation und in das modernste und weltoffenste Land des Nahen Ostens.

Shalom und Marhaba – das eine sagen die hebräisch sprechenden Israelis, das andere Palästinenser und Araber (auch die mit israelischem Pass). Damit ist schon bei der Begrüßung klar: In dieser Region ist alles ein bisschen komplizierter. Dafür wird man entlohnt mit einer spannenden Reise durch ein Land, das nicht nur mit Heiligtümern dreier großer Weltreligionen, sondern auch mit reichlich Naturschönheiten, Parks und Reservaten, mit drei Meeren und levantinisch zelebrierter Lebensfreude gesegnet ist.

Ein Land – auch das ist etwas vertrackter und so nicht ganz richtig. Denn die Palästinenser sind dabei, ihren eigenen, von Israel unabhängigen Staat zu etablieren. Eine schwierige Geburt, wie man immer wieder sieht. Palästina, so nannten einst die römischen Kaiser ihre Provinz an der östlichen Mittelmeerküste, der Levante, die noch keinen Libanon, kein Jordanien und auch kein Syrien kannte, alles willkürliche Gebilde des 20. Jh. Israel, so berichtet das Alte Testament, war der Zweitname von Jakob, Sohn des Isaak und der Rebekka. Der Name Israel bezeichnet ursprünglich die Gesamtheit aller Stämme, die im 13. Jh. v. Chr. östlich und westlich des Jordan sesshaft geworden waren.

Die Römer nannten die Provinz Palästina. Palästina im heute verwendeten Sinn bezeichnet die autonomen palästinensischen Gebiete. Obwohl Israel und Palästina sich seit ihrem Bestehen ständig am Rand eines Kriegs befanden und durch Gewalt geprägte Ausschreitungen die Medien beherrschen, gibt es auch eine ganz andere Seite. Hier findet man die Stätten und Wurzeln des Christentums und damit auch die Grundlagen unseres abendländischen Denkens und unseres gesamten Wertesystems. Durch die Lage am Schnittpunkt vieler Kulturen, durch Handel und Reisende war man hier offen und neugierig, tolerant und vielsprachig. Auch wenn es angesichts des täglichen Rassismus, des Stacheldrahts, der Mauer und der stetigen Bomben(-Drohungen) fast zynisch klingen mag – es gibt dieses Heilige Land noch. Es berührt uns und bringt uns ein wenig zum Träumen.

Aber: Wer nach Israel fährt, um in Jerusalem, Bethlehem, Nazareth und Hebron einzig auf den Spuren des Judentums, der Christenheit und des Islams zu wandeln, der sieht zwar allerhand, verpasst aber vor lauter Kirchen, Moscheen, Synagogen, Kreuzritterburgen und archäologischen Ausgrabungen all das, was den zusätzlichen Reiz dieser Reise ausmachen kann: die Begegnung mit Israelis und Palästinensern, Wanderungen in Naturreservaten, Trekking in der Negev-Wüste, Entspannung an den Stränden Tel Avivs, der kosmopolitischen und schillernden Metropole.

Israel und die palästinensischen Gebiete sind gerade mal so groß wie das Bundesland Hessen. Der Gazastreifen im Süden und das Westjordanland sehen derzeit auf der Landkarte noch aus wie ein Flickenteppich. Ob es die gegensätzlichen Interessen schaffen, ein Gleichgewicht zwischen den in aller Härte aufeinander treffenden Kulturen herzustellen, wird sich zeigen. Es sind zahlreiche Faktoren, die den Frieden bislang vereiteln. Viele Israelis trauen den Arabern nicht über den Weg, sehen sich durch Attentate darin bestätigt, lieber keinen Frieden zu schließen als einen unsicheren. Für die orthodoxen Juden, die durch Zuwanderung zahlenmäßig stark zunehmen und längst eine sich abschottende Gruppe mit erheblichem politischem Gewicht bilden, ist jeder Frieden mit den Arabern Verrat. Die gleiche Denkweise, die sich gegen Israel wendet, findet man bei Extremisten auf arabisch-palästinensischer Seite. Der Graben innerhalb Israels Gesellschaft scheint manchmal so unüberbrückbar wie die Kluft zu den Arabern: Orthodoxe und Anhänger der Friedensbewegung haben sich spätestens seit der Ermordung des Ministerpräsidenten Yitzhak Rabin 1995 wegen seines Friedenshandschlags mit Palästinenserpräsident Jassir Arafat nichts mehr zu sagen. Israels Gesellschaft, die sich, so beklagte es der Historiker Tom Segev, allzu lange zuallererst über den Holocaust definiere, steckt in einer tiefen Identitätskrise.

All diese Eindrücke prägen eine Israelreise. Der Maler Marc Chagall (1887–1985) empfand: »Ich kam nach Palästina, um gewisse Vorstellungen zu überprüfen, ohne Fotoapparat, sogar ohne Pinsel. Keine Dokumente, keine Touristeneindrücke, und trotzdem bin ich froh, dort gewesen zu sein. Von weit her strömten sie zur Klagemauer, bärtige Juden in gelben, blauen, roten Gewändern und mit Pelzmützen. Nirgendwo sieht man so viel Verzweiflung und so viel Freude; nirgends ist man so erschüttert und so glücklich zugleich beim Anblick dieses 1000-jährigen Haufens von Steinen und Staub in Jerusalem, in Sefad, auf den Bergen, wo Propheten über Propheten begraben liegen.«

Der Autor

Michel Rauch
www.dumontreise.de/magazin/autoren
www.yalla.eu

Michel Rauch ist seit rund 30 Jahren regelmäßig in Israel unterwegs. Er arbeitete ein Jahrzehnt von Kairo aus als Nahostkorrespondent und ist Autor diverser Reisebücher. Israel ist eines seiner liebsten Ziele, seit er zu Studienzeiten in einem Kibbuz jobbte. Seinen ersten Israeleinsatz als Reporter hatte Rauch während des Golfkriegs 1990/91, als Saddam Hussein mit angeblich giftgasbestückten Scud-Raketen das Land beschoss und die Bevölkerung abends in Schutzräumen bangte. Was Rauch an Israel nervt: die Unfähigkeit von Israelis und Palästinensern zum Friedensschluss. Was er mag: die unbändige levantinische Lebensfreude. Was Israel so faszinierend macht: Man erlebt, man fühlt Geschichte auf Schritt und Tritt. Von Michel Rauch sind weiterhin im DuMont Reiseverlag erschienen: DuMont direkt »Jerusalem«, DuMont Bildatlas »Israel«, DuMont Reise-Taschenbuch »Ägypten – Rotes Meer und Sinai«.

Israel als Reiseland

Israel ist ein kompaktes Land, die Strecken sind überschaubar, was Reisen enorm beschleunigt. Wer jedoch nur in Eilat am Roten Meer in der Sonne liegt, der hat von Israel so gut wie nichts gesehen – außer Israelis und Ausländern in Urlaubsstimmung und, ach ja, jenseits des Roten Meers am Horizont die zerklüfteten Küsten Jordaniens und Saudi-Arabiens.

Reisen durch Historie und Natur

Die erste Weichenstellung steht nach der Ankunft am Flughafen Ben Gurion an. Spaß oder Spiritualität, Stil oder Substanz heißt die Entscheidung. Richtung Osten geht's zu viel alter Geschichte, also ins religiöse und hochpolitische **Jerusalem.** Im Westen dagegen lockt **Tel Aviv** mit moderner Kultur, Strand, schicken Läden und prickelndem Nachtleben. Nördlich und südlich von Tel Aviv erstreckt sich die **Mittelmeerküste,** die im Süden in den palästinensischen, für Touristen derzeit nicht zugänglichen Gazastreifen übergeht. Von Tel Aviv Richtung Norden wird es landschaftlich immer schöner. Über die Küstenorte **Caesarea, Haifa, Akko** und etliche Badezentren gelangt man bis **Rosh Ha-Niqra** – und dort keinen Meter weiter. Die Fahrt endet am unüberwindbaren Stacheldraht und den Wachtürmen an der Grenze zum Libanon.

Reisende auf den Spuren der Weltreligionen brechen von Jerusalem nach einem Besuch von Grabeskirche, Via Dolorosa, Klagemauer, und dem Tempelberg ans Al-Aqsa-Moschee und Felsendom ans **Tote Meer** nach **Qumran** und zur Festung **Massada** auf, besuchen im palästinensischen Westjordanland die Städte **Jericho, Bethlehem** und **Ramallah.** Danach zieht es die meisten weiter in den Norden des Landes nach **Galiläa,** der Heimat Jesu. **Nazareth, Kapernaum, Kana** sowie **Tiberias** am **See Genezareth** sind die Orte des Interesses. Diese Region bildet mit den **Golanhöhen,** dem **Berg Hermon,** Naturreservaten, Weinanbaugebieten und der einen oder anderen Kreuzritterfestung eine so großartige Landschaft, dass man gut verstehen kann, dass kaum ein Israeli Teile davon, namentlich den einst syrischen, eroberten Golan wieder hergeben mag, falls dies ein Nahostfrieden eines Tages erfordern sollte.

Eine bestechende Eigenschaft der Israelis ist, dass sie jeden Quadratmeter ihres Landes gleichermaßen zu schätzen scheinen, auch eine Landschaft, die viele Touristen auf dem Weg nach Eilat links und rechts liegen lassen: die **Wüste Negev.** Wie man der Wüste Grün, Felder, Wiesen, blühende Parks abgetrotzt und dazu in der Mitte von Nirgendwo eine Universitätsstadt, **Be'er Sheva,** etabliert hat, das allein ist schon sehenswert. Rechnet man die überwältigenden Wüsten- und Kraterlandschaften dazu, die Möglichkeiten, mit Beduinen ihr Territorium zu erkunden, per Jeep oder Kamel auf Tour zu gehen, dann ist der Negev eigentlich eine eigene Israelreise wert, und die kann durchaus in **Eilat** am **Roten Meer** beginnen oder enden. Wenige Schritte sind es von hier in den geschichtsträchtigen **Sinai** (Ägypten), auf dem sich das Erlebnis von Meer, Wüste und Gebirgen fortsetzt.

Bade- und Aktivurlaub

Zum Baden und für Wassersport hat man im Land reichlich Gelegenheit: Die gesamte Mittelmeerküste und der Küstenstreifen am Roten Meer sind erschlossen. Das Tote Meer erlaubt es aufgrund seines hohen Salzgehaltes ohne eigene Hilfe im Wasser zu schweben und lockt viele Besucher an, die für Hautkrankheiten Heilung suchen. Israels viertes Meer, der See Genezareth, bietet in Galiläa viele gepflegte Strände.

Moutainbiker finden in den Hügeln von Galiläa und rund um den Ramon-Krater lohnende Ziele, auf Wanderer wartet ein breites landschaftliches Spektrum von den grünen Gebirgshängen des Mount Hermon bis zu den ausgetrockneten Wadis in der Negev-Wüste. Unterwasserabenteuer ermöglichen in den Küstengewässern vor Eilat artenreiche Korallenriffe, Vogelbeobachtern garantieren Hula-Ebene oder Wadi Arava erstklassige Sichtungen.

Pauschal oder individuell?

Am bequemsten ist es natürlich, eine Reise zu buchen und sich von Sehenswürdigkeit zu Sehenswürdigkeit fahren zu lassen. Den höheren Erlebniswert haben aber Individualreisende, für die Israel und Palästina ideale Ziele sind. Das Land ist überschaubar, die Menschen sind in der Regel (Ausnahme: das Jerusalemer Orthodoxenviertel Mea Shearim) offen und freundlich, die Bus- und Zugverbindungen günstig und (außer am Shabbat) ausgesprochen gut. Ein Auto kann man alles inklusive schon für 300 US-$ pro Woche mieten. Als GPS fungiert das eigene Smartphone oder Tablet mit entsprechend aufgespielter Software, wie z. B. Google Maps.

Als Einschränkung gibt es bei Mietwagen zu beachten: Mit in Israel gemieteten Fahrzeugen darf man nicht in die palästinensische Westbank oder gar den für Touristen ohnehin kaum zugänglichen Gazastreifen reisen. Wer also z. B. nach Bethlehem, Ramallah oder Jenin möchte, nimmt vom Jerusalemer Damaskustor aus den Bus, ein Sammeltaxi oder lässt sich über das Hotel ein palästinensisches Taxi ordern.

Wer Israel lieber im Rahmen einer Pauschalreise kennenlernt, hat die Wahl unter Hunderten großer und kleiner Veranstalter. Im Angebot sind Studien- und Städtereisen, Kibbuz- und Kuraufenthalte sowie Badeurlaube und Wüstentouren.

Veranstalter vor Ort

Preiswerter als eine Pauschalreise kann es sein, bestimmte Unternehmungen bei lokalen Veranstaltern vor Ort zu buchen. In jeder größeren Stadt gibt es Tour Operator, die neben Outdooraktivitäten auch Tagesausflüge ins Westjordanland, auf den Sinai oder nach Jordanien organisieren, inklusive Beschaffung der nötigen Visa. Im Folgenden nur einige Beispiele:

Gordon Active: 24 R. Wallenberg St., Tel Aviv, Tel. 03 765 90 00, www.gordonactive.com. Geführte und individuelle Radtouren mit Gepäcktransfer, Galiläa, Negev und Judäische Berge, Stadttouren in Jerusalem und Tel Aviv.

Abraham Tours: Jerusalem, Tel. 02 566 00 45, www.abrahamtours.com. Touren in Israel und im Westjordanland, auf die Sinai-Halbinsel und nach Jordanien.

Green Olive Tours: Tel Aviv-Jaffa, Tel. 03 721 95 40, www.toursinenglish.com. Sozial und politisch engagierte Ein- und Mehrtagestouren in Israel und im Westjordanland.

Hijazi Travel: Tel. 0599 52 38 44, www.hijazih.wordpress.com. Geführte Stadtbesichtigungen, ein- und mehrtägige Wanderungen im Westjordanland.

Alternative Tourism Group: Tel. 02 277 21 51, www.atg.ps. Tagesausflüge nach Bethlehem und Palästina, Hilfe bei der Olivenernte im Westjordanland, Wanderungen auf dem Nativity Trail.

Fremdenführer

Es gibt viele Gelegenheiten, bei denen eine fachkundige Begleitung nützliche Dienste leistet, z. B. in Jerusalems Altstadt. Außerdem ergibt sich dadurch meist ein netter Kontakt, durch den man viel über das normale Leben in Israel oder Palästina erfährt. Zugelassene Fremdenführer kann man über folgende Adresse kontaktieren: **Gateway To Israel,** Tel. 054 465 37 62, www.israel-guides.net. Fremdenführer für die palästinensischen Gebiete findet man unter www.palestinehotels.ps, dort ›Useful Links‹ anklicken.

Arbeiten, studieren, bei Ausgrabungen volontieren

Im **Kibbuz** oder bei einer sozialen Einrichtung zu arbeiten – das ist für viele (junge) Leute der beste Weg, um Land und Leute kennenzulernen. Dabei geht es weniger um den Verdienst als um die Erfahrung. Verpflegung und Unterkunft sind in der Regel frei, außerdem bekommt man ein kleines Taschengeld. Die Bewerber sollten zwischen 18 und 32 Jahre alt sein und mindestens vier Wochen à sechs Arbeitstage bleiben. Anmeldung unter www.kibbutz.org.il oder in Tel Aviv bei: **United Kibbuz Movement,** 124 HaYarkon St., Tel. 03 522 13 25; **Moshav Movement,** Volunteer Centre, 19 Leonardo da Vinci St., Tel. 03 695 84 73.

Interesse an einem Auslandssemester? Acht **Universitäten** und 50 **Colleges** stehen in Israel zur Auswahl. Das Fachstudium wird fast immer um intensive Hebräischkurse ergänzt. Infos zu Bewerbungsmodalitäten, Finanzierungsfragen etc. gibt es unter www.studieren-in-israel.de. Wer an der palästinensischen Universität Bir Zeit studieren möchte, kann sich direkt dorthin wenden: www.birzeit.edu.

Wer als **Volontär** bei archäologischen **Ausgrabungen** mitwirken will, wird oft eine Registrierungsgebühr bezahlen müssen. Man bekommt keinen Lohn und auch die Unterkunft wird nicht gestellt. Die Freiwilligen müssen sich selbst versichern und verpflegen. Dennoch ist der Ansturm von Bewerbern, die unter Anleitung von Profis graben wollen, sehr groß. Die Archäologen arrangieren oft auch Vorlesungen und Ausflüge zu anderen Ausgrabungen (Infos unter www.mfa.gov.il, Links ›MFA‹, ›Israel Experience‹, ›History‹, oder in Suche ›Archaeological Excavations in Israel‹ eingeben). Die israelische Antikenbehörde **Israel Antiquities Authority** gibt auf ihrer Homepage ebenfalls Tipps, zu finden unter ›Archaeological Excavations/Join a Dig‹. Ab einem Mindestalter von 16 Jahren kann man an ausgewählten Grabungen teilnehmen (Infos unter Tel. 02 620 46 72, Mobil-Tel. 052 428 44 08, www.antiquities.org.il).

Volontäre nimmt auch das Jerusalemer **Holocaust Museum,** Chamber of the Holocaust, auf (www.martefhashoah.org).

WICHTIGE FRAGEN VOR DER REISE

Welche **Dokumente** braucht man für die Einreise und unterwegs? s. S. 94

Was muss man wissen, wenn **Abstecher in die Nachbarländer** Jordanien oder Ägypten geplant sind? s. S. 98

Wie steht es um die **Sicherheit?** Welche Vorkehrungen sollte man treffen? s. S. 130

Welche **Kleidung** und **Ausrüstung** gehört in den Koffer? s. S. 120

Wie organisiere ich einen **Urlaub im Kibbuz?** s. S. 100

Welche **Strände** eignen sich für einen Badeaufenthalt? s. S. 112

Wo kann ich **Wüstentouren** bzw. **Tauchausflüge** buchen? s. S. 108, 349

Wie kann man bei der Nutzung von **öffentlichen Verkehrsmitteln** sparen? s. S. 99

Wie verschaffe ich mir in **Jerusalem** einen ersten Überblick? s. S. 140, 191

Wo bekomme ich Tipps für die Erkundung von **Tel Aviv?** s. S. 209

Planungshilfe für Ihre Reise

Angaben zur Zeitplanung

Bei den folgenden Zeitangaben handelt es sich um Empfehlungswerte für Reisende, die ihr Zeitbudget eher knapp kalkulieren.

 Kulturerlebnis *Naturerlebnis*

1. Jerusalem und Totes Meer

Hoch in den Bergen Judäas liegt Jerusalem, eine der geschichtsträchtigsten Städte der Erde. Die reichlichst vorhandenen Sehenswürdigkeiten liegen weit verstreut, manchmal versteckt, jedenfalls selten auf einer Ideallinie. Kurzbesucher sollten einen Rundgang

Die Kapitel in diesem Buch

1. **Jerusalem und Totes Meer:** S. 135
2. **Tel Aviv und die Küste:** S. 205
3. **Haifa und Umgebung:** S. 253
4. **Galiläa und Golan:** S. 281
5. **Negev und Sinai:** S. 325
6. **Autonomes Palästina:** S. 377

auf der Stadtmauer um die Altstadt unternehmen, sich von der Zitadelle zur Klagemauer begeben, durch das muslimische Viertel zum Tempelberg und im christlichen Viertel entlang der Via Dolorosa zur Grabeskirche laufen.

Zum tiefsten Punkt der Erde, den man trockenen Fußes erreichen kann, führt eine Fahrt ans Tote Meer. Für den Aufstieg zur Festung Massada belohnt ein Bad im hochkonzentrierten Salzwasser, das schweben lässt. Wer Zeit hat, wandert in Qumran zu den Höhlen hinauf, in denen die ersten Bibeltexte entdeckt wurden, oder folgt in der Oase Ein Gedi dem Flussbett zum David-Wasserfall, wo man mit etwas Glück Nubische Steinböcke antrifft.

- *Jerusalems Altstadt*
- *Yad Vashem*
- *Massada*

Gut zu wissen: Den schönsten Panoramablick genießt man, wenn man sich am Ölberg auf der Aussichtsterrasse vor dem Hotel Seven Arches postiert. Ein Auto ist für Jerusalem nicht nötig; mit Tram, Bus, Taxi und zu Fuß erreicht man jeden Winkel der Stadt. Völlig überlaufen ist Jerusalem zu jüdischen und christlichen Festen. Um Ostern rum sind Hotels wie Hospize meist frühzeitig ausgebucht. Am Shabbat kann man nur wenig unternehmen und muss in ultraorthodoxen Vierteln wie Mea Shearim allein ob seiner Präsenz mit Anfeindungen rechnen. Das Wetter erlaubt den Jerusalem-Besuch rund ums Jahr. Im Hochsommer kann es sehr warm werden, im Winter regnet es gelegentlich, ab und an fällt sogar Schnee – ein ganz besonderes Spektakel.

Zeitplanung

Jerusalem:	3–4 Tage
Totes Meer:	mind. 1 Tag
Sodomgebirge:	halber Tag

Zusätzliche Exkursion: Von Neve Zohar führt ein Ausflug in die Sodom Mountains, einem Gebirgsstock aus Salz, in dem die Erosion Canyons, Grotten und bizarre Felsformationen wie »Lot's Wife« entstehen ließ.

2. Tel Aviv und die Küste

Wer sich im Urlaub nicht an Trubel und Menschenmassen stört, kann in Tel Aviv eine aufregende Zeit verbringen, jeden Tag neue Cafés, Märkte und Shops besuchen, jede Nacht neue Restaurants, Bars und Klubs kennenlernen. Tagsüber entspannt man an den Stadtstränden, nachdem man das wunderbare Tel Aviv Museum besucht, Bauhausarchitektur bewundert oder einen Rundgang durch das mittelalterliche Jaffa gemacht hat.

Ein Ausflug entlang der Mittelmeerküste in südlicher Richtung hat Ashkelon, Ashdod und den Beit-Govrin-Nationalpark im Landesinneren zum Ziel, eine Fahrt entlang der nördlichen Mittelmeerküste führt am hübschen Badeort Netanya vorbei nach Caesarea, das für Golfspieler wie für Hobbyarchäologen gleichermaßen interessant ist. Danach steuert man Ein Hod an, eine Künstlerkolonie mit Ateliers und Werkstätten.

Tel Aviv-Jaffa

Gut zu wissen: Die Exkursionen entlang der Küste sind als Tagesausflüge von Tel Aviv aus machbar. Die optimale Reisezeit für die gesamte Region sind die Monate von April bis September/Oktober. Im Winter kühlt das Mittelmeer deutlich ab, dann gehen nur noch Abgehärtete schwimmen. Auch mit Regen ist in dieser Jahreszeit zu rechnen.

Zeitplanung

Tel Aviv:	mind. 2 Tage
Südliche Mittelmeerküste:	1 Tag
Nördliche Mittelmeerküste:	1 Tag
Nationalpark Megiddo:	halber Tag
Drusendörfer im Karmel:	halber Tag

Zusätzliche Exkursionen: Bei einer Fahrt entlang der nördlichen Mittelmeerküste führen lohnende Abstecher zu den Ausgrabungen von Megiddo mit den Pferdeställen des Salomo. In den hübschen Dörfern Isfiya und Daliyat el Karmel im Karmelgebirge gewinnt man Einblicke in die Kultur der Drusen.

3. Haifa und Umgebung

Haifa, in einer Bucht des Mittelmeers an den Hängen des Karmel gelegen, ist mit dem Bahai-Schein und seinen Terrassengärten eine der malerischsten Städte Israels. Unterhalb des Schreins erstreckt sich die German Colony, ein im 19. Jh. von deutschen Templern begründetes Viertel, das in den vergangenen Jahren hübsch renoviert wurde.

In Akko versetzt die gut erhaltene mittelalterliche Altstadt Besucher zurück in die Zeit der Kreuzritter und Osmanen.

- Haifa
- Akko

Gut zu wissen: Der schönste Blick über die Bucht von Haifa bietet sich von der Promenade, die an der Bergstation der Stella-Maris-Seilbahn beginnt. Eine Besichtigung des Bahai-Schreins ist nur im Rahmen von Führungen möglich. Nahe der Stadt gibt es schöne Strände, die nach der Stadtbesichtigung zu einer herrlich erfrischenden Badepause einladen.

Zeitplanung
Haifa: 2 Tage
Nördliche Küste: 1–2 Tage

Zusätzliche Exkursion: Weiter nördlich geht's nicht: Von Akko ist es ein Katzensprung zum militärisch gesicherten Grenzort Rosh HaNiqra mit seinen vom Meer ausgespülten Grotten und einem fantastischen Blick, der an klaren Tagen bis Haifa reicht.

---

4. Galiläa und Golan

Galiläa ist die Heimat Jesu. Nazareth, Kana, Tabgha und der Berg der Seligpreisungen sind die Pilgermagnete. Trubeliger Badetourismus herrscht am See Genezareth, konzentriert in der Regionalhauptstadt Tiberias. Die biblische Landschaft im hügelig-bergigen Norden Israels bezaubert überdies mit üppig grüner Natur, die in Parks wie Hula und Banias unter Schutz steht. Einen Besuch lohnt auch Safed, die ›Stadt der Synagogen‹.

An der syrischen Grenze erstrecken sich die Golanhöhen mit Israels höchstem Berg, dem Mount Meron, einigen der besten Weingüter des Landes und der Festung Nimrod. Zu den bedeutendsten Ausgrabungsstätten Israels gehört Beit She'an im Süden des Sees Genezareth.

- Nazareth
- Beit She'an

- Tiberias
- Berg Hermon

Gut zu wissen: Rund um den See Genezareth gibt es viele Strände – Badesachen im Gepäck sind unerlässlich. Auch Wanderschuhe sollte man mitnehmen, denn Nordgaliläa und die Golanhöhen lassen sich am schönsten zu Fuß erleben. Fast alle Orte der Region kann man auf gut ausgebauten Straßen mit dem Auto bequem erreichen, die meisten auch – allerdings deutlich zeitaufwändiger – mit öffentlichen Verkehrsmitteln.

Zeitplanung
Rund um den See Genezareth: 1 Tag
Nordgaliläa und Golanhöhen: 2 Tage

Zusätzliche Exkursionen: Lohnend ist eine Wanderung auf dem Jesus Trail (4–5 Tage). Wer Israels einziges Skigebiet auf dem Berg Hermon testen möchte, kann dort von Skiern bis zum Skistock alles leihen, nur für Skikleidung muss man selbst sorgen.

---

5. Negev und Sinai

Der Negev, diese unendlich erscheinende Wüste im Landessüden, nimmt mehr als die Hälfte der Fläche Israels ein. Sanddünen, karge Hochplateaus, Canyons und tiefe Krater prägen hier das Landschaftsbild. Mit Ruinenstätten wie Avdat, Mamshit und Shivta hinterließ das geheimnisvolle Händlervolk der Nabatäer beeindruckende Spuren. Ausgangspunkte für Wüstenexkursionen sind Be'er Sheva, das 80 km südlich von Jerusalem bzw. 240 km nördlich von Eilat gelegene Zentrum des Negev, Mitzpe Ramon am Rand des riesigen Ramon-Kraters oder der Badeort Eilat am Roten Meer mit dem fischreichen Coral Reef Reserve direkt vor der Tür.

Die Berge südlich von Eilat bilden den Übergang zur Halbinsel Sinai, die zu Ägypten gehört. Hier bewegt man sich zwischen alttestamentarischer Landschaft (auf dem Mosesberg offenbarte Gott die Zehn Gebote) und modernen Badeorten, wie Sharm el Sheikh oder Dahab. Zur Tour auf den Sinai startet man von Eilat aus, überquert dort die Grenze (nur zu Fuß möglich) und hat dann (Mietwagen, Busse hinter der Grenze) rund 240 km bis Sharm el Sheikh vor sich.

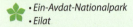
- Ein-Avdat-Nationalpark
- Eilat

Gut zu wissen: Wer mit öffentlichen Verkehrsmitteln reist, sollte jeweils mindestens einen Tag mehr einplanen. Selbstfahrer müssen darauf achten, immer ausreichend Trinkwasser dabeizuhaben und das Auto rechtzeitig vollzutanken. Ins Gepäck gehört festes Schuhwerk zum Wandern ebenso wie Badekleidung, wärmende Pullover für kalte Wüstennächte und Sonnenschutz. Wenig geeignet für Reisen in dieser Region sind die Wintermonate. Dann verwandelt der Regen im Negev und im Sinai die Trockentäler in reißende Gebirgsbäche, beschert aber auch eine üppig blühende Vegetation.

Zeitplanung

Negev: mind. 2 Tage
Sinai: mind. 2 Tage

Zusätzliche Exkursion: Wer den riesigen Ramon-Krater nicht nur durchfahren, sondern intensiver erkunden will, investiert einen bis zwei Tage für eine früh am Morgen beginnende Wanderung oder Radtour durch diese bizarre Landschaft. In Mitzpe Ramon gibt es Übernachtungsmöglichkeiten, auch geführte Touren sind buchbar.

6. Autonomes Palästina

Das Westjordanland, meist Westbank genannt, ist der für Touristen zugängliche Teil der palästinensischen Gebiete. Einen Katzensprung von Jerusalem entfernt liegen nördlich Ramallah und südlich Bethlehem mit der berühmten Geburtskirche. Etwas weiter ist es nach Jericho, der ältesten kontinuierlich bewohnten Siedlung der Welt. Von dort erreicht man in 15 Autominuten Qasr el Yehud/El Maghtas an der jordanischen Grenze, wo Johannes der Täufer Jesus im Jordan getauft haben soll.

- Bethlehem
- Jericho
- St. Georgskloster/Wadi Qelt

Gut zu wissen: Europäische Reisende sind in aller Regel auf der Westbank willkommen. Da israelische Autovermieter Fahrten mit ihren Wagen in die Autonomiegebiete untersagen, ist man auf Vermieter vor Ort oder öffentliche Verkehrsmittel angewiesen. Zwei weitgehend getrennte Straßennetze verbinden arabische Orte und jüdische Siedlungen. Ob es ratsam bzw. möglich ist, alle Orte selbst mit dem Auto anzufahren, hängt von der tagesaktuellen Sicherheitslage ab. Die touristisch wichtigen Orte (Bethlehem, Jericho) kann man in halb- bzw. ganztägigen Ausflügen von Jerusalem aus erkunden. Ramallah, Zentrum des Westbank-Nachtlebens, lohnt durchaus eine Übernachtung, vor allem in den Sommermonaten.

Zeitplanung

Ramallah: 1 Tag
Bethlehem: 1 Tag
Jericho: 1 Tag

Zusätzliche Exkursion: Eine unvergessliche Wanderung führt an der Strecke von Jerusalem zum Toten Meer beginnend im Wadi Qelt zum St. Georgskloster, das sich spektakulär an eine Felswand schmiegt. Das Erlebnis verlangt einen halben Tag Zeit.

Vorschläge für Rundreisen

Die folgenden Rundreisen zeigen, wie man auch mit wenig Zeit möglichst viel von Israel und Palästina sieht. Natürlich kann man die vorgeschlagenen Touren ausbauen: Etliche Orte lohnen einen längeren Aufenthalt.

— Klassische Rundreise (8 Tage)

1. Tag: Flug nach Tel Aviv, Transfer zum Hotel in Jerusalem.
2. Tag: Besichtigung der Altstadt, beginnend am Jaffator. Rundgang durch das christliche und muslimische Viertel mit Via Dolorosa, Klagemauer und Tempelberg. Besuch der Grabeskirche, des Ölbergs und des Garten Gethsemane. Fahrt nach Bethlehem und Besuch der Geburtskirche und -grotte.
3. Tag: Ausflüge zum Berg Zion mit dem Grab Davids und zum Berg Skopus. Besuch des Israel-Museums mit den Qumran-Rollen im Schrein des Buches. Fahrt zur Gedenkstätte Yad Vashem auf dem Herzl-Berg.
4. Tag: Fahrt durch die judäische Wüste und das Jordantal nach Tiberias am See Genezareth. Entlang dem Seeufer nach Kapernaum zur Wohnstätte des heiligen Petrus.
5. Tag: Fahrt zu den Golanhöhen, Besichtigung der Drusendörfer, über Banias mit den Jordanquellen und das Hula-Naturreservat in die Kabbala-Stadt Safed, dort Besuch der alten Synagogen und des Künstlerviertels. Fahrt nach Nazareth, Besichtigung der Verkündigungskirche.
6. Tag: Fahrt in die Kreuzritterstadt Akko, dort Besichtigung von Altstadt, Kreuzritterstadt, Zitadelle, Tunnel und Karawansereien. Dann Weiterfahrt nach Haifa, Stadtrundfahrt, Besuch der Bahai-Gärten. Anschließend entlang der Mittelmeerküste über Caesarea mit seinen römischen Ruinen und Netanya nach Tel Aviv. Stadtrundfahrt mit Besuch der Altstadt von Jaffa.
7. Tag: Am frühen Morgen Fahrt ans Tote Meer, mit der Kabinenseilbahn hinauf zur Festung Massada, Bad im Toten Meer. Rückfahrt nach Tel Aviv.
8. Tag: Rückreise oder Verlängerungswoche, z. B. in Tel Aviv, in der Negev-Wüste oder am Roten Meer in Eilat.

Rundreise mit Wanderungen und Jeep-Safari (12 Tage)

1. Tag: Ankunft in Jerusalem.
2. Tag: Besichtigung der Altstadt.
3. Tag: Nach dem Tal der Terebinthen, wo David gegen Goliath gekämpft haben soll, erkundet man das Höhlensystem der Bar-Kochba-Rebellen nahe Beit Govrin. Danach Weiterfahrt über Akko an den See Genezareth.
4. Tag: Kapernaum, Kirche der Brotvermehrung in Tabgha, Berg der Seligpreisungen, Taufstelle am Jordan.
5. Tag: Wanderung durch das Ya'ar-Yehudiya-Naturreservat, Fahrt zum Toten Meer.
6. Tag: Wanderung zur Festung Massada, Rückweg über Schlangenpfad (ca. 5 km) oder römische Belagerungsrampe (ca. 9 km), danach Bad im Toten Meer.
7. Tag: Fahrt zur nabatäischen Ruinenstadt Avdat, Wüstenwanderung, Bad in der Ein-Akev-Quelle, Picknick, Wanderung mit Blick über das Zin-Tal, Besuch des Ben-Gurion-Grabes im Kibbuz Sde Boqer, Übernachtung im Gästehaus der Har-Hanegev Field School.
8. Tag: Beginn einer dreitägigen Jeep-Safari in der Wüste Negev inkl. Wanderungen mit herrlichen Ausblicken am Ramon-Krater, durchs Nachal (Wadi) Gavanim Saharonim in die Oase Ein Saharonim. Mit dem Jeep auf den Spuren der Nabatäer-Karawanen der Weihrauchstraße. Zeltcamp nahe der Nekarot-Festung.
9. Tag: Jeep-Tour entlang der Nabatäerstraße zur Festung Kazra und der Oase Moa (antike Karawanserei, Zisterne). Fahrt zum Barak Canyon, zu Fuß weiter, auf Strickleitern über die Wasserlöcher des Barak zum Berg Kippa, Nacht im Camp.
10. Tag: Mit dem Jeep Richtung Eilat zum Canyon Nachal Eteq.
11. Tag: Badetag in Eilat.
12. Tag: Rückflug oder Verlängerung.

Christliche Pilgerreise (8 Tage)

1. Tag: Anreise, von Tel Aviv über Haifa zum See Genezareth (3 Übernachtungen).
2. Tag: Bootsfahrt auf dem See Genezareth, weiter nach Kapernaum mit seiner Synagoge aus dem 2. Jh. und nach Tabgha, dem Ort der wundersamen Brotvermehrung. Nachmittags Fahrt nach Kana und Nazareth, Besuch der Verkündigungsbasilika.
3. Tag: Fahrt zum Berg der Seligpreisungen, dann durch das Hula-Tal zur Jordanquelle bei Banias, dem biblischen Caesarea Philippi. Besichtigung der Festung Nimrod.
4. Tag: Fahrt zum Berg Tabor, dem Ort der Verklärung Jesu. Besuch der Basilika und der Überreste des mittelalterlichen Benediktinerklosters. Durchs Jordantal über Jericho ans Tote Meer und nach Qumran, dem Fundort der alten Schriftrollen; Spaziergang zu den Höhlen. Am Abend Ankunft in Jerusalem oder Bethlehem (4 Übernachtungen).

Wanderreise (8 Tage)

1. Tag: Flug nach Tel Aviv, Transfer zum Hotel, Übernachtung.
2. Tag: Fahrt ins Karmel-Gebirge bei Haifa, Wanderung von der Har Alon Campsite durch das Wadi Kelah und das Wadi Galim zur Kedem-Quelle.
3. Tag: Im grünen Galiläa – am Berg Arbel im gleichnamigen Nationalpark am Westufer des Sees Genezareth Wanderung, teils auf dem Jesus Trail, durch das Taubental nach Magdala.
4. Tag: Fahrt ans Tote Meer, Wanderung durch Ein Feshka, Israels größte Oase mit Wasserfällen und Süßwasserpools, anschließend Baden im Toten Meer.
5. Tag: Wanderung durch das Jerusalemer Bergland, Besuch einer Weinkellerei, Fahrt nach Jerusalem, Wanderung vom Skopus-Berg durch das Kidrontal zur City of David.
6. Tag: Zu Fuß durch die City of David, Erkundung der Jerusalemer Altstadt.
7. Tag: Zur freien Verfügung.
8. Tag: Heimflug oder Verlängerung.

5. Tag: Besuch der heiligen Stätten von Jerusalem, u. a. Ölberg, Himmelfahrtsheiligtum, Paternosterkirche, Dominus Flevit, Garten Gethsemane. Nachmittags Besichtigung von Geißelungskirche, Lithostrotos, Ecce-Homo- und St.-Anna-Kirche am Teich von Bethesda.
6. Tag: Rundgang durch die Altstadt von Bethlehem mit Besuch der Geburtskirche und der Hirtenfelder. Nachmittags Fahrt nach Ain Karem, dem Geburtsort Johannes des Täufers, und Besuch der Magnificat-Kirche. Fahrt nach Jerusalem, dort Besichtigung des Israel-Museums mit dem Schrein des Buches und einem Modell des antiken Jerusalem.
7. Tag: Besichtigung von Jerusalem und seiner Altstadt, z. B. Abteikirche Dormitio auf dem Berg Zion, Abendmahlsaal und Haus des Kaiphas (Gallicantu), Klagemauer, Felsendom, Al-Aqsa-Moschee, Via Dolorosa, Grabeskirche und Golgotha.
8. Tag: Rückreise.

Wissenswertes über Israel

»Wir müssen Gewalt verurteilen und zurückdrängen. Sie gehört nicht zu Israel. In einer Demokratie gibt es Meinungsverschiedenheiten. Der Weg des Friedens ist dem Weg des Krieges vorzuziehen.« Premierminister Yitzhak Rabin bei der Friedenskundgebung in Tel Aviv am 4. November 1995, an deren Ende er erschossen wurde.

An ihren schwarzen Hüten, den langen, schwarzen Mänteln und Bärten sind die orthodoxen Juden zu erkennen.

Steckbrief Israel und Palästina

Fläche: Israel 20 770 km², Palästina 6000 km²
Hauptstadt Israel: Jerusalem (hebr. Yerushalayim, arab. Al Quds)
Sitz der palästinensischen Selbstverwaltung: Ramallah
Amtssprachen: Hebräisch, Arabisch
Einwohner: Israel 8,8 Mio., Palästina 4,9 Mio.
Bevölkerungswachstum: Israel 2,0 %, Palästina 2,9 %
Lebenserwartung: Frauen 83,6 Jahre, Männer 80 Jahre
Währung: Neuer Israelischer Schekel (NIS), 1 NIS = 0,23 € = 0,27 CHF; 1 € = 4,28 NIS; 1 CHF = 3,72 NIS (2018)
Zeit: MEZ/MESZ + 1 Std.
Landesvorwahl: 00972
Internetkennung: Israel .il, Palästina .ps
Landesflagge Israel: Blauer Davidstern (Symbol des Judentums) zwischen zwei blauen Streifen auf weißem Grund (blau und weiß sind die Farben des jüdischen Gebetsmantels Tallit).
Landesflagge Palästina: Hervorgegangen aus der jordanischen Flagge. Die panarabischen Farben stehen für den zweiten Kalifen Omar (rot), die Abassiden (schwarz), die Omaijaden (weiß) und die Fatimiden (grün, gleichzeitig die Farbe des Islam).

Geografie

Israel gehört zu Asien, misst von Nord nach Süd maximal 420 km, von Ost nach West zwischen 20 und 116 km. Das landschaftliche Spektrum reicht von der Mittelmeerküste und dem grünen Bergland Galiläas über den trockenen Jordangraben, die im Winter verschneiten Golanhöhen und die Wüste Negev bis zum Toten Meer.

Der palästinensische Gazastreifen liegt im Süden Israels, er grenzt an Ägypten. Die Westbank (Westjordanland) umfasst einen Teil Jerusalems und grenzt im Osten an Jordanien. Ein Friedensvertrag muss regeln, wie beide Territorien als eigenständiger palästinensischer Staat verbunden werden.

Geschichte

Bis zu Abraham und David reichen die Wurzeln des heutigen Nahost-Konflikts zurück. Wem gehört das Heilige Land, auf dem 1948 der Staat Israel entstand? Durch die gesamte Geschichte zieht sich ein roter Faden: Wechselnde Herrscher erobern das biblische Palästina, eine blühende Kornkammer – Babylonier, Perser, Ptolemäer, Römer, Byzantiner, Araber, Kreuzfahrer, Osmanen und Briten. Mit dem ersten Zionistenkongress 1897 begann sich Theodor Herzls Idee von einem Judenstaat zu verwirklichen. In die Tat umgesetzt wurde sie 1948 nach dem Holocaust. Der Konfliktherd Nahost war entstanden, da die Palästinenser vertrieben wurden. Vier Kriege (Unabhängigkeitskrieg 1948, Suezkrieg 1956, Sechstagekrieg 1967, Jom-Kippur-Krieg 1973) führte Israel gegen die arabischen Staaten. 1993 begann man zu verhandeln. In mehreren Schritten wurde den Palästinensern seither die Autonomie übertragen.

Staat und Politik

Israel ist eine parlamentarische Demokratie. Die 120 Abgeordneten der Knesset werden alle vier Jahre gewählt, der Staatspräsident alle sieben Jahre. Er hat v. a. repräsentative Aufgaben. Seit 2014 hat als Nachfolger von Shimon Peres der Likud-Politiker Reuven Rivlin das Amt inne. Der mächtige Mann im Land ist der Ministerpräsident (Premierminister), gewählt vom Parlament. Wegen der starken Zersplitterung der Parteienlandschaft konnte bisher niemand ohne Koalitionspartner die Regierung bilden. Eine einflussreiche Minderheit, viel stärker als nach Prozentzahlen der Stimmanteile gerechtfertigt, stellen die Mitglieder religiöser und ultranationalistischer Gruppen dar, für die Frieden mit den Arabern meist Verrat am Heiligen Land ist. Mit der unter Palästinenserpräsident Arafat ausgehandelten Autonomie hat eine allmähliche Annäherung zwischen Arabern und Israelis eingesetzt. Doch es wird in Israel heftig gestritten, ob Land gegen Frieden wirklich der Schlüssel zum Frieden im gesamten Nahen Osten ist. Größter Knackpunkt: die Jerusalem-Frage. Auf palästinensischer Seite könnte die Zerstrittenheit nicht größer sein. Die gemäßigte Fatah-Bewegung liegt im Clinch mit der militanten Hamas, die den Staat Israel nicht anerkennt und mit Terror bekämpft.

Wirtschaft und Tourismus

Die Inflationsrate lag 2018 bei 0,20 %. Wichtigste Exportgüter sind Industrieprodukte (72,9 % aller Exporte) und geschliffene Diamanten (16,9 %). Man versucht, den Studientourismus auszuweiten sowie zusätzlichen Erholungstourismus zu gewinnen. Im Geschäftsjahr 2017 besuchten 3,6 Mio. Touristen das Land. Eckdaten der israelischen Wirtschaft 2017/18: Arbeitslosigkeit 4,0 %, Wachstum 3,08 %, Bruttoinlandsprodukt/Kopf 39 974 US-Dollar, Außenhandelsdefizit 7,3 Mrd. US-Dollar, Staatshaushalt (2019) 117 Mrd. US-Dollar, Staatsverschuldung 62,69 % des BIP. Wichtigste Handelspartner sind die EU und die USA. In Palästina liegt die Arbeitslosigkeit bei knapp 30 % (Westbank) bzw. 43 % (Gazastreifen); die Jugendarbeitslosigkeit liegt in Gaza laut Weltbank bei 60 %. Die Wirtschaft in den Palästinensischen Gebieten besteht zu ca. 90 % aus kleinen und mittleren Betrieben, die etwa 85 % aller Arbeitnehmer beschäftigen. Laut Schätzungen leben dort über 60 % der Haushalte unter der Armutsgrenze. Das Wachstum betrug im Westjordanland laut Weltbank 5 %, in Gaza schrumpfte die Wirtschaft infolge des von der Hamas provozierten Krieges und des anhaltenden Warenboykotts Israels um verheerende 15 %.

Bevölkerung und Religion

Israel ist eine multikulturelle Gesellschaft – aus etwa 140 Nationen stammen die Bürger des Staats. Von 1948 (806 000 Einw.) bis 2018 (8,8 Mio.) hat sich die Bevölkerung nicht zuletzt durch Einwanderer mehr als verzehnfacht, ca. 1 Mio. sind Einwanderer aus der früheren UdSSR. In den 1967 eroberten und seither besetzten Gebieten (Ostjerusalem, Westjordanland, Golan, Gazastreifen) leben rund eine halbe Million jüdische Siedler.

Rund 75 % der Israelis bekennen sich zum jüdischen Glauben, 20,7 % sind israelische Muslime, 2,3 % Christen, 1,6 % Drusen, 0,4 % gehören anderen Glaubensgemeinschaften an. 37 % aller Juden weltweit leben in Israel, inzwischen sind ca. 75 % der israelischen Juden im Land geboren. Die Bevölkerung in Palästina ist zu 97 % muslimisch, 2,5 % sind Christen. Viele Christen flohen vor israelischer Besatzung und islamischem Fundamentalismus.

Natur und Umwelt

Meer, Wüste, Berge. So klein Israel ist, so abwechslungsreich sind seine Landschaften. Geradezu bizarr wird es am Toten Meer, einer der tiefstgelegenen Regionen der Erde. Extrem fällt auch der Kontrast zwischen Nord und Süd aus: Während man auf dem Berg Hermon Ski fahren kann, sonnen sich bei Eilat am Roten Meer die Badeurlauber.

Landschaftsmosaik

Mittelmeer, Rotes Meer, der See Genezareth und das Tote Meer prägen gänzlich verschiedene Landschaften Israels. Das **Mittelmeer** bildet die gesamte Westküste, fast überall flankiert von schmalen, feinsandigen Stränden. Von Süden nach Norden zieht sich eine gerade Küstenlinie, die erst von der Bucht von Haifa gebrochen wird. Von Haifa nach Norden zerklüftet die Küste zusehends und bei den weißen Kreidefelsen von Rosh HaNiqra, an der Grenze zum Libanon, endet Israels Nordküste an steilen Kliffs, die sich in den Libanon fortsetzen.

Von der Küste erstreckt sich bis zu 50 km landeinwärts ein landwirtschaftlich intensiv genutztes Gebiet. Diese fruchtbare **Küstenebene**, in der die meisten Städte liegen, erhebt sich Richtung Osten zu einer Höhenkette: im Norden zum **Hochland von Galiläa**, das sich in Oberes Galiläa (bis 1000 m) und Unteres Galiläa (bis 600 m) aufteilt. Nach Süden verbindet das Kalksteingebirge die biblischen Landschaften **Samaria** und **Judäa** und auf 800 m liegt in den **Bergen von Judäa** die Stadt Jerusalem.

Nach Osten fällt das Hochland steil zum **Jordangraben** ab. Er ist Teil eines im Tertiär entstandenen Risses in der Erdkruste, der von der Türkei über Syrien, die libanesische Bekaa-Ebene, den See Genezareth, das Tote Meer und den Golf von Aqaba bis nach Ostafrika an den Sambesi-Fluss reicht – insgesamt eine Länge von über 6400 km.

Die Nordostgrenze Israels bildet der **Golan**, ein aus Vulkangestein bestehender Höhenzug mit steil abfallenden Schluchten. Der von Israel besetzte Teil umfasst 11 300 km². Höchste Erhebung des Basaltplateaus ist der 1208 m hohe **Berg Hermon**, im Winter ein beliebtes Skigebiet.

Zweitgrößtes Binnengewässer Israels ist der **See Genezareth**, auch See von Tiberias oder Galiläisches Meer (hebr. Jam Kinneret) genannt. Er liegt etwa 210 m unter dem Meeresspiegel.

Israels Süden ist zwischen Be'er Sheva und Eilat am **Roten Meer** von der 12 500 km² großen **Negev-Wüste** geprägt, die mit Sanddünen im sonst eher flachen Nordteil und zahlreichen Canyons im Zentrum mehr als die Hälfte des israelischen Staatsgebiets ausmacht. Fossiles Tiefenwasser wird für den Obst- und Gemüseanbau sowie die kommerzielle Fischzucht genutzt.

Gewässer

See Genezareth

Hauptsächlich zur Bewässerung wird der fischreiche See Genezareth genutzt, der mit seinen 165 km² etwa ein Drittel der Wasserfläche des Bodensees einnimmt. Von ihm hängt ein Großteil der israelischen Wasserversorgung ab. Im Sommer erreicht das Wasser Temperaturen von 33 °C. Die Form des Sees Genezareth erinnert an eine Harfe (hebr. *kinnor*) – von diesem Vergleich aus dem Alten Testament rührt der hebräische Name Jam Kinneret her. Nach einer Legende gab Gott selbst dem Gewässer den Namen ›Harfensee‹, da der Klang der Wellen ihn an Harfenmusik erinnerte. Flavius Josephus, der jüdische Historiker des 1. Jh. n. Chr., sprach vom See Genessar, woraus sich die deutsche Bezeichnung See Genezareth ableitet.

Totes Meer

Einmaligkeit darf Israels 940 km² großes Binnenmeer, das Tote Meer, beanspruchen, das durch eine Insel in zwei Becken geteilt wird. Durch den See verläuft die jordanisch-israelische Grenze. Bis zu 420 m unter Normalnull liegt der Wasserspiegel des Jam HaMelah, eines abflusslosen Binnenmeeres von bis zu 75 km Länge und einer Breite zwischen 6 und 16 km. Das ursprüngliche Meer war vier- bis fünfmal so groß wie heute. Der Name resultiert aus dem hohen Salzgehalt, der jedes Leben – für Pflanzen, Algen und Fische – im Wasser unmöglich macht. Dafür erlaubt die hohe Dichte das Pflichtfoto für jeden Touristen: auf dem Rücken im Wasser liegend und eine Zeitung lesend. Das Salzmeer, wie es schon in der Genesis heißt, im Jordangraben gelegen, wird gespeist vom Jordan (s. Thema S. 26), der allerdings so stark für die Bewässerung genutzt wird, dass der Wasserspiegel des Toten Meers mit steigendem Trinkwasserbedarf Israels und Jordaniens ständig sinkt und seine Fläche konstant abnimmt. Sonneneinstrahlung sorgt für die Verdunstung von 8 Mio m³ Wasser pro Tag.

So sinkt der Pegel jedes Jahr um 1,20 m – doch auch das stimmt nur bedingt. Während der Norden verödet und mancherorts Schiffspiers etliche Meter über dem Wasserspiegel in die Luft ragen, steigt im Südteil des Toten Meers der Wasserspiegel. Der Grund: Durch die raubbauartige Industrialisierung, sprich: die Verdunstungsbecken der Chemieunternehmen (Asphalt-, Kaliabbau), bleiben jährlich Millionen Tonnen Salz zurück und bewirken, dass im Süden der Wasserspiegel um 20 cm jährlich steigt. Die Folgen könnten dramatischer kaum sein: Den Hotels in Touristenorten wie Ein Boqeq droht in den kommenden Jahren die völlige Überflutung. Gleichzeitig wird eine Reißbrett-Hotelstadt samt künstlichen Inseln geplant.

Salzsee in der Wüste: das Tote Meer, zur Hälfte jordanisches Staatsgebiet

Der Jordan

Der Jordan ist eine der wichtigen Lebensadern des Landes – und seines Nachbarn Jordanien. Der Bedarf an Wasser, dem blauen Gold des Nahen Ostens, steigt auf beiden Seiten. Doch die Ressourcen werden immer knapper. Der Fluss ist in bemitleidenswertem Zustand.

Israels Landwirtschaft entzieht dem Jordan viel Wasser

Am Jordan wuchsen Getreide, Gemüse und Obst, die Berghänge waren bewaldet mit Akazien und Mimosen. Aber das Land wurde rücksichtslos ausgebeutet. Von den Wäldern ist nach der brutalen Abholzung in vergangenen Zeiten kaum mehr etwas übrig und mit Getreide, Gemüse und Obst hat man hier heute ein anderes Problem – Wasser.

Es ist knapp, zumal seit dem Friedensschluss mit Jordanien Israels arabischer Nachbar einen höheren Wasseranteil beansprucht. Drei Flüsse aus dem syrischen Hermongebirge – Dan, Hermon (arab. Banias) und Snir – vereinigen sich im obergaliläischen Hula-Tal zum Jordan, der von dort bis zum Toten Meer fließt und es im 252 km langen Jordan-Tal durch seine Mäander auf eine Länge von 353 km bringt. ›Der herabfällt‹ bedeutet der hebräische Name HaJarden: 916 m beträgt der Höhenunterschied vom Zusammenfluss bis zur Mündung. Der Jordan durchfließt den See Genezareth, südlich davon vereint er sich mit dem von Osten kommenden Jarmuk.

Ein unüberwindbarer, reißender Grenzfluss war der Jordan, in dem Jesus von Johannes dem Täufer getauft wurde, auch nicht zu biblischer Zeit. Für den Besucher ist die Begegnung daher meist etwas enttäuschend. Östlich des Flusses, auf jordanischer Seite, entstand 1959 der etwa 100 km lange East Ghor Canal, ein vom Jarmuk gespeistes Wassersystem, das seither jenseits des Jordan eine intensive Landwirtschaft erlaubt. Dass die Wasser des Jordan heute nicht mehr ausreichen, hat mehrere Gründe. Der spürbare Klimawandel bescherte zuletzt mit Regelmäßigkeit weniger Niederschläge, als für einen stabilen Wasserhaushalt nötig wären. In manchen Wintern fiel nur ein Siebtel der üblichen Regenmenge. Gleichzeitig wird durch das steigende Bevölkerungswachstum, eine intensivere Landwirtschaft und die zunehmende Industrialisierung mehr Wasser denn je verbraucht. Nicht genug: Wasser vom Jordan wird an die Mittelmeerküste gepumpt, um den dortigen Mangel auszugleichen.

Bei alldem hat der Wassermangel zusätzlich auch noch eine politische Komponente. Schon vor über zwei Jahrzehnten warnte der damalige UN-Generalsekretär Boutros Ghali, die neuen Kriege im Nahen Osten könnten um Wasser geführt werden – am Jordan nicht mehr ganz abwegig. Den instrumentalisierten Wassermangel bekommen v. a. die Palästinenser im Westjordanland durch rigorose Kontingentierung zu spüren. Während jüdische Siedler ihre Autos waschen, kommen aus palästinensischen Bewässerungsanlagen für Felder manchmal nurmehr Tropfen. Viel Fruchtland liegt ganz brach. Nach einer Erhebung von Peace Now hat jeder jüdische Siedler 13-mal mehr bewässerte Fläche zur Verfügung als die Palästinenser. Das Konfliktpotenzial ist gewaltig. Wissenschaftler sehen inzwischen nur noch eine Lösung: den Bau von weiteren Meerwasserentsalzungsanlagen und Pipelines.

Medizinisch wird das Wasser zur Behandlung von Rheuma- und Hauterkrankungen genutzt. Vier- bis sechswöchige Kuren wirken bei scheinbar hoffnungslosen Fällen oft noch Wunder. Wirtschaftlich bedeutend ist das Tote Meer wegen der Gewinnung von Kali-, Brom- und Magnesiumsalzen.

Rotes Meer

Israels Zugang zum Indischen Ozean – für die Fernostverbindungen nach Indien, Singapur, Japan und Hongkong – ermöglicht das Rote Meer. Es erstreckt sich vom Süden her von der Meerenge Bab el Mandab, über die es mit dem Golf von Aden (Jemen) verbunden ist, bis zur Südspitze des Sinai. Dort teilt es sich auf in den westlichen Golf von Suez sowie den östlichen Golf von Aqaba, von Israel als Golf von Eilat bezeichnet.

Während das im Sommer oft von Quallen heimgesuchte Mittelmeer in erster Linie eine Rolle für den innerisraelischen Tourismus spielt, zieht das Rote Meer den internationalen Tourismus an, da man hier – im Unterschied zum Mittelmeer – ganzjährig baden und tauchen kann. Und die Unterwasserwelt des Roten Meers sucht vor allem auf dem Sinai (Ägypten) ihresgleichen.

Flora und Fauna

Vegetation

Das Alte Testament schreibt es, römische Schriftsteller berichteten davon und Kreuzfahrer schwärmten von der Schönheit der Landschaft, vom Reichtum an Obst, Gemüse und Getreide. Das Buch Mose nennt Weizen und Gerste, Wein, Feigen, Oliven- und Apfelbäume, dazu Dattelpalmen. Wälder überzogen das Land. Was die Wälder angeht, die in der Zwischenzeit hemmungsloser Rodung zum Opfer gefallen sind, so bedecken sie heute wieder etwa 8 % der Landesfläche – dank einer Aktion des Jüdischen Nationalfonds (s. rechts). Israels älteste Bäume befinden sich im Olivenhain von Gethsemane in Jerusalem und sollen aus der Zeit vor Christi Geburt stammen.

Im Süden beginnt der Frühling bereits im Januar und Februar, wenn der Löwenzahn im Negev aus der Erde treibt. Kurz darauf, spätestens im März, sprießen auf dem Golan Heckenrosen, Krokusse und Alpenveilchen, später kommen Lilien, Orchideen, Tulpen, schwarze Iris und Hyazinthen, Oleander, Kamille und Narzissen dazu. Insgesamt gibt es in Israel etwa 2400 Pflanzenarten.

Tierwelt

Es scheint heute unvorstellbar: Löwen, Hyänen und sogar Elefanten hatten einst in Palästina ihren Lebensraum. Klimaveränderungen und später unkontrollierte Jagd sind die Ursache für das Aussterben vieler Wildtiere. In Israel kennt man heute rund 430 Vogelarten, 80 verschiedene Säugetiere und fast 90 Arten von Reptilien. Zugvögel, die von Europa nach Afrika fliegen, machen hier regelmäßig Rast. So kommt es, dass man Schwärme von Störchen und Schwalben am Himmel vorbeiziehen sieht. Für Strauße, Gazellen, Oryxantilopen, Wildesel und Sandkatzen hat man sog. Hai-Bar-Reservate (s. S. 352) geschaffen – hier werden in der Bibel erwähnte, inzwischen vom Aussterben bedrohte Tierarten gezüchtet, um sie in Israel wieder heimisch zu machen. Die am häufigsten zu sehen-

> **Pflanze einen Baum – Plant a Tree**
>
> Damit u. a. der Negev grünt, sammelt der Jüdische Nationalfonds (Keren Kay'yemeth Le'Israel) Geldgaben für die Aufforstung. Bis heute wurden etwa 240 Mio. Bäume gepflanzt – zunächst vorwiegend Obstbäume, später Eukalypten, Eichen, Tamarisken, Akazien, Pinien, Zedern und Zypressen. Ein Baum kostet 18 US-$, zehn Stück bekommt man für 100 US-$, Spenderzertifikat inklusive. Wer möchte, kann den Baum auch mit eigenen Händen setzen (Informationen unter Tel. 00972 2 563 56 38, www.jnf.org, www.jnf-kkl.de).

Natur und Umwelt

de Eidechsenart sind Geckos. In den trockenen, wasserarmen Gebieten des Negev leben Schlangen und Spinnen, die aber mit Ausnahme von Kobras, der Palästinaviper und einer Skorpionart dem Menschen nicht gefährlich werden.

Unterwasserwelt

In Israel lohnt auch der Blick unter Wasser. Das **Rote Meer** mit seiner artenreichen Unterwasserwelt gilt als eines der attraktivsten Tauchreviere der Welt – allerdings haben die Riffe durch rücksichtsloses Verhalten der Taucher schon sehr gelitten. Im Küstengebiet des Roten Meers existieren rund 150 von 4800 bekannten Korallenarten, die zwischen 75 000 und 20 Mio. Jahre alt sind. Einen guten Eindruck von Feuer-, Horn- oder Lederkorallen bekommt man auch ohne zu tauchen, wenn man in Eilat eine Fahrt mit dem Glasbodenboot unternimmt oder das Unterwasserobservatorium besucht (s. S. 344). Zur Faszination der Korallenriffe kommt das Staunen über die Fischwelt. Um die Riffe tummeln sich Barrakudas, ungefährliche Haie, Makrelen, Trompeten- und Napoleonfische, Rochen, Muränen und Meeresschildkröten, mit etwas Glück sieht man sogar Delfine.

Weniger aufregend ist das Unterwasserleben im **Mittelmeer** oder dem **See Genezareth,** der berühmt ist für seinen St. Petersfisch. Im Toten Meer gibt es wegen des hohen Salzgehalts keine Fische, wie schon das berühmte Palästinamosaik von Madaba (Jordanien) zeigt: Mit salzsaurer Miene weichen die im Jordan schwimmenden Fischlein vor der Mündung zurück.

Nationalparks

Per Gesetz gründete die Knesset 1963 die National Parks Authority, die zwischen Galiläa und dem Roten Meer heute 65 Nationalparks und Naturreservate unterhält (vollständige Liste unter www.parks.org.il). Der Begriff Nationalpark ist weit gefasst: Er reicht von archäologischen Fund- und Grabungsstellen wie Qumran oder Massada bis zu dem, was man sich gewöhnlich darunter vorstellt: naturschöne Gebiete zum Wandern, Erholen und Genießen. Sehr reizvolle Naturparks sind **Ein Gedi** (s. S. 197, eine wundervolle Oase am Toten Meer), **Hurshat Tal** (s. S. 316, der Dan-Fluss fließt durch einen Park mit Eichenwäldern, Wasserfällen und einem Badesee), **Gan HaShelosha** (s. S. 304, am Fuß des Giboa-Bergs im Harod-Tal nahe dem Kibbuz Beit Alfa gibt es Wälder und natürliche Badeteiche mit warmen Quellen), der **Yarkon River Park** (ein bei Anglern beliebter, sehr idyllischer Park) sowie der **Beit Govrin Park** (s. S. 236, Wanderwege führen u. a. zu den beeindruckenden Höhlen von Tel Maresha).

Beliebte Naherholungsziele der Städter: Naturparks wie Gan HaShelosha

Umwelt

Man schreibt das Jahr 2067. China, Japan und andere kontrollieren die Wasserreserven der Welt und große Konzerne bestimmen, wann wo auf der Erde Regen fällt. Als in Israel der Regen ausbleibt, kommt es zur Hydromania. Doch da ist die Israelin Maya, Ehefrau eines prominenten verschwundenen Wasseringenieurs. Sie kämpft gegen die mächtigen Wasserkonzerne. Maya ist die Öko-Hauptfigur in dem utopischen Roman »Hydromania« des israelischen Autors Assaf Gavron (s. S. 84). Die Umweltproblematik – sie ist als Thema inzwischen in der hebräischen Belletristik angekommen. Denn heute ist das Umweltbewusstsein angesichts der wirtschaftlichen und politischen Probleme in breiten Bevölkerungskreisen wohl geringer als nach der Staatsgründung 1948.

Vernachlässigte Ökologie

Der Kishon-Fluss im Norden verseucht, die Verbrennungsanlage Ramat Hovav im Süden eine Dreckschleuder, die Luft in Jerusalem und Haifa belastet, dazu das Müllproblem in Tel Aviv – Umweltschutz ist als Aufgabe in Israel erkannt, doch die Priorität scheint nicht die höchste zu sein, wie Yannit Shannon von Greenpeace Israel in einem Interview sagte: »Umweltfragen gelten hier als kleines Detail-

Natur und Umwelt

problem.« Seiner Meinung nach sorgten sich die Menschen um Sicherheit, um ihre Existenz, allenfalls um den Friedensprozess. Außerdem stocke die Wirtschaft und es gebe kaum ausländische Investitionen, dafür aber wachsende Arbeitslosigkeit. »Wenn wir mit ökologischem Handeln zuwarten, bis hier hoffentlich mal Frieden ist, wird es sehr schlecht aussehen mit der Umwelt«, so Shannon.

Wasserknappheit

Das Ignorieren von Problemen beklagte auch Ophir Pines-Pas, Ex-Vorsitzender des Knesset-Komitees für Innere Angelegenheiten, als wieder einmal die sich verschärfende Wasserknappheit diskutiert wurde: »Wir haben eine schwere Krise, aber niemand verhält sich so, als gäbe es eine«, sagte er der Zeitung »Ha'aretz«.

Wasser, das blaue Gold des Nahen Ostens, wird immer knapper. Dem jährlichen Verbrauch von 2,2 Mrd. m^3 steht ein natürliches Angebot von 1,2 Mrd. m^3 gegenüber. »Wir haben die Höchstmarke einer Wasserkrise erreicht, wie wir sie seit 80 Jahren nicht mehr hatten«, warnte der Direktor der israelischen Wasserbehörde. Starkes Bevölkerungswachstum, wachsende Agrarflächen und ausbleibende Regenfälle sind die Ursachen. Dazu kommt der sorglose Umgang mit der Ressource Trinkwasser, die trotz größter Knappheit zum Bewässern von Gärten verwendet wird. Der fröhlich rotierende Rasensprenger ist ein Statussymbol. Dabei sind die schwin-

Das zu rund 60 % aus Wüste bestehende Israel ist Vorreiter bei der Bekämpfung von Wassermangel

Umwelt

denden Wassermengen des Jordan ein deutliches Alarmsignal. Als erste, weil am schnellsten wirkende Maßnahme werden meist die für die Landwirtschaft freigegebenen Wassermengen reduziert. Umstritten sind die immer wieder angedachten Bohrungen im Golan. Experten befürchten, dass der Schaden für die Natur größer als der Nutzen wäre.

Trinkwassergewinnung

Ein anderer Ausweg sind Meerwasserentsalzungsanlagen. Eine der weltgrößten, mit einer Kapazität von über 300 000 m³ am Tag, wird in Ashkelon betrieben. Diese Anlagen sind jedoch Stromfresser. Beim thermischen Entsalzen von Wasser wird die Natur kopiert: Der beim energieaufwendigen Kochen des Salzwassers entstehende Süßwasserdampf kondensiert in bis zu zwei Dutzend Durchlaufkammern an gekühlten Rohrwendeln. Pro Kubikmeter gewonnenen Süßwassers werden 70 Kilowattstunden Strom verbraucht. Etwas sparsamer arbeiten Umkehrosmoseanlagen, die das Salz durch halb durchlässige Membranen filtern. Das Verfahren nutzt den Größenunterschied zwischen den größeren Salzionen und den kleineren Wassermolekülen – nur diese lässt der Filter durch. Moderne Membranen halten bis zu 99,7 % des Salzes zurück und erzeugen somit Trinkwasser, das ohne weitere Nachbehandlung ins Netz gespeist werden kann. Den Stromverbrauch macht hier aus, dass das Meerwasser mit bis zu 80 bar Druck durch die Filter gepresst werden muss. Ein bis zu 90 % Energie sparendes elektrochemisches Verfahren entwickelte Siemens.

Sinkende Wasserspiegel

Wie dünn die Versorgungsdecke dennoch ist, zeigt die Hauptwasserquelle des Landes, der See Genezareth. Liegt sein Wasserspiegel bei 208 m unter Normalnull, dann wird Wasser in den Jordandamm abgeleitet. Liegt der Pegel knapp 6 m tiefer, muss jeder Abfluss unterbunden werden.

Einem Wasserproblem anderer Art stehen Israel und Jordanien am Toten Meer gegenüber, das von der Austrocknung bedroht ist. Der Wasserspiegel sinkt jährlich um 1 m. Im Jahr 2050, so fürchten Umweltschützer, könnte das Meer völlig ausgetrocknet sein. Israel und Jordanien wollen, so bekundeten sie 2002 auf dem Weltgipfel für nachhaltige Entwicklung in Johannesburg, den Bau einer 800 Mio. US-Dollar teuren und 320 km langen Pipeline prüfen, die über Jordanien Wasser aus dem Roten Meer nach Norden ins Tote Meer pumpt. Der von Ökologen heftig kritisierte Vertrag darüber wurde 2013 in Washington unterzeichnet. Vereinbart ist auch die intensivere Zusammenarbeit zwischen Israel und Deutschland in den Bereichen Klimawandel, Energieeffizienz, erneuerbare Energien sowie Wasser- und Abfallmanagement.

Wirtschaft, Soziales und aktuelle Politik

Israels Wirtschaft kennt nur einen Verlauf: auf und ab. Wohl und Wehe hängen davon ab, ob die Zeichen im Konflikt mit den Palästinensern mehr auf Krieg oder mehr auf Verständigung stehen. Innenpolitisch leidet Israel unter Parteienzersplitterung und dem Erstarken rechter und ultraorthodoxer Kräfte. Palästinas Fluch ist die militante Hamas, die Israel nicht anerkennt und mit ihrem Terror den Frieden sabotiert.

»Was unsere Region, den Nahen Osten angeht«, schrieb Shimon Peres in seiner Biografie »Shalom«, »so besteht Israels Rolle darin, am Aufbau einer dauerhaften gemeinsamen Friedens- und Wirtschaftsordnung mitzuarbeiten. Es soll ein Naher Osten ohne Fronten, ohne Feinde … werden; ein Naher Osten, in dem jeder frei in seiner Sprache … beten und seine Gebete ungehindert und ohne Ärgernis zu erregen seinem Gott darbringen kann; … ein Naher Osten des Wettbewerbs, nicht der Hegemonie; ein Naher Osten, in dem die Menschen die Verbündeten, nicht die Feinde ihres Nachbarn sind; ein Naher Osten, der kein Schlachtfeld, sondern ein Feld der Kreativität und des Wachstums ist; ein Naher Osten, der seine Vergangenheit in Ehren hält und seiner Geschichte neue, rühmenswerte Kapitel hinzufügt. Mit diesem Buch bekenne ich mich zum Recht jedes Menschen zu träumen – nicht gerade jeden Traum, aber Träume von einer besseren Zukunft.« Die Wirklichkeit ist von Peres Vision noch weit entfernt.

Wirtschaft

»Lasst die Wüste blühen« – so lautete das Wirtschafts- und Aktionsmotto der vom Pioniergeist beseelten Israelis nach 1948. Die harte Arbeit des Aufbaus trug ihre Früchte. Vom Ende der 1950er-Jahre bis zum Jom-Kippur-Krieg 1973 blühte das Land und das jährliche Wirtschaftswachstum lag konstant bei knapp 10 %. Die hohen Ausgaben wurden in der Hauptsache von den USA finanziert.

Der Einschnitt kam im Kriegsjahr 1973. Das Ölembargo besiegelte das Ende des Wachstums. Die unflexible, in vielen Bereichen staatlich gegängelte Wirtschaft, ein Relikt aus der Pionierzeit des sozialistisch gefärbten Zionismus, rutschte in die Dauerkrise. Wuchernde Bürokratie erstickte obendrein jede Privatinitiative im Keim und ausländische Investoren mieden Israel wegen der Unbeweglichkeit des Staats- und Wirtschaftsapparates. Erst Premierminister Shimon Peres gelang es Ende der 1980er-Jahre die Wirtschaft zu ordnen. Seither sind die schlechtesten Zeiten mit Inflationsraten von 444,9 % (im Jahr 1984) Vergangenheit. Einige große Probleme sind geblieben: Hohe Auslandsverschuldung und immense Verteidigungsausgaben fressen im Schnitt mehr als die Hälfte des Budgets auf. 2017 betrug das Wachstum 3,3 %.

Blühende Hightech-Industrie

Israels Wirtschaft hat seit Ende der 1990er-Jahre einen fundamentalen Wandel durchlebt. Landwirtschaftliche Erzeugnisse, die in Vor-Hightech- und Vor-Internet-Zeiten die

Wirtschaft

wichtigsten Exportgüter darstellten, sind heute nachrangig. ›Computer statt Kibbuz‹ könnte man flapsig formulieren. Zwischen Tel Aviv und Haifa ist nach dem Vorbild des kalifornischen Silicon Valley das Silicon Wadi entstanden. Israelische Software ist weltweit bei Firmen- wie Privatanwendern in Gebrauch. Firewalls und Voice-over-IP-Telefonie sind israelische Erfindungen, ebenso der USB-Stick und Skype. Beliefen sich Softwareexporte in den frühen 1990er-Jahren gerade einmal auf 90 Mio. US-Dollar, so erbrachten Hard- und Hightechprodukte 2017 über 25 Mrd. US-Dollar. Hard- und Software stellen über 45 % des industriellen Exports und rund 21 % des Gesamtexports dar (87 Mrd. US-$).

Nach den USA und China hat Israel die größte Zahl der an der Technologiebörse Nasdaq registrierten Unternehmen. Kein anderes Land investiert mehr in Forschung und Entwicklung: 4,3 % des Bruttoinlandsprodukts. Ein Drittel der ausländischen Investitionen fließt in den Softwaresektor. Das Vertrauen in Israels Know-how und Erfindergeist ist groß. Als sich Risikokapitalgeber mit Beginn der Finanzkrise 2008/09 von europäischen Start-up-Unternehmen zurückzogen, stiegen die Investitionen in israelische Start-ups weiter zweistellig. Wagniskapital-Investitionen liegen heute in Israel bei 313 € je Einwohner (Deutschland 24 €).

Krisen bremsen das Wachstum

Israels Diamantenindustrie ist mit Exporten von rund 28 Mrd. US-Dollar (2016) die größte der Welt. Handelspartner Nr. 1 ist bei allen anderen Waren vor den Vereinigten Staaten und China die Europäische Union (EU). 35 % aller israelischen Importe stammen aus Europa. 26,1 % der Exporte gehen in die EU. Wegen der geringen Größe des eigenen Markts ist Israel außenwirtschaftlich global ausgerichtet und vernetzt, die Exporte beliefen sich 2016 auf 55,8 Mrd. US-Dollar und die Importe auf 61,9 Mrd. US-Dollar. Der Anteil der Industrie-Exporte stellt derzeit über 80 % der Gesamtausfuhren dar.

Die Importe aus Israel umfassen Maschinen, optische und Messgeräte, Medizintechnik, chemische Erzeugnisse, Kunststoff- und Gummiprodukte sowie Metallerzeugnisse. Landwirtschaftliche Güter haben gegenüber früheren Jahren stark an Bedeutung verloren. Deutschland exportierte nach Israel hauptsächlich Maschinen, chemische Vor- und Endprodukte, Fahrzeuge sowie optische und Messgeräte. ›Made in Germany‹ gilt in Israel als Qualitätssiegel erster Güte. Besonders der deutsche Maschinen- und Anlagenbau konnte vom kräftigen Wirtschaftswachstum in Israel profitieren.

Typisch für Israels Wirtschaft sind die raschen und extremen Wechsel von blühend zu stagnierend und schrumpfend, von Wachstum zu Rezession. War z. B. das Jahr 2000 eines der besten der Wirtschaftsgeschichte, so erwies sich 2001 als eines der schlechtesten. Der Konflikt mit den Palästinensern, noch dazu, wenn er sich in Krieg und Terror entlädt, schlägt ebenso negativ zu Buche wie das plötzliche Ausbleiben von Touristen in und nach Krisenlagen. Der desaströse Libanonkrieg im Sommer 2007 kostete Israel beispielsweise nach Schätzungen bis zu 2 % seines BIP.

Für Israels Wirtschaft und Handel, soweit sie auf dem Seeweg abgewickelt werden, ist das Mittelmeer ein wichtiger Zugang zu allen europäischen sowie süd- und nordamerikanischen Häfen. Eilat ist von ähnlicher Bedeutung am Golf von Aqaba, dem Zugang zum Roten Meer und zum Indischen Ozean.

Tourismus in Israel und Palästina

Das Geschäftsjahr 2017 war für Israel trotz der Instabilität in Nahost ein gutes Jahr. 3,6 Mio. Touristen (2015: 3,1 Mio.), die länger als 24 Stunden blieben, und 510 000 Tagesausflügler (u.a. aus Zypern, Ägypten und Jordanien) besuchten das Land. Die meisten Reisenden kamen aus den USA, Russland, Frankreich und Deutschland. Die Einnahmen beliefen sich auf 5,7 Mrd. US-Dollar. Die höchsten Hotelbelegungsraten hatte Tel Aviv (67 %), gefolgt vom Toten Meer (73 %) sowie Eilat (70 %) und Jerusalem (60 %). Problematisch für die Reisebranche ist die sinkende Aufenthaltsdauer. Verursacher sind Kreuzfahrtpassagiere, die nur kurz an Land gehen, sowie russische Touristen, die vom preisgünstigeren Kreta und Zypern aus für einen Tagesausflug einfliegen.

Auch der Tourismus in Palästina ist erheblichen Schwankungen unterworfen. 2017 besuchten 2,7 Mio. Touristen (2014: 1,1 Mio.) Palästina inkl. Ost-Jerusalem. Wie sensibel der Tourismussektor für die Region ist, zeigte sich nach Beginn der Weltfinanzkrise und des Gaza-Krieges ab 2008. Ein Rückgang der Touristenzahlen um 30 % übersetzte sich in die Wirtschaft mit einem Wegfall von 20 000 Arbeitsstellen und einem Absinken des BIP um ca. 3,9 Mrd. US-Dollar.

Politische Struktur in Israel

Verfassung und Regierung

Zwei Symbole stehen für den Staat Israel. Der Davidstern, seit dem 14. Jh. religiöses Symbol des Judentums und 1897 von der zionistischen Bewegung zum Wahrzeichen erkoren, ziert die Staatsflagge. Das Wappen zeugt allein vom Glauben und der Hoffnung auf Frieden: Zwei Ölzweige, Sinnbild eben dieses Hoffens, umranken eine Menora, den siebenarmigen Leuchter, der aus dem jüdischen Kultus nicht wegzudenken ist.

Ein Land für das Volk Israel, wo es in Frieden leben kann – dieses Streben führte 1948 zur Gründung und Unabhängigkeitserklärung Israels. Israel ist eine parlamentarische Demokratie, die allerdings keine schriftliche Verfassung besitzt. Bürgerrechte wie Presse-, Rede-, Reise- und Glaubensfreiheit werden als verbürgte Grundrechte betrachtet. Gleiches gilt für das Verbot der Diskriminierung von Menschen aufgrund ihrer Rasse, Religion oder ihres Geschlechts. Dass man diese Verfassungstheorie zu einem entscheidenden Teil nicht verwirklichen konnte, darum dreht sich seit Anfang der 1990er-Jahre eine anhaltende innenpolitische Diskussion. Die Behandlung der rund 1,6 Mio. israelischen Araber als nur halbwertige Bürger, die abweisende Aufnahme der äthiopischen Juden sowie die diskriminierende Behandlung der Palästinenser trugen den Politikern und Militärs den Vorwurf ein, Minimalforderungen dieser Verfassung nicht respektiert zu haben.

Zentralismus

Der Staatsaufbau Israels ist wegen der geringen Landesgröße betont zentralistisch. Die Kommunen besitzen nur wenige Vollmachten und kaum finanzielle Eigenständigkeit. Staatsoberhaupt ist der Präsident, der für fünf Jahre vom Parlament, der Knesset, gewählt wird. Seine Aufgaben sind v. a. repräsentativer Art. Doch dem Präsidenten kommt eine bedeutende Rolle zu, wenn er nach Parlamentswahlen oder dem Rücktritt einer Regierung den Auftrag für die Regierungsbildung an den Vorsitzenden der stärksten Partei vergibt.

Die Politik des Lands bestimmt der Premierminister mit seinem Kabinett. Seit einer Wahlrechtsreform 1992 wird der Premier direkt vom Volk gewählt. Die Regierung ist der Knesset gegenüber verantwortlich.

Parlament

Das Parlament, die **Knesset,** besteht aus 120 Abgeordneten, die alle vier Jahre nach dem Verhältniswahlrecht in allgemeiner, freier, geheimer und direkter Wahl von den Bürgern über 18 Jahre gewählt werden und Immunität genießen. Die Knesset zählt zu den lebhafteren Parlamenten dieser Welt. In ihr wird heftig diskutiert und im Eifer des Gefechts kommt es auch mal zu Handgreiflichkeiten. Doch die Knesset ist von ihrem tatsächlichen Gewicht her nicht sehr stark. Ihre Zustimmung ist weder bei außenpolitischen Verträgen noch bei Kriegserklärungen nötig.

Tel Aviv – das New York des Nahen Ostens oder kurz ›Big Orange‹

Wirtschaft, Soziales und aktuelle Politik

Wahlpflicht besteht nicht in Israel. Das reine Verhältniswahlrecht begünstigt auch wegen der Sperrklausel von nur 3,25 % die kleineren Parteien, sodass in der Knesset relativ viele Parteien vertreten sind und bisher niemand ohne Koalitionspartner regieren konnte. Dieser Splittereffekt war bei der Staatsgründung durchaus gewünscht, da man alle Gruppen am Prozess der parlamentarischen Willensbildung beteiligen wollte. Da dies in der Praxis aber häufig fast bis zur Unregierbarkeit geführt hat, gab es in den letzten Jahren Vorschläge, das bestehende Wahlsystem zu reformieren. Dabei dachte man an ein gemischtes Wahlrecht, ähnlich dem deutschen.

Parteien und Gewerkschaften

Israels älteste Parteien sind älter als der Staat selbst und stammen noch aus der britischen Mandatszeit. Es gibt eine Vielzahl von Parteien. Die kleinen spielen oft eine größere Rolle, als ihnen rein stimmenmäßig zukäme.

Aus den 20. Knessetwahlen im März 2015, bei denen 20 Listen antraten, ging als Überraschungssieger und zweitstärkste Kraft das Mitte-Links-Parteibündnis **Zionistische Union** hervor, ein neu gegründetes Bündnis u. a. der früheren Außenministerin Tzipi Livni. Die sozialdemokratische **Arbeitspartei** (Mifleget HaAvodah HaYisraelit), bei den Wahlen 2015 Teil der Zionistischen Union, wurde 1968 aus drei Gruppierungen gegründet und tritt für einen selbstständigen Palästinenserstaat ein. Für den **Likud** (›Zusammenschluss‹), gegründet 1973 aus Herut (›Freiheit‹), Liberaler Partei und Laam (›Für die Nation‹), bekam Benjamin Netanyahu 2009 den Regierungsauftrag, nachdem ihm Avigdor Lieberman, Chef der drittstärksten Kraft, **Israel Beitenu** (›Israel unser Haus‹), die entscheidende Unterstützung zugesagt hatte. Diese ultrarechte, rassistische Partei, Sammelbecken v. a. russischer Immigranten, gilt gegenüber den Palästinensern als noch unversöhnlicher als der Likud. 2015 wurde Netanyahu erneut Premier.

Als Zünglein an der Waage bei Regierungs- und Koalitionsbildungen tut sich häufig auch die ultraorthodoxe **Shas** hervor, die Partei der sephardischen Juden. Das **Vereinigte Thora-Judentum** (Yehudit HaTorah), ein Bündnis u. a. der aschkenasischen ultraorthodoxen Kleinparteien Agudat Israel und Degel HaTorah, kämpft für eine Politik auf der Basis jüdischen Rechts; man ist gegen einen eigenen Palästinenserstaat und für eine unbegrenzte jüdische Besiedlung auch auf palästinensischem Territorium. Vertreten sind in der Knesset auch arabische Parteien. Die kommunistische **Chadash** (Demokratische Front für Frieden und Gleichheit), die **Arabische Demokratische Partei** und die **Fortschrittliche Liste für Frieden** setzen sich unter Anerkennung Israels für ein Rückkehrrecht palästinensischer Flüchtlinge von 1948 und einen souveränen Palästinenserstaat mit Jerusalem als Hauptstadt ein. Die 1996 gegründete **Balad** (Nationale Demokratische Versammlung) will erreichen, dass Israel sich nicht länger als jüdischer Staat definiert, sondern zum Gemeinwesen mit gleichen Rechten für alle, auch für die arabischen Staatsbürger, öffnet. Als neue säkulare Partei setzt sich die **Zukunftspartei** des TV-Moderators Jair Lapid für grundlegende Reformen von Regierungs- und Bildungssystem ein. Der Arbeiterbund **Histradrut** ist die größte Gewerkschaft des Landes (ca. 650 000 Mitglieder), in der sich Arbeiter aller Berufszweige und jedweder Parteizugehörigkeit ebenso sammeln wie Selbstständige, Hausfrauen, Studenten und Rentner.

Rechtssystem

Das israelische Rechtssystem vereint Relikte aus osmanischer Zeit, Elemente aus der britischen Besatzungszeit, englisches Gewohnheitsrecht, jüdische, christliche und islamische Personenstandsgesetze sowie seit 1948 neu geschaffene israelische Gesetze. Die Unabhängigkeit der Richter und Gerichte ist garantiert. Zivilrichter aller drei Instanzen werden von einem Richterkollegium vorgeschlagen und vom Präsidenten ernannt. Das Oberste Gericht besteht aus zehn Mitgliedern. Es verhandelt auch jede Klage eines Bürgers gegen die Regierung. Mit Familienrecht befassen sich die dem Religionsministerium zugeordneten religiösen Gerichte, die nach dem jeweils greifenden Kodex – jüdisch, muslimisch, christlich oder drusisch – urteilen.

Militär

Israels Militär (IDF, Israel Defence Force) begann mit der Staatsgründung 1948. Es ist alltäglich, dass wehrpflichtige Frauen (zwei Jahre Wehrdienst) und Männer (drei Jahre) nach dem Dienst mit ihren Maschinengewehren und in Uniform in Cafés und Restaurants sitzen oder in Diskotheken tanzen. Die Existenz der Armee infrage zu stellen war angesichts der Notwendigkeit einer effektiv operierenden Truppe nie ein Thema in Israel. Die Armee galt als Garant für die Souveränität und Unversehrtheit der Grenzen, gewann sogar bei jedem Krieg Land dazu. Das hat seinen Preis: Die Armee kostet Geld, sehr viel Geld. Für 2019 wurde eine Erhöhung der Militärausgaben (inkl. US-Militärhilfe) auf ca. 21,1 Mrd. US-Dollar beschlossen.

Seit Beginn der 1990er-Jahre verliert die Armee an Bedeutung. Angesichts hoher Immigrantenzahlen braucht man gar nicht mehr alle Wehrpflichtigen, Soldaten werden sogar frühzeitig entlassen. Gedient zu haben, kann somit auch nicht mehr wie früher den Ausschlag dafür geben, ob jemand einen Job bekommt und Karriere machen darf.

Einen tiefer gehenden Grund hat das verblassende Image der Armee: Der menschenverachtende Umgang mit den Palästinensern hat in Teilen der israelischen Bevölkerung viel Sympathie gekostet. Zum Desaster wurde die Aktion ›Gegossenes Blei‹, Codewort für den Krieg Israels um die Jahreswende 2008/2009 im Gazastreifen. Eine überwältigende Mehrheit der Bevölkerung befürwortete den Krieg, darunter auch als Friedensaktivisten bekannte Persönlichkeiten wie der Autor Amos Oz. Die Hamas als Urheber des täglichen Raketenterrors gegen Israel sollte endlich ausgeschaltet werden. Der Schock kam für Israel Monate nach Kriegsende. Wurden im Gaza-Einsatz wehrlose Frauen und Kinder exekutiert? Erteilten Offiziere Mordbefehle? Es sah ganz danach aus, nachdem erstmals – unzensiert – offizielle Berichte israelischer Soldaten über ihren Einsatz veröffentlicht worden waren. »Immer wenn wir ein Haus stürmten, sollten wir die Tür eintreten und dann auf alle Personen schießen«, berichtete ein Soldat. »Ich nenne das Mord.« Es gab Dutzende solcher Schilderungen. Die israelische Organisation Rabbiner für Menschenrechte nannte die Vorfälle einen »moralischen Tsunami« und rief zur nationalen Buße auf. Israels Verteidigungsminister Ehud Barak kommentierte: »Ich sage immer noch, dass wir die moralischste Armee der Welt sind.«

Als unabhängiger Ermittler erstellte im Auftrag des UN-Menschenrechtsrates Richter Richard Goldstone, von Israel mehr behindert als unterstützt, einen 576-seitigen Report, der sowohl Israel wie der Hamas Kriegsverbrechen vorwarf. Während die Hamas in keinem Fall ermittelte, wurden in Israel 400 Verfahren eingeleitet, es kam aber nur zu einer Handvoll Verurteilungen. Einer der spektakulärsten Fälle endete erst 2012 vor Gericht. Ein israelischer Soldat, der laut dem Goldstone-Report eine Mutter, 64, und ihre Tochter, 37, die sich ihm mit weißer Flagge genähert hatten, erschoss, bekam dafür 45 Tage Haft – wegen illegaler Benutzung einer Waffe. 2018 dienten 5000 früher vom Wehrdienst befreite Orthodoxe in der Armee – bestehend aus knapp 180 000 Soldaten/Soldatinnen und 630 000 Reservisten. Rabbiner versuchten, das Torastudium als Wehrdienstersatz für Strenggläubige durchzusetzen.

Palästinas Verwaltung und Regierung

Wichtigster Mann in Palästina ist der Präsident der **Palestinian National Authority (PNA)**, der für fünf Jahre direkt vom Volk gewählt wird. Seit 9. Januar 2005 hat Arafats Nachfolger Mahmoud Abbas dieses Amt inne. Als vom Volk gewählte Vertretung mit 132 Sitzen fungiert der **Palästinensische Legislativ-**

Wirtschaft, Soziales und aktuelle Politik

rat PLC (Palestinian Legislative Council, arab. Al-Majlis Al-Tashri'i). Ein zusätzlicher Sitz steht dem jeweiligen PNA-Präsidenten zu.

Das Parlament, das erstmals im Februar des Jahres 2006 zusammentrat, wurde dominiert von Hamas mit 74 Sitzen und Fatah mit 45 Sitzen (s. Thema s. S. 50), war zuletzt beschlussunfähig und wurde von der Hamas boykottiert, nachdem Abbas im Juni 2007 die Regierung des Hamas-Manns Ismail Hanija abgesetzt hatte. Laut Oslo II (s. S. 53) hat das Parlament in der Interimsphase bis zur endgültigen Staatsgründung keine sicherheitspolitischen und außenpolitischen Vollmachten. 2006 wurde der Parlamentspräsident Abdel Aziz Duwaik (Hamas) von Israel verhaftet. Dieses Schicksal teilen rund ein Dutzend weiterer Abgeordneter. 2009 gab es de facto zwei Regierungen. Das Westjordanland regierte die friedenswillige **Fatah**, den Gazastreifen die militante **Hamas,** die die dortige Bevölkerung gleichsam als Geisel ihrer Terrorpolitik hält.

2018 sah sich Abbas einem anhaltenden Meinungsumschwung in seiner Bevölkerung gegenüber. Des stockenden Friedensprozesses überdrüssig, befürworteten zwei Drittel einen erneuten bewaffneten Aufstand anstatt der davor mehrheitlich unterstützten Verhandlungen um eine Zweistaatenlösung.

Aktuelle Politik

Unerwartet sah sich die Regierung Netanyahu innenpolitisch mit sozialen Protesten konfrontiert. Es begann im Sommer 2011 mit Zelt-Demos in Tel Aviv, dann gingen Hunderttausende im ganzen Land auf die Straße. Zu erleben war das Aufbegehren von Studenten und Mittelstand gegen die dramatisch gestiegenen Lebenshaltungskosten (in etwa deutsches Preisniveau bei 40 % niedrigeren Löhnen), gegen Wohnungsnot und die desaströse Gesundheits- und Bildungspolitik. Die Ursachen blieben unaus-

Auch während des Purimfestes gehören Soldaten mit Maschinenpistolen zum Straßenbild

gesprochen: Anderswo dringend benötigtes Geld wird von hohen Militärausgaben, staatlicher Alimentierung der Steuerzahlungen verweigernden Ultraorthodoxen (Schulen, Sozialhilfe) und dem wuchernden, teils illegalen jüdischen Siedlungsbau im Westjordanland verschlungen.

Israels Politik steht mehr und mehr im Zeichen der **Ultraorthodoxen,** zwar nur 10 % der Bevölkerung, aber eine mächtige und einflussreiche Minderheit. Mitglieder vor allem der radikalen Gruppe der Sikrikim, benannt nach jüdischen antirömischen Rebellen aus dem 1. Jh., forderten lautstark wie nie zuvor die strikte Geschlechtertrennung – in Bussen, in Schulen, in Restaurants, überall. Auf Abweichungen von ihren strengen religiösen Normen reagierten die Sikrikim mit Gewalt: Sie pöbelten Kinder an, die ihrer Meinung nach unzüchtig gekleidet waren, griffen Frauen an, die sich in Bussen auf die vorderen, für Männer reservierten Plätze setzen wollten, und bespuckten Christen und Muslime auf der Straße. Bei einer Demonstration gegen eine ihrer Meinung nach feindselige Berichterstattung trugen einige den Judenstern aus der Nazizeit und KZ-Häftlingskleidung. Sie lehnen den Staat Israel zur Gänze ab. Undemokratisches Verhalten werfen 2017/18 Kritiker der Regierung vor, die – gedrängt von der mächtigen Siedlerlobby – versuche, Nichtregierungsorganisationen (NGOs) wie »Breaking the Silence« und »B'Tselem« wegen deren Kritik an Siedlungsbau und Besatzungsarmee mundtot zu machen. Gegner zum Schweigen bringen zu wollen, das wurde der Ex-Militärzensorin und Kulturministerin Miri Regev (Likud) vorgeworfen. Sie beleidigte offen unliebsame israelische Künstler und entzog Fördermittel, sofern sich Künstler oder Theater weigerten, in den illegalen Siedlungen im Westjordanland aufzutreten.

Außenpolitisch dominierte auch 2018 der **Konflikt mit dem Iran,** dessen angeblich militärisch nutzbares Atomprogramm von Netanyahu als Gefährdung der Existenz Israels betrachtet wird. Die Aufhebung der internationalen Iran-Sanktionen 2016 kritisierte die Regierung entsprechend weiterhin scharf.

Schließlich warf der **Arabische Frühling** nach wie vor Zukunftsfragen auf. Vor allem der Sturz des ägyptischen Diktators Hosni Mubarak 2011, über Jahrzehnte ein für Israel berechenbarer und verlässlicher Partner, verschob die Kräfteverhältnisse in Nahost. Dazu kam, dass rund um Israel der **militante Islam** erstarkte, sich die Terrormiliz Islamischer Staat sogar auf dem benachbarten Nord-Sinai ausbreiten konnte. Insofern war aus israelischer Sicht 2013 der Sturz des im Jahr zuvor zum Präsidenten gewählten Moslembruders Mohammed Mursi durch das von Abdel Fattah al-Sisi angeführte ägyptische Militär eine beruhigende Entwicklung. Nimmt man den **Bürgerkrieg in Syrien** dazu, von dem sich Israel das Zerbrechen der Achse Iran-Syrien-Hisbollah erhoffte, dann bestand nun in der Tat Grund zur Sorge. Was würde aus dem kalten, nicht gelebten Friedensvertrag mit Ägypten? Wie sollte es mit den Palästinensern weitergehen?

Volker Perthes, Direktor der Stiftung Wissenschaft und Politik in Berlin, bezweifelt in seinem Buch »Der Aufstand«, dass die Umbrüche in der arabischen Welt Israels Existenz gefährden. Für Arabiens junge Generation sei der Staat Israel längst eine Tatsache. Gefahren sieht Perthes aber, wenn Israel weiterhin eine ernsthafte Friedens- und Zweistaatenlösung mit den Palästinensern verschleppt. Dann laufe die Entwicklung auf einen binationalen Staat hinaus – mit Juden in der Minderheit. »Für Israel als jüdisch-demokratischem Staat«, so Perthes, »liegt hier die eigentliche Bedrohung.«

Stiftungen

Wissenschaft und soziale Einrichtungen hängen in Israel stark von Stiftungen und Spenden ab. Schätzungen zufolge überweisen ausländische Spender, reiche jüdische Philanthropen v. a. aus den Vereinigten Staaten, jährlich etwa 1,5 Mrd. US-Dollar für gute Zwecke. Ohne diese Spenden könnten sich Organisationen wie **Hazon Yeshaya Humanitarian Network** nicht um 14 000 Bedürftige kümmern, sie täglich mit Essen versorgen.

Geschichte

Untrennbar ist die Geschichte Israels mit der Geschichte des Judentums verwoben. Ereignisse, die Tausende von Jahren zurückliegen, spielen noch heute eine Rolle in der Politik. Es ist weit mehr als Rhetorik, wenn von arabischer wie israelischer Seite immer wieder auf die Geschichte verwiesen wird. Der Konflikt der heutigen Tage reicht in seinen Wurzeln zurück bis in die Zeit Abrahams.

Frühzeit

Erste Hochkulturen

Die ersten Spuren, die auf die Existenz des *homo erectus* hinweisen, wurden in El Ubeidiya nahe dem See Genezareth gefunden und sind etwa 800 000 Jahre alt. Die Menschen der **Jungsteinzeit** (ca. 14 000–8000 v. Chr.) lebten als nomadische Jäger und Sammler und schlugen ihre Quartiere an zahlreichen Flüssen und Seen auf. Im Land Kanaan entstanden während der **Frühen Bronzezeit** (3100–2300 v. Chr.) wohlhabende, von Ägyptern besiedelte Stadtstaaten.

Das gelobte Land

Nordöstlich und südwestlich von Palästina existierten zwei semitische Zivilisationen, die bis etwa 2000 v. Chr. nichts voneinander wussten – Mesopotamien zwischen Euphrat und Tigris und Ägypten am Nil. Um 1800 v. Chr. beschloss ein Nomadenvolk unter seinem Patriarchen Terah, dessen Sohn Abraham und seiner Frau Sarah, über den Euphrat nach Nordwesten in das Gebiet der heutigen Südtürkei auszuwandern. Gott erschien **Abraham** und versprach ihm, seine Nachkommen zum auserwählten Volk zu machen, wenn er ihm gehorche. Als Zeichen des neuen Glaubens, als ›ewiges Bundeszeichen‹, verlangte Gott die Beschneidung aller männlichen Neugeborenen am achten Tag nach der Geburt (Abrahams Bund), im Gegenzug verhieß er Abraham und seinen Nachfahren das Land Kanaan (Palästina).

Versklavung

400 Jahre lang lebten Abraham und seine Nachkommen als Nomaden im Land Kanaan, heute syrisches und israelisches Territorium. Eine Dürre zwang sie an die Ufer des Nil zu wandern. Aus der Genesis ist die Geschichte von **Joseph** und seinen Brüdern bekannt, die ihn in die Sklaverei nach Ägypten verkauften. Mit Zustimmung des Pharaos holte Joseph sein Volk nach Ägypten, wo es herzlich empfangen wurde. Erst unter einem anderen Machthaber begann die Versklavung. 400 Jahre liegen zwischen Joseph und Moses.

Exodus

Moses führte nach der biblischen Überlieferung die Israeliten im 13. Jh. v. Chr. aus Ägypten. 40 lange Jahre soll die Wanderung auf geheimen Wegen und durch das sich teilende Rote Meer über den Sinai und durch den Negev gedauert haben; unterwegs empfing Moses am Berg Horeb die Zehn Gebote Gottes, niedergeschrieben auf zwei Steintafeln. Von 600 000 Männern in seinem Gefolge spricht die Bibel, eine Zahl, die heute stark bezweifelt wird. Als wahrscheinlich gilt eine Zahl von lediglich 6000, maximal 60 000, verteilt über

Frühzeit

mehrere Jahrzehnte. Nach Moses Tod führte **Josua** das Volk in das gelobte Land beiderseits des Jordan.

Zeit der Richter, Zeit der Könige

Die zwölf Stämme Israels gaben sich während der Zeit der Eroberungen eine der Monarchie ähnliche Staatsform: Der Richter wurde von den Stämmen gewählt, er befehligte das Heer. Diese Konstruktion, basierend auf einem starken Stammesrecht, taugte für Kriegszeiten. Der Wandel von der halbnomadischen zur sesshaften Gesellschaft verlangte nach einer zentralen Regierung. Erster Monarch bzw. militärischer Führer mit königlichen Befugnissen wurde, ausgerufen vom Propheten Samuel, **Saul** (ca. 1022–04 v. Chr.), der nach der Niederlage gegen die Philister Selbstmord beging. Ihm folgte, und damit beginnt die eigentliche Liste der Könige von Israel und Juda, von Nord- und Südreich, sein Adoptivsohn **David** (ca. 1004–965 v. Chr.), ein kriegerischer Mann, der nach seinem Tod ein Reich sechsmal größer als das heutige Israel hinterließ. David machte Jerusalem zum Symbol, zum heiligen Platz.

Macht durch Frieden

Nach Davids Tod bestieg sein Sohn **Salomo** als König (965–ca. 928 v. Chr.) den Thron. Salomo, dessen Weisheit und Urteilskraft sprichwörtlich sind, wurde schon zu Lebzeiten Davids zum König gekrönt, da David die zu erwartenden Streitigkeiten um das Erbe richtig vorhergesehen hatte. Salomo errichtete den Ersten Tempel und ließ dort die Bundeslade mit den steinernen Gesetzestafeln aufbewahren. Wenn er auch verschiedene Widersacher aus dem Weg räumen ließ, um seine Herrschaft zu festigen, so bevorzugte Salomo doch eine von Toleranz geprägte Friedenspolitik, um das Reich zu sichern, entwickelte eine blühende Wirtschaft mit Handelsbeziehungen bis in den Jemen zur sagenhaften Königin von Saba, die Salomo mit Gold überhäuft haben soll.

Salomos Tod

Zwischen 931 und 926 v. Chr. starb Salomo. Über seine Nachfolge konnte man sich auch wegen festzuschreibender Steuernachlässe nicht einigen und das Reich zerbrach in Israel und Juda. So wurde **Rehabeam** König von Juda im Süden und **Jerobeam** König von Israel im Norden. Jerusalem blieb wegen des Tempels, in dem die Bundeslade aufbewahrt wurde, religiöses Zentrum für beide Reiche. Etwa 210 Jahre sollte das Nordreich Israel bestehen. Es regierten 20 Könige aus neun Dynastien, kaum ein König starb eines natürlichen Todes.

Dann brach der zehnjährige **assyrisch-israelitische Krieg** aus, bei dem das Großreich aus dem heutigen Kurdistan gegen das kleine Israel antrat. 722 v. Chr. ließ König Schal-maneser die gesamte jüdische Oberschicht nach Mesopotamien in Gefangenschaft bringen, insgesamt 30 000 Israeliten. Das Nordreich war damit ausgelöscht, zehn Stämme Israels verschwunden. Ein ähnliches Schicksal, nur zeitlich verzögert, erwartete das Südreich Juda, in dem Salomos Sohn Rehabeam die Nachfolge seines Vaters angetreten hatte.

Juda hatte Phönizier, Araber, Moabiter und Syrer besiegt und Gebiete dazugewonnen. Als sich das assyrische Reich, zerschlagen von den Babyloniern, 609 v. Chr. auflöste, endete die relativ friedliche Zeit des assyrischen Vasallenstaates Juda. König **Jojakim** leistete anfangs den Tribut an die neuen Großherrscher in Babylon, stellte aber 600 v. Chr. die Zahlungen ein. Eine der großen Tragödien der jüdischen Geschichte begann. **Nebukadnezar II.** schickte erst Söldnertruppen, die den Widerstand Jerusalems aber nicht brechen konnten. Daraufhin belagerte er selbst mit seinen Truppen die Stadt, nahm den 18 Jahre jungen König gefangen – und mit ihm etwa 8000 mögliche Aufrührer, die er alle nach Babylon schaffen ließ. Als Marionettenkönig setzte Nebukadnezar den letzten Spross aus der Linie König Davids ein, den 21-jährigen **Zedekia**. 589 v. Chr. aber erklärte er Juda für unabhängig. Die babylonischen Truppen

Geschichte

Heute geben nur noch Modelle eine Vorstellung von Jerusalems Erstem Tempel

Nebukadnezars rückten an, besetzten Juda und belagerten Jerusalem bis 587 v. Chr. Als die Stadt fiel, war König Zedekia bereits auf der Flucht. Er wurde gefasst, zu Nebukadnezar gebracht, geblendet und nach Babylon verschleppt. Jerusalem wurde 586 v. Chr. geplündert. Die Paläste und den Tempel, Aufbewahrungsort der seither verschwundenen Bundeslade, machten die Babylonier dem Erdboden gleich. Das vorläufige Ende Judas und Jerusalems war besiegelt.

Zeit der Hohepriester

559 v. Chr. wurde **Kyros** König der Perser und vernichtete 20 Jahre später Babylon. Persien wurde die neue Weltmacht. Kyros' Sohn **Kambyses** gestattete den Juden die Heimkehr nach Jerusalem. Im neuen Judenstaat regierten die Hohepriester. Jerusalems Wirtschaft blühte. Kyros finanzierte den Wiederaufbau des Zweiten Tempels mit. **Alexander der Große** besiegte 333 v. Chr. bei Issos den Perserkönig Darius III. 332 v. Chr. marschierte Alexander in Jerusalem ein und zog dann weiter, um das persische Reich zu zerstören. Nach seinem Tod fiel Palästina an die makedonischen Ptolemäer (Hauptstadt Alexandria), die 198 v. Chr. wiederum Palästina an den mesopotamischen Seleukidenkönig **Antiochus** verloren. 165 v. Chr. besiegte Judas Makkabäus die überlegenen Seleukiden, konnte Jerusalem und den Zweiten Tempel zurückerobern. Das Chanukah-Fest erinnert bis heute an den Makkabäer-Aufstand.

Römische Herrschaft

Zwangsweise waren die Idumäer zum Judentum bekehrt worden, und aus ihren Reihen ernannten die Römer, nachdem **Gnaeus Pompejus** 63 v. Chr. Palästina dem Imperium Romanum eingegliedert hatte, **Antipater** zum Statthalter. Antipaters Sohn, König **Herodes der Große,** führte von 40 v. Chr. bis 4. v. Chr. ein grausames Regiment, ließ eine seiner zehn Frauen, zwei seiner Söhne und jeden nur irgendwie verdächtigen Rivalen ermorden. Als ihm eine Weissagung verhieß, in Bethlehem werde der neue König der Juden geboren, befahl er die Tötung aller Kinder der Stadt. Den Tempel in Jerusalem erweiterte er und baute sich eine mächtige Palastfestung. Nach Herodes Tod flammten überall im Land Aufstände auf, die von den Römern blutig niedergeschlagen wurden.

Im Jahr 66 begann, weil sich die Juden nicht länger der Romanisierung stellen wollten, der erste jüdische Krieg, in dem Jerusalem zwar rasch besetzt werden konnte, aber der Tempelberg ungestürmt blieb. **Titus Flavius Vespasian** eroberte 68 n. Chr. Galiläa und beauftragte seinen Sohn Titus mit dem Sturm auf Jerusalem. 70 000 Soldaten versuchten vergebens die Festungsmauern zu Fall zu bringen. Durch Aushungern fielen im Jahr 70 die letzten Festungen, darunter der Zweite Tempel, von dem nur noch die westliche Mauer existiert, die heutige Klagemauer.

Drei Jahre später fiel die von Herodes erbaute Festung Massada am Westufer des Toten Meers. Sie diente den **Zeloten,** einer radikal römerfeindlichen jüdischen Gruppe, und den **Essenern** (s. S. 195) als letzte Zuflucht. Die Römer hielten ihre Schreckensherrschaft aufrecht, verboten den Juden die Beschneidung und entweihten den Tempelberg. Etwas über 60 Jahre nach der Zerstörung des Zweiten Tempels, dessen Kultgegenstände nach Rom gebracht worden waren, schmiedeten ein Mann namens **Simon Ben Kosiba,** genannt **Bar Kochba** (›Sohn der Sterne‹), und einer der heute noch meistverehrten jüdischen Gelehrten, **Rabbi Akiba,** weitreichende Pläne.

Bar Kochba sagte von sich, er sei ein militärischer Messias, er werde die Römer vernichten. Rabbi Akiba bestätigte Bar Kochbas Status. Bar Kochba begann 132 gegen die Römer einen Guerillakrieg, dem die Legionäre nicht gewachsen waren. Doch 135 mussten Bar Kochbas Leute aufgeben. Er selbst fiel, Rabbi Akiba wurde hingerichtet. Die Überlebenden wurden in die Sklaverei verkauft. Juda wurde in Palästina umbenannt, Juden durften Jerusalem drei Jahre lang nicht mehr betreten. In den folgenden zwei Jahrhunderten herrschte Frieden im Land. Jerusalem wurde neu gebaut, überall entstanden römische Theater, Paläste und Aquädukte.

Byzantinische und arabische Zeit

Ab 324 regierte **Konstantin I.** als Alleinherrscher über Rom und erklärte nach dem Konzil von Nicäa das Christentum, größte Religionsgemeinschaft im Reich, zur Staatsreligion. Konstantin und seine Mutter **Helena** überzogen Palästina mit Kirchen, zogen Pilger in Scharen an. In den folgenden 200 Jahren wurde den Juden – wie auch den anderen Glaubensgemeinschaften – die Heirat mit Christen und der Zugang zu hohen Regierungsämtern verboten. Nach dem Tod von Theodosius 395 spalteten seine Söhne Arcadius und Honorius das römische Reich in Ostreich mit Byzanz und Westreich mit Rom als Hauptstadt. Im Heiligen Land, das Byzanz zugeschlagen wurde, blühte das christliche Pilgertum und sorgte für Wohlstand und Frieden. Die Juden bildeten mit nur 10 % die Bevölkerungsminderheit in Palästina. 614 überfielen die Perser Palästina und eroberten Jerusalem. 638 fiel Jerusalem an den Islam.

Das 7. Jh. brachte die Entstehung des Islam. Zuerst breitete er sich über die arabische Halbinsel, dann über Palästina und später tief nach Asien aus. Unter drei arabischen Dynastien, den **Omaijaden** (Kalifen aus Damaskus), den **Abbasiden** (Bagdader Kalifen) und anfangs auch unter den schiitischen **Fatimiden** blühte Jerusalem als jedermann zugängliche Pilgerstätte, geradezu heimgesucht von christlichen Wallfahrern.

1071 nahmen die Türken Jerusalem ein und konnten Palästina fast kampflos besetzen. Christliche Pilger waren nun unerwünscht und wurden zunehmend Opfer von Überfällen: Eine Wallfahrt nach Jerusalem war lebensgefährlich. Europas Christenheit wollte sich damit nicht abfinden, aber nicht nur aus religiösen Gründen.

Die Kreuzzüge aus muslimischer Sicht

Mit den Kreuzzügen stießen Muslime und Christen aufeinander, nicht nur in Schlachten, sondern auch danach. Die Krieger von einst kannten einen Feierabend vom Krieg. Feind und Feind begegneten sich. Dabei trafen unterschiedlichste Kulturen aufeinander, aber anders, als man aus heutiger Sicht vermuten mag.

Es war ein früher *clash of civilizations*, jedoch mit anderen Vorzeichen als heute. »Als die Araber die christlichen Ritter, die während der Kreuzzüge in den Orient gekommen waren, in den Pausen zwischen den Schlachten näher kennenlernten, waren sie entsetzt über den niedrigen Stand der Heilkunst, die die Europäer mitbrachten, und amüsierten sich zudem ganz allgemein über deren rohe Sitten.« So fasste es der verstorbene Islamwissenschaftler Fritz Steppat in kurzen Worten zusammen. Belege dafür gibt es genug. Zeugnisse über »Die Kreuzzüge aus arabischer Sicht« dokumentierte Francesco Gabrieli. Autor der beiden folgenden Ausschnitte ist Usama Ibn Munqid (1095–1188), ein syrischer Emir, Ritter, Jäger und Literat. Im Jahre 1138 als Unterhändler des Statthalters von Damaskus ins Königreich Jerusalem entsandt, lernte er wichtige Persönlichkeiten auf arabischer wie christlicher Seite persönlich kennen.

Fränkische Medizin. Der Herr von Munaitira schrieb an meinen Onkel und bat ihn, einen Arzt zu senden, der seine kranken Gefährten heilen sollte. Mein Onkel schickte ihm einen christlichen Arzt mit Namen Tabit. Nach kaum zehn Tagen kam er wieder zurück, und wir sagten zu ihm: »Du hast die Kranken ja schnell geheilt«, worauf er erzählte: »Sie führten mir einen Ritter vor, der einen Abszess am Bein hatte, und eine Frau, die an Auszehrung litt. Dem Ritter machte ich ein erweichendes Pflaster, und der Abszess öffnete und besserte sich; der Frau verschrieb ich eine Diät und führte ihre Säftemischung Feuchtigkeit zu. Da kam ein fränkischer Arzt daher und sagte: ›Der weiß doch überhaupt nicht, wie sie zu behandeln sind!‹, wandte sich an den Ritter und fragte ihn: ›Was willst du denn lieber: mit einem Bein leben oder mit beiden Beinen tot sein?‹ Der antwortete: ›Lieber mit einem Bein leben!‹ Da sagte er: ›Holt mir einen kräftigen Ritter und ein scharfes Beil!‹ Ritter und Beil kamen, ich stand dabei. Er legte das Bein auf einen Holzblock und sagte zu dem Ritter: ›Gib dem Bein einen tüchtigen Hieb, der es abtrennt.‹ Er schlug, unter meinen Augen, einmal zu, und da das Bein nicht abgetrennt war, ein zweites Mal: Das Mark des Beines spritzte weg, und der Ritter starb sofort. Hierauf untersuchte er die Frau und sagte: ›Die da hat einen Dämon im Kopf, der sich in sie verliebt hat. Schert ihr die Haare.‹ Sie schoren sie, und sie aß wieder von ihren gewohnten Speisen, Knoblauch und Senf, wodurch die Auszehrung sich verschlimmerte. ›Der Teufel steckt in ihrem Kopf‹, urteilte er, nahm ein Rasiermesser und schnitt ihr kreuzförmig über den Kopf, entfernte die Haut in der Mitte, bis der Schädelknochen freilag, und rieb ihn mit Salz ein: Die Frau starb augenblicklich. Da fragte ich: ›Habt ihr mich noch nötig?‹ Sie verneinten, und ich ging weg, nachdem ich von ihrer Heilkunde gelernt hatte, was ich vorher nicht wusste.«

Die Franken und eheliche Eifersucht. Bei den Franken findet man keinerlei Ehrgefühl oder Eifersucht. Wenn einer von ihnen mit seiner Frau auf der Straße geht und einen anderen trifft, nimmt der die Frau bei der Hand und zieht sie beiseite, um mit ihr zu sprechen, während ihr Mann dabei steht und wartet, bis sie ihre Unterhaltung beendet hat. Wenn es ihm zu lange dauert, lässt er sie mit ihrem Gesprächspartner allein und geht.

Bei den Kämpfen der Muslime gegen die Kreuzritter prallten nicht nur zwei Religionen, sondern auch zwei völlig unterschiedliche Kulturen aufeinander

Eine eigene Erfahrung ist folgende: Als ich nach Nabulus kam, wohnte ich im Hause eines gewissen Muizz, dessen Haus als Herberge für die Muslime diente. Seine Fenster gingen zur Straße hinaus. Auf der anderen Straßenseite lag das Haus eines Franken, der Wein auf Rechnung der Kaufleute verkaufte: Er nahm eine Flasche Wein und pries sie folgendermaßen an: »Kaufmann Soundso hat ein Fass dieses Weines geöffnet. Wer davon kaufen will, komme zu dem und dem Ort, ich gebe ihm den ersten Wein davon, der in dieser Flasche ist.« Als er eines Tages nach Hause kam, fand er einen Mann mit seiner Frau im Bett. Er fragte ihn: »Wie bist du hierher zu meiner Frau gekommen?« »Ich war müde«, antwortete der andere, »und bin hier hereingekommen, um mich auszuruhen.« »Und wie bist du in mein Bett gekommen?« »Ich fand ein Bett bereitet und habe mich darin schlafen gelegt.« »Und diese Frau schläft mit dir?« »Es ist ihr Bett«, versetzte der, »konnte ich sie vielleicht hindern, sich in ihr Bett zu legen?« »Das sage ich dir: wenn du das noch einmal machst, regeln wir die Sache vor Gericht!«, schloss der Erste – das war seine ganze Antwort, der heftigste Ausdruck seiner Eifersucht.

Der bei den Franken herrschende Frauenmangel ist Thema an anderer Stelle: Mit einem Schiff kamen dreihundert schöne fränkische Frauen im Schmuck ihrer Jugend und Schönheit, die sich der Sünde verschrieben hatten. Sie schritten hochmütig mit einem Kreuz auf der Brust, verkauften Gunst um Gunst, wollten in ihrer Glut überwältigt sein. Sie kamen, weil sie sich selbst wie für ein frommes Werk geopfert hatten, die Keuschesten und Kostbarsten unter ihnen hatten sich angeboten. Sie sagten, sie wollten mit dieser Reise ihre Anmut opfern, sich den Junggesellen nicht verweigern, und glaubten, sie könnten Gottes Wohlgefallen mit keinem besseren Opfer erwerben als diesem. Sie verteilten sich auf die Zelte, die sie errichtet hatten, andere schöne junge Mädchen kamen dazu, und sie öffneten die Pforten der Genüsse. Die Männer in unserem Heer hörten von der Begebenheit und wunderten sich.

Geschichte

Kreuzzüge

Erster Kreuzzug

Der Aufbruch Europas nach Palästina war nicht nur ein Kreuzzug zur Befreiung der heiligen Stätten. »Das Allerheiligste ist entweiht ... bewaffnet euch, Brüder.« Mit diesen Worten hatte 1095 **Papst Urban II.** in Clermont zum ersten Kreuzzug aufgerufen, indem er auf die Schändung der Jerusalemer Grabeskirche durch den Kalifen Hakim anspielte – die jedoch schon 86 Jahre zuvor stattgefunden hatte. »Gott will es«, hieß der Schlachtruf überall in Europa, das nach einer religiös inspirierten Massenbewegung aus sozialen und politischen Gründen geradezu dürstete. Europa erlebte eine Bevölkerungsexplosion wie nie zuvor. Ritter warteten auf lohnende Beute. Der Papst selbst lebte von Almosen armer Witwen. Hungersnöte und Kriege wechselten sich ab. Da war ein Raubzug, für den es obendrein einen Sündenerlass gab, mehr als willkommen. Das Gefolge von **Gottfried von Bouillon** und seinem Bruder **Balduin,** der am Weihnachtstag 1100 zum König von Jerusalem geweiht werden sollte, hatte europäischen Juden ihr Vermögen abgepresst, jüdische Städte geplündert und verwüstet. Die Truppen aus Rittern, Taugenichtsen, Bettlern, Haudegen, Kaufleuten, religiösen Fanatikern, Frauen und Kindern sowie mitreisenden Prostituierten rückten auf Jerusalem vor, töteten unzählige Juden und Muslime und fielen selbst zu Tausenden, wovon wiederum die Kirche profitierte. Die Kreuzritter hatten ihr Vermögen treuhänderisch an sie abgetreten.

Zweiter Kreuzzug

Nach dem Tod des Jerusalem-Befreiers Gottfried von Bouillon und der Krönung seines Bruders Balduin Ende 1100 war Jerusalem eine Kreuzfahrermonarchie. In Palästina tobte Krieg und in Jerusalem gründeten sich mehrere Orden, darunter der auf dem Tempelberg in der Al-Aqsa-Moschee residierende **Templerorden.** Sein Zeichen war das rote Kreuz, er war direkt dem Papst unterstellt. Der über Jahrzehnte anhaltende Widerstand der Fatimiden, die entscheidende Schlachten gewonnen hatten, führte 1144 zum Zweiten Kreuzzug, der für die Christen im Desaster endete und die Muslime endgültig einte. Das 80 000 Mann starke Heer des deutschen Königs **Konrad III.** und die Truppen des französischen Königs **Ludwig VII.** waren bei Damaskus in alle Windrichtungen vor den Türken geflohen. Es dauerte aber noch einmal 43 Jahre, bis Jerusalem von den Arabern erobert werden konnte. Ihren Meister fanden die Kreuzritter in **Salah el-Din Jusuf Ibn Aijub (Saladin)** aus Tikrit im heutigen Irak, Begründer der Aijubiden-Dynastie, die die Fatimiden-Herrschaft ablöste. Saladin, von seinen Begleitern als gottesfürchtiger Muslim beschrieben, der den Großteil seiner Habe an Arme verschenkte, sicherte sich zuerst die Macht, wurde Sultan von Ägypten und Syrien und suchte die Unterstützung anderer muslimischer Herrscher, ehe er seine Jerusalempläne zu verwirklichen begann.

Nachdem 1185 der an Lepra leidende König **Balduin IV.** von Jerusalem gestorben war und eine Hungersnot die obendrein zerstrittenen Franken zu einem vierjährigen Waffenstillstand gezwungen hatte, den Saladin abermals zur Erweiterung seines Imperiums nutzte, kam es im Juli 1187 auf den Hügeln von Hattin zu jener Schlacht, mit der auch Jerusalem fiel. Saladin nahm in nur einem Tag Tiberias ein. Die christlichen Löwen, schrieb ein Chronist Saladins, hatten sich in Igel verwandelt, denen die Klingen der Schwerter das Leben aussaugten. Auf Mitglieder des Templerordens und der Hospitaliter setzte Saladin 50 Dinar Kopfgeld aus, zu Hunderten ließ er sie köpfen. Drei Monate später, nach der Einnahme aller Städte und Festungen in Palästina, fiel Jerusalem, dessen Bewohner sich auf die Stadtmauern stellten und Katapulte aufbauten. Fünf Tage soll Saladin im September 1187 um die Stadt geritten sein, um einen geeigneten Angriffspunkt zu finden. Dann ließ er sie von Norden, von der Zionskirche her, mit Belagerungsmaschinen beschießen. Immer wieder brachen fränkische Reiter aus der Stadt, um zur Schlacht herauszufordern. Doch am Ende und nach langen Verhandlungen darüber, ob Saladin wie die Kreuzritter 1099 alle Bewohner Jerusalems töten oder aber freies Geleit gewähren sollte, übergaben sie Saladin und seinem gewaltigen Heer die Stadt gegen freies Geleit, das sie mit Lösegeld bezahlen mussten. Am Freitag, dem 2. Oktober 1187, wehten auf den Mauern Jerusalems islamische Banner.

Dritter Kreuzzug

Europa reagierte auf den Fall Jerusalems mit dem Dritten Kreuzzug (1189–92). Kaiser **Friedrich I. Barbarossa,** 1190 ertrunken, der französische König Philip Augustus und Richard Löwenherz von England führten ihn an. Er endete, nachdem Richard Jerusalem zwar eingenommen hatte, aber keine Chance hatte, es zu behalten, mit einem Friedensvertrag (1192) zwischen ihm und Saladin. Ein Jahr später starb Saladin. Es folgten in den kommenden 99 Jahren vier weitere Kreuzzüge. Traurige Berühmtheit erlangte der Kinderkreuzzug Ludwigs von 1212, bei dem Tausende von Kindern umkamen oder in die Sklaverei verkauft wurden.

Osmanische Zeit

Unter den **Mamelucken** diente Jerusalem als Verbannungsort für in Ungnade gefallene Fürsten und Heerführer, die die Stadt mit Palästen, Moscheen und Mausoleen schmückten. Der türkische Sultan **Selim I.** beendete 1517 jedoch die Herrschaft der Mamelucken und eroberte Jerusalem. Sultan **Suleyman der Prächtige** baute Jerusalems Altstadt und die Stadtmauern, so wie man sie heute kennt, wieder auf.

Ende des 17. Jh. begann wegen der einsetzenden Judenverfolgung in Europa eine anhaltende Einwanderung. 1799 scheiterte Napoleons Versuch, Palästina mit seinen Truppen einzunehmen. Ab Mitte des 19. Jh. engagierten sich die europäischen Großmächte Russland, Preußen, Großbritannien und Österreich verstärkt im Heiligen Land.

Jüdische Heimstatt

1878 wurde Petah Tiqwa als erste jüdische Landwirtschaftssiedlung gegründet. Mit der damals beginnenden Aufforstung und Urbarmachung des Lands unterstreicht Israel noch heute seinen Anspruch auf dieses Land. 1882 setzte – als Folge der in Europa zunehmenden Verfolgung und der Pogrome im zaristischen Russland, in Rumänien und im Jemen – die erste Alijah (›Aufstieg‹) ein, die erste große Einwanderungswelle.

1903 lehnte es Großbritannien ab, den jüdischen Staat in Argentinien, Uganda, im Kongo oder auf Zypern zu errichten.

Britische Mandatszeit

Im Ersten Weltkrieg brauchte Großbritannien sowohl die Unterstützung der Araber als auch die der Juden gegen die Türkei, deren Macht man brechen wollte, nachdem man den Wert der arabischen Ölfelder erkannt hatte. Großbritannien entwickelte eine Politik der Beschwichtigung, die in ihrer Doppelzüngigkeit sowohl Araber wie Juden betrog und entscheidend zur Verschärfung des arabisch-jüdischen Konflikts beitrug. Zwischen März 1915 und Mai 1916 korrespondierte der britische Hochkommissar in Ägypten, Mark Sykes, mit dem Sharifen von Mekka, den er für den Kampf gegen die Osmanen gewinnen wollte und dafür zusicherte, dass Großbritannien »innerhalb der Grenzen, in denen Großbritannien frei handeln kann und ohne Nachteil für die Interessen ihres Verbündeten Frankreichs … bereit ist, die Unabhängigkeit Arabiens anzuerkennen und zu unterstützen«.

Balfour-Erklärung

1917 verfasste Großbritanniens Außenminister **Arthur James Balfour** einen Brief an den Zionistenführer **Lord Rothschild**, die Balfour Declaration, die Chaim Weizmann jubeln ließ: »Wir hören die Schritte des Messias.« Balfour befürwortete im Namen der Regierung seiner Majestät die Errichtung einer »nationalen Heimstatt« für das jüdische Volk. Es sei aber, so

Geschichte

Balfour, »unmissverständlich zum Ausdruck gebracht, dass nichts unternommen wird, was den zivilen und religiösen Rechten bestehender nicht-jüdischer Gemeinschaften in Palästina vorgreift«.

Während man den Arabern die Unabhängigkeit und den Juden ein eigenes Land versprach, einigten sich Großbritannien, Frankreich, Russland und Italien im geheimen **Sykes-Picot-Abkommen** darüber, wer im Fall des alliierten Siegs welche Territorien zugeschlagen bekäme. Die Briten sicherten sich das heutige Jordanien, große Teile des Iraks sowie die Häfen Haifa und Akko, Frankreich sollte Teile der heutigen Türkei, den Rest des Iraks, Syrien und den Libanon bekommen. Zwei rivalisierende Entwürfe versprachen also Arabern und Juden Unabhängigkeit und favorisierten gleichzeitig die Kolonialisierung bzw. die Einrichtung von Mandatsgebieten.

Nach dem alliierten Sieg, durch den der englische Schriftsteller und Archäologe **T. E. Lawrence** (1888–1935) als Mitanführer der Araber berühmt wurde, versuchten die Briten bei verschiedenen Friedenskonferenzen für Palästina einen Kolonialstatus durchzusetzen, mussten sich aber auf Druck der USA und anderer Staaten auf ein Mandatssystem beschränken. Im Jahr 1920 übertrug der Völkerbund Großbritannien das Mandat über Palästina. Durch die dritte und vierte Alijah verdreifachte sich zwischen 1919 und 1928 die jüdische Bevölkerung in Palästina. 1921 besetzte Emir Feisals Bruder, **Emir Abdullah,** das unter britischem Mandat stehende Transjordanland östlich des Jordan. 1946 entließen die Briten das Königreich in die Unabhängigkeit. Abdullahs Großenkel ist der heute regierende **König Abdullah.** Emir Feisal fanden die Briten mit einem unter Mandat stehenden Königreich ab, dem heutigen Irak.

Hussein und Hitler

Zur weiteren Eskalation des jüdisch-arabischen Konflikts in den 1920er-Jahren trugen ebenfalls die Briten bei, als sie **Hadj Amin el-Husseini,** der Hass gegen die Juden verbreitete, zum Großmufti von Jerusalem ernannten. Hussein pflegte engen Kontakt zu Nazi-Deutschland, schrieb 1941 an Hitler: »Der arabische Nationalismus schuldet Eurer Exzellenz Dankbarkeit und ist erkenntlich dafür, dass Sie bei wiederholten Gelegenheiten in widerhallenden Reden die palästinensische Frage aufgegriffen haben ... Ich schließe, indem ich Eurer Exzellenz ein langes und glückliches Leben wünsche sowie in naher Zukunft den glänzenden Sieg und die Wohlfahrt des großen deutschen Volkes und der Achse.«

Je mehr Juden in Palästina einwanderten, umso öfter kam es zu Feindseligkeiten. Jüdische Immigranten gründeten die **Hagana,** eine paramilitärische Schutzorganisation. NS-Judenverfolgung und Schoah lösten die fünfte Alijah aus. Gegen Ende des Zweiten Weltkriegs lebten ca. 500 000 Juden in Palästina. Großbritannien versuchte aus Angst vor dem eskalierenden jüdisch-arabischen Konflikt die Einwanderung gerade jener dem Holocaust Entkommenen zu unterbinden, die es selbst aus den Konzentrationslagern zu befreien mitgeholfen hatte. Es begann die **Alijah Beit,** die illegale Einwanderung der Juden.

»Die Tatsache, dass kein europäischer Staat imstande gewesen ist, die elementaren Rechte des jüdischen Volkes zu verteidigen und es gegen die Gewalt der faschistischen Henker zu beschützen, erklärt den Wunsch der Juden, einen eigenen Staat zu gründen. Es wäre ungerecht, das nicht zu berücksichtigen und das Recht des jüdischen Volkes auf Verwirklichung dieses Wunsches zu verneinen.« So sprach 1947 der sowjetische UN-Botschafter Andrej Gromyko. Die 1947 von den Vereinten Nationen beschlossene, auf dem **Peel Report** von 1937 basierende Teilung Palästinas in einen jüdischen und einen arabischen Staat mit Jerusalem unter internationaler Kontrolle wurde von den Arabern nicht akzeptiert. Großbritanniens Einfluss in Palästina nahm ab. Am 18. Februar 1947 erklärte die britische Regierung Seiner Majestät, dass sie im Verlangen nach einem jüdischen souveränen Staat und der ebenso starken arabischen Ablehnung einen »unvereinbaren Konflikt der Prinzipien« sehe und deshalb den vorzeitigen Abzug der Briten für den 15. August 1947 plane.

Jüdische Heimstatt

Bedrückende Gedenkstätte für die Opfer des Holocaust: Yad Vashem in Jerusalem

Gründung des Staats Israel

Mit dem Rückzug Großbritanniens war Palästina ein Problem der UN geworden. Uneinig war sich auch das jüdische Lager, wie die Zukunft aussehen könnte. **Ben Gurion,** Leiter der Sicherheitsabteilung der Jewish Agency, war strikt gegen jede Teilung Palästinas. **Chaim Weizmann** entwickelte einen Teilungsplan. Danach sollten die Küstenebenen, Galiläa und der jüdische Teil Jerusalems das Territorium des Staats Israel bilden. Palästina stand unter Kontrolle des United Nations Special Committee on Palestine (UNSCOP). Schon vor der Ausrufung des Staats wanderten Menschen aus 52 Ländern nach Palästina ein. Am 29. November 1947 nahmen die UN die **Resolution 181** an, nach der »unabhängige arabische und jüdische Staaten sowie das besondere internationale Regime für den Stadtbezirk von Jerusalem ... nicht später als am 1. Oktober 1948 zur Existenz gelangen« sollten.

Unabhängigkeitskrieg

Die Araber lehnten jede Teilung Palästinas kategorisch ab und begannen mit Kriegsvorbereitungen, auf welche die Juden reagieren mussten. Um Mitternacht am 14. Mai 1948 endete das britische Mandat. Am selben Tag versammelten sich der jüdische Volksrat und das Volksdirektorium unter der Leitung Ben Gurions im Museum von Tel Aviv. Man konstituierte einen provisorischen Staatsrat. Die neue israelische Fahne wurde enthüllt, der blaue Davidstern auf weißem Untergrund, flankiert von zwei blauen Längsstreifen. David Ben Gurion verlas die Unabhängigkeitserklärung, in der es u. a. hieß: »Gleich allen anderen Völkern ist es das natürliche Recht des jüdischen Volkes, seine Geschichte unter eigener Hoheit selbst zu bestimmen. Deswegen haben wir ... heute, am letzten Tag des britischen Mandates über Palästina, uns hier eingefunden und verkünden hiermit kraft unseres natürlichen und historischen Rechtes

Fatah und Hamas

Der Feind meines Feindes ist mein Freund – Fatah und Hamas, die großen palästinensischen Flügel, entsprechen selten dieser Redewendung. Zu unterschiedlich sind die Ansichten, wie mit dem Kontrahenten Israel umzugehen sei. Die Fatah tritt für eine Zweistaatenlösung unter Anerkennung Israels ein, während die Hamas Israel jedes Existenzrecht abspricht.

Frühe Radikalisierung: Kinder in Rafah

Die Fatah wurde im Jahr 1959 von Jassir Arafat und anderen gegründet. Ein unabhängiges demokratisches Palästina sollte durch den weltweiten bewaffneten Kampf erreicht werden. 1968 schloss sich die Fatah der PLO an, wurde deren stärkster Flügel. Bis zum schwarzen September 1970 (Attentat auf König Hussein, Entführungen westlicher Flugzeuge) beherbergte Jordanien die PLO, dann warf König Hussein die Freischärler aus seinem Land. Libanon und Tunesien waren Stationen von Arafats bis 1993 andauerndem Exil. Dem Terrorismus hatte die PLO damals schon abgeschworen, erkannte im Rahmen der Oslo-Verhandlungen das Existenzrecht Israels schriftlich an. 1993/94 war Arafat bereits ein gefährlicher Gegner auf eigenem Territorium erwachsen. Unter dem Eindruck der ersten Intifada (1987–91) hatte sich aus der ursprünglich nur sozial und karitativ tätigen Moslembruderschaft die militante Hamas gebildet und damit ein Gegengewicht zur Fatah. Viele Politologen glauben, Israel habe die Hamas eben deshalb anfangs gefördert. Der Plan, so es ihn gab, ging schief. Die Hamas wurde der härteste Gegner der Fatah und der größte Feind Israels.

Die Hamas, munitioniert von Syrien und dem Iran, überzog mit Islamischem Jihad und Al-Aqsa-Brigaden Israel v. a. während und nach der zweiten Intifada (2000–05) mit Dutzenden Selbstmordattentaten, permanentem Raketenbeschuss. Tat die Fatah einen Schritt zum Frieden, dann sorgte die Hamas dafür, dass er durch Terror wieder rückgängig gemacht wurde. Kritiker wurden und werden von der Hamas verfolgt, oft getötet.

In den offenen Bruderkrieg traten Hamas und Fatah (seit 2005 unter Arafat-Nachfolger Mahmoud Abbas) mit den Wahlen von 2006. Die Hamas stellte ihren Wahlkampf auf die in der Fatah grassierende Korruption ab, gewann die absolute Mehrheit. Die USA und die EU verweigerten ihrer Regierung jede Unterstützung. 2006 bildeten Hamas und Fatah eine kurze Einheitsregierung. Nach blutigen Kämpfen übernahm die Hamas 2007 die Kontrolle über Gaza. Abbas und die Fatah zogen sich, unterstützt von EU, USA und Arabischer Liga, auf die Westbank zurück – eine Art innerpalästinensische Zweistaatenlösung. 2009 erntete die Hamas für ihre Provokationen, die zu Israels Operation ›Gegossenes Blei‹ geführt hatten, heftige Schelte aus dem arabischen Lager.

Wie geht es weiter? 2017 einigten sich Fatah und Hamas auf Druck Ägyptens, eine Einheitsregierung zu bilden. Ein Anschlag auf die Wagenkolonne des palästinensischen Ministerpräsidenten in Gaza gefährdete Anfang 2018 die Umsetzung dieses Versöhnungsabkommens. Die Fatah machte die Hamas für das Attentat verantwortlich, die Hamas beschuldigte »Dritte«.

Jüdische Heimstatt

und aufgrund des Beschlusses der UN-Vollversammlung die Errichtung eines jüdischen Staates im Lande Israel – des Staates Israel.«

Schon in der Nacht vom 14. auf den 15. Mai 1948 erklärten die arabischen Staaten Israel den Krieg. Die Armeen Ägyptens, Syriens, des Transjordanlands, Iraks und des Libanon marschierten in Palästina ein. Doch die arabischen Armeen waren schlecht ausgerüstet, unzureichend ausgebildet, während Israel ein hochmotiviertes, kampferfahrenes und bestens ausgerüstetes Heer in den Krieg schicken konnte. Am 24. Februar 1949 war der Unabhängigkeitskrieg zu Ende. Israel schloss mit Ägypten und den anderen arabischen Gegnern einen Waffenstillstand.

Suez-Krise

Verschiedene Ereignisse führten 1956 zu diesem Krieg. Vom ägyptisch besetzten Gazastreifen wurden immer öfter Angriffe gegen Israel gestartet. Ägyptens Präsident Nasser verstaatlichte den Suez-Kanal und blockierte die Straße von Tiran, wodurch Israels Zugang zum Indischen Ozean abgeschnitten war. Großbritannien und Frankreich, die einen 99-jährigen Pachtvertrag über den Kanal hatten, entschieden sich in Absprache mit Israel für Krieg. Am 29. Oktober 1956 begann die Auseinandersetzung. Oberbefehlshaber **Moshe Dajan** marschierte auf dem Sinai ein. Zwei Tage später bombardierten Frankreich und Großbritannien Ägypten, dessen Niederlage am 6. November, als die USA ein Ende des Kriegs erzwangen, besiegelt war.

Sechstagekrieg

UN-Soldaten auf dem Sinai und in Gaza sicherten seit 1957 den Frieden an der ägyptisch-israelischen Grenze. Doch an den Grenzen zu Syrien und Jordanien kam es seit 1962 immer häufiger zu Gefechten, die im Juli 1966 zu schweren Zusammenstößen von syrischen und israelischen Panzerverbänden führten. Als auf Ägyptens Drängen die Friedenstruppen aus dem Sinai und von Gaza abziehen mussten und Nasser kurz darauf abermals die Straße von Tiran blockierte, machte Israel mobil. Die Großmächte reagierten unterschiedlich auf die Situation: Frankreich wollte keinen Krieg, die USA und Großbritannien stellten sich auf die Seite Israels und die Sowjetunion erklärte sich zu Ägyptens Schutzmacht.

Am 1. Juni 1967 bildete Israels Premier **Levi Eshkol** eine Regierung der nationalen Einheit. Verteidigungsminister wurde Moshe Dajan, der Mann mit der Augenklappe. Am 5. Juni 1967 starteten 183 israelische Kampfjets Richtung Ägypten und zerstörten in zwei Wellen und knapp fünf Stunden 304 ägyptische Kampfflieger auf dem Boden – drei Viertel der ägyptischen Luftwaffe, die nicht vorbereitet war. Nun griffen Jordanien und Syrien in den Krieg ein. Jordanien verlor seine gesamte Luftwaffe, Syrien etwa die Hälfte. Am 6. Juni besetzte Israel den Gazastreifen, am 7. und 8. Juni Hebron, Ramallah, Nablus und Jericho, am 10. Juni den Sinai. Doch am wichtigsten war die Einnahme Jerusalems. Kurz darauf wurde Jerusalem zur Hauptstadt Israels erklärt, eine Entscheidung, die bis heute nicht international anerkannt ist. Am 9. Juni führte Syrien von den Golanhöhen aus Angriffe gegen Israel. Einen Tag später war der Golan gefallen, der Krieg zu Ende. Neun Tage nach Kriegsende bot Israel Syrien und Ägypten die Rückgabe des Golan und des Sinai als »Gegenleistung für Frieden und Entmilitarisierung« an.

Jom-Kippur-Krieg

Die Spannungen zwischen Israel und den Arabern hatten sich seit dem Sechstagekrieg neu aufgebaut. Anstatt auf Frieden zu setzen, beschossen Ägypter vom Frühjahr 1969 an über den Suezkanal hinweg den besetzten Sinai. Die palästinensische Terrorwelle erreichte mit dem Anschlag bei den Olympischen Spielen in München 1972 ihren Höhepunkt. Doch der Krieg, der 1973 an Jom Kippur, also am 6. Oktober, losbrach, überraschte die Israelis, deren Armee nicht mobilisiert war, nicht minder als die übrige Welt. Ägypten und Syrien begannen mit gleichzeitigen Angriffen. Der Sieg

Geschichte

schien für die Araber greifbar nahe. Doch am 16. Oktober war die ägyptische Armee eingekesselt und die Israelis standen jenseits des Suezkanals 220 km vor Kairo. Der 18-tägige Krieg endete durch das Drängen der UN auf Verhandlungen, was wohl auch die Absicht war, die Ägyptens Präsident Sadat mit dem Angriff verfolgte – Gespräche am grünen Tisch. Sein Kalkül ging auf, als Ägypten 1979 den Sinai zurückbekam. In Israel musste Ministerpräsidentin **Golda Meir** zurücktreten, das Vertrauen in die stets siegreiche israelische Armee war erschüttert. Die arabische Welt reagierte mit dem Ölembargo gegen den Westen.

Der Weg zum Camp-David-Abkommen

Premierminister **Menachem Begin** rief am 21. Juni 1977 die Führer Jordaniens, Syriens und Ägyptens auf, mit ihm über Frieden zu sprechen. Einzig Ägyptens Staatschef Sadat ergriff die Chance und reiste – nach langen offiziellen Vorgesprächen – am 19. Juli 1977 nach Jerusalem, wo er sich in Yad Vashem vor den Opfern des Holocaust verbeugte und am Nachmittag in der Knesset sprach. »Frieden ist nicht mehr als ein leeres Wort, wenn er nicht auf Gerechtigkeit basiert, sondern auf der Okkupation von Land, das anderen gehört … Wir bestehen auf dem vollständigen Abzug aus diesen Gebieten, einschließlich aus dem arabischen Jerusalem.«

Am 26. März 1979 wurden in Camp David, dem Landsitz des US-Präsidenten Jimmy Carter, Rahmenvereinbarungen für einen Friedensvertrag zwischen Israel und Ägypten geschlossen. Die meisten arabischen Länder lehnten dies ab. Ägypten wurde von der Arabischen Liga ausgeschlossen und Sadat, der mit Begin dafür den Friedensnobelpreis erhielt, unterschrieb mit der Urkunde auch sein Todesurteil. Am 6. Oktober 1981 wurde er von Terroristen »wegen seines Verrats« erschossen. Der Frieden zwischen Ägypten und Israel ist bis heute ein kalter Frieden geblieben. Aber Camp David bereitete den Weg für die Verhandlungen ab den 1990er-Jahren.

Operation Frieden für Galiläa

Am 6. Juni 1982 marschierte die israelische Armee im Südlibanon ein. Sechs Wochen lang wurde der von palästinensischen und schiitischen Gruppen kontrollierte Westteil Beiruts trotz internationaler Proteste systematisch bombardiert und ausgehungert, bis PLO-Führer Arafat nachgab und mit 13 000 Menschen auf dem Seeweg evakuiert wurde. Die Operation Frieden für Galiläa (Shalom HaGalil) hätte zu Ende sein können, doch die Israelis marschierten in West-Beirut ein. In den Flüchtlingslagern Sabra und Shatila wurden 3000 Männer, Frauen und Kinder ermordet. Erstmals formulierte die israelische Öffentlichkeit Kritik an der Armee und den Übergriffen auf Zivilisten. Im September protestierten über 400 000 Israelis gegen die Barbarei der Armee. Begin sah sich deswegen 1983 zum Rücktritt gezwungen. Die PLO ging aus dieser Situation gestärkt hervor.

Jüngere Geschichte

Erste Intifada

Internationale Anerkennung blieb der PLO wegen ihres Terrorismus auch dann noch verwehrt, als sie einen Beobachterstatus bei den Vereinten Nationen bekam und botschaftsähnliche Büros in vielen Hauptstädten unterhielt. Seit 1974 akzeptierte die PLO den Staat Israel in seinen Grenzen vor dem Sechstagekrieg von 1967. Auf dem Nationalkongress 1988 wurde der Palästinenserstaat proklamiert, basierend auf den Grenzen des UN-Teilungsplans von 1947. Jordaniens König Hussein verzichtete auf alle die Westbank betreffenden Rechte zugunsten der Palästinenser. Doch dem ging die Intifada voraus. Vom 8. zum 9. Dezember 1987 begann auf der Westbank und in Gaza der Aufstand der Palästinenser. Mit Steinen, Flaschen, Knüppeln und Molotowcocktails griffen vor allem Jugendliche israelische Soldaten an und provozierten damit harte Gegenmaßnahmen, durch die die

Jüngere Geschichte

Von Mauern umgeben: das autonome Palästina

Weltöffentlichkeit auf die palästinensische Tragödie aufmerksam wurde.

Israels Regierung reagierte hart, sperrte die palästinensischen Gebiete, schloss Schulen, reagierte auf Steinewerfer mit Plastikgeschossen. Auch auf Kinder und Jugendliche wurde das Feuer eröffnet. Die Intifada veränderte auch Israels Innenpolitik. Junge Israelis verweigerten den Wehrdienst in den Intifada-Gebieten. Eine breite Öffentlichkeit erkannte das Recht der Palästinenser auf einen selbstständigen Staat an.

Palästinensische Autonomie

Vom 20. bis 22. Januar 1993 verabredeten sich israelische und arabische Unterhändler zu einem Geheimtreffen in Oslo/Norwegen. Diese Zusammenkunft und die zahllosen folgenden Verhandlungen führten schließlich zur Declaration of Principles, kurz **Oslo I,** und zum Gaza-Jericho-Grundsatzabkommen, kurz **Oslo II,** das am 13. September 1993 von Premier **Yitzhak Rabin,** Außenminister **Shimon Peres,** Palästinenserführer **Jassir Arafat** und US-Präsident **Bill Clinton** in Washington unterzeichnet wurde. In Artikel XIV heißt es: »Israel wird sich aus dem Gazastreifen und dem Gebiet von Jericho zurückziehen.« Bereits vorher hatte Arafat »das Recht des Staates Israel anerkannt, in Frieden und Sicherheit zu existieren«. Ausgespart blieb die alles entscheidende Jerusalem-Frage (s. Thema S. 148).

Dem **Washingtoner Rahmenabkommen** mit den Palästinensern, im Mai 1994 in Kairo *en détail* bestätigt, folgte der **Frieden mit Jordanien,** feierlich besiegelt am 26. Oktober 1994 im Wadi Arava bei Aqaba. Seit 1999 zeigte sich Israel bereit, mit Syrien zu verhandeln. Syrien fordert zuerst die bedingungslose Rückgabe der Golanhöhen, danach wolle man über Frieden verhandeln. Israels Position lautet »Land gegen Frieden«. Vorangebracht wurde die Verwirklichung der palästinensischen Autonomie. Im September 1995 unterzeichneten Rabin und Arafat in Washington das **erweiterte Autonomieabkommen,** das den Rückzug aus sieben Städten (u. a. Bethlehem, Nablus und Ramallah) und 450 Dörfern im Westjordanland regelt.

Geschichte

Ermordung Yitzhak Rabins

Am 4. November 1995 kamen 100 000 Israelis in Tel Aviv zu einer Friedensdemonstration zusammen. In den Seitenstraßen sammelten sich rechtsradikale Juden, die die US-Flagge verbrannten und eine Puppe anzündeten, die Ministerpräsident Yitzhak Rabin darstellte. Auf der Kundgebung sprach auch Rabin. Kurz nach seiner Rede stürmte ein 27-jähriger Student, Anhänger der extremistischen jüdischen Kach-Bewegung, auf den Friedensnobelpreisträger zu und tötete ihn mit drei Schüssen. Wie weit der Friedensprozess zu diesem Zeitpunkt schon gediehen war, sah man bei der Beisetzung Rabins: Außer König Hussein von Jordanien und Ägyptens Staatschef Hosni Mubarak kamen wichtige Mitglieder der palästinensischen Selbstverwaltung, dazu Minister aus dem Oman, Qatar, Mauretanien und Marokko, die erstmals ihren Fuß auf israelischen Boden setzten.

Im Januar 1996 wurde Jassir Arafat mit überwältigender Mehrheit zum palästinensischen Präsidenten gewählt. Seine Wahl war eine klare Absage an die **Hamas-Bewegung** (s. Thema s. S. 50), die aus Protest gegen den israelisch-palästinensischen Frieden die Wahl boykottierte und in den Wochen darauf bei spektakulären Bombenattentaten u. a. in Jerusalem und Tel Aviv über 60 Zivilisten tötete und damit den Friedensprozess stoppen wollte. Kurz vor den Knesset-Wahlen im Mai 1996 geriet die Regierung Peres, die sich ihres Siegs schon sicher war, durch Anschläge palästinensischer Anti-Friedens-Terroristen unter innenpolitischen Druck, denn Benjamin Netanyahus oppositioneller Likud-Block gewann dadurch bei Umfragen mehr und mehr die Sympathien der Wähler.

Bomben auf Beirut

Im April 1996 reagierte die Regierung Peres militärisch auf die Terrorwelle der Hamas und auf die zunehmenden Katjuscha-Angriffe der pro-iranischen Hisbollah im Süden des syrisch kontrollierten Libanon. In der Operation Früchte des Zorns (u. a. 104 Tote im UN-Hospital von Qanaa) bombardierten Artillerie und

Ariel Scharons Besuch auf dem Tempelberg löste 2000 die zweite Intifada aus

Jüngere Geschichte

Kampfflugzeuge erstmals nach 14 Jahren wieder Beirut. Doch die Wahlen gewann **Benjamin Netanyahu,** der in den drei Jahren seiner Regierung den Friedensprozess systematisch demontierte, Abkommen brach und den Bau von Siedlungen vorantrieb. Die Quittung der Wähler bekam er im Mai 1999, als **Ehud Barak** mit überraschend klarer Mehrheit zum neuen Premier gewählt wurde und eine breite Koalition bildete.

Zweite Intifada

Am 28. September 2000 machte sich der Likud-Führer und spätere Premier Ariel Scharon in Begleitung von Hunderten Journalisten, Militärs und Polizisten zu einem Besuch des Tempelbergs auf. Die Botschaft war eindeutig: Der Tempelberg, auf dem Felsendom und Al-Aqsa-Moschee stehen, war, ist und bleibt jüdisch. Es kam zu gewalttätigen Auseinandersetzungen mit Palästinensern, auf die israelische Sicherheitskräfte mit scharfer Munition schossen und viele verletzten, etliche töteten. In der durch eine Reihe von Selbstmordattentaten im Herzland Israels bereits aufgeheizten politischen Situation führte der Scharon-Besuch zur zweiten Intifada, zumindest aber beschleunigte die provokante Aktion deren unaufhaltsames Ausbrechen. Die Palästinenser sprechen von der **Al-Aqsa-Intifada,** ein Aufstand, der ungleich blutiger ausfiel als die erste Intifada. Israels Antwort waren die Besetzung von Teilen des Westjordanlands und des Gazastreifens sowie regelmäßige schwere Bombardierungen.

Scharon wird Premierminister

Im Februar 2001 wurde **Ariel Scharon** Ministerpräsident von Israel, 2003 im Amt bestätigt. Die Wahlen gewann er mit dem Versprechen, die durch zahlreiche palästinensische Selbstmordattentate desolate innere Sicherheit Israels wiederherzustellen. Als Kopf des Terrors gegen Israel betrachtete Scharon seinen Erzfeind, Jassir Arafat, den er als Gesprächspartner von Anfang an ablehnte.

2003 begann Israel mit dem Bau einer über 750 km langen Sperranlage, die das Westjordanland von Israel trennt und international kritische Assoziationen zum Berliner Mauerbau hervorruft. Durch den rechtswidrigen Verlauf der Anlage verlor das palästinensische Westjordanland, wie später Israels höchste Gerichte bestätigten, einen Teil seines Territoriums. Am 11. November 2004 starb Arafat bei Paris.

Scharon-Plan

Im Dezember 2003 überraschte Scharon Freund, Feind und die Völkergemeinschaft mit dem sogenannten **Scharon-Plan,** der den einseitigen Abzug aus Gaza und Teilen des Westjordanlands vorsah, da die militärische Besetzung auf Dauer nicht bezahlbar war. Die Umsetzung führte zu einer Regierungskrise, in deren Verlauf Scharon die Arbeitspartei als neuen Koalitionspartner gewinnen konnte. Siedlerbewegung und Rechte warfen Scharon Verrat an seiner eigenen Politik vor. Als Reaktion auf den wachsenden Widerstand auch in seiner eigenen Likud-Partei trat Scharon im November 2005 als Premier zurück, verließ die Partei und wollte mit der neu gegründeten Partei Kadima (›Vorwärts‹) zu Neuwahlen antreten. Die Zeichen standen auf Wahlsieg, doch es kam nicht mehr dazu. Schlaganfall, Gehirnblutung, Koma – im April 2006 wurde Scharon vom Kabinett für amtsunfähig erklärt, sein bisheriger Stellvertreter **Ehud Olmert** neuer Premierminister.

Olmert gewann die Wahlen 2006, wollte bis 2010 unter Aufgabe illegaler jüdischer Siedlungen die Grenzen für Israel festlegen, einseitig – so sagte er. Einen Gesprächspartner hatte Olmert auf palästinensischer Seite ohnehin nicht, seit die Hamas, die Israels Existenzrecht nicht anerkennt, bei den Wahlen 2006 die absolute Mehrheit gewonnen und der gemäßigte Arafat-Nachfolger **Mahmoud Abbas** kaum noch politischen Spielraum für verbindliche Gespräche oder Verhandlungen hatte. Olmert selbst war Premier auf Abruf und wegen nachgewiesener Korruption innenpolitisch schwer angeschlagen.

Geschichte

Libanon-Desaster

»Israel vollzieht mit der am 12. Juli 2006 begonnenen Militäroperation Gerechter Preis einen Akt der Selbstverteidigung in seiner wesentlichsten Natur.« So rechtfertigte im Sommer 2006 Premier Olmert eine gegen den Libanon gerichtete Militäraktion, deren erklärtes Ziel es war, nach der Entführung eines israelischen Soldaten durch die Hisbollah diese im Südlibanon zu entwaffnen und den unaufhörlichen Beschuss von Israels Norden mit Katjuscha-Raketen ein für allemal zu unterbinden. International heftig kritisiert, aber von den USA toleriert, legte die israelische Luftwaffe im Zug dieses Kurzkriegs Teile Beiruts und des Libanons in Schutt und Asche, zerbombte Wohnviertel und tötete Unschuldige – erfolglos. Am Ende musste Israel einen so peinlichen Waffenstillstand akzeptieren, wie ihn das Land noch nie erlebt hat. Die Aktion geriet zu einer Selbstdemontage der Regierung Olmert, von einer Entwaffnung der Hisbollah konnte keine Rede sein.

Ende 2006 geriet Olmert wegen des Libanon-Debakels innenpolitisch unter Druck. Den Palästinensern stellte er zwar für wahren Frieden einen unabhängigen Staat in Aussicht, doch seine politischen Gegner glaubten, Olmert kehre zu seinem wahren Ich zurück. Er werde keine jüdische Siedlungen, nicht einmal die illegalen auflösen, habe auch nicht das Format, um mit den gesprächsbereiten Syrern und den Palästinensern Friedensgespräche zu beginnen. Mit wem auch? Die Hamas, die Israel das Existenzrecht abspricht, hatte die Wahlen in Palästina mit absoluter Mehrheit gewonnen. Olmerts Verhandlungspartner, Palästinenserpräsident Abbas, war nach dem Scheitern seiner im März 2007 vereidigten Einheitsregierung aus Fatah und Hamas ein Herrscher ohne wirkliche Macht.

Treffen von Annapolis

Beim Treffen von Annapolis 2007, der ersten Nahost-Friedenskonferenz seit 2000, nahmen Israel und Palästina einen neuen Anlauf, Frieden auf der Basis der Zweistaatenlösung zu schließen. Olmert signalisierte die Bereitschaft, seit Jahrzehnten besetzte Gebiete zurückzugeben, auch heikle Themen wie die Jerusalem-Frage, die Grenzen des Palästinenserstaats oder die Flüchtlingsfrage anzugehen. Innenpolitisch blieben Abbas ähnlich glänzende Auftritte verwehrt. Im Juni 2007 setzte Abbas die Einheitsregierung ab, denn der Bruderkrieg zwischen Fatah und Hamas hatte nicht nur über 100 Tote auf beiden Seiten gefordert, sondern auch der radikalen Hamas die vollständige Machtübernahme im Gazastreifen ermöglicht. Die Hamas-Herrschaft sollte sich als blutig erweisen. Andersdenkende werden verfolgt, Kollaborateure gefoltert und gelyncht – der Verdacht genügt.

60 Jahre Israel

Das Jahr 2008 stand im Zeichen der Feiern zum 60-jährigen Bestehen des Staates Israel. Eine neue Friedensinitiative unternahm die internationale Gemeinschaft im Juni mit der Palästina-Konferenz in Berlin. Über 40 Staaten sagten der Palästinensischen Autonomiebehörde für das Westjordanland 156 Mio. Euro für den Aufbau von Polizei, Justiz und Strafvollzug zu. Ausgenommen von der Unterstützung blieb ausdrücklich der von der militanten Hamas kontrollierte Gazastreifen.

Über Frieden nachdenken, den Unfrieden zementieren, das war im Juli 2008 in gewohnter Manier die Politik der Jerusalemer Stadtverwaltung. Den jüdischen Siedlern im östlichen Stadtteil Har Homa genehmigte die Planungsbehörde den Bau von 920 Wohnungen. Die Neubauten in Har Homa hatten bereits 1997 zu Protesten von Palästinensern und zur Aussetzung der Besiedlung für zwei Jahre geführt. In Akko kam es nach Provokationen arabischer Jugendlicher (sie fuhren an Jom Kippur durch ein jüdisches Viertel) zu blutigen Unruhen zwischen jüdischen und arabischen Israelis. In den Augen der radikalen Rechten sind die israelischen Araber eine feindselige fünfte Kolonne. Sie fordern ihre Deportation in die palästinensischen Gebiete.

Jüngere Geschichte

Operation Gegossenes Blei

Als Antwort auf den anhaltenden Raketenbeschuss startete Israels Armee zwischen Weihnachten und Silvester 2008 eine Großoffensive gegen die Infrastruktur und Führung der Hamas im Gazastreifen. Nach offiziellen Angaben hatten seit Herbst 2001 über 10 000 Raketen in israelischen Grenzstädten eingeschlagen und dabei 32 Israelis getötet, über 600 verletzt. Auf Vermittlung insbesondere Ägyptens, das der Hamas eine erhebliche Mitschuld an dem Krieg zusprach, kam es zu einer Waffenruhe.

Koalition der Friedensverweigerer

Aus den Neuwahlen 2009 ging **Benjamin Netanyahu** (Likud) als Ministerpräsident hervor. Möglich machte dies eine Koalition mit Ehud Baraks Arbeiterpartei und dem Chef der ultrakonservativen Partei Beitenu (›Unser Israel‹), dem bulligen **Avigdor Lieberman.** Netanyahu und Lieberman lehnen beide eine Eigenstaatlichkeit Palästinas ab. Lieberman, nach seiner Übersiedlung 1978 von Moldawien zunächst Nachtklub-Türsteher, gilt als ein Mann der markigen Worte. In der Vergangenheit hatte er die Hinrichtung arabischstämmiger Abgeordneter mit Kontakten zur radikalislamischen Hamas gefordert. Im Wahlkampf verlangte er von arabischen Israelis einen Treueschwur auf den Staat Israel. Bei seinen Gegnern trug ihm dies den Ruf eines Rassisten und Faschisten ein. Doch sein Kalkül geht auf: Libermans Wähler sind, seit er 1999 erstmals in die Knesset einzog, die über 1 Mio. Einwanderer aus der früheren Sowjetunion.

Bei den vorgezogenen Wahlen im Januar 2013 wurde Netanyahu im Amt bestätigt, der Block aus Likud und Beitenu erwies sich mit 31 Mandaten zwar als stärkste Kraft, verlor aber 11 Sitze gegenüber 2009.

Seit 2009 versuchten die USA eine neue Friedenspolitik einzuleiten: mit Stopp des Siedlungsbaus, Einbeziehung der Hamas und dem klaren Ziel einer Zweistaatenlösung. Dem widersetzte sich die Regierung Netanyahu nach Kräften; allen voran Außenminister Liberman verweigerte umfassende Friedensgespräche mit den Palästinensern und fühlte sich an Annapolis nicht gebunden. Das Verhältnis zum Verbündeten USA erreichte einen Tiefpunkt.

Uneinigkeit herrschte sowohl über den international mehrheitlich missbilligten illegalen **Siedlungsbau** als auch über das Vorgehen im **Atomkonflikt mit dem Iran.** US-Präsident Barack Obama schloss eine Beteiligung an einem Angriff Irans aus. 2014 verschärfte sich der Konflikt mit der EU, die als Reaktion auf Israels anhaltenden illegalen Siedlungsbau eine generelle Kennzeichnungspflicht für Waren aus den von Israel besetzten Gebieten plante und 2014/15 einführte. Diese Güter genießen keine Zollvergünstigungen der EU.

Als Beispiel politischer Verrohung dürfen die Parlamentswahlen 2015 gelten. Im Endspurt hatte Netanyahu, um rechte Wähler zu mobilisieren, auf Facebook gewarnt, unterstützt von linken Aktivisten würden israelische Araber ›busseweise‹ zu den Wahllokalen gefahren. Etliche Wochen später entschuldigte sich der wiedergewählte Premier für das ›Missverständnis‹.

Im Januar 2016 legten USA und EU den seit 13 Jahren schwelenden Atomstreit mit dem Iran bei, internationale Sanktionen wurden aufgehoben. Netanyahu bezeichnete das Atomabkommen als »Albtraum für die Welt«.

Einen späten Sieg für die Gleichberechtigung errangen im Februar 2016 die liberaljüdischen »Frauen der Klagemauer«. Nach 27 Jahren setzten sie bei der Regierung gegen empörte Orthodoxe durch, wie die Männer laut an der Klagemauer beten zu dürfen, in einem eigenen, 900 m^2 großen Bereich. Als Bestätigung ihrer Politik wertete Israels Regierung den Beschluss der USA, im Mai 2018 zum 70-jährigen Bestehen Israels die US-Botschaft von Tel Aviv in das als Hauptstadt international nicht anerkannte Jerusalem zu verlegen.

Innenpolitisch kämpfte Premier Netanyahu 2018 gegen Ermittlungen wegen Korruption und Betrug. Außenpolitisch ging Israel im Kampf gegen Irans Vorherrschaft in Nahost eine bemerkenswerte Interessenallianz ein – mit Saudi-Arabien.

Zeittafel

ab 14 000 v. Chr.	In der Region existieren nomadische Jäger und Sammler.
3100–13. Jh. v. Chr.	Erste Stadtstaaten in Kanaan. Abrahams Nachkommen wandern nach Ägypten aus. Moses führt die Israeliten ins gelobte Land.
11./10. Jh. v. Chr.	König Salomo errichtet in Jerusalem den Ersten Tempel.
586 v. Chr.	Der Tempel in Jerusalem wird zerstört, Juden kommen in babylonische Gefangenschaft.
529 v. Chr.	Perserkönig Kyros erlaubt den Juden die Rückkehr nach Jerusalem. Die Arbeiten für den Zweiten Tempel beginnen.
336–323 v. Chr.	Alexander der Große erobert Palästina und Jerusalem.
63 v. Chr.	Palästina wird römische Provinz.
3–39 n. Chr.	Unter dem Prokurator Pontius Pilatus wird Jesus gekreuzigt.
66–73	Aufstand gegen die Römer. 70 erobern die Römer Jerusalem, zerstören den Tempel.
135–350	Der Bar-Kochba-Aufstand scheitert. Kein Jude darf mehr Jerusalem betreten.
638–1009	Siegeszug des Islam. Jerusalem bleibt allen Religionen zugänglich.
1095–1291	Papst Urban II. ruft zu den Kreuzzügen auf. Jerusalem ist Kreuzfahrermonarchie. Araberführer Saladin erobert 1187 Palästina zurück.
1516–1917	Der osmanische Sultan Selim I. nimmt Jerusalem ein. Sein Sohn Sultan Suleyman errichtet Jerusalems Altstadt.
1897	Theodor Herzl präsentiert seine Idee vom eigenen Judenstaat.
1937–47	Die Briten schlagen die Teilung Palästinas in einen jüdischen und einen arabischen Staat vor.
1948	Abzug der Briten. Am 14. Mai erklärt Israel die Unabhängigkeit.
1956	Suez-Krise – Israel erobert den Sinai und räumt ihn auf Drängen der Vereinten Nationen wieder.
1967	Sechstagekrieg: Israel erobert Ost-Jerusalem, Westjordanland, Golan und Sinai.

Jom-Kippur-Krieg: Ägypten gewinnt einen Teil des Sinai zurück.	**1973**
Ägyptens Präsident Sadat verhandelt in Jerusalem über Frieden.	**1977**
Im Camp-David-Abkommen gibt Israel den Sinai an Ägypten zurück.	**1979–85**
Beginn der ersten Intifada. Jordanien tritt 1988 seine Ansprüche auf das Westjordanland an die PLO ab.	**1987/88**
1993 einigen sich Israel und die PLO auf die Osloer Prinzipienerklärung. Jordanien und Israel schließen 1994 Frieden. Bei einer Friedenskundgebung 1995 in Tel Aviv erschießt ein jüdischer Extremist Premier Rabin. Arafat wird 1996 erster palästinensischer Präsident.	**1993–96**
Likud-Führer Ariel Scharon, ab 2001 Premier, löst mit seinem Tempelbergbesuch Unruhen aus. Beginn der zweiten Intifada.	**2000/01**
Baubeginn der Mauer zum Westjordanland. Das Nahost-Quartett (USA, EU, UN, Russland) legt Plan für die Zweistaatenlösung vor.	**2002/03**
Bruderkrieg im Gaza. Die Hamas jagt und tötet Fatah-Anhänger. Im Krieg gegen die Hamas marschiert Israel im Gazastreifen ein.	**2007/08**
Der neue Premier Netanyahu bildet eine Koalition mit dem ultranationalistischen Avigdor Lieberman. Beide lehnen eine Zweistaatenlösung und den Siedlungsstopp ab.	**2009**
Soziale Proteste gegen steigende Lebenshaltungskosten, gewalttätige Übergriffe ultraorthodoxer Juden auf Säkulare und der Atomkonflikt mit dem Iran bestimmen die Politik.	**2011/12**
Ein Gesetz verpflichtet auch Ultraorthodoxe zum Wehrdienst. ›Preisschild‹-Attacken extremistischer jüdischer Siedler im Westjordanland. Gazakrieg zwischen Israel und der Hamas.	**2014**
Vorgezogene Neuwahlen: Netanyahu wird zum 4. Mal Premier.	**2015**
Israel lehnt den internationale Atom-Deal mit dem Iran strikt ab.	**2016**
Das unter Donald Trumps Amtsvorgänger Barack Obama zerrüttete amerikanisch-israelische Verhältnis ist gekittet. Zum 70-jährigen Bestehen Israels verlegen die USA ihre Botschaft nach Jerusalem, die international nicht anerkannte Hauptstadt. Der illegale Siedlungsbau geht weiter, geplant sind 60 000 neue Wohnungen im Westjordanland.	**2018**

In Israel leben rund 1,8 Mio. israelische Araber, etwa 20 % davon sind gläubige Christen

Gesellschaft und Alltagskultur

Israel war schon eine Multikulti-Gesellschaft, als es den Begriff noch gar nicht gab. Das Land ist ein Schmelztiegel für Menschen aus aller Welt und Kreuzungspunkt für die drei monotheistischen Weltreligionen.

Bevölkerung

Wenn man die vielen verschiedenen Gesichter und Menschentypen in Israel betrachtet, hat man in Augenblicken eine kleine Weltreise hinter sich. Israel ist ein ausgesprochenes Einwanderungsland mit Bürgern aus über 140 Nationen. Anspruch auf den israelischen Pass hat, wer entweder Kind einer jüdischen Mutter oder aber zum jüdischen Glauben übergetreten ist und keiner anderen Religion angehört – unabhängig von einer anderen Nationalität. Israel hält seine Tore demonstrativ weit offen, wohl auch deshalb, weil man während des Holocaust erleben musste, wie Großbritannien als Mandatsmacht die Auswanderung von Juden nach Palästina erbarmungslos blockierte oder wie die USA sich weigerten, die Quote für jüdische Flüchtlinge heraufzusetzen.

Israel hatte Anfang 2018 ca. 8,8 Mio. Einwohner. Im Vergleich zu 1960 (2,15 Mio.) hat sich die Bevölkerung in über 50 Jahren bald vervierfacht. Nach Berechnungen der israelischen Statistikbehörde Central Bureau of Statistics werden um 2060 knapp 16 Mio. Menschen in Israel leben, orthodoxe Juden und Araber die Mehrheit bilden. Über ein Drittel aller Juden weltweit lebt in Israel – Tendenz steigend. Die Bevölkerungsdichte lag 2015 bei 381 Einwohnern/km^2 gegenüber 106,2 im Jahr 1960. Über 20 % der Bevölkerung leben im Großraum Tel Aviv, mehr als 10 % in Jerusalem. 3,3 % der Israelis wohnen im Kibbuz. Die Lebenserwartung gehört zu den höchsten der Welt. Sie liegt für Frauen bei 83,6 und für Männer bei 80 Jahren. Die Fertilität von 3 ist die höchste unter den Industriestaaten.

Ein besonderes Problem der Unterbringung und auch Eingliederung in die Gesellschaft stellten in den vergangenen Jahren die Einwanderer dar. Über 800 000 kamen zwischen 1989 und 1999 v. a. aus der ehemaligen Sowjetunion, aber auch aus Äthiopien. Unter den Einwanderern, die Hälfte 15 Jahre alt und älter, gab es überdurchschnittlich viele Akademiker. Ein Großteil davon fand bis heute keine Anstellung im erlernten Beruf. Israels Wirtschaftswachstum ermutigte Juden aus den USA und Europa, in Israel einzuwandern.

Durch stete Einwanderung geschult, hat Israel ein nahezu perfektioniertes System der Integration entwickelt. Jeder Einwanderer, sofern er nicht Hebräisch spricht, geht erst einmal für mehrere Monate auf die Ulpan, die Sprachschule. Dem folgt der mehrjährige Wehrdienst, der Neu- und Altbürger weiter zusammenschweißen soll. Soweit die Theorie. Im Alltag sehen sich insbesondere dunkelhäutige Immigranten, hauptsächlich die mehr als 135 000 Juden aus Äthiopien, mit Rassismus und offenen Anfeindungen konfrontiert. 2015 eskalierten Proteste, nachdem ein Video bekannt geworden war, das zeigte, wie Polizisten einen äthiopischstämmigen Soldaten verprügelten.

Sephardim

Mehr als die Hälfte der Bevölkerung stammt aus dem Orient. Sie werden als Juden sephardischen Ursprungs bezeichnet. Sephardisch leitet sich von dem Wort Sefarad ab, das eigentlich Spanien bedeutet. Man versteht darunter heute alle Juden (und deren Nachfahren) aus Arabien und dem Maghreb, die bis zu ihrer Vertreibung im 15./16. Jh. in Spanien und Portugal gelebt hatten.

Aschkenasim

Als Aschkenasim (›deutscher Herkunft‹) bezeichnet man Juden aus Ost- und Mitteleuropa, den Vereinigten Staaten, Australien und Neuseeland. Im 19. Jh. stellten die Sephardim die jüdische Elite in Palästina. Doch den aschkenasischen Juden, meist aus wohlhabenden Gemeinschaften stammend, wird der weitaus größere Einfluss auf die Entwicklung Israels und der modernen Gesellschaft zugeschrieben.

Andere jüdische Gruppierungen

Soweit die Mehrheit der Bevölkerung, aber es gibt auch **kurdische Juden** aus dem Irak, **indische Juden** oder die **Buchara-Juden** aus Zentralasien. Die in den 1980er- und 1990er-Jahren aus Äthiopien evakuierten 26 000 Juden werden **Falaschen** genannt. Um sie gab es einen erbitterten Streit, da sie Riten aus der Zeit des Ersten Tempels pflegten und nicht koscher lebten. Das Oberrabbinat als höchste jüdische Autorität wollte diesen Immigranten aus Äthiopien die Zugehörigkeit zum jüdischen Glauben absprechen. Unter dem öffentlichen Druck gaben die obersten Rabbiner schließlich nach.

Araber

Rund 1,8 Mio. Israelis sind Araber, davon 20 % koptische, katholische, maronitische oder griechisch-orthodoxe Christen und 80 % Muslime, meist der sunnitischen Glaubensrichtung angehörend. Die Araber mit israelischem Pass haben sich in den vergangenen Jahren mehr und mehr von ihrem Staat entfremdet. Wie in Sippenhaftung fühlen sie sich für Israels Konflikt mit den Palästinensern verantwortlich gemacht. Viele bezeichnen sich heute demonstrativ als Palästinenser und sagen, Israel sei nicht ihr Staat, zumal sie weder in der Nationalhymne noch in Symbolen der Flagge vorkämen.

Der Blick in die Statistik bestätigt sie. Was die wirtschaftliche und soziale Lage angeht, rangieren die israelischen Araber weit unter dem Durchschnitt. Die ärmsten Siedlungen in Israel sind arabische. Israelische Araber, immerhin 20 % der Bevölkerung, besitzen nur 3 % des Landes. Noch nie waren arabische Parteien an einer israelischen Regierung beteiligt. Die Nichtregierungsorganisation Adalah (›Gerechtigkeit‹) moniert, dass es fast drei Dutzend Gesetze gebe, welche die arabischen Staatsbürger benachteiligen. Viele sprechen von Apartheid, und die Kluft wächst. Andererseits sind auch die israelischen Araber zerrissen: Können sie voll zu einem Staat stehen, der die Gebiete ihrer arabischen Brüder besetzt hält und mit jüdischen Siedlungen überzieht?

Drusen

In vielen Dörfern Galiläas leben Drusen, die sich arabisch kleiden und arabisch sprechen, sich aber im 11. Jh. vom Islam mit einem eigenen Verständnis des Korans abgewandt haben. Darazi, persischer Vertrauter des Fatimiden-Kalifen Hakim, hatte sich Anfang des 12. Jh. in den Libanon geflüchtet und dort die Glaubensgemeinschaft gegründet. Die Drusen verehren als höchsten Heiligen Hakim, glauben an Seelenwanderung (ausschließlich unter Menschen, nicht Tieren) und Reinkarnation, lehnen Polygamie ab. Nach ihrem Glauben ist von der Geburt bis zum Tod alles vorherbestimmt. Eine Missionierung Andersgläubiger verbietet der Respekt vor allen Religionen und Propheten – man kann weder zum drusischen Glauben konvertieren noch ihn verlassen.

Auf dem Golan gibt es einige Drusendörfer, die jede Zugehörigkeit zu Israel ablehnen, deren Bewohner einen syrischen Pass haben und ihre Kinder in Damaskus studieren lassen. Als offen und freundlich gelten die Drusen in den Dörfern Isfiya und Daliyat el Karmel (s. S. 251). Sie fühlen sich dem Staat Israel zugehörig, dienen in der Armee.

Gesellschaft und Alltagskultur

Beduinen

Bei den 220 000 Beduinen, die man im Negev findet, existiert sowohl traditioneller Nomadismus mit Viehzucht und Handel als auch die halbnomadische und sogar sesshafte Lebensweise. Vom Staat fühlen sie sich wie Menschen zweiter Klasse behandelt. Für den Bau jüdischer Siedlungen wurden viele Familien enteignet, für 40 000 Beduinen sah ein Gesetz die Zwangsumsiedlung in größere Negev-Städte vor. Viele Beduinendörfer erkennt der israelische Staat nicht an. Das hat Folgen. Schulen, Postämter, Strom, Wasser, Anbindung an das Busnetz – meist Fehlanzeige. Häuser aus Beton und Stein gelten als illegal, können jederzeit abgerissen werden. Auch Luftschutzbunker werden für die von Raketenangriffen aus Gaza bedrohten Negev-Beduinen nicht gebaut. Gleichzeitig bedient man sich für die Negev-Tourismus-Werbung gerne der Beduinen-Romantik.

Sprache

Hebräisch ist die Sprache der Bibel und seit damals hat sich das Vokabular vervielfacht. Vom 2. Jh. n. Chr. bis zum Ende des 19. Jh. war Hebräisch eine nur der Religion vorbehaltene Sprache. **Theodor Herzl** (s. Thema S. 184) hatte für die neue Nation an Deutsch als eine der Hauptsprachen gedacht. Vollendete Tatsachen schuf ein anderer: Der Immigrant **Eliezer Ben Jehuda** (1858–1922) war der erste, der Hebräisch im Alltag sprach, denn jede Nation, so argumentierte er stets, brauche ihre eigene Sprache. Von seinen Mitbürgern wurde er anfangs schlicht für verrückt gehalten. Er erzog seine Kinder in dem von ihm modernisierten Hebräisch. 1911 gab es bereits erste Demonstrationen, die forderten, Hebräisch zur Amtssprache zu erklären.

Heute hat die Akademie für Hebräische Sprache (http://hebrew-academy.org.il) u. a. die Aufgabe, für alle Dinge, die nach der Bibel entdeckt und erfunden wurden, neue Wörter zu kreieren. Über 100 000 Begriffe wurden so geprägt. Im Alltag erlebt das moderne Hebräisch (Iwrit) seine Modernisierung auf ganz andere Weise. Wenngleich sich die Akademie z. B. bemühte, durch die hebräischen Substantive ›Ferne‹ und ›Sprecher‹ ein Wort für Telefon zu schaffen – durchgesetzt hat es sich nicht. Fast jeder sagt ›Telefon‹.

Anglizismen prägen die Sprache und Immigranten brachten aus dem Jiddischen, Spanischen, Russischen, Französischen und Deutschen einen eigenen Wortschatz mit, der häufig mit dem Hebräischen verschmolzen ist. Auch das Arabische findet sich in der Umgangssprache reichlich wieder, *yalla* (»los geht's, auf geht's«) wird z. B. gern gebraucht. In Ulpanim, verpflichtenden Hebräischkursen, lernen Einwanderer die Sprache.

Im Umgang mit Palästinensern ist **Arabisch** die zweite Amtssprache. Viele Israelis sprechen fließend Englisch, Französisch, Deutsch und auch Arabisch. **Jiddisch** ist eine Mischung aus Mittelhochdeutsch und Hebräisch. In seiner modernen Ausprägung ist es – durch Juden aus Polen, Litauen, Weißrussland und der Ukraine – um slawische und sogar alte romanische Elemente erweitert. Hören Sie gut hin bei Jiddisch: Manches Wort kommt Ihnen sicher bekannt vor!

Religionen

Israel ist der einzige Staat der Welt, in dem Juden die Mehrheit der Bevölkerung bilden. Schon Theodor Herzl, der Vater des Zionismus, bestand gegen vielerlei Widerstände auf absolute Religionsfreiheit. Auch Ben Gurion, ab 1948 Israels erster Premierminister, machte sich für den Schutz aller Religionen stark, wenn er auch zeitweilig, wie in seinen Memoiren nachzulesen ist, eine jüdische Theokratie vorgezogen hätte. So garantiert Israels Unabhängigkeitserklärung Religionsfreiheit und sichert den Schutz der heiligen Plätze aller Religionen. Die Nagelprobe für dieses Versprechen kam mit dem Sechstagekrieg, in dem Israel den Ostteil Jerusalems eroberte. Vorher war es den Juden verwehrt, im jordanischen Ost-Jerusalem an der Klagemauer zu beten, und israelische Araber hatten keinen Zugang zum Felsendom und der Al-Aqsa-Moschee. Seit 1967 haben nun alle Gläubigen die Möglichkeit, an den heiligen Stätten *ihrer* Religion zu beten.

Judentum

Aufgeklärte Theologen trennen zwischen Judentum als ethnischem Begriff und Judentum als religiösem Begriff, verstehen das Judentum teils als Religion, teils als Nationalität, nicht unbedingt untrennbar verbunden. Das Judentum ist die älteste existierende monotheistische Religion und zugleich Mutterreligion für das Christentum und den Islam.

Laut Genesis befahl Gott **Abraham,** sein Haus in Mesopotamien zu verlassen und in jenes Land zu ziehen, das er ihm und seinen Nachkommen als ewiges Erbe versprach. So ließen sich die israelitischen Stämme im Land **Kanaan,** dem späteren Palästina, nieder. Ein Teil von ihnen siedelte sich in Ägypten an, wo die meisten in der Sklaverei endeten. Um 1200 v. Chr. führte sie **Moses** während einer langen Wanderschaft aus der Gefangenschaft in die Freiheit. Auf dem Berg Horeb auf dem Sinai offenbarte sich Gott Moses.

Gottes Offenbarung

Die Offenbarung Gottes findet sich in der Bibel im Alten Testament, wie die Christen sagen, in der Thora, wie die Juden sagen: in den fünf Büchern Moses also, von der Theologie als **Pentateuch** bezeichnet, dem griechischen Wort für Fünfbuchrolle. Höchste Autorität haben die Aussagen der **Halacha,** die die Thora und deren Interpretation umfasst. Der **Talmud** sammelt die Auslegungen und protokolliert die Deutungen.

Oberster Grundsatz ist die Anerkennung eines einzigen wahren Gottes und Schöpfers der Welt – **Jahwe,** der sich dem jüdischen Volk offenbart hatte. Nach jüdischer Tradition wurde mit Abraham das Volk Israel dazu aus-

Menschen unterschiedlichster Kulturen prägen das Einwanderungsland Israel

Shabbat – die Ruhe am siebenten Tag

Der Shabbat ist der siebte Tag der Woche, an dem man ruhen soll. Der jüdische Sonntag beginnt am Freitagabend mit dem Sonnenuntergang und endet am Samstagabend. Von den Israelis wird er ganz unterschiedlich begangen, von vielen auch einfach ignoriert.

In den großen Hotels wird Sie ein Schild schmunzeln lassen, das ab Freitagabend den Weg zum Shabbat Elevator, zum ›Shabbat-Lift‹, zeigt. Das Besondere an diesem Aufzug ist, dass er automatisch in allen Stockwerken hält, selbsttätig die Tür öffnet und schließt, ohne dass der Fahrgast einen Knopf drücken muss. Orthodoxe Juden halten diesen Knopfdruck und den Liftbetrieb an sich für genauso verboten wie Schreiben und jedes Bedienen von Geräten und Maschinen aller Art, inklusive Radio, Fernseher, Auto.

Der Shabbat ist der siebte Tag der Woche, ein Tag der Freude, an dem der Mensch nach dem Vorbild des Schöpfers ruhen und sich besinnen soll, und zwar vom freitäglichen bis zum samstäglichen Sonnenuntergang. Nur lebensnotwendige Tätigkeiten dürfen verrichtet werden. In vielen Familien ist das Shabbat-Abendessen die wichtigste Zusammenkunft der Woche. Nach der gründlichen Reinigung des Hauses bereiten die Frauen ein koscheres Mahl vor. Währenddessen gehen die Väter mit ihren Söhnen in die Synagoge. Zurück zu Hause, liest der Vater dann vor dem gemeinsamen Essen aus dem Alten Testament, segnet die Kinder und begrüßt, so ist es Pflicht, mit einem Glas Wein den Shabbat. Auf dem von Kerzen erleuchteten Tisch muss auch Salz stehen, in der Bibel Symbol des ewigen Bundes. Es weiht den Tisch zum Altar.

Das randvolle Weinglas stellt der Vater in den rechten Handteller und zitiert aus 1. Moses, 2,1-3: »So wurden vollendet Himmel und Erde mit ihrem ganzen Heer … Und Gott segnete den siebenten Tag und heiligte ihn, weil er an ihm ruhte von allen seinen Werken, die Gott geschaffen und gemacht hatte.« Sobald vom Vater die Schlussworte der Bibelpassage über die Schöpfung gesprochen sind, so berichtet der Talmud, würden zwei Engel ihre Hände auf seinen Kopf legen und sagen: »Deine Schuld ist von Dir genommen und Deine Sünde ist gesühnt.« Danach trinkt der Vater einen Schluck Wein und reicht das Glas an die Familie weiter. Nach dem Wein werden die ungesalzenen Shabbatbrote (Challoth) gebrochen, in Salz gestippt und gegessen.

Der Shabbat, Tag der Besinnung, endet bei Anbruch der Nacht mit Gebeten wie diesem: »Begnadige uns aus Deiner Gnadenfülle mit Erkenntnis, Einsicht und Verstand. Gelobt seist Du, Gott, der da begnadigt den Menschen mit seiner Erkenntnis.«

In dieser Strenge wird der Shabbat aber nicht überall eingehalten – in Jerusalem mehr als in Tel Aviv und Haifa. Eine der strengsten Anwendungen findet man im Jerusalemer Orthodoxenviertel Mea She'arim. Dort gibt es an Shabbat weder Licht noch Autoverkehr, sogar Geldautomaten werden ausgeschaltet.

erwählt, den Glauben an Jahwe zu bekennen. Im Mittelpunkt steht weniger das persönliche Glück als die Erfüllung des kollektiven Heilsauftrags, mit dem die Einhaltung einer Fülle von strengen Vorschriften einhergeht. Religiöse Juden sind bestrebt, 613 aus der Thora abgeleitete Gebote einzuhalten, die von der Kleidung über das Benehmen bis hin zu Vorschriften, wie religiöse Feste zu feiern sind, das gesamte Leben regeln. Speisen werden noch heute nach den Regeln des Alten Testaments zubereitet, das heißt, sie müssen koscher sein, rituell rein.

Rabbinat

Eine Institution vergleichbar dem Papst und dem Vatikan kennt man im Judentum nicht. Nur während der Antike existierten überregional anerkannte Autoritäten. Traditionell waren die jüdischen Gemeinden bis ins 20. Jh. hinein voneinander unabhängig. Das Wort des jeweiligen örtlichen Rabbiners, des Gesetzeskundigen, hatte bindende Kraft.

Heute beansprucht das **Oberrabbinat** in Jerusalem die höchste Autorität in Religionsfragen für sich. Es besteht aus einem aschkenasischen und einem sephardischen Rabbiner sowie dem obersten Rabbinischen Rat. Dieser Rat wiederum entscheidet in Fragen des jüdischen Rechts und kontrolliert die religiösen Gerichtshöfe, die für alle Personenstandsangelegenheiten wie Ehe und Scheidung zuständig sind. Im Alltag führt die Spruchpraxis der Oberrabbiner häufig zu Auseinandersetzungen, da ihre Vorstellung davon, was sich an modernen gesellschaftlichen Entwicklungen mit dem Wort der Bibel verträgt, von anderen Rabbinern und auch von Gläubigen anders beurteilt werden. Die Rabbiner gehen häufig auf Konfrontation mit der Regierung, wie etwa im Juli 1995, als sie in einem religiösen Dekret Soldaten de facto zur Befehlsverweigerung aufriefen, falls diese das Westjordanland, das sie Samaria und Judäa nennen, den Palästinensern überließen und abzögen.

Dazu haben noch örtliche Rabbiner ein Mitspracherecht und konnten, ebenfalls im Juli 1995, in Bnei Brak, einem kleinen Ort bei Tel Aviv, durchsetzen, dass Männer und Frauen in öffentlichen Bussen getrennt sitzen müssen. Rabbinerinnen, wie es sie in den USA und seit Juli 1995 auch in Deutschland gibt, werden in Israel nicht zugelassen.

Erster und Zweiter Tempel

Eine zentrale Rolle im jüdischen Glauben spielt der Tempel von Jerusalem, Bezugspunkt für viele biblische Ereignisse, bis zu seiner Zerstörung das religiöse Zentrum schlechthin. Um 950 v. Chr. errichtete König Salomo den **Ersten Tempel,** der 563 v. Chr. von Nebukadnezar zerstört wurde. 538 v. Chr., nach der Rückkehr aus der babylonischen Gefangenschaft, bauten die Juden an derselben Stelle den **Zweiten Tempel,** 70 n. Chr. von den Römern zerstört. Von diesem Tempel ist nur die westliche Mauer erhalten, die heutige **Klagemauer.** Seit der Zerstörung des Zweiten Tempels ist die Synagoge (s. S. 70) alleinige Kultstätte des Judentums.

Thora und Thorarolle

Die **fünf Bücher Mose** sind das Gesetz schlechthin. Verfasst ist die Thora in hebräischer Sprache, einige Abschnitte der Bücher Esra und Daniel sind in Aramäisch geschrieben. Unterteilt ist die hebräische Bibel in Gesetz, Schriften und Propheten.

Die fünf Bücher beinhalten die Schöpfungsgeschichte, Urgeschichte, Sündenfall, Vertreibung aus dem Paradies, Sintflut, die Geschichte der Stammväter Israels, den Auszug Moses und der Israeliten aus Ägypten sowie die Offenbarung und Gesetzgebung Gottes auf dem Sinai. Darüber hinaus enthält die Thora gesetzliche und rituelle Vorschriften. Während Juden und Christen das Alte Testament als Bund Gottes mit dem jüdischen Volk verstehen, wird das Neue Testament im Christentum als der Bund interpretiert, den Gott mit allen Menschen schloss.

Nach jüdischer Tradition werden die Bücher Josua, Richter und Samuel als ein einziges Buch betrachtet und zusammen mit den

Gesellschaft und Alltagskultur

Die Thora ist ein wesentliches Element des Judentums

Büchern der Könige als frühe Propheten bezeichnet. Dabei handelt es sich um historische Schriften. Sie berichten vom göttlich gelenkten Schicksal des Volks Israel, beginnend bei der Landnahme Josuas bis zum Untergang der Nord- und Südreiche. Die **Prophetenbücher** gehen ins Gericht mit den sündigen Israeliten und verheißen das Kommen des Messias, des Retters der Welt.

Es gibt drei große Prophetenbücher – Jesaja, Jeremia und Ezechiel – sowie zwölf sogenannte kleine Propheten: Amos, Habakuk, Haggai, Hosea, Joel, Jona, Maleachi, Micha, Nahum, Obadja, Sacharja und Zephanja. Zu den Schriften gehören die Psalmen, das Buch Hiob, die Apokalypse des Daniel sowie die fünf Bücher Ruth, Hoheslied, Prediger, Klagelied und Esther. Die **Thora,** im 1. Jh. n. Chr. zusammengefasst, basiert vermutlich auf vier verschiedenen Quellen aus dem 10. bis 5. Jh. v. Chr.

Festgehalten ist die Thora nicht in einem Buch, sondern niedergeschrieben auf **Rollen,** die in der Synagoge im Laufe eines Jahrs vom Anfang bis zum Ende vorgelesen werden.

Judentum

einer Reihe von rituellen und technischen Vorschriften entsprechen. Sie sollte pechschwarz sein und vor allem dauerhaft, damit sie ziemlich dick aufgetragen werden kann, ohne dass sie beim Aufrollen der Schriftrolle rissig wird oder abblättert.« Die meisten Schreiber bereiten ihre Tinte eigenhändig nach einem streng gehüteten Rezept zu.

Der Text der Thora wird in Spalten angeordnet, jede Spalte mit 40 bis 60 Zeilen. Auf ein Pergamentblatt passen fünf Spalten. Die gesamte Rolle besteht dann aus etwa 200 Spalten oder 40 Pergamentblättern, die mit den Sehnen koscherer Tiere aneinandergenäht werden. Nach dieser monatelangen Arbeit wird die Pergamentbahn von beiden Enden auf zwei Holztrommeln mit Griffen aufgerollt, sodass sich das schwere Pergament handhaben lässt. Die erwähnten Lesungen sind so eingeteilt, dass stets der Abschnitt von Moses Segen und Tod auf den letzten Tag des Laubhüttenfests fällt. Am gleichen Tag beginnt man den Text von vorne. »Am Anfang schuf Gott den Himmel und die Erde. Und die Erde war wüst und leer; und es war finster aus der Tiefe; und der Geist Gottes schwebte auf dem Wasser. Und Gott sprach: Es werde Licht. Und es ward Licht.« (1. Moses 1,1)

Talmud

Oft sprechen Schriftgelehrte nicht nur schlicht vom Talmud (›Belehrung‹), sondern vom Meer des Talmud. Er ist nicht das Werk eines einzelnen Autors, sondern entstand im Lauf vieler Jahrhunderte und ist eine Hilfe zur Benutzung der Thora und zum Verständnis des jüdischen Glaubens, seiner Gesetze und Vorschriften. Über 2000 Gelehrte wirkten am Talmud mit. Er diskutiert, wie der im KZ ermordete niederländische Rabbiner S. Ph. de Vries schrieb, »u. a. materielle, geistige, ethische, religiöse, mystische, rationale, soziale, politische und wissenschaftliche Fragen. Er umfasst die gesamte Kultur seit dem babylonischen Exil, d. h. vom Zeitalter Esras bis ungefähr zum 6. Jh. unserer Zeitrechnung.«

Strenge Regeln gelten für die Herstellung dieser Rollen, wie der Anleitung eines Rabbiners zu entnehmen ist: »Allerdings ist nicht jedes beliebige Pergament, das man im Geschäft kaufen kann, es wert, das Wort Gottes zu tragen. Verwendet werden dürfen nur Pergamente jener Tiere, die auch nach den Speisevorschriften als rein gelten. Ebenso müssen das Färben der Häute und alle übrigen Vorbereitungen so vorgenommen werden, dass der Arbeiter stets den heiligen Zweck des Pergaments vor Augen hat. Ebenso muss die Tinte

Der Talmud besteht aus zwei zu den heiligen Schriften zählenden Werken: **Mischna**

Gesellschaft und Alltagskultur

und **Gemara.** Die Mischna hat sechs sogenannte Ordnungen, insgesamt 63 Traktate mit Paragrafen und Absätzen, die die Thora kommentieren und ergänzen. Mischna bedeutet »Lehren durch Wiederholen«. Verschiedene Rabbis legten Sammlungen von Gelehrtenmeinungen an, hielten neue geistige Entwicklungen fest, um sie ihren Schülern jederzeit als Studienstoff an die Hand geben zu können. Um 200 n. Chr. fasste der Rabbi Juda Hanasi das bekannte Material zusammen – die Mischna war entstanden. In den darauffolgenden Jahrhunderten wurde diese Ur-Mischna in den Schulen als Lehrmittel benutzt, aber auch um neue Erklärungen erweitert. Diese rabbinischen Kommentare bilden die Gemara, die Ergänzung.

Allerdings: Es gibt den Talmud doppelt – aus zwei Zentren jüdischer Gelehrsamkeit: den in einer kleinen Palästinaausgabe aus dem 5. Jh. n. Chr., Jerusalemer Talmud genannt, sowie den jüngeren, viel umfassenderen, heute vornehmlich verwendeten und zitierten babylonischen Talmud aus dem 7. Jh. Die Sprache der Mischna ist nicht mehr das Hebräisch der Bibel. Es ist ein jüngeres Hebräisch, vermischt mit lateinischen und griechischen Ausdrücken. Die Gemara wurde auf Aramäisch verfasst. Der Jerusalemer Talmud wurde in einem palästinensischen, der babylonische Talmud in einem dem Syrischen verwandten Dialekt niedergeschrieben.

Synagoge

Die Synagogen bilden das Zentrum der Gemeinden. Beit HaKnesset, sagt man im Hebräischen für Synagoge, ›Haus der Versammlung‹ oder ›Haus der Zusammenkunft‹. Im Jiddischen wird die Synagoge *schul* genannt, was den Unterschied zur Kirche deutlich macht. Männer und Frauen, die getrennt sitzen und stets ihren Kopf bedecken, beten hier nicht nur dreimal am Tag und zu Feiertagen noch öfter, sondern kommen auch zum Studieren und Lesen. Man unterhält sich, diskutiert, Kinder spielen. Synagogen entdeckt man überall, sogar auf Flughäfen und in großen Busbahnhöfen.

Je nach Größe und finanzieller Ausstattung der Synagoge, des Lese- und Gebetsraums, stehen Thora, Talmud, Mischna und Gemara in einem Regal zur Verfügung. Zur Erinnerung an das ölgespeiste ewige Licht in den Tempeln brennt eine ewige Licht nahe dem **Thoraschrein,** in dem die Gesetzesrolle aufbewahrt wird, das **ewige Licht** einer Hänge- oder Wandlampe. Es erinnert an das Licht des goldenen Leuchters, der im Zelt der Offenbarung, in der Stiftshütte und im Tempel Salomos und Esras stand. Zu den Ehrendiensten gehört es, beim Herausnehmen, Tragen, Halten während des Lesens und Zurücklegens der Rolle in den Schrein behilflich sein zu dürfen.

Mittelpunkt der Synagoge ist die **Bima,** ein Podest, von dem aus während des Hauptgottesdiensts der Vorleser die Thora liest. Am Ende hält er die Gesetzesrolle hoch und sagt: »Dies ist das Gesetz, das Mose den Kindern Israel vorlegte.« Meist hüten Synagogen Kopien der steinernen Gesetzestafeln mit den Zehn Geboten. Zeichnungen der Klagemauer schmücken oft die Wände.

Den Gottesdienst leitet der Vorbeter, der **Chasan,** der nicht zwingend ein Rabbiner sein muss. Dieses Ehrenamt kann jeder Mann ausüben, der über 13 Jahre alt ist. Im Mittelpunkt, egal ob in der Synagoge oder zu Hause, steht die Lesung aus der Thora. Der Name Gottes wird von orthodoxen Juden aufgrund eines alten Verbots niemals ausgesprochen oder ausgeschrieben, obwohl er über 7000-mal in der Bibel genannt wird, und zwar auf drei verschiedene Weisen: **Elohim** (Gott), **JHVH** (der Herr) oder **JHVH Elohim** (Herrgott). JHVH sind die vier Konsonanten, die man heute wie Jahwe oder Jehowa ausspricht. Ob das die ursprüngliche und korrekte Aussprache ist, lässt sich jedoch nicht mehr feststellen. Stattdessen hört man oft das Wort **Adonai,** ›mein Herr‹. Und im Schriftverkehr benutzt man, übertragen ins Deutsche, **G—t** (für Gott). Nach orthodoxer Tradition müssen für den Gottesdienst mindestens zehn Männer anwesend sein, eine **Minjam,** wie die Mindestversammlungsgröße heißt. Und ein Sprichwort sagt: »Zehn Schuster sind eine Minjam, neun Rabbis nicht.«

Jüdische Kleiderordnung

Wer es wie mit der Religion hält, das kann man in Israel oft aus der Kleidung schließen. Religiöse Juden erkennt man am ehesten an der Kippa. Aber das ist nicht das einzige Utensil der Kleiderordnung.

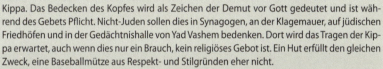

Man sieht sie überall, diese kleine, manchmal farbige, oft aber schwarze und bestickte Kopfbedeckung, die mit einer Klammer im Haar fixiert wird – mal aus Stoff, mal aus Leder: die Kippa. Das Bedecken des Kopfes wird als Zeichen der Demut vor Gott gedeutet und ist während des Gebets Pflicht. Nicht-Juden sollen dies in Synagogen, an der Klagemauer, auf jüdischen Friedhöfen und in der Gedächtnishalle von Yad Vashem bedenken. Dort wird das Tragen der Kippa erwartet, auch wenn dies nur ein Brauch, kein religiöses Gebot ist. Ein Hut erfüllt den gleichen Zweck, eine Baseballmütze aus Respekt- und Stilgründen eher nicht.

Während es im frühen Mittelalter – wie im Katholizismus – ein Zeichen der Ehrerbietung war, mit unbedecktem Kopf zu beten, hat sich das heute ins Gegenteil umgekehrt: bei Männern. Bei verheirateten Frauen war es dagegen schon immer üblich, den Kopf mit der Perücke zu bedecken. In orthodoxen Gemeinden wird von Frauen bis heute das Tragen von Perücken oder Hüten erwartet. Orthodoxe und ultraorthodoxe Juden wie die Chassidim tragen schwarze Hüte, lange schwarze Mäntel, weiße Hemden, Bärte und an ihrem kurzgeschorenen Haar fallen lange Schläfenlocken auf. Zu feierlichen Anlässen, auch im Hochsommer, trägt man eine Pelzmütze. Diese Kleidung entspricht den Talmudvorschriften und dem, womit die mittelalterliche Aristokratie Polens – daher stammt die Tradition – sich einzukleiden pflegte. Winters wie sommers wird das Gleiche getragen, um zu unterstreichen, dass der Einzelne vor Gott klein und unbedeutend ist, sich keiner Eitelkeit schuldig machen dürfe. Die Farbe Schwarz drückt die Trauer, das Klagen um den zerstörten Tempel aus, der für die Rückkehr des Messias neu zu errichten ist.

Häufig getragen werden von orthodoxen Männern Betschals mit Schaufäden (Zizith) an den vier Ecken. Ihre Bedeutung erklärt sich aus 4. Moses 15,38–40: »Rede mit den Kindern Israel und sprich zu ihnen, dass sie unter ihren Nachkommen sich Quasten machen an den Zipfeln ihrer Kleider und blaue Schnüre an die Quasten der Zipfel tun. Und dazu sollen die Quasten euch dienen: Sooft ihr sie anseht, sollt ihr an alle Gebote des Herrn denken und sie tun, damit ihr euch nicht von euren Herzen noch von euren Augen verführen lasst und abgöttisch werdet, sondern ihr sollt an alle meine Gebote denken und sie tun, dass ihr heilig seid eurem Gott.«

Da der Betschal nur fürs Gebet gedacht ist, gibt es einen kleineren Tallit für den Alltag. Die vier Kordeln sind heute meist weiß, obwohl das Blau eine gedankliche Brücke zum himmlischen Blau herstellen soll. Diese Veränderung wird damit erklärt, dass der tierische Farbstoff heute nicht mehr erhältlich sei. Nach einer anderen Variante ging das Rezept für die Farbe im Laufe der Zeit verloren. Bleibt die Frage: Was tut der nicht-jüdische Gast, wenn er zu einem Anlass oder an einen Ort geladen ist, wo gebetet wird? Vorher fragen, was üblich ist – eine Kippa in der Tasche schadet nie. Bei Synagogen bekommt man sie oft leihweise am Eingang.

Gesellschaft und Alltagskultur

Menora, Mesusa und Tefillin

Die **Menora,** der siebenarmige Leuchter, ist eines der wichtigsten Motive der jüdischen Kunst. In der Stiftshütte und im Tempel aufgestellt, wurde er nach dessen Zerstörung 70 n. Chr. nach Rom gebracht. Die Menora ziert den Eingang zur Knesset und ist auf Münzen abgebildet. In fast jedem Haus findet man so einen Leuchter, der v. a. zum Lichterfest Chanukah verwendet wird, wenn man der Wiedereinweihung des Tempels gedenkt. Jede Nacht wird eine Kerze angezündet, bis alle sieben brennen.

Die **Mesusa** ist ein Zeichen an der Tür, das entweder am Türpfosten im Haus, meist aber am äußeren Türrahmen angebracht ist und die Bewohner unter göttlichen Schutz stellt. Sie soll stets daran erinnern: Heilige dein Haus, es ist dein Tempel! Auf Pergament geschrieben, wird die entsprechende Stelle aus dem Alten Testament in eine Kapsel aus Holz, Glas oder Metall gesteckt und in Augenhöhe an den rechten Türstock genagelt, sodass man sie beim Betreten und Verlassen des Hauses sieht. Viele berühren oder küssen die Mesusa, in der sie den Talisman des Hauses sehen.

Die **Tefillin,** um Stirn und Arm gebundene Gebetsriemen, sind ein Symbol, das stets

In gläubigen muslimischen Familien werden schon die Kinder zum Studium des Koran angehalten

beim Morgengebet, gelegentlich beim Mittagsgebet verwendet wird. Beim Besuch der Klagemauer sieht man sie mit Sicherheit. Es handelt sich dabei um kleine, würfelförmige Lederbeutel, in die auf koschere Pergamente handgeschriebene Verse aus dem Buch Mose eingenäht werden. Sie geben jene Textstellen wider, die den Gebrauch von Mesusa und Tefillin vorschreiben. Mit einem Riemen befestigt man die Tefillin an Armen und Stirn. Die Kopf-Tefillin müssen genau zwischen Auge und Haaransatz, die Arm-Tefillin auf dem Bizeps sitzen. Beide sind eine Mahnung, den von Gott geschenkten Körper und Geist nur für Gutes zu nutzen.

Islam

Begründer des Islam ist der 571 n. Chr. geborene **Prophet Mohammed,** der 622 n. Chr. mit seiner Urgemeinde von Mekka nach Medina auswanderte. Mit dieser Hidschra beginnt für die Muslime die Zeitrechnung, die das Mondjahr zugrunde legt. 2016 entspricht nach islamischem Kalender das Jahr 1437/38 n. H. (nach Hidschra). In Medina und Mekka im heutigen Saudi-Arabien offenbarte Gott über den Kaufmann Mohammed in arabischer Sprache den Koran. Mohammed stieß erst auf große Ablehnung, da Mekkas Kaufleute v. a. von Pilgern lebten, die eine Vielzahl von Gottheiten verehrten. Doch innerhalb von zwei Jahrzehnten war beinahe der gesamte arabische Raum islamisiert, anfangs gewaltfrei, später zunehmend mithilfe von leichtem Druck, wie z. B. mit Sondersteuern für Ungläubige. »Es gibt keinen Gott außer Allah und Mohammed ist sein Prophet.«

Das Wort ›Islam‹ bedeutet so viel wie Hingabe an Gott, Ergebung in seinen Willen. **Fünf Pfeiler** tragen den Islam: das fünfmal täglich zu verrichtende Gebet, dem eine rituelle Waschung vorausgeht, das Fasten im Ramadan, das Verteilen von Almosen an Bedürftige, die Pilgerfahrt nach Mekka für den, der sie sich leisten kann, und – wichtigster Pfeiler – das Zeugnis von der Einheit Gottes. Der gelehrte Islam kennt im Gegensatz zum Volksislam keinen Heiligenkult, was jedoch nicht heißt, dass nicht eine Anzahl von Heiligen verehrt und ihre Geburtstage sowie der des Propheten groß gefeiert würden.

Koran

Als *kitab* (›Buch‹) wird der Koran im Arabischen kurz und bündig oft bezeichnet. Koran bedeutet einfach ›Vorlesung‹. 114 Suren und Tausende Berichte über das Tun und Lassen und die Aussprüche des Propheten summieren sich zur **Sunna,** zur Lebenspraxis des Propheten. Nach dieser Praxis leben die **Sunniten.** Eine Minderheit stellen die **Schiiten** dar, die religiöse Gelehrte als weitere Quelle der Willensauslegung Allahs betrachten und akzeptieren, so beispielsweise im Iran. Als oberste Instanz in Fragen der Auslegung wird die Al-Azhar-Universitätsmoschee in Kairo angesehen, deren Entscheidungen häufig widersprüchlich sind.

Der Koran stellt ein Meisterwerk arabischer Prosa dar, dem Johann Wolfgang von Goethe im »Westöstlichen Divan« (1819) seine kritische Bewunderung zollte: »Und so wiederholt sich der Koran Sure für Sure ... Nähere Bestimmungen des Gebotenen und Verbotenen, fabelhafte Geschichten jüdischer und christlicher Religion ... bilden den Körper dieses Buches, das uns, so oft wir auch daran gehen, immer von Neuem anwidert, dann aber anzieht, in Erstaunen setzt und am Ende Verehrung abnötigt.«

Der Islam erlebt seit Jahren eine Renaissance, die man in den palästinensischen Gebieten ebenso beobachten kann wie in den meisten arabischen Ländern. Eine andere Sache ist der militante Fundamentalismus, der oft zur Mobilisierung der Massen und zur Motivierung der Kämpfer den **Jihad** ausruft, was mit ›heiliger Krieg‹ allerdings nur unzulänglich übersetzt ist. Grundsätzlich ist das Bemühen, Gottes Wort zu folgen und ein guter Mensch zu sein, gemeint. Die militante Komponente steht jedenfalls nicht an erster Stelle. Hier wird eine heilige Schrift hemmungslos für politische Ziele benutzt, wie das auch aus dem Christentum des Mittelalters bekannt ist.

Die Nachtreise des Propheten

Jerusalem ist für Muslime nach Mekka mit der Kaaba und noch vor Medina der wichtigste Pilgerort – einst wurde auch Richtung Jerusalem gebetet. Man muss diese sehr poetische Geschichte kennen, um zu verstehen, wie sich Muslime mit Jerusalem verbunden fühlen – ein Bezug, der vom Judentum als unhistorisch bestritten wird. »Ehre sei demjenigen, der in einer Nacht seinen Sklaven aus dem heiligen Tempel in den fernen Tempel führte, dessen Umgebung wir gesegnet haben, um ihm unsere Wunder zu zeigen.« So berichtet der Koran, Sure 17, Vers 1 über die Himmelsreise Mohammeds, die in Mekka begann. Dort lag Mohammed wach, nicht sicher vor Überfällen seiner Gegner, verstoßen von seinen Verwandten, als ein Mann in goldbestickten Gewändern sein Zimmer betrat: der Engel Gabriel, der Mohammed die Offenbarungen Gottes überbracht hatte. Mit sich führte der Engel Al Buraq (›Blitz‹), ein Wesen mit menschlichem Kopf, dem Torso eines Pferdes, Pfauenschwanz und weißen Flügeln.

Mit Al Buraq flog Mohammed über Wüsten, Täler und Berge und landete an der großen Mauer des (längst zerstörten) Tempels von Jerusalem. Essad Bey, Pseudonym des 1943 gestorbenen jüdischen Schriftstellers Leo Noussimbaum, beschreibt in seiner Mohammed-Biografie, was die Tradition überliefert: »In dieser Nacht vermochten die Diener des Tempels die Pforte nicht zu schließen. Sie musste offen bleiben für den Gesandten Gottes. Sie wurde offengehalten von einer himmlischen Gewalt. Mohammed betrat den Tempel. Die Geister von Abraham, Moses und Christus begegneten ihm dort und sie begrüßten ihn. Zusammen mit ihnen verrichtete Mohammed das Gebet. Plötzlich sah er einen Lichtstrahl, der vom Himmel kam und den Stein Jakobs beleuchtete. Mohammed näherte sich dem Lichtstrahl und entdeckte in seiner Mitte eine Treppe, die er mit Gabriel bestieg. Sie wanderten hinauf und klopften an die silbernen Türen des ersten Himmels. Adam öffnete ihnen und grüßte den Größten unter den Propheten. Viele Wunder sah der Prophet im ersten Himmel, unter anderem einen Hahn, dessen Kamm bis zur Pforte des zweiten Himmels reichte. Die Entfernung von Himmel zu Himmel beträgt aber, wie jedermann weiß, fünfhundert Jahre.«

Mohammed durchschritt alle sieben Himmel, begegnete Noah, begrüßte Aaron, und im siebten Himmel, wo ein Engel mit 70 000 Köpfen, Mündern und Zungen in 70 000 Sprachen sang, da sah Mohammed 70 Schleier, die den Thron des Herrn der Welten bedeckten. Gott legte seine rechte Hand auf die Schulter, seine linke auf die Brust des Propheten, und er sprach mit ihm 99 000 Worte. Und der Herr der Welten zeigte Mohammed die Strafen der Hölle für unzüchtig lebende und verworfen handelnde Menschen. Danach bestieg Mohammed Al Buraq und flog zurück nach Mekka. Wie lange hatte diese Reise gedauert? Als Mohammed sein Bett verließ, warf er in Eile einen Kelch mit Wasser um, als er zurückkehrte, hatte der Rand des Kelchs den Boden noch nicht erreicht.

Moschee

Moschee (arab. *masjid*) bedeutet Gebetshaus. Es ist der Platz, an dem sich die Gemeinschaft zum Beten trifft, an dem man jederzeit ausruhen, entspannen, meditieren und Korankundige um Rat und um Auslegung des heiligen Buchs fragen kann. An Arme wird dort auch das Geld verteilt, das Muslime spenden. Für das wichtigste Wochengebet am Freitag kommen die Gläubigen in der jeweiligen Freitagsmoschee zusammen. Da figürliche Darstellungen im Islam verboten sind, gibt es keinerlei Abbildungen, dafür aber kunstvolle Kalligrafien aus dem Koran. Moscheen sind stets mit Teppichen ausgelegt. Stühle oder Bänke gibt es nicht. Männer beten räumlich getrennt von Frauen.

Der Aufbau der Moschee hat sich seit den Anfängen kaum verändert, er fällt bei kleineren Moscheen nur bescheidener aus: Arkaden umrahmen einen großen Innenhof. Die Architektur beugt sich dem praktischen Zweck und den religiösen Normen: Die **Nische** (*mihrab*) in der nach Mekka ausgerichteten Wand (*qibla*) weist dem Gläubigen die Richtung, in die er zu beten hat. Weitere typische Elemente sind die **Predigerkanzel** (*minbar*) und das **Brunnenhaus** im Hof. Der **Muezzin**, der die Gläubigen zum Gebet ruft, tut das von einem hohen, schlanken Minarett aus.

Nichtgläubige können die meisten Moscheen jederzeit betreten – allerdings ohne Schuhe. Während des Gebets, das Richtung Süden nach Mekka gerichtet wird, sollte man sich aber entfernen. Ein absolutes Zugangsverbot herrscht leider seit vielen Jahren für Nicht-Muslime auf dem Jerusalemer Tempelberg. Weder der berühmte Felsendom noch die Al-Aqsa-Moschee dürfen von Nicht-Muslimen betreten werden.

Bahaismus

Haifa und Akko sind die bedeutendsten spirituellen Zentren der Bahai-Religion, die rund um die Welt etwa 110 000 Glaubensstätten unterhält, in Israel selbst aber nur einige Hundert Anhänger hat. Die Lehre besagt, dass der Glaube permanentem Wandel unterliegt und nicht bereits endgültig von Gott festgelegt wurde. Der Bahaismus, begründet 1863 in Bagdad, versteht sich als Offenbarungsreligion. Die Propheten Moses, Zarathustra, Buddha, Jesus und Mohammed seien von Gott Entsandte, die den Menschen ihrer jeweiligen Zeit die nötige Lehre vermitteln. Der vorerst Letzte dieser Propheten, mit dem eine neue Zeit begann, war Baha Ullah, Stifter des Bahai-Glaubens, beigesetzt in Akko, wo er 1892 starb. In Haifas Bahai-Tempel auf dem Berg Karmel liegt der Märtyrer und Vorbote der Bewegung, Ali Mohammed, auch Bab ›die Pforte‹ genannt, begraben. Persische Offizielle erschossen ihn 1844 im südpersischen Shiraz wegen seiner Glaubenslehre. 1910 wurden seine Überreste nach Haifa gebracht und beerdigt. Im Iran werden die Bahai-Anhänger zunehmend verfolgt.

Samaritaner

Die Samaritaner sehen sich als direkte Nachfahren Josephs und haben sich vom jüdischen Glauben abgespalten. Sie erkennen einzig die fünf Bücher Mose als heilige Schrift an. Ihr religiöses Leben wird bestimmt von Priestern, die alleine die Auslegung der Schrift bestimmen. Die Zehn Gebote haben sie auf neun reduziert und dafür die Verehrung des Berges Gerizim bei Nablus hinzugefügt: Hier hätte Abraham ihrer Überlieferung nach seinen Sohn Isaak opfern sollen. Es gibt nur noch einige Hundert Familien, die dieser Glaubensgemeinschaft angehören.

Architektur, Kunst und Kultur

Das Kulturangebot in Israel ist faszinierend vielfältig und wird von der Bevölkerung gut angenommen. Egal ob klassisch, traditionell, modern oder experimentell – die Vorstellungen sind immer gut besucht. Ein Streifzug durch Musik, Tanz, Literatur, Film und Architektur.

Musik

»Hava nagila« (»Lasst uns glücklich sein«) dürfte im deutschsprachigen Raum eines der bekanntesten jüdischen Lieder sein. Viele lernen es in der Schule, und Hollywoodregisseure unterlegen mit der inoffiziellen jüdischen Hymne gerne Szenen jüdischer Familienfeiern und Partys.

Die Wurzeln der jüdischen Musik reichen bis in biblische Zeiten zurück. Aus der babylonischen Gefangenschaft wird berichtet, wie die jüdischen Sänger an den Flüssen von Babylon, Euphrat und Tigris das Hohelied auf die Herrscher sangen. Im Tempel von Jerusalem diente die Musik dem sakralen Zweck, dem Gottesdienst. Das Alte Testament berichtet immer wieder von Musik. David spielte bekanntlich die Harfe, und erwähnt werden, neben Trompeten, zahlreiche Saiten- und Pfeifinstrumente. »Die Sänger gehen voran, am Ende die Spielleute, in der Mitte die jungen Frauen, die da Pauken schlagen«, heißt es in Psalm 68, Vers 26. Mit der Zerstörung des Jerusalemer Tempels 70 n. Chr. endete diese Phase. Musikinstrumente sind seither in Synagogen verboten, auch wenn es gelegentlich Reformversuche gab, die aber stets an orthodoxen Juden scheiterten.

Die zeitgenössische jüdische Musik hat ihre Ursprünge in der Diaspora, durch die sich die unterschiedlichsten Musikstile vermischten: nordafrikanische und arabische, spanische und osteuropäische. Mit den Immigranten aus aller Welt vermengten sich Musiktraditionen, die unter anderen Umständen wohl nie zueinander gefunden hätten. So vielfältig wie die Melodien, so artenreich waren die Texte, die vom Kinderlied über Patriotismus bis zu Sozialismus und Liebe kein Thema unbesungen ließen. Zur offiziellen Nationalhymne erhob man 2004 »Hatikvah« (»Hoffnung«), das bereits 1897 beim ersten Zionistenkongress gesungen worden war.

Klezmer

Die Musik der osteuropäischen Juden ist der Klezmer, der die Klarinette zum Schluchzen und Lachen bringt und nach einem Revival in den USA heute auch im deutschsprachigen Raum Popularität genießt, u. a. durch Interpreten wie **Giora Feidman** oder das Ensemble **Colalaila**. Die Klezmorim (›Klezmerkünstler‹) waren in Osteuropa seit dem 15. Jh. übers Land ziehende Musikanten, die zu Tanz und Festen, meist bei Hochzeiten aschkenasischer Juden, aufspielten. Die Instrumentierung bestand ursprünglich aus Streichinstrumenten, Hackbrett (Zimbl), Flöte (Schtolper) und Trommel (Tschekal). Die führende Geige (Verfli) wird heute meist von der Klarinette (Foyal) ersetzt und seit rund 100 Jahren durch Klavier und Akkordeon ergänzt.

In Israel wurde Klezmer lange Zeit allenfalls bei Hochzeiten und Familienfeiern gespielt. Das änderte sich allmählich, denn immer mehr Künstler engagieren sich in diesem Musikstil und übernehmen Elemente davon in ihre Musik. Im Pop sind dies z. B. die Band **Balkan Beat Box** (www.balkanbeatbox.com), die den Sound mit Flamenco und Ska kombiniert, oder **Oy Division** mit dem wundervollen Klarinettisten Eyal Talmudi. Tausende Fans zieht es jedes Jahr nach Safed zum größten Klezmer-Festival Israels (s. S. 315).

Pop, Rock und Jazz

Tonangebend sind israelische Stars, die russische, afrikanische und deutsch klingende Namen tragen und ihre Musik ethnisch einfärben. Als Talentschmiede fungiert in Israel die Armee, in der begabte Männer und Frauen den Wehrdienst am Instrument ableisten können. Viele Künstler starteten ihre Karrieren bei den Streitkräften, die mit dem Armeeradio auch einen der besten Sender für Rock und Pop betreiben (s. S. 126).

David Broza (www.davidbroza.net) spielt spanisch beeinflussten Folkpop. Genauso populär ist das **Idan Raichel Project** (www.idanraichelproject.com), das äthiopische Volksmusik mit Pop, Afrobeats, Reggae, orientalischer und asiatischer Musik mischt und darin die echte israelische Musik sieht. **Yehudit Ravitz,** eine der erfolgreichsten israelischen Rockmusikerinnen, begann in einer Armeekombo. **Yael Naim,** geboren in Frankreich, verbindet Hebräisch mit Französisch, während andere Sänger immer öfter englische Texte verwenden.

Als eine der Stimmen Israels galt lange Zeit die transsexuelle **Dana International,** die 1988 den Eurovision Song Contest gewann, weiterhin die 2000 verstorbene israelische Jemenitin **Ofra Haza,** die 1988 mit »Im nin alu« einen überraschenden Hit landete. Eine weitere erfolgreiche Israelin jemenitischen Ursprungs ist die in New York aufgewachsene **Noa,** die schon früh mit Santana, Quincy Jones und Stevie Wonder auftrat. Sie verbindet angloamerikanischen Pop mit folkloristischen Elementen des Nahen Ostens, singt in Englisch, Hebräisch und Jemenitisch. Noas Texte werben um die Verständigung zwischen Israelis und Palästinensern.

Auch immer mehr Jazz-Größen stammen aus Israel, wie **Omer Klein, Yaron Herman** und **Avishai Cohen.** Mit spirituellem Jazz hat sich der orthodoxe Saxofonist und Komponist **Daniel Zamir** einen Namen gemacht.

Hip-Hop und Goa-Trance

Israelischer Hip-Hop zeichnet sich durch sozialkritische Texte aus, die auch den Nahostkonflikt aufgreifen. **Mooke E,** einer der Mitbegründer von **Shaback Samech,** der ersten Hip-Hop-Band Israels, war einer der Pioniere dieser Musikrichtung und hat mit seinem Song »Medabrim al shalom« (›Vom Frieden reden‹) eine Art Hymne geschaffen. Stilprägend sind Israelis bei elektronischer Goa-Trance-Musik, der modernen Fortschreibung des in Goa kreierten Hippiesounds.

Klassik

Israels Opernbetrieb ist eher brav zu nennen und macht doch immer wieder von sich reden. Erstklassig ist das **Israel Philharmonic Orchestra** (www.ipo.co.il), das 1936 unter dem Namen Palestine Symphony Orchestra gegründet wurde. **Daniel Barenboim** und **Zubin Mehta** sind nur zwei der Namen, die für erste Güte am Taktstock stehen.

Zum Politikum geriet die erste Aufführung in Jerusalem von Richard Wagner, der in Israel als Antisemit und Hofkomponist der Nazis gilt. Daniel Barenboim und die Berliner Staatskapelle brachen 2001 ein Tabu, als sie auf dem Israel-Festival einen Auszug aus Wagners Oper »Tristan und Isolde« spielten – vorausgegangen war ein monatelanges Tauziehen. Später sagte Barenboim in einem Interview: »Musik ist nicht ideologisch. Wagner war antisemitisch, aber seine Musik nicht. Hitler hat sich ihn als Propheten gewählt. Gott sei Dank nicht Brahms oder Bruckner.« 2012 musste ein Wagner-Konzert in Tel Aviv nach Protesten abgesagt werden.

Wie kaum ein anderer sieht Barenboim in der Musik eine Brücke, die alle Gräben überwindet. 1999 gründete er zusammen mit dem palästinensischen Literaturwissenschaftler Edward Said das **Orchester West-östlicher Divan,** in dem israelische und arabische Musiker aus Palästina, Beirut und Kairo zusammenspielen. Im Mikrokosmos dieses Orchesters ist Barenboim gelungen, was er fürs wahre Leben noch als Utopie betrachten.

Rudi Weissenstein – der Jahrhundertfotograf

Seit seiner Einwanderung nach Palästina im Jahr 1936 begleitete Rudi Weissenstein mit der Kamera Geschichte und Geschicke des Landes. Aufbau, Staatsgründung, Alltag. Er hinterließ über eine Million Aufnahmen, das größte private Bildarchiv Israels. Weissensteins Pri-Or Photo House besteht bis heute in Tel Aviv. Ein Besuch.

Linker Hand liegt ein gut besuchtes Restaurant, gegenüber locken Billigläden und Imbissküchen. Am Pri-Or Photo House ist man schnell vorbeigelaufen, außer man wirft einen Blick durch das Schaufenster. Die Nase ans Glas gedrückt, erkennt man Porträts, historische Stadtaufnahmen, geht hinein, stöbert in hunderten Reproduktionen und entdeckt zum Beispiel dieses fesselnde Schwarzweißfoto einer jungen lockigen Frau, die am Strand in die Luft springt, scheinbar schwebt – ein Bild voller Eleganz und Lebenskraft, das personifizierte Tel Aviv.

So beginnt für den Besucher in dem kleinen Fotoladen nahe Tel Avivs Carmel-Markt eine Bilderreise durch Israels Geschichte. 1 Mio. historisch teils einmalige Fotografien hat Weissenstein seit 1936 aufgenommen. Er war dabei, als Ben Gurion 1948 die Unabhängigkeitserklärung verlas. Von Golda Meir über Marc Chagall bis zu Moshe Dayan – Weissenstein hatte sie alle vor der Kamera.

Woher kam dieser Mann? Shimon Rudolph Weissenstein, geboren 1910 in Iglau/Jihlava (heute Tschechien), besuchte von 1929 bis 1931 in Wien die Graphische Lehr- und Versuchsanstalt, wanderte 1936 unter dem Namen Rudi Weissenstein nach Palästina aus. Damals besaß er, so ist es überliefert, nur seine Kamera, einen Presseausweis, ein wenig Bargeld und berichtete fortan als freier Fotoreporter für örtliche Blätter, aber auch für die von 1902 bis zu ihrem Verbot 1938 in Berlin erscheinende »Jüdische Rundschau«.

»Mein Bilderarchiv wuchs täglich, denn ich photographierte viel«, schrieb Rudi Weissenstein einmal. In der Tat war er sein Leben lang auf Achse. Wenn Holocaustflüchtlinge und -überlebende mit Schiffen in Haifa ankamen, Pioniere neue Siedlungen eroberten, den Negev begrünten und erste Kibbuzim entstanden – Weissenstein war dabei.

Nach Weissensteins Tod 1992 übernahm die Witwe, Miriam, das Photo House. Seit ihrem Tod 2011 kümmert sich Enkelsohn Ben Peter um Laden und Archiv. Historiker halten die Sammlung für einen Schatz von herausragender Qualität, dem allerdings erhebliche Gefahr droht: vom nagenden Zahn der Zeit. Ohne Konservierung, so ist zu befürchten, verblassen und verfallen die Negative. Enkel Ben Peter betreibt systematisch die professionelle Digitalisierung der Aufnahmen, um die Motive für die Nachwelt zu erhalten – eine kaum zu bewältigende Mammutaufgabe.

Viele der berühmten Bilder sind im Photo House ausgestellt; man kann Reproduktionen erwerben: das Café Manna am Mittelmeer (1938) beispielsweise, die sich im Gordon-Swimmingpool tummelnden Menschen (1957), der erste Egged-Busbahnhof (1936) am Rothschild Boulevard – und natürlich das faszinierende Bild der in die Luft springenden Lockenfrau. Es zeigt Miriam Weissenstein 1941. Ihrem Rudi ließ sie seinen Lieblingsvers aus Goethes Faust auf den

Spiegelt den Elan einer Epoche: das Foto »Springendes Mädchen« von 1941

Grabstein meißeln: »Ihr glücklichen Augen, was je ihr gesehn, es sei wie es wolle, es war doch so schön!«

Pri-Or Photo House, 5 Tchernichovski St., Tel Aviv, Tel. 03 517 79 16, www.thephotohouse.co.il, So–Do 10–18, Fr 10–13 Uhr.

Architektur, Kunst und Kultur

Palästinensische und arabische Musik

Der Musikgeschmack der israelischen Araber und der Palästinenser orientiert sich weitgehend am panarabischen Musikmarkt, den libanesische und ägyptische Stars dominieren. Große Sängerinnen von einst wie die Libanesin **Fairuz** – oder auch Farid el Atrash – (1915–74) brachten Evergreens hervor. Die Ägypterin **Om Kalthum** (1908–75) hält den Rang eines panarabischen Idols. Die Texte dieser Alt-Stars gelten als zu Schlagern gewordene arabische Poesie.

Traditionelle Instrumente sind u. a. die **Oud,** die arabische **Laute,** die **Rababa,** ein mandolinenähnliches Instrument, und die **Tabla,** eine mit der flachen Hand geschlagene (Doppel-)Trommel. Der **Qanun,** eine Zither, wird schon in »1001 Nacht« erwähnt.

Als revolutionäre Virtuosen der Oud feiert das **Trio Joubran** (www.letriojoubran.com) aus Nazareth große Erfolge, auch in Europa und hier v. a. in Frankreich. Die drei Brüder, Söhne eines Lautenbauers, brechen mit der arabischen Tradition und schreiben Stücke, die nicht mehr nur auf eine einzelne stimmführende Oud mit Begleitung, sondern auf

An Israels Stränden geht im Sommer die Post ab – erlaubt ist, was Spaß macht

drei gleichberechtigte Oud-Instrumente zugeschnitten sind. Auf Texte verzichtet man bewusst. Vorbild für das Trio ist das einzigartige Live-Album »Friday Night in San Francisco« der Gitarristen Al Di Meola, John McLaughlin und Paco de Lucia.

Arabischer **Pop** *(shaabi)* mischt häufig arabische Musik mit westlichen Stilelementen. Das Ergebnis ist ein eingängiger, von Synthesizerklängen überladener Sound. Für Popkarrieren von Frauen ist es oft wichtiger, sexy und frech aufzutreten, als wirklich singen zu können. Satellitenkanäle importieren diese Musik nach Palästina.

Mit **Hip-Hop** tourt der in Berlin lebende palästinensisch-libanesische Rapper **Massiv** ab und zu durch Palästina. **Tamer Nafer,** Idol der palästinensischen Jugend, rappt auf Arabisch und Hebräisch, je nachdem, wen er ansprechen will. Mit seinem Bruder Suhell und seinem Cousin Mahmoud Jrerei tritt er als **DAM** (www.damrap.com) auf. Der Name steht für Da Arabic MCs und bedeutet im Hebräischen ›Blut‹, im Arabischen ›Ewigkeit‹.

Die palästinensische **Volksmusik** pflegt einfache Texte, denn sie war einst die Musik der Bauern. Heutzutage sind ihre Themen Vertreibung, Exil, Sehnsucht nach Heimat, Besatzung und Widerstand.

Tanz

Israelischer Tanz

Als Israels Nationaltanz gilt der ungestüme Kreistanz **Hora,** der aus dem Balkan kommt und dort bis heute weitverbreitet ist – wie beim griechischen Sirtaki liegen die Arme als Zeichen der Gemeinsamkeit über den Schultern des Nachbarn. Der Name des Tanzes entwickelte sich aus dem altgriechischen Wort für ›Kreis‹. Getanzt wird die Hora zu freudigen Anlässen, an Urlaubsorten auch mal als Einheizer oder Rausschmeißer in Diskotheken. Die typische Musik dazu ist oft das Volkslied **Hava Nagila.**

Die harmonisierende Hora steht für eine bestimmte Phase der Geschichte Israels, als in den Kibbuzim Einwanderer aus den unterschiedlichsten Ländern aufeinandertrafen. Ihr folgte der **Ausdruckstanz,** der zeitweise auch das Ballett verdrängte. Amerikanischer Postmodern Dance der 1960er- und 1970er-Jahre, deutscher Expressionismus und der konzeptuelle Tanz beeinflussten die Szene.

Geburtsstätte des international erfolgreichen **modernen israelischen Tanzes** ist das 1989 gegründete **Suzanne Dellal Centre for Dance and Theatre** in Tel Aviv (s. S. 229). Dort widmet man sich tänzerisch der israelischen Identität und versucht Stimmung, Gefühle, Konflikte, die im Land fühlbar sind, auf

Jüdischer Humor – Lachen auf eigene Kosten

Der jüdische Humor ist bekannt für seine weise und verschmitzte Hintergründigkeit, aber auch für die Gnadenlosigkeit, mit der sich Juden selbst auf die Schippe nehmen. Moderne Comedians machen selbst vor dem Holocaust nicht mehr halt.

Der jüdische Hang zur Selbstironie zeigt sich auch an Purim

Natürlich gibt es noch immer die Witze über die überfürsorgliche jiddische Mamme oder über die Jeckes, die einst nach Israel eingewanderten deutschen Juden. »Wird einer gefragt: Schämst du dich nicht, dass du nach so vielen Jahren in Israel noch kein Hebräisch sprichst? – Ja, ich schäme mich, aber das ist immer noch einfacher, als diese Sprache zu lernen.« Das sind Klassiker des Spaßes. Der moderne Humor der Comedians hat eine andere Färbung. Kein Thema ist heilig. Der sephardische Comedian Jacki Levi glaubt, die Juden hätten bei ihren heiligen Liedern einen Grundsatz: »schreckliche Worte und fröhliche Musik – und umgekehrt«. Levi: »An Jom Kippur lauten die fröhlichsten Lieder ›wir haben gesteinigt, verbrannt, getötet und erstickt‹. Es gibt weltweit keine andere Kultur, die Hinrichtungen vertont hat.« Der Therapeut Lenny Ravitz fügte in einer TV-Doku an: »Fast alle jüdischen Feiertage basieren auf drei Dingen: Sie haben versucht, uns zu vernichten. Wir haben gesiegt. Los, lasst uns essen!«

Über sich selbst zu lachen, ist die hervorstechende Eigenschaft des im Stetl geborenen jüdischen Humors. In ihrer wechselvollen Geschichte konnten sich die Juden nie ungestraft über andere lustig machen. Deswegen, so eine häufige Erklärung, richte sich der jüdische Humor selten gegen andere. Der Tabubruch ist ein probates Instrument, inzwischen wird auch der Holocaust thematisiert. Nach dem Vorbild großer US-Comedians wie der schonungslosen Sarah Silverman hat sich in Israel eine Riege von Comedians etabliert, die auf politische Korrektheit keinen Wert legt. Der oft provokante Gil Kopatsh ließ in seiner TV-Show Anne Frank und Hitler »I got you Babe« im Duett singen.

Ziemt sich dieses Lachen, auch wenn es einen therapeutischen Ansatz haben soll, oder hat noch immer der 2005 verstorbene Bestsellerautor Ephraim Kishon recht, der einmal sagte: »Humor ist eine sehr ernste Sache, das größte Geschenk nach Sigmund Freud, das der Mensch vom Allmächtigen bekommen hat … Der jüdische Humor ist ein Humor der Gettos. Es ist nicht hebräisch, es ist jiddisch. Mit dem Getto ist auch der jüdische Humor verschwunden. Der jüdische Humor ist ein selbstkritischer Humor, geschaffen von verfolgten Leuten, die geschlagen und erniedrigt wurden und sich miserabel gefühlt haben. Sie haben sich damit getröstet, dass sie noch immer lächeln konnten. Und noch eines – über den Holocaust kann man keine Witze machen.« Oder hat inzwischen Woody Allen recht? In seinem Streifen »Verbrechen und andere Kleinigkeiten« lässt er den TV-Produzenten Lester sagen: »Komödie ist Tragödie plus Zeit.«

Modernen jüdischen Humor können auch Hebräischunkundige erleben. Auf der Bühne des Jerusalemer Comedy-Klubs Off the Wall (s. S. 191) gibt David Kilimnick (www.davidkilimnick.com), eingewanderter Sohn eines Rabbiners, auch in Englisch den Stand-Up-Comedian.

die Bühne zu bringen. Tanztraditionen aus Äthiopien, dem Maghreb und Jemen fließen ebenso ein wie Bauchtanz und Flamenco.

Auf internationalen Bühnen sind häufig die Ensembles **Inbal Dance Company** (www.inbalpinto.com), **Bat-Dor** und **Kibbutz Contemporary Dance Company** (www.kcdc.co.il) sowie die **Batsheva Dance Company** (www.batsheva.co.il) zu Gast. Letztere wurde 1964 mit finanzieller Hilfe der namensgebenden Baronin Batsheva de Rothschild gegründet und nachhaltig durch **Martha Graham,** eine der bedeutendsten Choreografinnen des 20. Jh., geprägt, die den gesamten israelischen Tanz beeinflusste. Aus dem Ensemble ging eine Reihe renommierter Choreografen hervor. Zu den Stars der jungen Tanzszene gehören **Emanuel Gat** (www.emanuelgatdance.com) und **Maya Levi.**

Palästinensische und arabische Tänze

Der bekannteste palästinensische Tanz ist der **Dabke,** der wie die Hora an den Sirtaki erinnert. Bei fröhlichen Anlässen wie Hochzeiten sind Männer und Frauen auf der Tanzfläche, das Publikum singt und klatscht dazu. Je nach Region tanzen Männer und Frauen gemeinsam oder in getrennten Kreisen. In Reihen gegenüber stehen sich die Tänzer beim **Sahdsche.** Wie Ebbe und Flut wiegen sich die Tänzer klatschend zum Rhythmus.

Überall in Israel gibt es Workshops für orientalischen **Bauchtanz,** einer der wenigen Bereiche, der das Land und seine arabischen Nachbarn eint. Der *raks shraq* ist eine hohe Kunst. Um die geschmeidig kreisende Hüfte ist ein strassbesetztes Seidentuch drapiert. Der Körper windet sich im engen Paillettenkleid um die Körperachse, die Arme schlängeln sich zur Musik um den Körper. Bauch und Nabel sind frei, der Blick lasziv. Was man in Israel erlebt, unterscheidet sich meist erheblich von dem, was man daheim präsentiert bekommt. Der Bauchtanz in Nahost ist technisch womöglich nicht so perfekt, aber im Ausdruck gefühlvoller. »Europäerinnen wollen oft nicht so sexy tanzen, wie es sein muss«, bemängeln orientalische Bauchtänzerinnen. »Sie haben den Bauchtanz verfremdet, suchen darin eher Erfüllung und Einklang mit ihrem Körper. Das ist schade. Das entspricht nicht der Seele des Tanzes.«

Literatur

Israel ist ein junger Staat mit einer weit zurückreichenden Literaturgeschichte. Je nach Definition beginnt sie mit der Bibel, dem Buch der Bücher, oder mit der Diaspora. Bekannten Autoren jüdischer Herkunft, darunter Heinrich Heine und Franz Kafka, fehlte anfänglich noch das moderne Hebräisch, wie es sich als Gebrauchssprache erst durch Theodor Herzl entwickeln konnte.

Laut Amos Oz, dem bedeutendsten zeitgenössischen israelischen Schriftsteller, sind die Anfänge der modernen hebräischen Sprache im 18. Jh. von Deutschland geprägt und auch die moderne hebräische Literatur wurde in Berlin geboren. In der Tat gab es im Verlauf des 18. und 19. Jh. Zeitschriften in Hebräisch, die in Berlin herausgegeben wurden. Anfangs des 20. Jh. lebten einige der wichtigsten Charaktere oder Figuren der hebräischen Literatur in Berlin und in Leipzig, darunter Agnon, Bialek, Martin Buber. Erst mit der Judenverfolgung, so Oz, verlagerte sich dieses Zentrum von Deutschland aus nach Tel Aviv und bis heute manifestiert sich das Verhältnis zu Deutschland in der modernen hebräischen Literatur. Nicht minder wichtig sind die Wurzeln des Ostjudentums.

Klassische israelische Literatur

Samuel J. Agnon (1888–1970), einer der großen Erzähler des 20. Jh. und häufig mit Kafka verglichen, erhielt 1966 – gemeinsam mit der deutsch-jüdischen Schriftstellerin Nelly Sachs – als erster in Hebräisch schreibender Autor den Nobelpreis für Literatur. Gewürdigt wurde nicht ein bestimmtes Werk Agnons, sondern seine charakteristische Erzählkunst, seine Vorliebe für Motive des jüdischen Le-

Architektur, Kunst und Kultur

bens. Agnon wurde als Shmuel Josef Czaczkes in einer strenggläubigen jüdischen Gemeinde in Galizien geboren, der Schauplatz vieler seiner Werke. 1908 ließ er sich in Palästina nieder, reiste 1913 nach Deutschland und lebte bis 1921 in Berlin, später in Bad Homburg, wo der Religionsphilosoph Martin Buber und er Freunde wurden. Als 1924 ein Feuer Agnons Wohnung samt Bibliothek und Manuskripten zerstörte, kehrte er nach Palästina zurück. Zu Agnons bekannten und in Deutsch erhältlichen Romanen zählen »Eine einfache Geschichte« sowie »Schira«. In der Geschichte verliebt sich in einem Stetl Ende des 19. Jh. Hirschel Hurwitz in die arme Blume Nacht, die in seinem Elternhaus als Hausmädchen arbeitet. Hirschels Eltern vereiteln die unstandesgemäße Heirat. Die Schilderung von Hirschels Liebesleiden und einer Gemeinschaft im Wandel haben kaum an Reiz verloren.

Tabus kennt die israelische Literatur heute kaum mehr. Das war bei der sog. Stadtgeneration, der **Dor Hamedina,** anders. So bezeichnet die israelische Literaturgeschichte jene Schriftsteller, die schon zur Staatsgründung 1948 im Land lebten und den Aufbau des Staats literarisch begleiteten. Als **Yoram Kaniuk** 1968 »Adam Hundesohn«, eine Groteske über den Holocaust, veröffentlichte, wurden Werk und Autor von der Kritik zerrissen. Der Protagonist Adam lebt im Negev in einer lagerähnlichen Nervenheilanstalt, in der alle Patienten Überlebende des Holocaust sind. Ihr Held ist Adam, im Berlin der 1930er-Jahre ein Zirkusclown, der für seinen Lagerkommandanten im KZ auf allen Vieren als Hund herumlaufen musste, was ihm das Leben rettete. Das Buch gilt heute als Meisterwerk – es ziemt sich, Tränen zu lachen.

Moderne israelische Literatur

Israelische Literatur bewegt. Das Interesse daran ist weltweit gestiegen. 1980 gab es Übersetzungen in 25 Sprachen, über 20 Jahre später waren es bereits 70 Sprachen. Der Löwenanteil des Zuwachses geht auf israelische Kinderbücher zurück. Zu den meistübersetzten und bedeutendsten Autoren Israels gehören **Amos Oz** (geb. 1939, »Der perfekte Frieden«), **Ephraim Kishon** (1924–2005, »Arche Noah«, »Touristenklasse«) sowie der Kinderbuchautor **Uri Orlev** (geb. 1931, »Die Insel in der Vogelstraße«). Internationale Bekanntheit erlangten auch **A. B. Yehoshua** (geb. 1936, »Der Liebhaber«), **Etgar Keret** (geb. 1967, »Gaza Blues«), **Samuel J. Agnon** (1888–1970, »Gestern, Vorgestern«), **David Grossman** (geb. 1954, »Eine Frau flieht vor einer Nachricht«) und **Yoram Kaniuk** (1930–2013, »Ein Leben für ein Leben«).

Die Gefühle der jungen israelischen Generation thematisieren Autoren wie Ron Leshem, Assaf Gavron oder Eshkol Nevo. Sie schildern, wie die ständige Bedrohung von außen das Privatleben beeinflussen und eine Gesellschaft verändern. Allzu oft handeln die Figuren wider Willen, sind fremdbestimmt. So lässt **Assaf Gavron** in seinem tragikomischen Buch »Ein schönes Attentat« seinen Protagonisten Eitan drei Selbstmordattentate überleben. Eitan wird ungewollt zur Berühmtheit, was sein gesamtes Leben ruiniert. Und dann ist da der Palästinenser Fahmi, der den Nationalhelden, das neue Symbol der Überlebenskraft Israels, endgültig auslöschen soll. Nicht minder lesenswert ist Gavrons politischer Roman »Auf fremdem Land«, der in einer kleinen illegalen jüdischen Siedlung auf der Westbank spielt und die teils absurde Realität der unrechtmäßigen Landnahme voller Ironie beschreibt.

Ron Leshems Antikriegsroman »Wenn es ein Paradies gibt« schildert die Welt junger Israelis. Im einen Moment feiern sie noch in Tel Avivs Klubs, im nächsten Moment werden sie von der Armee zum Kämpfen und Sterben an die libanesische Grenze geschickt. Die Buchverfilmung wurde 2007 mit dem Silbernen Bären ausgezeichnet und 2008 für den Oscar nominiert.

Der Roman von **Dorit Rabinyan**: »Wir sehen uns am Meer« erzählt von einem israelisch-palästinensischen Liebespaar und wurde aufgrund des Themas zum Skandal. Die rechtsnationale Kulturministerin verbot ihn als Schullektüre. Denn israelische Jugendli-

Literatur

1992 mit dem Friedenspreis des deutschen Buchhandels ausgezeichnet: Amos Oz

che müssten vor der Gefahr der Assimilierung geschützt werden.

Palästinensische Literatur

Eine eigenständige palästinensische Literatur, deren Themen und Tonalität aus der israelischen Okkupation resultierten, entwickelte sich erst ab 1948. Aufgrund eines Publikationsverbots waren die Autoren in den Untergrund gezwungen. Das Recht zur freien Meinungsäußerung in Buchform existierte bis zum Beginn der Friedensverhandlungen in den 1990er-Jahren unter israelischer Herrschaft weder im Westjordanland noch im Gazastreifen. Wer veröffentlichen wollte, musste dies meist unter einem Pseudonym und über ausländische Verlage tun. Palästinensische Literatur war immer zugleich Exilliteratur.

Im Ausland erschienen die Bücher von **Emil Habibi**, **Ghassan Kanafani**, **Jabra Ibrahim Jabra** und **Sahar Khalifa**. Ihre Werke über Vertreibung, Entfremdung und Sehnsucht hielten über Jahrzehnte die Idee eines palästinensischen Staats wach, erzählen vom Überlebenskampf in den Autonomiegebieten, von der Intifada, dem Irrsinn der Selbstmordattentäter, der endlosen Spirale der Gewalt.

Wenn es eine Stimme Palästinas und Arabiens gab, dann gehörte sie dem Poeten **Mahmoud Darwish** (1941–2008). Geboren als Bauernsohn in Galiläa, flüchtete er 1948 mit seiner Familie in den Libanon, kehrte später zurück, besuchte die Oberschule in Nazareth, wurde Mitglied der israelischen KP und ging nach etlichen Verhaftungen ins Exil, u. a. nach Beirut, Tunis und Kairo, wo er für Al Ahram schrieb. Anfangs feierte er in seinen Büchern den bewaffneten Widerstand und das Märtyrertum, eine radikale Position, die er später aufgab. 1996 durfte Darwish zurück nach Israel und trat 2007 sogar dort auf.

Architektur, Kunst und Kultur

Darwish engagierte sich nicht nur kulturell als Herausgeber der Literaturzeitschrift »Al-Karmal« (»Der Karmel«), sondern wurde Mitglied des Palästinensischen Nationalrats und begleitete die palästinensisch-israelischen Friedensverhandlungen mit kritischem Blick. 1998 überraschte Darwish mit ganz anderen Tönen: »Sareer el Ghariba« (»Das Bett eines Fremden«) enthielt erstmals Liebesgedichte. 2003 erhielt Darwish den Erich-Maria-Remarque-Friedenspreis der Stadt Osnabrück.

Film

Israelischer Film

Israelisches Kino bestand lange, zumindest in der internationalen Wahrnehmung, aus der mehrteiligen Teenagerkomödie »**Eis am Stil**«. Davor gab es Kishons »**Salah Shabati**« oder den »**Blaumilchkanal**«. Das hat sich grundlegend geändert. Israels Filmschaffen stößt auf wachsendes internationales Interesse. Beherrschende Themen sind neben den normalen Kinoproduktionen eines normalen Kinolands: der schwelende Nahostkonflikt, der Wandel Israels durch die Zuwanderungswelle aus dem Ostblock, die alles andere als schleichende Orthodoxisierung des Lebens.

Beeindruckend widmet sich Amos Gita den Haredim, den Ultraorthodoxen. »**Kadosh**« (»Heilig«, 1999) führt in das Jerusalemer Viertel Mea She'arim, wo für den Protagonisten Meir der Morgen mit dem Gebet beginnt: »Danke, Gott, der Du unsere Wege lenkst, dass Du mich nicht zur Frau gemacht hast.« Meir ist glücklich verheiratet, doch muss er die Ehe auf Druck seines fundamentalistischen Vaters der Religion opfern – sie bleibt nämlich kinderlos und gilt somit als sündig.

Israels Filmemacher lieben die Sprache der Ironie. Der Streifen »**Mivza Savta**« (1999) von Dror Shaul ist Kult seit dem ersten Tag. Er nimmt den israelischen Alltag aufs Korn, erwies sich aber als unübersetzbar. Tiefgründig, mal melancholisch, mal heiter beschreibt Eran Kolirins Komödie »**Die Band von nebenan**« (2007) die israelisch-ägyptische Nachbarschaft. Das Polizeiorchester von Alexandria soll zur Eröffnung eines arabischen Kulturzentums in Israel auftreten, doch aufgrund eines Missverständnisses verschlägt es die Musiker an den falschen Ort. Es beginnt eine bezaubernde Begegnung von Israelis und Ägyptern, die sich so nah und doch so fremd sind. In Ägypten ist der Film verboten.

Aus dem Blickwinkel der oft vergessenen Opfer des Nahostkonflikts nähert sich die Dokumentation »**Promises**« (2002) dem Konflikt. Über fünf Jahre hinweg werden sieben israelische und palästinensische Kinder aus Jerusalem und dem Westjordanland im Alltag begleitet. Man erfährt von ihren Ängsten, Gedanken, Gefühlen und Hoffnungen, mit denen sie heranwachsen. Der Film wurde mit Nominierungen und Auszeichnungen überhäuft.

Das mit Tabus beladene Thema Homosexualität greift Eytan Fox in »**Walk on Water**« auf. Der Plot des Films, der seine internationale Premiere bei der Berlinale 2004 feierte, ist bizarr: Mossadagent Eyal soll einen Nazi-Verbrecher aufspüren und töten, dazu wird er auf Pia und Axel, die erwachsenen Enkel des Manns, angesetzt. In der Gestalt Axels wird Eyal mit der Natürlichkeit von Homosexualität konfrontiert, was letzten Endes Einfluss auf seinen Mordauftrag hat.

Ari Folmans »**Waltz with Bashir**« (2008), ein großartiger animierter Dokumentarfilm, war 2008 für die Goldene Palme in Cannes nominiert. Der Filmtitel spielt auf den mit Israel verbündeten christlich-maronitischen Milizenführer und libanesischen Präsidenten Bashir Gemayel an. Seine Ermordung 1982 sollte mit Israels Massakern in den palästinensischen Lagern Sabra und Schatila gerächt werden. Folman, 1982 im Libanon stationiert, ist die tragende und fragende Trickfilmfigur des Films, die sich erst mithilfe von Augenzeugen wieder an den Krieg und die Massaker der israelischen Armee erinnert, die der Film – in Originalaufnahmen – zeigt.

Beeindruckend ist auch der 2009 für den Oscar nominierte Film »**Ajami**« von Scandar Copti und Yaron Shani über Gewalt in der israelischen Gesellschaft.

Als israelisch-deutsche Koproduktion sorgte 2012 Arnon Goldfingers dokumentarische Familiengeschichte »**Die Wohnung**« für Aufsehen. Als Goldfinger die Tel Aviver Wohnung seiner verstorbenen Großmutter ausräumt, entdeckt er in Fotoalben und Briefen eine Verbindung seiner Großeltern zu einem deutschen Nazipaar. Er verfolgt die Spur zurück und bricht damit als Vertreter der ›Dritten Generation‹ nach dem Holocaust das Schweigen über die Vergangenheit auf.

Palästinensischer Film

Beachtenswert sind auch Produktionen palästinensischer Filmemacher, denen es oft an vergleichbarer Finanzierung und Vertriebswegen mangelt. U. a. eine Oscar-Nominierung und einen Golden Globe als bester ausländischer Film heimste 2006 der niederländisch-palästinensische Regisseur Hany Abu Assad für »**Paradise Now**« ein. Der Streifen erzählt ohne Sympathie, aber mit Respekt von den beiden Palästinensern Khaled und Said, die von radikalen Religiösen dazu bestimmt wurden, sich als Selbstmordattentäter in Tel Aviv in die Luft zu sprengen. Die beiden Männer verbringen eine letzte Nacht mit ihren ahnungslosen Familien, dann ziehen sie los. Doch an der Grenze zu Israel verlieren sich Said und Khaled. Auf sich alleine gestellt, muss nun jeder für sich entscheiden, ob er tatsächlich zum Massenmörder werden will.

Besonders zu erwähnen ist »**Das Herz von Jenin**«. Leon Geller und Marcus Vetter erhielten dafür 2010 den Deutschen Filmpreis für die beste Dokumentation. Die wahre Geschichte erzählt von Ismael Khatib, dessen zwölfjähriger Sohn im Flüchtlingslager Jenin von israelischen Soldaten erschossen wird. Der Vater spendet die Organe seines Sohnes – israelischen Kindern! Zwei Jahre später besucht er die Kinder u. a. einer orthodoxen Familie in Israel, eine schmerzhafte Reise. 2012 hatte Vetters Dokumentation über das großartige, vom Regisseur als Projekt unterstützte »**Cinema Jenin**« (www.cinemajenin.org) in Jenin Premiere.

Bildende Kunst

Jüdische Kunst, allein der Begriff ist schwer zu fassen. Da jüdische Kunst wie auch die Literatur durch die Diaspora lange weder an ein bestimmtes Land noch an eine bestimmte Kultur oder Epochen gebunden war, ist sie am ehesten als religiöse Kunst zu verstehen, im modernen Kontext auch als Auseinandersetzung mit dem Judentum und der Kultur Israels. Das Werk eines jüdischen Malers, so betont man gerne, sei nicht per se jüdische Kunst. Die Zirkusmotive von Marc Chagall beispielsweise, Sohn orthodoxer Juden, zählt demnach nicht dazu, die von ihm gestalteten Fenster der Synagoge des Jerusalemer Hadassa Medical Center dagegen schon.

Religiöse Kunst

Der Glaube an das Gebot des einen Gottes, von dem man sich kein Bildnis machen soll, wurde über lange Zeit als Verbot (miss-)interpretiert, Gott, Mensch und Tier darzustellen. Während christliche Künstler ihrer Fantasie freien Lauf ließen, man denke an Gott als alten gütigen Mann und den langhaarigen Jesus im wallenden Gewand, war diese Ausdrucksform jüdischen, d. h. religiös motivierten Schaffenden oft versagt. Ähnlich verhält es sich im Islam, dessen sakrale Künstler sich bis heute fast ausschließlich der Kalligrafie hingeben.

Trotzdem gibt es in der jüdischen Kunst einen farbenprächtigen Bilderreichtum. In den Katakombengräbern von Beit She'arim (s. S. 290) etwa findet man Darstellungen heidnischer Götter, Bilder von Vögeln, Löwen und Adlern sowie Pflanzenornamente. Die Beit-Alfa-Synagoge beim See Genezareth (s. S. 303) besitzt ein großes Mosaik, das u. a. Abraham mit dem Messer in der Hand zeigt, bereit, seinen Sohn Isaak zu opfern. An anderer Stelle sind die zwölf Tierkreiszeichen zu sehen.

Das Argument gegen ein allzu rigoroses Bilderverbot lautete, Darstellungen in Synagogen, meist Fresken, würden nicht angebetet, was dem mosaischen Gebot widerspräche, sondern dienten in Einklang mit dem

Architektur, Kunst und Kultur

Mit ihren Fotografien von palästinensischen Flüchtlingslagern beeindruckte die israelische Künstlerin Ahlam Shibli bei der documenta in Kassel

Gebot einzig als Schmuck. Andere Künstler argumentierten, es sei nur verboten, den Menschen als Ganzes zu zeigen. So verzichteten sie auf die Darstellung des Gesichts, indem sie die Köpfe von hinten malten bzw. dem menschlichen Körper einen Tierkopf aufsetzten. Erst in der Buchmalerei ab der Mitte des 14. Jh. war der Mensch als solcher zu sehen: mit Körper, erkennbarem Gesicht, von vorne. Gebetsbücher erzählten als anerkannte Literatur für den Hausgebrauch in Wort und begleitender Illustration die Bibelgeschichte, die Quelle aller Kunst.

Kunst während des Holocaust und danach

Nach dem Holocaust, was für eine Kunst sollte da noch möglich sein? Verlangte die Schoah ein Abbildungsverbot, so wie Theodor Adorno nach Auschwitz die Lyrik anfangs kategorisch als barbarisch abgelehnt hatte? Der Philosoph relativierte später: »Das perennierende Leiden hat so viel Recht auf Ausdruck wie der Gemarterte zu brüllen; darum mag falsch gewesen sein, nach Auschwitz ließe kein Gedicht mehr sich schreiben.«

Bildende Kunst

Die größte Sammlung zu Schoah und Kunst findet man mit rund 10 000 Exponaten im Kunstmuseum von Yad Vashem (s. S. 183). Da sind zum einen Bilder, Skizzen und Zeichnungen, die in Gettos und Konzentrationslagern unter größter Lebensgefahr und im Angesicht des Todes entstanden. Zum anderen sieht man hier vor der Deportation entstandene Werke von Künstlern, wie die der 1939 nach Frankreich emigrierten Berliner Malerin **Charlotte Salomon** (geb. 1917), die 1943 vom Vichy-Regime an die Gestapo ausgeliefert und in Auschwitz ermordet wurde. 1940 hatte Salomons Großmutter in Frankreich Selbstmord begangen – um zu überleben flüchtete Salomon in die Malerei. In wenigen Monaten entstanden über 1300 farbintensive Gouachen mit comicartigen Elementen, die das Leben einer jungen Frau im Berlin der 1920er- und 30er-Jahre erzählen und den zunehmenden Antisemitismus dokumentieren.

Zu sehen sind in Yad Vashem auch drei Fresken des polnisch-jüdischen Autors und Malers **Bruno Schulz** (1892–1942), die unter mysteriösen Umständen 2001 in der Ukraine verschwanden und dann in Jerusalem wieder auftauchten, wo sie 20 Jahre lang als Leihgabe ausgestellt bleiben sollen. Nach dem deutschen Überfall auf die Sowjetunion 1941 wurde Schulz im Drohobytscher Getto vom SS-Referenten für Judenfragen, Felix Landau, dazu bestimmt, die Zimmer seiner Kinder mit Märchenbildern zu verschönern. Es entstanden Schneewittchen und die sieben Zwerge, eine schöne Prinzessin und eine Kutsche mit Kutscher. Die Figuren tragen Gesichtszüge von Angehörigen der Familie von Schulz, sein eigenes Antlitz gab er dem Kutscher. Schulz wurde 1942 nach einer Schießerei im Getto, mit der er nichts zu tun hatte, von einem SS-Mann getötet.

Moderne Kunst

Lange vor der Staatsgründung Israels gab es die frühen Einwanderer, deren Schaffen durch Fotos und zahlreiche Gemälde dokumentiert ist. Gewehr und Spaten geschultert, mit den Stiefeln tief in der neuen Erde – purer Pionierrealismus, gemalter Stolz in Kohle, Öl und Aquarellfarben.

1905 hatte der siebte zionistische Kongress die Gründung der Bezalel School of Art in Jerusalem beschlossen, die heute **Bezalel Academy of Arts and Design** (www.bezalel.ac.il) heißt und zu den renommiertesten Kunst- und Designakademien zählt. Sie war in den Anfangsjahren ein Anlaufhafen für die nach Palästina eingewanderten Künstler, die z. B. in den 1930er-Jahren den Expressionismus aus Deutschland mitbrachten. Fast alle bekannten israelischen Künstler sind Bezalel-Absolventen.

Architektur, Kunst und Kultur

Eine eigene Bewegung verkörpert der 1895 in Rumänien geborene Schriftsteller und Architekt **Marcel Janco,** Mitbegründer des **Dadaismus,** den junge Künstler 1916 aus dem Züricher Cabaret Voltaire heraus als antibürgerliches Gegengewicht erdacht hatten. Janco übersiedelte 1941 nach Palästina, organisierte hier mit anderen die Gruppe **Neue Horizonte** und ließ sich 1953 in dem verlassenen arabischen Dorf Ein Hod nieder, das sich zur blühenden Künstlerkolonie entwickelte (s. S. 249).

Israels aktuelle Kunst- und Designszene findet immer stärkere internationale Beachtung. In Tel Aviv gibt es Dutzende Galerien, im dortigen Tourist Office (s. S. 223) ist eine »Art Galleries & Museums Map« erhältlich. **Fresh Paint** (www.freshpaint.co.il) heißt die erste, seit 2007 bestehende Messe der jungen Szene in Tel Aviv. Als ein weiteres Forum wurde 2010 in einem Vorort von Tel Aviv das auch architektonisch interessante Design Museum Holon eröffnet. Das Herzliya-Museum und das Tel Aviv Art Museum mit dem neuen Anbau gelten als gute Adressen für zeitgenössische israelische Kunst, der Louvre des Nahen Ostens ist das Jerusalemer Israel-Museum.

Zu den Etablierten im laufenden Kunstbetrieb gehört **Sigalit Landau** (geb. 1969), die für ihre Installationen gerne Pappmaschee und Bronze verarbeitet. Mit Installationen im öffentlichen Raum, die für den Besucher auch begehbar sein müssen, hat sich der Bildhauer und Gestaltungskünstler **Dani Karavan** (geb. 1930, www.danikaravan.com) weltweit einen Namen gemacht. Ein Pionier der israelischen Videokunst ist **Guy Ben Ner** (geb. 1969), der in witzigen Selbstporträts die Widersprüche des Alltags herausarbeitet, mit seiner Familie schon mal bei Ikea einzieht und filmisch festhält, wie man es sich dort in Dusche und Bett gemütlich macht. Als unpolitische Künstlerin sieht sich **Talja Keinan.** Ihre Aquarelle, Zeichnungen, Collagen und Videos bewegen sich, gleichsam als Kontrast zur häufig von Gewalt bestimmten Realität, in friedlichen Traumwelten. **Yehudit Sasportas** kombiniert in ihren Rauminstallationen Zeichnungen, Skulptur und Malerei.

Die Künstlerin **Ahlam Shibli,** 2007 Gast der documenta 12, beschäftigt sich in ihren Fotoserien mit dem Schicksal der Palästinenser, anhand von Flucht und Vertreibung auch mit dem ihrer eigenen Familie. Sie sieht sich nicht als israelische, sondern als palästinensische Künstlerin. Der Konflikt mit Palästina zeigt nicht nur in ihrer Person die Grenzen der Integrationskraft von Kunst. In der Bezalel-Akademie in Jerusalem sitzen palästinensische Studenten neben Studenten aus Familien jüdischer Westbanksiedler. Eine palästinensische Dozentin spricht demonstrativ kein Hebräisch im Unterricht, nur Englisch. Sie würde auch ihre Kunst nicht neben israelische Werke hängen. V. a. für Palästinenser ist der Kontakt zur Kunstszene des Besatzers mit Problemen beladen. Ein wichtiger Kunsttreff in Palästina ist die **Ramallah-Riwaq-Biennale** (www.riwaqbiennale.org).

Architektur

Israels Architektur wird vor allem mit dem **Bauhaus** in Verbindung gebracht. Einige dieser wundervollen Gebäude stehen in Tel Aviv und wurden 2003 zum UNESCO-Welterbe erklärt (s. S. 211, Thema S. 216). Die erste Bauhaus-Architektin im damaligen britischen Mandatsgebiet war die Berlinerin **Lotte Cohn,** die 1921 nach Palästina auswanderte und 1930 in Tel Aviv ein Architekturbüro eröffnete. Sie entwarf die ersten jüdischen Gartenvorstädte, baute 1925 die erste landwirtschaftliche Mädchenschule in Nahalal und entwickelte den sozialen Wohnbau mit, der nach 1948 durch die vielen Einwanderer nötig wurde.

Mit der Gründung Israels und dem Neuentwurf eines kompletten Staats am Reißbrett spielte Bauhausarchitektur quantitativ keine große Rolle mehr. Das Credo des Neuanfangs lautete: Hell, luftig, funktionell sollten die Häuser gestaltet sein. Andernorts mussten Gebäude wie die Knesset und das Israel-Museum in Jerusalem die neue nationale Identität widerspiegeln, was sich in heute teils überzogen wirkender Kolossalität mani-

Architektur

festiert. Dass unter dem obendrein enormen Zeitdruck kein großes Augenmerk auf städtebauliche Belange gelegt werden konnte, zeigt der Blick auf den Stadtplan von Tel Aviv mit seinen kreuz und quer verlaufenden Straßen und Sträßchen. Die Stadt, bis heute ein wildes architektonisches Sammelsurium, erlag ab 1960 dem Hochhauswahn, von dem man annahm, er zeichne eine Metropole von Welt aus. Den Anfang machte der 140 m hohe Migdal Shalom Meir (s. S. 211).

Sichtbeton war der Schick der 1950er- und 1960er-Jahre. Unverputzte Bauten und die Fassaden so roh, wie sie die Maurer geschaffen haben, findet man vielerorts, auch in Be'er Sheva, das noch aus einem anderen Grund bemerkenswert ist. Dort entstanden schon in den frühen 1960er-Jahren Wohnviertel, die dem Wüstenklima angepasst sind und beim Betrachter gemischte Eindrücke hinterlassen. Zum Schutz vor der sengenden Sonne hat man Gehsteige überdacht und Häuserzeilen so nah aneinander gerückt, dass Schatten spendende Gassen entstanden. Gleichzeitig ist die Stadt im Negev mit ihren breiten Straßen und den großen, der Wüste abgerungenen Grünflächen eine blühende Gartenstadt, die wie kaum eine andere den Pionierwillen der jungen Nation abbildet. »Be'er Sheva bedient das fundamentale Bedürfnis, über die Demonstration jüdischer Siedlungspräsenz den Besitzstand am Territorium zu wahren«, analysierte die Architekturhistorikerin Anna Minta in ihrem Buch »Israel Bauen«. Das Urteil lässt sich auf die modernen, teils illegalen Bauten jüdischer Siedlungen auf palästinensischem Gebiet übertragen. Angesichts der politisch-symbolischen Funktion der Architektur tritt die Ästhetik in den Hintergrund.

Im Baurausch der 1970er- und 1980er-Jahre ließ man alte Viertel verfallen, was man heute, z. B. in Jaffa, mit aufwendigen Renovierungs- und Restaurierungsmaßnahmen zu korrigieren versucht. Dass das mit Bravour gelingt, zeigen der alte Hafen und das nahe Künstlerviertel mit vielen schönen Steingebäuden aus der osmanischen Epoche (s. S. 221).

Spiegelt die Aufbruchsstimmung der Gründerjahre: Tel Avivs Bauhausarchitektur

Wissenswertes für die Reise

Anreise und Verkehr
Übernachten
Essen und Trinken
Outdoor
Feste und Veranstaltungen
Reiseinfos von A bis Z

Levantinische Küche bei toller Aussicht – Restaurant auf der Stadtmauer von Akko

Historische Stätte mit berühmten Ruinen – das antike Caesarea

Lohn für den Aufstieg zur Felsenfestung Massada ist ein grandioser Blick über die Wüste bis zum Toten Meer

Anreise und Verkehr

Einreisedokumente und -bestimmungen

Visa

Deutsche, Österreicher und Schweizer benötigen einen noch mindestens sechs Monate gültigen Reisepass und bekommen ihr Visum bei der Einreise; auch Kinder benötigen einen eigenen Reisepass. Die einzige Ausnahmeregelung betrifft Deutsche, die vor dem 1. Januar 1928 geboren sind – sie müssen ihr Visum vor Reisebeginn beantragen. Die palästinensischen Autonomiegebiete verfügen bezüglich der Einreise über keinerlei Souveränitätsrechte – hier gelten die gleichen Bestimmungen.

Wer Reisen in ein arabisches Land (außer Ägypten, Jordanien, VAE) plant und im Pass bereits einen israelischen Stempel hat, benötigt einen Zweitpass. Eine Erleichterung ist es für solche Reisende, dass Israel nun am Flughafen Ben Gurion, an der Allenby Bridge (Jordanien) und in Eilat-Taba (Ägypten) auf den Visumstempel verzichtet. Stattdessen erhält man dort bei Ein- und Ausreise einen hellblauen bzw. rosafarbenen Datenausdruck *(entry/exit permit)* im Format einer Visitenkarte, der stets mitzuführen ist. Am Grenzübergang Yitzhak Rabin bei Eilat-Arava-Aqaba wird weiterhin in den Pass und nur auf ausdrücklichen Wunsch auf ein separates Blatt gestempelt (s. S. 99).

Wer länger als drei Monate im Land bleiben will, braucht eine – mühelos zu bekommende – Genehmigung der Innenbehörde. Transitvisa gelten fünf Tage, können aber um zehn Tage verlängert werden. Bei Überschreitung dieser Fristen drücken die Beamten in aller Regel ein Auge zu. Geöffnet sind die Visabüros täglich außer freitags und samstags von 8–12 Uhr. Die wichtigsten Anlaufstellen sind: Jerusalem, 1 Shlomzion St., Tel. 02 629 92 22; Tel Aviv-Jaffa, Shalom Tower, Tel. 03 736 25, 03 565 19 41; Eilat, Municipality Building, Tel. 08 637 63 32.

Sicherheitsbefragungen

Für Flüge nach und von Israel ist es ratsam, sich etwa 3 Std. vor Abflug am Check-in einzufinden. Es gelten sehr hohe Sicherheitsstandards, angefangen damit, dass man an vielen Flughäfen in besonders abgelegenen oder abgeschirmten Bereichen eincheckt. Zur üblichen Prozedur gehört es, dass man v. a. bei der Ausreise befragt wird, warum, wohin, mit wem man reist, wo genau man sich in Israel aufgehalten hat, wie oft man schon in Israel war, wen man getroffen hat, wie es um Kontakte mit Arabern und Palästinensern steht etc.

In der Regel wird man nacheinander von zwei Sicherheitsleuten befragt – da ist angesichts der bohrenden Fragen, die mancher als zu aufdringlich empfindet, Geduld gefragt. Noch ein wenig intensiver wird verhört, wer Stempel arabischer Länder im Reisepass hat oder trotzig reagiert und sich beschwert. Elektronische Geräte, ob Smartphone oder Laptop, können (zumindest in Israel) legal zurückgehalten, technisch kontrolliert, d. h. geöffnet und dem Reisenden an die Heimatadresse nachgesandt werden. Aufgegebenes Gepäck kann geöffnet und durchsucht werden. Nicht weniger gründlich, aber schneller geht's mit dem Laufer Royal Service (Tel. 00972 8 914 51 27, airportroyalservices@lauferghi.com), der El-Al- und Up-Passagieren u.a. die Expressabwicklung der Sicherheitsbefragung anbietet (90 US-$ für bis zu 4 Passagiere).

Ein- und Ausfuhr von Waren

Zollfrei eingeführt werden dürfen nach Israel 1 l Spirituosen mit mehr als 22 Vol.-% oder 2 l Wein oder 2 l Bier (Reisende über 17 Jahren); 200 Zigaretten oder 100 Zigarillos oder 50 Zigarren oder 250 g Tabak, 500 g Kaffee, 100 g Tee (Reisende über 15 Jahren); 50 g Parfüm, 0,25 l Eau de Toilette, Arzneien für den persönlichen Gebrauch während der Reise. Videokameras und Laptops, die in Israel noch ziemlich teuer sind, sollte man deklarieren.

Mit Fotoausrüstungen gibt es keine Probleme. Lebensmittel bis zu 3 kg darf man einführen, ausgenommen sind frische Früchten und frisches Fleisch. Ebenfalls verboten ist die Einfuhr von Narkotika und Messern mit mehr als 10 cm langen Klingen. Wer mehr als 80 000 NIS bei sich führt, muss das Geld sowohl bei der Ein- als auch bei der Ausreise anmelden.

Bei der Heimreise (Flugzeug oder Schiff) dürfen in die EU Waren bis zu einem Wert von 430 € (Reisende unter 15 Jahren 175 €) eingeführt werden. Reisende ab 17 Jahren dürfen außerdem in die EU einführen: Tabakwaren (200 Zigaretten oder 100 Zigarillos oder 50 Zigarren oder 250 g Rauchtabak oder eine anteilige Zusammenstellung dieser Waren), Alkohol und alkoholhaltige Getränke (1 l Spirituosen mit mehr als 22 Vol.-% oder unvergällter Ethylalkohol mit 80 Vol.-% oder mehr oder 2 l Alkohol und alkoholische Getränke mit höchstens 22 Vol.-% oder eine anteilige Zusammenstellung dieser Waren und 4 l nicht schäumende Weine und 16 l Bier).

Bei der Einreise in die Schweiz dürfen Personen ab 17 Jahren abgabenfrei einführen: 2 l Alkohol bis 15 Vol.-% und 2 l Alkohol über 15 Vol.-% sowie 200 Zigaretten oder 50 Zigarren oder 250 g Tabak. Andere Privatwaren sind bis zu einem Wert von 300 CHF pro Person abgabenfrei. Übersteigt der Wert der mitgeführten Waren 300 CHF, so sind alle Waren abgabenpflichtig. Weitere Infos unter **www.zoll.de, www.bmf.gv.at, www.zoll.ch.**

Anreise

Flugzeug

Alle großen Gesellschaften fliegen Israel täglich an. Bei Direktverbindungen dauert der Flug knapp 4 Std. Wichtigster Flughafen ist der Ben Gurion Airport, Tel. 03 975 55 55, www.iaa.gov.il. Er liegt 25 km östlich von Tel Aviv bzw. 45 km westlich von Jerusalem. Am Flughafen sind alle großen Mietwagenfirmen mit rund um die Uhr geöffneten Schaltern vertreten (s. S. 98), auch Sammeltaxis, Taxis und Busse warten auf Reisende.

Flüge sind bereits ab ca. 100 € (einfache Strecke) zu bekommen. Ob Rückflüge bestätigt werden müssen, hängt von der Fluggesellschaft ab. Preisgünstig, aber immer mit Umsteigen verbunden sind Flüge u. a. von **KLM, Malev, Alitalia** und **Turkish Airlines.** Günstige israelische Anbieter sind **Israir** (fliegt von/nach Stuttgart, www.israirairlines.com) sowie **Arkia** (Verbindungen von/nach München, www.arkia.co.il). **Germania** (www.flygermania.com) fliegt von Berlin, Hamburg, Düsseldorf, Nürnberg nach Tel Aviv, **Easyjet** (www.easyjet.com) von Berlin und Basel; **Ryanair** (www.ryanair.com) fliegt u. a. von Berlin nach Eilat.

Erfahrungsgemäß gibt es die günstigsten Flüge über Buchungsportale, wie www.swoodoo.de, www.expedia.de, www.opodo.de oder www.kayak.de.

Weitere Airlines: **Lufthansa,** 37 Sheerit Israel St., Tel Aviv, Tel. 0180 380 38 03, 18 09 37 19 37 (gebührenfrei von außerhalb Tel Avivs), Ben Gurion Airport, Terminal 3, 3rd Floor, Tel. 03 975 40 50, www.lufthansa.de; **Swiss,** 37 Sheerit Israel St., Tel Aviv, Tel. 03 513 90 00, Ben Gurion Airport, Terminal 3, 4th Floor, c/o Laufer Aviation GHI, Tel. 03 975 43 50, www.swiss.com; **Austrian Airlines,** 37 Sheerit Israel St., Tel Aviv, Tel. 03 051 766 10 61, 18 09 37 19 37 (gebührenfrei von außerhalb Tel Avivs), Ben Gurion Airport, Terminal 3, Ebene G, Tel. 03 975 40 50, 03 975 40 51, www.austrian.com.

Die nationale Airline **El Al** (www.elal.com) und ihre mit Dumpingpreisen auf dem Markt operierende Tochter **Up** (12 x wöchentlich Verbindungen ab Berlin, Tel. 00972 3 977 10 60 oder in Israel *5666, www.flyup.com) fliegen nicht am Shabbat. Nach etlichen Flügen, die wegen Notfällen an Bord dennoch durchgeführt wurden, und nach einem Boykott durch orthodoxe Juden musste die Airline einen Rabbi engagieren, der entscheidet, ob ein Shabbat-Flug ein Notfall ist oder nicht. El-Al-Kontaktdaten: in Frankfurt Tel. 069 92 90 42 22, info@elal.de; in München Tel. 089 210 69 20, muc@elal.de; in Wien Tel. 01 700 73 24 00, at.reservation@elal.co.il; in der Schweiz Tel. 044 225 71 71, ch.sales@elal.co.il;

NACH DER ANKUNFT

Vom Flughafen (Terminal 3, 2. Ebene, Gate 23) aus gelangt man mit öffentlichen Bussen nach Tel Aviv und Jerusalem. Ein Shuttle (Linie 485) fährt – außer am Shabbat – rund um die Uhr nach Jerusalem (Preis: 16 NIS bar beim Fahrer). Er hält dort an der Central Bus Station und fünf weiteren Haltestellen nahe der Straßenbahnlinie, nicht aber wie Sheruts bei bestimmten Hotels. Von Terminal 3 aus verkehren auch Sherut-Taxis. Für Taxis gelten für Fahrten von und zum Flughafen Ben Gurion landesweit festgesetzte Preise; nach Taxameterstand wird in diesem Fall nur abgerechnet, wenn der Kunde das vor der Fahrt ausdrücklich wünscht. Am Taxistand außerhalb der Ankunftshalle des Ben Gurion-Flughafens fungiert eine Touchscreen-Säule als Fixpreiskalkulator (›Taxi Fare‹) für alle wichtigen Destinationen im Land, gleicher Service online unter www.taxifarefinder.com und www.iaa.gov.il (›Taxi Fare Calculator‹).

len in der Regel die Hälfte. Die Mitnahme von Autos bzw. Motorrädern ist möglich. Für die Ein- oder Ausfuhr von Fahrzeugen müssen vor Ort verschiedene Spesen in Höhe von ca. 350 US-$ bezahlt werden. Maximal zwölf Passagiere werden akzeptiert. Bei den eingesetzten Schiffen der italienischen Reederei Grimaldi handelt es sich um Roll-on-Roll-off-Fähren, die auf dem neunten Deck über sechs Doppelkabinen mit freier Sicht verfügen. Die Gäste essen in der Offiziersmesse, auch der Aufenthaltsraum der Offiziere steht ihnen zur Verfügung. Die Überfahrten können gebucht werden über **Neptunia Cruises & Ferries,** Bodenseestr. 3a, 81241 München, Tel. 089 89 66 47 35, www.neptunia.de, www.grimaldi-lines.com; oder **Globoship,** Neuengasse 30, CH-3001 Bern, Tel. 031 313 00 04, www.globoship.ch. Frachtschiff-Rundreisen ab Hamburg ins südliche Mittelmeer und zurück vermittelt **Hamburg Süd Frachtschiffreisen,** Tel. 040 37 05 157, www.hamburgsued-frachtschiffreisen.de.

Israels Häfen Tel Aviv, Haifa und Netanya werden auch häufig von **Kreuzfahrtschiffen** angelaufen.

Eigenes Fahrzeug

Von einer Anreise auf dem Landweg über die Türkei, Syrien und Jordanien bzw. über Ägypten rät das Auswärtige Amt derzeit wegen der politischen Lage in Nahost ab.

in Israel, 27 Rothschild Blvd., Tel Aviv, Tel. 03 971 49 42, 2 Agudat Sport Happoel Sport St, Gan Technology Malha, Main Building, 4th Floor, Jerusalem, Tel. 02 677 02 01, Tel. 03 977 11 11, *2250 (landesweit).

Schiff

Wer genügend Zeit hat und keinen größeren Wert auf Disco, Restaurant oder luxuriöse Kabine legt, reist mit dem Frachtschiff nach Israel. Eine regelmäßige Verbindung besteht zwischen Monfalcone (Norditalien) und Ashdod bzw. Haifa. Sechs Tage dauert die Fahrt mit der »Fides« oder der »Spes«, die abwechselnd Haifa und Ashdod ansteuern und auch in den Häfen Piräus, Limassol, Izmir und gelegentlich Alexandria anlegen. Die Doppelkabine inkl. Vollpension kommt auf ca. 610 € (einfache Strecke), Kinder zah-

Verkehrsmittel im Land

Flugzeug

Arkia bedient Tel Aviv, Eilat sowie Haifa und tritt auch im internationalen Chartergeschäft an. Für Eilat bietet die Airline auch Flug-Hotel-Pakete an. Infos beim Reservation Center, Tel. 09 864 44 44, www.arkia.co.il. **Israir,** Tel. 03 510 95 89, www.israirairlines.com, pendelt zwischen Eilat und Tel Aviv, ebenso **El Al,** landesweite Reservierung Tel. 03 977 11 11, www.elal.co.il. Man beachte: Von Tel Aviv aus fliegt man entweder vom Ben Gurion Airport oder von dem kleinen, im nördlichen Stadtgebiet direkt am Meer liegenden Sde-Dov-Airport. Sde Dov soll spätestens 2019 geschlossen und das Flughafenareal mit Wohnungen bebaut werden.

Zug

Zugfahren ist inzwischen eine gute Reisealternative und es sind die Landschaften, die eine Fahrt lohnend machen – wenn man die notwendige Zeit dafür mitbringt. Insbesondere die Strecke Tel Aviv–Jerusalem ist ausgesprochen reizvoll. Für Ende 2018/Anfang 2019 wurde die Fertigstellung einer Hochgeschwindigkeitsstrasse angekündigt, die die Reisezeit zwischen beiden Städten auf 28 Min. verkürzt. Weitere Linien verbinden die Südküste des Landes (Ashkelon) über Tel Aviv mit dem Norden (Haifa, Akko), außerdem Tel Aviv und Jerusalem mit Be'er Sheva und dem Toten Meer. Fahrplanauskünfte bekommt man unter Tel. 08 683 12 22, *5770 (Schnellwahl), www.rail.co.il.

Bus

Das Busnetz Israels ist nahezu perfekt ausgebaut. Teilweise im Viertelstundentakt verbinden Schnellbusse die großen Städte des Landes. Erwähnenswert ist die Geschichte der 1933 gegründeten **Egged-Busgesellschaft,** Tel. 03 694 88 88, *2800, www.egged.co.il, eine Kooperative mit heute knapp 7000 Mitgliedern und 3000 Angestellten. Ursprünglich dienten die Egged-Buslinien dazu, zwischen den Zentren und den abgelegenen Landesteilen außer Passagieren v. a. Waren und Lebensmittel zu befördern. Da die Egged-Busse noch heute in Koordination mit dem Verteidigungsministerium dafür sorgen, dass Soldaten und Wehrpflichtige auch aus entlegenen Gebieten nach dem Wochenende rechtzeitig in die Kaserne zurückkommen, genießt Egged mehr einen Ruf als nationale Institution denn als schlichte Busgesellschaft.

Für Fahrten nach Eilat können zur Beschleunigung des Einsteigevorgangs telefonisch oder online georderte Tickets an den Busbahnhöfen an Eilautomaten ausgedruckt werden. Auskunft über Fahrtzeiten, Preise usw. erhält man per Telefon im ganzen Land einheitlich unter *2800 (Schnellwahl).

Taxi

Das Taxi mit Leuten zu teilen, die in die gleiche Richtung wollen, ist im gesamten Nahen Osten üblich. Was anderswo unter Sammeltaxi firmiert, heißt in Israel **Sherut.** Die Sherut-Taxis sind Städteverbindungen, und sie fahren erst

An den Grenzübergängen zur Westbank warten palästinensische Taxis auf Kunden

dann los, wenn sie voll sind, was angesichts ihrer Popularität selten lange dauert. Die Haltestellen liegen meist zentral, und jeder Einheimische weiß, wo sie abfahren. Über die festgelegten Routen und Preise informieren Listen, die ziemlich genau den Betrag nennen, den ein eingeschalteter Taxameter zeigen würde.

Gewarnt sei vor Überlandfahrten mit den städtischen Taxifahrern, die sich gern weigern, den vorgeschriebenen Taxameter einzuschalten; man wird hoffnungslos übervorteilt. Hotelrezeptionen kennen die angemessenen Preise. Für Fahrten von/nach Ben Gurion Airport gelten Fixpreise. Gewarnt sei auch vor der schon sprichwörtlichen Ruppigkeit der israelischen Taxifahrer (Ausnahmen gibt es natürlich, wie auch Fahrer mit Navigationsgerät und Ortskenntnissen).

Taxis in die palästinensischen Gebiete findet man unter www.palestinehotels.ps, dort ›Useful Links‹ anklicken.

Mietwagen

Alle internationalen Leihwagenfirmen sind in Israel vertreten, dazu kommen noch unzählige private lokale Vermieter. Es lohnt sich, die Preise zu vergleichen. Pro Tag muss man bei internationalen Vermietern mit 20 NIS rechnen, ohne Versicherung und Benzin. Einen Kleinwagen gibt es für eine Woche schon ab 250 US-$ inklusive beliebig vielen Kilometern *(free milage)*. Nicht inbegriffen sind Versicherung und Mehrwertsteuer, Letztere entfällt bei Bezahlung in ausländischer Währung. Für die Anmietung muss man mindestens 21 Jahre alt sein, es genügt der EU- bzw. nationale Führerschein. Bei Vorlage einer Kreditkarte entfällt die Kaution. Oft gibt es bei Internetbuchungen (z. B. über www.billiger-mietwagen.de oder www.check24.de) Rabatte von bis zu 30 %. Mietwagenfirmen für die palästinensischen Gebiete findet man unter www.palestinehotels. ps, dort ›Useful Links‹ anklicken.

Navigation: Mit Google-Maps auf Smartphone oder Tablet kommen Sie gut durchs Land. Bei den meisten Vermietern bekommen Sie bei Zubuchung eines GPS-Geräts auch nur ein Tablet.

Wichtig: Buchen Sie auf alle Fälle einen Versicherungsschutz ohne Selbstbeteiligung.

Autovermieter mit Niederlassungen am Ben-Gurion-Flughafen u. a.: **Eldan,** Tel. 03 977 34 00, http://rent.eldan.co.il; **Hertz,** Tel. 03 975 45 05, 17 00 50 75 55 (landesweit), www.hertz.co.il; **Shlomo Sixt,** Tel. 17 00 50 15 02 (landesweit), http://shlomo.co.il.

Per Anhalter

Daumen hoch, Trampen ist durchaus üblich in Israel. Die Chancen, schnell mitgenommen zu werden, sind relativ groß. Frauen sollten allerdings nicht alleine per Autostopp reisen.

Verkehrsregeln

Israels Straßennetz ist sehr gut ausgebaut und alle Landesteile sind bequem zu erreichen. Straßenschilder sind in der Regel zweisprachig (hebräisch, englisch), manchmal auch dreisprachig (… und arabisch). Prinzipiell gelten in Israel die in Europa bekannten Verkehrsregeln. In der Praxis wird aber häufig rechts überholt und gerast, was das Zeug hält, obwohl hohe Strafen drohen. Teuer wird es auch, wenn man während des Fahrens mit dem Handy am Ohr erwischt wird; Freisprecheinrichtungen sind obligatorisch. Die erlaubte Höchstgeschwindigkeit beträgt in der Stadt 50 km/h, auf Landstraßen 80 km/h und auf Autobahnen 90 km/h. Es gibt häufig Radarkontrollen und die Strafen sind hoch. Es besteht Gurtpflicht. Die Promillegrenze liegt bei 0,0. Vom 1. Nov. bis 1. April ist Abblendlicht Pflicht. Wagen mit israelischem Kennzeichen dürfen nicht in die palästinensischen Gebiete fahren.

Im Fall einer Panne wendet man sich an den **Automobile and Touring Club of Israel (MEMSI),** House, 20 Harakevet St., 65117 Tel Aviv, Tel. 03 564 11 22, www.memsi.co.il.

Weiterreise

… nach Palästina

Gaza war zuletzt für Touristen gesperrt. Die Westbank kann man in ruhigen Zeiten problemlos bereisen, allerdings nicht mit Fahrzeugen mit israelischem Kennzeichen.

... nach Ägypten

Die legendäre Busverbindung zwischen Jerusalem und Kairo gibt es nicht mehr. Derzeit kann man nur von Eilat aus mit Egged-Bus Nr. 15 oder per Taxi Richtung Taba fahren, die Grenze zu Fuß überqueren und dann mit ägyptischen Superjet-Bussen weiterreisen. Der Grenzübergang Taba, Tel. 08 636 09 99, ist rund um die Uhr geöffnet (Schließung aus Sicherheitsgründen möglich). Israel erhebt eine Ausreisegebühr in Höhe von 101 NIS. Die Abfertigung von Fußgängern ohne Gepäck dauert rund 30 Min., mit Gepäck etwa 1 Std. Mit israelischen Mietwagen ist eine Einreise nach Ägypten nicht erlaubt.

Die am Grenzübergang ausgestellte Einreiseerlaubnis gilt 14 Tage und nur für die Sinai-Halbinsel. Eine Weiterreise auf das ägyptische Festland jenseits des Suezkanals ist nicht inbegriffen. Reisende mit Privatauto müssen eine Reihe von Papieren vorlegen, die man schon vor der Reise besorgt haben muss – und man darf sich auf eine lange Wartezeit einrichten, bis alle Dokumente geprüft und der Wagen gründlich kontrolliert worden ist. Infos sollte man rechtzeitig bei Automobilklubs einholen.

... nach Jordanien

Der Grenzübergang Yitzhak Rabin/Wadi Arava zwischen Eilat und Aqaba, Tel. 08 630 05 55, ist So–Do 6.30–20, Fr, Sa 8–20 Uhr geöffnet, der Übergang Jordan River, Tel. 04 609 34 10, So–Do 6.30–20.30, Fr, Sa 8.30–18.30 Uhr. Der Übergang Allenby Bridge/King Hussein Bridge, Tel. 02 548 26 00, nahe Jericho ist So–Do 8–24, Fr, Sa 8–15 Uhr geöffnet, geschlossen an Yom Kippur und Eid el Adha. Israel wie Jordanien erheben Aus- und Einreisegebühren. Jordanien stellt am Grenzübergang Allenby Bridge/King Hussein Bridge keine Visa mehr aus, sie müssen zuvor mit einem noch mindestens sechs Monate gültigen Pass bei der jordanischen Botschaft in Berlin oder Tel Aviv beantragt werden. Die bisher bestehende Möglichkeit der Visumerteilung direkt an den Grenzübergängen Yitzhak Rabin und Jordan River soll entfallen, was aber bislang noch nicht umgesetzt wurde – bei einer geplanten Einreise auf dem Landweg wird daher empfohlen, Kontakt mit der jordanischen Botschaft aufzunehmen. Das Visum gilt zwei Wochen und kann bei jeder jordanischen Polizeidienststelle verlängert werden.

Ein eigenes Auto oder ein Mietwagen kann nur unter Vorlage einer Reihe vorab zu beschaffender Dokumente mit über die Grenze genommen werden (Auskunft erteilen Automobilklubs). Es gibt Pendelbusse und Taxen für Touristen. Der einfache Grenzübertritt dauert rund eine Stunde. Regelungen für den Grenzübertritt, Zeiten und Gebühren können sich jederzeit ändern. Weitere Infos gibt es unter www.visitjordan.com.

Öffentlicher Nahverkehr

Die innerstädtischen **Busnetze** sind im Allgemeinen gut ausgebaut. Im Großraum Tel Aviv fahren Busse der Gesellschaft Dan, darunter eine Linie mit Panoramabussen, die an vielen Sehenswürdigkeiten und zentralen Punkten halten. Man kann mit einem Hop-on-hop-off-Ticket beliebig oft aus- und einsteigen. Infos unter Tel. 03 639 44 44, www.dan.co.il (dort auch Online-Tickets).

Jerusalem hat es nach langer Planung und viel Streit geschafft, 2011 die **Jerusalem Light Rail** zu starten. Die erste Linie der Tram (13,8 km Länge, 23 Stopps, Gesamtdauer 42 Min.) verbindet, grob gesagt, Osten und Westen der Stadt und fährt leise durch die Innenstadt. Die Strecke führt über eine vom spanischen Architekten Santiago Calatrava entworfene, 118 m hohe Hängebrücke, die auch ›Weiße Harfe‹ genannt wird.

Noch nicht flächendeckend abgeschlossen ist die Einführung der wiederaufladbaren **Rav Kav Card**, die Papiertickets in Bus und Bahn langfristig ablösen soll. Die übertragbare *(anonimi)* Version kann auch von Touristen erworben werden. Adressen der Verkaufsstellen finden sich unter www.egged.co.il.

Übernachten

In der **Israel Hotel Association** sind über 350 Hotels organisiert. Der Erfolg der Hotellerie steht und fällt mit der politischen Lage. Die lähmende Langzeitwirkung des Nahostkonflikts ist unübersehbar: Die Zahl der Hotelzimmer stieg zuletzt nur sehr langsam. Verhandelbar sind Preise aber auch in schlechten Zeiten nur schwer, viele Hoteliers lassen ein Zimmer lieber leer stehen, als es günstiger zu vermieten. Auf der Habenseite ist zu verbuchen, dass es immer mehr hübsche Boutiquehotels gibt.

Hotels

Israel hat Hotels aller Preiskategorien, die offiziell aber nicht klassifiziert werden. Am höchsten sind die Übernachtungskosten in Tel Aviv, Jerusalem und Eilat. Hotels der oberen Kategorie entsprechen vergleichbaren europäischen Häusern. Häufig korrespondieren Zimmergröße und Ausstattung nicht mit dem Preis. Im mittleren und unteren Segment klafft zwischen Preisen und gebotenem Standard eine große Lücke. Wer ohne Buchung in Israel eintrifft, kann am Ben-Gurion-Flughafen Zimmer buchen – und dabei oft noch Rabatte herausschlagen. Auf Hotelempfehlungen von Taxifahrern sollte man sich eher nicht verlassen. Eigene Websites haben die **Tel Aviv Hotel Association,** www.telavivhotels.org.il, und die **Eilat Hotel Association,** www.eilathotels.org.il.

In Palästina sind die Hotels in der **Arab Hotel Association,** 10 Nur Eddin St., Jerusalem, Tel. 02 628 31 40, www.palestinehotels.ps, zusammengeschlossen. Die Website bietet auch andere Reiseinfos wie Adressen von Taxiunternehmen und Fremdenführern.

Pensionen (B & B)

Kleine Pensionen, die Bett und Frühstück (Bed & Breakfast) bieten und manchmal auch Familienanschluss – es gibt sie in Israel überall und sie sind auch einigermaßen organisiert. Auf der Internetseite www.b-and-b.co.il hat man umfangreiche Suchmöglichkeiten. Man findet Adressen auf einer anklickbaren Israelkarte, aber auch geordnet nach Städten und Regionen. Ebenfalls gute Dienste leistet die Website www.zimmeril.com.

> ### UNTERKÜNFTE VORAB BUCHEN
>
> Erst vor Ort zu buchen, ist für Übernachtungen die teuerste Lösung. Preisgünstige Hotels, Pensionen usw. findet man u.a. auf www.expedia.de, www.hrs.de und www.booking.com, wo man entweder mit einer gewissen kostenlosen Stornierungsfrist reservieren kann oder – zu oft noch günstigerem Preis – fix mit eingeschränkter Stornierungsoption bucht. Preise zu vergleichen lohnt auch auf den Seiten von www.dertour.de, www.tui.de und www.fti.de.

Kibbuz-Hopping

In Israel gibt es rund 280 Kibbuzim. Um sich eine zusätzliche Einkommensquelle zu erschließen, haben viele von ihnen Gästehäuser und Hotels eröffnet, bestehende Unterkünfte renoviert sowie Rahmenprogramme für Naturerlebnis und Abenteuer entwickelt.

Zu den Highlights zählt dabei das Programm der **Kibbutz Hotels Chain** (Tel. 03 690 46 46, www.booking-kibbutz.com) mit dem irreführenden Namen Fly & Drive. Man bucht mindestens sieben Kibbuz-Nächte und darf davon maximal vier im selben Kibbuz verbringen. Für die Hochsaison muss man die Kibbuzim vorher festlegen, in der Nebensaison ist offene Buchung *(open voucher)* möglich.

Vier **Pakete im Baukastensystem** werden angeboten, das teuerste ist das Superior Program mit 995 US-$/Person im DZ inkl. Frühstück. Die Gäste verbringen zwei Nächte im Raum Jerusalem (Kibbuz Ramat Rachel oder Maale Hachamish), zwei Nächte am Toten Meer (Kibbuz Kalia oder Almoq), zwei Nächte in Galiläa und auf dem Golan (Kibbuz Nof Ginosar, Maagan, Ein Gev, Lavi oder Kfar Giladi), die letzte Nacht nördlich von Herzliya an der Mittelmeerküste (Kibbuz Shefayim).

Adressen: **Kibbutz Hotels Chain,** Reservation Center Israel, 1 Smolanskin St., 61031 Tel Aviv, Tel. 03 560 81 18, www.booking-kibbutz.com; **Kibbutz Program Center Peter Gilgen,** Rengger Str. 74, 8038 Zürich, Tel. 04 81 28 66, kpc.gilgen@bluewin.ch; **Kibbutz Program Center Eldad Stobezki,** Berger Str. 158, 60385 Frankfurt/Main, Tel. 069 493 06 73, info@stobezki-literatur.de.

Christliche Hospize

Zahlreiche Konfessionen unterhalten in Israel eigene Wohnheime, die man sich aber nicht als Luxusherbergen vorstellen darf. Dafür sind die Übernachtungspreise äußerst niedrig. Während der hohen christlichen Feste sind die Häuser meist lange im Voraus ausgebucht, darum sollte man frühzeitig reservieren. Auskunft erteilt das **Christian Information Center** in Jerusalem (www.cicts.org).

Feldschulen

Israels Naturschutzgesellschaft **SPNI** (www.natureisrael.org) betreibt an naturgeschichtlich oder ökologisch besonders interessanten Orten sog. Feldschulen *(field schools),* die ihren Gästen auf ein- bis mehrtägigen Touren die Natur der Umgebung näherbringen. Fast alle Feldschulen bieten einfache Übernachtungsmöglichkeiten und Gemeinschaftsverpflegung.

Ferienwohnungen

Für Aufenthalte ab einer Woche lohnt es sich, eine Wohnung oder ein Haus zu mieten. Mehrere Agenturen helfen landesweit bei der Suche nach geeigneten Objekten: **Jerusalem Lodges Ltd.,** www.aloncentral.com, Tel. 054 580 12 08; **Ben Yehuda Apartments,** Tel Aviv, Tel. 03 522 93 93, www.tel-aviv-rental.co.il. Angebote findet man auch auf www.fewo.de und www.few-direkt.de.

Airbnb

Selbst verreist sein und die verwaiste Wohnung oder das leer stehende Zimmer Urlaubern überlassen – das boomende Geschäftsmodell von **Airbnb** (www.airbnb.de) hat auch in Israel viele Anhänger. Im Vergleich zu Hotels wohnt man deutlich günstiger.

Jugendherbergen

33 Jugendherbergen betreibt die Israel Youth Hostel Association, die auch Mitgliedskarten ausstellt (50 NIS, kein Passfoto nötig). Damit oder mit einem internationalen JH-Ausweis bekommt man in fast allen Herbergen 10 % Rabatt auf den Übernachtungspreis.

Adresse: **Israeli Youth Hostel Organization,** International Convention Center, 1 Zalman Shazar St., Jerusalem, Tel. 02 549 55 50, www.iyha.org.il, So–Do 8–16 Uhr.

Camping

Campingplätze gibt es in allen Landesteilen – am Jordan, rund um den See Genezareth, am Toten Meer, in Eilat am Roten Meer und in der Negev-Wüste. Die israelische Parkbehörde (www.park.org.il) betreibt Campsites am Rand einiger der schönsten Naturschutzgebiete. Vom Wildzelten, etwa an Stränden, muss aus Sicherheitsgründen abgeraten werden.

Essen und Trinken

Die israelische Küche ist reich an Gemüsegerichten und dank der Einwanderer unterschiedlichster Herkunft ein internationaler Mix. Man findet Spezialitäten aus Europa, aus Asien, Amerika und Nordafrika. Den Kontrapunkt setzt die arabische Küche, in der es leckere Vorspeisen und Gegrilltes gibt. Das biblische Himmelsbrot war die Speise der Israeliten nach dem Auszug aus Ägypten. »Das Haus Israel nannte das Brot Manna. Es war weiß wie Koriandersamen und schmeckte wie Honigkuchen«, heißt es in Exodus 16,31. Das Wort ›Brot‹ darf man nicht wörtlich nehmen. Man geht davon aus, dass es sich dabei um Honigtau, das weiße, süßliche Sekret der Schildlaus, handelte (»Sobald die Sonnenhitze einsetzte, zerging es.« Exodus 16,21).

Vegan und multikulturell

Israels Küche ist, wie von einem Einwanderungsland nicht anders zu erwarten, vielfältig und international. Stärkster Trend ist die Hinwendung zu fleischloser Ernährung. Israel ist das ›veganste Land‹ der Welt. Restaurants werben mit den Aufklebern der Organisation »Vegan Friendly«. Dem Veganismus kommt hier entgegen, dass viele Klassiker der regionalen Köche ohnehin fleischfrei sind.

Üppig ist das israelische **Frühstück,** wie man es in Hotels findet. Die Buffets bieten Eier, Käse, Joghurt, (Fisch-)Salate, Oliven, marinierten und geräucherten Fisch, dazu Hummus (Kichererbsenbrei) und Marmeladen, aber wegen der jüdischen Speisevorschriften keine Wurst. In der Regel wird **Shakshuka** zum Frühstück serviert, ein aus Nordafrika stammendes Gericht aus gestockten Eiern in einer Soße aus Tomaten, Paprika, Chilis und Zwiebeln.

Zum **Mittag- und Abendessen** entfaltet sich die kosmopolitische Küche, die von Couscous über Moussaka, Kebab (Lammspießchen) bis zu äthiopischem *wat,* einem feurig scharfen Hühnerfrikassee, reicht. Vor allem an jüdischen Festtagen serviert werden *challah,* süßer Hefezopf, *gefilte fish,* eine Farce aus Hecht- oder Karpfen in Aspik, und *tscholent,* ein gehaltvoller Eintopf aus Bohnen, Graupen und Fleisch. Was man immer und überall bekommt, ist *shawerma,* eine Art Gyros vom Lamm, Huhn oder Truthahn in Pita (Fladenbrot), dessen Beilagen (Krautsalat, Peperoni, Zwiebel etc.) man sich selbst vom offenen Buffet in die Pita füllt. *Falafel,* schmackhaft in Öl ausgebackene Gemüsefrikadellen, bekommt man beinahe an jeder Ecke, ebenso *hummus,* ein sehr sättigendes Püree aus Kichererbsen, Knoblauch, Olivenöl und Zitronensaft. Koscher zubereitete Nachspeisen können etwas gewöhnungsbedürftig sein – Kuchen mit künstlicher Schlagsahne muss man nicht unbedingt probiert haben!

In vielem ähneln sich die jüdische und die arabische Küche – Hummus und Falafel sind nur zwei Beispiele dafür. Bei den Arabern ist das Abendessen die wichtigste und üppigste Mahlzeit des Tages. Als Vorspeisen werden dicke Soßen zum Tunken mit Fladenbrot serviert. Am beliebtesten ist *tehina,* ein schmackhaftes und sehr sättigendes Sesammus. Auberginen werden in Öl gebraten oder püriert *(babaganug)* gereicht, dazu gibt es *labnah,* einen würzigen Joghurtsalat. Außer Linsensuppe gilt *maluk* als eine – für viele allerdings ungenießbare – Spezialität. Sie wird aus grünem, etwas schleimendem Gemüse hergestellt. Die Hauptgerichte sind nicht so vielfältig: Huhn, Lamm, Rind und Fisch serviert man meist gegrillt, dazu gibt es Reis mit Rosinen und Nüssen oder den besonders leckeren Safranreis.

Wahre Kalorienbomben sind die **Nachspeisen,** z. B. das honigsüße *baklawa* oder *konafa,* ein Käse-Honig-Gebäck, das sesamschwere *halva* und *mutabak,* ein leichter, sirupüberzogener Blätterteig mit Käsefüllung. Zum Abschluss trinkt man **Tee** – am besten

Fast immer vegetarisch und sehr sättigend: Mezze, die typisch arabischen Vorspeisen

schmeckt er mit Minze – oder **türkischen Kaffee** und raucht dazu eine **Wasserpfeife.** Tabake gibt es mit Apfel-, Erdbeer-, Minz- und Früchtegeschmack.

Überall im Land werden an Straßenständen **frisch gepresste Säfte** angeboten, meist aus Granatäpfeln oder Zitrusfrüchten.

Koschere Küche

Fleisch und Milch vertragen sich nicht, Schalentiere sind ganz tabu – die jüdischen Speisegesetze regeln mit Liebe zum Detail, was überhaupt gekocht und wie und mit welchen Zutaten zubereitet werden darf. Koscher zu kochen, das ist eine Wissenschaft. An vielen Restaurants, ganz gleich ob jiddisch oder chinesisch, findet sich ein Schild mit der Aufschrift »koscher« oder »vom Oberrabbinat überwachte Küche«. Das ist der Hinweis auf die rituell richtige Auswahl und Zubereitung von Speisen, wodurch immer mehr Lokale religiös bewusste Klientel zu gewinnen versuchen. Die koschere Küche und ihre Regeln gleichen in vielem den entsprechenden islamischen Vorschriften.

Nach den fünf Büchern Moses begann der Mensch erst nach der Sintflut, sich nicht mehr nur vegetarisch zu ernähren, oder, wie es im 1. Moses 9,3 heißt: »Alles, was sich regt und lebt, das sei eure Speise, wie das grüne Kraut habe ich's euch alles gegeben.« Allerdings gibt es eine Reihe von Vorschriften (Kashrut) zu beachten. Grundsätzlich unterscheidet man zwischen Naturprodukten, für die es keiner besonderen Zubereitung bedarf (Früchte, Gemüse, Kaffee etc.), Fleisch, das unter bestimmten Bedingungen verwendet werden darf, und unreinen Produkten, die überhaupt nicht zubereitet werden dürfen. Koscher ist nur Fleisch von geschächteten Tieren, das kein Lebensblut mehr enthält. Vor Blut, das als Teil der Seele angesehen wird, warnt die Thora zehnmal, ebenso vor dem Genuss von Fett. Wer Blut oder Fett isst, »der wird ausgerottet aus seinem Volk«, droht das dritte Buch Moses gleich mehrmals. Fleisch wird in Wasser gelegt, gesalzen und dann gereinigt, ehe es weiterverarbeitet werden darf.

Koschere Säugetiere sind Wiederkäuer mit gespaltenem Huf (Rind, Lamm, Ziege), nicht aber z. B. Schweine oder Kamele. Von den Vogelarten sind 24 unrein, koscher dagegen ist Geflügel wie Ente, Gans, Huhn, Taube, Fasan oder Truthahn. Von den Wassertieren ist koscher, was Schuppen und Kiemen hat, also keine Schalentiere. Milchprodukte müssen von koscheren Tieren stammen.

Fleisch und Milch vertragen sich nicht, denn die Thora sagt mehrmals an zentralen Stellen, wie in 2. Moses 23,19: »Du sollst das Böcklein nicht kochen in seiner Mutter Milch.« Diese Regelung bedeutet, dass Fleischspeisen weder in Butter gebraten noch mit Milch oder Sahne zubereitet werden dürfen, auch bekommt man zum Abschluss eines Mahls weder Eis serviert noch Milch für den Kaffee angeboten. Nach dem Verzehr von Fleisch muss man mindestens fünf Stunden bis zum Genießen von Milchprodukten warten. Umgekehrt (Fleisch auf Milch) sind es nur zwei Stunden. Für die Hausfrau bzw. den Hausmann bedeutet dies, Töpfe, Schüsseln und Essgeschirr in jeweils doppelter Ausführung zu besitzen – einmal für Fleisch, einmal für Milch. Geflügel gilt als Fleisch. Fisch aber darf mit Milchprodukten zubereitet werden.

Wenn man Juden zum Essen einlädt, sollte man ohne Scheu fragen, ob koschere Küche erwünscht ist. Keine Angst: Es gibt genügend Menschen, die nichts lieber mögen als Muscheln und Hummer oder ein Steak mit Kräuterbutter und hinterher einen Milchkaffee. In den Hotels wird üblicherweise koscher gekocht, aber viele Top-Restaurants halten sich nicht an die jüdischen Speisevorschriften.

Bier und Wein

Die beiden populärsten einheimischen Biermarken sind »Goldstar« und »Maccabee«. Importbiere werden fast überall serviert, sind aber erheblich teurer. Nach dem Dorf Taybeh ist die erste und einzige palästinensische Brauerei benannt, die nahe Ramallah seit 1996 drei Sorten (light, golden, dark) nach dem deutschen Reinheitsgebot braut. Im Trend liegen sog. Boutique-Brauereien, mit ihrem Ausstoß von selten mehr als 50 Hektolitern im Jahr versorgen sie in erster Linie die eigene Gastronomie und wenige ausgewählte Bars. Rund ein Dutzend solcher Kleinbrauereien gibt es, u. a. in Tel Avivs Dancing Camel (www.dancing camel.com) oder im Künstlerdorf Ein Hod die Art Bar (s. S. 250).

Große Weintrinker sind die Israelis nicht. Der jährliche Pro-Kopf-Konsum liegt bei rund 6 l (Frankreich: über 60 l). Schon vor 4000 Jahren gab es in der Region Weinanbau, dessen Produkte für heutige Verhältnisse aber wohl ungenießbar waren. Als aus Palästina noch Wein ins pharaonische Ägypten exportiert wurde, musste das Getränk vor dem Genuss erst einmal mit Zuckersirup trinkfähig gerührt werden. 1870 nahm man sich mit finanzieller Hilfe des Barons Edmond de Rothschild des Weinbaus erneut an – mit allerlei Anfangsschwierigkeiten. Als der britische Premier Benjamin Disraeli 1875 ein Glas koscheren Weins kostete, meinte er, »es schmeckt nicht so sehr wie Wein; eher wie das, was ich bei starkem Husten von meinem Doktor verschrieben haben möchte«. Vom Hustensaftbouquet ist israelischer Wein heute weit entfernt. Aus den Winzereien Carmel und Montfort kommen die populärsten Tropfen des Landes, die teilweise bereits eine Reihe von Preisen bei internationalen Weinmessen bekamen, beispielsweise der rote Cabernet Sauvignon Rothschild und der weiße Emerald Riesling. Nach dem Champagnerverfahren werden die prickelnden Sorten Blanc de Blanc und Brut produziert.

Von ausgezeichneter Qualität sind auch die Golanweine. In dem kleinen Ort Qatzrin produziert die Golan Heights Winery (s. S. 322) die Sorten Golan, Gamla und Yarden. Als exzellent gelten der rote Cabernet Sauvignon und die fruchtigen Merlots.

Rund 5 % des israelischen Weins kommen aus der Negev-Wüste. Bei Temperaturen, die tagsüber selten über 40 Grad klettern, und kühlen Nächten behalten die Trauben ihren Zucker und entwickeln eine ausgeglichene Säure. Bewässert werden die Reben in den Weinbergen von Derech Eretz, Kadesh Barnea, Karmey Ashdat, Nana und Rota mit entsalztem Brackwasser, das aus natürlichen Tiefenreservoirs stammt und in besonders sparsamer Tropfbewässerung dem Stock zugeführt wird.

Essen gehen

Ob großes oder kleines Budget – es gibt für jeden Reisenden eine reiche Auswahl an Restaurants im Land. Das sind im preiswerten Bereich die an fast jeder Ecke zu findenden Imbisse. Vom Vormittag bis in die Nacht bekommt man hier Falafel und Shawerma in die Hand, Hummus dazu – und satt ist man. Für Verabredungen wählt man eher eines der zahllosen Cafés, wo es auch Sandwiches und kleine Mahlzeiten gibt.

Restaurants haben in der Regel mittags geöffnet und schließen nachmittags, bevor der Abendbetrieb aufgenommen wird. Gerade am Shabbat, wenn viele Lokale geschlossen sind, tut man gut daran, frühzeitig zu buchen.

Dem allgemeinen Trend zu fleischloser Ernährung folgt man auch in Israel, vor allem in Tel Aviv gibt es viele Restaurants mit vegetarischer und veganer Küche.

GÜNSTIG SCHLEMMEN

Die Menüpreise gehobener Restaurants sind auch in Israel eher abschreckend. In den Genuss gehobener Kulinarik kommt man dennoch. Viele Restaurants bieten mittags einen günstigen Business Lunch an, oft ein Drei-Gänge-Menü. Fragen Sie bei der Bestellung danach – der Hinweis ist in der Karte oft nur auf Hebräisch vermerkt. Viele Restaurants werben zudem in Touristenbroschüren wie »Jerusalem Menu« oder »Jerusalem Coupons« mit Rabattgutscheinen, bei deren Vorlage Sie 10–20 % Discount oder ein kostenloses Getränk pro Person bekommen.

Outdoor

Eislaufen

Die Sehnsucht vieler russischer Einwanderer nach Gefrorenem unter den Füßen führte dazu, dass der Eislaufsport im dafür nicht prädestinierten Israel eine gewisse Popularität erlangte. So treibt es die Israelis nicht nur im Winter, sondern auch im Sommer aufs Eis der **Bat-Yam-Eislaufbahn**, Tel Aviv, Tel. 03 532 30 08, und des **Ramat Gan Ice Rink**, Tel Aviv, Tel. 03 752 03 45. Eine olympische Bahn hat das **Canada Center** in Metulla. Im **Ma'ayan-Baruch-Abenteuerpark**, Kibbuz Ma'ayan, Tel. 04 695 03 70, kann man im Winter Eislaufen, und in Eilat leistet sich die **Ice Mall**, Tel. 08 637 95 52, http://icemalleilat.co.il, eine Eislaufbahn.

Fallschirmspringen und Paragliding

Tandemfallschirmsprünge im Negev bietet **Skykef**, Sde-Tieman Airport, Be'er Sheva, Tel. 17 00 70 58 67, www.skykef.co.il. Hier kann man auch Fallschirmspringen lernen, für ganz Eilige gibt es Eintageskurse. In Tel Aviv kontaktiert man den **Aero Club of Israel**, 67 HaYarkon St., Tel. 03 517 50 38, www.aeroclub.org.il.

Paraglider können in Israel aus militärischen Gründen nicht einfach losfliegen, wo sie wollen. Anfänger, Tandemaspiranten und Profis wenden sich daher an die **Sitvanit Paragliding School**, Tel Aviv, Tel. 050 559 08 94, 053 621 99 16, oder an **Dvir Paragliding**, Netanya, Tel. 09 899 02 77, 054 655 44 66, www.dvirparagliding.co.il. Geflogen wird u. a. bei Netanya, vom Berg Tabor, bei Beit Rimon nahe Tiberias vom Berg Toraan und bei Mukhraka südlich von Haifa. Allgemeine Infos: **Israel Paragliding Association**, 120 Eliyahu Saadon St., Tel Aviv, Tel. 054 483 11 33, www.paragliding.co.il.

Golf

Man muss nicht Klubmitglied sein, um aufs Green zu gehen. Der **Caesarea Golf & Country Club**, Tel. 04 610 96 02, www.caesarea.com, besitzt seit 1961 den einzigen 18-Loch-Platz des Landes, der 2007 vom weltbekannten Designer Pete Dye komplett neu gestaltet wurde. Die Greenfee beträgt Mo–Do 480 NIS, Fr–So und Fei 540 NIS. Die Leihausrüstung schlägt mit 240 NIS zu Buche. Eine vorherige Anmeldung ist zu empfehlen.

Einen 9-Loch-Platz findet man im **Gaash Golf Club**, Kibbutz Gaash, Tel. 09 951 15 11, www.gaashgolfclub.co.il, etwa 20 Autominuten von Tel Aviv entfernt zwischen dem Gaash-Naturschutzreservat und dem Sharon-Nationalpark gelegen. Die Greenfee beträgt Mo–Fr 300 NIS, Sa, So und Fei 375 NIS.

Radfahren

Radfahren erfreut sich auch in Israel wachsender Beliebtheit. In Tel Aviv kann man im Stadtgebiet an mehr als 200 **Tel-O-Fun Rental Stations** nach Kreditkarten-Registrierung eines von über 2000 Fahrrädern ausleihen, um die Stadt zu erkunden (www.tel-o-fun.co.il). Mountainbiker finden Trails und Toureninfos u. a. auf www.israelbiketrails.com. Wer das Land, sei es sportlich oder gemütlich, durchradeln will, findet Angebote auch unter www.ibexhotel.co.il, ebenso bei **Hot Bike Tours**, Rossweid 2, 8405 Winterthur, Tel. 041 52 235 10 00, www.biketour.ch, und bei Israel Tours & Travel, Oberweg 8, 63636 Brachttal, Tel. 06054 351 96 01, www.israel-tours-travel.de.

Rund 10 000 radbegeisterte Mitglieder hat **Groopy**, www.groopy.co.il. Die Organisation bietet diverse Touren in Israel, u. a. in die Hügel um Jerusalem, in Galiläa, auf den Golan, in die Wüste Negev und quer durch die Küstenebene.

Beliebt sind auch Nachttouren durch Tel Aviv und andere Städte. Interessierte nehmen per E-Mail (kein Telefon!) Kontakt auf. Ein Mitarbeiter meldet sich dann und vermittelt den richtigen Ansprechpartner. Geführte Fahrradtouren durch Israel organisiert schließlich auch der **Jüdische Nationalfonds,** www.jnf-kkl. de. Infos zu Negev-Biking: www.geofun.co.il, www.rng.org.il.

Wer sein eigenes Rad nach Israel mitnehmen möchte, muss sich zuvor bei der Fluggesellschaft nach den Bestimmungen und Gebühren erkundigen, die ganz unterschiedlich ausfallen können, z. B.: Lufthansa: ab 50 € pro Strecke; El Al/Up: Fahrräder zählen zum normalen Gepäck; Israir: Das Rad zählt zum regulären Gepäck, über 20 kg werden 9 €/kg berechnet. Ausnahmslos bei allen Fluggesellschaften müssen Fahrräder bei der Buchung angemeldet werden.

Rafting und Kajakfahren

So viel Wasser hat der Jordan in Galiläa dann doch, dass es für Rafting- und Kajaktrips reicht. Anbieter: **Abu Kayak,** im Jordan River Park, Tel. 04 692 10 78, 04 690 26 22; **Kfar Blum & Beit Hillel Kayaks,** Kfar Blum, Tel. 072 395 11 80, www.kayaks.co.il; **Jordan River Rafting,** Rosh Pinna, Tel. 054 774 47 00, 04 900 70 00, www.rafting.co.il.

Reiten

Vielerorts in Israel findet man Gestüte, die Ausritte und mehrtägige Reitausflüge anbieten. Ein beliebtes Ziel für Reiter ist Galiläa. Allgemeine Infos erhält man bei der **Israel Equestrian Federation,** The Wingate Institute, Netanya, Tel. 09 885 09 38, www.ief.org.il.

Einige Reitställe: **Vered HaGalil Guest Farm,** nahe Tiberias, Tel. 04 693 57 85, www. veredhagalil.com; **Dubi's Ranch,** Kibbuz Ramot Menashe, Ramot Menashe, Tel. 04 989 57 43, 054 227 47 37, www.dubiranch. co.il; **Havatzelet Hasharon,** Moshav Havatzelet HaSharon am Mittelmeer, nördl. von Netanya, Tel. 09 866 35 25, 054 459 21 80, halfond@netvision.net.il, www.theranch.co.il; **Golan Riders,** Kibbuz Ortal, Ortal, nördlicher Golan, Tel. 04 696 08 08, www.ortal.net; **Cactus Ranch,** nördlich von Netanya, Tel Gador, Tel. 050 699 90 00, www. cactus4u.biz.

Segeln

Segeltörns sind entlang der israelischen Mittelmeerküste, auf dem Toten Meer, dem Roten Meer und auf dem See Genezareth möglich.

Bootsverleih (ca. 400 NIS/Std.): **Tel Aviv Sea Center,** Marina Atarim, nahe dem Hilton, Tel. 03 524 21 39; **Yam Sailing Academy,** Tel Aviv, 14 Eliezer Peri St., Tel. 03 523 00 76, www.yam-sailing.co.il.

Skifahren

Israel ist sicher nicht die Schweiz, aber am Berg Hermon geht es über eine Strecke von 1600 m bergab. Die Piste ist für geübte Skifahrer geeignet. Ausrüstung kann man für ab 150 NIS/Tag leihen, die Liftkarte kostet rund 250 NIS/Tag. Weitere Infos über Schneelage, Unterkünfte etc. erhält man unter Tel. 03 606 06 40, 15 99 55 05 60, www.skihermon.co.il.

Surfen

Nachum Shifren, ein bärtiger Rabbi, ist als Orthodoxer der wohl berühmteste Surfer Israels. In Tel Aviv findet man gute Stellen am Dolphinarium Beach, am Hilton Beach und am Tel Baruch Beach im Norden der Stadt. Am übrigen Mittelmeer liegen bekannte Surfreviere bei Bat Yam, in Ashdod und Ashkelon sowie bei Herzliya, Netanya und Beit Yanai. Haifas bester Surfspot ist Bat Galim. Schöne Surfreviere gibt es natürlich auch in Eilat am Roten Meer und geradezu paradiesisch ist es auf dem ägyptischen Sinai, u. a. in Dahab.

In Eilat geht die Surfsaison von Februar bis November. Meist ungünstig sind die Windverhältnisse im Januar und Februar. Der Wind kommt im Schnitt mit 18 Knoten und erreicht Spitzen von über 25 Knoten. Eine gute Anlaufstelle in Eilat ist das **Kiteboarding School & Surf Center** neben dem Orchid Reef Hotel, Tel. 08 637 16 02, www.surfcenter.co.il (ca. 360 NIS/Std.). Viele Schulen bieten für Früh- und Intenetbucher Rabatte an.

Tauchen

Das Rote Meer ist Israels schönster Tauchspot. In Eilat gibt es viele Anbieter, die Kurse und Tauchausflüge organisieren, auch nach Sharm el Sheik und Aqaba. Nicht ganz so bunt präsentiert sich die Unterwasserwelt an der Mittelmeerküste, dafür bietet dort Caesarea Gelegenheit zum Tauchen an archäologischen Stätten (s. S. 248): **Old Caesarea Diving Center,** Tel. 04 626 58 98, www.caesarea-diving.com.

Vogelbeobachtung

Israel ist einer der aufregendsten Plätze der Welt, um Vögel zu beobachten. Möglich ist dies an verschiedenen Plätzen im Land: Hula-Nationalpark (Galiläa), Gamla-Reservat (Golan), Maagan Mikhael an der Küste nördlich von Caesarea, Ein Gedi (Wadi David) am Toten Meer sowie Wadi Arava im Negev. Am besten kontaktiert man rechtzeitig eine der folgenden Organisationen: **International Birdwatching and Research Center (IBRCE),** Eilat, Tel. 050 767 12 90, www.birds.org.il (s. S. 346); **Israel Raptor Information Center (IRCE),** Har Gilo, Doar NaZafon Jehuda, Tel. 02 693 23 83, spezialisiert auf die Beobachtung von Raubvögeln; **Israel Ornithology Center,** 155 Herzl St., Tel Aviv, Tel. 03 638 87 50, gehört zur SPNI; **Kibbuz Lotan,** im südlichen Negev, Tel. 08 635 68 88, www.kibbutzlotan.com (s. S. 352). In Jerusalem gibt es ein Observatorium im Sacher-Park mit Beringungsstation (s. S. 192).

Wandern und Trekking

Israels Verein der Naturschützer, die **Society for the Protection of Nature in Israel** (SPNI, www.natureisrael.org), organisiert meist von den Feldschulen startend ein- und mehrtägige Wanderungen auf wenig bekannten Pfaden in Galiläa, im Golan und im Negev (auch mit englischsprachigen Guides). Auskunft und Anmeldung bei **SPNI,** 2 HaNegev St., 66186 Tel Aviv, Tel. 03 638 86 83.

Ein großartiger Wanderweg ist der **Israel National Trail (INT),** www.israelnationaltrail.com, der über 965 km von der syrisch-libanesischen Grenze im Norden bis nach Eilat verläuft. Der Trail ist geeignet für konditionsstarke Hiker und erfordert im Negev Klettererfahrung (s. S. 319).

Einen englischen Wanderführer, der auch Tagestouren enthält, hat Jacob Saar verfasst: »Hike the land of Israel – Israel National Trail and Jerusalem Trail« (ISBN 978-9-6591-2494-7). Das Buch gibt es im israelischen Buchhandel oder im Online-Buchhandel.

Wüstentouren

Jeep-Safaris, Ausflüge auf Kamelen, Wander- und Klettertouren, Mountainbiking – alles was die Wüste Negev an Sportmöglichkeiten zulässt, wird von zahlreichen Veranstaltern angeboten (www.negevtrails.com). Viele Aktivitäten starten wegen des nahen Kraters von Mitzpe Ramon aus. Im Folgenden eine kleine Auswahl bewährter Anbieter: **Desert Shade,** 10 Dov Fridman St., Ramat Gan, Tel Aviv, Tel. 03 575 68 85, Mitzpe Ramon, Tel. 08 658 62 29, 054 627 74 14, www.desert-shade.com; **iBex Hotel,** 4 Har Ardon, Mitzpe Ramon, Tel. 052 436 78 78; **Alpaca Farm,** südlich von Mitzpe Ramon, Tel. 08 658 80 47, 052 897 70 10, www.alpacasfarm.com (s. S. 338); **Negev Camel Ranch,** Mamshit, Tel. 08 655 28 29, www.cameland.co.il; **Desert Eco Tours,** Eilat, Neviot St., Tzofit Center, Tel. 08 632 64 77, 052 276 57 53, www.desertecotours.com, Allround-Veranstalter für jede Art von Ausflug.

Bei Kamelexkursionen lernt man den Negev aus Beduinenperspektive kennen

Gute Bedingungen für Mountainbiker bietet das Hügelland von Galiläa

Wellenreiten vor Hochhauskulisse – Surferin am Strand von Tel Aviv

Feste und Veranstaltungen

Den Feiertagskalender zu kennen, ist in Israel unerlässlich. Denn am Shabbat und an den zahlreichen anderen Feiertagen ruhen weite Teile des öffentlichen Lebens, sind Museen geschlossen und verkehren im Land kaum öffentliche Verkehrsmittel, außer den teuren Taxis. Nach jüdischer Zeitrechnung beginnt ein Feiertag (wie jeder Tag) bereits am Abend des Vortags, und zwar in dem Moment, in dem die ersten Sterne am Nachthimmel zu sehen sind.

Wenn auch im täglichen Leben der gregorianische Kalender benutzt wird, so gilt doch auch der jüdische Kalender, der die Jahre seit dem Entstehen der Bibel zählt: Das gregorianische Jahr 2019 beginnt im jüdischen Jahr 5779 und endet 5780. Grundlage der jüdischen Zeitrechnung ist das gegenüber dem Sonnenjahr kürzere Mondjahr. Um die Differenz zwischen Mond- und Sonnenjahr auszugleichen, wird in sieben von 19 Jahren ein zusätzlicher Monat eingefügt. Neujahr ist stets im September oder Oktober. Dieser Ausgleich ist nötig, da sonst beispielsweise das Erntedankfest irgendwann in den Januar fallen würde.

Für die Muslime wiederum gilt einzig das Mondjahr mit 354 Tagen, dessen Zeitrechnung mit der Hidschra im Jahr 622 beginnt, der berühmten Flucht des Propheten Mohammed von Mekka nach Medina. Dieser Kalender kennt keine Schaltjahre und -monate und so verschieben sich die Daten der islamischen Feste gegenüber dem gregorianischen Kalender jedes Jahr um etwa elf Tage nach vorne.

AWIL SANAA HIJREYA

(Beginn des islamischen Jahres):
1441 am 31. Aug. 2019
1442 am 20. Aug. 2020
1443 am 10. Aug. 2021
1444 am 30. Juli 2022

Jüdische Feiertage

Der **Shabbat** beginnt am Freitagabend mit Sonnenuntergang und endet am Samstag mit Sonnenuntergang. Geschäfte, Museen und andere öffentliche Einrichtungen schließen am frühen Nachmittag.

Purim (Febr./März) ist ein heiteres Fest. Im ganzen Land feiert man mit Kostümbällen, die dem Karneval ziemlich nahekommen, die Befreiung von der persischen Knechtschaft.

Beim **Pessach** (März/April) gedenkt man eine Woche lang, eher im familiären Rahmen, des Auszugs aus Ägypten. Gegessen wird ungesäuertes Brot als Erinnerung an die Zeit in der Sklaverei.

Seit 1951 wird an **Jom HaShoah** (April/Mai, Holocaust Day) der Opfer der nationalsozialistischen Judenvernichtung gedacht. Wenn die Sirenen im ganzen Land heulen, dann ist das der Beginn einer langen Schweigeminute, für die jeder die Arbeit niederlegt: Autos und Busse halten an, Fahrgäste steigen aus – und erinnern sich, oft weinend, der Opfer des Holocaust.

An **Jom HaAtzmaut** (April/Mai) gedenkt man der am 14. Mai 1948 von Ben Gurion in Tel Aviv erklärten Unabhängigkeit Israels. Die meisten Israelis unternehmen an diesem Tag Ausflüge.

An **Shawout** (Mai/Juni), dem Tag der Offenbarung Gottes, endet die 50-tägige Zeit der Trauer und des Fastens.

Das jüdische Neujahr, **Rosh HaShana** (Sept./Okt.), erinnert an den Tag, an dem Gott begann, die Welt zu erschaffen.

An keinem anderen Tag ruht das öffentliche Leben so sehr wie an **Jom Kippur** (Sept./Okt.), nicht einmal Radio und Fernsehen arbeiten. Die Juden erbitten in der Synagoge die Vergebung ihrer Sünden. Das Land steht still, die Straßen sind so leer, dass Rollerskater und Familien mit Kind und Kegel gefahrlos mitten auf der Autobahn unterwegs sein können – und auch sind.

Zum biblischen Erntedankfest **Sukkot** (Sept./Okt.) bauen die Gläubigen einfache Hütten, in denen sie während der siebentägigen Feiern wohnen sollen. Das Laubhüttenfest erinnert an die 40-jährige Wanderschaft von Ägypten in das Gelobte Land. Den Abschluss bildet **Simchat Thora**: Mit Musik und Tanz und viel Alkohol feiert man den Empfang der Thora, der Gesetze Gottes.

Die Hanukia, den neunarmigen Leuchter, sieht man zum Lichterfest **Chanukah** (Nov./Dez.) überall. Gedacht wird der Reinigung und der Wiedereinweihung des Tempels in Jerusalem durch Judas Makkabäus, der 166/164 v. Chr. den jüdischen Aufstand gegen die Seleukiden angeführt hatte. Am ersten Tag des Fests wird mit der Diener-Kerze das erste Licht der Menora angezündet, am zweiten das zweite – bis zum achten.

Islamische Feiertage

Die Daten der islamischen Feste verschieben sich gegenüber dem gregorianischen Kalender jedes Jahr um etwa elf Tage nach vorne. Ramadan etc. bewegen sich also im Laufe der Zeit durch alle Monate des (gregorianischen) Jahrs.

Beim **Ramadan**, so verlangt es der Islam, muss jeder, der dazu gesundheitlich in der Lage ist, einen Monat lang von Sonnenauf- bis Sonnenuntergang fasten. Nach seinem Ende wird drei, mancherorts vier Tage lang **Eid el Fitr** gefeiert, das Fest des Fastenbrechens.

Im Monat der Pilgerfahrt nach Mekka liegt das fünftägige Opferfest **Eid el Adha,** auch Hammelfest genannt. Es erinnert an Abraham, der bereit war, seinen Sohn zu opfern.

Ashura ist bei sunnitischen Moslems ein Fastentag, der an die Errettung Moses durch Gott bei seiner Flucht aus Ägypten erinnert.

An **Mulid el Nabi** wird der Geburtstag des Propheten gefeiert.

Der **Freitag** hat für Muslime eine ähnliche Bedeutung wie für Christen der Sonntag oder für Juden der Shabbat. Man verrichtet das Freitagsgebet, Geschäfte und Behörden sind teils nachmittags geschlossen.

Festivals

Februar
Red Sea Jazz Festival Eilat: Freiluftkonzerte, Jamsessions (http://en.redseajazz.co.il).

März/April
Sounds of The Old City: Solisten und Gruppen spielen in Jerusalems Altstadt auf, inspiriert durch den unterschiedlichen Charakter der Viertel (www.sounds-of-jerusalem.org.il).
Fresh Paint Tel Aviv: Kunst und Design quer durch die Stadt (www.freshpaint.co.il).

Mai/Juni
Jacob's Ladder Festival: Im Kibbuz Ginosar am See Genezareth gibt es zu hören: Bluegrass, Folk, Country, Blues, Rock und Weltmusik (www.jlfestival.com).
Israel Festival: In Jerusalem und Umgebung, Tanz, Jazz, Weltmusik, Klassik, Performances junger Talente und etablierter Künstler (www.israel-festival.org.il).
Jerusalem Book Fair: Buch-Biennale mit begleitenden Kulturveranstaltungen, Lesungen und Diskussionen, in Jahren mit ungerader Endziffer (www.jbookfair.com).

Juli/August
Klezmer Festival Safed: Drei Tage lang nichts als Klezmer (www.safed.co.il).

September/Oktober
Tamar Festival: Totes Meer, Israeli-Pop live zu Sukkot (www.tamarfestival.com).
Israeli Fringe Theater Festival: Akko, die Kreuzfahrerstadt, als Bühne internationaler Ensembles (www.accofestival.co.il).

September–November
Jerusalem Biennale for Art: Ausstellungen an unterschiedlichen Orten der Stadt (www.jerusalembiennale.org).

Dezember
Jacob's Ladder Festival: Im Kibbuz Ginosar am See Genezareth, die Winterausgabe des Mai-Festivals (www.jlfestival.com).

Reiseinfos von A bis Z

Alkohol

Am Shabbat wird Wein gesegnet, das zeigt schon einmal, dass er zumindest aus religiösen Gründen nicht verboten ist. Wein, Bier und Brände sind überall frei erhältlich, auch in den palästinensischen Gebieten, wo der Islam – den Muslimen, nicht aber den Christen – den Konsum von Alkohol nach herrschender Auslegung verbietet. Während des Fastenmonats Ramadan wird überall in den palästinensischen Gebieten Zurückhaltung in Sachen Alkohol erwartet, zumindest in der Öffentlichkeit.

Auskunft

... in Europa
Staatliches Israelisches Verkehrsbüro
Auguste-Viktoria-Str. 74–76
14193 Berlin
Tel. 030 20 39 97-0
www.goisrael.de
Das Büro hat keinen Publikumsverkehr und ist zuständig für Deutschland, Österreich und die Schweiz. Generell ist man sehr freundlich und hilfsbereit. Man verschickt auch gern Broschüren, die allerdings z. T. sehr alt sind (z. B. Galiläa, Nazareth) und reihenweise falsche und nicht mehr existierende Adressen beinhalten.

... in Israel
Die örtlichen israelischen Touristenbüros geben eine Reihe von mehr oder minder aktuellen Reiseführern und Broschüren heraus, die oft auch an Hotelrezeptionen ausliegen.

... in Palästina
Palästinensisches Tourismusministerium
Bethlehem, Manger St., P. O. Box 534
Tel. 02 275 42 35
Ramallah: Tel. 02 296 32 15/16/17/18
Nablus: Tel. 09 238 50 42
Hebron: Tel. 02 222 48 90
Jericho: Tel. 02 231 26 07, 059 965 41 55
Jenin: Tel. 04 243 41 51
www.travelpalestine.ps

Baden

Mit 273 km Küste allein am Mittelmeer bietet Israel genügend Gelegenheit zum Baden. Zu den schönsten Stränden gehören Metzitzim Beach bei Tel Aviv, Beit Yanai bei Netanya, Aqueduct Beach bei Caesarea, Dor HaBonim Beach bei Nahsholim, Akhziv Beach beim gleichnamigen Nationalpark und Carmel Beach bei Haifa, weiterhin Mineral Beach am Toten Meer, Coral Reef Beach am Roten Meer und En Gev Beach am See Genezareth.

Barrierefrei reisen

Spezielle Einrichtungen für Behinderte, z. B. Rampen, gibt es in vielen öffentlichen Gebäuden und Hotels – was aber nicht bedeutet, dass die Lage optimal wäre. Die palästinensischen Gebiete sind für Behinderte nur unter größten Mühen bereisbar, auch der Besuch von Altstädten wie in Jerusalem, Akko oder Jaffa erweist sich als sehr anstrengend.

Behinderte können sich mit ihren Fragen und Anliegen an das Beratungszentrum **Milbat** (Advisory Center for the Disabled) im Sheba Medical Center in Tel Aviv wenden, Tel. 03 530 37 39. Die Organisation **Yad Sarah,** Tel. 02 644 44 44, www.yadsarah.org, mit Niederlassungen in ganz Israel stellt kostenlos, allerdings gegen eine kleine Kaution, Rollstühle, Krücken und andere Hilfsmittel zur Verfügung. Ein große Hilfe ist auch **Access Israel,** Tel. 09 745 11 26, www.aisrael.org. Auf der Website kann man u. a. nach geografischen Kriterien Infos für barrierefreies Reisen aufrufen, man findet die Adressen von Hotels, Pensionen, Taxiunternehmen etc., die auf behinderte Gäste eingestellt sind.

Speziell auf die Belange von Behinderten ausgerichtete Reisen organisiert **Israel 4 All**, Tel. 077 503 54 55, www.israel4all.com – allerdings nur in unregelmäßigen Abständen.

Botschaften und Konsulate

... in Deutschland
Botschaft des Staates Israel
Auguste-Viktoria-Str. 74–76
14193 Berlin
Tel. 030 890 45-500, Fax 030 890 45-309
www.israel.de

Israelisches Generalkonsulat
Barer Str. 19
80333 München
Tel. 089 543 48 65 00, Fax 089 543 48 65 55

Generaldelegation Palästinas
Rheinbabenallee 8
14199 Berlin
Tel. 030 20 61 77-0, Fax 030 20 61 77-10
www.palaestina.org

... in Österreich
Botschaft des Staates Israel
Anton-Frank-Gasse 20
1180 Wien
Tel. 01 476 46-0, Fax 476 46-575
www.embassies.gov.il/vienna

Palästinensische Vertretung
Josefsgasse 5
1080 Wien
Tel. 01 408 82 02/03, Fax 01 408 81 19
www.palestinemission.at

... in der Schweiz
Botschaft des Staates Israel
Alpenstr. 32
3006 Bern
Tel. 031 356 35 00, Fax 031 356 35 56
www.embassies.gov.il/bern

Palästinensische Vertretung
Justingerweg 18
3005 Bern
Tel. 031 352 14 07, Fax 031 352 14 09
gdpalestine@swissonline.ch

... in Israel und Palästina
Deutsche Botschaft
3 Daniel Frisch St., 19. Stock
61160 Tel Aviv
Tel. 03 693 13 12/13, Fax 03 696 92 17
www.tel-aviv.diplo.de

Honorarkonsulat Haifa
Michael Pappe, 31061 Haifa, 98 Hanassi Ave.
Tel. 04 838 14 08, Fax 04 837 13 53
haifa@hk-diplo.de

Honorarkonsulat Eilat
Barbara Pfeffer, 88000 Eilat, 5 Neviot St.
Tel. 08 637 45 36, Fax 08 634 27 61
eilat@hk-diplo.de

Vertretungsbüro Ramallah
Peter Beerwerth, 13 Berlin St., Ramallah
Tel. 02 297 76 30,
Fax 02 298 47 86
www.ramallah.diplo.de

Österreichische Botschaft
Sason Hogi Tower
12 Abba Hillel St., 4. Stock
52506 Ramat Gan
Tel. 03 612 09 24, Fax 03 751 07 16
www.bmeia.gv.at/oeb-tel-aviv

Honorarkonsulat Jerusalem
Isaac Molho, Technology Park – Manahat Building Nr. 1, 3. Stock, 91487 Jerusalem
Tel. 02 649 06 49, Fax 02 649 06 59
austconsjr@smplaw.co.il

Honorarkonsulat Haifa
Ehud Angel, c/o Ofer Brothers
9 Andre Saharov St.
31905 Haifa
Tel. 04 861 06 10, Fax 04 861 06 27
udi@oferg.com

Honorarkonsulat Eilat
Moshe Shiffman, The Red Canyon Offices
88000 Eilat
Tel. 08 637 51 53, Fax 08 637 51 57
moshe_sf@inter.net.il

Vertretungsbüro in Ramallah
VIP-Center, 100 Al-Kawthar St.
Al Bireh, Ramallah
Tel. 02 240 14 77, Fax 02 240 04 79
ramallah-ovb@bmeia.gv.at

Schweizerische Botschaft
228 HaYarkon St.
63405 Tel Aviv
Tel. 03 546 44 55, Fax 03 546 44 08
www.eda.admin.ch/telaviv

Konsulat Eilat
c/o Clinic Eilat Vet, 1 Mish'ol Narqis
88000 Eilat
Tel. 08 633 28 67, Fax 08 637 16 91
eilat@honrep.ch

Konsulat Haifa
98 Hanassi Ave.
31061 Haifa
Tel. 04 838 14 08, Fax 04 837 13 53
haifa@honrep.ch

Vertretungsbüro Ramallah
Jerusalem St., Al Wataniah Building
Al Bireh, Ramallah
Tel. 02 240 83 60, Fax 02 240 83 62
www.eda.admin.ch/ramallah

Dos and Don'ts

Zur Begrüßung sagen die Israelis »Shalom« (»Frieden«), die Palästinenser und Araber, auch diejenigen mit israelischem Pass, »Marhaba« (»Willkommen«). Das klingt eher zwanglos und ist es auch. Sich die Hand zu geben ist nur im Umgang mit Ausländern üblich. Männer, die sich besser kennen, umarmen sich, und im weiteren familiären Umfeld drücken sich v. a. die Araber Küsschen auf die Wange. Bei Begegnungen mit Frauen sollte man sich mit dem Händedruck generell zurückhalten, denn die meisten orthodoxen Jüdinnen und auch die strengen Musliminnen scheuen solche Berührungen. Das ist nicht feindselig gemeint, sondern nur ein anderes Verständnis von Respekt und der erwünschten Distanz gegenüber einer fremden Frau.

Gesprächspartner sprechen sich meist mit Vornamen an, was nicht als vorschnelle Vertrautheit oder Kumpelhaftigkeit verstanden werden darf. Duzen bedeutet keinen Verzicht auf Respekt, man kennt das Siezen in Israel nicht. Titel werden sparsam verwendet.

Israelis und Palästinenser sind sehr kommunikative Menschen. Irgendwann kommt beinahe jedes Gespräch auf Politik, worüber man sich in Nahost die Köpfe heiß reden kann, zumal – so heißt es – drei Israelis fünf Meinungen haben. Es wird geraten, weder Israelis noch Palästinensern in der politischen Diskussion Verständnis oder gar Sympathie für die jeweils andere Seite zu offenbaren. Allerdings taugt das eher zur Verhinderung als zur Förderung echter Kommunikation und in der Regel ist ein sachlicher Meinungsaustausch in Israel immer möglich. Das ändert sich schlagartig bei der Westbank und im Gazastreifen – Gastrecht hin oder her, man sollte definitiv kein Verständnis für die israelische Palästina- oder Jerusalem-Politik zeigen. Araber nennen Jerusalem El Quds (›die Heilige‹) und freuen sich, wenn man den Namen kennt und im Gespräch verwendet.

Sensibel ist das Thema Religion sowohl bei Juden wie bei Muslimen. Da ist gerade bei kritischen Tönen Zungenspitzengefühl, wenn nicht Schweigen gefragt. In religiösen Diskussionen unterlässt man es besser, sich als Atheist auszuweisen – an einen anderen Gott zu glauben ist akzeptiert, an keinen Gott zu glauben eher nicht. Einfühlungsvermögen verlangt, v. a. für Deutsche, das Thema Holocaust. Und man sollte es unterlassen, jüdische Witze zu erzählen. Auch Witze über Minderheiten und Frauen gelten als peinlich.

Wird man eingeladen, bringt man ein kleines Gastgeschenk mit. Das kann ein guter

Wein sein oder ein Buch. Allzu opulente Präsente werden als peinlich empfunden. Ist der Gastgeber Muslim, dann verbietet sich Alkohol, außer man weiß, dass in der Familie Alkohol getrunken wird. Womit man nie schief liegt: Süßigkeiten fürs Dessert. Wenn man Israelis zum Essen einlädt, sollte man fragen, ob koschere Küche erwünscht ist. Aber keine Angst: Es gibt genügend Leute, die nichts lieber mögen als Muscheln und Hummer und danach einen Cappuccino mit Sahnehaube.

Besuch von Gotteshäusern

Auch wenn warmes Wetter zu luftiger Kleidung verlockt – beim Besuch der Gotteshäuser sollte man sich generell dezent anziehen.

Die Regeln für den Synagogenbesuch sind nicht sehr kompliziert. Generell sollte man vor dem Besuch fragen, ob man willkommen ist. Orthodoxe Synagogen erkennt man daran, dass Männer und Frauen getrennt beten. Beim Betreten setzt man eine Kopfbedeckung auf. Sofern es sich um eine von Touristen viel besuchte Synagoge handelt, bekommt man am Eingang meist eine Kippa. Man kann auch auf einen mitgebrachten Hut oder eine Mütze zurückgreifen, nicht jedoch auf ein Baseballkäppi. Frauen sollten möglichst keine Hosen tragen, das Handy wird ausgeschaltet. Man verhält sich leise, das gilt auch für Kleinkinder. Video- und Fotokameras sind ebenso unerwünscht wie das Mitbringen eines Neuen Testaments. Religiösen Schmuck trägt man nicht offen – für etliche Juden ist das Kreuz ein Symbol, in dessen Namen ihre Vorfahren verfolgt wurden. Bücher dürfen niemals auf den Boden gelegt werden. Weitere Infos erteilt der Synagogen-Survival-Guide, abzurufen auf Deutsch unter www.berlin-judentum.de/synagogen/synagoge.htm.

Moscheen kann man normalerweise besuchen, mit Ausnahme von Al Aqsa und dem Felsendom auf dem Tempelberg. Zu Gebetszeiten sollte man auf den Moscheebesuch verzichten. Bevor man das Gotteshaus betritt, zieht man die Schuhe aus. Unpassend sind bei Männern kurze Hosen, bei Frauen kurze Hosen und Röcke, schulter- und armfreie Tops, in vielen Moscheen bekommt man Tücher zum Umhängen. Gleichermaßen dezente Kleidung erwartet man in Kirchen und Klöstern.

Drogen

Polizei und Gerichte reagieren mit harten Geld- und/oder Haftstrafen, bei Touristen im günstigsten Fall mit Abschiebung, wenn es sich um Drogendelikte handelt.

Einkaufen

Mehrwertsteuer (VAT)

Touristen sind von der Mehrwertsteuer von 17 % teilweise befreit, wenn in ausländischer Währung bezahlt wird. Diese Regelung gilt für Unterkunftskosten, organisierte Bustouren, Leihwagen, Inlandsflüge etc. Wer in Geschäften einkauft, die den VAT-Refund (VAT bedeutet *value added tax*) anbieten und in US-Dollar, Euro oder einer anderen harten, sprich frei konvertierbaren Währung bezahlt, der bekommt ab 50 US-$ Warenwert einen Preisnachlass von 5 %. Außerdem wird bei der Ausreise gegen Vorlage des Kaufbelegs und des grünen VAT-Formulars für Waren im Wert ab 100 US-$ die Mehrwertsteuer erstattet. Diese Regelung gilt allerdings nicht für Tabakwaren, elektrische Geräte, Kameras, Filme und fotografisches Zubehör. Am Ben-Gurion-Flughafen und im Hafen von Haifa wendet man sich in der Abreisehalle *vor* dem Check-in an den VAT Desk oder Tax-Refund-Schalter. Hier werden die gekauften Waren mit den Kaufbelegen abgeglichen und man bekommt die Mehrwertsteuer abzüglich einer kleinen Gebühr in US-Dollar ausbezahlt.

Handeln und Feilschen

Im arabischen Basar einzukaufen, ohne zu handeln, ist ein Unding. Man sollte mit dem Feilschen bei 30–40 % des verlangten Preises beginnen. Wer am Ende 50–60 % des ursprünglich verlangten Preises bezahlt, hat gut gehandelt. Zur Taktik gehört es auch, die Verhandlung abzubrechen und sich zum Gehen anzuschicken. Allerdings: Ein einmal ausgehandelter Preis muss bezahlt werden. Geschäfte außerhalb der Basare haben meist Festpreise.

Souvenirs

Die Welt ist klein geworden und die Globalisierung scheint auch die Einkaufsgewohnheiten normiert zu haben. So sind in Israel fast überall große Shopping Malls zu finden, die mehr oder weniger das gleiche Angebot haben.

Was also mitbringen aus Israel, was es daheim nicht auch gibt? Einkaufserlebnisse abseits des Üblichen garantieren die vielen **Basare.** Hier bekommt man Obst und Gemüse, aber auch Souvenirs wie **Keramiken, Schnitzarbeiten** (Olivenholz und Perlmutt), **Lederwaren, Schmuck** und **Metallarbeiten, bestickte Textilien** und **Kelims.** Beliebte Mitbringsel sind auch **Kosmetika vom Toten Meer, Diamanten, Mode** junger israelischer Designer (v. a. in Tel Aviv), israelische **Weine** und frische **Jaffa-Orangen.** In den **Antiquitätenläden** findet man mit etwas Glück antike Öllampen und Münzen oder alten Beduinenschmuck.

In Palästina, wo das Shopping-Mall-Unwesen noch nicht verbreitet ist, stöbert man auf den lokalen **Souks** nach **Kunsthandwerk** (Olivenholzschnitzereien, Keramik, Webteppiche), typisch sind auch **Hebron-Glas** und **Olivenölseife** aus Nablus.

Ein kunterbuntes Angebot an Souvenirs bieten die vielen **Märkte.** Unüberschaubar ist das Sortiment an **Devotionalien** (u. a. Kruzifixe, Marienfiguren) in Jerusalems Altstadt, Bethlehem und Nazareth. Russische Militärorden, Klamotten, Nippes sowie raubkopierte CDs und DVDs sind typisch für Tel Avivs Carmel Market. Der Markt der Künstlerkolonie Ein Hod ist v.a. für Kunsthandwerk bekannt.

Elektrizität

Israel hat 220 V Wechselstrom bei 50 Hz. Für die dreipoligen Steckdosen benötigt man spezielle Adapter, die auch in Israel leicht zu bekommen sind.

Feiertage

... der Juden:
Purim: 21. März 2019, 20. März 2020, 26. Febr. 2021
Pessach (1. Tag): 19. April 2019, 8. April 2020, 27. März 2021
Jom HaShoah: 21. April 2019, 20. April 2020, 8. April 2021
Jom HaAtzmaut: 9. Mai 2019, 28. April 2020, 14. April 2021
Shawuot 8. Juni 2019, 28. Mai 2020, 16. Mai 2021
Rosh HaShana (1. Tag): 29. Sept. 2019, 18. Sept. 2020, 6. Sept. 2021
Jom Kippur: 8. Okt. 2019, 27. Sept. 2020, 15. Sept. 2021
Sukkot (1. Tag): 13. Okt. 2019, 2. Okt. 2020, 21. Sept. 2021
Simchat Thora: 1. Okt. 2018, 21. Okt. 2019, 10. Okt. 2020, 27. Sept. 2021
Chanukah (1. Tag): 2. Dez. 2018, 22. Dez. 2019, 10. Dez. 2020, 28. Nov. 2021

... der Muslime:
Ramadan (1. Tag): 5. Mai 2019, 23. April 2020, 12. April 2021
Eid el Adha (1. Tag): 12. Aug. 2019, 30. Juli 2020, 19. Juli 2021
Mulid el Nabi: 20. Nov. 2018, 9. Nov. 2019, 28. Okt. 2020, 19. Okt. 2021

Zur Bedeutung der Feiertage und dazu, wie sie begangen werden, vgl. S. 110.

FKK

Dem Thema widmen sich einige Websites. Die **Israeli Naturist Society** (www.naturism.org.il) organisiert Treffen an Pools und am Meer, weiterhin Veranstaltungen wie Grillabende. Das Portal www.naturism.co.il listet Strände und Hotels und diskutiert unter dem Link »Naturism and Judaism« das Thema Nacktheit in der Öffentlichkeit, beginnend mit dem Alten Testament. Die **Israel Naturists** informieren unter www.hameyyasdim.co.il.

Spiegelbild des jüdischen Alltags: der Mahane-Yehuda-Markt in Jerusalem

Eingang zum Souk Aftimos – in den Ladenstraßen des Griechischen Basars werden Textilien, Souvenirs und Kunsthandwerk verkauft

Fotografieren

Für Fotografen sind Israel und Palästina ein Traum, nicht nur wegen der Motive. In handfeste Schwierigkeiten kann man nur geraten, wenn man am Shabbat an der Klagemauer oder gar im Jerusalemer Orthodoxenviertel Mea She'arim Aufnahmen machen will. Orthodoxe Juden mögen es generell nicht, abgelichtet zu werden. Auch in Synagogen sind Kameras nicht willkommen. In den palästinensischen Gebieten, wo die Menschen aufgrund des Abbildungsverbots im Islam traditionell fotoscheu sind, sollte man lieber fragen, bevor man auf den Auslöser drückt.

Frauen

Die Geschichte ist alt, aber zeitlos: Unter der Regierung Golda Meir forderte der Minister einer extrem religiösen Partei wegen der zunehmenden Belästigungen von Frauen im nächtlichen Tel Aviv ein Ausgehverbot für Frauen ab Einbruch der Dunkelheit; Golda Meir konterte, da es die Männer seien, die die Frauen attackierten, müsste es für sie eine Ausgangssperre geben. Die Belästigung von Frauen ist auch in Israel ein permanentes Problem, für Besucher wie für Einheimische. Spektakulär war die Verurteilung des früheren Staatspräsidenten Moshe Katzav 2011 wegen Vergewaltigung zu sieben Jahren Gefängnis. In den arabischen Gebieten mag die Anmache größer sein als im restlichen Land, aber was frau in Tel Aviv, Eilat oder Jerusalem erwartet, das ist immer noch zu viel Machismo. Erfahrene weibliche Reisende empfehlen, alles zu ignorieren, auch wenn es Nerven kostet. Wird mann allerdings zudringlich, dann kann lautes Schreien die richtige Reaktion sein. Achten sollte man auch auf seine Kleidung. Was in Tel Aviv alltäglich ist, gilt in den arabischen Gebieten oder jüdisch-orthodoxen Vierteln als Provokation. Es kann sogar passieren, dass mit Steinen auf nicht adäquat verhüllte Frauen geworfen wird. Auch häufen sich Berichte, wonach ultrareligiöse Juden beleidigend und sogar handgreiflich wurden, weil sie die Kleidung oder das Betragen von Frauen für unangemessen hielten. Auf dem Weg zur Segregation starteten Ultraorthodoxe in Jerusalem eine kostenlose Buslinie zur Klagemauer: Frauen steigen hinten ein und sitzen auch dort, Männer vorne. Die Buslinie Egged widersetzte sich der Geschlechtertrennung, bietet jedoch auf etlichen Linien für Frauen reservierte Bereiche an.

In arabischen Gebieten kann körperbetonte Kleidung leicht als Ausdruck sexueller Verfügbarkeit missverstanden werden. Zusammengebundenes Haar sowie bedeckte Schultern, Knie und Waden helfen ein wenig. Bei Gesprächen mit arabischen Männern sollten Frauen direkten Blickkontakt unbedingt vermeiden.

Geld

Währung und Wechselkurs

Neuer Israelischer Schekel (NIS) heißt die **israelische Währung.** Der Schekel wird unterteilt in 100 Agorot. Im Umlauf sind Banknoten zu 20, 50, 100 und 200 NIS. Münzen gibt es im Wert von 5, 10 und 50 Agorot sowie 1, 5 und 10 NIS. Geld sollte man erst in Israel umtauschen, da dort der Kurs günstiger ist. Wechselkurs (Stand 2018): 1 NIS = 0,23 € = 0,27 CHF; 1 € = 4,28 NIS; 1 CHF = 3,72 NIS (aktuelle Tageskurse unter www.oanda.com, Link ›Currency Converter‹).

Die Währung auf dem **Sinai** ist das ägyptische Pfund (LE). 1 LE unterteilt sich in 100 Piaster (PT). Es gibt Pfundnoten zu 1, 5, 10, 20, 50 und 100 LE, außerdem Piasternoten zu 25 und 50 PT. Münzen gibt es für 5, 10, 20, 25, 50 Piaster und für 1 Pfund. Der durchschnittliche Wechselkurs liegt bei 1 € = 21,5 LE, 1 CHF = 18,9 LE. 1 LE = 0,05 € = 0,05 CHF (Stand 2018). Geld sollte man des besseren Kurses wegen in Ägypten umtauschen.

Geldwechsel und Kreditkarten

Bargeld tauschen alle Banken und autorisierten Wechselstuben. Am Ben Gurion Airport ist der Kurs relativ schlecht. Geldautomaten, die Bank- und die gängigen **Kreditkarten** (Visa, Master, American Express, Diners)

> **SPERRUNG VON BANK- UND KREDITKARTEN**
>
> **bei Verlust oder Diebstahl*:**
> 01149-116 116
> oder 01149-30 4050 4050
> (* Gilt nur, wenn das ausstellende Geldinstitut angeschlossen ist, Übersicht: www.sperr-notruf.de)
> Weitere Sperrnummern:
> – MasterCard: 1-800-627-8372
> – VISA: 1-800-847-2911
> – American Express: 01149-69-97 97 2000
> – Diners Club: 01149-69-66 16 61 23
> Bitte halten Sie Ihre Kreditkartennummer, Kontonummer und Bankleitzahl bereit!

akzeptieren, gibt es überall in Israel und auf dem Sinai – PIN nicht vergessen! Das Tageslimit ist variabel und hängt sowohl von der Art der Karte als auch von der geldgebenden Bank ab. Erhebliche Transaktionsgebühren können anfallen; man sollte daher vor der Reise genaue Erkundigungen einziehen.

Gesundheit

Ärztliche Versorgung

Welche Krankenhäuser, Ärzte und Apotheken gerade Bereitschaftsdienst haben, entnimmt man am besten der englischsprachigen »Jerusalem Post«. Der Standard israelischer Ärzte und Krankenhäuser entspricht dem europäischen. Viele Ärzte sprechen Englisch.

Bei Bissen von Skorpionen oder Schlangen sollte man sich sofort in ärztliche Behandlung begeben. Wer auf Wüstentour geht, sollte ein spezielles Erste-Hilfe-Set dabeihaben und sich damit schon vor der Reise vertraut machen.

Apotheken

Bezüglich Anzahl und Qualität entsprechen die Apotheken dem, was man von Zuhause gewöhnt ist. Das Sortiment ist weitgehend gleich, allerdings tragen Medikamente wahrscheinlich andere Namen als in Europa. Wer also auf ein bestimmtes Präparat angewiesen ist, sollte sich damit vor der Reise eindecken oder sich über den in Israel gebräuchlichen Namen informieren.

Fast unvermeidlich zieht man sich früher oder später eine leichte Erkältung zu, denn Hotels, Restaurants und sogar Taxis sind häufig voll klimatisiert. Genauso verbreitet sind Hitzeschäden, die entstehen, wenn man dem Körper bei hohen Temperaturen nicht genug Flüssigkeit zuführt. Schwierigkeiten entstehen auch immer wieder durch das ungewohnte Essen. Wer Kohletabletten oder Medikamente gegen Durchfall nicht schon mitgebracht hat, erhält sie rezeptfrei in den Apotheken. Sollte man einen Abstecher auf den benachbarten Sinai machen, dann gilt dort als beste Diarrhö-Vorbeugung noch immer die alte Britenweisheit: *If you can cook it, peal it or boil it, you can eat it, otherwise forget it!* Schnitte und Hautabschürfungen können sich im warmen Klima schnell entzünden. Wunden, die man sich an Korallenriffen zugezogen hat, verheilen langsamer als gewohnt.

Auslandskrankenversicherung

Deutschlands gesetzliche Krankenversicherungen übernehmen in Israel keine Kosten – anders die privaten Versicherer. Darum sollte unbedingt eine Reisekrankenversicherung inkl. Rücktransport abgeschlossen werden. Der Rücktransport sollte bereits möglich sein, wenn er medizinisch sinnvoll und nicht erst, wenn er medizinisch notwendig ist.

Impfungen

Besondere Impfungen sind nicht nötig. Das Robert-Koch-Institut empfiehlt aber, vor der Reise die Standardimpfungen zu überprüfen und gegebenenfalls zu vervollständigen.

Kuren am Toten Meer

Am Toten Meer findet man auf Kuren spezialisierte Hotels, in denen sich viele u. a. wegen Schuppenflechte, Neurodermitis, Vitiligo,

Uveitis und Mukoviszidose behandeln lassen. Bei Ein Boqeq am Toten Meer liegt das **Deutsche Medizinische Zentrum**, eine Klinik für Kur und Reha, die u. a. Vertragspartner der gesetzlichen Renten- und Krankenkassen in Deutschland ist. Kontakt: Robert-Bosch-Str. 14, D-82054 Sauerlach, Tel. 08104 90 86 00, www.dmz-klinik.de.

Internetzugang

Zugang zum Internet ist nirgends im Land ein Problem. Alle größeren Hotels bieten die Möglichkeit, meist gegen Gebühr, im Zimmer über LAN oder WLAN ans Netz zu gehen. Auch der Ben Gurion Airport und Israel Railways bieten drahtlosen Internetzugang. In Cafés, Bars und Restaurants gehört es längst zum guten Ton, den Gästen kostenlos WLAN zur Verfügung zu stellen. Das Passwort erfragt man beim Bestellen, falls das Netzwerk nicht ohnehin ungeschützt zugänglich ist. Internetcafés sind verbreitet, werden aber immer weniger, weil die meisten Israelis inzwischen einen eigenen Internetzugang besitzen.

Karten

Israelkarten sind in Deutschland, Österreich und der Schweiz in vielen Variationen erhältlich. In Israel selbst bekommt man sie in allen Buchhandlungen und oft auch an den Zeitungskiosken der größeren Hotels. Gute israelische Karten stammen von Mapa, einem in Tel Aviv ansässigen Unternehmen. Brauchbar sind auch sog. Tourist Maps, in denen aus der Vogelperspektive auch wichtige Bauten und Monumente eingezeichnet sind.

Bewährt haben sich als Landkarten und Stadtpläne: Freytag & Berndt Autokarten Israel, Sinai (1 : 400 000–1 : 1 000 000); World Mapping Project Israel (1 : 250 000); Freytag & Berndt Jerusalem (1 : 10 000).

Eine gute Online-Karte findet man unter www.eyeonisrael.com. Google Maps empfiehlt sich auf Smartphone und Tablet.

Mit Kindern unterwegs

Viele Hotels, v. a. in Urlauberzentren wie Tel Aviv und Eilat, sind auf Familien mit Kindern eingestellt und vermitteln oft auch kurzfristig Baby- und Kindersitter. An Freizeitangeboten für Kinder mangelt es nicht. Adressen von (Vergnügungs-)Parks, (Streichel-)Zoos, kindgerechten Museen etc. für Kinder bis zu zehn Jahren findet man auf der Website www.tooty.co.il. Besonders hingewiesen sei auf das nahe Latrun liegende israelische **Mini-Israel**, ein Park, in dem man alle Highlights des Landes im Miniaturformat durchläuft (Tel. 08 913 00 00, 17 00 559 559, www.minisrael.co.il, Sept.–Juni tgl. 10–17, Juli/Aug. 17–22 Uhr, 86 NIS, Kinder 2–5 Jahre 24 NIS).

Israels **Strände** sind in der Regel kinderfreundlich und besitzen häufig einen eigenen Abschnitt mit Spielgeräten. Interessant für den Nachwuchs sind auch **Kamelexkursionen** oder **Wanderungen in den Nationalparks**, insbesondere in Parks mit Wasserfällen und Naturpools, in denen auch gebadet werden kann (z. B. Gan HaShlosha, Ein Gedi).

Kleidung und Ausrüstung

Von den Reiseplänen und der Reisezeit hängt ab, was unbedingt ins Gepäck sollte. Von März bis Oktober genügt überall im Land leichte Sommerkleidung, nur für die etwas kühleren Nächte im Frühjahr und im Herbst sollte man einen Pullover oder eine Jacke einpacken. Wer Israel in den Wintermonaten besucht, muss sich – außer in Eilat – auch auf Regen und Kälte einrichten.

So leger die Kleidervorschriften in Tel Aviv sind, wo man in Shorts und Top durch die Stadt zum Strand geht, so streng sind sie, wenn man religiöse Stätten besucht (S. 115). Im Alltag ist eher legere Kleidung angesagt. Krawatten braucht man selten. Die Knesset musste zur Wahrung der Würde des Hauses schon anordnen, dass Männer in ärmellosen T-Shirts, Frauen in nabelfreien Tops und beiderlei Geschlecht in kurzen Hosen nicht willkommen sind.

*Schatten und das kühle Nass von
Naturpools locken in der Oase Ein Gedi*

*Auge in Auge mit Haien – Shark World
in Eilats Underwater Observatory*

*Einige Regeln sind zu beachten – dann ist ein
Bad im Toten Meer auch für Kinder ein Erlebnis*

Am Strand sind Badehose bzw. Bikini oder Badeanzug angesagt, solange man sich nicht an einem religiösen Strand aufhält, wo die Besucher – oft getrennt nach Geschlechtern – möglichst viel Haut bedecken. Fürs Sonnenbaden braucht man eine Creme mit hohem Lichtschutzfaktor und für die Nase einen Sunblocker. Bei langen Besichtigungstouren in praller Hitze sollte man eine Kopfbedeckung tragen, um sich vor einem Sonnenstich zu schützen.

Klima und Reisezeit

Israel hat ein mediterranes Klima, das im Sommer an der Mittelmeerküste von einer steten Brise gemildert wird, während sich in Jerusalem wie unter einer Glocke die heiße Luft staut und sich kein Lüftchen bewegt. Die heiße Jahreszeit steigert sich in Eilat am Roten Meer – angenehm warm im Winter – im Juli und August mit Temperaturen von 42 °C und mehr bis zur Unerträglichkeit. Bei einer Fahrt von Jerusalem (800 m) zum Toten Meer und nach Jericho (-394 m) spürt man mit beinahe jedem Kilometer das Ansteigen der Temperaturen auf Höchstwerte, die oft nur knapp unter 50 °C liegen. Ähnliche Spitzentemperaturen verzeichnen die Meteorologen gelegentlich auch am See Genezareth, der 210 m unter dem Meeresspiegel liegt, ohne dass irgendein Wind Kühlung verschaffen würde. Erträglicher wird es erst wieder auf den windigen Golanhöhen.

Die Zeit, in der man mit Regen rechnen muss, reicht von Ende November bis Anfang März. Die durchschnittlichen jährlichen Niederschlagswerte sind in Jerusalem 486 mm, in Tel Aviv 539 mm, in Haifa 601 mm und in Eilat 25 mm. Im Frühjahr und im Herbst weht gelegentlich ein trockener und heißer Wind, der Sharav. In den Bergen von Judäa, gekrönt von Jerusalem, wird es im Winter selten kühler als 6 oder 7 °C. Aber an einzelnen Tagen überzieht eine Schneedecke Jerusalem, das mit dem Fallen der ersten Schneeflocke im Chaos versinkt: Die Stadt ist wie gelähmt. Für die wenigen israelischen Skifahrer ist das spätestens der Startschuss, zum Berg Hermon aufzubrechen, dem einzigen Wintersportzentrum des Landes.

Das Klima in der Negev ist – wie in allen Wüsten – zu jeder Jahreszeit von gewaltigen Temperaturunterschieden zwischen Tag und Nacht gekennzeichnet. Die Wintermonate sollte man sich nicht gerade für eine Israelreise auswählen, es sei denn, man möchte nur in Eilat am Roten Meer faulenzen. Dort ist es selbst

Klimadaten Tel Aviv

	J	F	M	A	M	J	J	A	S	O	N	D
Mittlere Tagestemperaturen in °C	18	19	21	23	26	28	30	31	31	28	24	20
Mittlere Nachttemperaturen in °C	8	9	11	13	16	19	21	22	21	17	14	11
Mittlere Wassertemperaturen in °C	16	16	17	18	21	24	25	27	27	24	21	18
Sonnenstunden/Tag	6	7	7	9	11	12	12	12	10	9	8	6
Regentage/Monat	10	8	8	2	0	0	0	0	0	4	6	10

Klimadaten Jerusalem

	J	F	M	A	M	J	J	A	S	O	N	D
Mittlere Tagestemperaturen in °C	12	13	16	21	25	28	29	28	25	19	14	14
Mittlere Nachttemperaturen in °C	4	5	6	10	12	15	17	17	16	14	10	6
Mittlere Sonnenstunden/Tag	6	6	7	9	11	12	12	12	10	9	8	6
Regentage/Monat	10	8	7	3	1	0	0	0	1	2	5	8

im Dezember noch warm, während es im Rest des Landes häufig regnet und eiskalt wird. Wer Hitze nur schlecht verträgt, sollte seine Reise durch Israel nicht in die Monate Juli und August legen. Äußerst angenehm dagegen reist es sich im Frühling und Herbst von Anfang März bis Ende Juni bzw. von Anfang September bis Mitte/Ende Oktober.

Links und Apps

Websites in Deutsch

www.goisrael.de: Offizielle Seite der israelischen Fremdenverkehrsämter.
www.citiesbreak.com: Infos über Jerusalem & Tel Aviv als Doppel-Städtereise.
www.hagalil.de, www.israelnetz.com: Jüdische Welt, eine unerschöpfliche Fundgrube. News, Kultur, Jiddisch, Klezmer, Holocaust, jüdische Geisteswelt u. v. a. m.

Websites in Englisch

www.inisrael.com: Reisemarkt mit Buchungsoption für Hotels, Mietwagen etc.
www.virtualjerusalem.com: Jerusalemseite, u. a. mit Kotel Cam – Webcam-Blick auf die Klagemauer.

www.btselem.org: Infos israelischer Menschenrechtler zur Lage der Palästinenser.
www.peacenow.org.il: Israels Friedensbewegung Peace Now informiert über Aktuelles, Aktivitäten etc.
www.thisweekinpalestine.com: Aktuelle Informationen und Nachrichten aus dem Westjordanland und dem Gazastreifen.
www.jmcc.org: Die aktuellsten Infos über Termine, Ausstellungen etc. in Palästina.
www.pngo.net: Infoseite des regierungsunabhängigen NGO Network in Palästina.
www.ims.gov.il: Wetterdienst.

Apps

Israel App: GPS Travel & Tour Guide: Sehenswürdigkeiten, Veranstaltungen, Touristenziele in der Umgebung des Standorts; für die Offline-Nutzung ist ein Download von ca. 1 GB notwendig (Apple, Android, kostenlos).
VISITLV – Tel Aviv-Jaffa Official Guide: Tipps für Restaurants, Cafés, Bars, Sehenswürdigkeiten, Stadtrundgänge (Apple, kostenlos); eine ähnliche Android-App findet man unter Tel Aviv Map and Walks.
Audio Tours of Jerusalem: Die Jerusalem Development Authority führt Besucher mit Smartphone durch die historische Altstadt (Apple, Android, kostenlos).

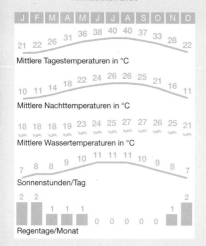

Klimadaten Eilat

Literatur und Filme

Autoren aus Israel und Palästina

Ashrawi, Hanan: Ich bin in Palästina geboren. Ein persönlicher Bericht, München 2001. Die Autorin, 1998 aus Protest gegen die Korruption unter Arafat als Bildungsministerin zurückgetreten, ist die wohl bekannteste palästinensische Politikerin. Sehr persönlich berichtet sie über das Leben in Palästina, die Nahostverhandlungen, beschreibt, wie sie für die Zweistaatenlösung kämpft, und wie sie empfindet, wenn sie Unschuldige sterben sieht. Interessant sind auch die Einblicke in die PLO mit ihren widerstreitenden Meinungen.
Avnery, Uri: Ein Leben für den Frieden. Klartexte über Israel und Palästina, Heidelberg 2003.

Avnery, gebürtiger Deutscher, kämpft seit 1948 für den Frieden zwischen Israel und Palästina und wurde 2006 Opfer des Mordaufrufs eines rechtsextremen jüdischen Politikers. Er schreibt kenntnisreich darüber, wie und warum der Frieden immer wieder nicht zustande kommt. Ein beherztes Plädoyer für den politischen Dialog und eine klare Zweistaatenlösung.

Darwish, Mahmoud: Wo du warst und wo du bist, München 2008. Eine Auswahl an Gedichten.

Gavron, Assaf: Ein schönes Attentat, München 2010. Ein Israeli überlebt drei palästinensische Attentate, wird wider Willen zur Berühmtheit und verliert sein ganzes Leben. Auf fremdem Land. Roman über die ›Wild Wild Westbank‹ (»Welt«), Köln 2013.

Grinberg, Hanit und Itamar: Israel from Above (Flying High), Köln 2008. Fotos von Israel aus der Vogelperspektive.

Gur, Batya: In Jerusalem leben. Ein Requiem auf die Bescheidenheit, München 2001. Bekannt wurde die 2005 verstorbene Gur als exzellente Krimiautorin. Hier beschreibt sie einen ganz normalen Tag in Jerusalem. Spannend ist die distanzierte und kritische Sichtweise, mit der die aus dem modernen Tel Aviv Zugezogene Jerusalem erfasst.

Habibi, Emil: Der Peptimist oder Von den seltsamen Vorfällen um das Verschwinden Saids des Glücklosen, Basel 1992. Polit-Roman über den Palästinenser Said, der sich aus Not an die Israelis verkauft und in tragikomische Situationen gerät.

Hass, Amira: Morgen wird alles schlimmer. Berichte aus Palästina und Israel, München 2006. Die Autorin, Korrespondentin der israelischen Zeitung »Ha'aretz«, lebt seit Jahren als erste und einzige israelische Journalistin in Gaza und der Westbank und wurde mit renommierten Preisen ausgezeichnet. Sie beschreibt das Leben der Palästinenser zwischen Widerstand, Ausweglosigkeit und Überlebenswillen.

Khalifa, Sahar: Heißer Frühling, Zürich 2010. Beklemmender Roman über das Leben im Westjordanland und die Verstrickung von Politik und Privatem.

Leshem, Ron: Wenn es ein Paradies gibt, Berlin 2009. Antikriegsroman über junge Israelis, die von der Armee verheizt werden.

Nevo, Eshkol: Vier Häuser und eine Sehnsucht, München 2009. Eine Jerusalemer Nachbarschaft wird zum Spiegel des Lebens und der Gesellschaft.

Ofer, Eyal: Die Mauer: Israel/Palästina. Ein Bildband mit Beiträgen, Neu-Isenburg 2004. Der Fotograf hat den Bau der Mauer glänzend dokumentiert, sofern dieses Adjektiv zu einer so traurigen und entwürdigenden Angelegenheit passt.

Oz, Amos: Mein Michael, Berlin 2011. Brillanter Roman von 1968 über eine scheiternde Ehe als Metapher der israelischen Gesellschaft.

Raheb, Mitri/Strickert, Fred: Bethlehem Zweitausend. Eine Stadt zwischen den Zeiten, Heidelberg 1999. Mitri Raheb ist der evangelische Pfarrer von Bethlehem – und das macht diesen Band so lesenswert. Raheb präsentiert kein verklärtes, aber ein euphorisches Bethlehem, erzählt aus der täglichen Erfahrung heraus vom Zusammenleben zwischen Muslimen und Christen. Historische und aktuelle Fotos ergänzen den Band.

Segev, Tom: Es war einmal ein Palästina: Juden und Araber vor der Staatsgründung Israels, München 2009. Dieses Buch ist zeitlos gut. Es beschreibt analytisch klug, wie in den drei Jahrzehnten britischer Herrschaft über Palästina die Weichen für den aktuellen israelisch-palästinensischen Konflikt (falsch) gestellt wurden. Als Fortsetzung über Identitätssuche und Amerikanisierung der modernen israelischen Gesellschaft empfiehlt sich Segevs »Elvis in Jerusalem. Die moderne israelische Gesellschaft«, Berlin 2003. Sehr lesenswert ist auch »Die siebte Million. Der Holocaust und Israels Politik der Erinnerung«, Reinbek 1995, das ins Innerste der israelischen Gesellschaft und ihrer Gefühlslage führt. Der Holocaust, er einte die Überlebenden nicht immer. Er führte in Israel oft zur vorwurfsvollen Frage: Warum habt ihr überlebt, während die anderen wehrlos wie Schafe in der Tötungsmaschinerie der Nazis abgeschlachtet wurden? Segev beschreibt die schmerzliche Beziehung der Juden zu ihrem Staat.

Andere Autoren

Baade, Michael (Hrsg.): Jerusalem, die Heilige Stadt. Ein Lesebuch. Freiburg 2009. Carsten Niebuhr, Sven Hedin, Else Lasker-Schüler, Mahmud Darwish, Teddy Kollek, Stefan Heym und viele andere erzählen über ihre ganz persönliche Begegnung mit Jerusalem – eine wundervolle Reiselektüre.

Büscher, Wolfgang: Frühling in Jerusalem, Reinbek 2016. »Das Arabische ist der Mörtel des alten Jerusalem«. Sätze wie diesen findet man viele in dem Buch, für das Büscher zwei Monate in der Jerusalemer Altstadt lebte. Sein Reisebericht ist eine wunderbare Betrachtung der Stadt, die »ein Duft aus glühender Wasserpfeifenkohle« ist.

Finkelstein, Norman G.: Die Holocaust-Industrie: Wie das Leiden der Juden ausgebeutet wird, München 2006. Das Buch des amerikanischen Politologen löste bei seinem Erscheinen einen Skandal aus. Der Jewish Claims Conference und anderen jüdischen Organisationen wirft Finkelstein vor, den Holocaust für ökonomische, politische und ideologische Zwecke zu missbrauchen. »Finkelstein ist *Agent provocateur*, Gaukler und Aufklärer zugleich. Sein Buch ist verletzend. Er selbst ist verletzlich. Es wäre falsch, seine Kritik als destruktive Polemik abzutun. Sie ist anregend. Vor allem aber notwendig wie ein Reinigungsmittel«, urteilte ein jüdischer Publizist in der »Welt am Sonntag«.

Goldhagen, Daniel Jonah: Hitlers willige Vollstrecker, München 2012. Der amerikanische Soziologe erregte mit seinem Buch weltweit Aufsehen. Dabei war die Frage einfach, Goldhagens Antwort aber umso komplexer: Wie konnte unter Hitler ein ganzes Volk zu Tätern werden? Fundierte, gründlich reflektierte Fallstudien reflektieren über die Täter und ihre Motive.

Sacco, Joe: Palästina: Eine Comic-Reportage, Zürich 2009. Völlig überwältigt von Eindrücken kam der US-Autor und Zeichner Sacco von einer Israelreise nach Hause. Statt eines reinen Wortberichts packte er seine Impressionen und Erlebnisse in einen exzellenten und lehrreichen Comic.

Weitere Sachbücher

Arafat, Jassir: Die Biographie. Mit Vorwort von Nelson Mandela, Heidelberg 2005.

Croitoru, Joseph: Hamas: Der islamische Kampf um Palästina, München 2007.

Herz, Dietmar: Palästina. Gaza und Westbank. Geschichte, Kultur, Politik, München 2003. Fundierter Überblick.

Kaniuk, Yoram/Habibi, Emil: Das zweifach verheißene Land, München 1997.

Kolatch, Alfred J.: Jüdische Welt verstehen, Wiesbaden 2011.

Kollek, Teddy: Jerusalem und ich. Memoiren, Frankfurt 2011.

Kunz, Barbara: Breaking the Silence: Israelische Soldaten berichten von ihrem Einsatz in den besetzten Gebieten, Berlin 2012.

Lasch, Eli: Das Wunder von Gaza, Dachau 2007.

Rabin, Lea: Ich gehe weiter auf seinem Weg. Erinnerungen an Yitzhak Rabin, München 2002.

Rees, Matt Beynon: Ein Grab in Gaza: Omar Jussufs zweiter Fall, München 2010.

Sand, Shlomo: Die Erfindung des jüdischen Volkes. Israels Gründungsmythos auf dem Prüfstand, Berlin 2011.

Wali, Najem: Reise in das Herz das Feindes – ein Iraker in Israel, München 2015.

Yaron, Gil: Jerusalem – ein historisch-politischer Stadtführer, München 2013.

Filme

The Lemon Tree (2008): Witwe Salma lebt auf der Westbank, umgeben vom Zitronenhain ihres Vaters. Dann zieht auf dem Grundstück gegenüber der israelische Verteidigungsminister ein, und jeder Baum ist nun ein Sicherheitsrisiko. Salma kämpf vor Gericht um ihren Hain.

Die syrische Braut (2004): Die Drusin Mona lebt mit ihrer Familie auf dem von Israel besetzten Golan. Um einen syrischen Verwandten zu heiraten, muss sie die Familie verlassen und – eine Rückkehr ist ausgeschlossen – auf die andere Seite der Grenze wechseln. Alles ist vorbereitet, der Bräutigam wartet auf syrischer Seite. Es könnte ein Happy End geben – wäre da nicht die verteufelte israelische Bürokratie.

Dancing in Jaffa (2013): Pierre Dulaine, Jahrgang 1944, einer der Großen des Gesellschaftstanzes, kehrte für die Dokumentation der Regisseurin Hillal Medalia von New York erstmals seit der Kindheit in seine Geburtsstadt Jaffa zurück. Das Vorhaben: Er will jüdischen und arabischen Kindern das Tanzen beibringen, sein ganz persönliches Friedensprojekt. Doch das erweist sich als nicht so einfach.

Maße

Sowohl in Israel als auch in Palästina gilt das metrische System.

Medien

Fernsehen und Hörfunk

Israel hat vier öffentlich-rechtliche sowie etliche private Fernseh- und Bezahlsender. Als erster kommerzieller Sender wurde 1993 **Channel 2,** www.rashut2.org.il, gegründet, der viele amerikanische und andere ausländische Filme und Serien im Original ausstrahlt. 2002 kam als zweiter Privatsender **Channel 10** dazu. Auf Kanal 1 des israelischen Fernsehens gibt es täglich um 17.30 Uhr Nachrichten in Englisch, via Internet jederzeit abrufbar auf der Homepage der Israel Public Broadcasting Corporation (IPBC; www.kan.org.il). In den meisten Unterkünften mit einem Fernseher auf dem Zimmer empfängt man die gängigen Satellitenprogramme. Auf Englisch, Französisch und Arabisch (und bewusst nicht Hebräisch) berichtet der Nachrichtensender i24 News, www.i24news.tv.

Unter den Radioprogrammen ist bei jugendlichen Hörern sehr beliebt **Galatz,** www.glz.co.il, das israelische Armeeradio, das als Erstes die lockere Plauderei und Radioshows einführte. Der klassische Radiosender heißt **Kol Israel** (»Die Stimme Israels«) und wurde 1938 als Palestinian Broadcasting Service (PBS) gegründet. Am Vorabend der Staatsgründung 1948 proklamierte Ben Gurion über Kol Israel aus dem belagerten Israel den neuen Staat. 60 Jahre später beendete die Israel Broadcast Authority aus finanziellen Gründen fast das komplette internationale Kurzwellenprogramm, nur in Farsi wurde weiter Richtung Iran ausgestrahlt. Der Rest der internationalen Sendungen ist sowohl live als auch *on demand* aus dem Onlinearchiv nurmehr über Internet zu hören, und zwar unter www.iba.org.il. In Israel gibt es täglich um 6.30, 12.30 und 20.30 Uhr Nachrichten in Englisch auf **REKA Network,** zu empfangen im Zentrum und Süden des Landes auf AM 954 kHz, im Norden auf AM 1575 kHz sowie auf UKW/FM in Jerusalem (101,3), Tel Aviv (101,2), Be'er Sheva (107,3), Haifa (93,7) und dem nördlichem Galiläa (94,4). Auf regionaler Ebene gibt es zahlreiche private Radiostationen.

Palästinensische Radiosender kann man über Internet aus Ramallah, www.arn.ps, aus Gaza, www.gazafm.net, und aus Bethlehem, www.mawwal.ps, hören.

Zeitungen und Zeitschriften

Bei der Verleihung des Friedenspreises des Deutschen Buchhandels 1992 an Amos Oz bemerkte Siegfried Lenz in seiner Laudatio: »Kein Schriftsteller der Gegenwart ... lässt seine erfundenen Personen so oft Nachrichten hören wie Amos Oz.« Wie wahr. Die Israelis sind fast nachrichtensüchtig. Die beiden ersten Zeitungen, die 1863 auf dem Gebiet des heutigen Israel in hebräischer Sprache gedruckt wurden, hießen »Halevanon« und »Havatzelet« und erschienen nur ein Jahr lang.

Die moderne Pressegeschichte beginnt 1919 mit der nach wie vor existierenden Tageszeitung »**Haaretz**« (»Die Nation«). Heute erscheinen über 20 nationale Tageszeitungen, 18 davon werden zusätzlich in andere Sprachen übersetzt. Die meistverkaufte »**Yediot Achronot**« (»Die letzten Neuigkeiten«, www.ynetnews.com) erscheint z. B. mit einer Beilage in Russisch. Die politischen Parteien besitzen zum Teil eigene Blätter. Die weltweite Absatzkrise blieb auch Israels Zeitungshäusern nicht erspart und wurde durch das strikt likudtreue Gratisblatt »**Israel Hayom**« (»Israel heute«, www.israelhayom.com) des jüdisch-amerikanischen Kasino-Milliardärs und glühenden Netanyahu-Un-

Die Israelis gelten allgemein als nachrichtensüchtig – und verschlingen die letzten Neuigkeiten auch im Gehen

terstützers Sheldon Adelson verschärft. Mit einem Anteil von knapp 40 % dominiert »Israel Hayom« den Markt und setzte der Konkurrenz mit Dumpingpreisen für Anzeigen arg zu.

Für Reisende empfiehlt sich die Lektüre der angesehenen, in Englisch publizierten **»Jerusalem Post«** (www.jpost.com), die dem rechtskonservativen Lager angehört, und der liberalen **»Haaretz«** (www.haaretz.com). Die **»International New York Times«** (früher: »Herald Tribune«) erscheint in Israel mit einer englischsprachigen Beilage von »Haaretz«. Zeitungen und Zeitschriften aus Europa sind meist ein bis zwei Tage nach Erscheinen in allen großen Buchhandlungen erhältlich.

Die palästinensische Presse erscheint in arabischer Sprache. Die einzige Ausnahme bildet **»This Week in Palestine«** (www.thisweekinpalestine.com), ein monatlich in englischer Sprache erscheinendes Magazin für Politik, Kultur und Gesellschaft, das sowohl in gedruckter Ausgabe wie als PDF-Download erhältlich ist.

Nachtleben

Das mediterrane Klima gibt den Grundrhythmus des Lebens vor. In Tel Aviv und anderen Städten am Meer heißt das: Wer Zeit hat, verbringt im Sommer Vormittage und Nachmittage am Strand, dazwischen liegt eine ausgiebige Mittagspause und spät am Abend beginnt das Nachtleben.

Eilat mag sich zu Recht der wilderen Partys im Spring-Break-Stil rühmen, dafür bietet Tel Avivs Nachtleben auch etwas für Partymuffel. Modernes und klassisches Theater, Ballett, Oper, Operette, Pop- und Jazzkonzerte – so selbstverständlich, wie man anderswo ins Kino geht, zieht es die Israelis zu den *performing arts*. Wenn dort der Vorhang fällt, dann beginnt im Alten Hafen von Tel Aviv und im südlich gelegenen Jaffa das richtige Nachtleben. In den angesagten Klubs und Discos kommt man um 4 Uhr immer noch rechtzeitig, um die beste Stimmung vor sich zu haben. Man feiert bis in den späten Morgen, eine Sperrstunde ist unbekannt. Ganz anders verhält es sich in Jerusalem oder auf dem Land, wo die letzte Bar, wenn es überhaupt eine gibt, lange vor Mitternacht die letzte Runde einläutet. Apropos Jerusalem und Land: Das Übergehen der Shabbat-Ruhe ist typisch für Eilat, Tel Aviv, Haifa und Tiberias, überall sonst in Israel eher die Ausnahme. Ein Freitagabend am falschen Ort und ohne Einladung zu einem Shabbat-Mahl kann tödlich langweilig sein – oder einfach nur beschaulich.

Das palästinensische Ramallah ist in guten Zeiten eine erstklassige Partyzone, Gaza unter der Hamas mit nur einem schicken Restaurant-Klub das krasse Gegenteil.

Kino

Ausländische Spielfilme laufen in Israel in der Originalfassung, meist mit Untertiteln. Daher sind amerikanische Streifen – und sie bilden das Gros des Angebots – hier früher zu sehen als in Deutschland, Österreich und der Schweiz. Aktuelle Filme werden überall im Land gezeigt. Anspruchsvollere Programmkinos gibt es in den größeren Städten, z. B. in Jerusalem die **Cinematheque** (www.jer-cin.org.il) und das gleichnamige Lichtspielhaus in Tel Aviv (www.cinema.co.il). Ein ganz besonderes Kino ist das **Cinema Jenin** (www.cinemajenin.org) im palästinensischen Jenin, das auch politisch-friedensorientierte Workshops (s. S. 386) anbietet und dem die Schließung und der Abriss bevorstehen – an dem Platz soll eine Mall entstehen.

Notfälle

Polizei: 100
Notarzt: 101 und 911
Feuerwehr: 102
Medizinische Beratung für Touristen: Tel. 177 022 91 10.
National Poison Control Center in Haifa: Tel. 04 852 92 95.
Rape Crisis Hotline: 1202 (für Frauen), 1203 (für Männer).

Öffnungszeiten

Die meisten Geschäfte haben So–Do 9–13, 16–19 Uhr geöffnet. Freitags und an Tagen vor den größeren jüdischen Feiertagen ist nur bis zum frühen Nachmittag geöffnet. Muslimische Geschäftsbesitzer schließen freitags, christliche sonntags. Die großen Postämter sind von 8–18 Uhr geöffnet, kleinere Ämter Mo–Do 8–12.30, Fr 8–12 Uhr.

NACHHALTIG REISEN

Weil immer mehr Reisende Wert darauf legen, ist Öko-Tourismus inzwischen Bestandteil der Fremdenverkehrswerbung. Kibbuzim locken mit Solarenergie, Gebäuden aus umweltverträglichen Materialien, Recycling. Die Organisation **Eco & Sustainable Tourism Israel** präsentiert auf ihrer Homepage ›grüne‹ Anbieter (www.ecotourism-israel.com). Die Mutter aller Nachhaltigkeitsaktionen ist das traditionelle **Plant a Tree** des Jüdischen Nationalfonds (s. S. 27) . »Wo Geist und Erde sich treffen« lautet das Motto des in der Negev-Wüste liegenden und wegen seines Öko-Engagements vielfach ausgezeichneten **Kibbuz Lotan** (s. S. 352). Seine Bewohner haben sich verpflichtet, im Sinne von Ökologie, aber auch jüdisch-ideologischer Erneuerung »aus der Welt einen besseren Ort zu machen«. Lotans Häuser wurden in umweltschonender Lehm-Stroh-Bauweise errichtet, verwendete Energie ist erneuerbar. Von der Kompostierung bis zum Ackerbau erfolgt alles nach ökologischen Prinzipien. Touristen sind willkommen. Lotan ist auch eine gute Adresse für Hobby-Ornithologen: Zugvögel aus Europa fliegen über den Kibbuz. Adler, Störche, Falken, Flamingos rasten und/oder nisten hier. Israels **Umweltschutzministerium** informiert unter www.sviva.gov.il.

Banken in Israel sind gewöhnlich geöffnet So, Di und Do 8.30–12.30, 16–17.30, Mo 8.30–13.30, Mi 8.30–12.30, Fr 8.30–12 Uhr. Samstags haben Banken geschlossen.

Post

»Von jedem, an jeden, überall, jeden Tag, zum gleichen Preis für alle« lautet das Motto der **Israel Postal Company Ltd.** (www.israelpost.co.il), die weniger als 48 Stunden nach der Staatsgründung ins Leben gerufen wurde. Eine Postkarte oder ein Brief nach Europa kosten 7,40 NIS, die Zustellung erfolgt per Luftpost.

Neben dem Zustell- und Kurierdienst betreibt das Unternehmen auch eine Postbank. Ein buntes Bouqet an Briefmarken geben traditionell die **Philatelic Services** heraus (Bezugsquelle in D: Hermann E. Sieger GmbH, Am Venusberg 32–34, D-73545 Lorch, Tel. 07172 40 31, www.briefmarken-sieger.de).

Rauchen

Israels Anti-Raucher-Gesetzgebung gilt als äußerst streng. In öffentlichen Gebäuden ist Rauchen untersagt. In Bars und Restaurants gib es oft Raucherzonen und das sind nicht die besten Plätze eines Lokals. Auch auf Terrassen bestehen Gastronomen oft auf Einhaltung des Verbots. Auf dem Land sieht man alles etwas entspannter. Ganz anders verhält sich die Lage in arabischen Lokalen (in Israel und Palästina). Da duftet es nach Wasserpfeife, es wird hemmungslos geraucht.

Reisekasse

Israel ist kein billiges Reiseland und in fast allen Bereichen genauso teuer, wie man es von zu Hause kennt.
Unterkunft: Als Rucksackreisender muss man bei Übernachtung in einfachen Unterkünften, Selbstverpflegung bzw. Catering von der Imbissbude sowie mit Ausgaben für Besichtigungstouren und Ausgehen am Abend 30–60 € pro Tag rechnen. Hospize, die meist früh ausgebucht sind, nehmen pro Nacht mindestens 30 €. Mittelklassehotels haben Durchschnittspreise pro Person von 50–90 €.
Eintrittsgelder: Museen kosten mindestens 10 NIS Eintritt, im Schnitt um die 40 bis 60 NIS. Für Kinder, Studenten und Rentner gibt es so gut wie immer substanzielle Ermäßigungen. Die Preistafel genau zu lesen, kann sich wegen oft angebotener günstiger Kombitickets für mehrere Sehenswürdigkeiten/Museen lohnen.
Essen und Trinken: Für eine Mahlzeit in einem Restaurant mittlerer Preisklasse muss man mit 12–20 € rechnen. Eine Flasche Wein kostet im Supermarkt 9–20 €, ein Glas Bier in der Kneipe um die 4 €, die Tasse Kaffee im Café ca. 3,50 €.
Medien: Eine Zeitung kostet ca. 2 €.
Transport: Fahrten mit den staatlichen Egged-Bussen sind günstig, z. B. Jerusalem–Tel Aviv 16 NIS, Jerusalem–Jericho 9,10 NIS, Jerusalem–Ein Gedi 34 NIS, Tel Aviv–Haifa 21,50 NIS, Tel Aviv–Tiberias 37,50 NIS, Tel Aviv–Be'er Sheva 16 NIS, Tel Aviv–Eilat 70 NIS.

Benzin und Diesel kosteten 2018 im Durchschnitt 1,50 €/l. In den palästinensischen Gebieten sind die Preise etwa gleich.

Schwule und Lesben

Für gläubige Juden ist ebenso wie für Muslime Homosexualität eine Krankheit, eine verbotene Abartigkeit. Tel Avivs betont libertäres Image vermittelt diesbezüglich eher ein Zerrbild der Realität. Zu Konfrontationen kam es bereits 2007 bei der jährlichen Gay Pride Parade in Jerusalem: Auf 10 000 US-$ belief sich der Schaden, den randalierende Orthodoxe anrichteten. 2015 ging ein orthodoxer Attentäter mit dem Messer auf Teilnehmer los, tötete eine junge Frau. Nach Umfragen würden zwei Drittel der Israelis eine Freundschaft aufkündigen, wenn sie erfahren, dass der Freund oder die Freundin LGBT (engl. Lesbian, Gay,

Bisexual and Transgender) sind. Gleichzeitig gilt aber Tel Aviv weltweit als eine der bedeutendsten Schwulenmetropolen. Organisiert sind Homosexuelle u. a. im **Agudah,** Tel. 03 516 72 34, www.agudah.israel-live.de, dem israelischen LGBT-Verband, und **Aswat,** Tel. 03 620 55 91, www.aswatgroup.org, dem Sprachrohr für lesbische Palästinenserinnen. Infos zum Gay Tourism gibt es unter www.lgbt.org.il.

Sicherheit

Kriminalität

Langfinger sind in Israel genauso ein Problem wie überall sonst auf der Welt. Insbesondere dort, wo sich Touristenscharen tummeln, sind Taschendiebe unterwegs. In den Ballungszentren kommt als Risiko die Beschaffungskriminalität von Drogenabhängigen hinzu. Rucksacktouristen sollten sich wie anderswo auch vor anderen Reisenden in Acht nehmen und Wertsachen nicht im Hotel zurücklassen, zumal dort die Räume für Gepäckaufbewahrung oft jedem offen stehen. An den Stränden von Eilat, Tel Aviv oder anderen Orten zu schlafen ist nicht zu empfehlen, da sich die Raubüberfälle häuften – und vertrieben wird man von der Polizei ohnehin.

Terroranschläge

Der israelisch-arabische Konflikt entlädt sich in Terroranschlägen, seit 2015 auch in Form von Messerattacken – dagegen gibt es keinen Schutz, allenfalls einen Schutzengel. Vor Fahrten nach Hebron, Nablus und in andere kritische Gegenden sollte man sich nach der aktuellen Lage erkundigen und die Sicherheitshinweise des Auswärtige Amtes in Berlin beachten (www.auswaertiges-amt.de). Erhöhte Aufmerksamkeit ist besonders in Jerusalems Altstadt geboten. In der Gegend um den Tempelberg kann es rund um jüdische und islamische Feiertage sowie anlässlich einer politisch kritischen Situation zu Spannungen, manchmal auch zu Ausschreitungen kommen.

Gründlich sind die Kontrollen von Taschen etc. an den Eingängen zu Einkaufszentren, Kinos, Museen und Konzertsälen. Das kann nerven, dient aber letztlich der eigenen Sicherheit. Seien Sie nicht überrascht über die Frage: *You have a gun?* Herrenloses Gepäck wird in Israel sofort entfernt.

Das Auswärtige Amt (www.auswaertiges-amt.de) empfiehlt Urlaubern und auch länger im Ausland verweilenden Deutschen die Online-Registrierung in einer Krisenvorsorgeliste (Kontaktdaten Angehöriger, Pass- und Krankenversicherungsdetails).

Telefonieren

Festnetz

Am teuersten sind Telefonate von internationalen Hotels – pro Minute nach Europa werden rund 5 US-$ verlangt. Am günstigsten spricht, wer mit Telefonkarten (Telecard, erhältlich in Postämtern und an Kiosken) von den reichlich vorhandenen öffentlichen Fernsprechern seine Anrufe erledigt. Die Verbindungen von den großen Städten aus sind stets hervorragend. Von abgelegenen Orten aus können Verbindungsaufbau und Qualität mäßig sein.

Viel genutzt wird VoIP (Voice over IP), Skype, Whatsapp und Viber eignen sich für kostenlose Gespräche nach Hause. Verbreitet sind gebührenfreie und -reduzierte Sondernummern. Telefonnummern, die mit 1800, 1801 oder 1809 beginnen, sind für den Anrufer gebührenfrei *(toll free),* Anrufe zu Nummern beginnend mit 1700 im Preis reduziert. Nationale Schnellwahlnummern beginnen mit einem *, gefolgt von vier Ziffern.

Die Auskunft erreicht man unter 144, eine Verbindung für Auslandsgespräche wird unter 188 hergestellt. Mit etwas Glück erwischt man einen Englisch sprechenden Operator.

Handys und Tablets

Das Verhältnis der Israelis zum Smartphone als erotisch zu bezeichnen schießt wohl nicht übers Ziel hinaus. Das *cell* ist nicht nur ständiger Begleiter, sondern in Dezibelstärke und

Dauer des Klingeltons die akustische Visitenkarte seines Besitzers. Der Reisende muss nicht außen vor bleiben: Mit dem Mobiltelefon kann man sich zum Roaming in die israelischen Netze einloggen. Wer den günstigsten Tarif für Gespräche bietet, erfährt man von seinem heimischen Mobilfunkanbieter.

Sinnvoller und billiger ist es, Prepaid-Karten zu kaufen, die für Smartphones und Tablets Daten-Flatrates beinhalten, z. B. 4 GB für 14,90 NIS. Preiswert ist die Prepaidkarte von **Partner** (ehemals Orange), www.partner.co.il.

Vorwahlen

Internationale Vorwahlen: Israel 00972, Palästina 00972 und 00970, Deutschland 0049, Österreich 0043, Schweiz 0041. Die 0 der Ortsvorwahl wird weggelassen.

Vorwahlnummern in Israel: Akko 04, Arad 07, Be'er Sheva 08, Bethlehem 02, Eilat 08, Haifa 04, Jericho 02, Jerusalem 02, Nazareth 04, Negev 08, Ramallah 02, Tel Aviv 03, Tiberias 04, Totes Meer 08.

Toiletten

In Palästina muss man auf Schlimmes gefasst sein – allerdings ist der Notstand nicht nur hausgemacht, denn die UN sah sich bereits gezwungen, bei Israels Regierung offiziell Protest einzulegen, weil das Land die Einfuhr von Toilettenpapier und Seife nach Gaza blockiert hatte. In Israel dagegen sind Toiletten meist sauber, an öffentlichen Stränden beispielsweise muss eine Benutzungsgebühr bezahlt werden.

Trinkgeld

Trinkgeld für guten Service erwarten Zimmermädchen (15 NIS/Tag) und Gepäckträger (7 NIS/Gepäckstück). Kellner sind auf Trinkgeld angewiesen. Vor allem in den Cafés und Restaurants außerhalb der Hotels arbeitet das Personal auf der Basis eines minimalen Fixums. Für unzulänglichen Service braucht man sich aber auch hier nicht erkenntlich zu zeigen.

Ansonsten gilt: ca. 10–12 % der Rechnungssumme, bei hohen Beträgen etwas weniger. In vielen Restaurants bekommen v. a. Touristen Rechnungen, auf denen ein Trinkgeld von 10–15 % als ›Service‹ aufgeschlagen wurde. Dieses Zwangstrinkgeld ist natürlich nicht verbindlich, schon gar nicht, wenn man mit dem Service unzufrieden war. In Israel wird übrigens nicht pro Person, sondern für alle gemeinsam bezahlt; wenn man den Betrag auseinanderdividieren möchte, ist das nicht Sache des Kellners. Taxifahrer erwarten kein Trinkgeld.

Wasser

Überall in Israel kann man Leitungswasser trinken. Nur Menschen mit besonders empfindlichen Mägen sollten sich an Mineralwasser halten. Rund 70 % des sehr weichen und qualitativ hervorragenden Trinkwassers stammen aus Meerwasserentsalzungsanlagen.

Wellness

Das Spa ist bei vielen Hotels Standard, man muss sich nur genau ansehen, ob sich dahinter mehr als ein Fitnessraum und eine Sauna verbergen. Für professionelle Wellness reisen viele zum Kuren ans Tote Meer (s. S. 119).

In Hamat Gader an der Südspitze des Sees Genezareth entspringen in einem Park heiße, mineralhaltige Quellen. Schon die Römer entspannten hier bei Schwefelkuren. An Behandlungen kann man buchen: Massagen jeder Art, Ayurveda, Shiatsu, Anti-Aging- und Aromatherapien (www.spavillage.co.il, s. S. 308).

Zeit

In Israel gilt die Israel Standard Time (IST), im Sommer die Israel Daylight Time (IDT). Umgestellt wird Ende März und Ende Oktober zeitgleich zu Deutschland, Österreich und der Schweiz. Die Differenz zur MEZ und MESZ beträgt +1 Stunde.

Unterwegs in Israel

»Die Luft im Lande Israel macht klug«.
Babylonischer Talmud, Traktat Bava Batra
(›Die letzte Pforte‹)

Wahrzeichen Akkos und Aufbewahrungsort von drei Barthaaren des Propheten – die El-Jazzar-Moschee

Kapitel 1

Jerusalem und Totes Meer

Etwa 810 000 Menschen leben in der von der Staatengemeinschaft nicht anerkannten Hauptstadt Israels, am Rand der Wüste auf 800 m Höhe in den Bergen von Judäa. Yerushalayim, ›Stadt des Friedens‹, heißt sie im Hebräischen, im Arabischen aber nennt man sie El Quds, ›die Heilige‹. Es ist eine Stadt voller sozialer und weltpolitischer Konflikte. Über 30 % ihrer Bewohner – zum Großteil ultraorthodoxe Juden, die sich nur dem Religionsstudium widmen – leben von der Sozialhilfe. Die geteilte Macht über die Heilige Stadt der drei großen Offenbarungsreligionen beanspruchen auch die Araber.

Kurzbesucher sollten sich auf die Stadtmauer um die Altstadt und von der Zitadelle zur Klagemauer begeben sowie den Tempelberg, die Via Dolorosa, das muslimische und das christliche Viertel besichtigen. Wer mehr Zeit hat, erreicht von der Altstadt aus zu Fuß Ostjerusalem mit dem Berg Zion und der Davidsstadt; in Westjerusalem sind die Holocaust-Gedenkstätte Yad Vashem und das Israel-Museum lohnende Ziele.

Entspannung findet man am oder – noch besser – im Toten Meer. Hier wartet eine weitere großartige Sehenswürdigkeit: die auf einem Felsplateau über der Judäischen Wüste gelegene Festung Massada. Auf dem Weg dorthin kann man den Fundort der Schriftrollen von Qumran besichtigen. Natur genießt man bei Ein Gedi in einem sehr schönen Naturreservat mit Wanderwegen und Wasserfall.

Straßenmarkt auf der Al Wad Road – ein Wirrwarr aus Farben, Klängen und Gerüchen

Auf einen Blick: Jerusalem und Totes Meer

Sehenswert

⭐ **Jerusalems Altstadt:** Hat man Klagemauer und Tempelberg besucht und ist die Via Dolorosa abgegangen, bleibt noch eine lange Liste von Sehenswürdigkeiten, die zum Besuch einladen (s. S. 138).

⭐ **Yad Vashem:** An die Opfer des Holocaust erinnert diese Gedenkstätte vor den Toren Jerusalems. Ein Besuch ist nicht nur ergreifend, sondern auch eine unvergessliche Geschichtsstunde (s. S. 179).

⭐ **Massada:** Die auf einem Felsplateau hoch über dem Toten Meer erbaute Festung ist ein Symbol jüdischen Behauptungswillens und bietet atemberaubende Blicke über die Judäische Wüste (s. S. 198).

Schöne Routen

Vom muslimischen Viertel zum Tempelberg: Der Weg führt durch das muslimische Viertel zur Klagemauer. Darüber liegen auf dem Tempelberg Felsendom und Al-Aqsa-Moschee sowie Salomos Ställe (s. S. 154).

Via Dolorosa: Die 14 Stationen der Via Dolorosa zeichnen den Leidensweg Christi nach, beginnend am Standort der römischen Festung Antonia, wo Pilatus Jesus zum Tode verurteilte, und endend in der heutigen Grabeskirche (s. S. 159).

Von Jerusalem ans Tote Meer: Die Strecke ist beeindruckend – erst fällt die Straße steil ab zum Toten Meer, dann führt sie an dessen bizarrer Küste entlang. In gut eineinhalb Autostunden hat man von Jerusalem aus das Gewässer erreicht (s. S. 194).

Meine Tipps

Archäologisches Museum Wohl: 3 m unter Straßenniveau stieß man bei Ausgrabungen auf jüdische Bäder und Zisternen. Aus der Fundstätte entwickelte sich das Archäologische Museum Wohl (s. S. 152).

First Station: Jerusalem hat den Ruf, am Shabbat weitgehend stillzustehen. Seit am renovierten historischen Bahnhof das Freizeitareal First Station eröffnet hat, ist das ganz anders – am Shabbat tobt zumindest auf diesem Areal das Leben (s. S. 189).

Jerusalem Biblical Zoo: Biblische Zeiten als Naturerlebnis – in dem spannenden Zoo mit einem hübschen See begegnet man ausschließlich der Tierwelt und Botanik, die schon in der Bibel erwähnt sind (s. S. 183).

Eines von drei Hauptheiligtümern des Islam – der Felsendom

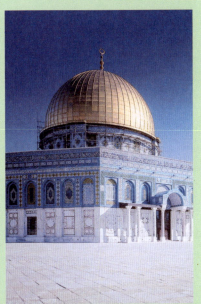

Auf der Stadtmauer um die Altstadt:
Einen fantastischen Überblick über das Labyrinth der Altstadtgassen verschafft ein Spaziergang auf der Stadtmauer. An klaren Tagen blickt man bis zu den Hügeln der Judäischen Berge (s. S. 140).

Archaeological Park Davidson Center:
5000 Jahre Geschichte umfasst der Archäologische Park. Den Schnellkurs dazu liefert das angeschlossene Davidson Center, das die Zeit vor der Zerstörung des Ersten und Zweiten Tempels multimedial wiederauferstehen lässt (s. S. 155).

 Jerusalems Altstadt

▶ 2, F 11

Jeder Stein, jede Fuge atmet in Jerusalem Geschichte. Keine andere Stadt Israels ist so vom Geist der Religionen geprägt, die sie beherbergt, und um keine Stadt wurde und wird mehr gekämpft als um diese, innerhalb deren Altstadtmauern der antike Nabel der Welt liegt.

»Ich gehe beispielsweise aus dem Jaffaer Tor hinaus, einer der lebhaftesten Verkehrsplätze der Stadt. Am Tor steht eine lange Reihe von Droschkenwagen. Ich betrachte die Kutscher. Auf der ersten Droschke kutschiert ein sephardischer Jude, mit lebhafter Gebärde spaniolisch schreiend; hinter ihm thront auf dem Kutscherbock ein älterer, graubärtiger, ashkenasischer Jude, der gerade mit Fahrgästen in galizischem Jargon um den Preis handelt; … eine Droschke weiter, ich sehe einen langen, schwarzbärtigen Araber, dasitzend in echt orientalischer Trägheit, mit einem Ausdruck der Gleichgültigkeit – das unliterarische Wort ›Wurstigkeit‹ drückte diesen Seelenzustand viel treffender aus – auf dem Gesichte … Und so geht's fort: Auf jeder Droschke ein Kutscher mit anderer Nationalität und anderem Glauben. Die reinste Völkerschau! Und nun die Fußgänger, die den Platz füllen. Vor mir gehen zwei Chassidim im Kaftan … neben ihnen schreitet ein russischer Priester daher, mit langer, ungekämmter Mähne, einen hohen, schwarzen Hut auf dem Kopf und Stiefeln, die seinem Gang das nötige Gewicht und die erforderliche Schalligkeit verleihen. An mir vorbei kommt eine Gruppe feister, wohlgenährter, glattrasierter französischer Jesuiten, denen man es anmerkt, dass die Religion ihrem Magen wohlbekommt …«

Nahum Goldmann, Gründungspräsident des Jüdischen Weltkongresses, beschrieb derart staunend und auch bissig 1914 seinen Jerusalembesuch. Die Droschken, zum Großteil aus dem Stadtbild verschwunden, sind jetzt Taxen, ansonsten aber ist die Beschreibung zeitlos.

Klänge und Düfte des Orients

Der erste Aufenthalt, besonders die erste Begegnung mit der Altstadt, ist aufregend bis verwirrend. Das Flair der Stadt ist gleichermaßen abendländisch wie orientalisch. Täglich mischen sich die Gebetsrufe der Muezzins mit dem hundertfachen Glockenläuten zu einer fast kakophonen Klangwolke, die über der Stadt zu schweben scheint. Blickt man von der Stadtmauer über die Altstadt, so sieht man mittlerweile mehr Satellitenschüsseln als Minarette und Kirchtürme. In kaum einer Stadt Israels riecht man so häufig die Düfte Arabiens, diese Mischung, die in Safran und Myrrhe zu einem mal lieblichen, mal penetranten Geruch verschmelzen.

Damit nicht genug der Kontraste: In den Straßen begegnet man in wenigen Schritten Abstand modern gekleideten Frauen in Miniröcken, verschleierten Araberinnen, Arabern in Kaftanen und orthodoxen Juden mit ihren schwarzen Hüten, schwarzen Mänteln und weißen Hemden, dazwischen noch Pilger sowie Schwestern und Brüder sämtlicher konfessionellen christlichen Orden.

Jerusalem-Syndrom

Auch auf Männer im Jesus-Look mit Kaftan, Sandalen, langem, wallenden Haar und Bart stößt man. Etliche sind unterwegs mit Hirtenstab als Moses, David oder Apostel und predigen vor Kirchen. Man sieht auch ganz in Weiß gekleidete Frauen als Gottesmutter oder Maria Magdalena. Was aussehen mag wie ein von Laiendarstellern aufgeführtes Passionsspiel und von Umstehenden meist milde belächelt wird, ist häufig eine ernsthafte psychische Erkrankung, eine Wahnvorstellung. Jährlich sehen sich Hunderte Pilger überwältigt von der Spiritualität Jerusalems und getrieben von der eigenen Suche nach Erlösung und Erleuchtung plötzlich als Reinkarnationen alt- und neutestamentarischer Gestalten und beginnen sich entsprechend zu kleiden. Stigmatisation ist nach einer Studie des Jerusalemer Kfar-Shaul-Hospitals nicht Teil dieses Krankheitsbilds, das auch aus anderen Pilgerorten der Erde bekannt ist. Der Kurzbegriff dafür lautet Jerusalem-Syndrom.

Ultraorthodoxe – Kampf um die Zukunft

Im Alltag tobt in Jerusalem mit zunehmender Schärfe und Gewaltbereitschaft der Kampf zwischen ultraorthodoxen Juden, die die gesamte Stadt nach ihren Vorstellungen umkrempeln wollen, und säkularen Israelis, die um ihre bürgerlichen Freiheitsrechte fürchten. Die Ultraorthodoxen, die man allzu lange gewähren ließ, wollen Geschlechtertrennung auf Gehsteigen und in Bussen, verteufeln Auftritte von Sängerinnen und Werbeplakate mit Frauen. Sogar Schulmädchen wurden schon bespuckt, weil sie den Radikalen nicht züchtig genug gekleidet schienen. Zumindest gegen die öffentlich gepredigte Homophobie setzten Liberale ein Zeichen. In der City treffen sich in der Schwulenbar »Hamikwe« Homosexuelle – säkulare wie religiöse Juden. Kampflos will man den Ultras das Feld nicht überlassen; die Signalwirkung auf das übrige Land wäre verheerend.

Stadtgeschichte

König Davids Hauptstadt

Eine erste Siedlung entstand bereits im 3. Jt. v. Chr. auf dem Berg Ophel südlich des heutigen Tempelbergs. Um 1000 v. Chr. eroberte David Jerusalem und machte es zu seiner Hauptstadt. König Salomo erbaute den Ersten Tempel (s. S. 41). Der babylonische König Nebukadnezar zerstörte

Vom Turm der Erlöserkirche bietet sich ein fantastischer Blick über die Altstadt

Jerusalems Altstadt

AUF DER STADTMAUER UM DIE ALTSTADT

Tour-Infos
Start: Jaffator, Damaskustor
Länge: 1,5 km
Dauer: vom Jaffator Richtung Norden zum Löwentor knapp 1,5 Std., von der Zitadelle Richtung Süden zum Misttor ca. 1 Std., Abschnitte können kurzfristig gesperrt sein

Öffnungszeiten: April–Sept. Sa–Do 9–17, Okt.–März 9–16, Fr und Fei 9–14 Uhr, Tel. 02 627 75 50
Eintritt: 18 NIS
Ticketverkauf: Aufgang hinter der Zitadelle (Südtour), Jaffa- und Damaskustor (Nordtour)
Karte: S. 142

Ein Spaziergang auf der 12 m hohen Stadtmauer ist der beste Weg, um einen Überblick über die Altstadt zu bekommen. Da aus Sicherheitsgründen der Abschnitt am Tempelberg dauerhaft gesperrt ist, gibt es vom Jaffator bis zum Löwentor eine nördliche Tour sowie von der Zitadelle zum Misttor den südlichen *ramparts walk*. Wer nur eine Etappe gehen will, wählt die Nordtour. Von oben bietet sich ein wunderbarer Ausblick auf den Ost- und Westteil Jerusalems, die Neustadt, bei guter Sicht bis zu den Hügeln der judäischen Berge. Auf der Mauer selbst sind Zinnen, Schießscharten und versteckte Lagerräume zu sehen. Der Weg ist gut befestigt und macht vertraut mit den acht Toren, die für die weitere Orientierung hilfreich sind.

Der türkische Sultan Suleyman der Prächtige, dem die Altstadt ihr heutiges Gesicht verdankt, errichtete die Stadtmauer zwischen 1532 und 1542 auf Fundamenten aus römischer und byzantinischer Zeit. Zu Bauverzögerungen kam es, weil nach Fertigstellung der Nord-, Ost- und Westseite ein Streit darüber ausbrach, ob der Berg Zion innerhalb oder außerhalb der Mauern liegen sollte. Die Stadt beschloss, dass die Franziskaner als Verwalter des Bergs die Mehrkosten tragen sollten. Doch dem Bettelorden mangelte es an Geld und so blieb der Berg Zion außen vor.

Am **Jaffator** 1 (Sha'ar Yafo, Bab el Chalil), Ausgangspunkt für die beliebte Nordtour, begann einst die Straße nach Jaffa und Hebron, Hauptverbindungslinie für Pilger und Händler zur Mittelmeerküste. Unübersehbar erhebt sich südlich davon die Zitadelle (s. S. 146). Entlang dem christlichen Viertel erreicht man im äußersten Westen der Altstadt das **Neue Tor** 2 (Sha'ar HaHadash, Bab el Jedid). Es wurde erst 1887 vom türkischen Sultan Abdul Hamid eröffnet, um den Christen in den Siedlungen vor der Nordmauer den Zugang zur Altstadt zu erleichtern.

Die nächste Station, das beeindruckende **Damaskustor** 3 , von den Arabern Bab el Amud (›Säulentor‹) genannt, war einst Ausgangspunkt der Straße nach Damaskus. Als **Nablustor** (Sha'ar Shechem) bezeichnet das Hebräische dieses größte, mit Zinnen und kleinen Türmen geschmückte Tor, das in römischer Zeit Ausgangspunkt des Cardo maximus, der Prachtstraße, war. Doch von dem Bauwerk aus römischer Zeit blieb nichts erhalten. So wie es sich heute präsentiert, wurde es 1538 von Sultan Suleyman erbaut. Überwältigend ist der Blick von den Zinnen des Damaskustors über Jerusalem. Unterhalb des Tors beginnt der Suq Khan el Zeit. Entlang dem muslimischen Viertel gelangt man zum schlichten **Herodestor** 4 (Sha'ar HaPerachim, Bab el

Stadtgeschichte

Zahra). Seinen unzutreffenden Namen verdankt es Pilgern, die in der Nähe das Haus jenes Herodes Antipas vermuteten, zu dem Pontius Pilatus Jesus geschickt hatte. Außerhalb der Stadtmauer lässt man das Rockefeller-Museum links liegen, erreicht in der nordöstlichen Ecke den Schwanenturm (englisch falsch tituliert als ›Stork Tower‹); er bekam seinen Namen vom Wappentier des Heerführers Gottfried von Bouillon, dessen Kreuzritter bei der Belagerung Jerusalems 1099 hier durch die Stadtmauer brachen.

Kurz nach der St.-Anna-Kirche – mit wundervollem Ausblick auf den Ölberg – ist das **Löwentor** 5 (Sha'ar Ha'Arayot, Bab el Ghor) erreicht. Der Überlieferung nach sollen Suleyman im Traum zwei Löwen erschienen sein, die ihn ermahnten, die Stadtmauern wieder zu errichten, sonst würde er von Löwen gefressen. Er folgte dem Rat und schmückte das Tor mit zwei Steinlöwen. Bei den Christen hat sich der Name **Stephanstor** eingebürgert, denn in der Nähe wurde Stephanus, der erste Märtyrer der Christenheit, gesteinigt. Im Sechstagekrieg 1967 drangen israelische Truppen erstmals durch dieses Tor in die Altstadt vor. Auf der Mauer geht man bis ans Ende des Pfades, ehe man zur Via Dolorosa am Löwentor hinuntersteigt. Der Blick fällt auf Tempelberg, Al Aqsa und Felsendom. Zu Gebetszeiten ist der Ruf des Muezzins ein unvergessliches Klangerlebnis. Nach dem Freitagsgebet strömen Gläubige durch das Al-Asbat-Tor in die Altstadt zurück.

Nicht erreichbar ist das höchstwahrscheinlich von Muslimen im 7. Jh. zugemauerte **Goldene Tor** 6 (Sha'ar HaRachamim, Bab el Rameh). Es ersetzte ab dem 5. Jh. jenes Tor, das einst den Zugang zum Tempelberg ermöglichte. Warum es zugemauert wurde, dazu gibt es mehrere Überlieferungen. Eine populäre sagt, Muslime hätten gefürchtet, durch das Tor komme der neue Messias. Wahrscheinlicher ist aber, dass die Muslime lediglich den Zugang Ungläubiger zum Felsendom verhindern wollten.

Die Südtour auf der Stadtmauer führt von der Zitadelle zum **Misttor** 7. Etwas versteckt liegt der Zugang zum südlichen *ramparts walk* an der Rückseite der Zitadelle. Der Mauerweg, rechter Hand mit Blick bis zum Hotel **King David** 2, führt am armenischen Viertel vorbei zum **Zionstor** 8 (Sha'ar Ziyyon, Bab el Nabi Daud). Es wurde von Mamelucken errichtet, von Türken restauriert und führt zum Berg Zion. Seit dem Unabhängigkeitskrieg von 1948 weist es Spuren heftiger Schießereien auf. Unübersehbar ist der Glockenturm der Dormitiokirche.

Im Bereich des jüdischen Viertels führt der Weg zum **Misttor** 7 (Dung Gate, Sha'ar HaAshpot). Seit dem 2. Jh. entledigten sich die Altstadtbewohner ihres Mülls durch diesen Ausgang. Der Abfall wurde auf die nahen Hänge geworfen oder blieb am Tor liegen.

Weiter kommt man nicht auf der Mauer. In der Nähe liegen die City of David und der Archaeological Park Davidson Center, eine Ausgrabungsstätte mit Funden aus zwölf Perioden Jerusalemer Geschichte (s. S. 155). An der Klagemauer erkennt man die Holzrampe, für Nicht-Muslime der einzige Zugang zum Tempelberg (s. S. 156). Der arabische Name dieses Bab el Maghreb (›Tor der Mauren‹) bezieht sich auf nordafrikanische Immigranten, die hier ab dem 16. Jh. lebten. Bei der arabischen Siedlung gegenüber handelt es sich um **Silwan**.

ihn 587 v. Chr. und führte die Juden in die Babylonische Gefangenschaft. Anfang des 6. Jh. v. Chr. kehrten die Juden nach Jerusalem zurück und errichteten den Zweiten Tempel, der 70 n. Chr. von den Römern zerstört wurde – erhalten blieb nur die Westmauer, die Klagemauer (s. S. 153).

Im 11. und 12. Jh. versuchten die Kreuzritter die Heilige Stadt, in der Jesus gekreuzigt wurde und von den Toten auferstand, aus muslimischer Hand zu befreien, was ihnen für eine gewisse Zeit auch gelang. Der irakische Feldherr Salah el Din (Saladin) eroberte 1187 die Stadt, in welcher die Himmelsreise des Propheten Mohammed geschah, für den Islam zurück und erlaubte den von den Christen vertriebenen Juden die Rückkehr. Über 5000 Synagogen, Moscheen und Kirchen

Jerusalem/ Altstadt

Sehenswert

1. Jaffator
2. Neues Tor
3. Damaskustor (Nablustor)
4. Herodestor
5. Löwentor (Stephanstor)
6. Goldenes Tor
7. Misttor
8. Zionstor
9. Zitadelle
10. Jakobuskirche
11. Mardigian-Museum für armenische Kunst und Geschichte
12. Markuskapelle
13. Oskar Schindlers Grab
14. Dormitiokirche
15. Davidsgrab
16. Holocaust-Museum
17. St. Peter in Gallicantu
18. Jochanan-Ben-Zakkai-Synagoge
19. Ramban- und Hurva-Synagogen
20. Broad Wall
21. Cardo Maximus
22. Isaac Kaplan Old Yishuv Court Museum
23. Archäologisches Museum Wohlf Siebenberg House Museum
25. Klagemauer/Wilsonbogen
26. Western Wall Tunnel
27. Aqabat el Taqiya Street
28. Turba Tashtimutiya
29. Khalidi-Bücherei
30. Turba Turkan Khatun
31. Medrese Tanqasia
32. Archaeological Park Davidson Center
33. Islamisches Museum

Fortsetzung S. 144

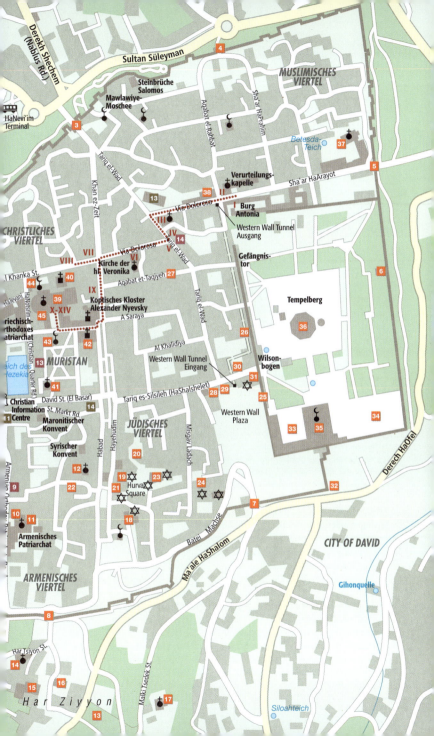

Jerusalems Altstadt

- **34** Salomos Ställe
- **35** Al-Aqsa-Moschee
- **36** Felsendom
- **37** St.-Anna-Kloster
- **38** Ecce-Homo-Basilika
- **39** Grabeskirche
- **40** Salvatorkloster
- **41** Kirche Johannes des Täufers
- **42** Erlöserkirche
- **43** Al Omaria
- **44** Al Khanka
- **45** Klosterdorf Deir el Sultan
- **46** – **84** s. Citypläne S. 169, 173

Übernachten
- **1** – **7** s. Cityplan S. 173
- **8** New Imperial
- **9** New Petra Hostel
- **10** s. Cityplan S. 173
- **11** Christ Church Guest House
- **12** Casa Nova Hospice
- **13** Austrian Hospice
- **14** Lutheran Guesthouse

Essen & Trinken
- **1** – **8** s. Cityplan S. 173
- **9** Armenian Tavern
- **10** s. Cityplan S. 173
- **11** Eucalyptus
- **12** Nafoura
- **13** Panoramic Golden City Restaurant
- **14** Abu Shukri

Einkaufen
- **1** Hutzot Hayotzer
- **2** s. Cityplan S. 173
- **3** Sandrouni
- **4**, **5** s. Cityplan S. 173

Abends & Nachts
- **1** – **17** s. Cityplan S. 173

---

zählte die Stadt, in manchen Jahren besuchten sie eine Million Pilger. In der Folge regierten mameluckische (ab 1249) und türkische Herrscher (ab 1517). Suleyman der Prächtige (ab 1538) schenkte der Altstadt die Mauer und gab ihr das heutige Gesicht.

1917 besetzte Großbritannien Jerusalem, das 1947 nach dem Teilungsplan der UN einen internationalen Status bekommen sollte. Mit der Ausrufung der Unabhängigkeit schufen die Gründerväter des Staates Israel 1948 vollendete Tatsachen.

Im Sechstagekrieg 1967 okkupierte Israel auch den arabischen Teil – Auslöser, wenn auch nicht Ursache der bis heute andauernden Unruhen in und um Jerusalem. Jüdische Siedler ließen sich auch im östlichen Teil der Stadt nieder. 1995 begann die Stadtverwaltung arabische Grundstücke für Siedler zu beschlagnahmen, offensichtlich um kurzfristig die Friedensgespräche zu torpedieren und langfristig, wie man heute sieht, um die wuchernden Siedlungen wie einen Schutzring um Jerusalem zu legen. Entstanden ist ein Großraum mit über 1 Mio. Menschen – und noch mehr Konfliktpotenzial.

Edelviertel Mamilla

2007 wurde Israels am längsten währendes städtebauliches Projekt seiner Nutzung übergeben. Das neu geschaffene Stadtviertel Mamilla-Alrov liegt westlich unterhalb des Jaffators nahe dem David Citadel Hotel. Mamilla verbindet die Alt- mit der Neustadt und war schon im 19. Jh. als jüdisch-arabisches Geschäftsviertel geplant. Dazu kam es allerdings nie. Nach 1967 und der vollständigen Besetzung Jerusalems versprach die israelische Regierung ein neues Konzept, das fast zwei Jahrzehnte lang heftig diskutiert, verworfen, neu aufgerollt und wieder verworfen wurde. Nach vielen Jahren und Investitionen von 400 Mio. US-Dollar läuft die ebenso populäre wie elegante Shopping Mall heute sehr gut. Die Wohnungen der Residenz – wie auch die eine oder andere Caféterrasse – bieten einen tollen Blick auf die Altstadt und gehören zu den teuersten Lagen in Jerusalem. Die Geschäfte der Mall sind eher im hochpreisigen Sektor angesiedelt (Alrov Mamilla Avenue, www.alrovmamilla.com, So–Do 9.30–22.30, Fr 9–15, Sa 1 Std. nach Shabbatende bis 22.30 Uhr).

Archäologie als Politikum

Jerusalems Geschichte wird tagtäglich fortgeschrieben. Archäologen entdecken laufend Neues und nur noch bei spektakulären Funden nimmt die Öffentlichkeit überhaupt Notiz davon. In Khirer Qeiyafa, etwa 30 km westlich von Jerusalem, wo Davids Kampf mit Goliath angesiedelt wird, stieß man 2008 durch Zufall auf eine Tonscherbe mit der ältesten bislang bekannten hebräischen Inschrift. Südlich der Klagemauer kam 2010 eine 3400 Jahre alte Tonscherbe mit Zeichen in Akkadisch ans Tageslicht, damals Sprache diplomatischer Korrespondenz. Es handelt sich um die älteste bekannte Inschrift Jerusalems.

An der Straße zum Siloahteich, Teil der City of David (s. S. 169), fanden Archäologen nach dem Einsturz einer Mauer einen rund 3000 Jahre alten Tunnel, einen Abwasserkanal aus Davids Zeiten, der 7 m unter heutigem Niveau verläuft und den Bewohnern Jerusalems einst als Fluchtweg vor römischen Soldaten diente, wie der Geschichtsschreiber Josephus Flavius berichtete. Archäologische Funde gehören in Jerusalem zur Tagesordnung. Wer irgendwo Grabungen sieht, die meist mit Planen abgedeckt sind, kann die Ausgräber ruhig ansprechen, viele erzählen gerne über ihre Arbeit, die an diesem besonderen Ort häufig auch ein Politikum darstellt. Wissenschaftlich ungesicherte Bibelbezüge zu Funden würden – wie im Fall der Davidsstadt – häufig instrumentalisiert, um immer mehr jüdische Besitzansprüche auf palästinensisches Land zu begründen, sagen Kritiker.

Orientierung

Es erleichtert die Orientierung, wenn man sich der wichtigsten Stadtgebiete bewusst ist. Die von der Stadtmauer umgebene **Altstadt**, in der auf nur 1 km² mehr als 20 000 Menschen leben, bildet mit jüdischem, muslimischem, christlichem und armenischem Viertel das Touristenzentrum, in dem Jerusalems Top-Sehenswürdigkeiten zu finden sind. Nördlich und nordöstlich davon liegt **Ostjerusalem,** der von Arabern dominierte Teil der Stadt. Der oft benutzte Begriff **Westjerusalem** eignet sich wegen der Ausdehnung der Neustadt in alle Richtungen nicht mehr zur Beschreibung, allenfalls im Sinne von nicht-arabischer Teil Jerusalems. Östlich der Stadtmauer bis südlich der Umfriedung erstrecken sich **Ölberg, Qidron- und Hinnomtal** sowie der **Berg Zion.** Im modernen Jerusalem sind u. a. die Umgebung der **Jaffa Road** – seit der Einführung der Trambahn im Jahr 2011 Fußgängerzone – und das schöne Wohn- und Ausgehviertel **German Colony** von touristischer Bedeutung. Zwischen Yemin Moshe und German Colony eröffnete auf dem Gelände des 1892 von den Briten eröffneten Bahnhofs (er wurde 1988 geschlossen, verfiel, wurde restauriert) nun **First Station,** ein äußerst populäres und familienfreundliches Freizeit-, Kunst- und Kulturareal (s. S. 189) mit Restaurants, Cafés, Geschäften, Spielplätzen, Kinos und Flohmärkten.

JERUSALEMS GRÜNE LANDKARTE

Grün urlauben in der Stadt. Wo gibt es die ältesten Bäume, wo Schatten spendende Pinien- und Eukalyptushaine? Wo kann man sich in Parks erholen, wo Amphibienhabitate finden, Vögel beobachten? All diese Infos listet die Website **Jerusalem Green Map** nicht nur thematisch und nach Stadtvierteln geordnet, sondern zusätzlich auf einer geradezu detailverliebten, interaktiven Karte (www.greenmap.org.il).

Von Herodes I. erbaut: die Zitadelle am Jaffator

Zitadelle 9

Cityplan: S. 142

Am Westrand der Altstadt erhebt sich direkt am Jaffator imposant die **Zitadelle,** häufig fälschlicherweise auch als Davidszitadelle bezeichnet, weil frühe Pilger dachten, nur ein Mann von der Größe König Davids könnte etwas derart Beeindruckendes erbaut haben. Heute ist die Zitadelle eine archäologische Grabungsstätte und beherbergt zugleich ein hervorragendes Museum zur Stadtgeschichte, das man gleich zu Beginn besuchen sollte.

Geschichte

Die Grundmauern des **Herodespalasts,** wie die Festung früher auch bezeichnet wurde, stammen aus der Zeit der Makkabäer-Aufstände. Wiedererbaut wurde sie 23 v. Chr. von Herodes I., der die Wehranlage mit drei fast 40 m hohen Türmen absicherte, die er nach seinem Freund Hippicus, seinem Bruder Phasael und seiner von ihm selbst hingerichteten Frau Mariamme benannte. Die römischen Prokuratoren nutzten die Festung als luxuriöse Residenz, bis sie Titus Flavius Vespasian, Feldherr Neros, 70 n. Chr. zerstörte. Einzig die drei Türme ließ er als Zeichen der Tapferkeit seines Heeres stehen.

Im 14. Jh. erweiterten und erneuerten Mamelucken eine 200 Jahre früher entstandene Kreuzritterfestung, der Suleyman der Prächtige die Zitadelle hinzufügte und dann in die Stadtmauer mit einbezog. Das augenfällige Minarett, oft als Davidsturm bezeichnet, wurde erst 1635 von den Osmanen hinzugefügt. 1917 proklamierte der britische General Allenby von hier aus die Befreiung Jerusalems von türkischer Hoheit.

Zitadellen-Museum

Tel. *2844, Online-Tickets auf www.tod.org.il, Sept.–Juli So–Do 9–16, Fei und Fr davor 9–14, Sa 9–16 Uhr, Aug. So–Do, Sa 9–17, Fei und Fr davor 9–16 Uhr, Museum 40 NIS, The Night Spectacular 55 NIS, Kombiticket Museum und The Night Spectacular 70 NIS

Der Eingang des **Zitadellen-Museums** liegt gegenüber dem Büro der Tourist Information. Die Einrichtung arbeitet mit moderner Multimediatechnik und Pädagogik, um die über 3000-jährige Geschichte der Stadt aufleben zu lassen. An der Kasse kann man einen Audioguide ausleihen, der nach Eingabe bestimmter, an den jeweiligen Stationen angegebener Nummern Informationen über Kopfhörer einspielt.

Computergrafiken, Videos, Diashows und Hologramme, die den Tempel von Jerusalem von allen Seiten sichtbar werden lassen, veranschaulichen die verschiedenen Perioden der Jerusalemer Geschichte. Die komplexe Geschichte der Zitadelle spiegeln auch die Ausgrabungen im Innenhof wider. Sie förderten nicht nur Fundamente mameluckischer Bauten zutage, sondern auch Katapultsteine, die die Insignien LXF (Legio X Fretensis) trugen und der zehnten römischen Legion zum Beschuss von Jerusalem dienten. Mit großer Liebe zum Detail wurde eine umfangreiche Puppensammlung eingekleidet, die zeigt, wie sich jemenitische Juden, sephardische Bräute, Drusen, Franziskaner oder arabische Bauern traditionell gewandeten.

Im Sommer illustriert nach Einbruch der Dunkelheit eine für den Einstieg gut geeignete Sound-and-Light-Show (The Night Spectacular) die Geschichte Israels. Die 20 computergesteuerten Projektoren werfen im Innenhof der Zitadelle den musizierenden König David an die Wände und lassen Häuserfronten wachsen. Die moderne Geschichte der politischen Konflikte bleibt ausgespart. Das dennoch sehenswerte Spektakel ist als Fest der Sinne, nicht der Fakten konzipiert.

Im Innenhof der Zitadelle gibt es ein Café, von den Mauern hat man einen schönen Blick auf die Altstadt und nach Westjerusalem.

Armenisches Viertel

Cityplan: S. 142

Vom Jaffator bis zum Zionstor erstreckt sich das **armenische Viertel,** eine eigene Stadt innerhalb der Altstadt mit Wohnhäusern, Bibliotheken und Schulen. Vom Jaffator geht man an Zitadelle, Tourist Office und Polizei vorbei durch die **Casa Nova Street,** eine Gasse mit hohen Mauern an beiden Seiten. Es sind nur kleine Portale, die in das Herz des Viertels führen, in dem heute etwa 1300 armenische Familien leben, Nachfahren jener, die dem türkischen Völkermord 1915/16 entfliehen konnten. Armenien hatte eine äußerst konfliktreiche Geschichte und bildete Anfang des 4. Jh. das erste Reich, das den christlichen Glauben zur Staatsreligion erhob.

Jakobuskirche und Mardigian-Museum

Kirche: Besichtigung nur während der Gottesdienste Mo–Fr 6.30 und 15, Sa 8, So 6.15 und 8 Uhr; Museum: wegen Renovierung geschl.

Das armenisch-orthodoxe Kloster im Zentrum des Viertels grenzt an das armenische Patriarchat und die beeindruckende **Jakobuskirche** 10 aus dem 12. Jh., benannt sowohl nach dem Apostel Jakobus als auch nach dem gesteinigten Jakobus. Die Gebeine des Letzteren aus dem Beni-Hesir-Grab im Qidron-Tal (s. S. 170) sollen unter dem Altar dieser von Kreuzfahrern erbauten Kirche liegen.

In der Kapelle links vom Eingang wurde der Kopf Jakobus des Älteren beigesetzt, der im Jahr 44 hingerichtete Bruder des Evangelisten Johannes. Sein Leichnam ruht der Legende nach im spanischen Santiago de Compostela. Die Kapellen des Jakobus und des ägyptischen Heiligen Menas sind nicht zugänglich, infolge der Stiftung eines reichen Armeniers dienen sie seit 1929 als Magazin für jahrhundertealte Handschriften und Bücher.

Einen kurzen Besuch lohnt auch das **Mardigian-Museum für armenische Kunst und Geschichte** 11 neben der Jakobuskirche mit einer wertvollen Handschriftensammlung und schönen Beispielen armenischer Töpferkunst (zzt. geschlossen).

Die Jerusalem-Frage – der Schlüssel zum Frieden

Die Anerkennung Jerusalems als Israels Hauptstadt durch die USA war 2017 ein Paukenschlag. Die Lösung des Nahostkonflikts ist damit kaum näher gerückt. Auch die Palästinenser reklamieren Jerusalem als Kapitale. Jede Seite hat gute Gründe. Sicher ist: Ohne Kompromisse gibt es keinen Frieden. Es fehlen die Visionäre.

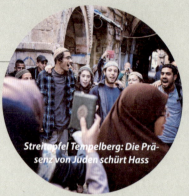

Streitapfel Tempelberg: Die Präsenz von Juden schürt Hass

Nachdem Israel 1967 den jordanischen Ostteil Jerusalems erobert und 1980 das Parlament das gesamte Stadtgebiet inklusive dieses Ostteils zur Hauptstadt erklärt hatte, erweiterte sich der alte Konflikt, wem das Heilige Land gehöre, um das schwierige Thema Jerusalem. Der Streit um eine heilige Stadt, die für Juden, Christen und Muslime gleichermaßen von historischer und religiöser Bedeutung ist, lässt sich kaum lösen. Während die Knesset sowie alle wichtigen Ministerien und Gerichte in Jerusalem angesiedelt sind, residieren alle Botschaften nach wie vor in Tel Aviv. 1947 hatten die Vereinten Nationen für Jerusalem den Status einer international kontrollierten Stadt vorgeschlagen, was Israelis wie Araber heute entschieden ablehnen. Damals waren die Juden dafür, die Araber dagegen.

Christen gedenken in Jerusalem der Passion, der Auferstehung und einiger anderer Ereignisse. Sie fordern freien Zugang zu ihren Heiligtümern. Für Muslime ist Jerusalem nach Mekka und vor Medina der wichtigste Wallfahrtsort. Auf dem Platz der heutigen Al-Aqsa-Moschee begann nach gängigem Koranverständnis die Nachtreise des Propheten Mohammed (s. S. 74). Auf demselben Plateau, auf dem heute die größte Moschee des Landes und der Felsendom strahlen, stand einst aber auch der große jüdische Tempel, woraus Israel seinen unumstößlichen, weil historisch älteren Anspruch auf die Stadt ableitet. Als Kompromiss sehen viele nur die Lösung, wie sie die USA schon früh in Verhandlungen eingebracht haben: Die Palästinenser erhalten die Souveränität über Teile Ost-Jerusalems und einen Teil der heiligen Stätten in der historischen Altstadt. Israel bekommt die volle Souveränität über das jüdische West-Jerusalem, jüdische Siedlungen nahe Jerusalem im Westjordanland sowie einen Teil des arabischen Ost-Jerusalems.

Während die Bevölkerung in Meinungsumfragen zeitweise mit bis zu Zweidrittelmehrheit eine derartige Lösung für gut befand, ist sie v. a. für Politiker des rechten Spektrums inakzeptabel. Die einen wollen überhaupt keinen souveränen Palästinenserstaat. Andere lehnen eine Teilung Jerusalems ab, darunter Ronald S. Lauder, Präsident des jüdischen Weltkongresses, der in einem Interview sagte: »Jerusalem ist eine jüdische Stadt, in der Christen und Muslime leben und weiter leben werden. Die Lösung wird schwierig, aber die Stadt darf nicht geteilt werden. Sie ist das jüdische Zentrum.« Die Lösung der Jerusalem-Frage wird die Nagelprobe für das friedliche Nebeneinander von Islam und Judentum, für ein Zusammenleben aller Volksgruppen sein. Christen, Juden und Muslime, fürchtet der israelische Historiker Tom Segev, »leben dauernd in ihrer Geschichte … Lösen kann diesen Konflikt im Moment niemand«.

Markuskapelle [12]
Mo–Sa 9–12, 14–17 Uhr
Zum syrisch-jakobitischen Markuskloster gehört die **Markuskapelle,** Hauptkirche der syrisch-orthodoxen Gemeinde. Sie soll an der Stelle errichtet sein, an der Maria, die Mutter des Evangelisten, ihr Haus hatte und es der christlichen Gemeinde für Zusammenkünfte überließ.

Berg Zion

Cityplan: S. 142
Durch das Zionstor verlässt man die Altstadt. Bis zur Zerstörung des Zweiten Tempels befand sich der **Berg Zion** (Har Ziyyon), einer der schönsten Bezirke des modernen Jerusalem, innerhalb der Stadtmauern. Der Überlieferung nach war es hier, wo Jesus den Jüngern die Füße wusch, die Verleugnung durch Petrus und den Verrat durch Judas prophezeite und wo das letzte Abendmahl stattfand.

Oskar Schindlers Grab [13]
Mo–Sa 8–12 Uhr
Ein **Grab** des römisch-katholischen Friedhofs wurde durch einen Steven-Spielberg-Film bekannt: »Schindlers Liste« (1993). Spielberg hatte die wahre Geschichte von Oskar Schindler aufgegriffen, der in seiner Krakauer Munitionsfirma während des Dritten Reichs jüdische Zwangsarbeiter vor dem Zugriff der Nazis bewahrte und so ihre Leben rettete. 1962 pflanzte Schindler, der die letzten Lebensjahre teils in Israel lebte, in Yad Vashem (s. S. 179) einen Johannisbrotbaum in der Allee der Gerechten unter den Völkern, 1965 erhielt er in Deutschland das Bundesverdienstkreuz. Seinen Hollywoodruhm erlebte er nicht mehr. Schindler starb im Oktober 1974 und wurde auf eigenen Wunsch auf dem christlichen Friedhof hier am Berg Zion beerdigt. Ein Kreuz ziert sein Grab. Bis heute besuchen Nachkommen von Menschen, die Schindler gerettet hat, und Verehrer seines Muts das Grab. Es liegt auf der unteren Terrasse, rechts von dem breiten Mittelweg. Es ist nach jüdischer Tradition als Einziges mit Steinen bedeckt und so leicht zu identifizieren. Die deutsche Inschrift lautet: »Der unvergessliche Lebensretter 1200 verfolgter Juden«.

Dormitiokirche [14]
www.dormitio.net, Mo–Sa 9–17.30, So 11.30–17.30 Uhr
Unübersehbar ist der Glockenturm der **Dormitiokirche,** die an den Tod der Gottesmutter Maria erinnert und das moderne Wahrzeichen des Berges Zion ist. Von einer byzantinischen Basilika an dieser Stelle gibt es keine Überreste. Die moderne Kirche und das Kloster gehören seit 1906 den Benediktinern. 1898 schenkte der türkische Sultan Abdul Hamid das Grundstück Kaiser Wilhelm II., der einen Rundbau nach dem Vorbild der Pfalzkapelle von Aachen errichten ließ. Ein Mosaik – Maria mit dem Jesuskind – schmückt die Kuppel der Apsis. Die Wand zeigt Darstellungen der Propheten, den Boden zieren Tierkreiszeichen, drei Ringe als Symbol der Dreieinigkeit und ein Vers König Salomos in lateinischer Sprache. Ein Deckenmosaik dominiert die Krypta. Es zeigt Jesus, der seine Mutter zu sich holt, darunter liegt Maria auf dem Sterbebett.

Davidsgrab [15]
So–Do 8–17, Fr 8–14 Uhr
Höchste Verehrung zollt die jüdische Glaubenstradition dem **Davidsgrab.** Die Grabstätte, heiliger Ort auch für Christen und Muslime, wird im Buch der Könige weiter östlich »in der Stadt Davids« angesiedelt, weshalb Archäologen sicher sind, dass sich das Grab niemals hier befand. Im 16. Jh. von Türken zur Moschee umgewandelt, besitzt es als Vorraum eine Synagoge und darüber den im 14. Jh. von Franziskanern geschaffenen Abendmahlsaal (Coenaculum).

Holocaust-Museum [16]
www.martefhashoah.org, So–Do 9–15.45, Fr 9–11 Uhr, Eintritt frei, Spende erbeten
Gegenüber dem Davidsgrab liegt das bereits vor Yad Vashem (s. S. 179) erbaute **Holocaust-Museum** (Martef HaShoa). Die Ausstellung präsentiert Reproduktionen nationalsozialistischer Propaganda und do-

Devotionalien machen einen Großteil des Souvenirangebots in der Altstadt aus

kumentiert das antijüdische Schrifttum seit Ende des Zweiten Weltkriegs. Man sollte sich das Museum auf jeden Fall ansehen, bevor man sich nach Yad Vashem begibt.

St. Peter in Gallicantu 17
Tel. 02 673 17 39, Mo–Sa 8.30–17 Uhr, Eintritt 7 NIS
Östlich des Bergs Zion liegt am Hang des Ophel, versteckt hinter Bäumen, die 1930 errichtete Kirche **St. Peter in Gallicantu**. Ihr Name erinnert an die dreimalige Verleugnung Jesu durch Petrus, die hier stattgefunden haben soll.

Jüdisches Viertel

Cityplan: S. 142
Den südöstlichen Teil der Altstadt nimmt das **jüdische Viertel** ein. Bis zum römischen Sturm auf Jerusalem 70 n. Chr. lagen hier prächtige Wohnpaläste. Während des 6. Jh. begannen Juden in der Nähe der Klagemauer eine Siedlung zu errichten. Im 15. Jh. zogen viele Sephardim aus Spanien, ab dem 18. Jh. Ashkenasim aus Mittel- und Osteuropa zu. Im Unabhängigkeitskrieg 1948 gelangte das Viertel in jordanische Hände und verfiel. Im Sechstagekrieg eroberte Israel schließlich die Altstadt zurück und begann umgehend mit dem Wiederaufbau oder, wo noch möglich, mit der Renovierung.

Tausend Familien leben heute im jüdischen Viertel, das ein Musterbeispiel für die durchdachte und einfühlsame Wiederherstellung einer historischen Altstadt darstellt. Man geht durch verwinkelte Gassen, in denen v. a. am frühen Abend nichts mehr vom Touristenrummel zu spüren ist, und plötzlich hört man von irgendwoher eine kräftige Stimme, die etwas vorträgt. Man folgt ihr und blickt durch offene Fenster in eine Talmudschule, in der Jugendliche und Erwachsene, alle in traditionelles Schwarz gekleidet, den Talmud studieren. Das sind Augenblicke, in denen man sich in eine andere Zeit versetzt fühlt. Buchung geführter Touren unter www.rova-yehudi.org.il, ab 20 NIS.

Jüdisches Viertel

Jochanan-Ben-Zakkai-Synagoge [18]

So–Do 9–17, Fr 8–13 Uhr

Eines der berühmtesten Bethäuser Jerusalems ist die **Jochanan-Ben-Zakkai-Synagoge,** Teil eines Komplexes von vier ursprünglich sephardischen Synagogen, die nahe der Hurva-Synagoge (s. unten) jenseits des gleichnamigen Platzes liegen. Jochanan Ben Zakkai hatte dem Feldherrn Vespasian die römische Kaiserwürde vorausgesagt und bekam, als die Prophezeiung wahr wurde, das Recht, in Javne eine jüdische Akademie einzurichten. Nach der Zerstörung Jerusalems 70 n. Chr. trug diese mit zum Überleben des zerstreuten Judentums bei. Zu Ehren des Retters errichteten Juden aus Spanien und Portugal hier im 16. Jh. ein Zentrum von Synagogen, das unter jordanischer Besatzung als Viehstallung benutzt und nach umfangreichen Renovierungsarbeiten im Jahr 1972 wiedereröffnet wurde.

Die bis heute sephardische **Ben-Zakkai-Synagoge,** die größte der vier Synagogen, wurde im Stil einer Moschee erbaut, um sie vor der Zerstörung durch Muslime zu schützen. In der **Eliahu-Hanavi-Synagoge,** der ältesten Synagoge, stand – inzwischen ersetzt durch eine Replik – einst der Stuhl des Propheten Elija (9. Jh. v. Chr.), der als Verfechter eines unbedingten Jahweglaubens von seinen Anhängern als »neuer Moses« verehrt wurde. Der geschnitzte Thoraschrein der heute ashkenasischen Synagoge wurde in Italien gefertigt. Neben der kleinsten Synagoge, der **Emtzai-Synagoge,** befindet sich die Istanbuli-Synagoge, ein Bethaus türkischer Pilger und Jerusalemer Juden türkischer Herkunft.

Ramban- und Hurva-Synagogen [19]

In unmittelbarer Nähe dieser vier Synagogen liegen die **Ramban- und Hurva-Synagogen.** Hurva heißt Ruine, und es war das Schicksal dieses von dem ashkenasischen Rabbi Jehuda Hasid Anfang des 18. Jh. begonnenen Bethauses, die längste Zeit seines Bestehens unbenutzbar zu sein. Nach dem plötzlichen Tod des Rabbi konnte sie erst eineinhalb Jahrhunderte später fertiggestellt werden. Im Unabhängigkeitskrieg 1948 machten jordanische Soldaten das Zentrum ashkenasischer Juden abermals dem Erdboden gleich und nach der Rückeroberung der Altstadt 1967 wurde die Ruine konserviert. Der Name der Ramban-Synagoge erinnert an den Rabbi Moshe Ben Nahman, kurz Ramban, der auch als Nachmanides bekannt war. 1267 soll er von Spanien aus eingewandert sein. In einem Brief, der hier ausgestellt ist, beklagt sich Ramban bei seiner Familie über den desolaten Zustand der jüdischen Gemeinde in Jerusalem. Die Synagoge, die von den Bewohnern des Viertels zum Beten besucht wird, ist die älteste im jüdischen Viertel. Im 15. Jh. wurde sie vorübergehend zur Moschee umfunktioniert und um ein Minarett erweitert.

Hurva Square und Broad Wall

Der **Hurva Square** ist beliebt bei Familien: Kinder spielen hier, Nachbarn treffen sich zum gemeinsamen Picknick. Ein Abstecher durch die Tiferet Israel Street führt zur **Broad Wall** [20], einem 2600 Jahre alten, auf 65 m Länge ausgegrabenen Mauerfragment. Bemerkenswert ist diese Ausgrabung, weil sie zeigt, wie ungeniert Jerusalem-Archäologen ab und an alttestamentarische Bezüge herstellen. Auf Jesaja, 22,10 verweist hier eine Infotafel: »Und ihr zählet die Häuser von Jerusalem und brechet die Häuser ab, um die Mauer zu befestigen.« Vielleicht, steht da, sei das Jesajas Mauer …

Cardo Maximus [21]

Richtung Westen erreicht man wenig später den **Cardo Maximus,** die Relikte der römisch-byzantinischen Prachtstraße, die wegen der heutigen Geschäftigkeit leicht zu übersehen sind. Eine ähnlich lebhafte Einkaufsmeile, etwas exklusiver vielleicht, war der antike säulengesäumte Cardo, in dem Archäologen ein komplett erhaltenes römisches Geschäft fanden. An diesem Ende des unter dem Straßenniveau liegenden Cardo sind einige der 62 zum Teil erhaltenen Säulen, mit Bogeneingang, zu sehen.

Jerusalems Altstadt

Isaac Kaplan Old Yishuv Court Museum [22]

6 Or Hahayim St., Tel. 02 627 63 19, So–Do 10–17, Dez.–Febr. 10–15, Fr ganzjährig 10–13 Uhr, 12 NIS

Im äußersten Westen des jüdischen Viertels liegt dieses **Museum**. Yishuv ist das hebräische Wort für Siedlung und steht hier für den Einblick in das Alltagsleben der jüdischen Gemeinde, bevor in den 80er-Jahren des 19. Jh. die ersten zionistischen Siedler nach Palästina kamen. Üblich war es damals, das Wohngebäude um einen Hof herum zu bauen, der von mehreren Familien oder Generationen geteilt wurde.

Wie unterschiedlich sephardische und ashkenasische Juden lebten, zeigen besonders zwei Räume. Die Sephardim richteten sich mit niedrigen Sofas ein, legten die Böden mit Brücken aus und dekorierten ihre Sitzmöbel mit Kissen. Die Ashkenasim dagegen bevorzugten gediegene Möbel aus Europa. Das Museum, das außerdem Kleidung und Haushaltsgegenstände zeigt, sollte man nicht auslassen. Zu dem Museum gehören zwei Synagogen. Eine befindet sich in dem Raum, in dem der Rabbi Itzhak Ben Shlomo Lurie Ashkenasi 1543 geboren wurde. Er war ein bekannter Vertreter der Kabbala, der jüdischen Mystik, deren Hauptwerk, das Buch »Sohar« (13. Jh.), die Thora und andere biblische Bücher in ihrem Sinne deutet. Die zweite Synagoge, Or HaHajim (›Licht des Lebens‹), wurde von dem berühmten Rabbi Chaim Ben Moses Attar gegründet, der 1742 aus Marokko einwanderte und hoch angesehene Bibelkommentare verfasste.

Archäologisches Museum Wohl und Burnt House

Museum 1 HaKaraim St., Burnt House 2 HaKaraim St., www.rova-yehudi.org.il, So–Do 9–17, Fr 8–13 Uhr, Museum 20 NIS, Kombiticket mit Burnt House 45 NIS

Vom Hurva-Platz führt die kleine HaKaraim Street zum ehemaligen herodianischen Viertel, dessen Überreste im **Archäologischen Museum Wohl** [23] zusammengefasst sind. 3 m unter heutigem Straßenniveau steht man dort vor den aufregendsten Ausgrabungen des jüdischen Viertels, die einen Eindruck vom verschwenderischen Leben reicher Juden zur Zeit des Zweiten Tempels vermitteln. Die erhaltenen Fundamente zeigen Grundrisse von Bädern, Zisternen mit 750 l großen Reservoirs, Becken für geweihtes Wasser, Atrien sowie Empfangshallen und Stuck an Wänden und Decken. Der Wohnkomplex eines Hohepriesters birgt kunstvolle Mosaiken. Es sind die frühesten Jerusalems, die sich wegen des biblischen Verbots figürlicher Darstellung auf geometrische und pflanzliche Ornamente beschränken.

Das Museum, das über den Ausgrabungen gebaut wurde, zeigt Filme über die archäologischen Arbeiten, außerdem Fundstücke, u. a. eine gut erhaltene Sonnenuhr. Welch grandiosen Ausblick die Bewohner dieses nun überbauten Viertels genossen, sieht man, sobald man das in absteigenden Terrassen angelegte Museum verlassen hat.

Einer wohlhabenden Priesterfamilie namens Katros gehörte auch das 70 n. Chr. zerstörte **Burnt House** (Katros House). Unter dem Schutt freigelegtes Kochgeschirr, Kultgegenstände und Münzen sowie eine Multimedia-Präsentation dokumentieren die Geschichte des Hauses und seiner Bewohner.

Siebenberg House Museum [24]

5 Beit HaShoeva Alley, Tel. 054 726 77 54, www.siebenberghouse.com, Führungen nach Vereinbarung So–Do 10–16 Uhr, 8 NIS

Einen Abstecher auf dem Weg zur Klagemauer ist das **Siebenberg House Museum** wert. Der Belgier Theo Siebenberg und seine Frau Miriam kauften nach dem Sechstagekrieg ein Haus im jüdischen Viertel. Als er von den archäologischen Funden rundum hörte, grub auch Siebenberg auf seinem Grundstück systematisch nach antiken Relikten und wurde fündig. Zu besichtigen gibt es nicht nur bronzene Schlüsselringe, ein wunderschönes Glasrhyton und antike Küchenutensilien, sondern unter dem Haus die Reste einer Mikwe, eines jüdischen Bads für rituelle Zwecke aus vorchristlicher Zeit, sowie eine byzantinische Zisterne. Das Museum ist nur nach vorheriger Anmeldung zugänglich.

Jüdisches Viertel

An der Klagemauer liegen Thora- und Talmudausgaben in vielen Sprachen bereit

Klagemauer und Wilsonbogen 25

www.thekotel.org, mit Webcam

Nur wenige Schritte sind es von hier zum Platz vor der **Klagemauer.** Vom zerstörten Zweiten Tempel blieb einzig die westliche Mauer, die aus Kalksteinquadern verschiedener Epochen besteht, übrig. Sollten Sie Hornbläser hören und sehen: Das Schofar genannte Instrument aus dem Horn eines koscheren Tieres, meist eines Widders, erinnert an Abraham, der anstelle Isaaks einen Widder opferte. Es gilt als Zeichen des Gehorsams. Die Klagemauer setzt sich in Richtung Norden im **Wilsonbogen** fort, in dem in Regalen Thora- und Talmudausgaben in vielen Sprachen bereitstehen, teils prächtig gearbeitete Bücher und Pergamente. Der nach seinem britischen Entdecker benannte Bogen gehörte bis zum 1. Jh. v. Chr. zu einem Viadukt. Das Gelände darf nur mit Kippa bzw. Kopftuch besucht werden. Auf Anordnung des Oberrabbinats beteten Männer und Frauen bislang in getrennten Bereichen. Seit 2016 können sie das – gegen heftigsten Protest orthodoxer Juden – in einem neu geschaffenen 900-m²-Bereich gemeinsam tun. Frauen dürfen dort auch, was bisher verboten war, laut beten und aus der Thora vorlesen. Gläubige stecken in die Steinritzen Zettel, die sogenannten Kvittelchen, Botschaften des Danks und Bitten um Hilfe, die nur Gott lesen darf. Was aber macht die Klagemauer so heilig? Vom Berg Moriah, wie die jüdische Tradition den Tempelberg nennt, stammt die Erde, aus der Adam von Gott erschaffen wurde. Die Geschichten von Isaak und Jakobus sind hier angesiedelt. Über die Klagemauer – nur 57 von 488 m Gesamtlänge sind sichtbar – sagt der Talmud: »Und der Tempel liegt in der Mitte Jerusalems, und das Allerheiligste ist in der Mitte des Tempels, und der Schrein ist in der Mitte des Allerheiligsten, und der Gründungsstein, aus dem die Welt erschaffen wurde, liegt vor dem Allerheiligsten.«

Western Wall Tunnel 26

Offiziell wird empfohlen, zwei Monate im Voraus unter www.thekotel.org, projects@the *kotel.org oder Tel. *5958 (Kreditkartennummer bereithalten) zu reservieren, Führung obligatorisch, Einzelkarten bekommt man aber fast immer auch kurzfristig, So–Do 7 Uhr bis abends, je nach Andrang, Fr und vor Fei 7–12 Uhr, Shabbat und Fei geschl., 35 NIS*

Ein besonderes Erlebnis ist der Gang durch den **Klagemauer-Tunnel** (Western Wall Tunnel), der Eingang ist wenige Schritte links vom Wilsonbogen. Die nach dem Sechstagekrieg beginnenden Ausgrabungen dauerten über 20 Jahre und klärten das Jahrhunderte lang nur geschätzte wahre Ausmaß der sichtbar nur auf 57 m Länge frei liegenden Klagemauer. Dem Gründungsstein, von dem aus Gott nach jüdischer Vorstellung täglich die Welt neu erschafft, kommt man bei der Tour durch den Tunnel so nah wie nirgendwo sonst. Unbeeindruckt von vorbeiziehenden Besuchergruppen beten in der schmalen Passage Gläubige, berühren voller Ehrfurcht die heilige Mauer. Ein hydraulisch bewegbares Großmodell veranschaulicht zu Beginn der Tour den kaum vorstellbaren Wandel des Tempelbergs durch die Jahrtausende. Auf einer Länge von 431 m liegt die Klagemauer heute unter der Erde und nicht mehr wie zu Zeiten des Zweiten Tempels im Freien. Ab dem 13./14. Jh. bauten Mamelucken darüber Häuser und Straßen. Deswegen geht man heute im Tunnel – nach der geheimen Passage und der Halle der Ewigkeit – unter dem islamischen Viertel der Altstadt. Die bis zu 60 t schweren Monolithen der Mauer sind so glatt behauen, dass zwischen sie, im Wortsinn, kein Blatt Papier passt. Vom Ausgang an der Via Dolorosa wird man, so man das Bedürfnis verspürt, von Sicherheitsbeamten zurück zur Western Wall Plaza geleitet.

Muslimisches Viertel

Cityplan: S. 142

Den nordöstlichen Teil der Altstadt nimmt das **muslimische Viertel** ein, das am dichtesten bevölkerte und mit 30 ha größte Altstadtviertel. Man betritt es durch das Damaskustor oder vom Löwentor her über die Via Dolorosa. Nach Osten und Norden bildet die Stadtmauer die Grenze, nach Westen die Straße Khan el Zeit, nach Süden der Wilsonbogen. Bis zur Zeit der Kreuzfahrer war das Viertel von Juden bewohnt. Erst ab dem 12. Jh. siedelte sich arabische Bevölkerung hier an. In den Gassen reiht sich Laden an Laden. Angeboten wird, was sich verkauft: Schuhe, T-Shirts, Koffer, Lederwaren, Postkarten und nebeneinander christliche Heiligenbilder und Jesusfiguren, jüdische Leuchter und Kippas, muslimische Rosenkränze und geschnitzte Koran-Kalligrafien – der Kommerz kennt keine Glaubensgrenzen.

Aqabat el Taqiya Street 27

Der Unterschied zum jüdischen Viertel ist unübersehbar. Die Straßen sind vernachlässigt, viele Häuser wirken schäbig und sind stark einsturzgefährdet. Jerusalems Stadtverwaltung investiert nur knausrig in arabische Viertel. Eine der wenigen Straßen, die viel vom Glanz und Flair der vergangenen Zeiten, vom barocken mameluckischen Baustil bewahrt haben, ist die **Aqabat el Taqiya Street** mit dem Palast **Serai el Sitt Tunshuq** (1385), heute ein muslimisches Waisenhaus, sowie dem **Turbett el Sitt Tunshuq,** dem Mausoleum einer Prinzessin, die im Palast gegenüber gelebt hatte. An der Ecke zur Al Wad Street findet man das jüngste Werk mameluckischer Baukunst, das 1540 eröffnete Pilgerhospiz **Ribat Bairam Jawish.**

Tariq Bab es Silsila Street

Die **Tariq Bab es Silsila Street,** Verlängerung der David Street ins muslimische Viertel, führt zum Plateau des Tempelbergs, der derzeit für Touristen jedoch nur über eine Rampe südlich der Klagemauer zugänglich ist (s. S. 156). Auf dem Weg liegen die **Turba Tashtimutiya** 28, das Mausoleum eines Regierungsbeamten aus dem 14. Jh., und die Turba Barakat Khan, jetzt die **Khalidi-Bücherei** 29, in der mehr als 10 000 Handschriften und Bücher untergebracht sind (nicht zugänglich). Weiter Richtung Tempelberg folgt die **Turba Turkan Khatun** 30, die 1352 zum Gedenken an eine während der Pilgerreise verstorbene Prinzessin errichtet wurde. Kurz vor dem Tor, das früher Einlass zum Tempelberg gewährt

Muslimisches Viertel

ARCHAEOLOGICAL PARK DAVIDSON CENTER

Tour-Infos
Dauer: 1–2 Std.
Lage: südlich der Klagemauer
Ortsplan: An der Kasse ist ein Plan mit aktuellen, detaillierten Informationen erhältlich.
Führungen: An der Kasse gibt es tragbare Audioguides zum Ausleihen; Führungen, durchgeführt von einem Fachmann, kosten 180 NIS und müssen vorab per Telefon gebucht werden, Tel. 02 627 75 50, 02 627 79 62, www.archpark.org.il
Öffnungszeiten: So–Do 8–17, Fr 8–14 Uhr
Eintritt: 35 NIS
Karte: S. 142

5000 Jahre Geschichte umfasst der **Archaeological Park Davidson Center** 32, der zu einem Spaziergang durch die Vergangenheit einlädt – von der Kanaanitischen Epoche über die Zeit des Ersten und Zweiten Tempels bis hin zur christlichen und muslimischen Zeit.
Beginnen sollte man mit einem Rundgang durch das auf drei Ebenen angelegte Davidson Center, das in einem ausgegrabenen islamischen Palast aus dem 8. Jh. untergebracht ist. Wie bei vielen anderen Gebäuden geht man auch hier davon aus, dass in seinen Mauern Steine vom zerstörten Tempelberg verbaut wurden. Die Ausstellung zeigt Fundstücke der Grabungen und bereitet inhaltlich auf den archäologischen Park vor.
Mit modernsten technischen Mitteln wie 360-Grad-Panoramen und Computeranimationen wird man durch die Epochen geführt. Die großartige digitale Vorführung in der Theater Gallery versetzt Besucher virtuell in den Zweiten Tempel und lässt sie an einer Pilgerreise teilnehmen, wie sie damals wohl stattgefunden hat.
Gleich nach Betreten des Geländes – man geht die alten Stufen abwärts – fällt der Blick auf die Relikte des sogenannten Robinson-Bogens, benannt nach seinem archäologischen Finder, Edward Robinson, der den Bogen im Jahr 182 entdeckte. Die kümmerlichen Reste an der Mauer lassen nur schwerlich erahnen, dass dies einst ein gewaltiger Brückenbogen war, über den die Pilger in Scharen den Tempelberg erreichen und verlassen konnten.
Auf dem Areal, in dem über zwei Dutzend Siedlungsschichten freigelegt sind, sieht man Funde vom Tempelberg, riesige Mauerstücke, Bäder für rituelle Waschungen, byzantinische Wohngebäude und Überreste von islamischen Palästen und Türmen aus der Kreuzfahrerzeit, die von den Herrschern über Jerusalem erweitert und erneuert wurden. Häufig kann man hier zelebrierte Bar-Mizwa-Feierlichkeiten beobachten.

hat, befindet sich die **Medrese Tanqasia** 31, beachtenswert wegen des mameluckischen Wappens über dem Portal (1329).

Zum Platz der Klagemauer ist ein kleiner Umweg nötig: Man geht die Silsila Street (Hashalshelet) zurück bis zur Gasse Hakotel, biegt dort links ein, geht die Stufen hinunter und sieht alsbald die Klagemauer. Rechter Hand des Platzes führt die Rampe hinauf zum Tempelberg.

Jerusalems Altstadt

Tempelberg

Cityplan: S. 142
www.noblesanctuary.com, www.temple mount.org, Zugang durch das Marokkanertor/ Bab al-Mughrabi So–Do 7–11 Uhr, Zeiten variabel, am Vorabend im Hotel erkundigen, für Nicht-Muslime sind die islamischen Sehenswürdigkeiten derzeit nicht zugänglich

Als Gott die Welt schuf, schien das Licht der Überlieferung nach zuerst über dem **Tempelberg** (hebr. Har HaMoriyya, arab. Haram el Sharif). Dahinter steht die Vorstellung, Gott wähle für Orte der zentralen Verehrung nicht nur die schönsten, sondern auch immer die höchsten Plätze – der Mensch unten, Gott oben. Nirgends kommen sich Juden, Muslime und Christen näher als am Tempelberg. Aus Angst vor Anschlägen werden Besucher allerdings meist akribisch kontrolliert.

Nicht-Muslimen ist der Zugang zum arabisch-palästinensischen Tempelberg derzeit nur über die weithin sichtbare Rampe möglich, die beim Archaeological Park Davidson Center (s. S. 155) am Misttor beginnt und Richtung Klagemauer verläuft. Freitags, an islamischen Feiertagen, im Ramadan und zu Gebetszeiten wird der Eintritt von israelischen Sicherheitskräften zeitweise untersagt oder auch unangekündigt komplett geschlossen – der Tempelberg ist ein sensibler Ort.

Im Jahr 2007 führten Baumaßnahmen, die nach schwerem Regen und einem Erdbeben den weiteren Zugang sichern sollten, zu Gerüchten, Israel wolle den Felsendom zum Einsturz bringen. Es kam zu gewalttätigen Ausschreitungen. Das Plateau ist mit seinem schattigen Park im Gegensatz zur Altstadt meist ein Ort der Stille. Man schlendert an der westlichen Umfassungsmauer durch die Arkaden und schaut durch ein vergittertes Fenster, darüber im Stein die palästinensische und jordanische Flagge und eine Krone – das Grabmal des 1951 in Al Aqsa ermordeten jordanischen Königs Abdullah I. Die nördlichen Arkaden sind vermauert. Zu Schulzeiten unüberhörbar, werden hier Schüler der 1958 gegründeten Al-Aqsa-Religionsschule unterrichtet.

Den Tempelberg kann man übrigens durch jedes der von Sicherheitskräften bewachten Tore zur Altstadt verlassen. So führt u. a. im westlichen Arkadengang das Bab al Qatanin (Gate of the Cotton Merchants) direkt in den Souq el Qatanin im muslimischen Viertel der Altstadt und in der nordöstlichen Ecke das Bab al Asbat (Gate of the Tribes) zu Löwentor und Via Dolorosa.

Geschichte

Auf dem Tempelberg erbaute Salomo ab ca. 960 v. Chr. den Ersten Tempel. Der Berg Moriah, eine Tempelbaustelle mit 160 000 Arbeitern, wurde mit einer Mauer umgeben. Innerhalb der Umfriedung lagen auch Palast und Harem. Die Wände des 50 m hohen Tempels, bestehend aus Vorhalle, heiligem Raum und dem Allerheiligsten mit der Bundeslade, waren mit Zedernholz verkleidet. Den Eingang des Tempels flankierten Boas (›Stärke‹) und Jachin (›Festigkeit‹), zwei 9 m hohe Bronzesäulen. Im Vorhof befanden sich der Brandopferaltar, ein von zwölf Bronzetieren getragenes Wasserbecken in Lilienform sowie die zehn Kesselwagen, die zum rituellen Waschen des Fleischs benutzt wurden. Im Jahr 587 v. Chr. stahl Nebukadnezar II. alles Wertvolle aus dem Tempel, zerstörte ihn und führte die Juden als Gefangene nach Babylon.

Herodes der Große erbaute den Zweiten Tempel, der größer und prächtiger als der Erste werden sollte. »Über und über war der Tempel mit dicken Goldplatten umhüllt. Und wenn die Sonne aufging, dann gab er einen Glanz wie Feuer von sich«, schrieb der Chronist Flavius Josephus, ein Hohepriester mit Zugang zum Tempel (seine Beschreibung wird von einem Hologramm im Zitadellen-Museum veranschaulicht, s. S. 147). Eine 1,5 km lange Mauer fasste den Tempelbezirk ein, zu dem Nicht-Juden der Zutritt bei Androhung der Todesstrafe verboten war. 14 000 m² maß die Fläche des trapezförmigen Areals. Mosaiken schmückten den Vorhof. Der 50 m hohe Tempel thronte auf einem über zwölf Stufen zugänglichen Podium. In der Vorhalle befanden sich die 43,6 kg schwere Menora und der Kulttisch mit den

Tempelberg

zwölf Broten, Symbol des ewigen Bundes zwischen Juden und Gott.

70 n. Chr. brannten römische Legionäre im Siegesrausch den Tempel nieder. Nur die westliche Mauer blieb erhalten – die heutige Klagemauer. Kaiser Hadrian platzierte 130 einen Jupitertempel auf dem Berg, Ursache des zweiten jüdischen Kriegs gegen Rom (132–135), der mit der Vertreibung aller Juden aus Jerusalem endete (bis 363). Die siebenarmige Menora wurde nach Rom gebracht. 638 eroberte Kalif Omar I. Jerusalem. Und an dem Felsen, wo Abraham sein Opfer dargebracht haben soll, ließ er den Qubbet el Sachra bauen. Die Architektur des Felsendoms ist von der Grabeskirche beeinflusst.

Islamisches Museum und Salomos Ställe

In der südwestlichen Ecke des Tempelplatzes liegt das 1923 eröffnete **Islamische Museum** 33, das Gegenstände aus der Al-Aqsa-Moschee wie Koranmanuskripte und Münzen zeigt sowie aus dem Felsendom das Kupfergitter, mit dem die Kreuzfahrer den Felsen umgaben (zzt. geschl.). **Salomos Ställe** 34 in der Südostecke sind wegen Einsturzgefahr nicht zugänglich. Eine Treppe führt in ein unterirdisches, von 88 Säulen getragenes Gewölbe, das mit König Salomo aber gar nichts zu tun hat, denn die Tempelritter brachten hier ihre Pferde unter. Angeblich wurde hier von der islamischen Religionsbehörde eine geheime unterirdische Moschee riesigen Ausmaßes errichtet.

Al-Aqsa-Moschee 35

»Preis sei dem, der seinen Diener bei Nacht von der heiligen Moschee zur fernsten Moschee … reisen ließ.« So beginnt Sure 17 des Koran über die Himmelsreise des Propheten. Die fernste Moschee, das ist die **Al-Aqsa-Moschee** mit ihrer Silberkuppel. 715 ließ Kalif Walid eine Moschee errichten, die den Sakral-

Der Felsendom: Die goldene Kuppel markiert das Zentrum der Welt

Jerusalems Altstadt

bau von Kalif Omar aus dem Jahr 638 ersetzte. Nach einem Erdbeben musste die Moschee ab 780 wieder aufgebaut werden. Sie war prächtig, mit 15 Schiffen und einer Kuppel über dem Mittelschiff. Die Kreuzritter nutzten sie erst als Residenz, dann als Sitz des Templerordens, ehe Saladin sie 1187 wieder ihrer eigentlichen Bestimmung zuführte. Heute besteht die 90 m lange und 60 m breite Moschee, die man – sofern überhaupt zugänglich – ohne Schuhe durch das Hauptportal betritt, aus einem Mittelschiff mit Säulen aus italienischem Carrara-Marmor und Arkaden, auf beiden Seiten flankiert von je drei Seitenschiffen. Die 18 m hohe Kuppel ruht auf acht Pfeilern. An der Ostwand, vom Eingang aus links hinten, ist noch die Nische des Zacharias erhalten, Teil einer Kirche, die Kreuzfahrer einbauen ließen.

Besonders schön ist der mit Mosaiken verzierte Triumphbogen, dessen stilisierte Palmwedel als Symbol für das Paradies stehen. Im Aronsgrab werden die Gebeine der Mörder des Erzbischofs von Canterbury vermutet, die im 12. Jh. als Pilger nach Jerusalem gekommen waren. Am 20. Juli 1951 fiel in der Moschee der Hüter der muslimischen Heiligtümer in Jerusalem, der jordanische König Abdullah, einem Attentat zum Opfer; Spuren der Schießerei sind an einer der Säulen zu sehen. Außerhalb der Moschee liegen, zur südwestlichen Mauerecke hin, die für Besucher geschlossene Frauenmoschee (Weiße Moschee) und das Islamische Museum (s. S. 157).

Felsendom 36

Über eine weite Freitreppe nähert man sich von Al Aqsa kommend dem großartigen **Felsendom** (Qubbet el Sachra). Strenggläubige Juden betreten den Tempelberg generell nicht, da einst auch nur der Hohepriester Zutritt hatten, doch immer mehr ignorieren das Verbot. 54 m misst die vergoldete, doppelschalig gearbeitete Kuppel mit Kupferdach (20,3 m Innendurchmesser), die auf einem Oktogon ruht, das mit farbigem Marmor und blauen, weißen und grünen Kacheln verkleidet ist. Durch 16 farbige, von Saladin gestiftete Glasfenster dringt gedämpftes Licht ins Innere.

Omaijaden-Kalif Abdel Malik errichtete 688–691 den Dom zur Erinnerung an Mohammeds Himmelfahrt. Eine Inschrift bezeugt seine Urheberschaft, die ihm Kalif Mamun, Sohn des Harun al Rashid, Anfang des 9. Jh. streitig machen wollte, indem er seinen eigenen Namen einsetzen ließ. Doch vergaß man das Datum abzuändern. Die vier Portale sind nach den Himmelsrichtungen angelegt. Goldfarbene Arabesken, Mosaiken mit Blumenmuster und kunstvolle Kalligrafien von Koranzitaten schmücken das Innere. Die rotgrundige Kuppel zieren vergoldete Stuckornamente. Bis zu 2 m ragt der 13 x 18 m große Fels aus dem Boden. Die goldene Kette, die von der Kuppel herabhängt, markiert das Zentrum der Welt. Kreuzfahrer ließen über dem Fels einen Marmoraltar errichten. Die Standpunkte der Säulen wurden von den Baumeistern geometrisch berechnet. Man zog um den Felsen einen Kreis von der Größe des späteren Kuppelrunds, in den ein mit den Seiten nach den Himmelsrichtungen angelegtes Quadrat gezeichnet wurde. Auf die vier Eckpunkte des Quadrats, die den Kreis tangieren, setzte man die den Kuppelunterbau tragenden Säulen. In den Kreis zeichnete man sodann ein um 45° gedrehtes Quadrat, wodurch ein achteckiger Stern entstand. An dessen Zacken richtete man die Standorte der weiteren vier Säulen aus. In einem dritten Schritt wurden die Quadratseiten verlängert, wodurch acht neue Schnittpunkte entstanden, auf die die äußeren Stützpfeiler des Oktogons platziert wurden. So wuchs aus dem Kreis und dem Quadrat die geometrische Anordnung der Säulen des Doms.

In der Ecke links des Eingangs glaubt die Überlieferung einen Fußabdruck von der Nachtreise des Propheten zu erkennen, im Reliquienschrein sollen Barthaare des Propheten ruhen, an der Felskante schließlich befindet sich angeblich ein Fingerabdruck des Engels Gabriel, der Mohammed auf dem Ross Buraq zur Himmelsreise von Mekka hierher gebracht hatte. Um die jeweiligen Stellen zu finden, sollte man einen Wächter fragen, auch wenn man sich vielleicht ein unfreundliches Wort dabei einhandelt.

Unter dem Fels liegt eine natürliche Höhle, unter deren Boden sich die Quelle der Seelen befindet, wo sich nach islamischem Volksglauben die Seelen donnerstags und freitags zum Gebet treffen. Hier verehren die Muslime Abraham, David, Salomo und Elija.

Via Dolorosa und Grabeskirche

Cityplan: S. 142

St.-Anna-Kloster 37
April–Sept. Mo–Sa 8–12, 14–18, Okt.–März 8–12, 14–17 Uhr, 12 NIS
Nahe dem Löwentor liegen am Beginn der Via Dolorosa das **St.-Anna-Kloster** und die gleichnamige Kirche (1140), ein wunderbares Beispiel der Kreuzfahrerarchitektur. Nach muslimischem und christlichem Volksglauben soll an der Stelle über der Krypta das Haus der Eltern Marias gestanden haben. Königin Alda, die Witwe Balduins I., des ersten Jerusalemer Königs aus den Reihen der Kreuzritter, ließ die Kirche auf dem Platz einer zerstörten Basilika errichten. Saladin verwandelte die Kirche in eine Moschee und Napoleon III. bekam sie von den Türken aus Dankbarkeit für seine Unterstützung während des Krimkriegs (1853–56) geschenkt. 1877 ging die Kirche in den Besitz der Pères Blancs über, einer 1868 in Algerien gegründeten Missionskongregation. Die dreischiffige Kirche ist sehr schlicht gehalten. Der Hochaltar wurde erst 1954 geschaffen und zeigt Verkündigung, Geburt, Kreuzabnahme Christi sowie an den Seiten Maria im Tempel und Maria mit ihrer Mutter Anna. Berühmt ist die Kirche auch wegen ihrer Akustik.

Teiche von Bethesda
Daneben liegen die Ausgrabungen an den **Teichen von Bethesda** (*Beit Hesda*, ›Haus der Barmherzigkeit‹), die die byzantinische Basilika und ein hasmonäisches Bad zutage förderten. Nach dem Neuen Testament kurierte Jesus hier am Shabbat einen Lahmen. Doch schon vorher, zu Zeiten Herodes, der die Doppelzisterne im Zug des Tempelneubaus erweitern ließ, galten die Wasser als heilend. Die Römer vergrößerten die Anlage um ein Dampfbad und weihten sie Serapis. Im Mittelalter verlor der Teich an Bedeutung und geriet in Vergessenheit, bis man ihn zwischen 1873 und 1914 bei Grabungen wiederentdeckte.

Via Dolorosa
Prozession jeden Fr ab 14.30 Uhr
Jeden Freitagnachmittag um halb drei: Vor dem Löwentor sammeln sich Pilgergruppen – junge und alte Menschen aus aller Welt, Nonnen und Ordensbrüder, Touristen in Shorts, sogar ägyptische Kopten, denen von ihrem Papst 1995 eigentlich jeder Jerusalembesuch bei Androhung der Exkommunikation verboten wurde. Schlag drei Uhr, zur Stunde des Kreuzigungstods Jesu, schiebt sich dann eine in vielen Sprachen betende und singende Menschenmenge durch die Gassen. Voran schreitet ein Franziskaner, der – wegen des Lärms – über Lautsprecher die einzelnen Stationen erklärt. Manche haben schwere Kreuze mitgebracht und schleppen sie durch das Altstadtlabyrinth. Die arabischen Händler hier warten schon auf die Pilger. Nicht nur Getränke, Postkarten und allerlei profaner und religiöser Nippes, Abbildungen der Kaaba neben Christus- und Marienbildern werden hier verkauft, in einigen Läden ersteht man für ein paar Schekel Dornenkronen, die sich manche auch sogleich aufs Haupt drücken. Entrückt und verklärt wirken viele Menschen, manche haben Tränen in den Augen.

Die **Via Dolorosa,** die 14 Stationen des Kreuzwegs Jesu von der Burg Antonia bis zum Kalvarienberg, verbindet muslimisches und christliches Viertel. Der Weg, den die Pilger heute nehmen, ist nicht der historisch wahrscheinliche. Ursprünglich zogen byzantinische Pilger am Gründonnerstag vom Garten Gethsemane zum Kalvarienberg. Erst im 8. Jh. wurden Haltepunkte festgelegt. Man ging nun von Gethsemane um die Stadt herum zum Berg Zion und dann vorbei am Tempelplateau zur Grabeskirche.

Jerusalems Altstadt

Jeden Freitagnachmittag ziehen Prozessionen durch die Via Dolorosa

Im Mittelalter existierten zwei Passionswege, einer mit acht Stationen, den die Einheimischen gingen, und einer mit 14 Haltepunkten, den die europäischen Pilger vorzogen. Die Stationen I, IV, V und VIII wurden erst im 19. Jh. festgelegt.

Station I – Pilatus verurteilt Jesus zum Tod
Ohne historischen Bezug, schlicht aus organisatorischen Gründen, beginnt der Kreuzweg im Innenhof der **Omariya-Schule,** in der sich die von Kreuzfahrern errichtete, Besuchern normalerweise nicht zugängliche Dornenkrönungskapelle befindet.

Station II – Jesus nimmt das Kreuz
Die **Geißelungs- und Verurteilungskapellen** liegen unmittelbar nördlich im Hof eines Franziskanerklosters und wurden Anfang des 20. Jh. auf den Fundamenten älterer Kapellen errichtet. Sehenswert sind die Glasfenster der Geißelungskapelle. Sie zeigen die Folter, Pilatus und den freigelassenen Barrabas. Die Wandbilder in der Verurteilungskapelle greifen der IV. Station vor und zeigen Jesus mit seiner Mutter (tgl. 8–18, im Winter 8–17 Uhr).

Weiter auf der Via Dolorosa überspannt der sog. Ecce-Homo-Bogen (136 n. Chr.) die Gasse zur **Ecce-Homo-Basilika** 38 **,** die der zum Katholizismus konvertierte Straßburger Jude und spätere Pater Ratisbonne 1857 für jene Stelle hielt, an der Pilatus angesichts des tapfer die Qualen ertragenden Jesu »Ecce homo« geäußert haben soll. Ratisbonne ließ die Basilika bauen und gründete mit dem Kloster Nôtre Dame de Zion auch den Orden der Zionsschwestern.

In der Krypta sieht man das Steinpflaster des – tatsächlich erst im 2. Jh. angelegten – Hofs, in dem Pilatus Jesus verurteilt haben soll. Deutlich erkennbar sind die eingefahrenen Spuren von Pferdewagen. Einen kurzen Besuch lohnt hier auch der Trakt, der das Bibelmuseum der Franziskaner beherbergt. Hier wird eine Sammlung von liturgischen Gegenständen aus der Kreuzfahrerzeit gezeigt, alles geordnet nach biblischen Orten (tgl. 8.30–17 Uhr, 10 NIS).

Via Dolorosa und Grabeskirche

Station III – Jesus stürzt zum ersten Mal
Eine Kapelle links vom Eingang zum Hospiz des armenisch-katholischen Patriarchen kennzeichnet die Stelle. Gegenüber vom Hospiz und dem polnischen Bibel- und Archäologiemuseum liegt das **österreichische Pilgerhospiz** 13 (1863), in dessen Kapelle die Heilige Familie und die Heiligen der Doppelmonarchie Österreich-Ungarn verehrt werden. Nicht zu unterschätzende säkulare Bedeutung hat das Austrian Hospice wegen des Wiener Kaffeehauses (tgl. 10–22 Uhr), das u. a. Meinl-Kaffee, Gulaschsuppe, Wiener Schnitzel, Spätzle und Brettljausn auf der Karte führt. Nur wenige Schritte weiter zweigt die Via Dolorosa links in die Al Wad Street ein.

Station IV – Jesus trifft auf seine Mutter
In der armenisch-katholischen **Kirche der Schmerzen Mariä** stellt ein Bodenmosaik die Begegnung Jesus mit seiner Mutter dar. An der Ecke biegt die Via Dolorosa nach rechts in die Al Khanka Street ab.

Station V – Simon trägt das Kreuz
Der zufällig unter den Zuschauern stehende Simon von Kyrene (›der vom Feld kam‹, Lukas 23,26) muss – gezwungen von römischen Soldaten – das Kreuz tragen, als Jesus nicht mehr die Kraft dazu hat.

Station VI – Veronika trocknet Jesu Gesicht
Leicht zu verfehlen ist dieser Haltepunkt auf der linken Seite der Gasse, wo Veronika mit ihrem Schleier Blut und Schweiß von Jesu Gesicht abtupfte. Eine Klosterkapelle der griechischen Kleinen Schwestern Jesu, errichtet an der Stelle von Veronikas Haus, erinnert an die Legende. Das ›Schweißtuch der Veronika‹ wird heute in einem Pfeiler des Petersdoms in Rom aufbewahrt.

Station VII – Jesus stürzt zum zweiten Mal
Im 1. Jh. war man hier, wo heute das Hauptgeschäftsviertel liegt, bereits am Stadtrand angelangt. Eine rot markierte Säule in der Franziskanerkapelle (1875) bezeichnet die Stelle des Sturzes.

Station VIII – Jesus spricht zu den weinenden Frauen
Dieser Platz lag bereits außerhalb der Stadtmauer, nahe dem Ort der Kreuzigung. Unmittelbar am Charalamboskloster erkennt man an der Mauer das Kreuz und die Buchstaben ICXC NIKA, griechisch für »Jesus Christus siegt«. Von hier muss man ein Stück zurückgehen bis zur nächsten Kreuzung und von der Al Khanka Street kommend nach rechts in die Khan el Zeit Street einbiegen. Nach ca. 100 m führt eine Treppe hinauf zum koptischen Kloster. Man folgt dem Weg, der einen Knick nach rechts, dann nach links macht.

Station IX – Jesus stürzt zum dritten Mal
Reste einer Säule am koptischen Kloster markieren die Stelle am Fuß des Golgotahügels. Die Stationen X–XIV des Kreuzwegs liegen bereits innerhalb der Grabeskirche (s. unten).

Grabeskirche 39
Im Sommer Mo–Sa 5–21, So bis 20, Winter 4–19 Uhr

Der erste Besuch in der **Grabeskirche** kann enttäuschend und verwirrend sein. Verwirrend, weil man sich nicht einer Kirche, sondern über 30 auf zwei Etagen verteilten Kirchen gegenübersieht. Enttäuschend, weil die Grabeskirche beinahe von allen Seiten zugebaut ist – jede christliche Konfession versuchte, mit ihren Bauten so nah wie möglich heranzurücken. Die andächtige Stimmung, die man vom bedeutendsten christlichen Heiligtum erwartet, wird nicht von frommen Pilgern und Touristen gestört, sondern von Horden von Patres und Mönchen, die sich rüde den Weg bahnen, unpassend gekleidete Touristen abweisen und sich oft so geben, als sei die Grabeskirche ihr von Laien entweihter Privatbesitz. In der Kirche wird im wahrsten Wortsinn um jeden Zentimeter gestritten. Welche christliche Konfession darf wo putzen, wo zu diesem Zweck welche Leitern auf- oder umstellen? Es ist ein Dauerkonflikt unter den Mönchen, der sich am Palmsonntag 2008 nicht zum ersten Mal in einer Schlägerei entlud – die rivalisierenden Patres mussten von der Polizei getrennt werden.

Jerusalems Altstadt

Der Streit um die Kirche ist alt. Die Osmanen betrauten schon im Mittelalter zwei muslimische Familien mit dem Hausmeisteramt und der alleinigen Schlüsselgewalt, damit die verschiedenen Konfessionen sich nicht gegenseitig nachts Begehrlichkeiten auslösende Reliquien und Kultgegenstände entwendeten. Diese Familien hüten, öffnen und schließen das Heiligtum bis heute jeden Morgen und Abend.

Die Grabeskirche wurde 331 von Helena, der Mutter des römischen Kaisers Konstantin, auf den Trümmern eines römischen Venustempels erbaut. Hadrian, der nach dem Bar-Kochba-Aufstand 136 Jerusalem zerstört hatte, ließ das Jesusgrab unter einer Terrasse verschwinden, damit es in Vergessenheit geriet. 614 ging die Grabeskirche unter den Persern in Flammen auf und wurde nach deren Vertreibung wiederaufgebaut. Kalif Omar schonte 638 das Heiligtum, das dann 1009 von Hakim völlig zerstört wurde. Bis 1042 konnte die christliche Gemeinde mit byzantinischer Unterstützung einen Teil neu errichten. Die Fertigstellung und Erweiterung der Grabeskirche in ihrer heutigen Form stammt weitgehend von den Kreuzrittern, die sie am 15. Juli 1149, dem 50. Jahrestag der Einnahme Jerusalems, einweihten.

Wie schon Kalif Omar im 7. Jh., so schonte auch Saladin 1187 bei der Rückeroberung Palästinas die Grabeskirche und verzichtete – Kalif Omar hatte dies ebenfalls getan – darauf, in der Kirche zu beten, damit sie nicht später in eine Moschee umgewandelt würde. 1808 wurde die gut erhaltene Kirche teilweise ein Opfer der Flammen, 1927 beschädigte ein Erdbeben sie erheblich. Doch erst 1959 begannen die Renovierungsarbeiten, da sich die verschiedenen Konfessionen 32 Jahre lang nicht über das Prozedere einigen konnten. Das Monument Grabeskirche gehört, und zwar genau in dieser Reihenfolge, der griechisch-orthodoxen, der armenisch-katholischen und der römisch-katholischen Kirche. Kopten und andere Konfessionen besitzen nur einzelne Kirchen innerhalb des Komplexes.

Vom gepflasterten Vorhof (12. Jh.) sieht man die Südfassade, dekoriert mit wunderschönen Steinmetzarbeiten aus der Kreuzfahrerzeit. Durch ein Portal mit zwei Spitzbögen betritt man die Kirche und stößt auf eine rötliche, auf dem Boden liegende Kalksteinplatte, vor der viele Gläubige knien und sie vor und nach dem Gebet küssen. Es ist der **Salbungsstein,** auf dem nach der Überlieferung der Leichnam Christi gesalbt wurde (s. Abb. S. 163). Es lohnt sich, hier ein wenig als Beobachter zu verweilen. Ordensschwestern und fromme Pilger aus aller Welt beten still und breiten auf dem Stein Bibeln und Rosenkränze und allerlei sonstige Souvenirs aus, die sie mit diesem stillen Ritual als geweiht betrachten.

Unmittelbar hinter dem Stein führt eine Treppe hinauf zur 1810 errichteten zweischiffigen **Golgotakapelle,** die von drei Altären dominiert wird: rechts der Kreuzannagelungsaltar (1588), in der Mitte der Stabat-Mater-Altar (›Es stand die Mutter‹) und links der Kreuzigungsaltar. Unter einer silbernen Platte kann man hier, auf dem Boden kniend, die Vertiefung ertasten, in der das Kreuz Jesu stand. Daneben findet sich der Felsspalt, der sich beim Tod Jesu auftat.

In der Kapelle setzt sich der **Kreuzweg** fort: »Und zur sechsten Stunde kam eine Finsternis über das ganze Land bis zur neunten Stunde. Und zu der neunten Stunde rief Jesus laut: *Eli, Eli, lama asabtani?* (›Mein Gott, mein Gott, warum hast du mich verlassen?‹) Jesus schrie laut und verschied … Und der Vorhang im Tempel zerriss in zwei Stücke von oben an bis unten aus. Der Hauptmann aber, der dabeistand, ihm gegenüber, und sah, dass er so verschied, sprach: Wahrlich, dieser Mensch ist Gottes Sohn gewesen!« (Markus 15,33–39).

Station X markiert die Stelle, an der Jesus vermutlich seiner Kleider entledigt wurde, und **Station XI** den Ort, an dem Jesus ans Kreuz genagelt worden sein soll. Dort, wo sich heute **Station XII** befindet, ist Jesus wohl gestorben. Bei **Station XIII** legte man den Leichnam in den Schoß der Gottesmutter. Station XIII erkennen an dieser Stelle nur die Katholiken an, während die griechisch-orthodoxen Gläubigen den Salbungsstein als vorletzte Station verehren.

Via Dolorosa und Grabeskirche

Über die Treppe begibt man sich wieder ins Erdgeschoss und geht zur großen **Grabrotunde,** einem halbrunden Bau mit einer 50 m hohen Kuppel, die durch eine 1863 erbaute und 2016/17 restaurierte Eisenkonstruktion geschützt wurde; in der Tiefe fand sich ein seit dem 16. Jh. nicht mehr gesehenes leeres Grab mit eingraviertem Kreuz. Hier liegt nach christlicher Tradition das Grab Jesu und damit **Station XIV.** Eine Marmorplatte, über der drei Bilder die Auferstehung darstellen, verdeckt den Fels, auf dem Jesu Leichnam bis zur Osternacht lag. Lange Menschenschlangen stehen vor dem schmalen Eingang des unbeleuchteten Grabs, das nicht mehr als vier bis sechs Gläubige fasst, die die Gruft meist mit Opferkerzen und Fackeln betreten. Sie wurde 1810 in türkischem Rokokostil erbaut. Im sehenswerten westlichen Abschnitt der Grabrotunde liegen das Grab des Jüngers Josef Arimatäa, der Jesus Leib eingewickelt und in das für ihn selbst gehauene Grab gelegt hatte, die Aula der Maria Magdalena (sie sah als Erste den Auferstandenen) und die Erscheinungskapelle (Marienkapelle der Franziskaner), deren zentraler Säulenstumpf als Geißelungssäule Jesu verehrt wird; hier erschien der auferstandene Jesus seiner Mutter.

Östlich der Rotunde, vom Eingang der Grabeskirche kommend rechts, findet man den **Nabel der Welt,** einst ein offener heiliger Garten mit einer markanten Steinsäule, eines von vielen religionsgeografischen Zentren der Welt, wie sie in der Antike und im Mittelalter von verschiedenen Kulturen festgelegt wurden.

Noch weiter östlich liegen die **Helenakapelle** und die **Grotte der Kreuzauffindung,** in der die kaiserliche Stifterin der Kirche drei Kreuze gefunden haben soll – das Kreuz Jesu wurde durch die Heilung eines Kranken identifiziert, der alle drei berührt hatte (tgl. 4.30–20 Uhr).

Pilger küssen den Salbungsstein in der Grabeskirche

Christliches Viertel

Cityplan: S. 142

Auf 19 ha nimmt das **christliche Viertel** – im 4. Jh. aus dem Wunsch heraus entstanden, der Grabeskirche möglichst nahe zu sein – mit rund 1200 Familien den nordwestlichen Teil der Altstadt ein, zieht sich vom Jaffator bis fast an das Damaskustor und wird von der Stadtmauer sowie der belebten David Street eingegrenzt.

Salvatorkloster 40

In der St. Francis Street residiert im **Salvatorkloster** (bis 1559 armenisch) der Franziskanerorden, in dessen Obhut sich seit dem 14. Jh. die katholischen heiligen Stätten in Palästina befinden. Nahebei finden sich auch die anderen orthodoxen und koptischen Patriarchate der verschiedenen griechischen und äthiopischen Kirchen.

Muristan und Kirche Johannes des Täufers

Bei der Christian Quarter Road (HaNotsrim), die die beiden Straßen St. Francis Street und die David Street miteinander verbindet, liegt auf dem Platz des römischen Forums der **Muristan**, ein wunderschöner Basar. An ihn grenzt südlich die **Kirche Johannes des Täufers** 41, Jerusalems ältestes Gotteshaus, im 11. Jh. von frommen Kaufleuten aus dem italienischen Amalfi auf einer Kirche aus byzantinischer Zeit errichtet. Hier wurden viele Kreuzritter beigesetzt (unregelmäßige Öffnungszeiten, einfach vorbeischauen und nach einem Priester fragen).

Erlöserkirche 42

www.durch-die-zeiten.info, Kirche und Turm Mo–Fr 10–17 Uhr, archäologischer Park Mo–Sa 10–17 Uhr, Turm und Ausgrabungen 15 NIS

Ein hoher, weißer Glockenturm, der die Silhouette der Jerusalemer Altstadt prägt, ist das auffallendste Merkmal der lutheranischen **Erlöserkirche,** die 1898 an der Stelle einer Kirche aus dem 11. Jh. entstand. Kaiser Wilhelm II. weihte die Basilika – das Grundstück war ein Geschenk der Osmanen an Deutschland – bei seinem Jerusalembesuch ein. Sehenswert sind das mit den Tierkreiszeichen und Monatssymbolen dekorierte Tor des verschlossenen Nordeingangs sowie der Kreuzgang. Vom Glockenturm genießt man eine sehr schöne Aussicht. Ende 2012 eröffnete unter der Erlöserkirche der archäologische Park **Durch die Zeiten,** eine Tour, die mit Lichteffekten und 3-D-Animationen durch einen Steinbruch, Gärten und Marktplätze 2000 Jahre Jerusalemer Geschichte erzählt.

Al-Omaria- und Al-Khanka-Moschee

Die von Saladin gestifteten Moscheen **Al Omaria** 43 und **Al Khanka** 44 liegen südlich und nördlich der Grabeskirche und sollen an das Gebet des ersten Jerusalemkalifen Omar im Vorhof der Grabeskirche erinnern. Die beiden Minarette dieser Moscheen entstanden im 15. Jh.

Klosterdorf Deir-el-Sultan 45

Ein Kuriosum Jerusalems stellt das äthiopische **Klosterdorf Deir-el-Sultan** (›Kloster des Sultans‹) dar. Vom Vorhof der Grabeskirche sieht man den Zugang zur Michaelskapelle. Sie hat lediglich sechs Bänke für Besucher und ist mit sehr schlichter Malerei ausgestattet. An ihrer linken Seite führt eine Treppe hinauf in eine zweite Kirche, in der sich ein Bild der jemenitischen Königin von Saba befindet, die Salomo prüft (Äthiopiens Christen glauben, dass König David Stammvater ihrer Religion ist).

Durch diese Kirche gelangt man auf das Dach mit der Lichtkuppel der darunterliegenden Helenakapelle. Nachdem die Kopten im ewigen Streit um die Grabeskirche ihre äthiopischen Brüder und Schwestern weitgehend vertrieben hatten, ließen sich die äthiopischen Mönche, Nonnen und Priester auf dem Dach der Grabeskirche nieder.

Ein anderer Weg zu der ungewöhnlichen Wohnstätte beginnt an Station X der Via Dolorosa. Folgt man dem Schild »Coptic Orthodox Patriarchat«, gelangt man auf das Dach der Grabeskirche.

Sterbekult im Judentum – Steine statt Blumen

Spätestens beim Besuch des Ölbergs in Jerusalem sieht man den ersten jüdischen Friedhof. Mit Tod und Beerdigung sind in der jüdischen Glaubenspraxis eigene Riten verbunden.

Am Jüngsten Tag werden alle Menschen am Ölberg versammelt sein und gegenüber auf dem Tempelplateau wird der Stuhl des Richters stehen. Zwei Brücken überspannen das Tal – eine aus Papier, eine aus Eisen. Nach dem Glauben wird die Eisenbrücke samt den Sündern darauf einstürzen, die Papierbrücke aber wird alle Guten in die Ewigkeit tragen. Um ganz sicher am Jüngsten Tag zur Stelle zu sein, lassen sich viele Juden auf einem Friedhof am Ölberg beisetzen, der größten jüdischen Grabanlage der Welt.

Nach dem Glauben ist der Tod nur eine Unterbrechung des Lebens, das bei Gott weitergeführt wird. »Du aber«, sagt Daniel 12,13, »geh hin, bis das Ende kommt, und ruhe, bis du auferstehst zu deinem Erbteil am Ende der Tage.« Der Leichnam wird nach einer rituellen Reinigung binnen 24 Stunden beigesetzt. Langes Warten wäre eine Erniedrigung des Toten. Der Leichnam wird nicht eingesargt, sondern in ein Leintuch gewickelt. (In Deutschland, wo eine Beisetzung ohne Sarg verboten ist, wird der Sarg mit Laken ausgeschlagen.) Das Grab wird erst unmittelbar vor der Beisetzung geschaufelt. Es soll frisch sein wie ein eben gemachtes Bett. Im Andachtsraum vollziehen die engsten Verwandten Kerija, das Einreißen der Kleider, heute meist nur das symbolische Einreißen eines Revers. Die Bibel erwähnt diese Handlung mehrmals, z. B. als Jakob glaubt, der von den Brüdern verkaufte Josef sei von einem Tier gefressen worden. Aus Trauer zerreißt Jakob seine Kleider, legt ein härenes Tuch um seine Lenden. Verwandte und Freunde – nur Männer – tragen die Bahre zum Grab und jeder, beginnend mit dem nächsten Verwandten, schaufelt Erde hinein, bis der Tote beerdigt ist. Dem folgt das Predigerwort 12,7: »Denn der Staub muss wieder zur Erde kommen, wie er gewesen ist, und der Geist wieder zu Gott, der ihn gegeben hat.« Am Ende wird das Kaddisch gesprochen, ein Lob Gottes aus der frühen jüdischen Liturgie von unklarer Herkunft. »Erhoben und geheiligt werde sein großer Name in der Welt, die er nach seinem Willen erschaffen, und sein Reich erstehe in eurem Leben und in euren Tagen und dem Leben des ganzen Hauses Israel schnell und in naher Zeit, sprechet: Amen!«

Einäscherung wird im Judentum abgelehnt, obwohl weder Thora noch Talmud sie ausdrücklich verbieten. Die Zeit zwischen Tod und Begräbnis heißt Aninut. Nach der Beerdigung beginnt die Trauerwoche, die Shiwa, in der – ein verblasster Brauch – die sieben Trauernden (Vater, Mutter, Sohn und Tochter, Bruder und Schwester sowie Ehepartner) zu Hause des Toten gedenken, auch nicht in die Synagoge zum Beten gehen. Vom Todeszeitpunkt an beginnen das Trauerjahr für Vater und Mutter, der Trauermonat Schloschim für andere Verwandte. Üblicherweise werden Grabsteine aufgestellt, den Text verfassen Angehörige. Einmal im Jahr, am jüdischen Datum des Todes, wird des Verstorbenen gedacht. Auf das Grab legt man bei Besuchen nie Blumen, sondern Steine als andauerndes Zeichen eines Bundes.

Außerhalb der Altstadt

▶ 2, F 11

Jerusalems faszinierende Geschichte und vor allem die Spuren Jesu enden nicht an den Mauern der Altstadt. Der Ölberg mit dem Garten Gethsemane gehört zu den biblischen Orten, die mit dem Verrat und den letzten Lebensstunden Christi verknüpft sind. Unweit davon liegt das Tal Josaphat, das nach jüdischem Glauben der Schauplatz des Jüngsten Gerichts sein wird.

Ölberg und Berg Skopus

Cityplan: S. 169

Moderne Zeiten: Das Hotel Seven Arches mit dem schönen Ausblick auf Jerusalem krönt über den Prophetengräbern heute den **Ölberg** 46 (Har HaZetim). Weil sie auf einem alten jüdischen Friedhof errichtet wurde, ist die Herberge heftig umstritten. Park- und Aussichtsterrasse davor sind bei Sonnenuntergang bevölkert mit kamerabewaffneten Touristen, Sportvereine und Schulklassen posieren für das Gruppenfoto vor Jerusalems Kulisse. Darüber vergisst man beinahe, dass der 740 m hohe Berg, der seinen Namen den dichten Olivenhainen verdankt, der größte jüdische Friedhof der Welt, hohes jüdisches und christliches Heiligtum ist. Hier verbrachte Jesus den letzten Abend mit seinen Jüngern. Hier wurde Jesus nach dem Verrat des Judas verhaftet. Und von diesem Berg aus wurde Jesus »aufgehoben gen Himmel und setzte sich zur Rechten Gottes« (Markus 16,19).

Stephanskirche 47

Tgl. 8–12, 14–17 Uhr

Am besten verlässt man die Altstadt durch das Löwentor. Der Weg führt vorbei an der griechisch-orthodoxen, 1968 fertiggestellten byzantinischen **Stephanskirche** mit ausgefallenen Bodenmosaiken. An diesem Ort soll Stephanus, der erste christliche Märtyrer, gesteinigt worden sein.

Mariengrab 48

Tgl. 5–12, 14–17, im Winter ab 6 Uhr, Eintritt frei

Weiter geht es zum **Mariengrab,** in dem eine von den Kreuzfahrern restaurierte Krypta den Ort bezeichnet, der als letzte (tatsächlich nicht bekannte) Ruhestätte der Gottesmutter angenommen wird. Sehenswert ist auch das frühgotische Portal.

Gethsemanegrotte 49

Tgl. 8–12, 14–18 Uhr

Vom Mariengrab ist es nicht weit zur **Gethsemanegrotte,** dem Schauplatz des Judasverrats. In der Grotte befinden sich mehrere Altäre, Fresken zieren die Wände. Einige Mosaikböden stammen aus byzantinischer Zeit.

Garten Gethsemane und Kirche der Nationen

Garten Gethsemane Mo–Mi 8–12, 14–17, Do–So 14.30–15.30 Uhr, Kirche der Nationen Mo–Sa 8–12, 14–17.30 Uhr, der Eingang zum Garten liegt hinter der Kirche an dem Weg hinauf zum Ölberg

Nach wenigen Schritten auf der Jericho Street (Derech Jericho) fällt die Fassade der großartigen **Kirche der Nationen** 50 ins Auge. Sie liegt im **Garten Gethsemane,** einem durch hohe Mauern abgeschirmten Olivenhain. Hier soll Jesus in Todesangst gebetet haben, während die Jünger in tiefen Schlaf gefallen waren. Einige Ölbäume stammen vermutlich noch aus dieser Zeit.

Die Kirche selbst wurde von 1919 bis 1925 mit Spenden vieler Nationen erbaut. Hinreißend schön ist das Giebelmosaik, v. a.

Ölberg und Berg Skopus

abends, wenn es im Glanz der untergehenden Sonne strahlt. Es zeigt Jesus, der in der Mitte zwischen Gott und den Menschen steht. Unter dem Mosaik stellen die Statuen auf den vier Säulen die Evangelisten dar. Die Hirsche, die das Kreuz auf der Giebelspitze flankieren, versinnbildlichen Psalm 42,2: »Wie der Hirsch lechzt nach frischem Wasser, so schreit meine Seele, Gott, zu dir.«

Vorgängerbauten der modernen Kirche der Nationen waren eine kleinere byzantinische Basilika, die ein Erdbeben zerstörte, und eine fast so große Kreuzfahrerkirche, die aber bereits im 14. Jh. nur noch eine Ruine war. Im Innern der Kirche tauchen blaue Alabasterfenster den Raum in fast mystisches Licht. Sehenswert sind auch die Mosaiken, die Jesu Todesangst zum Thema haben.

Maria-Magdalenen-Kirche 51
Di, Do 10–12 Uhr

Kurz nach Verlassen der Kirche der Nationen verästelt sich die Straße. Alle drei Wege führen auf den Ölberg, zu empfehlen ist jedoch die Abzweigung nach rechts zur **Maria-Magdalenen-Kirche**. Ihre sieben barocken, von vergoldeten Kuppeln und Kreuzen bekrönten Zwiebeltürme gleißen schon von Weitem im Sonnenlicht. Zar Alexander III. widmete die Kirche, die heute unter der Obhut russisch-orthodoxer Nonnen steht, 1885 seiner Mutter Maria Alexandrowna. In der Krypta wurden mehrere Mitglieder der Zarenfamilie beigesetzt.

Dominus-Flevit-Kapelle 52
Tgl. 8–12, 14.30–17 Uhr

Oberhalb der Maria-Magdalenen-Kirche liegt die **Dominus-Flevit-Kapelle** (lat. »Der Herr weinte«). Als Jesus am Palmsonntag den Ölberg hinunterritt, »sah er die Stadt und weinte über sie und sprach: Denn es wird eine Zeit über dich kommen, da werden deine Feinde um dich einen Wall aufwerfen, dich belagern und von allen Seiten bedrängen und werden dich dem Erdboden gleichmachen samt deinen Kindern in dir und keinen Stein auf dem andern lassen«, berichtet Lukas 19,41–44. Nahe der beschriebenen Stelle errichteten die Franziskaner im Jahr 1881 diese Kapelle. Bereits im 5. Jh. stand hier ein Bau zu Ehren der hl. Anna, dessen Fundamente man 1955 entdeckte. Die von einem Italiener entworfene Architektur ist nicht unumstritten: Manche Kritiker sehen das schlanke Gotteshaus in Form einer Träne trotz des sakralen Bogenfensters als schlechte Kopie des Opernhauses von Sydney.

Pater-Noster-Kirche 53
Tgl. 8.30–12, 14.30–16.30 Uhr, Eintritt 8 NIS

Am Benediktinerkloster vorbei führt der Weg zur teilweise über einer alten Kirche errichteten **Pater-Noster-Kirche**. An der Stelle der 1875 geweihten Kirche soll Jesus die Jünger das Vaterunser gelehrt haben – »Er aber sprach zu ihnen: Wenn ihr betet, so sprecht: Vater! Dein Name werde geheiligt, Dein Reich komme, …« (Lukas 11,2). Die Wände der Kirche sind geschmückt mit dem Vaterunser in 44 Sprachen. Im 4. Jh. hatte Helena hier die Eleona-Kirche errichtet, von der heute nur noch Fundamente existieren. Sie entstand über einer Grotte, in der Jesus seine Jünger vor »falschen Christussen und falschen Propheten« warnte. 614 zerstörten Perser die Kirche.

Kapelle und Moschee der Himmelfahrt 54
Unregelmäßig geöffnet, man muss evtl. um Einlass bitten

Auf dem höchsten Punkt des Ölbergs stehen, außer dem erwähnten Hotel, **Kapelle und Moschee der Himmelfahrt**. Die Anlage belegt muslimisch-christliche Übereinstimmung in der Person Jesu – zumindest was seinen Status als Prophet und die Himmelfahrt angeht, von der an diesem Platz ein Stein mit seinem Fußabdruck zurückblieb (Jesu Gottessohnsein und Kreuzigungstod erkennt der Islam nicht an). Um den versteinerten Fußabdruck errichteten Kreuzfahrer die Himmelfahrtskapelle. Ein Augustinerkloster umschloss beides, bis Saladin im 12. Jh. das Kloster schleifen ließ und den christlichen Schrein zur Moschee erklärte. Christen dürfen hier Ostern feiern.

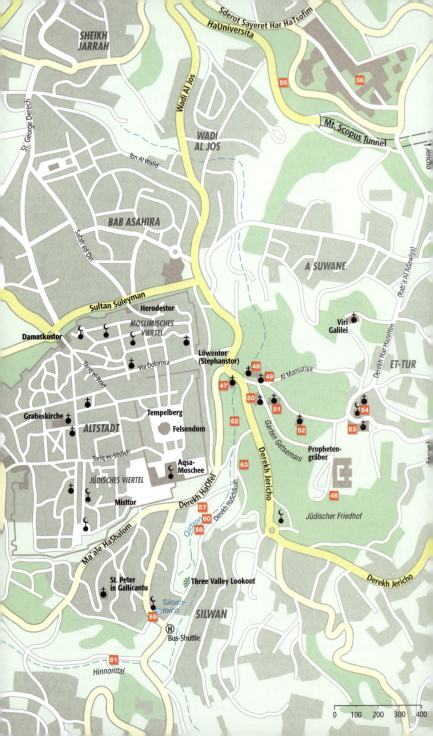

Jerusalem/Ölberg

Sehenswert

- **1** – **45** s. Cityplan S. 142
- **46** Ölberg
- **47** Stephanskirche
- **48** Mariengrab
- **49** Gethsemanegrotte
- **50** Kirche der Nationen
- **51** Maria-Magdalenen-Kirche
- **52** Dominus-Flevit-Kapelle
- **53** Pater-Noster-Kirche
- **54** Kapelle und Moschee der Himmelfahrt
- **55** Berg Skopus
- **56** Hebrew University
- **57** Davidsstadt (City of David)
- **58** Gihon-Quelle
- **59** Shiloah-Teich
- **60** Qidron
- **61** Hinnom-Tal
- **62** Josaphat-Tal
- **63** Gräber Absaloms, Josaphats und Beni Hesirs
- **64** – **84** s. Cityplan S. 173

Berg Skopus und Hebrew University

Eine der Aussicht wegen lohnende Wanderung führt vom Ölberg Richtung Norden durch das Dorf El Tur zum **Berg Skopus** **55** (HaTsofim). Unterwegs passiert man – etwas links unten liegend – die **Kirche Viri Galilaei**, das griechisch-orthodoxe Patriarchat, sowie das **Augusta-Victoria-Krankenhaus**, das 1898 von Kaiser Wilhelm II. gestiftet wurde.

HaTsofim heißt im Hebräischen »überblicken« im Sinne von schöner Aussicht und Skopus ist die latinisierte griechische Entsprechung. Auf 819 m liegt die **Hebrew University** **56**, 1925 als erste weltliche jüdische Hochschule gegründet. Zwischen dem Unabhängigkeitskrieg 1948 und dem Sechstagekrieg 1967 war der Berg israelische Enklave. Der Betrieb ruhte und in der Neustadt musste die Neue Hebräische Universität (New Hebrew University, Givat Ram) eingerichtet werden. Nach 1967 wurde die ursprüngliche Hochschule erweitert. Zu ihr gehören heute ein renommiertes Friedensforschungsinstitut sowie ein großartiger **Botanischer Garten** (s. S. 179).

Von Davidsstadt zum Josaphat-Tal

Cityplan: links
Für den folgenden Ausflug vor die südliche Stadtmauer benötigt man zu Fuß einen guten halben Tag. Man verlässt die Altstadt am besten durch das Misttor.

Davidsstadt (City of David) **57**

Tel. 077 996 67 26, *6033, www.cityofdavid.org.il, So–Do 8–17, Fr 8–14 Uhr, 29 NIS, 3D-Film 13 NIS, Tour mit Führung 45 NIS, für Film und Führung Anmeldung erforderlich

Mehr als 3000 Jahre reicht die Geschichte des ältesten Jerusalemer Viertels, **Davidsstadt,** zurück. Von hier aus nahm König David die Stadt ein und erweiterte sie nach seinen Vorstellungen. Der Ort ist heute eine archäologische Grabungsstelle und kann besichtigt werden.

Am Besucherzentrum beginnen drei Touren (Lageplan an der Kasse): eine kurze und zwei durch Tunnel. Die City of David, in der sich einst Jerusalems Oberstadt befand, ein Nobelviertel mit Hügellage, wurde 586 v. Chr. von den Babyloniern zerstört. Über Treppen, Holzstege und befestigte Wege geht es heute, vorbei an Tonscherbenfeldern und archäologischem Steingeröll, durch das Gelände, beginnend mit einem großen Steinbau, in dem manche die Überreste von Davids Palast vermuten – auf dem Areal wurden königliche Siegel in althebräischer Schrift entdeckt.

Die ›City of David‹, hinter der sich die rechte, siedlernahe Organisation Elad verbirgt, ist eine politisch höchst umstrittene Grabung. Denn ob es wirklich eine Verbindung dieses Ortes zu König David gibt, ist alles andere als bewiesen. Die arabische Bevölkerung des angrenzenden Viertels Silwan befürchtet, dass Bibel-Archäologie und der Aufbau eines wissenschaftlich ungesicherten David-Mythos für die schleichen-

Außerhalb der Altstadt

de Enteignung instrumentalisiert werden. Der Jerusalemer Altertumsforscher Josef Garfinkel hält das sogar für wahrscheinlich. In der Davidsstadt kommt es laut Garfinkel durchaus zu solchen ›Datenmanipulationen‹.

Gihon-Quelle und Shiloah-Teich

Für die **Gihon-Quelle** 58 und den **Shiloah-Teich** 59 im südlichen Teil der Davidsstadt sollte man unbedingt Sandalen und kurze Hosen anziehen sowie eine Taschenlampe mitnehmen. Denn sofern man nicht weiter den Weg am Hang bevorzugt, geht es abwärts in das unterirdische Tunnelsystem mit zwei Optionen: Trockenen Fußes braucht man durch den 120 m langen und engen Canaanite Tunnel rund 10 Min. Durch den 533 m langen, mit Quellwasser gefluteten Shiloah-Tunnel (auch Hezekhia's Tunnel) dauert es gut 45 Min. Die Quellen sicherten einst die Wasserversorgung der Jebusiter – und später ermöglichten sie David die Eroberung der Stadt.

Gihon bedeutet ›sprudeln‹, und in der Tat drückt Gihon Wasser für 20 Min. oder länger aus der Erde, ehe es plötzlich versiegt, um nach kurzer Zeit erneut zu sprudeln. Über eine Treppe gelangt man hinunter zu der Quelle, von der aus die Jebusiter einen Tunnel bis in die Stadt trieben, um auch im Kriegsfall nicht von der außerhalb der Stadtumfriedung gelegenen Quelle abgeschnitten zu sein. Durch diesen Tunnel konnten 1000 v. Chr. Davids Männer in die Stadt eindringen und die Tore für den Sturm öffnen. Dieser folgenreiche Fehler sollte sich nicht wiederholen.

300 Jahre später ließ König Hiskija einen zwischen 1,60 und 5,10 m hohen unterirdischen Zufluss in die Stadt bauen, der das Wasser direkt in den Shiloah-Teich, ein riesiges Wasserreservoir, transportierte. Die variierende Höhe des Kanals, der viele Biegungen aufweist, ist leicht erklärt: Man begann mit dem Bau von zwei Seiten, allerdings in unterschiedlicher Tiefe. Diese Abweichung musste durch die Deckenhöhe ausgeglichen werden. Etwa 30 Min. dauert die Wanderung durch den Kanal, der am Shiloah-Teich endet. Hier heilte Jesus den Blindgeborenen, indem er ihm einen Brei aus feuchter Erde auf die Augen strich und ihn dann zum Waschen an den Teich Shiloah sandte – daher der Name: Shiloah bedeutet ›gesandt‹.

Bevor man das Grabungsgelände der Davidsstadt verlässt, geht man ein paar Schritte zum Drei-Täler-Aussichtpunkt (Three Valley Lookout) über Qidron, Hinnom und das mittlere Tal. In der Talsenke soll nach bekannter Planung u. a. ein ›Bibel Park‹ entstehen, für den erklärtermaßen arabische Häuser zerstört werden müssten. Jüdische Siedler haben bereits Häuser in Silwan besetzt und leben, von Militär bewacht, unter 40 000 Palästinensern.

Vom Ausgang am Shiloa-Teich gelangt man per Shuttle für 5 NIS zurück zum Eingang der City of David. Am Abend dient die City of David als spektakuläre Kulisse für die Sound & Light Show **Halleluja Nighttime Presentation,** Mitte März–Ende Okt. tgl. 21.45 Uhr, sonst 20 Uhr, Eintritt 65 NIS.

Qidron und Hinnom-Tal

Östlich von Davidsstadt schließt sich das **Qidron-Tal** an, das schon der Aussicht wegen einen Ausflug wert ist. Allenfalls im Winter und Frühjahr führt der ins Tote Meer mündende **Qidron** 60 (arab. Wadi el Nar, ›Feuerfluss‹) Wasser – gespeist wird er nicht von einer Quelle, sondern von Regenwasserbecken an den Hängen des Ölbergs und des Skopus.

Zwischen Berg Zion und Qidrontal erstreckt sich das **Hinnom-Tal** 61, wo im 7. Jh. v. Chr. der Götze Moloch verehrt und ihm zu Ehren – laut Jeremias – Söhne und Töchter als Opfer verbrannt wurden. Ein Teil des Tals ist der Blutacker, wie es im Matthäus-Evangelium heißt. Mit den 30 Silberlingen Blutgeld, die Judas nach dem Tod Jesu den Hohepriestern in den Tempel warf, kauften diese das Gelände für Begräbnisse.

Josaphat-Tal

Vom Tempelplateau bis zum Ölberg erstreckt sich das **Josaphat-Tal** 62 **,** das nach jüdischem Glauben dereinst Schauplatz des Jüngsten Gerichts sein wird. Sehenswert sind die **Gräber Absaloms, Josaphats** und **Beni Hesirs** 63 (jederzeit zugänglich). Absalom, Sohn Davids, lehnte sich gegen den Vater auf

Nördlich der Altstadt

Jüdischer Friedhof auf dem Ölberg und Sonnenuntergang über der Altstadt

und wurde schließlich vom Volk Israel lebend in eine Grube geworfen und mit Steinen bedeckt. Dahinter findet man die in den Fels gehauenen Grabkammern des Josaphat (›Gott wird richten‹, 1./2. Jh. v. Chr.).

Nördlich der Altstadt

Cityplan: S. 173
Das Viertel, in dem man sich nun bewegt, ist auf den ersten Blick nicht so schillernd wie die klassische Altstadt. Doch mit dem archäologischen Rockefeller-Museum und dem wundervollen American Colony Hotel wird die arabische Geschichte Jerusalems wieder lebendig.

Zedekias Höhle/König Salomos Steinbruch 64
Tgl. 9–16 Uhr, 10 NIS
Ausgangspunkt für einen Rundgang durch das nördliche Jerusalem ist das Damaskustor. Nach rund 150 m entlang der äußeren Stadtmauer in östliche Richtung ist auch schon die erste Sehenswürdigkeit erreicht. Um **König Salomos Steinbruch** oder **Zedekias Höhle,** 1854 zufällig entdeckt, ranken sich zwei Geschichten. Die eine sagt, König Salomo habe hier die Steine zur Errichtung des Ersten Tempels abgebaut, und die andere erzählt, hier habe sich Zedekia, der letzte judäische König, auf der Flucht nach Jericho versteckt, bevor er dann schließlich doch von den Babyloniern gefangen genommen wurde.

Rockefeller-Museum 65
www.imj.org.il, So, Mo, Mi, Do 10–16, Sa 10–14 Uhr, Eintritt frei
Durch das Herodestor verlässt man die Altstadt. Ca. 300 m weiter, gegenüber der nordöstlichen Ecke der Stadtmauer, legte John D. Rockefeller II. 1927 mit der damals fast unglaublichen Summe von 2 Mio. US-Dollar an der heutigen Sulaiman Street den Grundstein für das **Rockefeller-Museum,** eine der besten archäologischen Sammlungen im Nahen Osten. Es ist heute eine Zweigstelle des Israel-Museums (s. S. 180).

Außerhalb der Altstadt

Entsprechend prominent liegt das im Jahr 1938 als Archäologisches Museum von Palästina eröffnete Gebäude auf geschichtsträchtigem Areal: Von hier startete der Kreuzritter Gottfried von Bouillon 1099 seinen siegreichen Angriff auf Jerusalem. Anfang des 18. Jh. wurde der Ort unter dem Namen Karm el Sheikh bekannt, denn zu dieser Zeit ließ Sheikh Mohamed al Halili, Mufti von Jerusalem, hier seine Sommerresidenz errichten. Sein Haus mit dem Namen Qar el Sheikh steht noch heute westlich des Museums.

Die umfassende Sammlung reicht von Steinwerkzeugen und Totenschädeln der Steinzeit bis zu Funden aus den biblischen Städten Megiddo, Lakhish und Beit She'an (Fragmente der Sarkophage).

Besonders sehenswert sind folgende Abteilungen: der **Südsaal** mit seinen Holz- und Schnitzarbeiten aus der Al-Aqsa-Moschee, die **Westgalerie** mit Stuck- und Steinmetzarbeiten aus dem Hisham-Palast in Jericho, darunter Vogel-, Pferde- und Menschendarstellungen mit teilweise fratzenartigen Gesichtern, sowie der **Nordsaal** mit Skulpturen aus der Kreuzfahrerzeit und den Friesen vom Hauptportal der Grabeskirche. Wechselausstellungen ergänzen die Museumssammlung.

Gartengrab 66

Tel. 02 539 81 00, www.gardentomb.com, Mo–Sa 8.30–17.30 Uhr, in den Wintermonaten 12–14 Uhr geschl., Eintritt frei, Spende von 10–20 NIS erbeten

Der Weg führt nun zurück zum Damaskustor. Von dort folgt man der Nablus Road (Derech Shechem) in nördliche Richtung und biegt nach der St.-Paulskirche in die Conrad Schick Street zum **Gartengrab** ein. Auf der Entdeckung (1883) dieses Grabs basiert die Gartentheorie als wahrer Ort der Grablegung Jesu. Der britische General Charles Gordon formulierte 1883 die Vermutung, dass der Kalvarienberg nicht am Platz der heutigen Grabeskirche, sondern hier gelegen habe. Dass jedoch das Grab, das sich bis unter die Altstadt erstreckt, erst aus dem 4. Jh. stammt, ist mittlerweile gesichert. Dennoch wird es von vielen Protestanten als *ihr* Kalvarienberg verehrt.

Hinter dem grünen Eisentor, links die Rezeption mit der Spendenbox, tut sich ein schöner Garten mit Bänken und Schatten spendenden Pavillons auf. Am äußersten Ende überblickt man von der Aussichtsterrasse über einem Busbahnhof die **Schädelstätte** (Skull Hill). In der Felsform erkennt man einen Schädel, Augen und Nasenpartie.

Armenisches Bodenmosaik 67

Tgl. 7–17 Uhr, Eintritt frei

Etwa fünf Gehminuten entfernt kann man an der Prophet's Street (HaNevim St.) das **Armenische Bodenmosaik** besichtigen. Im 5. Jh. entstand diese byzantinische Arbeit, die zur Kapelle St. Polyeuktos gehört. Es handelt sich um eines der reizvollsten Mosaike Israels: ein fein gearbeiteter Weinstock, in dem Adler, Ente, Taube und Pfauen friedlich nebeneinander Platz gefunden haben.

Museum on the Seam 68

4 Chel Handassa St., www.mots.org.il, Mo, Mi, Do 10–17, Di 14–20, Fr 10–14 Uhr, 30 NIS

Das **Museum an der Nahtstelle** liegt genau an der Grenze zwischen Ost- und Westjerusalem. Es widmet sich dem Thema Dialog, Verständigung und Koexistenz verschiedener Religionen, Kulturen und Gesellschaftsformen. Begleitet von einem Führer unternimmt man einen rund 1,5-stündigen interaktiven Rundgang durch dieses soziopolitische Museum zeitgenössischer Kunst, wie es im Untertitel heißt. Im Rahmen der Ausstellung mit dem Titel ›Heartquake‹ (›Herzbeben‹) greifen 35 Künstler aus aller Welt das Thema Ängste und Traumata auf. Zu sehen sind u. a. Arbeiten von Samuel Beckett, Bruce Nauman und Anselm Kiefer.

Sanhedrin-Gräber 69

Tgl. 9 Uhr bis Sonnenuntergang, Eintritt frei

Bereits weit nördlich, im Stadtteil Sanhedria, befinden sich die **Sanhedrin-Gräber.** Die Katakomben an der Shmu'el HaNavi Street waren für die Mitglieder des Sanhedrin bestimmt, des obersten Gerichts, das bis zur Zerstörung des Zweiten Tempels 70 n. Chr. Recht sprach.

Westlich der Altstadt

Cityplan: S. 173

Das Leben des modernen Jerusalem konzentriert sich auf den Bereich rund um den **Zion Square** 70 (Kikkar Ziyyon) mit seiner Fußgängerzone, den Straßencafés, Restaurants, Bistros und Souvenirläden. Das alte Jerusalem scheint ganz weit weg zu sein – wären da nicht die orthodoxen, schwarz gekleideten Juden aus dem nördlich gelegenen Viertel **Mea She'arim** (s. Thema S. 176). Zur traurigen, modernen Geschichte dieser Ecke Jerusalems gehört, dass palästinensische Selbstmordattentäter häufig hier zuschlugen.

Machane-Yehuda-Markt 71

Jaffa Road, www.machne.co.il, So–Do 8–19, Fr 9–14 Uhr, auch kulinarische Führungen

Etwa 1 km westlich des Zion Square liegt an der Jaffa Street der pittoreske **Machane-Yehuda-Markt**. Reges Treiben herrscht hier

Jerusalem/Übersicht

(Karte S. 174–175)

Sehenswert

- 1 – 63 s. Citypläne S. 142, 169
- 64 Zedekias Höhle/ König Salomos Steinbruch
- 65 Rockefeller-Museum
- 66 Gartengrab
- 67 Armenisches Bodenmosaik
- 68 Museum on the Seam
- 69 Sanhedrin-Gräber
- 70 Zion Square
- 71 Machane-Yehuda-Markt
- 72 Bezalel Academy of Arts and Design
- 73 Russisches Viertel
- 74 Montefiore-Windmühle
- 75 Liberty Bell Garden
- 76 Sultans Teich
- 77 L. A. Mayer Museum for Islamic Art
- 78 Knesset
- 79 Botanischer Garten
- 80 Bloomfield Science Museum
- 81 Israel-Museum
- 82 Herzl-Museum
- 83 Hadassa Medical Center
- 84 Jerusalem Biblical Zoo

Übernachten

- 1 Inbal Jerusalem
- 2 King David
- 3 American Colony
- 4 The David Citadel
- 5 Mount Zion Hotel
- 6 Dan Boutique Hotel
- 7 YMCA Three Arches
- 8, 9 s. Cityplan S. 142
- 10 St. Andrew's Scottish Guesthouse
- 11 – 14 s. Cityplan S. 142

Essen & Trinken

- 1 Restaurant 1868
- 2 Darna
- 3 Beit Hakavan
- 4 Askadinya
- 5 Piccolino
- 6 Jerusalem Courtyard / Feingold House
- 7 Tmol Shilshom
- 8 Village Green
- 9 s. Cityplan S. 142
- 10 Borderline
- 11 – 14 s. Cityplan S. 142

Einkaufen

- 1 s. Cityplan S. 142
- 2 Steimatzky
- 3 s. Cityplan S. 142
- 4 Jerusalem House of Quality
- 5 The Eighth Note

Abends & Nachts

- 1 Gatsby
- 2 Mike's Place
- 3 Bolinat
- 4 Bell Wood
- 5 Link Restaurant
- 6 Dublin Irish Pub
- 7 Focaccia Bar
- 8 Hataklit
- 9 Mona
- 10 Caffit
- 11 Zappa in the Lab
- 12 Yellow Submarine
- 13 Off the Wall
- 14 Palestinian National Theatre
- 15 Jerusalem Center for the Performing Art
- 16 Khan Theater
- 17 Burstein's Klezmer Basement

Aktiv

- 1 Old City Train
- 2 Jerusalem Bird Observatory
- 3 Time Elevator
- 4 Go-Karting
- 5 Smart Tour

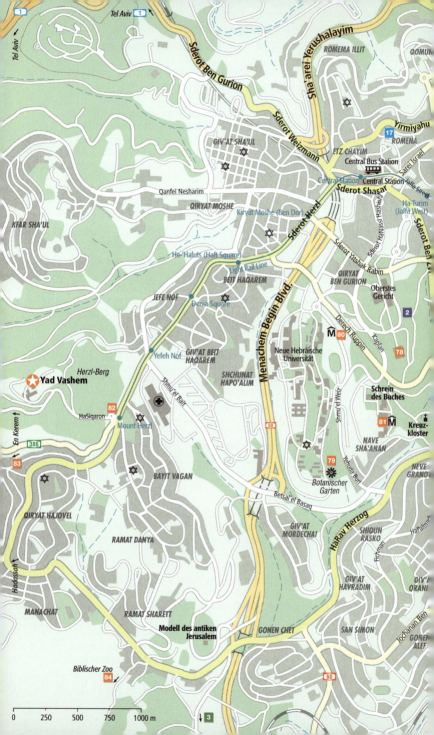

Zu Besuch in Mea She'arim

Mea She'arim, das Viertel der ultraorthodoxen Juden Jerusalems, hat wegen seiner Feindseligkeit gegenüber Fremden einen dubiosen Ruf. Der stimmt nur zum Teil: Besucher, die nicht in Touristengruppen auftauchen und sich an die Regeln halten, werden zumindest toleriert.

Nördlich der Altstadt liegt das Viertel der ultraorthodoxen Juden. »Und Isaak säte in dem Lande und erntete in jenem Jahr hundertfältig; denn der Herr segnete ihn.« Auf Genesis 26,12 bezieht sich der Name Mea She'arim ›Hundert Tore‹. Etwa 1000 jüdische Familien wohnen hier in einer Lebensform, die der Holocaust in Europa ausgelöscht hat: das osteuropäische Schtetl, abgeschlossenes Leben einer religiösen Gemeinschaft. Die Alltagssprache ist hier Jiddisch. Es ist verpönt, im Alltag Hebräisch zu reden. Die heilige Sprache ist dem Gebet und dem religiösen Lernen vorbehalten, wobei es gerade in diesem Punkt einige Abweichler gibt.

1874 gründeten orthodoxe Juden dieses Viertel, das sein Gesicht seither wenig verändert hat. Heute ist es eher ein Monument des Anachronismus, aber auch der pluralistischen israelischen Gesellschaft, die Platz hat für dieses bewohnte Museum. Einige der Sekten hissen zu israelischen Feiertagen schwarze Flaggen. Als Mea She'arim im Unabhängigkeitskrieg 1948 keine 100 m von der jordanisch-israelischen Front entfernt lag, gab es ernsthafte Überlegungen, auf die andere Seite zu wechseln und lieber in einem islamischen Staat als unter gottloser jüdischer Herrschaft zu leben.

Die Hauptstraße, ein paar Gehminuten vom Damaskustor entfernt, ist eine Gasse mit düsteren Fassaden und kleinen Balkonen. Es gibt keine Cafés, kein Kino – ans 21. Jh. erinnern nur ein Geldautomat und ein Computerladen, spezialisiert auf Thora- und Talmudsoftware. Über dem Vorplatz einer Synagoge warnt ein Schild: »Frauen und Männer dürfen diesen Platz nicht als Paare betreten!«, ein paar Häuser weiter steht an eine Wand gesprüht: »Töchter Israels! Kleidet euch züchtig.« Die Menschen von Mea She'arim reagieren aggressiv, wenn sie händchenhaltende Paare oder Frauen in Hosen sehen, rufen der Frau »Prostituierte« hinterher. Fotografiert zu werden verbietet man sich, weil auch die Bibel verbietet, sich ein Bildnis zu machen. Das Wort Gottes wird hier streng ausgelegt. Die Männer kleiden sich in Schwarz, tragen Hüte und Schläfenlocken; die Frauen bedecken mit Kopftüchern ihr Haar. Mea She'arim ist eine kleine Theokratie, die keine Toleranz gegenüber anderen Lebensformen zeigt. Zum Shabbat werden alle elektronischen Geräte ausgeschaltet und jeder Fremde als Eindringling betrachtet.

Auf zehn Männer kommt eine Synagoge. Die meisten bezahlen keine Steuern, verweigern die Annahme des israelischen Passes, gehen nicht wählen und die israelische Polizei besitzt hier nur eine Autorität: Sie darf am Shabbat den Verkehr umleiten. Wer trotzdem durchfährt, muss mit Steinen rechnen. Mea She'arim hat seine eigenen Gerichte. Das Gesetz ist die Thora. Und Gott, so glaubt man hier, wird die Bewohner Mea She'arims für ihre Treue zum Messias dereinst belohnen, so wie er Isaak belohnte: hundertfach.

Westlich der Altstadt

vor allem Donnerstag und Freitag, wenn für den Shabbat eingekauft wird.

Bezalel Academy of Arts and Design 72
12 HaNagid St., www.bezalel.ac.il, Tel. 02 589 33 33, So–Fr 10–13, 16–19, Sa 10–13 Uhr, Eintritt frei
Südlich des Machane Yehuda-Marktes wurde an der HaNagid Street 1906 die erste israelische Kunstakademie eröffnet, die **Bezalel Academy.** Als Ergebnis eines internationalen Wettbewerbs entsteht im Russian Compound derzeit ein Neubau nach Plänen von SANAA und Nir-Kutz, einer japanisch-israelischen Architektenkooperation. So lange befindet sich der Campus des Instituts noch auf dem Areal der Hebrew University auf dem Berg Skopus. Zum Institut gehört eine gute Kunstgalerie.

Russisches Viertel 73
Östlich des Zion Square bzw. nördlich der Jaffa Road liegt das sogenannte **russische Viertel** (Russian Compound), eine der ersten größeren Baumaßnahmen, die außerhalb der Altstadt entstanden. Der Komplex, um 1860 gebaut, umfasste nahe der bis heute prachtvollen russisch-orthodoxen **Dreifaltigkeitskathedrale** (Trinity Church, Do, Fr 9–13, Sa, So 9–12 Uhr) auch Hospize und Gasthäuser für die russischen Pilger. Heute beherbergt das Areal u. a. das **Museum of the Underground Prisoners,** das während der britischen Mandatszeit als Gefängnis diente. Das Museum der gefangenen Untergrundkämpfer mit der Hall of Heroism, der Heldenhalle, ist eine bewegende Gedenkstätte für die hier einst inhaftierten Widerstandskämpfer von Hagana, Etzel und Lechi während der britischen Mandatszeit (1917–1948). Man geht nicht ohne Frösteln durch die Korridore, blickt in Zellen (Nr. 23 mit Fluchttunnel) oder die Kleiderausgabe, sieht Matratzenlager, eine Todeszelle (Nr. 52) und den Raum mit dem Todestrakt und dem Galgen (Nr. 50–51), im Hof Bäckerei, Küchen und Wäscherei (1 Mishol Hagevura St., So–Do 9–17 Uhr, Fr nur nach Anmeldung unter Tel. 02 623 33 16, 20 NIS).

King David Hotel 2
Nach zehn Gehminuten erst in östlicher, dann in südlicher Richtung gelangt man vom Zion Square aus zur berühmtesten Straße des neuen Jerusalem, zur **King David Street** (David HaMelech). Einen nicht unwesentlichen Anteil daran hat das **King David Hotel,** nicht nur das beste Hotel Israels, sondern eine der bekanntesten Nobelherbergen der Welt. 1946, als sich dort Teile der britischen Mandatsverwaltung einquartiert hatten, verübte die radikale Terrororganisation Irgun, geführt vom späteren Premier Menachem Begin, einen Bombenanschlag mit über 100 toten Zivilisten. Die Briten, von denen niemand umkam, bauten das Haus festungsgleich wieder auf. Heute steigen hier Staatsgäste ab und regelmäßig parken der Wagen des Präsidenten und die Motorradeskorten der Polizei vor dem Eingang. Man muss dort nicht wohnen, aber einen Nachmittagstee – bei klassischer Musik – sollte man sich gönnen.

YMCA Three Arches 7
Gegenüber wohnt man etwas bescheidener im **YMCA Three Arches,** das als weltweit schönste Unterkunft der Organisation gilt. Das Gebäude, eine 1933 erbaute Mischung aus Kreuzfahrerfestung und Münster, dominiert ein 51 m hoher Turm mit dem einzigen Glockenspiel im Nahen Osten (toller Ausblick, wegen Zugang an der Rezeption fragen). Schmuckstück der Lobby ist eine originalgetreue Kopie des berühmten Palästinamosaiks aus Madaba (Jordanien). In der angeschlossenen Kirche gibt es regelmäßig Gospel-Gottesdienste, oft mit stimmgewaltigen Chören.

Montefiore-Windmühle 74
So–Do 9–16, Fr 9–13 Uhr, Eintritt frei
Nach Süden führt die King David Street zu den beiden ersten jüdischen Vierteln, die Mitte des 19. Jh. außerhalb der Altstadt errichtet wurden: **Mishqenot Sha'annanim** und **Yemin Moshe.** Ihre Gründung finanzierte der britische Bankier Moshe Montefiore. Die verbliebenen Häuser wurden liebevoll renoviert und beherbergen heute eine Künstlerkolonie mit vielen Galerien. An den

Außerhalb der Altstadt

Mäzen erinnert die **Montefiore-Windmühle** am **Bloomfield Park** gegenüber dem Berg Zion. Das hier untergebrachte Museum (mit einer alten Kutsche in einem verstaubten Glaspavillon) ist seinem Lebenswerk gewidmet. Von 1948 bis 1967 stand die Windmühle exakt auf der Frontlinie zwischen Jordanien und Israel.

Liberty Bell Garden 75

Zum jenseits der Straße liegenden **Liberty Bell Garden,** 1983 zum 200. Jahrestag der amerikanischen Unabhängigkeit eröffnet, gehört eine Kopie der Glocke von Philadelphia. Der Garten ist beliebt für Spaziergänge und Picknicks.

St. Andrews Scottish Memorial Church

Weiter südlich erreicht man die Kreuzung mit der **St. Andrews Scottish Memorial Church,** 1927 zur Erinnerung an die britischen Soldaten erbaut, die im Ersten Weltkrieg im Kampf gegen die Osmanen gefallen waren. Zur Kirche gehört das wundervolle **Scottish Guesthouse** 10 (s. S. 185).

An der nahen David Remez Street befindet sich auf dem alten Bahnhofsgelände der Freizeitkomplex **First Station** (s. S. 189).

German Colony

Folgt man der Emek Refa'im Street nach Süden, dann erreicht man an der Armenischen Kirche das Herz der **German Colony** (HaMoshava HaGermanit). Deutsche Templer unter Matthäus Frank kauften Arabern dieses Tal 1873 ab, gründeten die damals schon etwas vornehmere Siedlung und verschmolzen deutschen Hausbaustil sehr charmant mit Jerusalemer Steinbau. Die Grundstücke sind dicht mit Bäumen bestanden. Von der Emek Refa'im gehen idyllische Wohnstraßen ab. Boutiquen, Galerien, Cafés, Restaurants und Bars säumen die Straße, an der linker Hand, versteckt hinter Mauern und Toren, der alte **Templerfriedhof** (Nr. 39) und im Anschluss der **Alliance-Church-Friedhof** liegen. Letzterer wirkt zwar etwas ungepflegt, fällt aber durch die großflächigen bunten Bibeldarstellungen an der Innenmauer auf. Die Tour endet hier – auf zum Shopping oder in einen der schattigen Gastgärten.

Sultans Teich (Sultan's Pool) 76

Einen wunderbaren Blick auf Jerusalem genießt man von **Sultans Teich** (Sultan's Pool), ehemals eines der drei großen Wasserreservoirs der Stadt. Die Fontäne wurde im 16. Jh. von Sultan Suleyman angelegt. Hier finden häufig Konzerte statt – mit der herrlichen Kulisse der Jerusalemer Altstadt.

L. A. Mayer Museum for Islamic Art 77

2 HaPalmach St., Tel. 02 566 12 91, www.islamicart.co.il, Mo–Mi 10–15, Do 10–19, Fr, Sa 10–14 Uhr, 40 NIS

In der HaPalmach Street ca. 1 km südwestlich des Wasserreservoirs erinnert das **L. A. Mayer Museum for Islamic Art** an den Orientalisten Leo Ary Mayer (1895–1959). Gestiftet wurde das Museum 1973 von der Londoner Jüdin Vera Bryce Salomons, die damit das Verständnis für die arabische Kunst fördern wollte. Über 5000 Exponate aus Ägypten, Syrien, der Türkei, Irak, dem Iran und Indien illustrieren die islamische Kunstgeschichte. Zu sehen sind u. a. Gebetsteppiche, Miniaturen, Manuskripte, Keramik und Glasvasen. Zu den besonders beeindruckenden Exponaten gehören die Sammlung von Koranblättern aus aller Welt, ein kalligrafisch grandioses, in Kufisch verfasstes Manuskript aus dem Iran (12. Jh.) sowie elfenbeinerne Schachspiele aus dem Ursprungsland des Königsspiels, Persien.

Knesset 78

Tel. 02 675 33 37, www.knesset.gov.il, Touren So–Do 8.30–14.30 Uhr, auf Deutsch 8.30 Uhr, öffentliche Sitzungen Mo, Do 16, Mi 11 Uhr

Vor dem Haupteingang des im Jahr 1966 eingeweihten israelischen Parlaments, der **Knesset** (›Versammlung‹), steht eine 5 m hohe, mit Szenen der jüdischen Geschichte verzierte Bronzemenora des englischen Künstlers Benno Elkan, die vom britischen Parlament gestiftet wurde. Das Eingangstor

Westlich der Altstadt

gestaltete der Jerusalemer Künstler David Palombo, die Wandteppiche und das Bodenmosaik des Empfangsbereichs der 1985 verstorbene Marc Chagall.

Für die Teilnahme an einer der kostenlosen Touren durch die Knesset muss man aus Sicherheitsgründen den Pass vorweisen. Auch eine Teilnahme an Knesset-Sitzungen ist zu bestimmten Zeiten möglich.

Botanischer Garten 79
1 Zalman Shneor, Givat Ram-Campus der Hebrew University, Tel. 02 679 40 12, www.botanic.co.il, So–Do 9–19, Fr 9–17, Sa und Fei 9–18 Uhr, im Winter kürzer, 35 NIS
Auf dem See schwimmen Schwäne, auf dem Gelände gedeihen über 6000 Pflanzen, viele davon schon in Thora und Talmud erwähnt. Der Park im Südwesten Jerusalems ist großartig zum Anschauen und Ausruhen. Sehenswert sind das Tropen- und das Schmetterlingshaus. Für Kinder fährt stündlich ein Miniaturzug durch den Park (10–14 Uhr).

Bloomfield Science Museum 80
Rupin Blvd., Hebrew University, GivatRam, Tel. 02 654 48 88, www.mada.org.il, Mo–Do 10–18, Fr 10–14, Sa 10–16 Uhr, 45 NIS, Familien 160 NIS
Was haben Achterbahnen in Vergnügungsparks mit Physik zu tun? Wie funktioniert Elektrizität? Wie lässt sich das menschliche Gehirn austricksen? Aber auch: Wie hängen Krieg und Frieden und Stereotype zusammen? Das Wissenschaftsmuseum lässt keine Frage offen. Es ist dank der zahlreichen interaktiven Exponate und Vorführungen für die ganze Familie ein faszinierendes Erlebnis, dem man gut einen halben Tag widmen kann.

⭐ Yad Vashem
Tel. 02 644 38 02, www.yadvashem.org, So–Mi 9–17, Do 9–20, Fr 9–14 Uhr, Eintritt frei, kein Zutritt für Kinder unter 10 Jahren, auch nicht für Babys in Kinderwagen oder Trage
Auf der Westseite des Herzl-Bergs (Har Herzl, Mount Herzl), wo die beiden Politiker Golda

Die ›Halle der Erinnerung‹ in Yad Vashem mit der Gedenkflamme für die Opfer des Holocaust

Außerhalb der Altstadt

ISRAEL-MUSEUM

Eines der absoluten Highlights des Landes ist das **Israel-Museum** 81 : Bereits das Gebäude, entworfen von Alfred Mansfield und Dora Gad, ist ein Ereignis. Die Anlage, zum 45-jährigen Bestehen des Museums um 27 000 m² Ausstellungsfläche erweitert, besteht aus mehreren Glas- und Steinpavillons, die sich terrassenförmig über einen Hang erstrecken. Das Museum, zu dem ein Restaurant und Cafés gehören, zeigt Archäologisches, Ethnografisches, Judaika, klassische und moderne Kunst. Man benötigt mindestens einen Tag für die Besichtigung. Für eiligere Besucher gibt es Führungen in englischer Sprache, die sich auf die ›Highlights of the Museum‹ beschränken; die wechselnden Termine finden Sie auf der Museums-Homepage. Die 2018 konzipierte Tour ›Cradle of Christianity‹ (Wiege der Christenheit) führt in zwölf Stationen gezielt zu den verstreut ausgestellten frühchristlichen Highlights des Museums. Seien Sie eine gute Viertelstunde vor Museumsöffnung an der Kasse oder am Ticketautomaten und gehen Sie dann zuerst zu den Qumran-Rollen. Mit den später eintreffenden Gruppen wird es dort voll und laut.

Der **Schrein des Buches** befindet sich unter einer markanten, mit weißem Porzellan gedeckten Kuppel. Ihre Form entspricht den Deckeln jener Terrakottakrüge, die 1947 in einer Höhle in Qumran am Toten Meer gefunden und vom Museum auch ins Internet gestellt wurden (http://dss.collections.imj.org.il). Das weiße Dach kontrastiert mit der schwarzen Mauer, eine Anspielung auf die Kinder des Lichts und der Dunkelheit, in die die Essener – die Verfasser der Rollen – die Welt nach ihrem apokalyptischen Verständnis eingeteilt hatten (s. S. 195). Der Tunnel, durch den man sich auf den Schrein zubewegt, beherbergt Briefe von Bar Kochba, dem Führer des Aufstands gegen die Römer (132–135 n. Chr.), sowie Dokumente, die Einblick in Rechtswesen, Wirtschaft und Landwirtschaft jener Zeit erlauben. 26 Briefe sind in Griechisch, sechs in Nabatäisch und drei in Aramäisch verfasst. Im Zentrum des ersten Untergeschosses wird das Buch Jesaja gezeigt, eines der sieben Bibelpergamente, die neben Münzen in den Qumran-Krügen enthalten waren. Das Pergament, das rund um einen überdimensionalen Thorarollengriff präsentiert wird, ist das besterhaltene, größte und einzige vollständig überlieferte Buch der Bibel. In 55 Spalten sind die 66 Kapitel geschrieben, aber ohne die uns heute vertraute klare Trennung der einzelnen Abschnitte. Seit 1947 wurden 800 meist fragmentarische Rollen in Qumran gefunden. 200 davon stellen alttestamentarische Texte dar – alle Bücher der Bibel, oft in mehreren Kopien, nur das Buch Esther fehlt. Die Innenwand des Kuppelbaus dient als Ausstellungsfläche für eine Niederschrift des sehr gut erhaltenen apokryphen Psalms 151, ein Pergament mit Buchstaben, die nur zwischen 0,5 und 0,7 mm groß sind, sowie das »Handbuch der Disziplin«. Es enthält Aufnahme- und Verhaltensregeln sowie mögliche Strafen der jüdischen Qumran-Gemeinschaft, die wie in einem Kloster »gemeinsam lebte, gemeinsam trank, gemeinsam betete«, wie es in dem Manuskript heißt. Im Geschoss darunter sind Textilien, Sandalen, Tongefäße und Kultgegenstände aus den Höhlen zu sehen, darunter ein Bronzebecher mit kaum noch erkenn-

Westlich der Altstadt

baren Gesichtern. Sie waren von jüdischen Gläubigen entfernt worden, da zu jener Zeit noch das Verbot der figürlichen Darstellung galt. Zu den sehenswerten Stücken in der **archäologischen Abteilung** gehören prähistorische Feuersteinwerkzeuge, dekorierte Schädel, die 5500 Jahre alte Elfenbeinfigurine einer Schwangeren ohne Kopf sowie aus der Zeit des Zweiten Tempels das Bodenmosaik einer römischen Villa in Nablus und farbige römisch-byzantinische Glasvasen.

Die **islamische Kunst** ist mit Bildern des 16. Jh. vertreten, aus Ägypten gibt es Skarabäen aus Schmucksteinen und ein Senet-Spiel, Vorläufer des Backgammon. Auch unter den **Judaika** findet man einige bedeutende Exponate. Aus dem 4. und 5. Jh. stammt eine bei Hebron entdeckte und zum Teil rekonstruierte Marmor-Menora, deren Mittelleuchter sechs Löwen in ihren Pranken halten. Großartig ist auch der 994-seitige Rothschildband aus dem 15. Jh., der nicht nur ein wundervoll ausgestattetes Bibelpergament darstellt, sondern auch ein Gebetbuch sowie jüdische Gesetze, historische Schriften und Privatbriefe beinhaltet.

Die **Kunstsammlung** umfasst u. a. Bilder von Lucas Cranach und Werke des 20. Jh., beispielsweise von Paul Klee, Max Ernst, René Magritte, Francis Bacon, Pablo Picasso, Paul Gauguin und Marc Chagall. In den Abteilungen Video und Fotografie findet man neben Man Ray und Salvador Dali unter ›Israeli Art‹ z. B. Sharif Wakeds 7-Minuten-Video »Chic Point – Fashion for Israel Checkpoints«, eine bittere Abrechnung mit der Praxis, dass sich Palästinenser an Checkpoints zur Kontrolle z. T. bis auf die Unterhose entkleiden müssen – vor aller Augen. Models treten mit passender Mode (bauchfreier Anzug, hinten offenes Hemd) auf. An da Vincis »Letztes Abendmahl« erinnert Adi Nes' bis ins Kleinste inszenierte Bild von Soldaten, die an der langen Tafel sitzen – rauchend, trinkend, die Einschusslöcher in der Wand: die verloren wirkenden Männer als Apostel einer Ideologie und Opfer der geopolitischen Lage Israels. In der Abteilung Fotografie findet man u. a. Man Ray und Salvador Dalí. Beachtenswert sind auch die Ausstellungen israelischer Künstler im Bereich Design und ostasiatische Kunst sowie – höchst gelungen – der **Ruth-Youth-Flügel** des Museums, ein amüsanter Streifzug durch die Pop-, Trash- und Video-Art, durch die Welt von Lego, Spielzeugeisenbahnen und Mickey Mouse.

Im **Skulpturengarten,** der von dem US-Impresario Billy Rose gestiftet wurde, stehen über 50 Arbeiten, u. a. von Henry Moore, Auguste Rodin und Pablo Picasso. Gleich nebenan findet sich im Maßstab 1 : 50 das detailreiche Modell Jerusalems zur Zeit des Zweiten Tempels im Jahr 66, als der Jüdische Krieg gegen die Römer begann. Das Modell wurde basierend auf Bibelquellen, Mischna, Talmud und Forschungsergebnissen moderner Archäologie rekonstruiert.

Israel-Museum: 11 Ruppin St., Tel. 02 670 88 11, www.imjnet.org.il, So, Mo, Mi, Do 10–17, Di 16–21, Fr und vor Fei 10–14, Sa und Fei 10–17 Uhr, 54 NIS.

Meir und Yitzhak Rabin beigesetzt sind, liegt die Holocaust-Gedenkstätte **Yad Vashem** (»ein Denkmal und ein Name«). Die Bezeichnung geht auf das Bibelwort Jesaja 56,5 zurück, in dem Gott spricht: »Denen will ich in meinem Hause und in meinen Mauern ein Denkmal und einen Namen geben ... Einen ewigen Namen will ich ihnen geben, der nicht vergehen soll.«

Yad Vashem, die bedrückende Gedenk- und Dokumentationsstätte für die 6 Mio. Opfer der Judenvernichtung, ist ein Pflichttermin für jeden Staatsgast, der Israel besucht, und auch für die meisten Reisenden. In sanften Kurven führt die Straße auf den Herzl-Berg. Der Blick reicht über ein tiefes grünes Tal hinweg bis ins moderne Jerusalem, wo weiße Hochhäuser an den Hängen der Hügel kleben. Die Bewaldung nahe dem Parkplatz ist dicht und mittendrin erhebt sich eine Säule, wie ein Kamin. Erst später, wenn man dicht davorsteht, erkennt man darauf Nummern, eine neben der anderen. Es sind die Nummern von

Außerhalb der Altstadt

Auschwitz-Insassen. Die Bildhauerin Elsa Pollak schuf das Denkmal **Zum dauernden Gedenken,** das an das Grauen einer perfekten Tötungsmaschinerie erinnert.

Die Idee zu der Gedenkstätte stammt ursprünglich aus den Reihen der Kibbuzim, die sich bereits nach Ende des Zweiten Weltkriegs für eine solche Einrichtung stark machten. Aber erst nach der Staatsgründung Israels wurde 1953 von der Knesset das Yad-Vashem-Gesetz beschlossen und damit die 1957 ins Leben gerufene Körperschaft des öffentlichen Rechts *in memoriam* aller Holocaust-Märtyrer begründet.

Yad Vashem besteht aus der Halle der Erinnerung mit dem Ewigen Licht, aus dem neuen historischen Museum, aus einer Kunstsammlung mit Bildern aus der Zeit während und nach dem Holocaust sowie einer Kinder-Gedenkstätte. Zu der weitläufigen Anlage auf dem ›Berg der Erinnerung‹ (Har HaZikkaron) gehören darüber hinaus eine Synagoge, ein Archiv mit über 60 Mio. Dokumenten und 263 000 Fotos sowie ein Dokumentations- und Holocaust-Forschungszentrum, vor dessen Toren eine sechsarmige Menora den Platz prägt – je ein Arm steht für 1 Mio. ermordeter Juden. Andere Skulpturen, die den Holocaust zum Thema haben, sind über das gesamte Areal verteilt. 1981 brachten die Teilnehmer des Welttreffens der Holocaust-Überlebenden Hunderte Gedenksteine mit, auf denen die Namen ihrer ermordeten Angehörigen stehen und die heute die **Höhle des Gedenkens** bilden. Nahebei verläuft die von immergrünen Johannisbrotbäumen gesäumte **Allee der Gerechten unter den Völkern** – je ein Baum für jeden Nicht-Juden, der wie Oskar Schindler sein Leben riskierte, um Juden zu retten. Rund 19 000 Bäume sind es.

Schulklassen aus Jerusalem, aus Tel Aviv, aus Be'er Sheva strömen täglich in die **Halle der Erinnerung,** wo sonst Israels Staatsgäste Kränze niederlegen. In der Mitte des dunklen Raums brennt in einem zerbrochenen Bronzekelch die Ewige Flamme, auf dem Boden sind Namen zu lesen: Mauthausen, Sobibór, Theresienstadt, Babi-Yar, Buchenwald, Dachau, Bergen-Belsen – insgesamt 22 der größeren Konzentrationslager und Namen anderer Vernichtungsstätten.

Was in der Halle der Erinnerung noch mehr oder minder abstrakt bleibt, wird im chronologisch geordneten **Holocaust-Museum** ganz konkret. Man betritt eine 180 m lange, durch den Berg getriebene Betonröhre, die man im erzwungenen Zickzack durchläuft. Jüdisches Leben vor dem Holocaust, das Erstarken des Nationalsozialismus. Videoinstallationen, KZ-Mobiliar, Nazi-Fahnen, Tagebücher, Kopfsteinpflaster aus dem Warschauer Getto, Viehwaggons und vieles mehr versperren den direkten Weg, leiten in Nebenräume – und überall sprechen die Opfer aus Dokumenten, ihrem ehemaligen Hab und Gut zum Besucher. Da liegen Meldebücher, die zu Sterberegistern wurden. »Goldberg, Ida, 27.5.1932, Schülerin, ausg. 25.2.42 TR4/2« ist zu lesen. Ausg. steht für deportiert. Neben einer rekonstruierten Nähstube mit Maschinen von Singer, mit Scheren, Stoffen und Schnittmustern, klebt ein Originalplakat, Bekanntmachung 426: »Juden des Ghettos! Besinnt euch!!! Meldet euch freiwillig zu den Transporten! Damit erleichtert ihr euch eure Anreise. Nur wer sich freiwillig meldet, hat die Sicherheit, mit der Familie zusammen zu fahren und das Gepäck mitzunehmen.« Chaim Rumkovsky, Unterzeichner des Aufrufs und jüdischer Getto-Bürgermeister, wurde später vorgeworfen, mit den Nationalsozialisten zu eng zusammengearbeitet zu haben. Auch das erfährt man. In die Ausstellung integriert sind außerdem Videoaufnahmen, darunter 52 000 Interviews mit Überlebenden, die die Shoa Foundation des US-Regisseurs Steven Spielberg (»Schindlers Liste«) dem Museum vermacht hat. Die **Halle der Namen,** letzter Raum des Holocaust-Museums, ist ein runder Kuppelbau voller Porträts und zu verstehen als symbolischer Friedhof. In den Regalen lagern Bücher mit über 2 Mio. biografischen Gedenkblättern für die Toten der Schoah. Am Ende der Betonröhre erreicht man schließlich eine Terrasse. Erstmals ist nach der Enge des Museums der Himmel zu sehen.

Das **Tal der Gemeinden,** ein 2,5 ha großes, aus Fels gehauenes Labyrinth, gedenkt

Westlich der Altstadt

der mehr als 5000 jüdischen Gemeinden, die während des Holocaust ausgelöscht wurden. Das **Kunstmuseum** zeigt Zeichnungen von KZ-Insassen. Das wohl bedrückendste Gefühl aber hinterlassen zwei künstlerisch gestaltete Monumente. Zum einen die **Kindergedenkstätte,** durch deren nachtdunkle Halle man sich entlang einem Geländer tastet. Aus dem Schwarz leuchten nur die überlebensgroßen Gesichter ermordeter Kinder auf, danach verliert sich der Blick in einem Meer von Lichtern – eines für jedes Kind. Und aus dem Nichts spricht eine Stimme Namen, nichts als Namen. So wie die Thora im Verlauf des Jahres von Anfang bis Ende gelesen wird, so hört man hier die Namen der getöteten Kinder. Das andere Monument liegt unterhalb des Museums, die **Brücke nach Nirgendwo.** Unvollendet ragt sie ins Tal, Gleise und Brücke abgeschnitten. Ein Viehwaggon der Deutschen Reichsbahn, 1995 von Polen nach Israel verschifft, steht auf dem Gleis. An einer Innenwand steht in krakeliger Handschrift zu lesen: »Ich bin Eve mit meinem Sohn Abel. Wenn Sie meinen anderen Sohn Cain, Sohn des Man, sehen, dann sagen sie ihm ...«.

Herzl-Museum 82
Anmeldung notwendig, unter
Tel. 02 632 15 15 oder online unter
www.herzl.org.il, So–Do 8.30–18,
Fr 8.30–13 Uhr, Eintritt 28 NIS

Einen Besuch lohnt auch das nahe **Herzl-Museum.** Es zeigt originalgetreu das wiederhergestellte Arbeitszimmer des Schriftstellers und Politikers Theodor Herzl (s. Thema S. 184). Bei einem Rundgang wird man mit der Person Herzl und dessen zionistischer Vision vom Altneuland vertraut gemacht, der Heimstatt für die Juden.

Hadassa Medical Center 83
Ein Kerem, www.hadassah-med.com,
Chagall-Fenster So–Do 8–15.30 Uhr, Eintritt
15 NIS

Im äußersten Südwesten Jerusalems, 3 km von Yad Vashem entfernt, befindet sich eine der angesehensten Kliniken des Nahen Ostens, das zur Hebrew University gehörende **Hadassa Medical Center.** Berühmt wurde es in erster Linie durch seine Synagoge, deren zwölf Fenster zwischen 1960 und 1962 von dem orthodox-jüdischen Künstler Marc Chagall entworfen wurden und die zwölf Stämme Israels zeigen. Nach dem Sechstagekrieg mussten vier der Fenster von Chagall erneuert werden, an drei Fenstern beließ er die Einschusslöcher als Erinnerung. Das Krankenhaus selbst genießt einen besonderen Ruf. Da es sowohl jüdische als auch arabische Patienten versorgt, waren seine Ärzte im Jahr 2005 sogar für den Friedensnobelpreis nominiert.

Jerusalem Biblical Zoo 84
The Tisch Family Zoological Gardens, HaAron Shuluv, nahe der Malcha Mall, Tel. 02 675 01 11, www.jerusalemzoo.org.il, So–Do 9–18, Fr und vor Fei 9–16.30, Sa, Fei 10–18 Uhr, 55 NIS, Kinder 45 NIS

Ein Tiergarten, wie ihn nur bibelfeste Biologen anlegen konnten: Alles, was hier kreucht und fleucht, wird schon in den fünf Büchern Mose erwähnt und, sofern vom Aussterben bedroht, nach erfolgreicher Aufzucht wieder in seine ursprünglichen Habitate ausgewildert. Durch die liebevoll gestaltete Anlage fährt eine Bummelbahn, das Besucherzentrum ist in einem Nachbau der Arche Noah untergebracht. Besonders schön sind im Sommer die Nachttouren durch den Zoo.

Infos
Tourist Information: 1 Jaffa St., Jaffa Gate, Tel. 02 627 14 22 www.itraveljerusalem.com, So–Do 8.30–17, Fr 8–12 Uhr.
Christian Information Center: Jaffa Gate, Tel. 02 627 26 92, www.cicts.org, Mo–Fr 8.30–17.30, Sa 8.30–12.30 Uhr.

Übernachten
Jerusalem ist zu den hohen Festtagen weitgehend ausgebucht – also rechtzeitig reservieren, v. a. Pilgerhospize!
Mit Altstadtblick – **Inbal Jerusalem** 1 : 3 Jabotinsky St., Tel. 02 675 66 66, www.inbalhotel.com. Wohlhabende amerikanische Juden bevorzugen das elegante Inbal, von dem aus man den Liberty Bell Park überblickt. Etliche

Theodor Herzl und der Basler Zionistenkongress

Am Anfang stand eine Utopie: Ein Mann träumte von einem Judenstaat im Heiligen Land. Auf Theodor Herzl geht die zionistische Bewegung zurück. Er legte die geistige Grundlage für das heutige Israel.

Paris 1894. Von einem Kriegsgericht, das unverhohlen antisemitisch eingestellt ist, wird der jüdische französische Offizier Alfred Dreyfus als Sündenbock wegen Hochverrats zu lebenslanger Haft und Verbannung verurteilt. Im Saal sitzt als Berichterstatter der 34-jährige Theodor Herzl (1860–1904), für den der Schauprozess ein Schlüsselerlebnis darstellen soll. Denn durch die Affäre Dreyfus macht er sich bewusst: »Die Welt widerhallt vom Geschrei gegen die Juden, und das weckt den eingeschlummerten Gedanken.« Die Idee, die da schlief, betraf die Gründung einer Heimat für Juden, die im 19. Jh. über die ganze Welt verstreut lebten.

1896 erschien Herzls Buch »Der Judenstaat«, das Manifest der zionistischen Bewegung. Ein Jahr später versammelte sich in Basel der erste Zionistenkongress, der Herzls Utopie in ein politisches Programm umsetzte. In seiner Schrift hatte Herzl ein detailliertes Bild des zu gründenden Staats entworfen und u. a. einen Sprachenföderalismus wie in der Schweiz favorisiert, eine Theokratie abgelehnt und den Siebenstundentag propagiert. Fraglich war für Herzl nur: »Ist Palästina oder Argentinien vorzuziehen?« Die Antwort: »Palästina ist unsere unvergessliche historische Heimat. Dieser Name alleine wäre ein gewaltig ergreifender Sammelruf für unser Volk.« In sein Tagebuch schrieb Herzl: »Fasse ich den Baseler Congress in ein Wort zusammen – das ich mich hüten werde öffentlich auszusprechen – so ist es dieses: Ich habe den Judenstaat gegründet.«

Damit die Utopie Wirklichkeit werden konnte, rief Herzl 1899 den Jewish Colonial Trust ins Leben, der Gelder für den Grundstücksankauf in Palästina – das zum osmanischen Reich gehörte – sammeln sollte. Aus einem Ableger dieses Trusts ging die heutige Bank Leumi hervor. 1902 veröffentlichte Herzl seinen zionistischen Roman »Altneuland«, dessen erster Entwurf im Jerusalemer Herzl-Museum ausgestellt ist (s. S. 183), ebenso Auszüge aus Herzls Tagebuch. So glänzend und radikal »Altneuland« ist, Herzl unterlief darin eine gravierende Fehleinschätzung: Er glaubte, dass die in Palästina lebenden Araber die Gründung eines unabhängigen jüdischen Staates nicht nur tolerieren, sondern begrüßen würden. Herzl bedachte nicht, dass die Staatsgründung bei den Nachbarn als feindliche Landnahme betrachtet werden könnte.

Die arabische Position hat sich bis heute nicht geändert: Nach Meinung der Araber wurde ihnen beim Abkauf der Grundstücke der Gründungsgedanke eines jüdischen Staats verschwiegen. Für sie stellte Herzl die erste von vielen Weichen, die zum heutigen Nahostkonflikt führte. An der Verwirklichung seiner Idee hatte Herzl nie Zweifel. Und tatsächlich: 16 Jahre nach seinem Tod begann eine große Einwanderungswelle nach Palästina und führte 1922 zur Gründung der Jewish Agency, die bis heute bei der Einwanderung nach Israel behilflich ist und die Wirtschaft des Landes fördert.

Adressen

Zimmer bieten einen Blick bis zur Altstadt. DZ ab 1300 NIS.

Klassiker – **King David** 2 : 23 King David St., Tel. 02 620 88 88, www.danhotels.co.il. Jerusalems Nummer eins, in dem Israels Staatsgäste nächtigen – für viele eines der schönsten Hotels der Welt, für andere eher etwas spießig. DZ ab 1200 NIS.

Arabisches Tophotel – **American Colony** 3 : 1 Louis Vincent St., Tel. 02 627 97 77, www.americancolony.com. Viele Journalisten und Politiker steigen in Jerusalems heimlicher Nummer eins ab. In der Bar des ehemaligen Pascha-Palasts trifft man schon mal Palästinenser-Größen beim Drink. Auch das Restaurant im Innenhof ist ein beliebter Treff. DZ ab 1000 NIS.

Wohnen mit Stil – **The David Citadel** 4 : 7 King David St., Tel. 02 621 11 11, www.thedavidcitadel.com. Eines der feinsten Hotels der Stadt mit grandiosem Blick auf Altstadt, Zitadelle und Stadtmauer. DZ ab 900 NIS.

Boutiquehotel mit Aussicht – **Mount Zion Hotel** 5 : 17 Hebron Rd., Tel 02 568 95 55, www.mountzion.co.il. Von der Hebron Rd. aus kann man das Hotel fast übersehen. Doch von der Lobby aus überblickt man die reizvolle Hanglage, den auch für Kinder wunderbaren Pool und die Gartenterrassen. Die Zimmer und Suiten liegen in Gewölben. DZ ab 850 NIS.

Gut gelegen – **Dan Boutique Hotel** 6 : 31 Hebron Rd., Tel. 02 568 99 99, www.danhotels.com. Dank der Boutiquehotel-Anmutung fühlt man sich in den Zimmern, die alle unterschiedlich gestaltet sind, wohl. Man muss nur darauf achten, kein Zimmer zur lauten und viel befahrenen Hebron Road zu bekommen. Versagt hat der Innenarchitekt allerdings bei dem lauten Frühstücksraum, der auf Reisegruppen ausgelegt ist. Der größte Vorzug des Hauses ist seine zentrale Lage im näheren Ring um die Altstadt. Diese ist mit Taxi in wenigen Minuten zu erreichen; zu Fuß kann man entlang des Zion-Berges z. B. ins armenische Viertel und zur Klagemauer gehen. DZ ab 600 NIS.

Bezaubernde Atmosphäre – **YMCA Three Arches** 7 : 26 King David St., Tel. 02 569 14 95, 02 569 26 86, www.ymca3arches.com. Nein, man muss weder jung noch Mitglied des YMCA sein, um hier wohnen zu dürfen. Die Zimmer sind nicht riesig, meist etwas staubig, aber das Gebäude, mehr schon eine Kreuzfahrerkathedrale, hat eine bezaubernde Atmosphäre, angefangen bei dem großen Bodenmosaik in der Lobby. Man wohnt zentral und mit Blick auf das gegenüberliegende King David Hotel, ist zu Fuß schnell in der Altstadt und im neuen Zentrum. Der Pool im Keller ist historisch. DZ ab 500 NIS.

Freundliches Ambiente – **New Imperial** 8 : Jaffa Gate, Tel. 02 628 22 61, www.newimperial.com. Vom Eingang nicht irritieren lassen – der Großteil des Hotels, in dem schon Wilhelm II. nächtigte, ist renoviert! Heimeliges Hotel mit wechselnden Ausstellungen rund um Lobby, Restaurant, Bar und Internetcafé. Das Personal ist bekannt für seine Freundlichkeit. DZ ab 450 NIS.

Am Eingang zur Altstadt – **New Petra Hostel** 9 : Jaffa Gate, Anfang der David St., Tel. 02 628 66 18, www.newpetrahostel.com. Einfaches Hotel, dessen Dachterrasse einen grandiosen Ausblick über die Altstadt bietet. Das Personal ist sehr hilfsbereit, auch bei der Planung von Ausflügen. Stolz ist man darauf, dass hier schon Mark Twain und General Edmund Allenby wohnten. DZ ab 220 NIS.

Pilgerhospize:

Mit Castle-Flair – **St. Andrew's Scottish Guesthouse** 10 : 1 David Remez St., Tel. 02 673 24 01, www.scotsguesthouse.com. Auf dem Kirchturm weht die schottische Flagge, drinnen treffen sich Gäste am Kamin. Ein wenig erinnert das Hospiz an ein schottisches Castle. Die Zimmer sind einfach, aber sehr gemütlich. Das Viertel German Colony liegt in Spaziernähe. DZ ab 620 NIS.

Ruhige Terrasse – **Christ Church Guest House** 11 : Jaffa Gate, direkt am Postamt, Tel. 02 627 77 27, www.cmj-israel.org. Angenehme Zimmer, dazu vor der Kirche des evangelischen Hospizes eine ruhige Terrasse, auf der man unter der Pergola sitzen kann. Die Lage bei der Zitadelle ist optimal für Spaziergänge in die Altstadt. DZ ab 400 NIS.

Einfaches Gästehaus – **Casa Nova Hospice** 12 : 10 Casa Nova Rd., Tel. 02 628 27 91, www.custodia.org. Einfach eingerichtet,

Außerhalb der Altstadt

geradezu spartanisch, aber das Gebäude in der Altstadt hat Flair. Ab 23 Uhr herrscht hier Nachtruhe, und das Haus wird geschlossen. DZ ab 350 NIS.

An der Via Dolorosa – **Austrian Hospice** 13 : 37 Via Dolorosa, Tel. 02 626 58 00, www.austrianhospice.com. Sehr beliebtes, 1857 gegründetes Hospiz, das zeitweise als Österreichs Palästina-Konsulat diente. K.-u.-k.-Flair an der Via Dolorosa, Dachterrasse mit schönem Ausblick. DZ ab 300 NIS, nur Barzahlung (in Euro, US-Dollar oder NIS).

Top-Lage – **Lutheran Guesthouse** 14 : 7 Saint Mark's Rd., Tel. 02 626 68 88, www.luth-guesthouse-jerusalem.com. Das Gästehaus des Propstes liegt im Herzen der Altstadt. Das 1860 von Dr. Konrad Schick, dem königlichen Baurat in Jerusalem, auf Ruinen aus der Kreuzfahrerzeit errichtete Bauwerk diente zunächst als Wohnhaus. Ab 1948 nutzte es der Johanniterorden als Augenklinik, 1964 wurde es von der Evangelischen Jerusalemstiftung erworben, die es seither als Gästehaus betreibt. Das Hospiz gilt als eines der komfortabelsten in Jerusalem. DZ ab 280 NIS.

Essen & Trinken

Die Auswahl an Restaurants ist nicht vergleichbar mit Tel Aviv und am Shabbat sind in Jerusalem viele Lokale geschlossen. Als Restaurantmeile mit internationaler Küche haben sich die **Yoel Solomon Street** im Zentrum und deren Umgebung etabliert. Gut und abwechslungsreich isst man auch im Viertel **German Colony** in der Emeq Re'faim Street. Viele Restaurants bieten zur Mittagszeit einen besonders günstigen Business Lunch an. Preisnachlässe oder Freigetränke bekommt man mit den in Hotels ausliegenden Jerusalem-Coupons.

Beliebter Treffpunkt – **Arabesque:** im American Colony Hotel 3 , Tel. 02 627 97 77, tgl. 19–23 Uhr. Beim Essen kennt Jerusalem keine Grenzen und so trifft man hier viele Westjerusalemer am Buffet sowie später in der Bar, die ein beliebter Treffpunkt arabisch-palästinensischer Politiker ist. Ab 200 NIS.

Gutes Essen, schöne Weinliste – **1868** 1 : 10 King David St., Tel. 02 622 23 12, www.1868.co.il, So–Do 12.30–14.30, 18–22, Sa 20.30–23.30 Uhr. Chef Yankale Turjeman, lange Jahre im Ausland tätig, genießt in Jerusalem den Ruf eines höchst innovativen Kochs. Ob japanische Kürbissuppe, Sirloinsteak oder Entenbrust, alles ist koscher, solide und mundwässernd präsentiert, zu den Jahreszeiten gibt es spezielle Menüs. Die Weinliste ist ausgezeichnet, Menüs kommen mit drei, vier oder sechs Gängen. Zum Restaurant gehört die nette Cocktailbar **Zuta;** man sitzt auf einer kleinen Terrasse. Der Service ist sehr aufmerksam. Ab 200 NIS.

Maghreb-Küche – **Darna** 2 : 3 Horkanos St., Tel. 02 624 54 06, www.darna.co.il, So–Do 12–15 und 18.30–24, Sa 19–24 Uhr. In einem 200 Jahre alten Gebäude in der Innenstadt hat sich dieses wundervolle marokkanische Restaurant niedergelassen, das neben Couscous in allerlei Variationen (auch vegetarisch) viele Spezialitäten aus dem Maghreb serviert. Unbedingt probieren: Harira marrakshia, eine traditionelle Suppe. Ein Schnäppchen ist das Mittagsmenü ab 90 NIS (Mo–Fr). Ab 180 NIS.

Modern-israelisch – **Beit Hakavan** 3 : 4 David Remez St., The First Station, Tel. 02 533 60 44, So–Do 12–24, Fr 12–18 Uhr. Auf dem Gelände des alten Bahnhofs serviert man eine breite Auswahl an Gerichten mit Mezze und Thunfischsashimi als Vorspeisen, Steaks, Fisch und Pasta für den Hauptgang. Ab 160 NIS.

Alt-Jerusalemer Flair – **Askadinya** 4 : 11 Shimon Hazadik St., Tel. 02 532 45 90, tgl. 12–24 Uhr. Nahe dem American Colony isst man in einem alten Jerusalemer Haus, das um einen Baum erbaut wurde, Fisch, Fleisch und Pastete oder nimmt an der Bar einen Drink. Do spielt ein Live-Quartett alles von Bolero bis Take Five. Ab 150 NIS.

Veggie und Fisch – **Piccolino** 5 : 12 Yoel Salomon St., Tel. 02 624 41 86, www.piccolino.co.il, So–Do 10–24, Fr/vor Fei 9–15, Sa 1. Std. nach Shabbatende–24 Uhr. Das Haus, als Kulturzentrum und Museum mit Bildern von Anna Ticho zum Israel-Museum gehörig (s. S. 180), wurde 1880 als eines der Ersten in Jerusalems Neustadt erbaut und ist eine Oase der Beschaulichkeit mitten im Zentrum. Café

Adressen

und Terrassenrestaurant erfreuen mit einer umfangreichen Getränkekarte, zu essen gibt es vegetarische Omelettes, Sandwiches sowie u. a. sehr leckere Blintzes, süß oder gefüllt mit Lachs. Ab 130 NIS.

Aus Nah- und Fernost – **Jerusalem Courtyard/Feingold House** 6 : 31 Yaffa St. Bei dem Laden Cigar & Liqueur führt eine Passage in einen kleinen Hof mit mehreren Restaurants, darunter das **Barud,** Tel. 02 625 90 81, tgl. 12.30–1 Uhr, wo es köstliche orientalische Speisen wie Falafel, Labneh und Sutlach-Reispudding gibt, dazu oft Live-Jazz. Ab 130 NIS.

Lesen und essen – **Tmol Shilshom** 7 : 5 Yoel Solomon St, Tel. 02 623 27 58, www.tmolshilshom.co.il, tgl. 9–1 Uhr, Shabbat geschl. Benannt nach einem Buch des Nobelpreisträgers S. Y. Agnon, ist das versteckt gelegene Tmol Café, Restaurant und Buchladen in einem. Am leichtesten findet man es von 11 Solomon Yo'El Moshe St. nach dem Durchgang links. Gelegentlich literarische Veranstaltungen. Moderne israelische Küche. Bei einem Getränk kann man auch in Ruhe im Internet surfen. Ab 120 NIS.

Bestes Grün-Zeug – **Village Green** 8 : 5 Yoel Solomon St., Tel. 02 645 76 76, So–Do 9–22, Fr 9–15 Uhr (Filiale 5 Rachel Imenu St., German Colony, Tel. 02 650 01 06). Das ganze Spektrum veganer und vegetarisch-kulinarischer Freuden serviert das zentral gelegene Village Green, von der Linsensuppe bis zum organischen Roggen. Ab 120 NIS.

Terrasse mit Aussicht – **Three Arches Restaurant** 7 : im YMCA Three Arches Hotel, Tel. 02 569 26 92, tgl. 7–22.30 Uhr. Das traumhaft im YMCA-Gebäude gelegene Lokal ist allein schon wegen seiner schönen Terrasse einen Besuch wert; die mediterrane Küche ist abwechslungsreich. Ab 120 NIS.

Uriges Gasthaus – **Armenian Tavern** 9 : 79 Armenian Orthodox Patriarchat Rd., Tel. 02 627 38 54, Di–So, 11–22.30 Uhr. Die Kreuzfahrer erbauten diese kleine Kirche im heute armenischen Viertel am Jaffator, fast ein Jahrtausend später ließ sich ein armenischer Wirt hier nieder und zauberte eine urige Taverne. An einfachen Holztischen werden auf handbemalten Tellern Lahmajun (armenische Pizza), Basturma (getrocknetes Rindfleisch), Soujuk (scharfe Würstchen) und Gegrilltes serviert. Ab 110 NIS.

Arabische Spezialitäten – **Borderline** 10 : 13 Shimon Hatsidiq St., Sheikh Jarrah, Ostjerusalem, Tel. 02 532 84 32, www.shahwan.org. Nach dem Dinner wird's im Borderline, einem der besseren Läden Ostjerusalems, womöglich etwas lauter, wahlweise im kühlen Garten oder im Restaurant selbst. Dann glühen, wie schon beim Essen, die Nargilas, die Musik wird aufgedreht, viel Arab-Pop, oft grandiose Stimmung. Nach 2 Uhr ist dann aber langsam Schluss. Das Essen: arabische Vorspeisen, Kebabs und Mansaf, eine jordanische Spezialität: Lamm in Joghurtsoße mit Reis. Ab 100 NIS.

Biblische Cuisine – **Eucalyptus** 11 : 14 Hativat Yerushalaim St. (Hutzot Hayotzer/The Artists Colony), Tel. 02 624 43 31, www.the-eucalyptus.com, So–Do 17–23, Sa 30 Min. nach Shabbat bis 23 Uhr. Chef Moshe Basson kocht nach Vorgaben und mit Zutaten aus biblischer Zeit. So kommen die Ingredienzen für den Kartoffelsalat mit sieben Kräutern aus den Bergen Judäas. Oder Nahaphoch-Hou Maglube – das ist eine Kasserolle mit Safranhuhn, Reis, Gemüse, die in einer sehenswerten Zeremonie serviert wird. Besonders schön sitzt man auf der Dachterrasse mit Altstadtblick. Ab 90 NIS.

Arabische Feinkost – **Nafoura** 12 : Jaffa Gate, 18 Latin Patriarchate Rd., Jaffa Gate, Tel. 02 626 00 34, www.nafoura-rest.com, tgl. 12.30–23.30 Uhr. In dem arabischen Restaurant mit wunderbarer Terrasse an der Altstadtmauer entflieht man Lärm und Hektik der Old City. Ab 80 NIS.

Schöne Dachterrasse – **Panoramic Golden City Restaurant** 13 : 130 Aftimos Market, Altstadt, Tel. 02 628 44 33, tgl. 12–18 Uhr. Vom Jaffator aus die Souk-Gasse hinunter, dann die erste Gasse links in den Aftimos Market – so erreicht man das arabische Restaurant mit der Dachterrasse, die einen fantastischen Blick über die Altstadt und ihre Hinterhöfe bietet. Ab 50 NIS.

Perfektes Hummus – **Abu Shukri** 14 : 63 Al Wad Rd./Via Dolorosa, Tel. 02 627 15 38, tgl.

Außerhalb der Altstadt

8–16 Uhr. Das Mobiliar ist nur mit einem Wort zu beschreiben: abgenutzt. Dafür gibt es hier, nahe dem Damaskustor, ein legendäres Hummus, das mit ofenwarmem Brot serviert wird. Auch die Fleischgerichte sind zu empfehlen (eine Filiale gibt es in The First Station, 4 David Remez St.). Ab 35 NIS.

Einkaufen

Am lebhaftesten ist der Basar am Damaskustor, ein **arabischer Souk** wie gemalt, auf dem Gemüse, Souvenirs und jede Menge Krimskrams feilgeboten werden. Und das ist nur der Anfang, denn in der Altstadt könnte man meinen, Jerusalem sei der größte Devotionalienbasar der Welt. Souvenirlastig ist das Angebot auch auf der Fußgängerzone, der **Ben Yehuda Street.** Zum Shoppen geht man in Jerusalem in die Einkaufszentren außerhalb des Zentrums, z. B. in die 120 000 m² große **Jerusalem Mall** (Kenion Yerushalayim) in Malcha nahe dem Teddy-Stadion, in der es rund 200 Geschäfte, acht Kinos, mehr als 20 Restaurants und einen Babysitter-Service gibt (So–Do 9–21, Fr 9 Uhr bis 1 Std. vor Shabbatbeginn). Über eine Freitreppe mit dem Vorplatz des Jaffators verbunden, ist die **Mamilla Mall** Jerusalems prachvollste Einkaufsmeile. Sie stellt das Verbindungsstück zwischen alter und neuer Stadt her. Es gibt einige Cafés und Restaurants, deren Terrassen einen schönen Ausblick bieten. Mit 140 Designerboutiquen, Parfümerien und Markenläden lockt die für 150 Mio. US-$ erbaute Mall Kundschaft (www.alrovmamilla.com). Es geht aber auch überschaubarer: Kleinere Geschäfte mit oft ausgefallenem Angebot finden sich im Viertel **German Colony** in der reizenden Emeq Refa'im Street. Freitags shoppt und schaut man auf dem po-

Orientalisches Markttreiben herrscht in den engen Gassen des muslimischen Viertels der Altstadt

pulären **Bezalel-Wochenmarkt** Kunsthandwerk aller Art (1 Bezalel Hakatan St./Schieber Park, Fr 10–16 Uhr).

Künstlerkolonie – **Hutzot Hayotzer** 1 : So–Do 10–17, Fr 10–14 Uhr. Knapp drei Dutzend Ateliers beherbergt die 1969 zwischen Jaffator und Yemin Moshe gegründete Kolonie. Die Erzeugnisse (u. a. Judaika, Malerei, Keramiken, Schmuck) sind hochkarätig und entsprechend teuer. Aber anschauen kostet auch hier nichts.

Bücher und Judaika – **Steimatzky** 2 : 7 Ben Yehuda St., www.steimatzky.co.il, So–Do 9–21, Fr 9–15 Uhr. Sachbücher und Belletristik in großer Auswahl, auch auf Englisch, bekommt man in den Läden der Steimatzky-Kette, zu finden in allen Einkaufszentren und nahe der Fußgängerzone.

Fantastische Auswahl – **American Colony Bookshop** 3 : Nablus Rd., American Colony Hotel, Tel. 02 627 97 31, tgl. 10–20 Uhr. Munther Fahmi, der Besitzer des Buchladens im American Colony Hotel, ist eine lebende Legende. Große Vielfalt an Büchern aus arabischen und palästinensischen Verlagen. Der Nahostkonflikt, die Stellung der Frau in der Gesellschaft, Palästinas Geschichte sind u. a. die Themen. Auch Werke auf Deutsch.

Armenisches Kunsthandwerk – **Sandrouni** 3 : New Gate, Tel. 02 626 37 44, Mobil-Tel. 050 599 11 21, www.sandrouni.com. Vasen, Teller, Obstschalen, Karaffen, Fliesen mit Tier- und Pflanzenmustern, alles leuchtend bunt. Das Atelier von George und Dorin Sandrouni liegt innerhalb der Stadtmauern von Jerusalem, 120 m entfernt vom Neuen Tor. Die Sandrounis gelten als Meister des armenischen Traditionshandwerks und bestücken mit ihren übrigens erschwinglichen Arbeiten auch Ausstellungen.

Offene Ateliers – **Jerusalem House of Quality** 4 : 12 Hebron Rd., Tel. 02 671 74 30, www.art-jerusalem.com. Galerien und Kunsthandwerk in einem historischen Gebäude mit einem malerischen Innenhof.

Musik und Film – **The Eighth Note** 5 : 16 Shammai St., Tel. 02 624 80 20, www.tav8.co.il. Riesige Auswahl an israelischer und internationaler Musik. Hilfsbereites Personal.

THE FIRST STATION

1892 eröffneten die Briten zwischen Yemin Moshe und German Colony den Bahnhof als Endstation für die Strecke Jaffa–Jerusalem, 1998 wurde er geschlossen und verfiel vor sich hin. Inspiriert von Tel Avivs erfolgreichem HaTachana-Bahnhof-Projekt, begann man das Areal zum familienfreundlichen Freizeit-, Kunst- und Kulturzentrum umzuwandeln. Das historische Bahnhofsgebäude wurde renoviert. Es ist täglich geöffnet, am sonst eher drögen Shabbat rappelvoll. Das Angebot ist wie das Areal – riesig: Kinderspielplätze, Restaurants, Cafés, Geschäfte, Kino, außerdem Kunst-, Mode-, Designer- und Flohmarkt. Es gibt eine Reihe regelmäßiger wöchentlicher Veranstaltungen: Freiluftkino (So), Tanzen für alle (Salsa, Swing, Folk So 20 Uhr), Jazz (Sa 12 Uhr), Ausstellungen, Lesungen, Stand-up-Shows gibt es im Terminal Tarbut (Tel. 058 461 67 79, www.facebook.com/TerminalTarbut). Im Visitors Center kann man Stadttouren mit Segway (Fr alle 2,5 Std.) und Elektrofahrräder buchen (4 David Remez St., tgl. geöffnet, Visitor Center Tel. 02 653 52 39, www.firststation.co.il).

Silberschmied – **Avi Biran** 4 : 12 Hebron Rd., The Jerusalem House of Quality, Tel. 02 673 52 42, www.avi-biran.co.il. Der für seine Arbeiten u. a. vom Israel Museum ausgezeichnete Avi Biran fertigt Silberarbeiten, hauptsächlich für rituelle Zwecke, aber auch Gebrauchsgegenstände wie Kerzenhalter, Serviettenringe, Pfeffer- und Salzstreuer für den festlich gedeckten Tisch zu Shabbat. Bekannt ist er für seine augenzwinkernde und humoristische Art, Kult- und Alltagsgegenstände zu fertigen.

Außerhalb der Altstadt

Abends & Nachts

Im Zentrum hat die Stadtverwaltung durchgegriffen und etliche Bars und Cafés, u. a. am Russian Compound, geschlossen. Dennoch ist in Sachen Nachtleben das Licht nicht ausgeknipst in Jerusalem. Zwischen **Ben Yehuda Street** und **Yoel Salomon Street** im Zentrum gibt es neben Restaurants auch etliche Bars und Pubs. Im südöstlichen Industriegebiet, der **Industrial Zone Talpiot**, finden sich viele der schnell wechselnden In-Discos mit ebenso schnell wechselnden Namen. Etliche Bars in der Stadt ignorieren den Shabbat. Die Nachfrage regelt das Angebot – noch. Eine Mini-Bar-Restaurant-Meile hat sich in Ostjerusalem an der Shimon Hatsadiq Street etabliert; hier herrscht auch am Shabbat Nightlife-Heiterkeit bis zum Morgen.

Roaring Twenties – **Gatsby** 1 : 18 Hillel St., Tel. 054 814 71 43, tgl. 18–2 Uhr. Der Name verpflichtet, und in der Tat lässt das Art-déco-Interieur die 20er-Jahre und nostalgische Erinnerungen an Scott F. Fitzgeralds Romanhelden aufleben. Klar, dass zwei der beliebten, auf Gin basierenden Longdrinks nach Autor und Protagonist benannt sind. Falls Sie den Bartresen nicht gleich finden, damals herrschte die Prohibition – suchen Sie mal. Und ein letzter Tipp: In solch illegale Bars huschte man von der Straße damals durch kleine versteckte Türen …

Party Time – **Mike's Place** 2 : 37 Jaffa St., Zion Sq., Tel. 02 502 34 39, www.mikesplacebars.com, tgl. außer an Shabbat 11 Uhr bis sehr spät. Oft Livemusik und immer Stimmung – guter Platz mit Tischen im Freien und Minimumverzehr von zwei Getränken, was hier aber offenbar jeder schafft.

Café & Klub – **Bolinat** 3 : 6 Dorot Rishonim St., Tel. 02 624 97 33, tgl. 9–1 Uhr. Tagsüber gibt's hier ganz unscheinbar Kaffee, Tee und Sandwiches. Bekannt ist das Bolinat neben seinen frechen Werbesprüchen (lo kol kach kasher – nicht wirklich koscher) für seine lebenserhaltende Rolle im Jerusalemer Nachtleben. Denn auch am Shabbat bekommen Sie hier Bier und Cocktails, Tanzparty ist allerdings erst abends, bevorzugt am Freitag, wenn der Rest der Stadt eher ruht.

Trendy – **Bell Wood** 4 : 5 Rivlin St., tgl. 19 Uhr bis zum letzten Gast. Sieht aus wie ein typisch englischer Pub, und auch wenn es wirklich gute Longdrinks gibt, das Herz des Barmanns gehört eher dem knappen Dutzend Bieren vom Zapfhahn.

Viel besucht – **Link Restaurant** 5 : 3 Hamaalot St., Tel. 02 625 34 46, www.2eat.co.il/eng/link, So–Do 11–24, Sa 10–24 Uhr. Das Gebäude ist über 100 Jahre alt und von Grün umgeben. Wer sich im Link zum Dinner verabreden möchte, sollte unbedingt rechzeitig reservieren. Die Küche ist außerordentlich gut und bietet mittags wie abends eine reiche Auswahl an internationalen Vorspeisen, ebenso Fisch- und Fleischgerichte. Die israelische Weinkarte ist überschaubar und sehr gut. Ab 110 NIS.

Irischer Pub – **Dublin Irish Pub** 6 : 4 Shammai St., Tel. 072 328 12 14, www.dub.rest-e.co.il, Sa–Do 17–3, Fr 17–5 Uhr. Hier geht's fast täglich rund, getrunken und getanzt wird mit irischem Temperament zu internationalem und einheimischem Pop und Trance.

Gute Drinks – **Focaccia Bar** 7 : 4 Rabbi Akiva St., Tel. 02 625 64 28, https://bar.focaccia.co, tgl. 10–1 Uhr. Zu der Bar gehört ein Restaurant, das sich an mediterran-italienischer Küche versucht – nicht immer gelungen. Die Drinks jedoch sind einwandfrei.

Pilgerziel für Vinyl-Freaks – **Hataklit** 8 : 7 Heleni HaMalka St., www.facebook.com/hataklit, Tel. 02 624 40 73, tgl. 16.30–3 Uhr. Drei Fans des Vinyls haben die ›Schallplatte‹ gegründet und ein großes Publikum mit Schwäche für Musik gefunden, bei deren Abspielen es kratzt und rauscht und manchmal auch der Tonarm hüpft – allem Digitalen zum Trotz.

À la Carte – **Mona** 9 : 12 Shmuel HaNaggid St., Tel. 02 622 22 83, www.monarest.co.il, So–Do 12–24, Fr, Sa 10–2 Uhr. Im Haus der Old Bezalel Art School hat sich dieses Restaurant etabliert, das Sandwiches, Steaks, Fisch und Meeresfrüchte serviert. Nach dem Essen hängt das Publikum an Bar und Kamin ab, auch am Shabbat, wenn der Rest der Stadt in seinen wöchentlichen Tiefschlaf verfällt.

Institution mit Garten – **Caffit** 10 : 35 Emek Refaim St., Tel. 563 52 84, www.caffit.co.il, So–Do 6.30–2.30, Fr 6.30–1 Std. vor Shabbat, Sa 1.

Std. nach Shabbat–2.30 Uhr. Frühstück bis zum Mittag und die ganztägig riesige Salatauswahl ziehen auch Promis an. Auf der Gartenterrasse trifft man sich gerne zu Kuchen und Kaffee und abends zum ausgedehnten Dinner.

Newcomerc – **Zappa in the Lab** 11 : 28 Hebron Rd., Tel. 02 622 23 33, www.zappa-club.co.il. Populäre Musikbühne inklusive Theater auf dem Gelände des alten Jerusalemer Bahnhofs. Hier treten bevorzugt junge Sänger und Tänzer mit Hang zum Experimentalen auf. Ab 20.30 Uhr Abendessen.

Cooler Klassiker – **Yellow Submarine** 12 : 13 Harechavim St., Tel. 02 679 40 40, www.yellowsubmarine.org.il, Do, Fr ab 21 Uhr. Außergewöhnlicher Tanzklub, der sich nicht damit zufriedengibt, laute Musik zu spielen und teure coole Drinks zu verkaufen, sondern vielversprechenden Künstlern Auftrittsmöglichkeiten bietet und ein eigenes Tonstudio hat – ein Konzept, das ankommt.

Jüdische Comedy – **Off the Wall** 13 : 34 King George St. (Umzug für 2018 geplant), Tel. 050 875 56 88, www.israelcomedy.com. Stand-up-KomikerInnen bieten im ersten Comedy-Klub Jerusalems regelmäßige Shows in Englisch, dargeboten von immigrierten britischen und amerikanischen Juden, die ihre lieben Probleme mit dem real existierenden Israel haben. An etlichen Abenden gibt's Karaoke.

Künstler aus Palästina – **Palestinian National Theatre** 14 : Nuzha Street, nahe American Colony Hotel, Tel. 02 628 09 57, www.pnt-pal.org. Immer wieder stehen auch Stücke in Englisch auf dem Spielplan.

Bühnenkunst – **Jerusalem Center for the Performing Art** 15 : 20 David Marcus St., Tel. 02 561 71 67, www.jerusalem-theatre.co.il. Konzert, Theater und Ballett, von Klassik bis Avantgarde. Das dazugehörige Sherover Theater bietet teils Simultanübersetzungen ins Englische (über Kopfhörer).

Moderne Stücke – **Khan Theater** 16 : 2 David Remez St., Old Railway Station, Tel. 02 630 36 00, www.khan.co.il. Sechs eigene Stücke

STADTFÜHRUNGEN

Zugelassene Fremdenführer (u. a. deutsch- und englischsprachig) kann man über folgende Adresse kontaktieren: **Gateway To Israel,** Tel. 054 219 92 29, www.israel-guides.net. Kostenlose Touren: Die kostenlosen **Free Tours** starten täglich bei der Touristeninformation am Jaffa Gate (11 und 14 Uhr, Dauer 2 Std., www.newjerusalemtours.com) und führen u. a. zu Tempelberg, Klagemauer und Via Dolorosa. Man kommt einfach eine Viertelstunde vorher und achtet auf Fremdenführer in rotem T-Shirt mit der Aufschrift »New Europe«. Die Guides arbeiten auf Tips-Only-Basis, d. h. sie erwarten am Ende auf halb-freiwilliger Basis ein Trinkgeld. Fremdenführer für Ausflüge in die palästinensischen Gebiete findet man u. a. unter www.palestinehotels.ps, dort ›Useful Links‹ anklicken. Touren in die palästinensischen Gebiete (u. a. Bethlehem, Hebron, Jericho, Taybeh) veranstaltet auch **Green Olives Tours** (Tel. 03 721 95 40, www.toursinenglish.com). Interessant ist die vierstündige Tour ›Meet the Settlers‹ (245 NIS), bei der man mehrere jüdische Siedlungen auf der Westbank besucht und Gelegenheit zu Gesprächen hat.

Außerhalb der Altstadt

pro Jahr zeigt dieses Off-Theater, einige davon mit englischen ›Untertiteln‹.

Flotte Hausmusik – **Burstein's Klezmer Basement** [17] : 52 Yirmiahu St., Tel. 02 500 13 95, 052 287 91 23, www.facebook.com/bursteins basement, Sommer 22 Uhr, sonst 21 Uhr. Singen, Tanzen, kleine Kunststücke und ganz viel Klezmer und jiddische Musik. Es herrscht eine ausgelassene Wohnzimmeratmosphäre, wenn Burstein & Co aufspielen.

Aktiv

Bequem durch die Altstadt – **Old City Train** [1] : Der Old City Train ist nicht nur für Familien mit Kindern eine bequeme Art, die Altstadt zu durchqueren. Der Zug startet nahe dem Jaffa-Tor beim Karta-Parking und endet nahe der Klagemauer und der City of David. Dazwischen geht die Bummelfahrt durch das Armenische und das Jüdische Viertel der Altstadt, Erläuterungen gibt es über Audio-Guides. Abfahrt alle 30 Min., So–Do im Sommer 10–20, im Winter 10–18 Uhr, Fr bis 1 Std. vor Shabbat, www.cityofdavid.org.il (All News and Events), Buchung Tel. 072 329 07 60, Tickets für die Tour hin und zurück 30 NIS (bei Vorausbuchung 26 NIS), eine Richtung 20 NIS (17 NIS).

Vogelbeobachtung – **Jerusalem Bird Observatory** [2] : Sacher-Park, westliches Areal zwischen Knesset und Supreme Court, Tel. 02 653 73 74, www.jbo.org.il, Eintritt frei. Für Vogelbeobachtung ist Israel ein ideales Land und das JBO der optimale Platz in Jerusalem. Von März bis Mai und von September bis November lassen sich hier Zugvögel auf dem Weg von Europa nach Afrika bzw. retour nieder. Ohne zu stören, kann man sie von einem Unterstand aus beobachten oder auch in der Beringungsstation zusehen

Zeitreise – **Time Elevator** [3] : 37 Hillel St., Agron House, Nahalat Shiva gegenüber dem Independence Park, Reservierung obligatorisch unter Tel. 02 624 83 81, www.time-elevator-jerusalem.co.il, So–Do 10–18 Uhr, 54 NIS. *Edutainment* nennen die Betreiber die virtuelle Reise im Time Elevator, dem Fahrstuhl durch die Zeiten. Sie findet in einem Kinosaal statt. Vor allem Kinder haben ihren Spaß. Vom bequemen Sitz aus ist man dabei, wenn die Tempel gebaut und zerstört werden, erlebt die Anfänge der Christenheit mit den passenden Geräuschen oder spritzendem Wasser. Zur Babylonischen Gefangenschaft hört man den Gefangenenchor aus »Nabucco« und Kaiserin Helena wandelt zu Mozarts Requiem auf der Via Dolorosa. Anatevka-Star Chaim Topol, der berühmte ›Fiddler on the Roof‹, ist der Hauptdarsteller der filmischen Reise durch 3000 Jahre Jerusalemer Geschichte. Ton und Text (u. a. in Englisch und Deutsch) gibt's über Kopfhörer.

Mit Vollgas – **Go-Karting** [4] : Lev Talpiot Mall, 17 Haoman St., Tel. 077 503 05 66, www.teamkarting.co.il, So–Do 10–2, Fr 10–17, Sa ab Shabbatende. In der Mall hat man einfach einen Teil der Tiefgarage (4. UG) gesperrt, Reifen als Leitplanken ausgelegt – fertig war die Kartbahn.

Segway-Touren – **Smart Tour** [5] : 4 David Remez St., First Station, Tel. 02 561 80 56, www.smart-tour.co.il. Wer über 17 und nicht schwanger ist, darf mit dem Körperroller Segway auf geführte Tour gehen, wahlweise an der Hass-Promenade, rund um die Knesset, im Botanischen Garten, in die Siedlung Mishkenot Shaanim oder durchs nächtliche Jerusalem. Die Startpunkte der Touren variieren.

Termine

Jerusalem hat ein reichhaltiges Kulturangebot. Das aktuelle Programm wird täglich in der »Jerusalem Post« veröffentlicht. Als Veranstaltungsort für Konzerte ist **Sultan's Pool** beliebt. Kulturelle Events aller Art finden während des Sommers in der **First Train Station,** David Remez Square, nahe der German Colony statt.

Jerusalem Book Fair (Mai/Juni, alle zwei Jahre mit ungerader Endziffer, www.jbookfair.com): Auf der Messe im Jerusalem International Conference Center, Binyanei Hauma, 1 Zalman Shazar St., Tel. 02 531 46 00, stellen etwa 800 Verlage aus aller Welt ihre Produkte vor. Arabische Staaten boykottieren die Messe.

Jerusalem Marathon (März, www.jerusalem-marathon.com): Die Laufstrecke (wahlweise 42, 21 oder 10 km) führt quer durch das alte und neue Jerusalem.

Israel Festival (Mai/Juni, www.israel-festival.org.il), Tel. *2561: Tanz, Theater, Jazz, Weltmusik und Klassik – das dreiwöchige Festival bietet sowohl jungen Talenten als auch etablierten Künstlern eine Bühne. Angebote für Kinder.

Jerusalem Film Festival (Juli/Aug., www.jff.org.il): Kurzfilme, Avantgarde, Retrospektiven, Animationen und Dokumentationen laufen auf dem 1983 begründeten Festival im Sultan's Pool. Prominenten Raum nehmen stets Filmbeiträge zum Thema Menschenrechte und Nahostfrieden ein.

International Puppet Festival (Aug., www.traintheater.co.il): Einer fast vergessenen Kunst widmet sich dieses Festival, zu dem Puppenspieler aus aller Welt kommen. Die Vorstellungen finden in diversen Theatern statt.

Jerusalem Biennale for Art (Sept./Nov. 2019, www.jerusalembiennale.org): Ausstellungen an unterschiedlichen Orten der Stadt.

Verkehr

Flüge: Der internationale **Ben Gurion Airport,** Tel. 03 972 33 33, *6663, www.iaa.gov.il, liegt 45 km westlich von Jerusalem. Halbstündlich pendeln rund um die Uhr außer am Shabbat **Busse** der Linie 485 der Gesellschaft **Egged** zwischen Flughafen und Central Bus Station. Ebenfalls von den Ankunftsterminals bringen **Sherut-Taxis** Reisende zu ihren Hotels in Jerusalem. **Nesher Taxi,** Tel. 072 264 60 59, www.neshertours.co.il, holt Gäste nach Vorbestellung ab. Die Inlandlinie **Arkia,** Tel. 03 690 22 10 (zentrale Reservierungsstelle), 03 690 22 55 (Bestätigung Rückflüge), www.arkia.co.il, verbindet tgl. außer Sa Jerusalem mit Tel Aviv, Haifa, Rosh Pinna und Eilat. Internationale Flüge bietet neben den großen internationalen Fluggesellschaften **El Al,** 2 Agudat Sport Happoel Sport St., Tel. 02 677 02 01, 03 977 11 11 (zentrale Reservierung), www.elal.co.il.

Bahn: Vom Bahnhof **Malha,** Tel. 02 577 40 00, www.rail.co.il, So–Fr stdl. Verbindungen nach Tel Aviv. Dort Anschluss in alle anderen Landesteile, z. B. nach Haifa, Akko, Nahariya, Ashkelon und Be'er Sheva.

Busse: Von der **Central Bus Station,** 224 Jaffa Rd., gibt es sehr gute Verbindungen in alle Landesteile mit **Egged,** Schnellwahl *2800, Tel. 03 694 88 88 (zentrale Reservierungsstelle), www.egged.co.il, z. B. nach Tel Aviv (alle 10 Min.), Haifa (stdl.), Eilat (4 x tgl., Tickets 24 Std. vorher besorgen), Tiberias (4 x tgl.) und nach Qumran (2 x tgl.). Arabische Linien in die Westbank starten, wenn es die politische Lage erlaubt, am Damaskustor, z. B. nach Hebron (alle 40 Min.), Bethlehem/Nazareth (alle 15 Min.), Jericho (stdl.).

Sherut-Taxis: Abfahrt zum Flughafen sowie nach Tel Aviv, Haifa, Ashkelon, Be'er Sheva und Eilat an der Jaffa, Ecke Harav Kook St.

Mietwagen: Avis, 19 King David St., Tel. 02 624 90 01, 02 624 35 52, www.avis.co.il; **Eldan,** 24 King David St., Tel. 02 625 21 51, www.rent.eldan.co.il; **Hertz,** 18 King David St., Tel. 02 623 13 51, www.hertz.co.il.

Fortbewegung in der Stadt

Enge Straßen, immer mehr Autos, dann auch noch die Teilsperrung der City seit der Inbetriebnahme des Tramverkehrs – außer am Shabbat ist in Jerusalem mit dem Auto kaum ein Fortkommen. Zu Fuß oder eben mit der Tram ist man oft am schnellsten am gewünschten Ziel.

Busse: Die Stadtbusse sind günstig (Einzelticket 6,90 NIS, Zehnerblock 55,20 NIS) und verkehren von 6 bis 24 Uhr in kurzen Intervallen. 1 Std. vor Shabbatbeginn stoppt der Busverkehr bis zum Shabbatende. Wichtige Linien: Nr. 1, 3 und 3a (Central Bus Station-Klagemauer), Nr. 17 Mahane Yehuda-Klagemauer. Infos und sehr gute **Transportation Map** unter www.orenstransitpage.com.

Straßenbahn: 2011 ging Israels erste Trambahnlinie in Betrieb, die tgl. außer am Shabbat von 5.30 Uhr bis Mitternacht den Herzlberg im Westen durch die City mit dem Osten verbindet (Ticket 6,90 NIS). Die sieben geplanten Linien der **Light Rail,** www.citypass.co.il, sollen nach 2020 die Innenstadt Jerusalems mit den Vorstädten verbinden.

Shuttle First Station-Altstadt: Der Shuttle pendelt im 20-Min.-Takt (So–Do 8–20 Uhr, Fr 8–1 Std. vor Shabbat) zwischen First Station (Parkplatz; Tagesticket fürs Auto 17,10 NIS) und der Altstadt/Klagemauer (Misttor).

Totes Meer

Die Anfahrt ist so faszinierend wie die Landschaft, die den Reisenden erwartet. Steil geht es von Jerusalem hinunter zum Toten Meer, dem Haussee der Jerusalemer. Dort entdeckt man außer den Höhlen von Qumran die kolossale Festung Massada und eine Reihe von Badeorten, Schwimmen bzw. Schweben im Toten Meer inbegriffen.

Von Jerusalem fällt die Fernverkehrsstraße Nr. 1 Richtung Osten steil auf das Niveau des Toten Meers ab. Nach rund 30 km mündet sie in die Straße Nr. 90 nach Süden, die bald das nördliche Ufer erreicht. Unterwegs ist ein Abstecher nach Jericho im palästinensischen Westjordanland möglich, bekannt u. a. durch den Berg der Versuchung (s. S. 395).

So erreicht man innerhalb kürzester Zeit das **Tote Meer,** eine der bizarrsten Landschaften der Welt. An manchen Stellen wachsen Salzsäulen wie Stalagmiten aus dem Gewässer. Auf den größeren Säulen, v. a. wenn sie nahe beieinander stehen, bilden sich Schalen aus Salz – Formen wie auf der Töpferscheibe modelliert. Vor mehr als 2 Mio. Jahren entstand dieses Meer, das unter der sengenden Sonne oft vor den Augen verschwimmt. Hier kann man sich nur treiben lassen und der fast 30-prozentige Salzgehalt verursacht auf den Lippen und in den Augen ein juckendes Beißen. Zunehmend Probleme bereiten wegen des kontinuierlich fallenden Wasserpegels Sinklöcher, bis zu 25 m tiefe Krater, die sich am Ufer plötzlich auftun, auch unter dem Asphalt der Küstenstraße Nr. 90 – womit sich die eine oder andere Umgehungsstraße erklärt.

Jedes Leben im Toten Meer ist unmöglich. Die Nabatäer und die Ägypter nutzten seine natürlichen Ressourcen und schöpften mit speziellen Schiffen Bitumen aus dem Asphaltsee – wie er damals noch hieß – ab, um damit u. a. ihre Toten einzubalsamieren. Aristoteles, Strabo und Plinius schilderten die Einzigartigkeit dieses Gewässers. Eine wirtliche, einladende Landschaft ist das Tote Meer nie gewesen. Das schützte die gesamte Region vor Bebauung und Zersiedelung. Wer hier Schutz und Zuflucht suchte, der war für eine gewisse Zeit sicher – wie die asketischen Essener, die in Qumran am Westufer lange unbeachtet in klosterähnlicher Gemeinschaft lebten (s. S. 195). Und an keinem anderen Ort Palästinas als in Massada wären die Zeloten so lange unantastbar gewesen und ihrem Schicksal entkommen (s. S. 200).

Heute ist das Tote Meer eine Touristenattraktion – und die oft letzte Rettung für Rheuma-, Nerven- und Wirbelsäulenkranke. In Ein Gedi, Ein Boqeq und bei Neve Zohar liegen anerkannte Heilbäder mit heißen Quellen, geschätzt wegen ihres natürlichen Schwefel- und Mineralgehalts und ihrer den Blutdruck senkenden Schlammbäder.

Qumran ▶ 2, H 11

Tel. 02 994 22 35, www.parks.org.il, April–Sept. tgl. 8–17, Okt.–März 8–16 Uhr, 29 NIS

Nach rund einstündiger Autofahrt von Jerusalem hat man **Qumran** erreicht. Am Westufer des Toten Meers fand ein Beduinenjunge 1947 die gleichnamigen Schriftrollen, die selbst von sonst zurückhaltenden Wissenschaftlern als die bedeutendste Entdeckung der Moderne bezeichnet wurden: Sie sind etwa 1000 Jahre älter als alle bekannten Bibelhandschriften (älter ist heute nur ein 1987 im Hinnom-Tal in Jerusalem gefundener, in Silber gravierter Bibeltext aus dem 7. Jh. v. Chr.).

Qumran

Hinter der Bezeichnung Qumran verbirgt sich nichts weiter als ein karges Felsmassiv mit zahllosen Abgründen, von der Sonne verbrannt, kein Grashalm kann hier überleben. Genau hier suchte der Junge nach einem verlorenen Lamm und stieß dabei in einer Höhle auf jene Terrakottakrüge, die die in Leinen gewickelten Pergamentrollen enthielten. Der Fund, dessen Bedeutung niemand abschätzen konnte, wurde kurz darauf auf dem Basar von Bethlehem feilgeboten und fand, teils mit Umwegen über die USA, weitgehend vollständig seinen Weg in die Hände von Archäologen. Erst 1949 wusste man, wer die Handschriften angefertigt hatte: die Essener. Damit war auch ein neuer Zweig der Bibelforschung geboren: die Qumran-Forschung. Ausgestellt sind die Rollen heute im Israel-Museum in Jerusalem (s. S. 180).

2005 wurde man erneut fündig – nicht in Qumran, sondern auf einer nahen Polizeistation. Ein Beduine wollte dort Fragmente aus Hirschleder schätzen lassen, die er in dem Felsmassiv entdeckt hatte und für die ein privater Sammler Zehntausende US-Dollar geboten hatte. Schließlich verkaufte er seinen Fund an die Altertumsverwaltung. Die Fragmente enthalten Texte über das Laubhüttenfest.

Besucher können einige der Höhlen besichtigen. In einem kleinen Museum führt ein Kurzfilm in die Geschichte des Funds ein.

Die Essener

Um die Qumran-Rollen entbrannte eine wahre Interpretationswut, die bis in die heutige Zeit anhält und sich hauptsächlich um die Frage dreht: Sind die Essener die geistigen Wegbereiter des Christentums? Johannes der Täufer soll in Qumran bis zu seiner Begegnung mit Jesus gelebt haben. War Jesus ein Mitglied dieser Gemeinschaft? Kein Ansatz wird ausgelassen. Eine Gruppe amerikanischer und israelischer orthodox-jüdischer Mathematiker begann im Jahr 1994 sogar damit, die gescannten Texte mit Computern nach verschlüsselten Gottesbotschaften zu durchsuchen.

Die Essener waren seit dem 2. Jh. v. Chr. eine jüdische Ordensgemeinschaft, die kein Privateigentum kannte, ihre Mahlzeiten in

Fundort der ältesten bekannten Bibelhandschriften: die Höhlen von Qumran

sakramentaler Weise zelebrierte, asketisch, d. h. auch ehelos lebte und Novizen lange prüfte und mit Wasser taufte. Die Blütezeit der 4000 Männer zählenden Gruppe dauerte von der Mitte des 2. Jh. v. Chr. bis 68 n. Chr. Es war aber nur eine kleine Minderheit, die sich aus der in ihren Augen hedonistischen Metropole Jerusalem zurückgezogen hatte, dem Wort Jesaja 40,3 folgend: »In der Wüste bereitet dem Herrn den Weg, macht in der Steppe eine ebene Bahn unserm Gott.«

Das Weltbild der Essener war apokalyptisch geprägt. Die Welt, dem Untergang nahe, bestand nach ihrem Verständnis aus Kindern des Lichts und Kindern der Dunkelheit. Letztere hatten ihren Messias getötet, den Lehrer der Aufrichtigkeit, der ihr Meister gewesen war und zwischen 65 und 53 v. Chr. starb. Sein Name ist unbekannt. Als dessen Reinkarnation sahen viele Jesus Christus. In der Tat definiert eine der Qumran-Rollen, das »Handbuch der Disziplin«, in Teilen die Heilslehre des Christentums, lange bevor Jesus geboren war. Die Wissenschaft geht aber davon aus, dass Jesus weder Essener noch von deren Gedankengut beeinflusst war.

Die Eroberung Palästinas und die Beinahe-Zerschlagung des Judentums hatten die Essener aufgrund ihres apokalyptischen Denkens einkalkuliert. Jedes kopierte Pergament wurde versiegelt, in Leinentücher gewickelt und in einer Amphore aufbewahrt – bis zu einem bestimmten Tag im Jahr 68. Zu diesem Zeitpunkt wurden die Rollen hastig in den Höhlen von Qumran versteckt. Es ist nicht klar, weshalb die Essener Hals über Kopf Qumran verlassen mussten – vielleicht rückten römische Truppen näher. Sicher ist nur: Sie flüchteten zu den Zeloten nach Massada (s. S. 43).

Grabungsstätte

Ab 1951 wurde die 50 m über dem Meer liegende Siedlung der Essener – die man bislang für eine römische Siedlung gehalten hatte – systematisch ausgegraben und man fand das Kloster mit Küche, Hof, Schreibsaal, Refektorium (Speisesaal) und allem, was zu einem derartig abgeschlossenen Lebensraum gehört.

Ein Gedi – Oase in der Wüste mit Quellen, Bachläufen und Wasserfällen

Im weitläufigen Schreibsaal saßen die Essener an schmalen Ziegeltischen, auf denen die Pergamente (ungegerbte Tierhäute) ausgebreitet lagen. Die Tinte, eine Mischung aus Kohle und Gummi, wurde in kleine Ton- und Bronzefässchen abgefüllt. Ein spezielles Bronzegefäß enthielt rituell reines Wasser. Und wann immer das Wort Gott zu kopieren war, musste der Schreiber vorher seine Finger mit diesem Wasser reinigen.

Im August 1995 entdeckten israelische Archäologen nahe der Höhle des ersten Fundes von 1947 vier weitere von den Essenern in die Felsen geschlagene Höhlen.

Ein Gedi ▶ 2, G 13

Auf den nächsten ca. 45 km nach Ein Gedi folgt die Schnellstraße weitgehend der Küste. Einen Abstecher lohnt der Kibbuz **Mitzpe Shalem,** der Wüstensafaris, Klettertouren sowie Bergsteigerkurse für Anfänger und Fortgeschrittene anbietet (s. S. 198).

Kibbuz Ein Gedi

Nach kurzer Fahrt erreicht man den **Kibbuz Ein Gedi,** spezialisiert auf therapeutische Bäder. Etwa 80 km von Jerusalem entfernt liegt hier am Ufer des Toten Meers die wohl schönste Oase des Landes mit subtropischer Vegetation. Schon in der Antike erntete man Trauben, Bananen, Datteln, baute Rosen und Baumwolle an und ruhte sich im Schatten von Akazien und Hennabäumen aus.

Ein Gedi bedeutet ›Quelle des Kindes‹ oder ›Quelle des Kitz‹. Die zweite Deutung bezieht sich auf die hier getränkten Tiere, die erste auf David als Kind. Dieser hatte sich in einer Höhle am Steinbockfelsen von Ein Gedi vor seinem Verfolger König Saul und dessen 3000 Mann starker Truppe versteckt. Saul argwöhnte, David trachte ihm des Throns wegen nach dem Leben. In der Höhle – in der David kauerte und Saul seine Notdurft verrichtete – gelang es David, von Sauls Rock heimlich einen Zipfel abzuschneiden, und als er das Stück später Saul zeigte, war dieser von der Unschuld Davids überzeugt.

Erstmals besiedelt war Ein Gedi zwischen 6000 und 3000 v. Chr. Seine Bewohner lebten von der Landwirtschaft sowie vom Verkauf von Meersalz und Bitumen. Die Römer nutzten die Oase auf dem Weg nach Massada, um hier ihre Vorräte aufzustocken. Und auch sie schätzten den Ort bereits als Heilbad, das neben dem Ein Gedi Nature Reserve heute den größten Besuchermagneten des Kibbuz darstellt. Der Strand von Ein Gedi ist sehr steinig, Badeschuhe leisten gute Dienste.

Ein-Gedi-Naturreservat
Tel. 08 658 42 85, www.parks.org.il, April–Sept. tgl. 8–17, Okt.–März 8–16 Uhr, im Sommer letzter Einlass am Eingang Nahal David 15 Uhr, am Eingang Nahal Arugot 14 Uhr, 29 NIS

Das **Ein Gedi Nature Reserve** besteht genau genommen aus zwei Naturschutzgebieten, dem **Nahal Arugot** und dem **Nahal David.** In den Höhen leben, wie schon zu biblischen Zeiten, Gazellen, Steinböcke und Antilopen. Außerdem entspringen in diesem Gebiet vier Quellen.

Der Aufstieg zur **Nahal-David-Quelle** (40 Min. einfach) im gleichnamigen Park führt vorbei an einem 185 m hohen Wasserfall, in dessen Becken man herrlich baden kann. Noch etwas höher liegt die **Shulamit-Quelle** mit der **Höhle der Liebenden,** so genannt wegen der schönen Dienerin Shulamit, die sich der greise Salomo zur Geliebten nahm. Das Hohe Lied verbindet Ein Gedi mit dieser Romanze: »Solange, wie der König beim Festmahl ist, gibt meine Narde ihren Duft. Ein Myrrhenbüschel ist mir mein Geliebter, er wird zwischen meinen Brüsten übernachten; ein Strauß Zyperblumen von den Weinbergen Engedis ist mir mein Geliebter.«

Ein Besuch des Nahal-David-Parks ist an Sonn- und Feiertagen wegen des Freizeittrummels nicht zu empfehlen. Ruhiger geht es in dem 200 km² großen Nahal-Arugot-Park zu. Ein knapp dreistündiger Rundweg, der auch für Familien mit Kindern geeignet ist, führt an einem Fluss entlang zum **Versteckten Wasserfall** *(hidden waterfall),* der sich aus den teils heftigen Wüstenregen im Winter speist. Baden ist hier derzeit verboten.

Totes Meer

Übernachten

Wildes Campen an den Stränden des Toten Meers ist verboten, doch die verschiedenen Oasen bieten Alternativen.

Rustikales Wohnen – **Ein Gedi Hotel:** Tel. 08 659 42 21, www.ein-gedi.co.il. Die Palette reicht von einfachen (Country Lodging) bis zu eleganten Zimmern in einem üppigen botanischen Garten, zum Angebot gehören außerdem Privatstrand, Außenpool, Thermalbad, Café-Restaurant sowie geführte Wüstentouren und Wanderungen. DZ ab 650 NIS.

Schlichte Zimmer – **SPNI Field School:** Beit Sarah, Tel. 08 658 42 88, www.natureisrael.org. Das SPNI wurde 1959 von der namensgebenden Society for the Protection of Nature in Israel zum Zweck von Ausstellungen zur Tier- und Pflanzenwelt der Region gegründet. Heute bietet man Unterkunft in 49 Zimmern und Schlafsälen sowie erlebnisreiche Exkursionen (s. rechts). An der Rezeption kann man Wanderkarten für Unternehmungen auf eigene Faust kaufen. DZ ab 250 NIS.

Einkaufen

Kosmetik vom Toten Meer – **Ahava Fabrikverkauf:** Tel. 08 994 51 17, Sa–Do 8–18, Fr 9–16 Uhr. Heilende und kosmetische Produkte (z. B. Badezusätze, Cremes, Zahnpasta) aus dem Salz des Toten Meers, die hier produziert und weltweit verkauft werden.

Aktiv

Klettern und Bergsteigen – **Kibbuz Mitzpe Shalem:** Tel. 02 994 51 11, 052 239 77 71, dalpak@mitzpe-shalem.co.il. Unter dem organisatorischen Dach des Kibbuz bietet etwa 20 km nördlich von Ein Gedi das Metzokei Deragot Village, Tel. 17 00 70 71 80, www.metzoke.co.il, Wander-, Kletter- und anspruchsvolle Bergtouren an (Übernachtung im Zelt 70 NIS pro Pers., DZ ab 300 NIS). Das Wadi Darja mit seinen gewaltigen Überhängen ist Ziel der Kletterer.

Strand und Schlammbäder – Der **Mineral Beach**, Tel. 02 994 48 88, www.deadsea.com, des Kibbuz Mitzpe Shalem ist ein sehr schöner Strand; zuletzt für Erneuerungsarbeiten wegen Sinklöchern geschlossen.

Wellness und Exkursionen – **Ein Gedi Hotel:** Tel. 08 659 42 20 (s. links). Umfangreiche Ayurveda-Behandlungen, die bereits vor der Anreise gebucht werden sollten. U. a. auch Ausflüge unterschiedlicher Länge in Israels und Jordaniens Wüsten, Vollmondtouren (3–4 Std.), Bibeltouren zum Mount Karkom im Negev (Sa/So), Gewürztouren auf den Handelsrouten der Nabatäer (2 Tage) etc. **SPNI Field School:** Tel. 08 658 42 88, www.natureisrael.org (s. links). Ähnliches Tourenprogramm wie das Ein Gedi Hotel, außerdem Grillabende unterm Sternenhimmel, Ausflüge nach Massada etc.

Heilbäder – **Ein Gedi Spa:** Tel. 08 620 10 30, www.eingedisaofspa.com, So–Do 8.30–17, Fr und Fei 8.30–16.30, Sa 8.30–17 Uhr, im Sommer länger, 95 NIS, Eintritt frei für Kibbuz-Gäste. Heilbäder in 38 °C warmem, stark mineralhaltigem Wasser, Süßwasserpool, Anwendungen wie Schlammpackungen, medizinische Hautpflege, Massagen etc. Pools getrennt für Männer und Frauen sowie Becken für Familien.

Verkehr

Busse: Mehrmals tgl. nach Jerusalem und Be'er Sheva, jeweils mit Anschluss in andere Landesteile. 4 x tgl. nach Eilat.

 Massada ▶ 2, G 14

www.parks.org.il, Tel. 08 658 42 07, Museum April–Sept. Sa–Do 8–17, Fr 8–16, Okt.–März Sa–Do 8–16, Fr 8–15 Uhr, Seilbahn Sa–Do 8–16, Fr und vor Fei 8–14 Uhr, Eintritt 28 NIS, Seilbahn einfach 29 NIS, Eintritt und Seilbahn h/z 76 NIS, Audioguides, auch in Deutsch

16 km südlich von Ein Gedi wartet Israels imposantestes Symbol der Freiheit: **Massada**, israelischer Nationalpark und seit dem Jahr 2001 auch UNESCO-Welterbe. Die berühmte Festung liegt in einer trostlosen, kargen Steinwüste auf einem 440 m hohen Felsplateau, das fast bis ans Tote Meer reicht. Eine Seilbahn, die am Parkplatz startet, bringt die

Symbolort jüdischen Widerstands: Massada

Besucher hinauf. Zu Fuß kann man die Festung über die sog. Snake Route in rund 45 bis 60 Min. erklimmen. Es gibt zwei Besuchereingänge zu Massada – einen im Osten nahe dem Toten Meer und einen im Westen bei Arad (s. S. 331), 68 km von Massada entfernt. Nur von hier aus ist die römische Belagerungsrampe erreichbar, auf der man in ca. 20 Min. relativ bequem zu Fuß nach Massada hinaufgelangt.

Geschichte

Als Herodes der Große ab 40 v. Chr. begann, die im 2. Jh. v. Chr. von Hasmonäern und Makkabäern errichtete Festung zu erweitern, war es sein Wille, eine uneinnehmbare Schutzburg zu errichten. Sie sollte ihn einerseits vor Juden schützen, die ihn vom Thron stürzen und die alten Dynastien wieder einsetzen wollten. Andererseits musste er sich gegen die Römer absichern, denn Kleopatra, Ägyptens letzte ptolemäische Herrscherin, drängte den römischen Feldherrn Marcus Antonius, Herodes zu beseitigen und ihr die Herrschaft über Judäa zu übertragen.

Nach sechsjähriger Bauzeit war Massada 30 v. Chr. fertiggestellt. Eine doppelte Mauer, bewehrt mit 37 Türmen, umgab nun das Plateau. Nach dem Tod von Herodes 4 v. Chr. wurde Massada römischer Garnisonsstützpunkt. Im Jahr 66 n. Chr. nahmen Zeloten, eine Widerstandsbewegung gegen die römische Besatzung, die Festung ein und konnten sich bis 70 n. Chr. hier verschanzen.

Drei Jahre nach dem Fall des Zweiten Tempels beschlossen die Römer, die letzte jüdische Festung in Palästina zu stürmen – wenngleich sie in den Zeloten, zu denen Essener aus Qumran geflohen waren (s. S. 43), eigentlich keine Bedrohung sehen konnten. 967 Männer, Frauen und Kinder bewohnten Massada, als Flavius Silva mit 10 000 Mann anrückte. Um eine Flucht der Zeloten zu verhindern, ließ Silva zuerst um den Fels herum eine 3,5 km lange Mauer mit zwölf Türmen errichten. Seine Soldaten verteilte er auf zwei Hauptlager und sechs kleinere Feldlager. Dann begann die Planung des Sturms. Nur eine Stelle eignete sich dazu, eine Rampe aufzuschütten, wegen ihrer hellen Gesteinsfarbe Bianca genannt. Sie endete ungefähr 150 m unterhalb der Mauern Massadas. Darauf errichteten die Soldaten einen Eisenturm, auf den die Katapulte gesetzt wurden. Als die äußere Mauer fiel, töteten die zelotischen Kämpfer zunächst ihre eigenen Familien und dann sich selbst. Nur zwei Frauen und fünf Kinder überlebten das Grauen. Sie hatten sich in einer Zisterne versteckt und schilderten die Geschehnisse.

Eindrucksvoll beschreibt der jüdische Geschichtsschreiber Flavius Josephus, wie der Führer der Zeloten, Eleazer Ben Ja'ir, in einer gleichermaßen wahnsinnigen wie stolzen Rede an jenem Tag nach Ostern 73 zu seinen Glaubensbrüdern sprach: »Denn die Frauen sollen ungeschändet sterben und die Kinder, ohne die Knechtschaft kennengelernt zu haben. Und nach ihnen wollen wir selbst uns einander den edlen Dienst erweisen, wobei wir die Freiheit als schönstes Sterbekleid bewahren werden. Doch lasst uns vorher die Schätze und die Festung mit Feuer zerstören. Einzig die Lebensmittel wollen wir unversehrt lassen; denn sie sollen nach unserem Tod Zeuge dafür sein, dass wir nicht durch Hunger bezwungen wurden, sondern weil wir – so wie es von Anfang an beschlossen war – den Tod der Knechtschaft vorziehen wollten.«

Massada, 1838 von dem amerikanischen Archäologen Edward Robinson bei einer Fahrt auf dem Toten Meer identifiziert, wurde erst zwischen 1963 und 1965 ausgegraben. Die Armee und Tausende Freiwillige aus 28 Ländern halfen den Archäologen bei der Freilegung der Ruinen.

Besichtigung

Empfehlenswert ist als thematischer Einstieg ein Besuch des **Masada Museum** im neuen Visitors Center, das vom Archäologischen Institut der Hebräischen Universität Jerusalem interessant gestaltet wurde. Amphoren, Säulen, Gebrauchsgegenstände, Schmuck, Schuhe, Fußböden, Wände und rekonstruierte Unterkünfte illustrieren in gedämpfter Museumsbeleuchtung das Leben in und um Massada mit den Schwerpunkten Herodes, Aufständische und Römer.

Mit dem Rundgang durch die Festung beginnt man üblicherweise am **Schlangenpfadtor** (tgl. ab 5.30 Uhr zugänglich), dem Endpunkt der Seilbahn und des Fußwegs. Hier sieht man die Doppelmauer (Kassettenmauer), in die die Zeloten zusätzliche Decken für Wohn- und Lagerräume eingezogen hatten und wo Archäologen sehr viele Gebrauchsgegenstände entdeckten, darunter Stoffreste, Krüge, Schminktöpfe, Wein, Öl und Datteln.

Linker Hand vom Eingang liegt der **Nordpalast** von Herodes, der sich auf dem Plateau zwei prächtige Königspaläste hatte errichten lassen. Der **Westpalast** rechts des Eingangs wurde bei offiziellen Anlässen genutzt, während der nördliche, in den Fels gebaute dreistöckige Palast als luxuriöse Privatresidenz diente. »Im Westpalast«, so beschrieb Flavius Josephus, »war die Ausstattung der Wohnräume ebenso wie die der Säulenhallen und Bäder verschiedenartig und verschwenderisch. Die überall anzutreffenden Säulen waren jeweils aus einem einzigen Stein, die Wände und Fußböden zeigten kunstvolle Steinpflasterung.« Die Bäder des Nordpalasts besaßen, wie damals üblich, Kalt-, Warm- und Heißbereiche (Frigidarium, Tepidarium, Caldarium).

Ein ausgefeiltes **Zisternen- und Kanalsystem** sammelte den nicht oft, aber heftig fallenden Regen. Jede der zwölf Zisternen hatte ein Fassungsvermögen von 4000 m³. Mitten in der Wüste gab es also Wasser im Überfluss – so viel, dass Herodes auch im Bereich des Westpalasts Bäder einrichten ließ, ausgestattet nach gleichem Muster.

Die Zeloten fügten der Anlage die **Synagoge** und die **Mikwe** (Ritualbad) hinzu. Das größte der drei Becken sammelte das rituell reine, weil mit keinem Behälter in Berührung gekommene Regenwasser; in die beiden kleineren Becken floss das unreine Wasser der Zisterne, das nach den Talmudvorschriften ebenfalls rein wurde, sobald man es mit einem Teil reinen Regenwassers vermischte. Exkrementspuren belegen, dass die Synagoge vor ihrer religiösen Nutzung als Viehstall diente und davor wiederum muss unter Herodes hier ein Lager gestanden haben. Man fand zerbrochene Tonkrüge, die offenbar italienischen – für den »König Herodes von Juda«, so die Inschrift einer Tonscherbe – Wein enthielten.

Übernachten

Meerblick – **HI Massada Hostel:** D. N. Yam Hamelah, Tel. 02 594 56 23, www.iyha.org.il. Am Fuß des Felsens von Massada. Wundervoller Blick auf das Tote Meer. Mit Pool und Sportmöglichkeiten. Einfache, ordentliche Zimmer. Jugendgruppen und Individualreisende werden in getrennten Flügeln untergebracht. DZ ab 380 NIS.

Abends & Nachts

Ton, Steine, Scherben – **Sound & Light Show:** an der Westseite von Massada bei der Belagerungsrampe, erreichbar nur über Arad (s. S. 331) und Straße Nr. 3199, Tel. 08 995 93 33. Beeindruckende Licht-und-Ton-Show, die die Geschichte Massadas erzählt (Di und Do 21 Uhr, Audioguide mit deutscher Übersetzung, 45 NIS).

Verkehr

Busse: Tgl. mehrmals Verbindungen von und nach Jerusalem und Eilat. Arad liegt etwa 30 Autominuten entfernt und ist mit Sherut-Taxis erreichbar.

Ein Boqeq ▶ 2, G 15

Rund 15 km südlich von Massada liegt Israels Kurzentrum Nummer eins, **Ein Boqeq.** Dank einer warmen Mineralquelle hat sich dieser Strandabschnitt, und mehr ist es nicht, zur Enklave des Wellnesstourismus am Toten Meer entwickelt. *Sanus per aquam* (›Wohlfühlen durch Wasser‹), kurz Spa, heißt das Erfolgskonzept, das jährlich Tausende von Besuchern anzieht. Weitere Hotels und Spas entstanden 8 km südlich von Ein Boqeq in **Neve Zohar.** Starke Konkurrenz erwächst Ein Boqeq inzwischen auf jordanischer Seite des Toten Meers. Hauptgrund: niedrige Preise, freundlicherer Service.

Infos

Im Internet: www.einbokek.com.

Totes Meer

Schwerelos schweben, getragen vom Salz im Toten Meer

Zin Tours 2000: im Petra Shopping Center, Tel. 08 995 02 32, www.zintours.com. Eine Agentur, bei der man von der Anreise bis zur Aromatherapie alles buchen kann und auch sonst gute Tipps bekommt, z. B. Informationen zu abendlichen Segway-Touren durch Ein Boqeq. Ein weiteres Plus: Es wird Deutsch gesprochen.

Einkaufen

Kosmetikprodukte und mehr – **Petra Shopping Center:** Tel 08 652 01 31. Internetcafé, Cafeterias, Fast Food, Supermärkte und viele Geschäfte, die Kosmetikprodukte vom Toten Meer zum Verkauf anbieten. **Ein Hatchelet Mall (Blue Sky Mall):** Tel 08 658 40 04. Neben Cafés, Imbissen, Klamotten- und Souvenirläden gibt es auch hier eine breite Auswahl an Dead-Sea-Lotions und Cremes.

Übernachten

In Ein Boqeq gibt es ausschließlich 5-Sterne-Häuser mit einer Kapazität von jeweils 400 bis 650 Zimmern.

Großer Pool, tolles Spa – **David Dead Sea Resort & Spa:** Tel. 08 659 12 34, www.david-deadsea.com. Ein architektonisches Juwel ist der in Pastelltönen gehaltene Mineralia Spa Club nach römischem Vorbild mit Tempelsäulen und abgerundetem Pool – der Himmel für ausgelaugte Körper (Sauna, Jacuzzi, Massagen, Schlammpackungen, Anti-Stress-Bäder, Aromatherapie und vieles mehr). DZ inkl. HP ab 1300 NIS.

Komfort und Wellness – **Hod Hamidbar:** Tel. 08 668 82 22, www.hodhotel.co.il. Komfortables Hotel im römischen Stil mit vielen Säulen, moderne und elegante Zimmer, am Strand hat man die Wahl zwischen Meer und einem

Aktiv

Ausflüge – **Ali – Dead Sea Tour Guide:** Tel. 050 529 41 40, www.deadseatourguide.com. Fahrten quer durch Israel und Touren zu Sehenswürdigkeiten am Toten Meer, u. a. zum Salzmeer an der Südspitze.

Verkehr

Busse: Mehrmals tgl. Verbindungen nach Jerusalem, Be'er Sheva und Eilat.

Region Sodom ▶ 2, G 16

An südlichen Ende des Toten Meers liegt die **Region Sodom.** Einer Erzählung im Alten Testament zufolge ließ es der Herr Schwefel und Feuer über die Städte Sodom und Gomorrha regnen, um das lasterhafte Verhalten ihrer Bewohner zu bestrafen. Nur Lot, seine Frau und ihre beiden Töchter entkamen dem Inferno. Doch Lots »Weib sah hinter sich und ward zur Salzsäule«, wie es bei Moses geschrieben steht (1. Mose 19,26), weil sie nicht, wie von Gott befohlen, nur nach vorne blickte, sondern sich umsah.

Eine Salzsäule in den Bergen von Sodom, 23 km südlich von Ein Boqeq, soll Lots Frau verkörpern (von der Straße Nr. 90 am Toten Meer ausgeschildert mit ›Sodom Cave‹ und ›Eshed Lod‹). Doch die hiesigen Salzhöhlen haben mit dem biblischen Sodom und Gomorrha nichts zu tun – wo die beiden vernichteten Städte wirklich lagen, ist unbekannt. Das heutige Sodom ist eine kleine Arbeitersiedlung der örtlichen Pottascheindustrie.

33 km^2 beträgt an der Südspitze des Toten Meers die Fläche des Salzmeers, das man am besten im Rahmen eines organisierten Ausflugs besichtigt (s. oben). Die seltenen, aber heftigen Regenfälle haben tiefe Täler und Risse in die Salzformationen modelliert. Entstanden ist eine märchenhafte Landschaft.

Eher überraschend ist da, dass in der Region Kikar Sodom nach allen Regeln der ökologischen Landwirtschaft u. a. Melonen, Tomaten, Spargel und Datteln gedeihen. Ökologen kritisieren, hier werde wertvollstes Wasser für Gemüse und Obst verschwendet.

---

riesigen Pool. Angeschlossen ist das Ma'ayan Spa, einer der modernsten Wellnessbereiche der hiesigen Hotels (mit Meerwasserpool, Ayurvedabehandlungen, Aromatherapie, Reflexzonenmassage, Bodypeeling etc.). DZ/Halbpension ab 1000 NIS.

Komfortabel – **Crowne Plaza:** Tel. 0800 723 51 85 (zentrale Reservierungsnummer), Rezeption Tel. 08 659 19 19, www.ihg.com. Komfortable Zimmer, alle mit Blick auf das Tote Meer. DZ ab 450 NIS.

Essen & Trinken

In Ein Boqeq isst man, wie man wohnt, nämlich teuer. Die einzigen Alternativen bietet das **Petra Shopping Center.** Dort werden im Erdgeschoss Snacks und Sandwiches verkauft, im 1. Stock gibt es ein Barbecue-Restaurant, wo man herzhaft ins Shawarma beißen darf.

Kapitel 2

Tel Aviv und die Küste

Tel Aviv-Jaffa, wie die 420 000-Einwohner-Stadt offiziell heißt, ist das New York des Nahen Ostens. Meinen zumindest die Bewohner. Ein Konglomerat von Menschen aus über 140 Nationen, denen der jüdische Glaube das Recht auf die israelische Staatsbürgerschaft garantiert. Im Großraum der Stadt leben heute ungefähr 2 Mio. Menschen.

Tel Aviv ist eine kosmopolitische Stadt, ein Schmelztiegel der Nationen, und dank seiner Toleranz eine der beliebtesten Schwulen-Städte der Welt. Sie ist die Stadt der Fröhlichkeit, der Lässigkeit, der Laufsteg der Schönen, die die Nacht zum Tag machen. Jerusalem mag die über 3000 Jahre alte Tante, die biedere, die koschere, die religiöse sein. Tel Aviv dagegen sieht sich als Teenager: frech, ohne Konventionen. Was in oder out ist, das ändert sich hier über Nacht.

Das Stadtbild prägen viele in Bauhaus-Architektur errichtete Gebäude, meist weiß getüncht – ihnen verdankt Tel Aviv seinen Beiname ›Weiße Stadt‹. Wer sich nicht an Menschenmassen stört, kann in der pulsierenden Metropole einen klassischen Strandurlaub verbringen, jeden Tag neue Cafés, Märkte und Shops besuchen, jede Nacht neue Restaurants, Bars und angesagte Klubs kennenlernen.

Für die Küste nördlich und südlich von Tel Aviv benötigt man jeweils mindestens zwei Tage, dann bleibt genug Zeit zum Baden. Ein Highlight sind die Ruinen von Caesarea, der bedeutendsten Stadt des antiken Palästina. Im Schnelldurchgang sind die Exkursionen auch als Tagesausflüge machbar.

In Tel Aviv zeigt Israel sein modernes, weltliches Gesicht

Auf einen Blick: Tel Aviv und die Küste

Sehenswert

⭐ **Tel Aviv-Jaffa:** Die lebenslustige Metropole bildet das Kontrastprogramm zu Jerusalem – Spaß statt Spiritualität, Meer statt Mauern, Kultur statt Konflikte. Am gleichen Tag kann man sich am Strand sonnen, hochkarätige moderne Kunst in einem Museum oder einer der vielen Galerien genießen, abends international speisen und bis zum Morgen durchfeiern. Entsprechend bewerben die Tourismusmanager Tel Aviv nicht mehr nur als weiße Bauhausstadt, sondern mehr denn je als vibrierende Party-Metropole und Toptreff für Schwule und Lesben (s. S. 208).

Caesarea: Eindrucksvolle Ruinen zeugen von der bedeutendsten Stadt des antiken Palästina. Im restaurierten römischen Theater finden im Sommer Open-Air-Veranstaltungen statt, es gibt Restaurants direkt am Meer und vor dem Aquädukt erstreckt sich einer der schönsten Badestrände des Landes (s. S. 245).

Schöne Routen

Rundgang durch das mittelalterliche Jaffa: Vom Uhrturm über die Große Moschee, den Saraya-Palast und das in einem alten türkischen Bad untergebrachte Old Jaffa Antiquities Museum zum alten Hafen, wo sich rund um den Kedumim Square zahlreiche Künstler, Kunsthandwerker und Galeristen niedergelassen haben (s. S. 219).

Von Tel Aviv nach Nordisrael: Auf dieser Route kommen sowohl Badenixen als auch archäologisch Interessierte auf ihre Kosten, denn sie verbindet zahlreiche schöne Strände mit zwei der berühmtesten Ausgrabungsstätten von Israel, Megiddo und Caesarea. Außerdem lernt man die bekannte Künstlerkolonie Ein Hod und malerische Drusendörfer kennen (s. S. 240).

Meine Tipps

Carmel Market: Sich treiben lassen, lautet das Motto auf dem ungewöhnlichen Carmel Market in Tel Aviv (s. S. 214).

Azrieli Center: Von der 49. Etage hat man einen tollen Blick über Tel Aviv, bei gutem Wetter fast über halb Israel (s. S. 215).

Old Port: Tel Avivs Nachtleben tobt insbesondere hier im Norden. Auf dem Areal befinden sich 25 Piers und alte Lagerhäuser mit Bars und Cafés (s. S. 215).

Eretz Israel Museum: Eintauchen in die Geschichte des Gelobten Lands – in der reich bestückten Sammlung und bei den Ausgrabungen am Tel Qasile (s. S. 217).

Bibelpark Neot Kedumim: Kochen und essen wie zu Moses' Zeiten (s. S. 233).

Beit-Govrin-Nationalpark: Hunderte riesiger Kalksteinhöhlen und Malereien aus hellenistischer Zeit (s. S. 236).

Durch den Megiddo-Nationalpark: Die archäologische Ausgrabung wurde durch die Ställe des Salomo berühmt (s. S. 242).

Tauchen im Unterwasserpark von Caesarea: Mit Schnorchel und Taucherbrille geht's zu Amphorenfeldern, antiken Säulenresten und Schiffswracks (s. S. 248).

Isfiya und Daliyat el Karmel: In den beiden malerischen Dörfern im Karmelgebirge ist alles sehr traditionell und man bekommt einen Eindruck von der Kultur und Religion der Drusen (s. S. 251).

 Tel Aviv-Jaffa

▶ 2, D 9

Bescheidenheit ist nicht die erste Tugend von Tel Aviv, das sich in Anlehnung an den ›Big Apple‹ New York und mit einem Schuss Selbstironie gerne als ›Big Orange‹ bezeichnet. Passender wäre ohnehin, wenn schon amerikanisch, der Vergleich mit dem kunterbunten Miami.

»Über Tel Aviv sprach man bei uns in Jerusalem mit Neid und Hochmut, Bewunderung und Geheimnistuerei«, schrieb der Schriftsteller Amos Oz einmal. Wer hier nach Jerusalem ein paar Tage verbringt, der weiß warum. Auch Oz fand es heraus: Tel Aviv sei eine hebräische Stadt, die zwischen Orangenhainen und Sanddünen heranwachse. Sie sei nicht einfach ein Ort, zu dem man sich einen Fahrschein löse und einfach mit dem Bus hinfahre, »sondern ein anderer Kontinent«.

Tel Aviv, das 2019 sein 110-jähriges Bestehen feiert, bildet zusammen mit dem südlichen Jaffa (Yafo) eine Doppelstadt, die sich über 15 km entlang der Mittelmeerküste erstreckt. Im Sommer ist ganz Tel Aviv auf Strand eingestellt, bevölkert von Zehntausenden von Menschen, die von der City nur ein paar Schritte über die verkehrsreiche Promenade bis ans Meer zurücklegen müssen.

Partymetropole am Mittelmeer

Szenenwechsel: Nachts um eins staut sich am Alten Hafen der Verkehr. Die Nachtschwärmer sind unterwegs zu Bars, Klubs, Discos, Restaurants und Kneipen. Neben Beirut und Dubai kann es im Orient wohl nur diese Stadt mit dem bunten Nachtleben und der Lebenslust westlicher Szene-Metropolen aufnehmen. Selbstredend, dass man den Shabbat in Tel Aviv weitgehend ignoriert – den meisten Bewohnern ist Hedonismus näher als Zionismus.

Eine ungeahnte Renaissance – und einhergehend damit die unumkehrbare Gentrifizierung – erlebt das Viertel **Neve Tzedek,** gegründet Ende des 19. Jh. Ein einst verfallendes Niedrigmieten-Viertel mutierte zur gefragten Wohnlage für Gutverdiener. Durch die französisch-charmant anmutende **Shabazi Street** mit ihren Cafés, Restaurants, Bars und Boutiquen strömen Tag und Nacht Touristen und Einheimische.

Von hier Richtung Küste gehend, stößt man auf **HaTachana,** das Gelände des ehemaligen Jaffa-Bahnhofs nach Jerusalem. Original belassene Gleise, alte Waggons, umgewandelte Frachthallen und moderne Bars, Cafés, Restaurants und Geschäfte verleihen dem Areal ein nostalgisches Flair, dem besonders Nachtschwärmer erliegen.

Israels Kulturkapitale

Doch Tel Avivs Reiz besteht aus mehr als Miniröcken, freien Bauchnabeln und schrillen Drag-Queens. Für Start-ups gilt Tel Aviv als bester Ort – nach dem Silicon Valley. Die meisten Vertreter der jungen israelischen Kunstszene sind hier zu Hause. Ihre Werke zeigen sie bei der Kunst- und Designmesse Fresh Paint (s. S. 231). Schöngeister leben in Tel Aviv wie im Naturschutzreservat: Alles ist erlaubt, je schräger und provokanter, desto besser. Zuletzt wurde Tel Aviv bei einer großen US-Umfrage mit 43 % sogar zur weltbesten *gay city* gewählt – vor New York. Das Grollen der Ultraorthodoxen über das zügellose Tel Aviv wird einfach ignoriert.

Als vor schon längerer Zeit im Premierenpublikum der Batsheva Dance Company, berühmt für ihr experimentelles Tanztheater, Premierminister und Chefrabbiner saßen, stellten sich während einer Aufführung neun Männer mit dem Rücken zum Publikum. Aus den Ellenbogenbewegungen zu schließen, vollzogen sie scheinbar Ungehöriges. Eisiges Schweigen im Theater. Erst prustete aus Verlegenheit eine Zuschauerin los, dann eine andere, und irgendwann hielt auch der Premier nicht mehr still. Nun drehten sich die neun auf der Bühne um – und putzten weiter die Läufe von Maschinengewehren.

Apropos Theater: Hemdsärmeligkeit, ganz wörtlich als erklärter Verzicht auf Krawatte und Smoking, prägt diesen Kulturbetrieb und hat die Einstellung zu ihm entkrampft. Man geht so selbstverständlich ins Theater wie anderswo ins Kino. Die Tel Aviver sind eifrige Kulturkonsumenten, die nur zu wählen brauchen: Klassik im Charles Bronfman Auditorium, Oper und Operette in der New Israeli Opera, jiddische Stücke im Yiddish Theatre, israelisches Ballett im Duhl Auditorium, Experimentelles im Suzanne Dellal Center. Die Liste könnte unendlich fortgesetzt werden.

Tolerant und lebenswert

Immigranten bleiben in Tel Aviv, wenn sie nicht ein Startkapital mitbringen, sei es Geld oder gefragtes Können, nur zum Zwischenstopp; sicher auch, weil ausländerfeindliche Übergriffe gegen Afrikaner für Schlagzeilen sorgten. Tel Aviv, stets unter den Top 25 der teuersten Städte der Welt, hat die höchsten Lebenshaltungskosten des Landes, wie man schnell bemerkt, wenn man vom Dizengoff Center nordwärts geht. Zwischen Cafés, Restaurants und Banken findet man edle Boutiquen. Das einst ziemlich kaputte, nun stark gentrifizierte Viertel **Florentin** ist für Normalverdiener kaum noch bezahlbar. Aber viele mühen sich ab, nur um in Tel Aviv leben zu können, auch wenn sie andernorts im Land ein leichteres Leben führen könnten. Denn eins ist unbezahlbar in der Hafenstadt: Toleranz, Liberalität und Weltläufigkeit.

Jaffa – ein Hafen voller Geschichte(n)

Die arabisch geprägte Fortsetzung der Stadt nach Süden ist **Jaffa,** das schon dem Verfall geweiht schien. Jahrelang machte die Stadt Schlagzeilen mit ihrer hohen Prostitutions-

STADTERKUNDUNG LEICHT GEMACHT

Tel Avivs Tourismusmanager sind wirklich auf Zack. Im Tourist Office (s. S. 223) findet man eine Vielzahl von werbefinanzierten Karten, Broschüren und Magazinen, die dem Besucher bei der Erkundung der schnelllebigen Metropole eine gute Hilfe sind. Beste Dienste leisten auch als Digital-Ausgaben (www.mapalesham.co.il) verfügbare Detailkarten für das In-Viertel Neve Tzedek (»Fashion & Recreation«), das Bauhaus-Viertel (»White City Map«) und Jaffa (»Jaffa Map«) sowie für Kunstliebhaber die »Art Galleries & Museums Map«. Restaurants, Cafés, Geschäfte, Galerien, Nachtleben, Veranstaltungskalender – all das listet die handliche Broschüre »Go Tel Aviv« (Online-Edition www.gotelaviv.co.il).

und Kriminalitätsrate. In den 1960er-Jahren beschlossen Tel Avivs Stadtväter, Jaffa zu neuem Glanz zu führen. Die seit 1961 für die Stadterneuerung zuständige Old Jaffa Development Corporation hat den Spagat zwischen Konservierung und Erneuerung mit großem Erfolg vollzogen und der Stadt wahre Besucherströme beschert. Übrigens: Jaffa ist der Namensgeber für die bekannte Orangenmarke, und das, obwohl kaum Orangenbäume zu sehen sind – die Erklärung: Der Name Jaffa stand als Verschiffungshafen auf allen exportierten Orangenkisten.

Am alten Hafen, heute ein pittoresker Fischerei- und Jachthafen, flaniert man durch mittelalterliche Gassen, stöbert in Galerien und Ateliers, findet in Gewölben aus osmanischer Zeit trendige Bars und Restaurants.

Tel Aviv-Jaffa

Stadtgeschichte

Noch zu Beginn des 20. Jh. zogen sich weite Dünen von der Küste ins Landesinnere, kaum eine Hütte war gebaut. Seither entwickelte sich aus Jaffa die größte Stadt Israels.

Hafenstadt der Philister

Jaffa ist eine der ältesten Ansiedlungen der Welt, nachweislich bewohnt seit dem 5. Jt. v. Chr. Der jüdischen Überlieferung nach gründete Japhet, Noahs jüngster Sohn, Jaffa. Nach der Flut fand er in dieser Bucht den Hügel mit Blick aufs Meer und nannte ihn *yafo* (›schön‹). Eine griechische Legende besagt, Joppa – die Tochter des Windgottes Äolus und der Göttin der Morgenröte, Eos – habe Jaffa begründet. Gesichert scheint, dass Pharao Thutmosis III. im 15. Jh. v. Chr. den Hafen eroberte. Im 13. Jh. v. Chr. fiel die Stadt unter der ägyptischen Ramessidendynastie an die Philister, die seit dem 2. Jt. v. Chr. in Palästina lebten.

Eine zentrale Rolle spielt Jaffa im Buch des Propheten Jona, der von hier mit einem Schiff Gott entfliehen wollte. Doch der Herr »ließ einen großen Wind aufs Meer kommen, und es erhob sich ein großes Unwetter« (Jona 1,4), das erst endete, als die Mannschaft Jona über Bord warf. »Aber der Herr ließ einen großen Fisch kommen, Jona zu verschlingen. Und Jona war im Leibe des Fisches drei Tage und drei Nächte« (Jona 2,1), bis er – bei Ashdod – wieder ausgespien wurde.

Römer und Kreuzritter

Im Lauf der Zeit stand Jaffa unter ägyptischer, assyrischer, phönizischer, griechischer und ptolemäischer Herrschaft, bis der Handelshafen 68 v. Chr. von Pompejus erobert und in Flavia Joppe umbenannt wurde. Unter König Herodes, der um 12 v. Chr. die Stadt Caesarea (s. S. 245) gründete und dort den großen römischen Hafen vollendete, verlor Jaffa an Bedeutung. Ihren Namen erhielt die Stadt im 7. Jh. von den Arabern.

Im 11./12. Jh. war Jaffa als Hafenstadt für die Kreuzfahrer von strategischer Bedeutung. Richard Löwenherz errichtete hier eine Festung, die Saladins Bruder wieder zerstörte und dabei 20 000 Menschen tötete. Jerusalempilger betraten in Jaffa nach langer Schiffsreise erstmals den Boden des Heiligen Landes, bis die Mamelucken 1267 die Kreuzfahrerära beendeten.

Herzls Frühlingshügel

Mitte des 19. Jh. begannen Einwanderer sich in dieser Gegend niederzulassen. Im Jahr 1910 gab man der wachsenden Siedlung Ahuzat Bayit den Namen Tel Aviv oder ›Frühlingshügel‹. Die Bezeichnung stammt aus Theodor Herzls Utopie »Altneuland« (s. Thema S. 184) und bezieht sich auf den Propheten Ezechiel, den der Herr in einem babylonischen Ort namens Tel-Abib zum Wächter Israels bestellte (Ezechiel 3,15).

Die Spannungen mit der ansässigen arabischen Bevölkerung nahmen im 20. Jh. zu und resultierten schließlich in gewalttätigen Auseinandersetzungen. Gemäß dem im Jahr 1947 beschlossenen Teilungsplan der UN für Palästina sollte Jaffa dem arabischen Teil Palästinas zugeschlagen werden. Doch 1948 nahmen israelische Hagana-Milizen die Stadt ein und zwangen den Großteil der arabischen Bevölkerung zur Flucht.

Unkontrolliertes Wachstum

Tel Aviv war zwischen 1909 und 1926 ziemlich ungeplant von 65 Häusern mit etwa 550 Bewohnern auf 3000 Gebäude für ca. 40 000 Menschen angewachsen. In den 1930er-Jahren beeinflussten aus Deutschland geflüchtete Juden das Stadtbild durch die Bauhausarchitektur (s. Thema S. 216). Die für die mediterrane Bauweise untypischen Hochhäuser, die heute die Küstenlinie dominieren, entstanden zum Großteil in den boomenden 1960er- und 1970er-Jahren unter dem Einfluss US-amerikanischer Wirtschaftshilfe. 1994 wurde der Opera Tower fertiggestellt, ein auffälliges Einkaufs- und Apartmentzentrum mit stufenartig versetzten Etagen. Einen erneuten Hochhausboom erlebte Tel Aviv in den letzten Jahren.

Obwohl Tel Aviv während des Zweiten Weltkriegs von Italien und Frankreichs Vichy-Regime bombardiert wurde, erlitt es keine größeren Schäden. Nach dem Krieg

Zentrum

In Tel Aviv, dem wirtschaftlichen und kulturellen Zentrum des Landes, wird die Nacht zum Tag

taumelte die Stadt in eine Wirtschaftskrise: Tel Aviv litt unter dem Immigrantenstrom (1946: 200 000, 1951: 350 000 Einw.) und dehnte sich nach Norden über den Yarkon-Fluss und nach Osten über den Ayalon-Fluss hin aus.

Jaffa war bis zum Unabhängigkeitskrieg arabisch und wurde 1950 mit Tel Aviv offiziell zur Doppelstadt vereint. Tel Aviv ist Sitz fast aller ausländischen Botschaften, die – u. a. mit Ausnahme der USA und Costa Ricas – Jerusalem als offizielle Hauptstadt nicht anerkennen. Im Vergleich zu anderen Orten Israels ist Tel Aviv arm an klassischen Sehenswürdigkeiten, aber nicht gänzlich ohne Möglichkeiten zum Sightseeing.

Zentrum

Cityplan: S. 213

Migdal Shalom Meir 1

www.migdalshalom.co.il, Galerie So–Do 10–17, Fr und vor Fei 10–13 Uhr, Eintritt frei

Wer in einem Südzimmer der Luxushotels an der HaYarkon Street wohnt, genießt bereits einen aufregenden Ausblick, unübertroffen aber bleibt der Blick von Israels einst höchstem Gebäude, dem 1959 errichteten **Migdal Shalom Meir** (Shalom Meir Tower) an der Echad Ha'am Street. Mit seiner Höhe von 142 m schafft er es heute gerade noch in die Top 10 der israelischen Wolkenkratzer und wird vom Moshe-Aviv-Turm in Ramat Gan um mehr als 100 m überragt. Im Erdgeschoss zeigt eine **Galerie** Wechselausstellungen zeitgenössischer Kunst und historische Fotos zur Stadtgeschichte.

Rothschild Boulevard

Unbedingt einen Bummel wert ist der nahe gelegene **Rothschild Boulevard.** Seit den 1930er-Jahren experimentierten eingewanderte Architekten in diesem Viertel mit den Möglichkeiten des Bauhauses (s. Thema S. 216). Heute versuchen Städtebauer, diese einzigartigen Bauten in harmonischen Einklang zu bringen mit den zahlreichen neu entstandenen Wolkenkratzern, die inzwischen auch diesen Boulevard prägen. Die baumbestandene Allee mit Bänken, Fuß- und Fahrradweg, kleinen Cafés und Imbissbuden ist ein beliebter Treffpunkt.

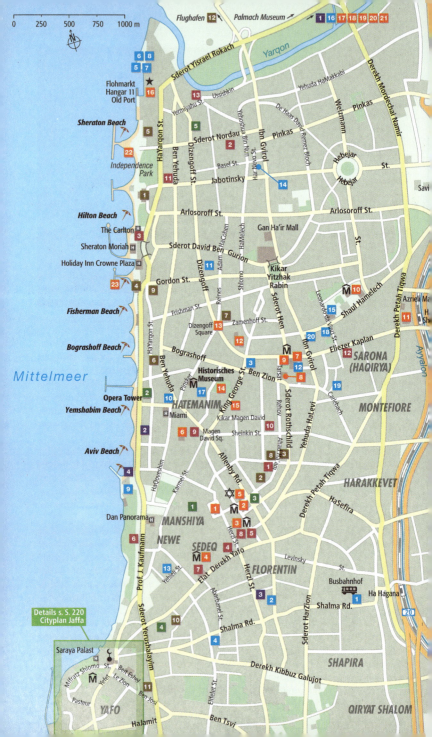

Tel Aviv-Jaffa

Sehenswert
1. Migdal Shalom Meir
2. Hagana-Museum
3. Independence Hall Museum
4. Nachum Gutman Museum of Art
5. Große Synagoge
6. Carmel Market
7. Charles Bronfman Auditorium
8. Habima Theatre
9. Helena Rubinstein Pavilion for Contemporary Art
10. Tel Aviv Museum of Art
11. Azrieli Center
12. Dizengoff Center
13. Feuer-und-Wasser-Brunnen
14. Gan Meir Park
15. Simta Almonit/Simta Plonit
16. Old Port
17. Beit Hatfutsot – The Museum of the Jewish People
18. Eretz Israel Museum
19. Palmach-Museum
20. Yitzhak Rabin Center und Israeli Museum
21. HaYarkon Park
22. Segregated Beach Nordau
23. Gordon Beach
24. – 35. s. Cityplan S. 221

Übernachten
1. Hilton Tel Aviv
2. Montefiore
3. Rothschild 71
4. Renaissance Tel Aviv
5. Alexander
6. Isrotel Tower
7. Cinema
8. The Norman
9. Gordon Hotel
10. Beit Immanuel
11. Old Jaffa Hostel, s. auch Cityplan S. 221
12. Ritz Carlton Herzliya

Essen & Trinken
1. Café Noir
2. Café Alkalai
3. Lumina
4. Salon Romano
5. North Abraxas
6. Manta Ray
7. Bellini
8. Nanuchka
9. Maganda
10. Orna & Ella
11. Benedict
12. Beer Garden
13. Hummus Ashkara
14. – 17. s. Cityplan S. 221

Einkaufen
1. Ayala Bar
2. Tower Book Store
3. Pri-Or Photo House
4. Naomi Maaravi
5. Zohara Tights

Abends & Nachts
1. The Block
2. Comfort 13
3. Maxim
4. Haoman 17
5. TLV Club
6. Shablul Jazz Club
7. Erlich
8. Whisky a Gogo
9. Clara Beach Bar
10. Langa Club
11. M.A.S.H. Embassy
12. Habima Theater
13. Suzanne Dellal Centre for Dance and Theatre
14. Israel Ballet
15. The Israeli Opera
16. Wohl Amphitheatre
17. Felicja Blumental Music Center and Library
18. Cameri
19. Cinemathèque
20. Tzavta Theater
21. – 26. s. Cityplan S. 221

Aktiv
1. Bicycle in the Park
2. Spa Mul HaYam
3. The Florentin Urban Culture & Graffiti Tour
4. Drum Beach

Hagana-Museum 2
Tel. 03 560 86 24, So–Do 8–16 Uhr, 10 NIS
Am Rothschild Boulevard 23 sollte man das **Hagana-Museum** besuchen. Eliahu Golomb, der zusammen mit Dov Hoz 1920 die Hagana (›Verteidigung‹), die Vorläuferin der israelischen Streitkräfte, gründete, lebte bis 1945 in diesem Haus, das heute als Museum die israelische Militärgeschichte dokumentiert.

Independence Hall Museum 3
www.eng.ihi.org.il, So–Do 9–17, Fr 9–14 Uhr, 24 NIS
Nur ein paar Häuser weiter, am Rothschild Boulevard 16, betritt man die geschichtsträchtige **Unabhängigkeitshalle.** Hier erklärte Ben Gurion am 14. Mai 1948 den Staat Israel für gegründet. Ursprünglich lebte in dem Gebäude Tel Avivs erster Bürgermeister,

Meir Dizengoff. Seit 1986 ist die Halle den Ereignissen vom UN-Teilungsplan vom 29. November 1947 bis zum Unabhängigkeitskrieg gegen die Araber gewidmet. Die Ausstellung am Eingang thematisiert die Geschichte der Menora im Staatswappen und den auf der Flagge prangenden Davidstern.

Im 1. Stock ist Beit HaTanakh untergebracht, das **Bibelmuseum.**

Nachum Gutman Museum of Art [4]
21 Shimon Roka St., www.gutmanmuseum.co.il, So–Do 10–16, Fr 10–14, Sa 10–15 Uhr, 24 NIS, Fr freier Eintritt

Als Abstecher, der sich elegant mit einem Café- oder Restaurantbesuch im In-Viertel Neve Tzedek verbinden lässt, lohnt sich das **Nachum Gutman Museum of Art.** Das Werk des großen israelischen Malers, Bildhauers und Schriftstellers Nachum Gutman (1898–1980) repräsentiert die Frühphase der modernen israelischen Kunst. Gutmann, als Kind aus Odessa eingewandert, malte mal figurativ, mal abstrakt, illustrierte farbenfroh, aber auch düster, wenn ihn das Böse im menschlichen Leben bewegte. 200 Werke sind im Museum ausgestellt.

Große Synagoge [5]
In der vom Rothschild Boulevard abgehenden Allenby Street befindet sich die **Beit HaKnesset Hagadol,** die Große Synagoge, in der traditionell der ashkenasische Oberrabbiner Tel Avivs in sein Amt eingeführt wird. Die Allenby Street, einst eine Edelmeile, ist heute eher Billiganbietern von Textilien, Elektronik und Fotoartikeln vorbehalten und ziemlich heruntergekommen.

Carmel Market [6]
Vorbei an Geschäften, Imbissständen und Cafés erreicht man über den Magen David Square die Carmel Street mit dem **Carmel Market,** dem ausgefallensten Markt von Tel Aviv. Hat man sich erst einmal an den Schuh- und Textilverkäufern vorbeigekämpft, beginnt sich Richtung Süden auf dem Lebensmittelmarkt ein eigener Charme zu entfalten: Hier gibt es Geflügel, Fleisch, Wurst, Obst, Gemüse und Gewürze in selten gesehener Vielfalt. Am besten besucht man den Markt freitagnachmittags, wenn auch der Flohmarkt läuft.

Charles Bronfman Auditorium und Habima Theatre
Weiter geht es durch die Sheinkin Street, wo sich junge Schmuck- und Modedesigner niedergelassen haben, dann auf der Ahad Ha'Am Street Richtung Norden. Das **Charles Bronfman Auditorium** [7] (ursprünglich trug es den Namen seines Financiers, Frederic Mann) ist die Heimat des israelischen Philharmonieorchesters. Es bietet Platz für 3000 Zuhörer sowie eine erstklassige Akustik (s. S. 229).

Südlich grenzt das renommierte **Habima Theatre** [8] an, das zu bestimmten Terminen Stücke mit englischer Simultanübersetzung inszeniert (s. S. 229).

Helena Rubinstein Pavilion for Contemporary Art [9]
6 Tarsat Blvd., www.tamuseum.org.il, Mo, Mi, Sa 10–18, Di, Do 10–21, Fr 10–14 Uhr, 10 NIS, 50 NIS inkl. Tel Aviv Museum of Art

Der **Helena Rubinstein Pavilion for Contemporary Art** beherbergt Wechselausstellungen zeitgenössischer internationaler und israelischer Künstler. Im schönen Garten kann man eine Rast einlegen.

Tel Aviv Museum of Art [10]
27 Shaul HaMelech Blvd., www.tamuseum.org.il, Mo, Mi, Sa 10–18, Di, Do 10–21, Fr 10–14 Uhr, 50 NIS inkl. Helena Rubinstein Pavilion

Noch beeindruckender ist das **Tel Aviv Museum of Art** am Shaul Hamelech Boulevard. Die 1932 eröffnete Sammlung ist die umfangreichste und bedeutendste in ganz Israel.

Stark vertreten sind deutsche Expressionisten, u. a. dank der Werke des Berliner Kunstsammlers Karl Schwarz, der vor den Nationalsozialisten flüchten musste und seine Sammlung retten konnte. Andere deutsche Juden folgten seinem Beispiel. Das erste Bild des Museums stiftete 1931 Marc Chagall (»Solitude«). Vertreten sind außerdem Max Ernst, Edvard Munch, Pablo Picasso, Edgar Degas, Auguste Renoir sowie Henry Moore,

Zentrum

von dessen Plastik man bereits vor dem Eingang empfangen wird. Der israelischen Kunst, u. a. Nachum Gutman, Menashe Kadishman, Moshe Kupfermann und Reuven Rubin, begegnet man im Meyerhoff Pavilion.

Im 2011 eröffneten Neubau findet man schwerpunktmäßig israelische Kunst. Die Photo Gallery widmet sich u. a. der Entwicklung ›Vom Korn zum Pixel‹. Über einen alten 35-mm-Kinoprojektor rattert Ben Haganis surrealistische Hommage an das vordigitale Kino mit Pingpongspielern, Papageien und Pianokünstlern. Die deutsche Galerie zeigt u. a. Werke von Max Beckmann, Ernst Ludwig Kirchner und Oskar Kokoschka sowie Ausschnitte aus Klassikern wie dem Ernst-Lubitsch-Stummfilm »Die Austernprinzessin« von 1919.

Azrieli Center 11

132 Menachem Begin St., Observation Floor Di–Do und Sa 10–20, Fr 10–18 Uhr, 30 NIS
Einer dreieckig, einer quadratisch und einer rund – so sehen südöstlich des Museums an der Menachem Begin Road die drei Wolkenkratzer des **Azrieli Center** aus, benannt nach seinem Besitzer. Das mit 187 m zweithöchste Gebäude Israels besitzt in den obersten Stockwerk ein Restaurant und eine Aussichtsplattform mit herrlichem Blick über Tel Aviv. Das Einkaufszentrum zieht jeden Tag ca. 40 000 Besucher an.

Sarona

Gegenüber dem Azrieli Center liegt an der Eliezer Kaplan Street **Sarona,** eine 1871 von deutschen Templern gegründete Siedlung mit viel Grün und schattigen Rasenflächen. Nach der Staatsgründung war sie unter dem Namen Haqirya erster Regierungssitz, beherbergte den Mossad. Inzwischen sind viele der historischen Templergebäude restauriert, Sarona entwickelt sich zum gehobenen Wohn- und Ausgehviertel. Tel Avivs neue kulinarische Topadresse ist der 2015 eröffnete **Sarona Market,** ein Schlaraffenland mit Restaurants, Imbiss- und Marktständen, Feinkostgeschäften und Läden für High-End-Küchenutensilien. Viele lokale Gastro-Größen sind hier vertreten: u. a. Ali Karavan (Hummus), Meat Bar (Burger), Benedict (Frühstück), Halva Kingdom und Ika Chocolate (3 Kalman Magen Str., www.saronamarket.co.il, So–Do, Sa 9–23, Fr 8–18 Uhr).

Dizengoff Square

Über die Eliezer Kaplan Street geht es nun Richtung Küste zum **Dizengoff Center** 12, einem Einkaufszentrum mit Cafés und Restaurants. Am gleichnamigen Platz befindet sich der **Feuer-und-Wasser-Brunnen** 13. Das Kunstwerk aus Edelstahlringen, orangefarbenen und blauen Lamellen produzierte ursprünglich von Musik untermalte Wasserkaskaden und Flammen. Es wurde 2018 zur Renovierung abgebaut, kehrt aber nach der Umgestaltung des Platzes – dieser wird in den ursprünglich ebenerdigen Zustand rückgebaut – 2019/20 wieder heim.

Gan Meir Park 14

Um die Ecke liegt zwischen King George Street und Tshernikhovski Street der liebenswerte **Gan Meir Park,** eine schattige Oase der Entspannung mit Pinien, Koniferen und einem kleinen Teich. Hier spielen Kinder und werden sehr viele Hunde ausgeführt.

Simta Almonit und Simta Plonit 15

Ein paar Gehminuten südlich des Gan Meir Park liegen jenseits der King George Street die parallel verlaufenden Gassen **Simta Almonit** und **Simta Plonit,** berühmt für ihre skurrile Historie: Ein reicher Einwanderer aus den USA hatte lange vor der Staatsgründung Israels die nur rund 50 m langen Gassen eigenmächtig nach sich und seiner Frau benannt. Tel Avivs Bürgermeister Meir Dizengoff verbat sich das und ließ die Gassen bis zur Auswahl endgültiger Namen in Simta Almonit und Simta Plonit umbenennen, übersetzt ›Anonyme Gasse‹ und ›Namenlos-Gasse‹. So heißen sie bis heute.

Old Port 16

www.yarid-hamizrach.co.il, tgl. 9–24 Uhr
Entlang der Dizengoff Street, einer der Haupteinkaufsstraßen von Tel Aviv, bummelt man nun Richtung Norden. Boutiquen, Souvenirshops, Buchläden und Straßencafés säu-

Bauhaus in Tel Aviv

Lange ging Tel Aviv mit seinem großartigen Erbe an Bauhausarchitektur nicht gerade pfleglich um, Verfall und Verschandelung wurden ignoriert. Das hat sich geändert. Als ›Weiße Stadt‹ setzt man in Zukunft auch auf den Architekturtourismus.

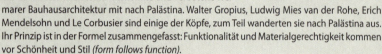

In den 1930er-Jahren brachten vor den Nazis flüchtende deutsche Juden die in Deutschland als Laubhüttenarchitektur verhöhnte und verbotene Weimarer Bauhausarchitektur mit nach Palästina. Walter Gropius, Ludwig Mies van der Rohe, Erich Mendelsohn und Le Corbusier sind einige der Köpfe, zum Teil wanderten sie nach Palästina aus. Ihr Prinzip ist in der Formel zusammengefasst: Funktionalität und Materialgerechtigkeit kommen vor Schönheit und Stil *(form follows function)*.

Insgesamt waren es etwa 130 Architekten, die u. a. am Bauhaus in Weimar und Dessau bei den Baumeistern der Klassischen Moderne studiert hatten und nach ihrer Flucht in Palästina ihre Ideen verwirklichten – nirgendwo so konsequent wie in Tel Aviv, das, ausgelöst durch die Immigrantenwelle, in den Jahren vor der Staatsgründung einen wahren Bauboom erlebte. Charakteristisch für ihre Entwürfe waren klare Gebäudeformen, wuchtige Balkone mit nach unten verlängerten Brüstungen, die Schattenzonen zwischen Balkon und Wohnraum schufen, sowie relingartige Geländer. Öffnungen wie Fenster, Türen und Glas werden zugunsten kühleren Wohnens auf ein Minimum reduziert. Es herrscht die klare Linie ohne Jugendstilschnörkel und funktionslose Dekoration. Die Fassaden sind weiß getüncht, um die Sonnenstrahlen zu reflektieren.

Rund 4000 Bauhaus-Gebäude gibt es in Tel Aviv. Ihnen verdankt die Stadt den Titel UNESCO-Welterbe. Am Dizengoff-Platz entstanden 1934 die von Genia Averbouch entworfenen Gebäude. Mit ihrem Entwurf hatte sie im Alter von 25 Jahren den Wettbewerb für die Gestaltung dieses zentralen Platzes gewonnen. In einem der Gebäude, dem ehemaligen Cinema Esther, kann man heute wohnen – es ist nun ein Hotel (s. S. 224). Vom Dizengoff Square muss man nur durch die Dizengoff Street spazieren, durch die Allenby Street oder weiter nördlich durch die Frishman Street – überall findet man Beispiele. Das erste Bauhausgebäude Tel Avivs war 1933 Zeev Rechters Beit Engel am Rothschild Boulevard 84. In der Nachbarschaft findet man weitere Bauten, die teilweise typisch sind für den Verfall, den man lange Zeit nicht stoppte.

Viele Hausbesitzer sind finanziell überfordert mit dem Erhalt der Häuser oder stehen ihnen gleichgültig gegenüber. Etagenaufbauten, außen angebrachte Klimaanlagen und Sichtschutzrollos an Balkonen verschandeln oft den Anblick. Inzwischen hat die Stadtverwaltung Förderprogramme aufgelegt und in der Bialki Street 21 stiftete Ronald S. Lauder, Kosmetikerbe und Präsident des Jüdischen Weltkongresses, ein Bauhaus-Museum, das sich dem Thema widmet (Tel. 03 620 46 64, Mi 11–17, Fr 10–14 Uhr). Ausstellungen und Stadtführungen bietet das Bauhaus Center (99 Dizengoff St., Tel. 03 522 02 49, So–Do und Sa 10–19.30, Fr 10–14.30 Uhr, Fei auf telefonische Anfrage, www.bauhaus-center.com), kostenlose Bauhaus-Führungen der Touristeninformation finden Sa um 11 Uhr statt (Treffpunkt 46 Rothschild Blvd., www.bauhaus-center.com).

men den Weg Richtung **Old Port,** der Ausgehmeile. Auf dem Gelände des Alten Hafens entstand, verteilt über 25 Piers und zahlreiche ehemalige Lagerhallen, ein Vergnügungsviertel mit Bars, Restaurants, Konzertflächen, Mega-Shops und Edelboutiquen. Über dem Ufer verläuft unüberhörbar die Einflugschneise des nur für Inlandsstrecken genutzten Stadtflughafens **Sde-Dov.**

Nördliches Tel Aviv

Cityplan: S. 213

Beit Hatfutsot – The Museum of the Jewish People 17
Tel Aviv University Campus, Klausner St., Tel. 03 745 78 08, www.bh.org.il, So–Mi 10–19, Do 10–22.30, Fr 9–14, Sa 10–15 Uhr, 45 NIS
Nördlich des Yarkon-Flusses liegen die drei Stationen dieser Tour, die man mit dem Taxi unternehmen sollte. Sie beginnt im Stadtteil Ramat Aviv an der Klausner Street mit dem **Museum of the Jewish People.** Das Konzept des Museums ist ungewöhnlich: Es zeigt keine Originalstücke, sondern illustriert anhand von Videos, Diashows, Repliken, Computeranimationen etc., wie die über alle Kontinente zerstreuten, im unfreiwilligen Exil (griechisch: *diaspora*) lebenden Juden zu verschiedenen Zeiten während der letzten 2500 Jahre lebten und wie sich jede Gemeinschaft als Minderheit einrichtete.

Mit den Mitteln der modernen Museumspädagogik wird eine thematisch, nicht chronologisch geordnete Sammlung präsentiert. Die Schwerpunkte sind Familie, Gemeinschaft, Glaube, Leben in einer nichtjüdischen Umgebung, Gerichtsbarkeit und Einwanderung nach Israel. An Computerterminals sind etwa 3500 Artikel in Hebräisch und Englisch über beinahe jede jüdische Gemeinschaft weltweit abrufbar, ergänzt durch genealogische Daten. Besucher können an zweistündigen Führungen teilnehmen, die auch in deutscher Sprache angeboten werden. Die umfassende Neugestaltung des Museums soll voraussichtlich 2018 abgeschlossen sein.

Eretz Israel Museum 18
2 Haim Levanon St., www.eretzmuseum.org.il, Museum So–Mi und Sa 10–16, Do 10–20, Fr 10–14 Uhr, Vorführungen im Planetarium So–Do und Sa 11–15, Do bis 19 Uhr, Eintritt 52 NIS, mit Planetarium 84 NIS, für englischsprachige Shows im Planetarium Anmeldung unter Tel. 03 745 57 10 erforderlich
Über 120 000 m^2 Ausstellungsfläche widmet das **Eretz Israel Museum** der Archäologie und Geschichte des Gelobten Lands. Die Sammlung ist auf elf Pavillons verteilt. 80 000 Exponate umfasst allein die Münzsammlung im **Kadman Numismatic Pavilion.** Die Ausstellung im **Ceramics Pavilion** zeigt, wie in verschiedenen Kulturen Ton verwendet wurde. Über das antike Minenwesen und die Gewinnung von Kupfer informiert der **Nehustan Pavilion.** Im **Glass Pavilion** geht es um die Herstellung der ersten ägyptischen Vasen im 14. Jh. v. Chr. und um die Glasbläserei der Römer und Byzantiner, die auch demonstriert wird. Der **Alphabet Pavilion** ist der Geschichte des Alphabets und der Entwicklung der Schrift gewidmet.

Vor dem Museumsshop und der Cafeteria finden sich sehr schöne **Mosaike,** darunter Böden aus dem 6. Jh. aus Beit Govrin (s. S. 236) und einer Synagoge in Tiberias. Die Qualität eines Mosaiks wird nicht nur durch die Farbgebung bestimmt, sondern auch durch die perfekte Aneinanderreihung der möglichst kleinen Steinchen.

Einen praxisnahen Eindruck von Archäologie in Israel bekommt man im Zentrum des Museums bei den **Ausgrabungen von Tel Qasile,** einer Philister-Stadt aus dem 12. Jh. v. Chr. Die Fundstelle gilt als eine der bedeutendsten in Tel Aviv. Seit 1948 stieß man hier auf zwölf übereinanderliegende Siedlungen mit zum Teil einmaligen Tempelrelikten. Einige Privathäuser der Philister wurden rekonstruiert und ein Pavillon beherbergt u. a. die dort gefundenen fein und farbig dekorierten Glasvasen und Tongefäße.

Zum Museum gehört ein **Planetarium,** in dem neben Sternenshows auch eine interessante Vorführung zum Leben der Bäume gezeigt wird.

Palmach-Museum 19

10 Haim Levanon St., Tel. 03 545 98 00, www.palmach.org.il, So–Fr, Besuche nur bei vorheriger Anmeldung, 30 NIS, kein Zutritt für Kinder unter 6 Jahren

Nur wenige Schritte entfernt liegt das **Palmach-Museum,** das nur nach telefonischer Voranmeldung besucht werden kann. Es beschäftigt sich mit den 1941 gegründeten paramilitärischen Palmach-Brigaden, denen u. a. Yitzhak und Leah Rabin angehörten. Die rund 2000 Mitglieder der Palmach kämpften während des Zweiten Weltkriegs auf der Seite der Alliierten und waren dann später aufgrund ihres militärischen Trainings führende Köpfe beim Aufbau der israelischen Armee.

In Gruppen wird man, dem Thema angemessen, etwa 90 Min. lang durch die größtenteils unterirdischen Räume geführt. Nach einem kurzen Gedenken für die Gefallenen passiert man eine Miniaturdarstellung der Herzl Street im Tel Aviv des Jahres 1941. Multimedial geht es sehr realistisch weiter: Man erlebt die Rekrutierung neuer Kämpfer, die Situation im damaligen Europa.

Yitzhak Rabin Center und Israeli Museum 20

8 Haim Levanon St., Tel. 03 745 33 13, www.rabincenter.org.il, So, Mo, Mi 9–17, Di, Do 9–19, Fr 9–14 Uhr, 50 NIS

Auf einem Hügel von Ramat Aviv liegt zwischen Palmach- und Eretz-Israel-Museum mit fantastischer Aussicht dieses bewegende Museum. Dem 1995 bei einer Friedenskundgebung ermordeten Premier Yitzhak Rabin sind **Center** und **Israeli Museum** gewidmet. Während das Center als Ort für Konferenzen und politische Workshops fungiert, dokumentiert das Israeli Museum in knapp 200 zeitgeschichtlichen Videos und mehr als 1500 Fotografien Israels Weg zur Unabhängigkeit von der Staatsgründung über Aufbau und Kriege bis zu Verhandlungen mit den Palästinensern. Im wohl emotionalsten Teil der Ausstellung geht es um das Attentat auf Rabin. Audioguides stehen zur Verfügung, dennoch bucht man besser vorab eine der sehr guten geführten Touren auf Englisch.

HaYarkon Park 21

Tel. 03 903 07 60, www.parks.org.il, April–Sept. tgl. 8–17, Okt.–März 8–16 Uhr, 28 NIS

Am Israel Rokach Boulevard liegt der Eingang zum **HaYarkon Park.** Der tropische Garten ist der Familientreff schlechthin. Zu den Hauptattraktionen zählen Israels einziger Felsengarten mit seltenen Kakteen sowie ein Infozentrum. Eine 25-minütige Multimediashow erklärt globale und lokale Umweltprobleme. Zu den Schwerpunkten zählen Israels Bevölkerungswachstum und dessen Auswirkungen auf Wasserverbrauch, Müllabfuhr und Ökologie.

Strände

Im Sommer findet das Leben an den Stränden statt. Am Shabbat herrscht drangvolle Enge. Die meistbesuchten Abschnitte – mit Cafés und Restaurants – erstrecken sich von den Luxushotels am Independence Park bis zum Opera Tower. Beliebtestes Strandspiel der Israelis ist **Matkot,** ein Nationalsport: zwei Schläger, ein Ball, der zwischen den Spielern hin und her geschlagen wird und ein lautes Klackern produziert. Die andere Lärmquelle stellen die **Mazilim** dar, die Bademeister, meist braungebrannte Muskelpakete, die mit Baywatch-Attitüde auf ihren Stelzensitzen thronen und schrille Trillerpfeifen sowie dröhnende Lautsprecherdurchsagen zur Disziplinierung einsetzen, wenn es etwa jemand wagt, zu weit hinauszuschwimmen.

Zwischen dem **Hilton Beach,** Tel Avivs inoffiziellem Schwulenstrand, und dem **Sheraton Beach** befindet sich ein durch eine Mauer uneinsehbarer religiöser Strand, der **Segregated Beach Nordau** 22. Hierher kommen Menschen, die mit mehr Kleidung als einem Bikini oder einem Tanga schwimmen gehen wollen. Sonntags, dienstags und donnerstags werden hier nur Frauen zugelassen, wobei es keine Rolle spielt, ob sie Jüdinnen sind oder nicht. Montags, mittwochs und freitags sind Badetage für Männer.

Zu den schönsten Stränden im Bereich der nördlichen HaYarkon Street zählt der aus den Gründerjahren legendäre **Gordon Beach** 23. Andere populäre Strände findet man südlich der Stadt in **Bat Yam** oder nörd-

Romantisch speisen mit Meerblick in Jaffa

lich von Tel Aviv in **Herzliya,** einem feinen Vorort, in dem viele Diplomaten leben. An den schönsten Stränden von Herzliya wie Sharon Beach, Dabush Beach und Accadia Beach wird Eintritt verlangt. Ruhiger und kostenlos schwimmt man an dem nördlich des Sharon Beach gelegenen Sidney Ali Beach.

Jaffa

Cityplan: S. 221

Man bemerkt gar nicht so genau, wo Tel Aviv endet und **Jaffa** (Yafo) beginnt. Doch irgendwann auf der rund 4 km langen Fahrt vom Zentrum Richtung Süden dominiert arabisch-orientalisches Flair. Viele Gebäude Jaffas stammen noch aus osmanischer Zeit, haben Gewölbe, die von den Kreuzfahrern errichtet wurden. In den kopfsteingepflasterten Gassen der charmanten Altstadt haben sich unzählige Kunsthandwerker angesiedelt, in die alten Gemäuer sind Restaurants, Bars und Klubs eingezogen. Die Tel Aviver kommen bevorzugt abends hierher, um in Jaffas mittelalterlich anmutendem Ambiente auszugehen. Tagsüber sollte man auch das neuere Jaffa östlich der Yefet Street erkunden, wo der wuselige Flohmarkt stattfindet. Im Kontrast zu dem schnelllebigen, pulsierenden Tel Aviv wirkt Jaffa fast wie eine Märchenstadt. Es ist gleichermaßen romantisch und geheimnisvoll. Doch das Aufhübschen hat seinen Preis – Stichwort Gentrifizierung. Symbolhaft steht dafür der riesige Andromeda-Komplex, ein abgeschirmtes Wohnareal für betuchtes Publikum, das noch vor Jahren keinen Schritt nach Jaffa gesetzt hätte.

Uhrturm und Flohmarkt

Markanteste Sehenswürdigkeit im Zentrum Jaffas am HaHagana Square (hier startet mittwochs um 9.30 Uhr eine kostenlose Jaffa-Besichtigungstour) ist der **Uhrturm** 24 aus dem Jahr 1906, ein Geschenk des türkischen Sultans Abdul Hamid II. zu seinem eigenen

30. Thronjubiläum. Die Ornamente der Fenster, Arbeiten eines Kibbuznik, zeigen Szenen aus der Geschichte Jaffas.

Vom HaHagana Square führt die Beit Eshel Street zum **Flohmarkt** 25 (Suq HaPishpeshim), auf dem seit dem 19. Jh. gehandelt und gefeilscht wird – um Lederwaren, Kupfer, Antiquitäten, Perserteppiche, Elfenbeinarbeiten, Lampen, Bücher, Karten und natürlich allerlei Ramsch.

Große Moschee 26

Vom Flohmarkt geht es nun zurück zum HaHagana Square und dann über die Mifratz Shlomo Street zur 1810 erbauten **Mahmudiya-Moschee,** deren irrtümlich kopfüber aufgestellte Säulen zum Teil aus den Ruinen von Caesarea und Ashkelon stammen (S. 237, 245). Benannt ist sie nach dem osmanischen Statthalter Mahmud Abu Nabut, der von 1807 bis 1818 Jaffa regierte.

Jaffa

Sehenswert
- **1** – **23** s. Cityplan S. 213
- **24** Uhrturm
- **25** Flohmarkt
- **26** Große Moschee
- **27** Saraya-Palast
- **28** Old Jaffa Antiquities Museum
- **29** Andromeda-Felsen
- **30** St. Peter
- **31** HaPisgah-Garten
- **32** Alter Hafen
- **33** Kedumim Square
- **34** Ilana-Goor-Museum
- **35** Haus Simon des Gerbers

Übernachten
- **1** – **9** s. Cityplan S. 213
- **10** s. Cityplan S. 213
- **11** Old Jaffa Hostel
- **12** s. Cityplan S. 213

Essen & Trinken
- **1** – **13** s. Cityplan S. 213
- **14** Abrage
- **15** Puaa
- **16** Dr. Shakshuka
- **17** Said Abu Elafia & Sons

Abends & Nachts
- **1** – **20** s. Cityplan S. 213
- **21** Anna Loulou
- **22** The Cave Bar
- **23** Mayumana
- **24** The Container
- **25** The Arab-Hebrew Theatre
- **26** Amphitheater im HaPisgah-Garten

Old Jaffa Antiquities Museum
10 Mifratz Shlomo St., Tel. 03 682 53 75, Buchung von Führungen Tel. 03 518 40 15, Do 10–16, Fr 10–14, Sa 10–18 Uhr

Vorbei am renovierten **Saraya-Palast** 27, dem ehemaligen Sitz des osmanischen Gouverneurs, erreicht man das in einem alten türkischen Bad untergebrachte **Old Jaffa Antiquities Museum** 28. Es dokumentiert die Geschichte der Hafenstadt Jaffa. Die ausgestellten Funde datieren bis ins 5. Jt. v. Chr. zurück: Figurinen der kanaanitischen Fruchtbarkeits- und Kriegsgöttin Astarte, Tonarbeiten und Basaltschalen sowie jüdische Grabsteine aus römischer und byzantinischer Zeit sind hier zu bewundern. Der archäologische Teil der Ausstellung wird zudem um wechselnde Sonderschauen zu modernem Kunsthandwerk (z. B. Origami) aus aller Welt ergänzt.

Andromeda-Felsen 29
Folgt man der Mifratz Shlomo Street Richtung Hafen und blickt nach Norden, eröffnet sich ein fantastischer Blick auf das Panorama von Tel Aviv. Direkt vor der Küste ragen die schwarzen **Andromeda-Felsen** aus dem Wasser. Laut der griechischen Mythologie soll Andromeda von ihrem Vater Kepheus hier zur Versöhnung der Götter an die Klippen geschmiedet und vom Zeus-Sohn Perseus befreit worden sein.

Zum Alten Hafen
An Cafés und Restaurants vorbei gelangt man zum Franziskanerkloster **St. Peter** 30, im 17. Jh. auf den Ruinen einer Kreuzfahrerfestung erbaut. Von hier kann man zum **HaPisgah-Garten** 31 (Gan HaPisgah) hinaufspazieren. Im kleinen Amphitheater werden oft Konzerte gegeben. Mitten im Garten steht ein weißes Monument, das an einen antiken Torbogen erinnert. Die **Statue des Glaubens** zeigt biblische Szenen: Jakobs Traum, die fast vollzogene Opferung Isaaks, der Fall Jerichos. Unweit davon kann man auf der **Wishing Bridge** sein Glück versuchen. Wer auf ihr am Geländer sein Sternzeichen berührt und Richtung Meer blickt, dem erfüllt sich einer Legende zufolge angeblich ein Wunsch. Der Weg führt nun an der Kirche vorbei zum **Alten Hafen** 32, wo die Fischer ihren Fang von Bord holen und die Netze für den nächsten Tag säubern und zusammenlegen.

Kedumim Square 33
Über Stufen gelangt man zum **Kedumim Square** (Kikar Kedumim) und zu Ausgrabungen, deren Funde bis ins 2. Jh. v. Chr. zurückreichen (es gibt Schilder mit jeweils aktualisierten Erläuterungen).

Auf dem archäologischen Gelände sind auch die Reste von Katakomben aus dem 3. Jh. v. Chr. zu sehen (Eintritt frei). Der Kedumim Square selbst wird gerahmt von Läden,

Israels Diamantenindustrie

Man denkt an glitzernde Geschmeide und mit funkelnden Steinen besetzte Diademe. Das ist aber nur ein Teil dessen, worum es bei Israels traditionsreichem Diamantenhandel – dem größten der Welt – geht.

Israel ist berühmt für seine Edelsteinindustrie, die 16,9 % aller Exporte des Landes stellt und hochkarätige Ware im Wert von jährlich knapp 10 Mrd. US-Dollar exportiert. Wer sich also in Unkosten stürzen will, der tut dies am preisgünstigsten in Israel. Die größeren Juweliergeschäfte bieten kostenlose Fahrten zu den Diamantschleifereien an, die sich u. a. in Netanya, Ramat Gan und Tel Aviv befinden. Manch einer fühlt sich dabei an Kaffeefahrten erinnert – dennoch sind die Besuche in den Werkstätten sehr informativ.

Um 20 % und mehr liegen die jährlichen Umsatzzuwächse im Diamantengeschäft. Hauptabnehmer sind traditionell die USA, Japan, Hongkong, Belgien und die Schweiz. In Mengen ausgedrückt handelt es sich um etwa 10,5 Mio. Karat rohe und geschliffene Edelsteine, die pro Jahr exportiert werden. Abnehmer sind weltweit Juweliere, aber auch – für Steine minderer Qualität – Firmen, die Bohrköpfe herstellen. Der Diamant gilt als das härteste Mineral der Erde, reiner Kohlenstoff mit besonders dichter Atompackung, wie die Experten sagen.

In Ramat Gan bei Tel Aviv befindet sich die größte Diamantenbörse der Welt, die mehrere Gebäude und knapp 3400 Mitarbeiter umfasst. Dennoch geht es hier sehr ruhig und geordnet zu, selbst auf dem Parkett, wo weder die Hektik noch das Geschrei der Aktienbörsen anzutreffen sind. Die Händler nehmen unter die Lupe, was sie zu kaufen beabsichtigen. Da ist stille Sorgfalt gefragt.

Israel selbst hat keinerlei Diamantvorkommen und importiert Rohmaterial aus Indien, Südafrika, Namibia, Tansania, Zaire und Kenia. Die Tradition des Diamantengeschäfts reicht zurück bis ins Mittelalter, und in Zeitungsannoncen verweisen viele Juweliere darauf, dass ihr Geschäft seit Generationen existiert und seine Ursprünge z. B. in einem polnischen Schtetl des 18. Jh. hat.

Zweierlei, so Ronnie Bittelman vom Handelsministerium, der obersten für Diamanten zuständigen Behörde im Land, habe den israelischen Juwelenmarkt in seiner heutigen Form begründet. Zum einen wiesen die Juden eine jahrhundertelange Erfahrung im Steineschleifen auf und zum anderen hätten viele früh erkannt, dass sie im Falle eines Pogroms besser mit Edelsteinen als z. B. mit Gold flüchten konnten. So brachten viele wohlhabende Juden bei der Einwanderung nach Palästina und Israel nicht nur ihr gesamtes Vermögen in kleinen Beuteln mit, sondern obendrein das Know-how, das heute die Basis der israelischen Edelsteinindustrie darstellt.

Ins Zwielicht rückten Teile der Branche, als in den vergangenen Jahren die sogenannte Russenmafia den Diamanthandel für Geldwäsche zu nutzen versuchte. Ein anderes Problem – der Branche weltweit – sind Blutdiamanten aus Afrika. Über die israelische und internationale Diamantenindustrie im Allgemeinen informiert die Website www.israelidiamond.co.il.

Ateliers, Cafés und Nachtklubs. Von ihm gehen belebte Gassen ab, die die Namen von Tierkreiszeichen tragen und mit ihrem orientalischen Charme bezaubern.

Ilana-Goor-Museum 34

4 Mazal Dagim St., Tel. 03 683 76 76, www. ilanagoormuseum.org, So–Fr 10–16, Sa/Fei 10–18, vor Fei 10–14 Uhr, 30 NIS

Sehenswert in dieser Ecke der Stadt ist das **Ilana-Goor-Museum.** Die gleichnamige israelische Bildhauerin und Designerin von Möbeln, Schmuck, Stoffen und vielem mehr zeigt in diesem geschichtsträchtigen Gebäude ihre Werke und nimmt Auftragsarbeiten entgegen. Das Haus aus dem 18. Jh. diente Jerusalempilgern nach ihrer Ankunft in Jaffa als Gasthof für die erste Nacht in Palästina. Dennoch stellt sich die Frage, warum sich diese großartige Galerie einer lebenden Künstlerin Museum nennt? Womöglich zur Rechtfertigung des happigen Eintrittspreises.

Haus Simon des Gerbers 35

Die Shimon HaBurski Street führt vom Kedumim Square zum Haus Nr. 8, einer im Jahr 1730 erbauten Moschee, die sich heute in Privatbesitz befindet. Hier soll einst das **Haus Simon des Gerbers** gestanden haben, in dem Petrus zeitweilig gewohnt hat. Der Brunnen im Innenhof ist angeblich schon seit der damaligen Zeit in Betrieb.

Holon

Design Museum Holon

8 Pinhas Eilon St., Holon, Tel. 073 215 15 25, www.dmh.org.il, Mo, Mi 10–16, Di, Do, Sa 10–18, Fr 10–14 Uhr, 35 NIS

Der Designer und Architekt Ron Arad schuf im südlichen Vorort Holon Israels erstes **Designmuseum,** einen 17 Mio. US-Dollar teuren Bau, dessen geschwungenen Stahlfassaden an überdimensionierte, gegeneinander verschobene Federspiralen erinnern. Die Dauerausstellung (u. a. Plakat- und Grafikkunst, Modeentwürfe, Möbel und Wohnaccessoires) wird durch Wechselausstellungen ergänzt. Der Museumshop ist eine gute Adresse für junges israelisches Design.

Infos

... in Tel Aviv:
Tourist Information: 46 Herbert Samuel St., Tel. 03 516 61 88, April–Okt. So–Do 9.30–18.30, Fr 9.30–14, Nov.–März So–Do 9.30–17.30, Fr 9.30–16 Uhr, www.visit-tel-aviv.com.
... in Jaffa:
Tourist Information: 2 Marzuk/Ecke Azar St., am Clocktower, Tel. 03 516 61 88, April–Okt. So–Do 9.30–18.30, Fr 9.30–16, Nov.–März So–Do 9.30–18.30, Fr 9.30–14 Uhr.
Old Jaffa Visitors Center: Kedumin Sq., Tel. 03 682 80 06, www.oldjaffa.co.il, zum Einstieg ›Jaffa by Ears‹, eine Audio-Tour durch die kleine Ausstellung, Winter: Sa–Do 9–17, Fr 9–15, Sommer: Sa–Do 9–20, Fr 9–17 Uhr.
Im Internet: www.secrettelaviv.com, www.midnighteast.com.
Für Schwule und Lesben: Infos über das *gay life* (Hotels, Events, Bars, Strände, Dating, etc.) gibt es u. a. unter www.gaytlvguide.com und http://gaytelaviv.atraf.com.

Übernachten

... in Tel Aviv:
Wer in einem 4-Sterne-Hotel oder besser wohnen will, muss in Tel Aviv dafür ab etwa 150 € hinblättern. Teuer sind Hotels in Strandnähe.
Mit Meerblick – **Hilton Tel Aviv 1 :** 205 Ha Yarkon St., Independence Park, Tel. 03 520 22 22, www3.hilton.com. Eines der Top-Hotels der Stadt, klassisches Hilton für Geschäftsleute und Urlauber. Erfrischend ist der Salzwasserpool, der im Winter beheizt wird. Die hauseigene Sushi-Bar serviert koscher. DZ ab 1600 NIS.
Boutiquehotel – **Montefiore 2 :** 36 Montefiore St., Tel. 03 564 61 00, www.hotelmontefiore.co.il. Das Publikum ist eher schick und gibt sich trendy. Auf der kleinen Terrasse zur Straße hin wird den ganzen Tag gefrühstückt und gespeist. Die Zimmer, dunkle Böden, viel Schwarzlicht, sind mit Geschmack möbliert und gestaltet. Das Montefiore, nahe dem Rothschild Boulevard gelegen, bezeichnet sich mit Recht als authentisches Boutiquehotel. Frühzeitig buchen! DZ ab 1500 NIS.

Tel Aviv-Jaffa

Bauhausgebäude – Rothschild 71 [3] : 71 Rothschild Blvd., Tel. 03 629 05 55, www.therothschild.com. Helle, modern möblierte Studios und Suiten mit Nespressomaschine, so wohnt man in dem Bauhausgebäude aus dem Jahr 1934. Das hoteleigene Cantina-Restaurant, italienische Küche, ist ein beliebter Promi-Treff, die Hotelgäste frühstücken hier. Mindestalter für Hotelgäste: 16 Jahre. Ab 1300 NIS.

Zentrale Strandlage – Renaissance Tel Aviv [4] : 121 Hayarkon St., Tel. 03 521 55 55, www.marriott.com. Schöne, aber nicht sehr große Zimmer mit Balkon, direkter Zugang zum öffentlichen Strand, viele Reisegruppen. DZ ab 1100 NIS.

Für Langzeiturlauber – Alexander [5] : 3 Habakook Hanavi St., Tel. 03 545 22 22, www.alexander.co.il. Luxuriöses, modern eingerichtetes Apartment- und Suitenhotel mit Küche in jeder Wohnung. DZ ab 1000 NIS.

Suiten am Meer – Isrotel Tower [6] : 78 Hayarkon St., Tel. 03 511 36 36, www.isrotel.co.il. Für Geschäftsleute konzipiert, aber mittlerweile haben auch Familien das komfortable Hotel in dem markanten Rundbau nahe dem Opera Tower für sich entdeckt: Der Preis gilt nämlich für bis zu zwei Erwachsene und zwei Kinder. Suite ab 970 NIS.

Kinovergangenheit – Cinema [7] : 1 Zamenhoff St./Ecke Dizengoff Sq., Tel. 03 520 71 00, www.atlas.co.il. Der Name kommt nicht von ungefähr: 1939 wurde in dem Bauhausgebäude eines der ersten Lichtspielhäuser Tel Avivs eröffnet. Später funktionierte es der Enkel der Gründer zu einem Hotel um, das eine Hommage an die vergangene Zeit darstellt – erhalten blieben das Kartenhäuschen, altes Vorführgerät und Filmrollen, vergilbte Plakate von Ava Gardner und Humphrey Bogart etc. Ganz großes Kino bietet – insbesondere zum Sonnenuntergang – die Dachterrasse mit ihrem Ausblick. Die Zimmer hingegen sind modern und stilvoll eingerichtet. DZ ab 860 NIS.

Schickes Boutiquehotel – The Norman [8] : 23–25 Nachmani St, Tel. 03-543 55 55, www.thenorman.com. In diesem Hotel nahe dem Rothschild Boulevard, das schon im Lobby- und Loungebereich Klub-Atmosphäre verströmt, passt alles. Das Haupthaus ein Bauhausgebäude, ein ruhiger Innengarten, auf dem Dach mit dem Sonnendeck ein Infinity-Pool, Fitness- und Spa-Bereich, die Zimmer und Suiten hell, modern, freundlich und hochwertig eingerichtet (manche allerdings leider arg klein) – von einem US-Fachmagazin wurde The Norman zum schönsten Boutiquehotel Israels gekürt. Das hauseigene Restaurant serviert französisch-mediterrane Küche. DZ ab 700 NIS.

Klein und fein – Gordon Hotel [9] : 2 Gordon/Hayarkon St., Tel. 03 520 61 00, www.gordontlv.com. Einst war das Gordon eine Backpacker-Absteige mit einer Terrassenbar, auf der bis zum Vormittag gefeiert wurde. Diese Zeiten sind vorbei! Im Schatten der riesigen Hotelklötze an der Hayarkon Street schleppen die Gäste in ihre gestylten Zimmer statt Rucksäcken nun eher Louis-Vuitton-Gepäck, genießen auf der Terrasse und an der Bar feine Cocktails. DZ ab 600 NIS.

… in Jaffa:

Wohnen in historischen Gemäuern – Beit Immanuel [10] : 8 Auerbach St., Tel. 03 682 14 59, www.beitimmanuel.org. Wer lieber in Jaffa als in Tel Aviv wohnt, kann dies in dem historischen Gemäuer dieses renovierten christlichen Hospizes tun, das 1884 von Peter Ustinovs Vater, Baron Ustinov, als Park Hotel erbaut wurde und schon Kaiser Wilhelm II. auf Orienttour beherbergte. DZ ab 350 NIS.

Für Nostalgiker – Old Jaffa Hostel [11] : 13 Amiad St., Tel. 03 682 23 70, www.telaviv-hostel.com. In einer Seitenstraße des Flohmarkts wohnt man in einem alten osmanischen Gebäude, das voll ist mit antikem Mobiliar. Das Personal ist sehr zuvorkommend, schöner und günstiger kann man in kaum einem anderen Hostel Israels unterkommen. Die Zimmergrößen variieren erheblich. DZ ab 310 NIS.

… in Herzliya:

Absolutes Top-Hotel – Ritz Carlton Herzliya [12] : 4 Hashunit St., Herzliya, Tel. 09 373 55 55, www.ritzcarlton.com. Im nördlichen Tel Aviver Vorort Herzliya liegt Israels erstes Ritz Carlton direkt am Jachthafen. Die Aussicht von der Pool-Dachterrasse ist wunderbar. DZ ab 1600 NIS.

Adressen

Essen & Trinken

... in Tel Aviv:

Die Gastro-Szene ist schier unüberblickbar, vor allem vegane Restaurants schießen wie Pilze aus dem Boden. Beliebt sind schon morgens Kaffeehäuser wie das für seinen Brunch bekannte **Café Noir** 1, 43 A'had A'am St., Tel. 03 566 30 18, www.noirgroup.co.il, So–Mi 12–24, Do 12–1, Fr 8–1, Sa 9–24 Uhr, oder das **Café Alkalai** 2, 1 Alkaly/Ecke Jashla St. (gegenüber der Michael-Sobell-Klinik), Tel. 03 604 12 60, So–Do 6.30–1, Fr 8.30–20, Sa 8.30–1 Uhr. Es liegt im trendigen Café- und Restaurantviertel um die Basel Street. Im Gastraum füllen Gläser und Holzschuber mit Bohnen Dutzender Kaffeesorten die Holzregale. Der Eisdielen-Tipp der Stadt sind die vier Cafés von **Anita Café La Mamma del Gelato** (23, 40 und 42 Shabazi St., 3 Florentine St.), wo man schon mal eine Weile ansteht, www.anita-gelato.com.

Hochgelobt – **Mul Yam:** Hangar 24, Tel Aviv Port 16, Tel. 03 546 99 20, www.mulyam.com, tgl. 12.30–15.30, 19.30–22.30 Uhr. Die Weinliste ist fast noch besser als das erstklassige Seafood, an dem sich Tel Avivs Gourmets erfreuen. Das Restaurant wurde überhäuft mit Kritikerlob – und hat bislang nicht darunter gelitten. Zu den Spezialitäten (nicht koscher) zählen neben Austern v. a. auch die Hummervariationen. Zum Lokal gehören VIP-Räume. Ab 250 NIS.

Starkoch-Küche – **Lumina** 3 : Carlton Tel Aviv Hotel, 10 Eliezer Peri St., Tel. 03 520 18 18, www.luminatlv.co.il, So–Do 13–16.30, 18.15–23 Uhr. Starkoch Meir Adonis Gerichte sind optisch ein Augenschmaus. Darüber sind sich alle einig. Dafür scheiden sich die Geister an der Frage, ob seine Gerichte, die europäische, asiatische und orientalische Einflüsse vereinen, Tel Avivs Top-Speisen oder auf gewiss hohem Niveau nur überkandidelte und überbewertete Fusionexperimente sind. Die Weinkarte ist sehr gut. Lunch ab 250 NIS.

Lounge & Restaurant – **Salon Romano** 4 : 9 Jaffa St. (Beit Romano), Tel. 03 571 96 22, 054 317 70 51, tgl. 18–3 Uhr. An Eyal Shani, einem der Tel Aviver Top-Köche, kommt man auch in der Late-Night-Gastronomie unschwer vorbei. Im Romano in Florentin legen DJs u. a. Funk, Hip-Hop und Reggae auf, die Stimmung ist cool und ausgelassen, getanzt wird bis zum Morgen. Das Essen – bei täglich wechselndem Menü – ist typisch Shani, der als ›King of Cauliflower‹ eine Vorliebe für gerösteten Blumenkohl, frische Kräuter und Streetfood-Präsentation ganz generell hegt. Die frischen Desserts gibt es ab Mitternacht, bevor die Party richtig losgeht. Ab 250 NIS.

Experimentell – **North Abraxas** 5 : 40 Lilienblum St., Tel. 03 516 66 60, tgl. 18–1 Uhr. Eyal Shani ist ein landesweit bekannter Chef mit mehreren Restaurants (Hasalon, Miznon, Port Said), der Spaß am Kochen hat und sich wohl irgendwann überlegt hat, wie er seine Freude am Herd den Gästen mit auftischt, was nicht alle witzig finden. Aber mit ein we-

VEGAN FOOD TOUR

»Israel ist die Speerspitze der veganen Revolution auf der Welt«, zitierte die »Jüdische Allgemeine« einen Tel Aviver Vegan-Aktivisten. Er dürfte recht haben. Der Verkauf von Fleisch und Wurst ging in Israel um 30 % zurück. Kehrseite des Booms: Das gastronomische Angebot ist kaum überschaubar. Einen guten Überblick über die Szene, wo man ökologisch einwandfreie Lebensmittel bekommt und wo man gut vegan isst, zeigt die Vegan Food Tour. Sie startet bei einem veganen Restaurant, am Ende besuchen Sie eine vegane Bäckerei und ein Eiscafé. Treffpunkt für den rund dreistündigen Rundgang ist das Zakaaim Restaurant, 20 Beit Hashoeva St., nahe der Allenby St., Mo und Mi 12.30 Uhr. Online-Buchung (Kreditkarte) unter www.touristisrael.com/tours/vegan-food-tour-of-tel-aviv, ca. 210 NIS p. P.

Tel Aviv-Jaffa

nig Mut zum Ungewöhnlichen erlebt man im Abraxas das Dinner als schräge Unterhaltung und Happening. Auf Teller für Fisch und Fleisch kann man verzichten, wenn man mag, Pizzen werden gerne mal auf der Papiertischdecke, Blumenkohl – Shanis Lieblingsgemüse – in der Papiertüte serviert. Von der Bar blickt man in die Küche, wo das Personal ab und an singt und tanzt. Die Bestuhlung ist eng, manchem die Musik zu laut. Keine Frage, der Besuch im Abraxas ist ein Experiment. Ab 250 NIS.

Lunch und Dinner vom Feinsten – **Manta Ray** 6 : Alma Beach, Tel. 03 517 47 73, www.mantaray.co.il, tgl. 9–24 Uhr. Ganz hervorragend schmecken die Fischvorspeisen, z. B. das Thunfisch-Mango-Tartar, sowie die gegrillten Scampi und Calamari, aber man kann hier auch frühstücken oder bei einem Drink den Sonnenuntergang erleben. Die Terrasse bietet Meerblick in Cinemascope. Ab 160 NIS.

Sehr populär – **Bellini** 7 : 6 Yechielli St., Suzanne Dellal Center, Neve Tzedek, Tel. 053 943 96 19, www.bellini.co.il, So–Fr 12–16, 19–24, Sa 12–17, 19.30–24 Uhr. Wer nicht rechtzeitig reserviert, verpasst u. a. Leckeres wie Kalb à la Marsala und Spaghetti Puttanesca. Ab 160 NIS.

Vegan über Nacht – **Nanuchka** 8 : 30 Lilienblum St., Tel. 03 516 22 54, www.nanuchka.co.il, tgl. 12–1 Uhr. Vegan ist in und Tel Aviv gilt als ›die veganste Stadt der Welt‹. Den Trend weg von Fleisch beschleunigte mit einer kulinarischen Kapriole das georgische Nanuchka, ein legendäres Lokal auch wegen der Auftritte georgischer Sänger. Hier bogen sich früher die Tische vor Fleisch und Wodka. Der Wodka, fleischlicher Inhaltsstoffe unverdächtig, ist geblieben, aber die Speisekarte heißt nun »Veganishvilli Menu«, was auch jedem des Georgischen nicht Mächtigen signalisiert: Schaschlik und Hammelkopf gibt's hier nicht mehr, dafür aber sich selbst erklärende Gerichte wie Auberginsvilli, Kartufiliani und Tofu-Cutlety. Nur die georgischen Künstler sind noch aus Fleisch und Blut. Zum Nachkochen gibt es auf der Homepage einige Rezepte. Ab 150 NIS.

Jemenitisch – **Maganda** 9 : 26 Rabbi Meir St., Yemenite Quarter, Tel. 03 516 18 95, 053 934 50 68, www.maganda.co.il, So–Do 12–24, Sa 1 Std. nach Shabbatende bis 24 Uhr. Tische auf der Dachterrasse, serviert wird Gegrilltes à la Jemen, alles ist koscher im ältesten Restaurant des jemenitischen Viertels. Ab 120 NIS.

Ökologisch und frisch – **Orna & Ella** 10 : 33 Shenkin St., Tel. 03 525 20 85, http://ornaandella.com, So–Fr 10–24, Sa 11–24 Uhr. Dieses exzellente vegetarische Café-Restaurant mit seinen Bauhausräumen und dem lässigen Publikum sollte man zumindest auf einen Kaffee oder zum Frühstück besucht haben. Für Falafel-Variationen, u. a. mit Koriander, Pasta und Sandwiches steht man hier gerne bis vor die Tür Schlange. Ab 70 NIS.

Zum Frühstück – **Benedict** 11 : 171 Ben Yehuda. St., Tel. 03 686 86 57, 29 Rothschild Blvd., Tel. 03 686 86 57, www.benedict.co.il, tgl. nonstop. Die israelische Begeisterung für Frühstück bleibt keinem Reisenden verborgen. Das Benedict bietet dazu den globalen Überblick: Texas-Frühstück mit Steak und Eiern, mexikanisches Bauernfrühstück mit Chili con Carne und Guacamole, englisches Breakfast mit Bacon und Eiern – und natürlich israelisches Frühstück. Ab 50 NIS.

Ein Prosit – **Beer Garden** 12 : 3 Albert Mandler St., Tel. 050 999 53 89, www.beergarden.co.il. Dem israelischen Trend zur Biervielfalt trägt Paulaner Rechnung. Im alten Templerviertel Sarona trinkt man Bier aus Krügen, isst nach Bayernart Bratwurst, Hähnchen, Kraut und Brezen. Ab 50 NIS.

Prima Vorspeisen – **Hummus Ashkara** 13 : 45 Yerimiyahu St., Tel. 03 546 45 47, 24 Std. Das Ashkara gibt es seit über 30 Jahren und es gilt als erstklassige Adresse für Hummus und Foul. Ab 35 NIS.

… in Jaffa:

Mittelalter-Feeling – **Abrage** 14 : 6 Kedumim Square, Tel. 03 524 44 45, www.abrage.co.il, tgl. 9–24 Uhr. Vor allem am Abend entfaltet die ruhige Lage des Restaurants im malerischen Zentrum von Jaffa ihren mittelalterlichen Charme (zu Frühstück und Lunch ist hier natürlich auch schon geöffnet). Umgeben von altem Gemäuer speist man Shakshuka, Pasta, Fleisch und Fisch. Der Service gilt als sehr freundlich. Ab 120 NIS.

Adressen

ELAFIA & SONS

Den Status einer arabisch-israelischen Legende genießt **Said Abu Elafia & Sons** 17 in der Yefet Street 7 in Jaffa. Die im Jahr 1880 gegründete Bäckerei ist seit Generationen die Adresse in Tel Aviv-Jaffa für Pittabrote mit Sesam, Pizzabrote und Sambusa, mit Pilzen, Eiern, Kartoffeln und Käse gefüllte Teigtaschen. Da es im endlosen Nachtleben der Stadt immer Hungrige gibt, hat man hier rund um die Uhr geöffnet.

Wohnzimmerambiente – **Puaa** 15 : 3 Rabi Yohanan, Tel. 03 682 38 21, www.puaa.co.il, So–Fr 9–1, Sa 10–1 Uhr. Mitten auf dem Flohmarkt kann man sich hier vom Bummel erholen, auf dem Sofa die Beine lang machen. Es gibt Kaffee und kleine Gerichte. Dem gleichen Besitzer gehört der Puaa Shop gegenüber, ein Laden voller Tand. Ab 80 NIS.

Hohe arabische Omelette-Küche – **Dr. Shakshuka** 16 : 3 Beit Eshel St., Tel. 03 682 28 42, www.doctorshakshuka.co.il, So–Do 8–24, Fr 8–14, Sa 1 Std. nach Shabbatende bis 24 Uhr. Ein Highlight von Jaffa – Shakshuka, so heißt das arabische Omelette mit Tomaten, Petersilie und vielen Gewürzen, das die Gäste an den langen Tischen in diesem osmanischen Gebäude gerne verspeisen. Im Angebot sind außerdem Mezze, Couscous, Lamm und Gegrilltes. Hausgetränk ist eine wunderbar frische Limonade. Ab 70 NIS.

Einkaufen
... in Tel Aviv:

Die wichtigsten Einkaufsstraßen von Tel Aviv sind die **Dizengoff Street,** die **Ben Yehuda Street,** wo es viele Geschäfte russischer Einwanderer gibt, die **Allenby Street** sowie die **Ibn Gvirol Street** mit der großen **Gan Ha'ir Mall.** Weitere große Einkaufszentren sind die **Azrieli Mall,** 132 Menachem Begin St., und die **Canyon Mall,** Ramat Aviv, 40 Einstein St. In der **Mercaz Ba'alei Melacha Street** und in der **Sheinkin Street** findet man Designerläden und Ateliers sowohl junger als auch etablierter Modemacher. Ähnlich ist das Angebot in der trendigen **Shabazi Street** im Viertel Neve Tzedek. Beim **Hangar 11,** Tel Aviv Port, Tel. 03 602 08 82, findet jeden Samstag ein bunter **Flohmarkt** statt.

Orientalischer Schmuck – **Ayala Bar** 1 : 36 Shabazi St., Tel. 03 510 00 82, www.ayalabar.com, So–Do 10.30–17, Fr 10.30–16 Uhr. Ohrhänger, Halsketten, Armbänder und Ringe in orientalischen Formen und kräftigen Farben – damit wurde die israelische Designerin Ayala Bar weltweit bekannt. Ihren ausgefallenen Schmuck aus u. a. Silber, Glaskristallen, Perlen und Stoffen kann man in diesem Shop kaufen.

Bücher – **Tower Book Store** 2 : Opera Tower Shopping Mall, 1 Allenby St., Tel. 03 517 40 44. Modern und sehr gut sortiert, große Auswahl englischsprachiger Bücher.

Lebhafter Flohmarkt – **Carmel Market (Bezalel Market)** 6 : Carmel St., tgl. außer Sa von 8 Uhr bis zum frühen Abend. Es ist Floh-, Gemüse-, Fisch- und Fleischmarkt in einem.

Historische Fotos von Tel Aviv – **Pri-Or Photo House** 3 : 5 Tschernikovski St., Tel. 03 35 17 79 16, www.thephotohouse.co.il, So–Do 9–18, Fr 9–14 Uhr. Details s. Thema S. 78.

Öko-Mode – **Naomi Maaravi** 4 : 9 Ruchama St., Tel. 054 783 39 50. Mit ihrem Öko-Design wurde die Modeschöpferin Naomi Maaravi bekannt. In ihrer Boutique in Tel Aviv gibt es flippige bis schicke Mode, die ausschließlich aus wiederverwerteten sowie natürlichen Materialien (Leinen, Baumwolle usw.) besteht.

Kunst am Bein – **Zohara Tights** 5 : 255 Dizengoff St., Tel. 03 518-93 02, www.zoharatights.com. Designerstrumpfhosen und Leggings mit von Künstlern gestalteten Motiven, u. a. kann man ein komplettes Gedicht auf Iwrit an den Beinen tragen.

Tel Aviv-Jaffa

… in Jaffa:
In Jaffa haben sich sehr viele Künstler und Kunsthandwerker niedergelassen. Ein optimaler Ausgangspunkt für einen Galerienbummel ist der **Kedumim Square.**

Abends & Nachts
… in Tel Aviv:
Tel Aviv hat ein lebendiges Nachtleben, das erst ab 23 Uhr so richtig zur Hochform aufläuft. Die wichtigsten Ausgehtage sind Do, Fr und Sa. Zahllose Bars und Restaurants findet man im **Old Port** (s. S. 215).

Klubs – Zu den Top-Klubs zählte zuletzt **The Block** 1 , 157 Salame St., Tel. 03 537 80 02, www.block-club.com, Do–Sa 23 Uhr bis morgens. DJs aus aller Welt legen hier auf. In Florentin geht es im **Comfort 13** 2 , 13 Comfort St., Tel. 03 518 82 82, tgl. 23 Uhr bis morgens, auf zwei Tanzflächen und mehreren Bars rund, Party gibt's immer, Trance freitags. Als der Underground-Tempel für Techno schlechthin gilt gegenüber dem Dizengoff Center das **Maxim** 3 , 48 King George St., Tel. 052 624 24 54, tgl. ab 23 Uhr. Für alle Klubs gilt: Achtung, Türsteher! Man muss sich auf langes Anstehen einstellen.

Heißester Nachklub – **Haoman 17** 4 : 88 Abarbanel St., Tel. 03 072 223 03 20, www.haoman17tlv.co.il, tgl. ab 24 Uhr, 100 NIS. Das Haoman 17 ist so etwas wie die Mutter aller israelischen Megaklubs, mit fünf Bars und Tanzflächen für 2500 Tänzer. Hier gastieren Top-DJs aus aller Welt.

Populärer Tanztempel – **TLV Club** 5 : Old Port, Tel. 03 56 10 22, Mo, Fr, Sa ab 24 Uhr, 100 NIS. Den internationalen Flughafencode von Tel Aviv hat sich einer der populärsten Nachtklubs der Stadt als Namen gewählt. An manchen Abenden gibt es Livemusik, regelmäßig Spezialabende für Schwule, Lesben und Swinger. Die Schlangen am Eingang sind oft sehr lang.

Jazz für jeden – **Shablul Jazz Club** 6 : Hangar 13, Tel Aviv Port, Tel. 03 546 18 91, www.shabluljazz.com. Fast täglich erstklassiger Live-Jazz, Newcomer und bekannte Interpreten.

Drinks und Tanz – **Erlich** 7 : Tel Aviv Port, Tel. 03 546 67 28. Das schummrige Erlich füllt sich erst zu später Stunde, der runde Tresen und

Dutzende Cafés und Kneipen laden zum Relaxen im Vergnügungsviertel am alten Hafen

Adressen

die Tanzfläche eignen sich hervorragend, um ganz entspannt Leute kennenzulernen – sofern man an den merkwürdigen Türstehern vorbeikommt. Zum Drink bestellt man Tapas mit Fleisch oder Shrimps.

Mega-Bar – **Whisky a Gogo** 8 : 3 Hataarucha St., Old Port, Tel. 03 544 06 33. Ableger der gleichnamigen Tanz- und Trinkstätte an Hollywoods Sunset Strip. Die Mega-Bar erstreckt sich über mehrere Ebenen mit unterschiedlicher Musik. Geschlossen wird, wenn der letzte Gast geht. Toller Platz zum Abfeiern, aber sehr strenge Türsteher.

Strand-Bar – **Clara Beach Bar** 9 : 1 Koifman St., Dolphinarium Beach, So–Do ab 18, Fr/Sa ab 16 Uhr bis spät, Tel. 054 740 60 24, www.clara.co.il. Feierfreudiges Publikum steuert am Abend das Clara an. Rasenflächen, Hängematten, eine ordentliche Getränkekarte und laute Musik erwarten einen in der Mega-Bar zur Strandparty. Wichtige internationale Fußballspiele werden auf Großleinwand übertragen. Vor dem großen Trubel lässt sich hier zum Sonnenuntergang gut ein Cocktail genießen.

Rooftop-Bar – **Langa Club** 10 : 1 Ben Yehuda St./Ecke Allenby St., Tel. 050 969 5407, www.valiumclub.com. Die musikbeschallte Mega-Lounge ist klimatisiert, die ruhigere Dachterrasse mit tollem Blick wird von der abendlichen Brise gekühlt. Das Valium Rooftop ist einer der Top-Spots der Stadt.

Bis in die Puppen – **M.A.S.H. Embassy** 11 : 277 Dizengoff St., Tel. 03 605 10 07, Sa–Do 11 Uhr bis letzter Gast, Fr ab 20 Uhr, www.mash.co.il. Seit rund 30 Jahren nennt sich dieser Pub Sportbar, wobei der Sport darin besteht, hemmungslos zu trinken – weshalb der Name auch nicht für ein mobiles Armeelazarett steht, sondern für *More Alcohol Served Here*. Es gibt außerdem Billardtische und Dart. Gut ist die Stimmung auch im Ableger **M.A.S.H. Central,** 38 Allenby St., Tel. 077 799 09 94.

Musicals, Opern, Konzerte – **Charles Bronfman Auditorium (vormals Frederic R. Mann Auditorium)** 7 : Huberman St., Tel. 03 621 17 77, 17 00 70 70 30 (gebührenfrei), www.hatarbut.co.il. Bühne für Opern, Musicals, Klassik-, Pop- und Rockkonzerte.

Bühne frei – **Habima Theater** 12 : 2 Tarsat Blvd., Tel. 03 629 55 55, www.habima.co.il. Jeden Donnerstag Inszenierungen mit englischer Übersetzung.

Tanz – **Suzanne Dellal Centre for Dance and Theatre** 13 : 5 Yehieli St., Neve-Tzedek-Komplex, Tel. 03 510 56 56, www.suzannedellal.org.il. Mal Carmen, mal ein Tangofestival – das Programm ist immer für eine Überraschung und einen gelungenen Abend gut. Im Herbst organisiert man den Internationalen Suzanne-Dellal-Tanzwettbewerb.

Ballett – **Israel Ballett** 14 : 4 Har Nevo St., Tel. 03 604 66 10, www.iballet.co.il. Vor allem dem klassischen Tanz verpflichtet.

Oper und Tanz – **The Israeli Opera** 15 : 19 Shaul Hamelech/Ecke Leonardo da Vinci St., Tel. 03 692 77 33/77, www.israel-opera.co.il. Heimstatt der 1985 gegründeten New Israeli Opera.

Vorstellungen im Freien – **Wohl Amphitheatre** 16 : Hayarkon Park, Yehoshua Gardens, Tel. 03 642 28 28. Theatervorstellungen sowie Musik von klassisch bis avantgardistisch im Freien.

Klassische Konzerte – **Felicja Blumental Music Center and Library** 17 : 26 Bialik St., Tel. 03 620 11 85, www.fbmc.co.il. Regelmäßig klassische Konzerte.

Musicals und mehr – **Cameri** 18 : 30 Leonardo da Vinci St., Tel. 03 606 19 00, www.cameri.co.il. Dramen, Experimentelles und Musicals auf Hebräisch, mit englischer Übersetzung.

Kino – **Cinemathèque** 19 : 2 Sprintzak St., Tel. 03 606 08 00, www.cinema.co.il. Programmkino mit regelmäßigen Retrospektiven, das jedes Jahr ein Festival für Dokumentarfilme und viele Filmreihen für Cineasten organisiert.

Pop und Folk – **Tzvata Theater** 20 : 30 Ibn Gvirol St., Tel. 03 695 01 56, www.tzavta.co.il. Pop und Folk israelischer Herkunft – mal konventionell, mal experimentell.

… in Jaffa:
Cocktails im Kreuzfahrer-Ambiente einer mittelalterlich anmutenden Stadt – mit diesem Konzept hat sich Jaffa einen festen Platz im wahrlich nicht kärglichen Nachtleben von Tel Aviv gesichert. Beim Flanieren durch die Gassen stößt man allenthalben auf Cafés, Bars und Kneipen.

Tel Aviv-Jaffa

Multikultissimo – **Anna Loulou** 21 : 2 Hapanim St., Tel. 03 716 82 21, www.annaloulou.com, Mo–Sa 21–3 Uhr. Friedliche Koexistenz, gelebte Inklusion! Das Konzept von Niv Gal und Ilana Bronstein ist es, Palästinenser und Israelis genauso wie Heteros und Schwule bei Bier und Cocktails zusammenzubringen. Dann gibt's auch mal hebräische Lyrik und arabischen Tanz. »Eine der faszinierendsten Bars der Region«, urteilte die Vogue.

Bar mit Flair – **The Cave Bar** 22 : 20 Yefet St., Tel. 054 720 46 48, Mo–Sa 18–2 Uhr. Gewölbe mit dicken dunklen Deckenbalken, das Licht gedämpft – als urig und rustikal darf man die Bar in einem historischen Gebäude bezeichnen. Hier trifft man Twens und Golden Ager. Von 18–21 Uhr ist Happy Hour. Ab 90 NIS.

Performance – **Mayumana** 23 : 15 Louis Pasteur St., Tel. 03 681 17 87, www.mayumana.com. Meist Do–Sa ausgefallene Musik- und Performance-Produktionen in einer Halle am Meer (Tickets 159 NIS).

Kunst-Lounge – **The Container** 24 : Warehouse 2, Old Jaffa Port, Tel. 03 683 63 21, www.container.org.il, tgl. 12–3, Fr/Sa Brunch ab 10 Uhr. Café-Restaurant, Bar, DJ-Musik, Art Space, Music Lounge, Konzertbühne für Live-Gigs. In einem alten Lagerhaus aus der britischen Mandatszeit wird auch sehr gute israelische Küche serviert. Draußen sitzt man unter freiem Himmel, drinnen wurde die Bar in einem ausrangierten Container eingerichtet – daher der Name.

Beachtliche Bühne – **The Arab-Hebrew Theatre** 25 : 10 Mifratz Shlomo St., Tel. 03 681 55 54, www.arab-hebrew-theatre.org.il. Ein Theater mit zwei Truppen, einer jüdischen und einer arabischen, die mal getrennt, mal gemeinsam Stücke aufführen und schon häufig ausgezeichnet wurden.

Konzerte – **Amphitheater im HaPisgah-Garten** 26 : über dem Kedumim Square. Im Juli/Aug. finden hier stimmungsvolle Sommernachtskonzerte statt.

Aktiv
... in Tel Aviv:
Radverleih – **Bicycle in the Park** 1 : Yarkon Park, Tel. 03 642 05 41. Weiterhin lassen sich Fahrräder auch unter folgenden Adressen ausleihen: **Shuli and Mike Bikes,** 280 Dizengoff St., Tel. 03 544 33 92; **O-Fun,** 245 Dizengoff St./Ecke Nordau Ave., Tel. 03 544 22 92; **Cycle in the City,** Neve Tzedek, Tel. 052 870 87 76.

Wellness – **Spa Mul HaYam** 2 : Suzanne Dellal Center, 7 Yehieli St., Tel. 03 510 98 76, www.spanevetzedek.co.il. Ayurveda, Thalasso-Therapien und Massagen (schwedisch, Thai) mit Blick aufs Meer (ab 550 NIS).

Trommeln – **Drum Beach** 4 : Freitagnachmittags um 15 Uhr treffen sich Leute, die Spaß am rhythmischen Trommeln haben, nahe dem ehemaligen Dolphinarium, und ab geht's.

Termine
... in Tel Aviv:
Einen guten Überblick über das umfangreiche kulturelle Geschehen bietet die englischsprachige Tagespresse und das Monatsmagazin **Go Tel Aviv,** das auch Adressen von Veran-

THE FLORENTIN URBAN CULTURE & GRAFFITI TOUR

Guy Sharett führt bei seinen rund eineinhalbstündigen englischsprachigen Touren durch das gerne als Bohèmeviertel bezeichnete **Florentin,** wo es wahre Schätze an Graffiti und Straßenkunst zu finden gibt. Sharett erklärt kulturelle Hintergründe und übersetzt Texte. Treffpunkt: **City Café Florentin** 3 , Herzl St./Ecke 38 Florentin St., Fr 16.30 Uhr, Termine überprüfen unter www.streetwisehebrew.com/graffiti.html oder Tel. 054 662 33 14, 100 NIS, nur in bar.

Adressen

staltungsorten, Restaurants, Galerien und Geschäften auflistet.
Fresh Paint (wechselnde Termine, www.freshpaint.co.il): Die kommerzielle Kunst- und Designmesse ist ein großer Erfolg und zeigt die Werke zeitgenössischer israelischer Künstler an wechselnden Ausstellungsorten im Raum Tel Aviv.
Marathon (Febr./März, www.tlvmarathon.co.il): Läufer aus aller Welt kämpfen sich durch Tel Aviv und Jaffa.
Tel Aviv International Documentary Festival (Frühsommer, www.docaviv.co.il): Das Docaviv wird jedes Jahr von der Cinematheque veranstaltet.
Tel Aviv Gay Pride Parade (Juni, www.gaytelavivguide.com): Tel Aviv ist – und wirbt offiziell damit – die Schwulenhauptstadt des Nahen Ostens. Seit Ende der 1990er-Jahre steigt diese Parade, zu der Zehntausende aus dem In- und Ausland kommen.

Verkehr

Flüge: Der internationale Flughafen **Ben Gurion**, Tel. 03 975 55 55, www.iaa.gov.il/he-IL/airports/BenGurion, liegt rund 25 km östlich des Zentrums. Die Inlandslinie **Arkia**, Sde Dov Airport, Tel. 03 690 96 98, www.arkia.co.il, fliegt tgl. außer Sa nach Jerusalem, Haifa, Rosh Pinna und Eilat. Vom Flughafen ins Zentrum benötigt man mit dem **Taxi** 30–40 Min. (Fixpreis 150 NIS), etwas länger dauert die Fahrt mit dem **Sherut** (ca. 60 NIS). Billiger ist der **Airport Shuttle Service**, der alle 45 Min. ins Zentrum fährt (So–Do 4–24, Fr 4–18.45, Sa 12–24 Uhr).
Bahn: Eine Alternative sind Züge, die im 30-Min.-Takt (ca. 21.30–5.30 Uhr) im Stundentakt, tgl. außer am Shabbat Ben Gurion von Terminal 3 mit Tel Aviv Center (Savidor) verbinden (Info Tel. 03 577 40 00, *5770, www.rail.co.il). Von Tel Aviv gibt es ca. stdl. Verbindungen entlang der Küste nach Süden und Norden sowie nach Jerusalem und in den Negev.
Busse: Egged, Tel. 03 694 88 88, *2800, www.egged.co.il, bietet von der **Central Bus Station,** Tel. 03 638 41 06, Verbindungen u. a. nach Jerusalem (alle 10 Min.), Haifa und Be'er Sheva (stdl.), Eilat (4 x tgl.).

Mietwagen: Fast alle internationalen Vermieter haben Büros an der Hayarkon Street in Höhe der großen Strandhotels, u. a. **Avis,** 113 Hayarkon St., Tel. 03 527 17 52, www.avis.co.il; **Eldan,** 114 Hayarkon St., Tel. 03 527 11 66, www.eldan.co.il; **Hertz,** 148 Hayarkon St., Tel. 03 527 98 21, www.hertz.co.il; **Shlomo Sixt,** 122 HaYarkon St., Tel. 03 524 49 35, www.en.shlomo.co.il. Wer länger in Tel Aviv weilt und nur ab und an ein Auto braucht, registriert sich bei **Car2go,** www.car2go.co.il, Tel. 1700 706-700 (einmalige Gebühr 145 NIS).

Fortbewegung in der Stadt

Leihfahrräder: Über 2000 Fahrräder, mit ihrer stechend grünen Farbe unübersehbar, gibt es an mehr als 200 Verleihstationen quer durch Tel Aviv und Jaffa (Tel-O-Fun Rental Stations). Man muss sich vorher über das Internet mit Kreditkartennummer registrieren (www.tel-o-fun.co.il, Registrierungsgebühr 23 NIS/Tag, 70 NIS/Woche plus Leihgebühr, z. B. 4,5 Std. 152 NIS). An der Verleihstation gibt man dann die Nummer des gewünschten Fahrrades ein.
Motorroller: Motògo, 10 HaTsfira St., Tel. 050 777 77 56, www.motogo.co.il. Vespas und andere Scooter mietet man je nach Dauer ab 190 NIS/Tag.
Busse: Tel Aviv hat ein ausgezeichnetes Busnetz. Zwischen 5.30 und 24 Uhr verkehren die Busse der Gesellschaft **Dan,** Tel. 03 639 44 44, *3456, www.dan.co.il, in Minutenabständen. Keinen Busbetrieb gibt es am Shabbat (1 Std. davor bis Ende). Mehrere Buslinien verbinden Tel Aviv und Jaffa, nachts ist man auf Taxis angewiesen.
Taxis: Taxifahrten kosten je nach Strecke zwischen 30 und 80 NIS. Unbedingt darauf bestehen, dass der Taxameter läuft! Große Taxiunternehmen sind **Kastel,** Tel. 03 699 33 22, **Ichilov,** Tel. 03 696 70 70, und **Hashekem,** Tel. 03 527 04 04. Rollstuhlfahrer bekommen unter Tel. 050 638 12 55 und 050 836 82 00 ein geeignetes Fahrzeug.
Sherut-Taxis: Sammeltaxis starten in der Salomon Street bzw. samstags vom Moshavot Square. Sie bedienen nicht nur die Vororte von Tel Aviv, sondern fahren auch nach Jerusalem und Haifa.

Küste zwischen Tel Aviv und Ashkelon

In puncto Sehenswürdigkeiten ist die Küstenregion südlich von Tel Aviv nicht übermäßig spektakulär. Dafür erlebt der Reisende hier das ganz normale Israel: Orte mit langer Geschichte, wundervolle Strände – und ganz im Süden den Grenzübergang Erez, über den man in guten Zeiten in den Gazastreifen einreisen kann.

Nur knapp 75 km sind es von Tel Aviv bis zum Gazastreifen. Man durchfährt die fruchtbare Küstenebene, die sich etwa 40 km landeinwärts erstreckt. Eukalyptusbäume säumen den Weg, zwischen den Weizenfeldern blühen wilde Orchideen, tiefer im Land, dort, wo es trockener und sandiger wird, wachsen Kakteen. Pinienwälder überziehen sanfte Hügellandschaften, feinsandige Strände laden zu einem Spaziergang ein. Im Sommer findet man hier reichlich Bademöglichkeiten.

Von Tel Aviv nach Qiryat Gat ▶ 2, D 9–12

Lod

Etwa 22 km südöstlich von Tel Aviv und erreichbar über die Autobahn Nr. 1 und die Straße Nr. 434 liegt das erste Ziel auf der Reise Richtung Süden, **Lod.** Viele seiner 77 000 Einwohner stammen aus Russland und arbeiten am nahen Flughafen Ben Gurion oder dem größten Eisenbahnknoten Israels.

Der Vorgänger von Lod, das antike Lydda, war im Besitz der Kanaaniter. Nach ägyptischer und benjaminitischer Besatzung wurde die Stadt im 8. Jh. von den Assyrern zerstört und erst nach dem babylonischen Exil wieder aufgebaut. Laut Neuem Testament hat Petrus den Ort besucht. Die Römer bauten Lod zum Wirtschaftszentrum aus. Mit dem Siegeszug des Islam im 7. Jh. wurde Lod arabisch und blieb es bis zum Unabhängigkeitskrieg 1948.

Georgskirche und El-Khadr-Moschee

Zwei Sehenswürdigkeiten lohnen einen Besuch. Die **Georgskirche** im Zentrum wurde über dem Grab des Heiligen errichtet, der als christlicher Märtyrer gilt, wenngleich seine Existenz bis heute umstritten ist. Die Legende jedenfalls sagt über Georg, Offizier im römischen Heer, er habe sich nach seinem Übertritt zum Christentum geweigert, Kaiser Diokletian – der 303 das Christentum verbot – weiter Opfer darzubringen. Grund genug für den römischen Herrscher, Georg grausam zu töten. Er wurde in seiner Heimatstadt Lod beigesetzt und schon bald rankten sich um ihn Geschichten, die ihn als mutigen Kämpfer gegen das Böse darstellten, u. a. die Legende vom Drachentöter. Viele Kirchen sind an dieser Stelle in Lod gebaut und zerstört worden, ehe die Kreuzfahrer ihrem Schutzheiligen dort eine dreischiffige Basilika errichteten. Ein Großteil war bereits verfallen, als die griechisch-orthodoxe Gemeinde 1874 das jetzige Gebäude erbaute und Fragmente aus einer byzantinischen Kirche und der Kreuzfahrerkirche miteinbezog. Das Portal ziert ein Relief des Heiligen als Drachentöter. Eine Treppe führt zur Krypta mit dem leeren Sarkophag Georgs.

BIBELPARK NEOT KEDUMIM

Tour-Infos
Start: am Bibelpark Neot Kedumim
Länge: Wanderwege zwischen 2,5 und 5 km
Dauer: mindestens ein halber Tag
Hinweise: Geführte Touren buchbar unter Tel. 08 977 07 77, www.neot-kedumim.org.il, So–Do 8.30–16, Fr 8.30–13 Uhr, 25 NIS. Die Trails A, B und C sind gepflastert und tauglich für Kinderwagen und Rollstühle. Trail D erfordert festes Schuhwerk. Im Rahmen des Plant-a-Tree-Programms (s. S. 27) kann man auch in Neot Kedumim Ölbäume pflanzen.

An der Straße Nr. 443 Richtung Jerusalem liegt ca. 25 Autominuten östlich von Lod der **Bibelpark Neot Kedumim,** der sich auf 200 ha mit der Flora und Fauna beschäftigt, wie sie zu biblischen Zeiten bestanden hat. Der Parkbesitzer Nogah Hareuvni reiste durch Israel, Jordanien und den Libanon und sammelt alles an Pflanzen, was er nach intensivem Bibelstudium identifizieren konnte.

Auf dem Gelände kann man zwischen Dattel- und Mandelbäumen auf vier Lehrpfaden spazieren, die die Geschichte des Heiligen Lands erzählen, unterwegs sieht man Schafe, Kamele und Rinder. Palmen- und Olivenhaine säumen einen nach dem 5. Buch Mose künstlich angelegten Fluss. Bei der Wanderung auf dem weiß markierten **Trail A,** 2,5 km lang, Dauer ca. 2,5 Stunden, entdeckt man eine alte Weinpresse, Bäder und Zisternen und Reste eines byzantinischen Dorfes.

Trail B, die 2,4 km lange und blau markierte Route, verlangt ca. 2,5 Stunden Zeit. Auf dem Weg erfährt man, wie zu biblischen Zeiten Getreide, Oliven und Wein geerntet und verarbeitet und wie Parfüme und Weihrauch gewonnen wurden.

Der grün markierte **Trail C,** 2,4 km lang, ca. 2,5 Stunden Dauer, führt thematisch ins Land von Milch und Honig; hier wurden auch Wasserräder und Olivenpressen rekonstruiert. Mit 5 km Länge, Dauer ca. 3,5 Stunden, ist der gelb markierte **Trail D** sicher der landschaftlich reizvollste. Der Pfad führt über Hügel, vorbei an Dattelpalmen, Weinbergen und Befestigungstürmen.

Zur Stärkung werden Speisen angeboten wie sie wohl bereits Abraham, Isaak und Moses zu sich nahmen: Fladenbrot, Oliven, Datteln, Schafskäse, Wein – alles aus eigener Produktion. Für Interessierte besteht außerdem die Möglichkeit, bei der Herstellung von Brot, Feigensaft und Käse Hand anzulegen. Das auf einer Anhöhe gelegene **Hertz Tree Planting Center** bietet Besuchern die Möglichkeit, eigenhändig mit dem Spaten einen biblischen Baum zu pflanzen. In dem Bibelpark kann man gut und gerne einen ganzen Tag verbringen.

Neben dem Gotteshaus liegt die **El-Khadr-Moschee** mit ihrem ein Jahr nach dem Erdbeben 1927 errichteten weißen Minarett.

Durch das Industriegebiet von Lod gelangt man dann zur mameluckischen **Baibars-Brücke** von 1273, die über den Ayalon-Fluss führt. Von Löwen flankierte Steintafeln – die Löwen waren die Wappentiere Baibars – an beiden Ufern zeigen den Namen des Bauherrn Baibars.

Ramla

Lods Schwesterstadt **Ramla** (etwa 64 000 Einw.) ist die einzige von Muslimen während deren Herrschaft über Palästina gegründete Siedlung. Sie wurde im 8. Jh. von Kalif Suleyman erbaut, um die zerstörte Stadt Lod zu ersetzen, die das strategisch wichtige Durchzugsgebiet zwischen Syrien und Ägypten sowie zwischen Jaffa und Jerusalem kontrollierte. Nach dem Unabhängigkeitskrieg 1948/49 wurden die arabischen Bewohner vertrieben und durch jüdische Siedler ersetzt.

Weißer Turm

Das Wahrzeichen Ramlas ist der im Jahr 1318 fertiggestellte, 30 m hohe **Weiße Turm** des Mameluckenherrschers Baibars, der ursprünglich wohl als Minarett und Wachturm diente. Einheimische nennen ihn auch Turm der Vierzig, da um ihn herum 40 Märtyrer begraben liegen sollen. Bogenfenster, wie sie an herkömmlichen Minaretten nicht üblich waren, brechen die Wuchtigkeit des fast quadratischen Turms.

Moscheen

Weiße Moschee Herzl St., Ecke Herzog St., So-Fr 8-14.30, Sa 8-15 Uhr, 10 NIS, zur Besichtigung der Zisterne ist eine Taschenlampe dienlich

Gleich daneben befindet sich die teils zerstörte **Weiße Moschee,** unter deren Hof drei Zisternen liegen, zu denen man hinuntersteigen kann. Die **Große Moschee** am Marktplatz wurde ehemals von Kreuzfahrern errichtet und als Kirche dem heiligen Johannes geweiht. Aus dem einstigen Kirchturm entstand ein rundes Minarett.

Rishon Le Zion

Nur wenige Kilometer nordwestlich liegt **Rishon Le Zion** (›Erste für Zion‹), die viertgrößte Stadt des Landes. 1882 errichteten Immigranten die Siedlung, im selben Jahr wurde hier die israelische Nationalhymne geschrieben. Heute hat die moderne Stadt 150 000 Einwohner und ist mit Unterstützung des Barons Edmond de Rothschild zum führenden Produzent von Karmel-Weinen avanciert. Die **Carmel Winery** liegt linker Hand an der Herzl Street Richtung Ashdod (Anmeldung unter Tel. 03 639 17 88, www.carmelwines.co.il).

Rishon-Le-Zion-Museum

2 Ahad Ha'am St., Tel. 03 959 88 90, www.rishonlezion-museum.org.il, So, Di, Mi, Do 9-14, Mo 9-13, 16-19, 1. Sa im Monat 10-14 Uhr, 10 NIS

Das kleine **Geschichtsmuseum** an der Ahad Ha'Am Street ist in mehreren historischen Bauten aus der Pionierzeit untergebracht, u. a. im Wohnhaus eines der Gründer, Eliezer Elnahan Shalit. Es erzählt von den Siedlern Zalman Levontin und Joseph Feinberg, die mit geliehenem Geld 12 ha Land gekauft hatten, aber kaum davon leben konnten – bis ihnen Baron Rothschild, der die Pioniere unterstützen wollte, 1883 Geld und Landwirtschaftsexperten schickte und damit den Grundstein für den Wohlstand der ganzen Stadt legte. Das Museum zeigt u. a. Fotografien aus der Gründerzeit und eine rekonstruierte Handwerkerstraße. Der **Founders Trail** (Broschüre mit Erläuterungen erhältlich) führt zu nahen Häusern aus den Gründerjahren und der 1885 erbauten Synagoge, die als Warenhaus getarnt werden musste, da die türkischen Beamten keinesfalls den Bau eines Gotteshauses genehmigt hätten.

Rehovot

Durch fruchtbares Land erreicht man über die nach Südosten führende Straße Nr. 412 **Rehovot.** Rund um den 1890 gegründeten Ort erstrecken sich Obst- und Zitrusfruchtplantagen, mehrere Firmen verarbeiten Orangen zu Saft und Konzentraten.

Weizmann Institut

Hanasi Harishon St., Tel. 08 934 44 99, www.weizmann.ac.il, So-Do 9-16 Uhr, 30 NIS

Rehovot beheimatet das renommierte **Weizmann-Institut,** benannt nach Israels erstem Präsidenten Chaim Weizmann, der Professor für Biochemie war und diese private naturwissenschaftliche Hochschule 1934 ins Leben rief. Wahrzeichen des Instituts ist ein weißer Turm, um den sich eine Art Wendeltreppe windet. Im Innern des Treppenturms steckt senkrecht ein Elektronenbeschleuniger, ein beliebter Fotohintergrund. Das Institut gilt heute als wichtigste Ausbildungsstätte für den naturwissenschaftlichen Nachwuchs Israels. Hohen Stellenwert hat die Erforschung alternativer Energien. Das Wix-Auditorium und das neue Visitors Center skizzieren anhand von Dokumenten Weizmanns wichtige Rolle für den Zionismus.

Weizmanns Wohnhaus
234 Herzl St., geöffnet wie Institut, Öffnungszeiten unter Tel. 08 934 32 30, 20 NIS
Zehn Gehminuten entfernt können **Weizmanns Privathaus** (Architekt war der vor den Nazis geflohene Erich Mendelsohn) sowie der **Garten** besichtigt werden, in dem der große Staatsmann (1874–1952) neben seiner Frau Vera beigesetzt ist. Das Gelände mit einer Skulptur von Dani Karavan ist sehr reizvoll und lädt zu einer Ruhepause ein.

Kibbuzim Givat Brenner und Hafez Hayyim

Für die Weiterfahrt folgt man nun der Straße Nr. 40 und der Beschilderung Richtung Be'er Sheva. Nach wenigen Kilometern liegt rechter Hand der Kibbuz **Givat Brenner,** der größte Israels (www.givat-brenner.co.il).

Hinter der malerischen Ortschaft **Gedara** trifft man auf den religiös orientierten Kibbuz **Hafez Hayyim,** der die in Supermärkten erhältlichen, abgepackten koscheren Lebensmittel produziert. Das Gästehaus mit Pool ist zu empfehlen (s. S. 237), der Wasserpark für Kinder sehr schön. Beiderseits der Straße, die von Eukalyptusbäumen gesäumt wird, erstrecken sich Felder. Nur gelegentlich erblickt man Siedlungen, ehe man den nächsten größeren Ort erreicht, Qiryat Gat.

An der Mittelmeerküste folgt ein schöner Strand auf den anderen – körperbetontes Auftreten gehört dazu wie Sunblocker und Sonnenhut

Küste zwischen Tel Aviv und Ashkelon

BEIT-GOVRIN-NATIONALPARK

Tour-Infos

Information: Beit-Govrin-Nationalpark, Tel. 08 681 10 20, www.parks.org.il
Öffnungszeiten: April–Sept. 8–17, Okt.–März 8–16 Uhr
Eintritt: 28 NIS
Dauer: 2–5 Std.
Anfahrt: Die Sehenswürdigkeit befindet sich an der Straße 35 von Ashkelon nach Hebron zwischen Bet Shemesh und Qiryat Gat und ist am besten mit dem Auto zu erreichen, das auch für die Besichtigung des weitläufigen Geländes gute Dienste tut. Zur Orientierung nimmt man an der Kasse die Straßenkarte des Parks mit.

Der **Beit-Govrin-Nationalpark** umfasst den antiken Ort **Tel Maresha** und den **Kibbuz Beit Govrin,** der auf den Resten einer römisch-byzantinischen Stadt erbaut wurde. Bis zu seiner Gründung 1949 war er eine arabische Siedlung. Die Gebäude des antiken Beit Govrin stammten aus der Zeit der Kreuzfahrer und dienten vor ihrer Zerstörung durch Saladin im Jahr 1191 als Festungen, um Angriffe der Ägypter abzuwehren. Von der Einfahrt zum Park aus fährt man mit dem Auto bis zu den nahe gelegenen Ruinen von Tel Maresha,

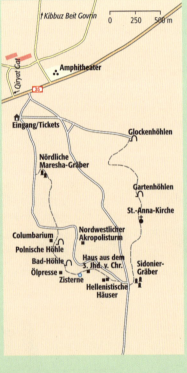

das im Jahr 40. n. Chr. vernichtet wurde. Vom Parkplatz aus wandert man hinauf zum Gipfel und kann bei klarem Wetter bis zum Mittelmeer sehen. Im Hügel verbergen sich unter der Erde Hunderte bis über 20 m hohe Kalksteinhöhlen mit etlichen Zisternen und deutlichen Spuren einer Zivilisation. An den Wänden erkennt man noch verblasste Malereien aus hellenistischer Zeit, die die Jagd und das ländliche Leben darstellen.

Die Höhlen sind ursprünglich vermutlich durch die Phönizier entstanden, die hier in der Zeit zwischen dem 4. und 7. Jh. v. Chr. Kalkstein für den Bau des Hafens in Ashkelon gewannen. In byzantinischer Zeit nutzten Mönche und Einsiedler die Höhlen als Wohnungen und dekorierten sie mit bis heute sichtbaren, in den Stein geritzten Kreuzen. Von den Hunderten kleiner Nischen wird angenommen, dass sie in der Zeit vom 3. bis zum 1. Jh. v. Chr. von den hier lebenden phönizischen Kaufleuten für kultische Zwecke genutzt wurden.

Im Jahr 63 v. Chr. versuchte Judas Makkabäus vergeblich, die blühende Stadt Tel Maresha zu stürmen. Die Syrer waren ein Jahr später erfolgreicher.

Im Jahr 125 v. Chr. eroberte der Hasmonäer Johannes Hyrkan die Stadt und zwang ihre Bewohner, zum Judentum zu konvertieren. Nach der Eroberung durch die Römer wurde Tel Maresha unter die Kontrolle des syrischen Prokonsuls gestellt und im Jahr 40 v. Chr. von den Parthern zerstört. Übrigens: Einigen Reisenden sind die Höhlen wahrscheinlich aus dem Kino bekannt, denn sie dienten als Filmkulisse für Rambo III.

Mit dem Auto erreicht man auch Santa Anna. Die Kreuzfahrerkirche wurde in der Mitte des 12. Jhs. auf den Ruinen einer byzantinischen Basilika errichtet, um die herum zahlreiche unzugängliche Grabhöhlen liegen. Nahe der Kirche befinden sich etwas versteckt die sehenswerten sidonischen Gräber mit farbenprächtigen Fresken in griechischem Stil. Der Besuch lohnt sich.

Qiryat Gat

Die Industrieansiedlung **Qiryat Gat** verdankt ihren Namen dem biblischen Gat, einer der wichtigen Philisterstädte und Geburtsplatz des riesenhaften Goliath, der von David bezwungen wurde. Sehenswert sind allein die **Hazan-Höhlen,** von Juden während des Bar-Kochba-Aufstands in den Kalkstein getriebene Tunnel, die als Versteck dienten. Um zu den Höhlen auf dem Tel Erani zu gelangen, folgt man dem Weg, der am Friedhof beginnt.

Kibbuz Lakhish

Ein sehr schöner Ausflug führt von Qiryat Gat zunächst auf der Straße Nr. 35 und später auf der Nr. 3415 in südöstliche Richtung. Durch eine mit Pinien bewaldete Hügellandschaft, den sog. **Engelswald** (HaMalachim Forest), erreicht man den **Kibbuz Lakhish.** Der Ort wurde durch die Briefe von Lakhish bekannt, beschriebene Tonscherben, die man hier 1935 nahe einer ebenfalls entdeckten großen antiken Grabstätte fand. Die Textfragmente beschreiben das Vorrücken der Babylonier 587 v. Chr. und den unaufhaltsamen Fall des damals mächtigen Orts, den die Heere Nebukadnezars II. zerstörten, ehe sie Jerusalem einnahmen und den Ersten Tempel dem Erdboden gleichmachten. Die Besichtigung ist wenig aufregend. Die wenigen Ruinen sind überwuchert von Gras, Grabungen gab es hier schon länger nicht mehr.

Zurück auf der Hauptstraße Nr. 35 fährt man durch den Engelswald weiter gen Osten in den Beit-Govrin-Nationalpark (s. S. 236).

Übernachten

Nette Kibbuz-Atmosphäre – **Gästehaus im Kibbuz Hafetz Hayim:** Tel. 08 859 38 88, 99, hotel@hafetz.co.il, www.hafetz-hayim.co.il. Der 1937 gegründete Kibbuz bietet 60 klimatisierte Zimmer. DZ ab 260 NIS.

Verkehr

Bahn: Qiryat Gat liegt an der Strecke Tel Aviv–Be'er Sheva (stdl. Verbindungen).

Ashkelon ▶ 2, C 12

Richtung Westen führt die Straße Nr. 35 von Qiryat Gat direkt nach **Ashkelon.** Die Stadt am Mittelmeer mit ca. 120 000 Einwohnern ist ein rapide wachsendes Regionalzentrum, in dem sich viele nordafrikanische Immigranten niederlassen, und ein wichtiger Pfeiler für Israels Wirtschaft: Hier befindet sich das nördliche Ende der Trans Israel Pipeline, kurz Tipline, die nach Eilat am Roten Meer verläuft und von dort ursprünglich für Europa bestimmtes iranisches Öl pumpte. Heute wird die Pipeline in die andere Richtung genutzt. Russische Tanker bringen Rohöl nach Ashkelon, pumpen es nach Eilat, wo es wieder in Tanker fließt und auf dem Seeweg nach Asien transportiert wird, was den kostspieligeren und längeren Weg durch den Suezkanal erspart. Für Israel nicht minder bedeutend ist die 2005 in Betrieb genommene Meerwasserentsalzungsanlage, eine der größten der Welt, die täglich über 300 000 m^3 Trinkwasser produziert. Und nicht zuletzt zählt Ashkelon zu den beliebtesten Ferienorten der Israelis. Die Urlauber werden verwöhnt mit feinsandigen Stränden, unendlichen Wassersportmöglichkeiten, hervorragenden Restaurants und Nachtklubs und einer der größten Marinas Israels mit Anlegestellen für 600 Jachten.

Auf den ersten Blick wirkt Ashkelon kleiner, als es ist, denn die zur Stadt gehörenden Siedlungen verteilen sich über ein großes Gebiet entlang der Küste. Das Zentrum der Stadt bildet die alte Arabersiedlung Migdal nahe der zentralen Busstation.

Geschichte

Ashkelon blickt auf 6000 Jahre Geschichte zurück und gilt damit als eine der ältesten Siedlungen der Welt. Sie war lange Zeit im Besitz der Pharaonen. Ab dem 12. Jh. v. Chr. gehörte Ashkelon dann zum Philisterreich, war Hafen und wichtigster Ort für das gesellschaftliche und kulturelle Leben. Als die Philister Israels König Saul ermordeten, zürnte David: »Verkündet's nicht auf den Gassen von Ashkelon, dass sich nicht freuen die Töchter der Philister, dass nicht frohlocken die Töchter der Unbeschnittenen« (2. Samuel 1,20).

Nach der Philisterherrschaft entwickelte sich Ashkelon im 4. Jh. v. Chr. unter Alexander dem Großen zu einem Zentrum hellenistischer Kultur. Daran änderte sich nichts, bis die Stadt während der Kreuzzüge im 13. Jh. von Muslimen zerstört wurde. Den modernen Stadtteil Afridar gründeten südafrikanische Einwanderer 1951 um den damals von der Armee geräumten arabischen Ort Migdal, der seit dem Unabhängigkeitskrieg zu Israel gehört.

Sehenswertes

Afridar Quarter

www.ashkelon.muni.il, So–Fr 9–14 Uhr, Eintritt frei

Im Zentrum, nahe dem Uhrturm, zeigt das Freilichtmuseum **Afridar Quarter** Ausgrabungsfunde aus dem Ashkelon-Nationalpark. Bemerkenswert sind zwei römische Sarkophage mit Darstellungen der griechischen Unterwelt: Götterbote Hermes, der dreiköpfige Hüter der Unterwelt, Zerberus, sowie Persephone, Göttin der Unterwelt und Gemahlin des Hades, der sie nur für acht Monate im Jahr in die Oberwelt entlässt.

Byzantinisches Mosaik

Zvi Segal St., www.ashkelon.muni.il, tgl. 8 Uhr bis Sonnenuntergang, Eintritt frei

Fünf Gehminuten nordwestlich vom Zentrum liegt das Viertel Barnea. Hier findet sich auf dem Areal einer zerstörten **byzantinischen Kirche** ein gut erhaltenes, 11 x 6 m großes **Bodenmosaik** aus dem 6. Jh. mit geometrischen Formen.

Ashkelon-Nationalpark

www.parks.org.il, Tel. 08 673 64 44, tgl. 8–22 Uhr, letzter Einlass 1 Std. vor Schließung, 28 NIS

Im **Ashkelon-Nationalpark** südlich des Afridar Beach liegen in einem bewaldeten Picknickareal die Ruinen einer Kreuzfahrerfestung von Richard Löwenherz, die 1270 zerstört wurde. Bei Ausgrabungen fand man Spuren einer kanaanitischen Besiedelung. Archäologen datieren sie auf die Zeit ab spätestens 4000 v. Chr.

Infos

Tourist Information: Municipality of Ashkelon, HaGvura Street, Tel. 08 679 23 53, www.ashkelon.muni.il.

Übernachten

Ashkelon verfügt über rund 12 000 Hotelbetten. Am North Beach, in Barnea, Marina und am South Beach ist der Bau weiterer Hotels geplant.

Auch für die Kleinen – **Dan Gardens:** 56 Rehov Hatayassim, Tel. 03 740 89 66, www.danhotels.com. Das Hotel hat einen großen Garten und ist auf Familien eingestellt, die Zimmer sind entsprechend groß. Für die Kleinen gibt es die Magic World, ein 1000 m² großes Spielgelände. DZ ab 1200 NIS.

Mit Meerblick – **Harlington Hotel:** 9 Yekutiel Adam St., Tel. 0800 723 51 85, www.ihg.com. Komfortable Zimmer (allesamt mit Meerblick), Spa, großer Pool, Garten, schöne Restaurants – man wohnt hier ganz hervorragend in einem architektonisch ausgefallenen Gebäude. DZ ab 850 NIS.

Strandnah – **Leonardo:** 11 Golani St., Tel. 08 911 11 11, www.leonardo-hotels.com. Strand, Spa, ein nicht sonderlich großer Außenpool, jedes Zimmer hat einen Balkon mit Meerblick. DZ ab 700 NIS.

Essen & Trinken

Die Restaurants an den Stränden bieten meist guten Fisch; ansonsten gibt es viele Fastfood-Läden.

Beliebtes Fischrestaurant – **Niso The Fisherman:** 1 HaNamal St., Tel. 08 995 45 45, www.nissorest.co.il. An der Marina isst man mit Hafenblick gegrillten Fisch nach Hausmannsart. Die Beilagen sind reichlich, die Preise vernünftig – und für Fischverächter serviert man Burger und Steaks.

Einkaufen

Die Fußgängerzone **Migdal** ist nett zum Flanieren. Größere Läden gibt es in der **Lev Ashkelon Mall,** Samson Quarter.

Aktiv

Strände – Schöne und beliebte Strände in der Umgebung von Ashkelon sind **Delilah Beach, Barnea Beach** und **North Beach,** wo es auch einen FKK-Abschnitt gibt.

Verkehr

Busse/Sherut: Von der **Central Bus Station** nach Qiryat Gat (alle 45 Min.), Tel Aviv (alle 30 Min.) und Jerusalem (alle 30–45 Min.).
Mietwagen: Eldan, Ben Gurion Blvd. und Herzl St., Tel. 08 672 27 24.

Ashdod ▶ 2, C 11

Nur einen kurzen Aufenthalt auf der Rückfahrt nach Tel Aviv ist **Ashdod** wert, mit 210 000 Einwohnern eine der aufstrebenden Städte des Landes und neben Haifa der wichtigste Hafen für Güter.

Mit Qiryat Gat, Gaza, Ekron und Ashkelon bildete Ashdod einst den Fünfstädtebund der Philister. Azotus hatten die Griechen die Stadt genannt, als diese 147 v. Chr. von den Makkabäern eingenommen wurde. Nach dem Unabhängigkeitskrieg 1948/49 fiel die Vorläufersiedlung der Stadt an Israel, die hier wohnenden Araber wurden vertrieben. Ab 1957 begann man mit dem Aufbau eines neuen Wirtschaftszentrums, in dem Elektronikgeräte, Kosmetik, Autos und Busse sowie Chemie und Erdölprodukte entstehen. Im Gebiet von Ashdod liegen zwei Raffinerien. Die Elektrizitätswerke von Ashdod liefern heute fast die Hälfte des national verbrauchten Stroms.

Als Enttäuschung entpuppt sich die einzig erwähnenswerte Sehenswürdigkeit, der **Jaffa Ben Ami Memorial Hill.** Er markiert die Stelle, an der Jona vom Wal an Land gespuckt wurde, und umfasst einen ungepflegten Aussichtspunkt. Wesentlich angenehmer sind die Strände, z. B. der **Lido Beach** oder der **Miami Beach.**

Kibbuz Palmakhim

▶ 2, C 11

Museum: Besuch nach Voranmeldung unter Tel. 03 953 82 81, bet_miriam@palmachim.org.il, So–Do 9–14 Uhr, Eintritt frei

Auf der parallel zum Meer verlaufenden Straße Nr. 4 geht es Richtung Tel Aviv. Nach 19 km lohnt ein Abstecher zur Küste in den **Kibbuz Palmakhim** mit einem ausgezeichneten Strand und dem **Beit Miriam Museum.** Es zeigt Funde aus prähistorischen Gräbern, u. a. den Bronzekopf einer Göttin, Tonfigurinen von Vögeln und andere Grabbeigaben seit der Bronzezeit.

Küste zwischen Tel Aviv und Haifa

Der knapp 100 km lange Küstenabschnitt zwischen Tel Aviv und Haifa hat einiges zu bieten: Gleich zu Beginn erreicht man mit Netanya einen quicklebendigen Badeort. Bei Caesarea und Megiddo liegen zwei der bedeutendsten archäologischen Stätten Israels, der Künstlerort Ein Hod lädt zum Bummeln ein und in den Dörfern Isfiya und Daliyat el Karmel kommt man in Kontakt mit den Drusen.

Zwei Wege führen von Tel Aviv Richtung Norden: die Schnellstraße Nr. 4 und als Alternative westlich davon, nahe dem Meer, die Straße Nr. 2. Letztere ist zu bevorzugen, wenn man es nicht eilig hat und lieber unterwegs Strandpausen einlegen und schwimmen gehen will, was überall entlang der Strecke möglich ist.

Netanya ▶ 1, D 7

Karte: S. 244
29 km nördlich von Tel Aviv liegt mit **Netanya 1** (185 000 Einw.) ein weiterer beliebter Badeort, dessen Strände gerne mit denen der Riviera verglichen werden. Ein wenig hat Netanya den Ruf, vor allem Senioren und Familien anzuziehen. Die Stadt wurde 1929 als Umschlagplatz für den Zitrushandel gegründet, entwickelte sich aber rasch zu einem Tourismuszentrum. Bedeutung erlangte Netanya auch durch die Diamantschleifereien, die sich hier angesiedelt haben (s. S. 222).

National Diamond Center
90 Herzl St., Tel. 09 862 04 36, So–Do 8–16, Fr 8–13 Uhr, 10 NIS; Besuch nach Voranmeldung
Sehenswert ist das **National Diamond Center,** wo man durch ein Video in die Welt der Edelsteine eingeführt wird und auch Diamantschleifern bei der Arbeit zusehen kann. Man kann die Preziosen natürlich auch erwerben.

Memorial Park
2012 weihte Russlands Präsident Putin im örtlichen **Memorial Park** zwei aus einem Labyrinth erwachsende kolossale Flügel ein: Das Monument dreier russischer Künstler erinnert an den Sieg der Roten Armee über Nazi-Deutschland im Zweiten Weltkrieg.

Infos
Tourist Information: 6 Haatzmaut Sq., Tel. 09 860 33 24, www.gonetanya.com, So–Do 9–22, Fr 9–14 Uhr. In einem kleinen Kiosk, äußerst hilfsbereit, zahlreiche Broschüren.

Übernachten
Die meisten der weit über vier Dutzend Hotels liegen in Strandnähe.
Bestes Hotel am Ort – **King Solomon:** 14–22 Hamaapilim St., Tel. 09 833 84 44, www.galahotels.com. Zimmer, Sauna, Fitnessbereich, Pool, dazu Meerblick und zentrale Lage. Nur zum Strand muss man ein paar Minuten gehen. DZ ab 600 NIS.
Fantastische Aussicht – **Island Suites Hotels:** 10 Ben Ami Ave., Tel. 077 266 66 66, www.islandsuites.co.il. Die Lage am Meer, die erstklassige Aussicht, die Nähe zur Promenade und nicht zuletzt die Geräumigkeit der modernen Zimmer – das sind die Trümpfe des Hotels. Der Service gibt Gästen leider ab und an Grund zu Beschwerden. DZ ab 600 NIS.
Familiär – **Margoa:** 9 Gad Machnes, Tel. 09 862 44 34, www.hotelmargoa.co.il. Komplett renoviertes Familienhotel, bestehend aus zwei Häu-

sern an der Gartenpromenade, nahe am Zentrum. Zum Strand führt ein Lift. DZ ab 520 NIS.
Klein und angenehm – **Orit Guesthouse:** 21 Khen St., Tel. 09 861 68 18, www.hotelorit.com. Sehr empfehlenswertes, von Skandinaviern geführtes Gästehaus mit sieben Zimmern im 2. Stock, gemeinsamer Speiseraum im Erdgeschoss. DZ ab 400 NIS.

Essen & Trinken

Netanya hat Dutzende Restaurants, die israelisch-orientalische Küche anbieten, dazu findet man an jeder Ecke Shawerma-Stände und Fast-Food-Restaurants.

Alteingesessen – **Shtampfer:** 6 Yehoshua Shtampfer St., Tel. 09 884 47 14, tgl. 9–23 Uhr. Eines der Traditions-Café-Restaurants am Ort, tagsüber gut besucht, abends findet man oft weder drinnen noch auf der Terrasse einen Platz. Die Frühstückskarte und die guten Speisen begründen die anhaltende Beliebtheit des Lokals. Ab 150 NIS.

Maghrebinisch – **Marrakesh:** 7 David Hamalech St., Tel. 09 833 47 97, So–Do 12–24, Fr 12–15 Uhr, Sa ab 1 Std. nach Shabbatende. Fisch und Fleisch auf marokkanische Art in gemütlichem Ambiente. Ab 100 NIS.

Einkaufen

Von 13–16 Uhr sind fast alle Geschäfte geschlossen. Reichlich gute Läden findet man in der **Kenyon Ir Yamim Mall,** Zalman Shazar, Poleg Industrial Zone, der **Hadarim Mall,** 2 Hacadar St., im Shopping- und Entertainmentkomplex **Big Center,** Sapir Park, und in der **Hasharon Mall,** City Center. Das größte Einkaufszentrum ist die **Sharon Shopping City** nahe der Poleg Industrial Zone (Anfahrt mit Bus Nr. 48).

Abends & Nachts

Das Nightlife in Netanya ist ganz passabel. V. a. am **Liberty Square** gibt es eine Reihe von Pubs und Bars, in denen sich die jungen Leute treffen, bevor sie in die angesagten Discos und Kneipen weiterziehen.

Strandpartys – Im Sommer geht's bei den **Beach Parties at Poleg Beach** rund.

Fromme Juden zieht es am israelischen Neujahrstag Rosh HaShana in den Badeort Netanya, um mit Blick aufs Meer aus der Thora zu lesen

Küste zwischen Tel Aviv und Haifa

DURCH DEN MEGIDDO-NATIONALPARK

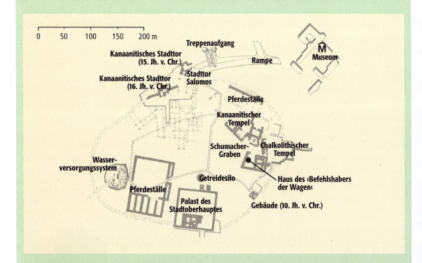

Tour-Infos
Information: Megiddo-Nationalpark, Tel. 04 659 03 16, www.parks.org.il
Öffnungszeiten: Sa–Do 8–17, Fr 8–16 Uhr
Eintritt: 28 NIS
Dauer: 1,5–2,5 Std.

Anfahrt: Von Netanya kommend, zweigt man 11 km nördlich des Badeorts in Hadera Richtung Osten ab. 28 km nordöstlich von Hadera, an der Kreuzung der Straßen Nr. 65 und 66, liegt die antike Festung.
Karten: oben und S. 244

Ein Muss ist der Abstecher ins Inland zu den Ausgrabungen im **Megiddo-Nationalpark** 2, der seit dem Jahr 2005 UNESCO-Welterbe ist. In der Bibel findet Megiddo unter dem Namen Armageddon Erwähnung, von der Offenbarung prophezeiter Schauplatz der letzten großen Schlacht auf Erden. Megiddo, das 20-mal zerstört und genauso oft auf einem jedesmal anwachsenden Ruinenhügel wieder aufgebaut wurde, zuletzt um 400 v. Chr., ist für Archäologen einer der spannendsten Orte des Landes, der Quellcode für Israels Geschichte.
Der älteste Fund ist 4000 Jahre alt: ein kanaanitischer Tempel mit Altar. Am strategisch wichtigen Verbindungsweg Ägypten–Mesopotamien gelegen, entwickelte sich Megiddo unter Dutzenden von Herrschern zur umkämpften Festung. Im Jahr 1468 v. Chr. eroberte der ägyptische Pharao Thutmosis III. die Stadt, wie Hieroglyphen im Amun-Tempel des Karnaktempels von Luxor berich-

ten. König Salomo ließ Megiddo zur prächtigen Bezirkshauptstadt erweitern. Nach dem 5. Jh. v. Chr. verlor die Stadt an Bedeutung und verfiel, doch knapp 2400 Jahre später erschien sie wieder in der Geschichte: Der englische General Allenby besiegte hier 1917 die Osmanen. 1903 begannen die Ausgrabungen, die maßgeblich von der deutschen Orientgesellschaft und später von der US-amerikanischen Rockefeller-Stiftung geleitet wurden.

Die Ruinenstätte, in der über 20 Siedlungsschichten freigelegt wurden, ist etwas verwirrend. Der Lageplan, den man an der Kasse bekommt, hilft bei der Orientierung. Vom Parkplatz mit dem kleinen Museum, das eine anschauliche Rekonstruktion Megiddos zeigt, führt der Weg zum **Tor Salomos,** Startpunkt des Rundgangs. Der Weg führt zunächst nach links an Ruinen vorbei zu einem Aussichtspunkt; man blickt von hier auf den **kanaanitischen Tempel** mit einem Rundaltar von ca. 2200 v. Chr. Danach geht man zu den neben einem **Getreidesilo** liegenden **Palastruinen** und den **Ställen Salomos,** denen Megiddo seine Berühmtheit verdankt – obwohl sie erst im 1. Jh. nach König Salomo unter König Ahab entstanden. Die Ställe waren groß genug für etwa 1000 Pferde und die dazugehörigen Streitwagen.

Weiter führt der Weg zum interessantesten Teil der Grabungen, dem **Wasserversorgungssystem.** Es wurde unter König Salomo erbaut und führte zu einer Quelle außerhalb der Stadtmauern. Allerdings entdeckten belagernde Feinde die Anlage und blockierten sie. König Ahab ließ daher einen Schacht fast 60 m in die Tiefe graben, von dem ein 120 m langer Tunnel zur Quelle führte. Um auch diese für Feinde unzugänglich zu machen, verschloss man in der Antike den Eingang zur Quellhöhle und tarnte ihn; durch Schacht und Tunnel kann der Besucher heute gehen. Wer hier den Park verlässt, erreicht in etwa 10 Min. den Parkplatz am Museum. Wer im Park bleibt, kommt auf dem Rückweg an Resten von Palästen aus der assyrischen Besatzungszeit vorbei.

Zu den jüngeren Entdeckungen gehört das jüdische Dorf **Kefar Otnai** aus dem 1. Jh. Es lag offenbar an einer wichtigen Handelsstraße, denn die Archäologen stießen auf Spuren von Wohn- und Warenhäusern, Dorf- und Feuerplätzen und entdeckten einen vollständig erhaltenen, 10 x 6 m großen Mosaikfußboden mit griechischen Inschriften. Diese berichten über den römischen Mäzen Profilus, der das Mosaik finanziert hatte. Aus zwei zentralen Abbildungen von Fischen schlossen Forscher, dass dieses Mosaik zu einer der frühesten christlichen Kirchen Israels gehörte.

Aktiv

Netanya ist ein Badeort, und entsprechend vielfältig ist das Angebot an konventionellen Wassersportarten.

Baden rund ums Jahr – **Sironit Beach:** Über 11 km erstrecken sich Netanyas wunderschöne Strände, ausgestattet mit Duschen, Toiletten und Restaurants. Der Sironit Beach ist ganzjährig geöffnet, viele andere Strände werden im Winter geschlossen.

Paragliding – **Dvir Paragliding:** 17/4 Ussishkin St., südlich des Zentrums, Tel. 09 899 02 77, 054 655 44 66, www.dvirparagliding.co.il; **Shahaf Paragliding:** Tel. 054 655 44 66.

Reiten – **The Ranch:** Havazelet Hasharon, Tel. 09 866 95 55, 052 323 99 33, www.yellowgreenfarm.co.il. Ausritte am Strand entlang; **Cactus Ranch:** Michmoret, 14 km nördl. Netanya, Tel. 050 699 90 00, www.cactus4u.blz. Herrliche Ausritte am Strand und am Alexander River entlang sowie ins Tel Gador Nature Reserve.

Termine

Gan-Hamelech-Park: Im Sommer So–Do Freiluftkino und Konzerte.

Verkehr

Busse: Von der **Central Bus Station** etwa alle 15 Min. nach Tel Aviv und Haifa.
Sherut-Taxis: Abfahrt vom **Zion Square** fast im gleichen Takt wie die Busse.
Bus: Juni-Anf. Sept. So–Do 9–19, Fr 9–14 Uhr kostenloser Shuttle-Bus; Stopp an den gekennzeichneten Haltestellen, u. a. Hasharon Mall Bridge, Stampfer St., Dizengoff, Remez.

Küste zwischen Tel Aviv und Haifa

Caesarea ▶ 1, D 6

Karte: links

Zurück auf der Küstenstraße, zweigt 8 km nördlich von Hadera die 3 km lange Zufahrt nach **Caesarea** 3 ab. Es gibt zwei Gründe, Caesarea zu besuchen: der Golfplatz und die berühmten Ausgrabungen. Der 18-Loch-Platz in einer wundervollen und ruhigen Landschaft hat Caesarea zu einem kleinen Nobelort werden lassen. Man sollte die Viertelstunde investieren, um mit dem Auto durch die idyllisch grünen Straßen zu streifen.

Geschichte

Caesarea, mehr als 500 Jahre lang Hauptstadt des römischen Judäa, zählt heute zu den wichtigsten archäologischen Grabungen Israels. Herodes der Große gründete 22 v. Chr. an der Stelle der phönizischen Siedlung Migdal Sharshan (›Turm des [Phönizier-Königs] Sharshan‹) zu Ehren von Kaiser (Caesar) Augustus die prächtigste und reichste Hafenstadt Palästinas. Während der zwölfjährigen Bauarbeiten wurden teils tonnenschwere Felsbrocken im 10 m tiefen Wasser versenkt, bis ein 62 m breiter Damm entstanden war. Darauf errichtete man eine mit Türmen bewehrte Mauer, die den Hafen von der Seeseite her schützte. Die vom windarmen Norden her einlaufenden Schiffe legten unter Bogengewölben an der Mole an. Kolossale Standbilder flankierten die Einfahrt. Die ganze Stadt war auf den Hafen ausgerichtet und erstrahlte entlang dem Kai in weißem Marmor. Der Hafen ist als archäologischer Unterwasserpark eine Attraktion für Schnorchler und Taucher (s. Aktiv unterwegs S. 248).

Von 26–36 n. Chr. residierte Pontius Pilatus in Caesarea. Der Apostel Paulus war hier nach seiner Verurteilung 57 n. Chr. durch den Jerusalemer Statthalter Felix zwei Jahre lang eingekerkert (Apostelgeschichte 23–27,1). Das Gefängnis des Paulus glauben Archäologen bei jüngsten Ausgrabungen gefunden zu haben. 69 n. Chr. wurde die Stadt von Titus Flavius Vespasian im Jahr seiner Kaiserkrönung zur Königsstadt Caesarea erhoben und erhielt den offiziellen Namen Colonia Prima Flavia Augusta Caesarea. Nur wenig später nahm in Caesarea der Widerstand der Juden gegen die Römer ihren Ausgang, der mit der Zerstörung des Tempels in Jerusalem im Jahr 70 endete. Die Entweihung der Synagoge durch die Römer löste einen Aufstand aus, den die Römer mit einer Massenhinrichtung im Amphitheater beendeten. Bis zur Eroberung der Stadt 640 durch die Araber herrschte Religionsfreiheit in Caesarea, die ab dem 3. Jh. führende Thoragelehrte und erstrangige christliche Theologen hervorbrachte. Kirchenvater Origenes gründete hier ab 215 seine theologische Akademie und zog mit der textkritischen Hexapla – einer mehrsprachigen Bibel, die verschiedene Versionen des Alten Testaments miteinander verglich – Theologen aus aller Welt an. Von 314 bis 339 war Eusebius Bischof der Stadt. Dem Vater der Kirchengeschichte verdanken wir zum großen Teil die Kenntnisse über die Orte der biblischen Geschehnisse.

Unter den Arabern versank Caesarea ab dem 7. Jh. in Bedeutungslosigkeit und wurde 1101 von den Kreuzrittern gestürmt. Sie fanden in der Großen Moschee eine sechseckige Trinkschale – ihrer Meinung nach der Heilige Gral, aus dem Jesus beim letzten Abendmahl trank. 1187 zerstörte Saladin die Stadt, Richard Löwenherz baute sie 1191 wieder auf. 1256 wurde Caesarea von den Mamelucken erobert. 1291 schließlich machte Sultan Ashraf Khalil die Stadt endgültig dem Erdboden gleich. 1884 siedelten die Türken Flüchtlinge aus Bosnien an. 1940 gründeten jüdische Siedler in der Nähe den Kibbuz Sdot Yam, dessen Bewohner beim Beackern des Landes aufregende Entdeckungen machten – der Beginn der Archäologie in Caesarea.

Besichtigung

Caesarea-Nationalpark

www.parks.org.il, Tel. 04 626 70 80, April–Sept. 9–18, Fr 8–16, Okt.–März So–Do 8–16, Fr 8–15 Uhr, 40 NIS

Schon bei der Anfahrt sieht man Bogenteile des ehedem unter Dünensand verschütteten römischen **Aquädukts**, der Wasser aus den 17 km entfernten Quellen nach Caesarea führte. In den schattigen Bögen des Bauwerks machen sich im Sommer gerne Badetouristen breit. Bei der Caesarea National Parks Authority am Eingang (s. unten) erhält man einen Lageplan, der durch das Gelände leitet. Nicht nur wegen des Strandes und der Beach Bar ist der Ort beliebtes Ausflugsziel: Am Pier gibt es reichlich Cafés, Restaurants, Boutiquen und Souvenirläden.

Zu den neueren, mangels Geld erst teilweise vollendeten Ausgrabungen zählt eine 631 von Arabern zerstörte **Villa,** mit 1500 m² fast schon ein Palast. Der Besitzer, ein byzantinischer Christ, hatte sich großartige Mosaikböden mit prächtigen Vogeldarstellungen schaffen lassen. Die erst seit 2005 zugänglichen Mosaike zeigen Obstbäume, Elefanten, Stiere und Hunde, alles kleinstteilig zusammengesetzt.

Direkt hinter dem südlichen Eingang liegt das **römische Amphitheater** – wo heute Konzerte und Theateraufführungen stattfinden, kämpften einst Gladiatoren um ihr Leben. Die aus Kalkstein erbaute Arena wurde zur Zeit von Herodes für 5000 Zuschauer konzipiert und fasst heute 3500 Personen. Einer der nachträglich eingefügten Quader, im Rockefeller-Museum in Jerusalem zu sehen (s. S. 171), trägt eine Widmung von Pontius Pilatus an Kaiser Tiberias.

Am Meer, südlich des Hafenbeckens, stößt man auf das **römische Bad** und etwa 500 m östlich davon auf das **Hippodrom.** Die 288 m lange und 72 m breite Pferderennbahn wurde vermutlich unter Herodes erbaut und fasste einst rund 20 000 Zuschauer. Nordwestlich schließt sich das ehemalige **Forum** an, das dem Markt- und Versammlungsplatz in Rom nachempfunden ist. Die **Kreuzfahrerstadt** im Norden des Amphitheaters wurde einst von einer 1,2 km langen und 6 m hohen **Mauer** gesichert. Innerhalb dieser Umfriedung lagen die **Zitadelle** und die **Kathedrale St. Paulus,** die schon während des Baus wegen statischer Mängel zum Teil einstürzte.

Östlich des Eingangs zur Kreuzfahrerstadt liegt, gesäumt von Bäumen, die **byzantinische Straße** mit zwei Statuen aus dem 2./3. Jh. n. Chr., die beide weder Köpfe noch Inschriften besitzen. Erst im 6. Jh. wurden der Geschäftsstraße die weiße unidentifizierte Marmorfigur und die rote Porphyrplastik (möglicherweise Kaiser Hadrian) hinzugefügt.

Nördlich der Kreuzfahrerstadt entdeckten Archäologen das **jüdische Viertel,** von dem Reste einer **Synagoge** aus dem 3. Jh. erhalten sind. Für einen kurzen Abstecher zu Dali-Gemälden lohnt das **Ralli-Museum** (Rothschild Blvd. nahe dem Wasserturm, Tel. 04 628 10 13, März–Dez. Mo, Di, Do, Fr, Sa 10.30–15, Jan./Febr. Fr, Sa 10–15.30 Uhr).

Infos

Caesarea National Park Authority: am Hafen, Tel. 04 636 10 10, www.parks.org.il, April–

CAESAREA MULTIMEDIAL

Einen Trip durch die Jahrtausende können Besucher mit der Multimedia-Zeitmaschine **The Caesarea Experience – The Film on All Periods of Time** machen. Man springt geradezu durch die Epochen – hier Herodes, dort die Römer, dann die Araber, die Kreuzfahrer und die Ankunft der ersten jüdischen Immigranten. Bei **Caesarea Stars** begegnet man sodann interaktiven Hologrammen historischer Figuren, wie Herodes, Rabbi Akiba und Saladin. Ein echter Hingucker ist der **Time Tower,** der einen beeindruckenden Blick über die Ausgrabung offeriert, aber das ist nicht alles: Auf Knopfdruck rekonstruieren Computer über den Ruinen die Stadt seit Anbeginn der Zeiten. Zu sehen gibt es die Show auch am Pier bei den Restaurants und Shops; Tel. 04 626 88 23, Sa–Do 8–17, im Winter bis 16, Fr jeweils bis 15 Uhr, Eintritt 39 NIS.

Caesarea

Caesarea war 500 Jahre lang die Hauptstadt des römischen Judäa

Sept. So–Do 9–18, Fr 8–16, Okt.–März So–Do 8–16, Fr 8–15 Uhr.

Übernachten

Sportlich – **Dan Caesarea Golf Hotel:** Tel. 04 626 91 11, www.danhotels.com. Sehr elegantes, feines Hotel aus den 1980er-Jahren, großer Pool, schöner Garten, neben Golf werden auch viele andere Sportarten angeboten wie Reiten, Angeln, Radfahren, Kajakfahren. Von der Terrasse wundervoller Blick aufs Meer. DZ ab 900 NIS.

Resort am Meer – **Kef Yam Resort:** Kibbuz Sdot Yam, ca. 4 km südl. von Caesarea, Tel. 04 636 44 44, www.kef-yam.co.il. Wundervolles Resort am Meer, bietet viele Aktivitäten, darunter natürlich (Wasser-)Sport sowie organisierte Tagestouren. DZ ab 550 NIS.

Essen & Trinken

Kreativ und jung – **Helena:** Caesarea Park, Tel. 04 610 10 18, tgl. 12–23.30 Uhr. Der junge, talentierte Küchenchef liebt abwechslungsreiche Küche und serviert thailändische Currys ebenso wie orientalische Vorspeisen und Fisch; die umfangreiche Weinliste reicht von erschwinglich bis extrem teuer. Vom Lokal toller Blick auf den Sonnenuntergang. Rechtzeitige Reservierung nötig. Ab 150 NIS.

Frühstück am Meer – **Port Café:** Caesarea Park, Tel. 077 997 97 94, www.portcafe.co.il, tgl. 9.30–24 Uhr. Mit schönem Meerblick kann man hier sehr gut brunchen und bekommt den ganzen Tag über internationale Küche (Pizza, Burger, Steak usw.) serviert. Ab 60 NIS.

Aktiv

Bei den Aktivitäten hat das Dan Caesarea Golf Hotel (s. links) das Monopol und bietet auch für Nicht-Gäste u. a. Reiten, Angeln, Rad- und Kajaktouren an (vorher buchen).

Golf – **Caesarea Golf & Country Club:** Tel. 04 610 96 02, www.caesarea.com. Der 18-Loch-Platz ist Israels Golfzentrum.

Tauchen – **Old Caesarea Diving Center:** s. Aktiv unterwegs S. 248.

Termine

Die Kulisse Caesareas, v. a. das Amphitheater, wird oft für Modenschauen, Konzerte und andere Events genutzt. Darüber informiert die englischsprachige Tagespresse.

Verkehr

Caesarea erreicht man am besten per **Auto** oder **Taxi. Busse** der Strecke Tel Aviv–Haifa halten an der Hauptstraße. Unregelmäßig fährt der Bus zu den Ausgrabungen.

Küste zwischen Tel Aviv und Haifa

TAUCHEN IM UNTERWASSERPARK VON CAESAREA

Tour-Infos

Start: Taucheinstieg vom Badestrand im Nationalpark Caesarea
Dauer: halber Tag
Organisation: Old Caesarea Diving Center, im Caesarea-Nationalpark (Büro am Ende des Piers), Tel. 04 626 58 98, www.caesarea-diving.com, Voranmeldung für geführte Unterwassertouren nötig, April–Nov. So–Do 9–17, Sa, Fei 7–17, Dez.–März So–Do 10–16, Sa, Fei 7–16 Uhr
Kosten: Individueller Tauchgang 1. Dive 320 NIS, 2. Dive 135 NIS inkl. Ausrüstung; Gruppentauchgang 165 NIS/Person; Schnorcheln 75 NIS/Person (ab 5 Teilnehmern)

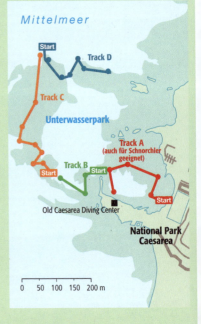

Bequemer kann Tauchen kaum sein: Vom Badestrand steigt man im **Caesarea-Nationalpark** in das Becken des versunkenen Herodes-Hafens und sieht schon nach wenigen Metern, was sonst Archäologen vorbehalten ist: eine spektakuläre, sich über 20 ha erstreckende Unterwasserausgrabung. Für die Besichtigung, einen Tauchtrip 2000 Jahre zurück in die Geschichte, wurde sie zum Unterwasserpark umgestaltet, den der Besucher auf vier Tracks abtaucht, angenehmerweise ohne Menschengetümmel und Hitze. Taue verbinden zur Orientierung die mit Nummern beschilderten Besichtigungsobjekte. Einen Teil von Sebastos, das Herodes' Prachtprojekt war und über die Jahrhunderte in Vergessenheit geriet, kann man übrigens auch als Schnorchler sehen, wenn das Meer ruhig und klar ist.

Track A: Tauchdauer ca. 40 Min., auch für Schnorchler geeignet. In nur 4 m Tiefe liegen riesige Granit- und Marmorsäulen, eine gepflasterte Herodes-Straße ist zu erkennen. Von einem in der Basis quadratischen Turm erstrecken sich nach Norden hin Reste einer Herodes-Mauer. In Sichtweite liegt ein gesunkenes Dampfschiff. Von hier an wird es stetig tiefer.

Track B: Dauer ca. 45 Min., Tauchausrüstung erforderlich. Im Sonnenlicht grün schimmerndes Wasser, geringe Dünung – hier stößt man in 7 m Tiefe inmitten von Mauerresten auf die Überbleibsel eines gesunkenen römischen Frachtschiffs und die Metallteile eines 1950 ebenfalls gesunkenen Dampfschiffs. Sechs chronologisch positionierte Anker zeigen die Entwicklung vom byzantinischen Steinanker zum Admiralsanker (14. Jh.).

Track C: Dauer ca. 50 Min., Tauchausrüstung erforderlich, erreichbar mit Schlauchboot. In bis zu 8 m Tiefe tummeln sich schon unter der Anlegeboje die Fischschwärme. Am Startpunkt erstreckt sich eine antike Kaizunge, gefolgt von trapezförmigen Basaltsteinen, die einst als Ballast für ein an der Hafenmole gesunkenes römisches Schiff dienten. Nach Resten einer weiteren Kaimauer liegen auf dem Meeresgrund Scherben von Amphoren (Mitnehmen bei Strafe verboten!). Der Track endet bei eingestürzten Fundamenten aus römischem Beton.

Track D: Dauer ca. 30 Min., Tauchausrüstung erforderlich. An einer Boje geht's hier in bis zu 9 m Tiefe. Einst erhoben sich an dieser Stelle Zwillingstürme, Teile der Hafeneinfahrt. Die massiven Steinquader am Meeresgrund fungierten, zusammengehalten von Eisenklammern, als Brecher, die den Hafen mit seinem flachen Uferprofil vor gefährlich hohen Wellen schützten.

Zikhron Ya'akov ▶ 1, E 6

Karte: S. 244

Von Caesarea sind es auf der Schnellstraße Nr. 4 ca. 15 km bis **Zikhron Ya'akov** 4 . Der Ort am Südausläufer des Karmel, Ende des 19. Jh. mit Hilfe der Rothschild-Familie von Einwanderern gegründet, ist bekannt für seine Weine. Zum Bummeln, Shoppen und Ausgehen – auch am Shabbat – steuert man die Fußgängerzone Hameyasdim Street an, deren historische, schön restaurierte Gebäude heute Geschäfte, Cafés und Restaurants beherbergen. Etwas außerhalb, an der Straße nach Binyamina, steht **Ramat Hanadiv**, das von einer Gartenanlage umgebene Mausoleum der Rothschilds (www.ramat-hanadiv.org.il).

N.I.L.I. Museum

40 Hameyasdim St., www.nili-museum.org.il, So–Do 9–15, Fr 9–12 Uhr, 26 NIS

Die kleine Sammlung widmet sich der Geschichte der pro-britischen Untergrundorganisation **N.I.L.I.**, die während des Ersten Weltkriegs operierte.

First Aliya Museum

2 Hanadiv St., http://eng.shimur.org, So–Do 9–14 Uhr, Eintritt 15 NIS

Von 1892 bis 1904 datiert die erste große Einwanderungswelle von Juden nach Palästina, während der auch Zikhron Ya'akov gegründet wurde. Diese Gründerjahre werden im **First Aliya Museum** multimedial dokumentiert.

Carmel Winery

2 Derech Hayekev St., Tel. 04 639 17 88, So–Do 9.30–17, Fr, vor Fei 9–14 Uhr, www.carmelwines.co.il, ab 40 NIS

Die berühmte, von Edmond de Rothschild gegründete **Weinkellerei** hat seit 1892 ihren Stammsitz am Ort, ist für Besichtigungen mit Weinproben zugänglich. Im **Center for Wine Culture** mit Restaurant kann man die edlen Tropfen auch erwerben.

Ein Hod ▶ 1, E 5

Karte: S. 244

Knapp 20 km nördlich von Zikhron Ya'akov liegt die Künstlerkolonie **Ein Hod** (›Quelle der Pracht‹) 5 . Zu ihr führt die Schnellstraße Nr. 4, die eine Abzweigung in den Ort hat, ein paar Kilometer geht es eine Bergstraße hoch, bis links der Parkplatz, rechts die Kolonie kommt (große Übersichtskarte am Zugang zu Ein Hod).

Janco-Dada-Museum

www.jancodada.co.il, So–Do 10–15, Fr 10–14, Sa 10–15.30 Uhr, 24 NIS

Ein Hod gründete 1953 der Maler Marcel Janco, ein Dadaist, der mit Hans Arp u. a. in Zürich das Cabaret Voltaire (1916–18) betrieb und dort provokative Geräuschkonzerte und Literaturmontagen vorstellte. Das **Janco-Dada-Museum** ist dem 1984 verstorbenen Janco gewidmet. Hier sieht man Werke seines 70-jährigen surrealen Schaffens.

Galerien

Heute arbeiten in Ein Hod Dutzende Künstler, deren Ateliers man besuchen kann (am Shabbat haben die meisten geschlossen). Über Treppen, durch Cafés und Ateliers sucht man sich seinen Weg in Ein Hod den Hang hoch, dann wieder hinunter. Es gibt Keramiken, Holzarbeiten, Ölgemälde, Litografien, Aquarellbilder, Skulpturen, Schmuck, Kleidung etc. Für Souvenirs empfiehlt sich die **Ein Hod Gallery** (So, Di–Do 10–17, Fr 10–14, Sa 11–16 Uhr). Schön ist auch die **Silver Print Gallery** am Ein Hod Square, die eine einzigartige Auswahl an historischen Fotos bietet (Tel. 04 954 16 73). Die **Beit Gertrude Kraus Gallery** gegenüber dem Museum erinnert an eine der Mitbegründerinnen von Ein Hod und zeigt Arbeiten der Künstler (Tel. 04 984 10 58).

Nisco Museum of Music Boxes

Tel. 052 475 53 13, tgl. 10–17 Uhr, Führungen jeweils zur vollen Stunde, 30 NIS

Eine recht ausgefallene Sammlung vereinigt das **Nisco Museum of Music Boxes.** Nisan Cohne zeigt, was er in 40 Jahren an Spieluhren, Grammophonen, Musikboxen, Pianolas und anderen mechanischen Musikinstrumenten zusammengetragen hat.

Von Ein Hod führt die Schnellstraße Nr. 4 ins ca. 15 km entfernte **Haifa** (s. S. 256). Zuvor empfiehlt sich ein Abstecher über die Straßen Nr. 721 und 672 zu den **Drusendörfern** auf dem Berg Karmel (s. S. 251).

Infos

Ein Hod Information Center: Tel. 04 984 11 26, 054 481 19 68, www.ein-hod.info (aktuelle Infos); www.ein-hod.info/article/map/map.htm (hilfreiche Übersichtskarte).

Übernachten

In Ein Hod gibt es keine größeren Hotels, aber nette kleine Unterkünfte (http://ein-hod.info/rent/rent.htm).
Bezaubernd – **ArtRest:** Artists'Village, Tel. 050 668 82 38, 054 549 50 50, artrest2013@gmail.com, www.zimmeril.com. Mini-Designerhotel in der Künstlerkolonie, zwei separat stehende Steinhäuser mit zwei bezaubernden Suiten. Rechtzeitige Reservierung nötig. DZ ab 500 NIS.

Essen & Trinken

Arabische Küche – **Habait:** im nahen arabischen Dorf Ain Hod, Tel. 04 839 73 50. Wenn Clan-Chef Mubarak gerade nicht da ist, findet man ihn womöglich beim Zutatensammeln im Wald. Bei der Familie isst man erstklassige arabische Küche. Den Normalhunger wird man allein schon mit Hummus, grillter Hühnerleber und anderen Vorspeisen stillen. Erstklassig sind aber auch die zart gegrillten Hauptspeise-Hühnchen. Ab 50 NIS.

Hausgebrautes Bier – **Art Bar:** in der Colony, Tel. 052 836 24 98, www.ein-hod.info/rest/artbar, tgl. 11–15, 21–24 Uhr. Einer der eigenwilligsten Künstler ist Danny – er kreiert sein eigenes Bier, braut es selbst und schenkt es in seiner Bar aus, außerdem gibt es Wein und Softdrinks sowie kleine Speisen. Abends häufig Livemusik und andere Veranstaltungen, Sa ab 10 Uhr Spiele und Malwettbewerbe für Kinder. Reservierung empfohlen. Ab 40 NIS.

Abends & Nachts

Konzerte – **Römisches Amphitheater:** Freitagabends häufig Konzerte, das Programm muss vor Ort erfragt werden.

Drusendörfer im Karmel

Über die Schnellstraße Nr. 4 und die nach Osten in den Karmel abzweigende, in Serpentinen verlaufende Straße Nr. 721 erreicht man die Drusenstädte Isfiya und Daliyat El Karmel (s. S. 251). Doch davor lohnt als Abstecher **Beit Oren** 6 . Am Kibbuz Beit Oren liegt die nach Jane Fondas Westernkomödie benannte Pferdefarm **Cat Ballou** (Tel. 073 759 02). Über dem Restaurant-Eingang sitzt eine Cowboyfigur am Galgen. Die Bedienungen tragen Wild-West-Outfit und bei Snacks und ordentlichen Steaks genießt man von der Terrasse den Blick über den Karmel.

Drusendörfer im Karmel

Aktiv

ISFIYA UND DALIYAT EL KARMEL

Tour-Infos
Start: in Haifa
Länge: ca 50 km
Dauer: halber bis ganzer Tag

Wichtige Hinweise: Anfahrt am besten mit dem Auto. Vom Carmel Center in Haifa fahren mehrmals täglich Busse (Fahrtdauer ca. 1 Std.).
Karte: S. 244

Der Weg führt durch Little Switzerland, eine Landschaft, die normalerweise zum Rasten und Picknicken einlädt, im Jahr 2010 aber durch die schlimmsten Waldbrände, die Israel je erlebt hat, stark in Mitleidenschaft gezogen wurde. Die Aufforstung wird Jahre dauern. Die beiden angesteuerten Orte sind auf Tourismus bestens eingestellt. Das Erlebnis ist hier die Begegnung mit den arabisch sprechenden Drusen (s. S. 63), die für ihre Freundlichkeit bekannt sind. Die Männer tragen Schnurrbärte und fezähnliche Kappen, die Frauen Kopftücher.
Isfiya 7 liegt dem höchsten Punkt des Bergrückens am nächsten und pflegt ebenso wie Daliyat el Karmel einen orientalisch anmutenden Geschäftsbetrieb mit Cafés und Restaurants, die Speisen nach drusischer Art servieren. Man findet Geschäfte, die Gewürze und Tand, aber auch Handwerksarbeiten verkaufen – außer freitags, das ist hier der wöchentliche Ruhetag.
Samstags öffnet in **Daliyat el Karmel** 8 der große **Wochenmarkt**. Entlang der Hauptstraße werden Waren aller Art und typisch drusische Lebensmittel angeboten. Händler offerieren Wein, Oliven, Käse, Restaurants servieren traditionelles Brot, Bäckereien Süßigkeiten. Probieren sollte man Bhar, ein Teegetränk aus Ingwer, Muskat, Zimt, Nelken, viel Zucker und Nüssen. Von vielen Punkten aus genießt man einen wunderbaren Blick über die Küstenebene.
Über die Geschichte, die Traditionen und den Lebensstil der Drusen informiert das kleine **Druse Heritage Center** am Marktplatz von Daliyat (Tel. 04 839 32 42, tgl. 10–17 Uhr, Eintritt frei).

Kapitel 3

Haifa und Umgebung

Haifa, das sich an einer sichelförmigen Bucht weit über die Hänge des Bergs Karmel erstreckt, blickt auf eine lange Geschichte zurück. Vor 3000 Jahren soll hier der Prophet Elija die heidnischen Baalspriester herausgefordert haben, die dem Gott Moloch huldigten. Im modernen Haifa, Israels drittgrößter Stadt und Zentrum der IT-Industrie, lässt es sich problemlos ein paar Tage aushalten, auch am Shabbat, den man hier nicht extrem streng einhält. Zum Teil mag diese charmante Nachlässigkeit daran liegen, dass jüdische und arabische Israelis hier weitgehend friedlich zusammenleben.

In Haifa gibt es einiges zu besichtigen: die German Colony, die Höhle des Elija, den Bahai-Schrein oder das Karmeliterkloster. Die bezaubernde Hügellage macht Lust auf ausgedehnte Streifzüge. Zu den Errungenschaft der Moderne gehören eine Kurz-U-Bahn und eine Seilbahn mit spektakulärem Ausblick.

Reizvoll ist die Weiterfahrt von Haifa aus an der Küste entlang Richtung Norden mit ihren weniger frequentierten Stränden. 22 km sind es bis nach Akko mit seiner mittelalterlichen Altstadt. Den hohen Norden bis zur Grenze zum Libanon kann man von Akko aus im Rahmen einer Tagestour erkunden. Nahariya ist ein Badeort mit Beach Clubs und Flaniermeilen fürs Après-Tanning.

Ein Abstecher führt zur Festung Montfort und endet in Rosh HaNiqra, wo ein kleines Touristenzentrum samt Gondelbahn entstanden ist. Rosh HaNiqra ist der Grenzort zum Libanon – hier geht's am Stacheldraht nicht mehr weiter, zumindest nicht auf friedlichem Weg.

Höchstes Heiligtum der Bahai-Anhänger und
Wahrzeichen Haifas: der Bahai-Schrein

Auf einen Blick: Haifa und Umgebung

Sehenswert

★ **Haifa:** Israels drittgrößte Stadt liegt wunderschön zwischen der gleichnamigen sichelförmigen Bucht am Mittelmeer und dem grünen Berg Karmel, eine Stadt mit großer Geschichte. Dank einer stetig vorangetriebenen Stadterneuerung lebt der alte Charme Haifas zusehends wieder auf. In angenehm gelassener Atmosphäre erkundet man die Bahai-Gärten, das Stella-Maris-Karmeliterkloster und die Höhle des Elija, bevor man an einem der schönen Strände entspannt (s. S. 256).

★ **Akko:** Die mittelalterliche Stadt verzaubert mit ihrem gut erhaltenen historischen Kern und versetzt Besucher zurück in die Zeit der Kreuzritter. Moscheen, Karawansereien und ein türkisches Badehaus verbreiten orientalisches Flair. Ganz nebenbei gibt es dank eines Herrn namens Uri Buri hier auch eines der besten Restaurants des Landes und vom selben Mann auch das wunderbare Efendi-Hotel, das einen Grund mehr bietet, in Akko wenigstens eine Nacht zu bleiben (s. S. 268).

Schöne Route

Von Akko zur libanesischen Grenze: Natürlich fährt man hier nur, wenn die Hisbollah nicht gerade verstärkt Katjuschas über die Grenze schießt. Nach Abstechern in den Kibbuz Lohamei HaGetaot und den Badeort Nahariya erreicht man Israels nördliches Ende, Rosh HaNiqra an der Grenze zum Libanon, von Weitem erkennbar an den hell leuchtenden Kalksteinklippen, die nicht nur wegen ihrer schönen Grotten sehenswert sind. Ein paar Meter über dem Meeresspiegel gibt es von den Briten erbautes historisches Tunnelwerk zu erkunden (s. S. 275).

Meine Tipps

Stella-Maris-Seilbahn: Ob aus Bequemlichkeit oder wegen der Aussicht – eine Fahrt mit der Stella-Maris-Seilbahn auf den Berg Karmel ist eine feine Sache (s. S. 261).

Carmel Beach und Dado Beach: Südlich des Zentrums von Haifa lohnen sich diese beiden Strände, ausgestattet mit Restaurants, Duschen und Toiletten (s. S. 267).

Kibbuz Lohamei HaGetaot: Eine bleibende Erinnerung hinterlässt der Besuch von Yad La Yeled, das als Lehr- und Geschichtsmuseum für Kinder gedacht ist, aber auch Erwachsene anspricht (s. S. 275).

Rosh HaNiqra: Eine Kabinenseilbahn führt hinab zu den Grotten, an deren leuchtend weiße Kalksteinwände lautstark die Wellen klatschen. Vom Restaurant an der Bergstation bietet sich ein schöner Blick über Küste und Mittelmeer (s. S. 277).

Haifas zweite Etage: Vom Karmel genießt man tolle Ausblicke über die Stadt

Zu Fuß durch French Carmel: Dieser schöne Spaziergang führt durch Haifas nobles Viertel u. a. zum Skulpturengarten Mitzpor Ha-Shalom, zum wundervollen Bahai-Schrein und zu Felix Tikotins Sammlung japanischer Kunst. Unterwegs bieten sich immer wieder schöne Ausblicke über Haifa, die German Colony, den Hafen, die Küste und das Meer (s. S. 265).

Haifa

▶ 1, E 4

Haifa ist schlichtweg bezaubernd. Man ist nicht so nervös religiös wie in Jerusalem und jagt nicht besessen jedem neuen Trend hinterher wie in Tel Aviv. In dieser angenehmen Atmosphäre erkundet man das Karmeliterkloster, die Höhle des Elija, den Bahai-Schrein und genießt schöne Strände, ehe es in den Norden Israels weitergeht.

Haifa wird von vielen als die schönste Stadt Israels betrachtet. Wie sie da liegt, an der weiten Mittelmeerbucht mit Hafen, Promenaden und Stränden, wie von der Küste die Straßen und Gassen in einem undurchschaubaren System von Biegungen, Kurven und Schleifen auf den Bergrücken des Karmel führen – das ist fast so schön wie gemalt. Und erst der Ausblick vom Karmel über Stadt, Bucht und Meer!

Bekannt ist Haifa auch für die friedliche Koexistenz der hier lebenden Juden und Araber (immerhin ein Viertel der Bevölkerung, Muslime wie Christen), die in Haifa nicht in getrennten Vierteln leben, sondern Haus an Haus, Tür an Tür. Aber auch in dieser Stadt geht es nicht nur idyllisch zu, der äußere Schein trügt manchmal: Als 1999 die aus Haifa stammende arabische Israelin Rana Raslan zur Miss Israel gekürt wurde, da heulten auch hier die Nationalisten auf. Eine Araberin, wenngleich mit israelischem Pass, könne doch nicht das Land repräsentieren. Und die Araber zürnten, die junge Frau lasse sich von Israel vor den Propagandakarren spannen.

Die Universität ist so etwas wie das Stimmungsbarometer, wenn es um den jüdisch-arabischen Konflikt geht. Lange bevor im übrigen Land die hitzige Debatte um die Rolle der israelischen Araber stattfand, gab es hier 2001 Unruhen, forderten jüdische Studenten israelische Araber auf, doch in Palästina zu studieren, weil arabische Kommilitonen u. a. endlich auch Unterricht in Arabisch forderten. Damit begann eine anhaltende Debatte um eine neue, nicht mehr allein jüdisch geprägte Leitkultur und einen adäquaten Status für Araber mit israelischem Pass. Viele glauben, dass Haifa mit seiner langen Geschichte gegenseitiger Toleranz ein Modell für ein modernes Israel sein könnte.

Haifa, mit 280 000 Einwohnern die drittgrößte Stadt des Landes, ist durch seinen Hafen Israels Tor zur Welt. 90 % der Im- und Exporte werden hier abgewickelt. Sollte irgendwann ein stabiler Frieden in der Region herrschen, dann könnte dieser Hafen auch zum wichtigen Umschlagplatz für Jordanien werden, so zumindest lauten die derzeit in den Schubladen verstauten Pläne. Anstatt den zeit- und kostenintensiven Weg durch den Suezkanal nach Aqaba (Jordanien) am Roten Meer zu nehmen, würden die Waren auf dem Landweg in das Israel benachbarte Königreich transportiert.

In Haifa befinden sich die Hauptverwaltungen der israelischen Marine, der Eisenbahngesellschaft und der Staatlichen Elektrizitätsversorgung. Die Technische Universität gilt als beste des Landes. Und Haifa ist die einzige Stadt Israels, in der auch am Shabbat alle öffentlichen Verkehrsmittel fahren.

Orientierung

Der Großraum Haifa dehnt sich im Norden fast bis Akko aus. Haifa selbst, eine angenehme Stadt mit großzügigen Grünflächen und Parkanlagen, unterteilt sich in die Küstensiedlung **Shiqmona,** das herrschaftliche Viertel **Hadar** und das noble **Carmel Center** auf dem Berg Karmel, wo Luxushotels und Villen liegen. Unterhalb der Bahai-Gärten erstreckt sich das bezaubernde, im 19. Jh. von deutschen Templern gegründete Viertel German Colony, dessen Hauptstraße, der Boulevard Ben Gurion, zu einem Hotspot im Nachtleben Haifas geworden ist.

Stadtgeschichte

Bereits zur Bronzezeit existierte, wie Funde belegen, ein erster Hafen. Zur Zeit des Ersten Tempels, den Salomo ca. 1000 v. Chr. in Jerusalem errichtete, gab es südlich des heutigen Haifa einfache Siedlungen. Über die Herkunft des Namens Haifa kursieren zwei Erklärungen: Die einen halten es für eine Ableitung von *hof jefe,* ›schöner Strand‹, die anderen sind der Meinung, es sei nach dem Hohepriester Kaiphas bzw. Caifa benannt.

In der Bibel wird Haifa zwar nicht erwähnt, wohl aber die Region um den Berg Karmel. Hier soll der Prophet Elija vor ungefähr 3000 Jahren die heidnischen Baalspriester, die dem Gott Moloch dienten, herausgefordert haben. Ehe die Stadt von Arabern im 7. Jh. teilweise niedergebrannt wurde, hatte sie griechische, römische und byzantinische Eroberer und Besatzer gesehen, die den Vorteil der Hafenlage ausnutzten. Während der Invasion der Kreuzfahrer wurde Haifa im Jahr 1100 gestürmt und alle Nicht-Christen wurden ermordet. Als Haifa gegen Ende des 18. Jh. wieder einmal zerstört worden war – diesmal, um nicht den Türken in die Hände zu fallen –, baute man es danach erneut auf und schuf die Anfänge der heutigen Stadt.

Haifas Blüte setzte 1904 mit der Eröffnung der Eisenbahnlinie Damaskus–Haifa–Kairo ein. Zudem nahm der über den Hafen abgewickelte Waren- und Personenverkehr konstant zu. Die britischen Mandatsherren erweiterten nach dem Ersten Weltkrieg den Hafen zu ihrem eigenen Marinezentrum. Auch die nach Israel emigrierenden Juden ließen sich bevorzugt in Haifa nieder, in ihrer Entscheidung nicht unwesentlich beeinflusst von Theodor Herzl (s. Thema S. 184), der Haifa die »Stadt der Zukunft« genannt hatte.

Die Einwohnerzahl stieg sprunghaft an. 1914 zählte man rund 20 000, 1931 bereits 50 000 und 1948 über 150 000 Menschen. Für die vor den Nationalsozialisten flüchtenden Juden symbolisierte die Hafenstadt, durch die die meisten Eretz Israel betraten, die Rettung und das Tor zur Freiheit.

Juden und Araber leben in Haifa in manchmal angespannt-friedlicher Nachbarschaft

Haifa

Sehenswert

1. Paris Square
2. Dagon-Silo und Getreidemuseum
3. Haifa City Museum
4. German Colony
5. Wadi Nisnas
6. Haifa Museum of Art
7. Nordau Mall
8. National Museum of Science, Technology and Space
9. Gan Ha'Em
10. Galim Beach
11. Stella-Maris-Seilbahn
12. Höhle des Elija
13. National Maritime Museum
14. Clandestine Immigration and Navy Museum
15. Karmeliterkloster Stella Maris
16. Skulpturengarten Mitzpor Ha-Shalom
17. Bahai-Schrein
18. Mané-Katz-Museum
19. Tikotin Museum der japanischen Kunst

Übernachten

1. Dan Panorama
2. Leonardo Plaza
3. Templars Boutique Hotel
4. The Colony Hotel
5. Beth Shalom Carmel
6. St. Charles Hospice

Essen & Trinken

1. Jacko's Seafood
2. Douzan
3. Fattoush
4. Abou Youssef

Einkaufen

1. Panorama Center
2. Grand Canyon Mall
3. Castra Art Centre

Abends & Nachts

1. After Dark
2. City Hall
3. Syncopa Bar
4. Beat Club
5. Beit Hagefen
6. Haifa Auditorium
7. Haifa Cinémathèque

Aktiv

1. Surfclub Haifa
2. Carmel Field School

Wirtschaftlich rangiert Haifa im israelischen Spitzenfeld. Petrochemische Industrie, Computer- und Baufirmen sowie an vorderster Linie der Hafen sorgen für Wohlstand. Die Hightech-Branche genießt weltweit einen exzellenten Ruf – womit bewiesen wäre, dass das israelische Sprichwort doch nicht ganz falsch ist: »In Jerusalem beten, in Tel Aviv feiern und in Haifa, da arbeiten sie.«

Paris Square und Umgebung

Cityplan: links

Als Ausgangspunkt für einen Stadtbummel bietet sich der **Paris Square** (Kikar Paris) **1** an, die Talstation der 1,8 km langen unterirdischen Standseilbahn. Die Metro, mit sechs Haltestellen die kürzeste U-Bahn der Welt, überwindet einen Höhenunterschied von immerhin 275 m und endet am Gan Ha'Em, dem ›Garten der Mütter‹ (Tagesticket 15 NIS, s. S. 267).

Zum Meer hin erreicht man zu Fuß die Promenade, die **Haazamut Avenue,** wo Seeleute und Passagiere von Kreuzfahrtschiffen die Zeit verbringen. Flaniert man hier knapp 1 km Richtung Westen, erreicht man den weit in den Himmel ragenden Dagon-Silo.

Dagon-Silo und Getreidemuseum **2**

Plummer Square, Tel. 04 866 42 21, unregelmäßig geöffnet, nur nach Anmeldung im Rahmen von Führungen zugänglich, Eintritt frei

Der in seiner Art einzigartige **Dagon-Silo** ist der einzige Getreidesilo der Welt mit einem eigenen **Getreidemuseum.** Am Fuß des 68 m hohen Turms, der in der Skyline nicht zu übersehen ist, wird die 4000-jährige Geschichte des Getreides erzählt: Anbau, Ernte, Lagerung, Verarbeitung. Die Sammlung gibt mit ihren unzähligen Exponaten – u. a. antike Tongefäße, 4000 Jahre altes Korn, Silomodelle, Münzdarstellungen von Fruchtbarkeitsgöttinnen, Figurinen von Müllern, Brotmarken – einen wohl lückenlosen Überblick über dieses Grundnahrungsmittel.

Haifa

Haifa City Museum 3
11 Ben Gurion Ave., Tel. 04 911 58 88,
01 599 50 22 11, www.hma.org.il, So–Mi 10–16,
Do 16–19, Fr 10–13, Sa 10–15 Uhr, 35 NIS, im
7 Tag gültigen Kombiticket für Haifa-Museen
60 NIS

Vom Silo südwestlich über die Jaffa Road gehend erreicht man das in einer ehemaligen Gemeindeschule der Templer untergebrachte **Haifa City Museum,** das Wechselausstellungen lokaler Künstler zeigt. Wer sich für zeitgenössische israelische Malerei interessiert, kann hier allerlei Buntes bestaunen.

German Colony 4

Die **German Colony** (HaMoshava HaGermanit) ist ein bezauberndes Viertel, das so heißt, seit sich im 19. Jh. Templer aus Süddeutschland hier niederließen. 1898 war die Colony der erste Stopp auf Kaiser Wilhelms Palästinareise. Viele Häuser am **Ben Gurion Boulevard,** der Hauptstraße des Viertels, tragen bis heute über dem Eingang in Deutsch Bibelsprüche, wie an Nr. 27: »Der Geist und die Braut spricht, komm Herr Jesu«. Das Gebiet unterhalb des Bahai-Heiligtums um den Boulevard ließ man leider jahrzehntelang verfallen, doch dann begannen Haifas Stadtplaner mit der systematischen Wiederbelebung und Restaurierung. Seither haben Dutzende Cafés, Bars und Restaurants eröffnet, hat die Szene die Colony entdeckt. Die Wohngegend gilt heute als begehrt. Der Platz am Ende des Ben Gurion Boulevard, unterhalb der Bahai-Gärten, trägt neuerdings den etwas umständlichen Namen UNESCO for Tolerance and Peace Square.

Wadi Nisnas 5

Südöstlich des Haifa City Museum kann man durch das Viertel **Wadi Nisnas** streifen, das sich bis zum Hafen zieht und optisch vom komplett spiegelverglasten Bank-Leumi-Hochhaus dominiert wird. Christliche und arabische Händler leben und arbeiten hier in traditionell guter Nachbarschaft. In den Gassen und Straßen hängt der Duft von Parfüms und Gewürzen. Dies ist eine sehr lebendige Ecke von Haifa, die zum ziellosen Erkunden einlädt. Was die Architektur angeht, so haben hier Baumeister der Templer ebenso ihre Handschrift hinterlassen wie deren osmanische Kollegen.

Haifa Museum of Art 6
26 Shabbetai Levi St., Tel. 04 911 59 91,
01 599 50 22 11, www.hma.org.il, So–Mi 10–16,
Do 16–21, Fr 10–13, Sa 10–15 Uhr, 45 NIS, im
Kombiticket für Haifa-Museen 60 NIS

Etwas oberhalb des Viertels Wadi Nisnas, einen knappen Kilometer entfernt, liegt das **Haifa Museum of Art.** Die Sammlung umfasst über 7500 Werke internationaler Künstler wie Max Liebermann, Diego Rivera, Marc Chagall, Salvador Dalí, Käthe Kollwitz oder Chana Orloff. Zu sehen sind Skulpturen, Gemälde, Zeichnungen, Stiche, Radierungen. Eine Übersicht widmet sich der israelischen Kunst im Allgemeinen sowie Künstlern aus Haifa und dem Norden im Besonderen.

Mit Hunderten Werken besitzt das Museum eine Sammlung an Radierungen und Lithografien des in Berlin geborenen, 1923 nach Palästina ausgewanderten und 1944 in Haifa verstorbenen Hermann Struck. Nicht nur bei jüngerem Publikum kommt Videostoria hervorragend an, das New Media Center, das sich eingehend mit Videokunst auseinandersetzt. Dass man in dieser Sammlung Stunden verbringen kann, liegt auch daran, dass die Kuratoren mit unglaublichem Elan den laufenden Betrieb mit Wechselausstellungen anreichern und aktuelle Themen aufgreifen, z. B. die Geschichte der Gewalt.

Hadar-Viertel

Cityplan: S. 259

Östlich der Metrolinie liegt beiderseits der Herzl Street das alteingesessene Geschäftsviertel **Hadar,** in dem sich jüngst wieder verstärkt Bars und Cafés angesiedelt haben. Nett ist die **Nordau Mall** 7 , eine Fußgängerzone, in der man noch ein wenig vom Flair jener Zeit spürt, als noch keine Shopping Malls auf der grünen Wiese den Händlern das Leben schwer machten.

Die Parks auf dem Karmel sind Freiluftklassenzimmer für allerlei Aktivitäten, beispielsweise für Yoga mit Klangschalen

National Museum of Science, Technology and Space 8

25 Shmariyahu Levine/Ecke 12 Balfour St., Old Technion Campus, Tel. 04 861 44 44, www.madatech.org.il, So–Mi 10–15, Do, Sa 10–16, Fr 10–13 Uhr, 89 NIS

Ein paar Gehminuten südöstlich davon liegt das **National Museum of Science, Technology and Space,** das in einem schönen Gebäude des Technions untergebracht ist. Das interaktive Museum ist ein Spaß für die ganze Familie, v. a. für die Jüngeren. Anhand von Puzzles, Spielen und Experimenten wird man in die Welt der Chemie, Astronomie und Computer eingeführt.

Gan Ha'Em 9

Vom Museum nimmt man entweder die Metro oder folgt der Balfour Street bergauf, um an der Karmel-Bergstation der Standseilbahn den ›Garten der Mütter‹, **Gan Ha'Em,** zu besuchen. Hier zeigen im Sommer Artisten ihr Können, es spielen Straßenmusiker und man selbst liegt auf dem Rasen und entspannt sich. Es gibt einen kleinen Zoo und einen Spielplatz.

Von Bat Galim auf den Karmel

Cityplan: S. 259

Westlich des Hafens findet man das Viertel **Bat Galim.** Unterhalb der Promenade erstreckt sich der **Galim Beach** 10 , eine gute Ecke zum Kitesurfen, und westlich davon befindet sich die Talstation der **Stella-Maris-Seilbahn** 11 , die einem den Weg auf den Berg Karmel angenehm erleichtert. Aus den Kugelkabinen mit Fenstern aus getöntem Glas genießt man einen sehr schönen Blick über die Stadt und das Meer (Tel. 04 833 59 70, tgl. 10–19.45 Uhr, einfach 21 NIS, hin und zurück 29 NIS).

Der **Karmel** ist ein etwa 20 km langer, bis 546 m hoher Bergrücken, der die Bucht von Haifa im Südwesten begrenzt. Wegen seiner Schönheit fand er schon in der Bibel Erwähnung und bereits vor 125 000 Jahren war er von Zeitgenossen der Neandertaler bewohnt. Seit Menschengedenken ist der Karmel ein heiliger Bergrücken mit Kultstätten für Götzen und Götter.

Haifa

Galim Beach: Badespaß mitten in der Stadt

Zum Karmel hinauf verkehrt die **Karmelit-Bahn,** eine U-Bahn mit sechs Stationen. An der Bergstation Gan Ha'em beginnt die Panorama Road, von der sich schöne Ausblicke über die Bucht von Haifa bieten (So–Do 6–24, Fr und vor Fei 6–15, Sa und Fei von Shabbatende bis 24 Uhr, Einzelticket 6.60 NIS, Tagesticket 15 NIS, www.carmelithaifa.com). Auch die **1000-Stufen-Spaziergänge** starten hier, vier nette und gut ausgeschilderte Spazierwege: gelbe Route (Bahai-Schrein, Germany Colony), rote Route (Haifa Museum, Wadi Nisnas), blaue Route (zum Kikar Paris), grüne Route (zur Nordau Mall).

Höhle des Elija 12
230 Allenby Rd., Tel. 04 852 74 30, im Sommer So–Do 8–18, im Winter So–Do 8–17 Uhr, Eintritt frei, Spende erbeten

Einen kurzen Spaziergang entfernt von der Talstation der Seilbahn liegt am Hang über der Schnellstraße die Schule des Propheten Elija, in der er seinen Jüngern gepredigt haben soll. Bei der **Höhle des Elija** handelt es sich um eine natürliche Höhle, zu der auch Muslime pilgern, da der Islam Elija als Propheten anerkennt. Zum Meditieren soll sich hierhin auch schon der griechische Philosoph Pythagoras zurückgezogen haben. Die Höhle ist ein heiliger Platz für Juden, Muslime, Christen und Drusen. Im Garten vor der Höhle wird gerne gepicknickt. Gläubige beten am Ende des für Frauen und Männer getrennten Raumes hinter dem roten Vorhang, der die Höhle abschirmt. In einer Seitenhöhle des Frauenbereichs hängen Hunderte von Schals und Taschentüchern von der Decke; sie erinnern an Gebete und Gelübde, die Pilgerinnen hier abgelegt haben.

National Maritime Museum 13
198 Allenby Rd., Tel. 04 853 66 22, www.nmm. org.il, So–Do 10–16, Fr 10–13, Sa 10–15 Uhr, 35 NIS, als Kombiticket für Haifa-Museen 60 NIS

Von Bat Galim auf den Karmel

Ein paar Schritte entfernt lädt das **National Maritime Museum** zu einem Besuch ein. 5000 Jahre Seefahrtsgeschichte, insbesondere des Mittelmeerraums, dokumentiert diese Sammlung anhand von Modellen berühmter Schiffe, von Ankern, nautischen Geräten, Seekarten der letzten 600 Jahre und Architekturmodellen von Ölbohrinseln. Besonders schön ist die kleine, 3500 Jahre alte ägyptische Holzfigur einer Schwimmerin. Jeweils aktuell wird das Museum um Funde von Unterwasserarchäologen erweitert, die vor Israels Küsten zugange sind und dort gelegentlich gesunkene Schiffe, Münzen und Statuen finden. Dem Museum angegliedert wurde die früher im Haifa-Museum untergebrachte **archäologische und ethnografische Sammlung.** Sie präsentiert Totenbretter aus der ägyptischen Oase Fayoum, koptische Textildrucke, griechische Marmorstatuen und Bodenmosaike (6. Jh.) aus Shiqmona südlich von Haifa. Die Kunst der Zeit ab dem 18. Jh. umfasst Grafik, Fotografie und Malerei. Die kleine Musik- und Ethnografieabteilung zeigt Nachbauten von biblischen Instrumenten, Werkzeuge sowie Kleidung, wie sie in der Diaspora, aber auch von Drusen getragen wurde.

Clandestine Immigration and Naval Museum 14
204 Allenby Rd., Tel. 04 853 62 49, www.amutayam.org.il, So–Do 8.30–16 Uhr, 25 NIS
Keinesfalls auslassen sollte man das benachbarte **Clandestine Immigration and Naval Museum** wenige Häuser weiter. Das Museum der heimlichen Einwanderung und der Seeflotte veranschaulicht eindrucksvoll die Geschichte der jüdischen Immigration, auch wenn es mit alten Navigationsgeräten und anderer Schiffstechnik etwas überfrachtet wirkt. Von der nationalsozialistischen Zeit in Deutschland bis zur Gründung des Staates Israel erreichten ca. 130 000 Juden Haifa auf illegalem Weg, weil die Briten jede Immigration untersagt hatten, um den arabisch-jüdischen Konflikt nicht weiter eskalieren zu lassen. Eine große Karte zeichnet die Wege der europäischen Juden nach. Dokumente und Fotos lassen das Ausmaß der Flucht sichtbar werden. Fotowände zeigen das Schiff »Exodus«, das 1947 von den Briten zwölf Meilen vor Palästina abgefangen, beschossen und in den Hafen Haifas geschleppt wurde, wo die 4500 Passagiere auf einem anderen Schiff nach Frankreich zurückgeschickt wurden. Herzstück des Museums ist das Schiff »Af-Al-Pi-Chen« (»Trotzdem«), das die Blockade durchbrach und zu besichtigen ist.

Karmeliterkloster Stella Maris 15
Kirche tgl. 6.30–12, 15–18 Uhr, Eintritt frei
Über Treppen oder per Seilbahn erreicht man das oberhalb der Stadt an der Stella Maris Road liegende **Karmeliterkloster Stella Maris** (›Meeresstern‹), das vermutlich auf byzantinischen Ruinen und einer Einsiedelei aus der Kreuzfahrerzeit errichtet wurde. 1821 hatte der osmanische Pascha Abdullah von Akko die Gebäude als Steinbruch für den Bau seiner Residenz benutzt. 1836 wurde das Kloster eingeweiht.

Die Geschichte des Ordens begann im 12. Jh., als sich hier Kreuzfahrer niederließen, die sich einzig der Askese und dem Beten widmeten und den Ort den Propheten Elija und Elischa weihten. Anfang des 13. Jh. wurden die Regeln der Karmeliter vom Patriarchen Alberto da Vercelli kodifiziert.

Eine wundervolle Kuppel, die teilweise mit Darstellungen aus dem Leben der Propheten Elija und Elischa geschmückt ist, überfängt die griechische, innen großzügig mit Marmor verkleidete Stella-Maris-Basilika. Eine der Fresken zeigt Elija, der auf einem brennenden Wagen in den Himmel auffährt. Andere Malereien stellen Ezechiel, David und die Heilige Familie dar. Den Hochaltar schmückt eine Zedernholzskulptur der Madonna mit Kind, die aus zwei Teilen gefertigt ist: Der Körper kommt aus dem Libanon, der Kopf aus Genua. Unter dem Chor der Basilika betritt man die Grotte des Elija. Nach christlicher Tradition fand die heilige Familie hier nach der Rückkehr aus Ägypten Zuflucht. Gläubige schmücken den Altar mit Blumen, legen Gelübde ab – ein berührender Ort. Der Ausblick über Haifa und die Bucht von hier oben ist wundervoll.

Haifa

Infos
Haifa Tourist Board: 48 Ben Gurion Ave., German Colony, Tel. 04 853 56 06, www.visit-haifa.org, www.haifa.muni.il, So–Do 9–19, Fr 8.30–13, Sa 10–17 Uhr.

Übernachten
Toller Ausblick – **Dan Panorama** [1]: 107 HaNassi Blvd., Tel. 04 835 22 22, www.danhotels.com. Die beiden Zwillingstürme dominieren den gesamten Karmel, doch leider können die etwas lieblos möblierten Zimmer nicht mit der fantastischen Aussicht mithalten. DZ ab 1150 NIS.

Gehobenes Strandhotel – **Leonardo Plaza** [2]: 10 Rav Aluf David Elazar, Tel. 04 850 88 88, 850 11 70, www.fattal-hotels.com. Es müssen die Lage direkt am Meer und der private wundervolle Strand sein, für die man hier so viel bezahlt, die Zimmer rechtfertigen den Preis jedenfalls nicht. DZ ab 950 NIS.

Komfortabel – **Templars Boutique Hotel** [3]: 36 Ben Gurion Blvd., Tel. 04 629 77 77, www.templers-haifa.com. Direkt neben dem Restaurant **Fattoush** [3], wo der Hotelgast frühstückt, liegt im Herzen der German Colony in einem rund 150 Jahre alten Templerhaus dieses kleine stilvolle Hotel. Die Zimmer sind teilweise sehr klein, und der nächtliche Rummel vom Boulevard ist bei offenem Fenster unüberhörbar. DZ ab 900 NIS.

In der German Colony – **The Colony Hotel** [4]: 28 Ben Gurion Blvd., Tel 04 851 33 44, www.colony-hotel.co.il. Der Blick von der Dachterrasse, mit Liegenbereich zum Sonnen, auf den nahen Bahai-Schrein und die hängenden Gärten ist alleine schon ein Grund, hier zu wohnen. Das 1905 erbaute Templergebäude ist sehr gepflegt, die Zimmer sind hell und elegant möbliert. Das Personal schafft familiäre Atmosphäre. Im Hotel-Spa bucht man Massagen (u. a. Reflexzonen, Nacken, Ayurveda, Shiatsu). DZ ab 850 NIS.

Gemütlich – **Beth Shalom Carmel** [5]: 110 HaNassi Blvd., Tel. 04 837 74 81, www.beth-shalom.co.il. Einfache, aber sehr ordentliche und saubere Zimmer. Man wohnt 250 m über Haifa auf dem Berg Karmel und genießt einen schönen Blick übers Meer und weit ins Land hinein. Das Hotel wurde von Schweizer Christen gegründet und wird heute von den Schweizern Fredi und Beate Winkler-Malgo geleitet, die gerne bei der Planung von Ausflügen und Rundreisen helfen. Überwiegend steigen hier religiös inspirierte Reisegruppen ab. DZ ab 550 NIS.

Sympathisch – **St. Charles Hospice** [6]: 105 Jaffa Rd., Tel. 04 855 37 05, www.pat-rosary.com. Von Nonnen geführtes gutes Hospiz, das dem lateinischen Patriarchen untersteht. Besonders nett ist der kleine Garten, die Zimmer sind einfach, aber nicht ungemütlich. DZ ab 370 NIS.

Essen & Trinken
In Haifa kann man gut essen und trinken. Restaurants mit abwechslungsreicher Küche vom Imbiss bis zum edlen Speiselokal findet man zuhauf am **Ben Gurion Boulevard,** der immer mehr zum Nightspot geworden ist. Bei **Al-Rayan** im Garten treffen sich Pärchen, freuen sich Touristen über Weihenstephaner Hefeweißbier und Wasserpfeife, bei **Gaudí** gibt's Tapas.

Frisch aus dem Meer – **Jacko's Seafood** [1]: 12 Khilat Saloniki St., Tel. 04 866 88 13, tgl. 12–23 Uhr. Lokal im arabischen Markt; die Shrimps sind ebenso lecker wie die Calamari und der gegrillte frische Fisch. Ab 110 NIS.

Top-Restaurant – **Douzan** [2]: 35 Ben Gurion Blvd., Tel. 04 852 54 44, tgl. 10–2 Uhr. Drinnen herrscht Wohnzimmeratmosphäre, die Terrasse, markant wegen ihrer violetten Kissen, geht in den Boulevard über, und die Speisekarte ist mit *Kabab Halabi* mit leichtem Zimtgeschmack, Shrimps-Ravioli oder den *Drunken Pears*, in Rotwein gekochten Birnen mit heißer Schokolade, oder Feigenparfait mit Wildbeeren eine Freude. Nur an der Bar, am Durchgang zur Küche, will man nicht wirklich sitzen. Ab 100 NIS.

Arabische Speisen – **Fattoush** [3]: 38 Ben Gurion Blvd., Tel. 04 852 49 30, tgl. 8–1 Uhr. Das Restaurant hat das Flair einer arabischen Taverne mit viel Krimskrams und Teppichen, die aber nur in der kühleren Jahreszeit genutzt werden. Ansonsten sitzt man am Boulevard im schönen Gastgarten und genießt arabische Küche, darunter libanesische Vorspeisen

Adressen

ZU FUSS DURCH FRENCH CARMEL

Tour-Infos
Start: Karmeliterkloster
Dauer: halber bis ganzer Tag

Wichtiger Hinweis: Beim Besuch des Bahai-Schreins ist dezente Kleidung erforderlich.
Karte: S. 259

Ein schöner Spaziergang führt vom **Karmeliterkloster** (s. S. 263) über die Shaul Tchernichovsky Street und den HaZiyyonut Boulevard durch das Viertel **French Carmel**. Erster Stopp ist der Skulpturengarten **Mitzpor Ha-Shalom** 16 (Peace View Park), in dem seit 1978 29 Bronzeskulpturen der Bildhauerin Usula Malbin die Rasenflächen zieren (HaZiyyonut Blvd., gegenüber Hausnummer 135, www.malbin-sculpture.com, Eintritt frei).
Unweit von hier erhebt sich am Haum Boulevard der **Bahai-Schrein** 17 (Haupteingang: 80 HaZiyyonut Blvd., nahe Shifra St.; bester Blick auf die Gärten vom Eingang 45 Yefe Nof St.; innere Gärten tgl. 9–12, äußere Gärten tgl. 9–17 Uhr, Tel. 04 831 31 31, Start zu den ausschließlich geführten Touren tgl. außer Mi von 45 Yefe Nof St., aktuell gültigen Zeitplan unbedingt unter www.ganbahai.org.il prüfen, Eintritt frei). Inmitten eines wunderschönen persischen Parks mit Pinien und Zypressen liegt das höchste Heiligtum der Bahai-Anhänger und gleichzeitig das Wahrzeichen Haifas: das von einer Goldkuppel gekrönte Mausoleum des Bab, Vater und Märtyrer dieser Religion. Sajied Ali Mohammed, genannt Bab (›die Pforte‹), verkündete 1844 im südpersischen Shiraz die baldige Erscheinung des von den Menschen sehnlich erwarteten Boten Gottes und bot sich zudem an, die Menschheit darauf vorzubereiten. Damit beleidigte der Bab nach dem Verständnis seiner Zeitgenossen den Islam zutiefst und wurde öffentlich erschossen. Die Anhänger werden bis heute im Iran verfolgt. Zu dem von Bab angekündigten Boten proklamierte sich sein Anhänger Husseini Ali, der sich Baha Ullah (›Ruhm Gottes‹) nannte, 1863 in Bagdad den Bahaismus ausrief und 1892 bei Akko starb, wo sich sein Grab befindet. Der 1953 fertiggestellte Schrein vereinigt europäische Architekturelemente mit orientalischem Dekor. Die beiden neoklassizistischen Nebengebäude beherbergen das Bahai-Archiv und das oberste Bahai-Gericht.
Parallel zum HaZiyyonut Boulevard verläuft nahe dem Dan Carmel und dem Dan Panorama Hotel südöstlich die Jefe Nof Road. Haus Nr. 89 beherbergt das **Mané-Katz-Museum** 18. Der Expressionist Mané Katz hinterließ der Stadt Haifa bei seinem Tod im Jahr 1962 nicht nur Hunderte eigener Bilder, Zeichnungen und Skulpturen, sondern auch eine sehenswerte Judaika-Sammlung (89 Yefe Nof St., Tel. 04 911 93 72, So–Mi 10–16, Do 10–19, Fr 10–13, Sa 10–15 Uhr, 35 NIS mit Tikotin-Museum, im Kombiticket der Haifa-Museen 60 NIS).
Eine Parallelstraße weiter etablierte der holländisch-jüdische Antiquitätensammler Felix Tikotin 1957 das im Nahen Osten einzigartige **Tikotin Museum der japanischen Kunst** 19. Es zeigt in Wechselausstellungen Gemälde, Drucke, Keramik- und Holzarbeiten, Textilien und Porzellan (89 Hanassi Ave., Tel. 04 838 35 54, www.tmja.org.il, So–Mi 10–16, Do 10–19, Fr 10–13, Sa 10–15 Uhr, 35 NIS mit Mané-Katz-Museum, im Kombiticket der Haifa-Museen 60 NIS).

oder Gegrilltes. Auch zum Frühstücken eine gute Adresse. Ab 90 NIS.

Orientalisch – **Abou Youssef** 4 : 1 HaMeginim St., Tel. 04 866 37 23, tgl. 12–24 Uhr. Alteingesessenes orientalisches Restaurant, zu empfehlen sind die Vorspeisen, und wer danach noch Hunger hat: Es gibt Herz, Huhn, Fleisch, alles gegrillt. Ab 70 NIS.

Einkaufen

Die Gegend rund um die **Nordau Street** und die **Herzl Street** gelten als die klassischen Einkaufsmeilen, haben aber an Klasse verloren. Auch in Haifa sind die Malls auf dem Vormarsch.

Israelisches Modedesign – **Panorama Center** 1 : 109 HaNassi Ave., Tel. 04 837 50 11, So–Do 9–20, Fr 9–14 Uhr. Die gängigen Modedesigner Israels haben hier Läden, u. a. Dorin Frankfurt.

Riesengroßes Einkaufszentrum – **Grand Canyon Mall** 2 : 54 Simcha Golan Rd., Neve Shaanan, Tel. 04 814 51 15, So–Do 10–22, Fr 10–15, Sa von Shabbatende bis 22.30 Uhr. Mit über 150 Shops das größte Einkaufszentrum Israels.

Kunst und Design – **Castra Art Centre** 3 : 8 Moshe Fliman St., im Süden Haifas, Tel. 04 859 00 01, So–Do 10–22, Fr 10–15, Sa von Shabbatende bis 22 Uhr. Kunsthandwerk, Schmuck und Designerware. Sehenswert ist das weltweit größte Gemälde des österreichisch-israelischen Künstlers Arik Brauer (www.arik brauer.at). Die auf Überglasur gemalten und gebrannten Wandbilder stellen auf einer Fläche von 507 m^2 Motive aus dem alten Testament dar. Die Figuren und Kuppeln bestehen aus Gussbeton und sind mit Keramikmosaik überzogen. Die kleineren Details der Figuren sind modelliert, gebrannt und glasiert.

Abends & Nachts

Haifa hat eine aktive Nachtszene. Empfehlenswerte Bars und Klubs sind **Eli's Pub** (Jazz und Blues live, 35 Jaffa St.), **Llibira Brewpub** (26 Hanamal St.) und **Iza Bar** (1 Moshe Aharon St.). Populär sind auch die Wein-Bar **Cantina Sociale** (4 Mahanayim St.) und das **Elika Art Café** (24, Masada St.) vom Frühstück bis zum Late-Night-Treff für ein weltoffenes Publikum, Araber, Israelis und Ausländer.

Bier & Burger – **After Dark** 1 : 30 Jaffa St., Tel. 07 72 34 78 33, www.2eat.co.il/afterdark, tgl. 17–2 Uhr. Knapp 24 Biersorten gibt es hier, dazu bestellt man Steaks, ordentliche Burger und alles, was die amerikanische Küche sonst noch zu bieten hat. Das Publikum ist entspannt und geht gerne ganz spät nach Hause.

Guter Nachttreff – **City Hall** 2 : 7 Shabtai Levy St., Tel. 867 77 72. Ü20-Publikum feiert ab Mitternacht bis zum Morgen.

Motto-Partys – **Syncopa Bar** 3 : 5 Khayat St., tgl. 21–2 Uhr, Tel. 050 918 88 99, http://www.2eat.co.il/syncopa. Unten Bar, oben Tanzfläche bzw. kleiner Konzertsaal für maximal 150 Leute – die Downtown-Bar gehört zu den beliebtesten Treffs Haifas. Berühmt sind die Partys mit Mottos wie Balkan, 90er-Jahre-Musik, Gay. Regelmäßig treten hier angesagte israelische Bands auf.

Tanz-Bar – **Beat Club** 4 : 124 HaNassi Ave., Tel. 04 810 71 07, www.ethos.co.il. In der städtischen Musikschule finden häufig Konzerte israelischer Gruppen statt.

Arabisch-jüdisch – **Beit Hagefen** 5 : 12 Hagefen St., Tel. 04 852 52 52, www.beit-hage fen.com, Mo–Do 10–16, Fr, Sa 10–14 Uhr. Das 1963 gegründete arabisch-jüdische (richtig gelesen!) Kulturzentrum fördert kulturelle und soziale Aktivitäten der in Haifa traditionell friedlich zusammenlebenden Juden und Araber (was nicht heißt, dass es nicht auch in Haifa zuletzt vermehrt Spannungen gab). Die Galerie zeigt mehrmals im Jahr Kunstausstellungen.

Lohnende klassische Konzerte – **Haifa Auditorium** 6 : 140 HaNassi Blvd., Tel. 04 860 05 00. Größter und wichtigster Aufführungsort Haifas für klassische Konzerte, Tanz, Folklore sowie viele andere Veranstaltungen und Ausstellungen.

Filme, auch in Englisch – **Haifa Cinémathèque** 7 : 140 HaNassi Blvd., im James de Rothschild Cultural and Community Center, Tel. 04 810 42 99, www.ethos.co.il, www.haifacin.co.il. Tgl. mehrere Filme, viele in Englisch oder mit englischen Untertiteln. Das Spektrum reicht von Independent bis zu Retrospektiven und aktuellen Streifen.

Haifas zweite Etage: Vom Berg Karmel genießt man tolle Ausblicke auf die Stadt

Aktiv

Mit dem **Hashaket Beach** beginnt am Hafen das Gebiet der Strände. Je ruhiger man es mag, umso weiter muss man nach Süden fahren. Sehr schön sind der **Dado Beach** mit Restaurants, pingelig sauberen Duschen und Toiletten sowie der **Carmel Beach.**

Kitesurfen – **Surfclub Haifa** 1 : am Dado Beach, Tel. 04 855 01 83, Mobil-Tel. 050 573 18 96, www.surfclub.co.il. Ganzjährig gibt es am Dado Beach Kitesurf-Kurse und Surf Camps; 6 Std. kosten ca. 190 €.

Wandern – **Carmel Field School** 2 : 18 Hillel St., Tel. 04 866 41 56, www.aspni.org. Tipps und Karten für Wanderungen rund um Haifa; geführte Touren in die Carmel Mountains, u. a. nach Kababir (3 Std. einfach) und zu den Ahuza-Quellen (2,5 Std. einfach).

Termin

Haifa Film Festival (Sept./Okt., www.haifaff.co.il): Während Sukkot trifft sich das nahöstliche Filmvolk. Zu sehen: 120 bis 170 Streifen aus allen Themenbereichen und Genres. Die Tickets sind ab 60 NIS zu haben.

Verkehr

Flüge: Nur für Inlandsflüge mit kleinen Maschinen ist der **Haifa Airport,** Tel. 04 847 61 00, im Osten der Stadt zugelassen. Flüge bucht man bei **Arkia,** Tel. 03 690 33 11, www.arkia.com.

Bahn: Vom Bahnhof **Khof Hacarmel** fahren Züge nach Tel Aviv (alle 20–30 Min.), Jerusalem (mind. alle 2 Std.) und Akko (alle 30 Min.) Infos: Schnellwahl *5770, www.rail.co.il.

Busse: Alle 45 Min. nach Tel Aviv, etwa stdl. nach Nahariya, Akko und Jerusalem. **Egged:** Schnellwahl *2800, Tel. 03 694 88 88.

Sherut-Taxis: Abfahrt nach Akko, Galiläa, auf den Golan und nach Tel Aviv von der Jaffa Road 157 und der Hahalutz Street.

Mietwagen: Avis, 39 Hyistadrot Blvd., Tel. 04 861 04 44, www.avis.co.il; **Eldan,** 168 Hahistradut Blvd., Tel. 04 841 09 10, www.eldan.co.il; **Hertz,** 150 Hahistradut St., Tel. 04 840 21 21, www.hertz.co.il.

Fortbewegung in der Stadt

Metro: Die Küste und die Stadtteile am Karmel verbindet die Karmelit-Metro. Talstation ist der Paris Square, Bergstation Gan Ha'em (Tel. 04 837 68 61, www.carmelithaifa.com, Einzelticket 6,90 NIS, Tagesticket 15 NIS).

Seilbahn: Vom Hahaganna Blvd. beim Strand gelangt man auf den Berg Karmel (tgl. ca. 10–19.45 Uhr, einfach 21 NIS, hin und zurück 30 NIS).

Akko und Umgebung

Von Akko bis nach Rosh HaNiqra, dem Grenzort zum Libanon, erstreckt sich Israels Nordküste. Was mit dichter Besiedlung und feinen Sandstränden beginnt, verwandelt sich nach Nahariya allmählich in eine einsame, beeindruckend zerklüftete Küste.

Akko  ▶ 1, E 3

Cityplan: S. 272

Etwa 22 km sind es, vorbei an wuchernden Industrieansiedlungen, auf der verkehrsreichen Schnellstraße Nr. 4 bis nach **Akko**. Etwa 47 000 Menschen leben in der Stadt, die seit 2001 zum UNESCO-Welterbe gehört. In der charmanten historischen Altstadt kann man das seltene Gefühl genießen, die Zeit sei stehen geblieben. Man spaziert durch ein Labyrinth von Gassen, entdeckt kleine orientalische Märkte und alte Karawansereien, folgt den Spuren der Kreuzritter und der Araber oder stöbert in den Läden der Kunsthandwerker und Galeristen rund um die El-Jazzar-Moschee nach Souvenirs. Außer in Jerusalem hat man an keinem Ort Israels so sehr das Gefühl, sich auf geschichtsträchtigem Boden zu bewegen.

Stadtgeschichte

Akkos Name taucht erstmals auf ägyptischen Schriftrollen aus dem 15. Jh. v. Chr. auf, zu einer Zeit, als Pharao Thutmosis III. Ägypten, Syrien

Seiner gut erhaltenen Altstadt verdankt Akko die Ernennung zum UNESCO-Welterbe

Akko

und Palästina beherrschte. Auf assyrische und persische Besatzer folgte Alexander der Große, der Akko im Jahr 332 v. Chr. widerstandslos einnahm. Seine ptolemäischen Nachfolger gaben der Stadt ihren alten Namen Ptolemais. Über den Hafen importierten die Ptolemäer nicht nur Waren, sondern auch hellenistisches Kulturgut. Bereits kurz nach der Kreuzigung Jesu hatten sich Christen in der Stadt niedergelassen und die Römer bauten von Colonia Claudia Caesarea Ptolemais nach Antiochia (das heutige Antakia in der Südtürkei) die erste gepflasterte Straße Palästinas.

636 nahmen die Araber Ptolemais ein und benannten es wieder in Akko um. 1104 fiel die Stadt an den Kreuzritter Balduin I. Akko wurde Haupthafen und nach dem Fall Jerusalems auch Hauptstadt des Königreichs der Kreuzfahrer. In den folgenden Jahrhunderten lösten Mamelucken, Omaijaden, Beduinen und schließlich die Türken als Herrscher einander ab. Nach der Erfindung des Dampfschiffs verloren der Hafen und mit ihm die Stadt an Bedeutung.

Auch wenn Akkos mittelalterliche Fassaden anderes vermuten lassen: Die Stadt mit modernen Wohngegenden und einem dicken Gürtel aus Gewerbegebieten ist in der Jetztzeit angekommen und aufgrund ihrer Bevölkerungsstruktur – ein Viertel der Einwohner sind Araber – den israelisch-arabischen Konflikten besonders ausgesetzt. Was lange Zeit eine israelisch-arabische Vorzeigestadt, ein Modell friedlicher Koexistenz war, gilt heute als Paradebeispiel für die Entstehung von Hass. 2008 kam es an Jom Kippur zu blutigen Ausschreitungen zwischen der jüdischen und arabischen Bevölkerung. Geschürt durch Israels Krieg gegen den Libanon, befand sich Akko vier Tage lang im Ausnahmezustand. Autos und Häuser brannten, Prediger beider Seiten wiegelten die Menschen gegeneinander auf, ermunterten zum Boykott von Läden oder empfahlen gar Deportationen. Auch als wieder Ruhe einkehrte, war klar, dass nichts mehr sein würde wie vorher, dass die Spaltung zwischen jüdischen und arabischen Israelis ein neues, gefährliches Stadium erreicht hatte. Durch Akko geht seither eine Mauer, unsichtbar, aber so dick wie die der Kreuzfahrerbauten. Bei Besichtigungen muss man einkalkulieren, dass Sehenswürdigkeiten wegen Restaurierungsarbeiten nur teilweise oder gar nicht zugänglich sind.

El-Jazzar-Moschee 1

Tel. 04 991 30 39, Sa–Do 8–17, Fr 8–11, 13–17 Uhr, während der Gebetszeiten geschl.
Akkos Altstadt ist in ihrer heutigen Form etwa zwei bis drei Jahrhunderte alt. Die wuchtigen Mauern, die sie umgeben, stammen aus der Beduinenzeit Anfang des 18. Jh. Mit einer Besichtigung der Altstadt beginnt man am besten an der zentralen **El-Jazzar-Moschee.** Wie ein Riesenbleistift sticht ihr schlankes Minarett in den Himmel, aber der Muezzin ruft schon lange nicht mehr zum Gebet, er wurde durch einen Lautsprecher ersetzt. 1781 errichtete der später im Vorhof beigesetzte Kommandant von Akko und Galiläa, Ahmed el Jazzar, die Moschee, die umgeben ist von einem rechteckigen, begrünten Hof mit einem Brunnen zur rituellen Waschung (s. Abb. S. 133). Farbige Fliesen und Einlegearbeiten aus Marmor schmücken die Fassade des Gebetshauses. Die zum Bau der Anlage verwendeten Steine stammen aus den Ruinen von Caesarea (s. S. 245). Für den Moscheebau wurde eine byzantinische Kirche abgerissen, deren Krypta erweitert und als gewaltiges Wasserreservoir genutzt. Der Zisternenzugang liegt in den Arkaden nahe den Toiletten; für die Besichtigung sollte man eine Taschenlampe dabeihaben.

Unterirdische Kreuzfahrerstadt 2

El Hazzar St., im Sommer Sa–Do 8.30–18, Fr 8.30–17, im Winter Sa–Do 8.30–17, Fr 8.30–16 Uhr, 46 NIS, 62 NIS inkl. Hamam el Pasha
Gegenüber der Moschee geht man nun in die bedeutendste Sehenswürdigkeit Akkos, die unterirdische **Kreuzfahrerstadt** (Crusader City). Sie befindet sich 8 m unter dem heutigen Straßenniveau und diente ab dem 12. Jh. den Rittern des Johanniterordens (auch bekannt als Hospitaliterorden der Ritter des

Akko und Umgebung

Heiligen Johannes) als Hauptquartier. Mamelucken vernichteten die einst darüber liegenden Gebäude, um eine Rückkehr der Kreuzritter zu verhindern, doch an der Zerstörung der Stadt unter der Erde scheiterten sie. Stattdessen füllten sie den Hohlraum mit Schutt und Erde auf und die Türken errichteten darüber neue Gebäude. Die Johanniter, ursprünglich in der Krankenpflege engagiert, übernahmen ab 1137 den bewaffneten Schutz der Kreuzritter.

Schönster Raum der Anlage ist das **Refektorium** (Speisesaal), fälschlicherweise oft als Krypta oder Totengruft bezeichnet. Hier nahm auch der Venezianer Marco Polo während seines Aufenthalts in Akko das Mahl ein. Drei massive, 12 m hohe Pfeiler stützen das Gewölbe des Saals. Die an den Zimmerecken 1148 von Ludwig VII. in den Stein gehauenen Lilienmotive, ursprünglich das Emblem Saladins, gelten als erste Darstellung des späteren Symbols der französischen Bourbonen.

Wer die unterirdische Stadt gesehen hat, kann sich leicht ausmalen, wie prächtig sie einst gewesen sein muss – eine Festung, deren Bild von fast 40 Kirchen geprägt wurde und in der rund 50 000 Menschen lebten.

Hamam el Pasha 3
El Hazzar St., im Sommer Sa–Do 8.30–18, Fr und vor Fei 9–17, im Winter Sa–Do 8.30–17, Fr und vor Fei 9–16 Uhr, 25 NIS, inkl. Besuch der Kreuzfahrerstadt 62 NIS

Schilder weisen den Weg von der Kreuzfahrerstadt zum südlich gelegenen **Stadtmuseum** (Municipal Museum), das im einstigen türkischen Badehaus, dem **Hamam el Pasha,** untergebracht ist. Anhand von Landkarten und Multimedia-Präsentationen wird die Bedeutung von Akko über die Epochen hinweg verdeutlicht. Man erfährt auch einiges über die Funktionsweise dieses Bads, das von 1780 bis 1947 in Betrieb war.

In Form eines kurzweiligen Theaterstücks – über Projektoren eingespielt von Schauspielern des Al-Bascha-Hammam-Theaters – wird die Geschichte eines Badewärters aus osmanischer Zeit erzählt, der hier seine vorwiegend wohlhabenden Kunden massierte und einseifte. Da geht es um Geschäfte, Grausamkeiten im Badehaus, um den betrogenen Sultan, der nur mit mobilem Galgen reiste und der sich an seinen Frauen rächte: Als er nicht herausfand, welche ihn betrogen hatte, ließ er einfach alle hinrichten. Anekdoten und Historie – ein schönes Erlebnis.

Okashi-Kunstmuseum 4
1 Weizman St., Sa–Do 9.30–18, Fr, Fei 9.30–17 Uhr, im Winter 2 Std. kürzer, 10 NIS

Um die Ecke zeigt das **Okashi-Kunstmuseum** neben Wechselausstellungen die Werke des 1980 verstorbenen Künstlers Avshalom Okashi, der nach dem Unabhängigkeitskrieg eine der ersten Künstlergruppen Israels mitbegründete.

Türkischer Basar
Tgl. bis ca. 17/18 Uhr

Südöstlich des Stadtmuseums blickt der **türkische Basar** auf eine lange Geschichte zurück. Er wurde gegen Ende des 18. Jh. eingerichtet, um die einheimische arabische Bevölkerung mit allem Nötigen zu versorgen. Als die Israelis 1948 in die Altstadt einmarschierten, gaben die Araber den Markt auf. Heute befindet sich hier ein Handwerks- und Kunstgewerbebasar mit kleinen Läden, Werkstätten und Ateliers, die v. a. Souvenirs anbieten.

Souk el Abyad 6
Tgl. bis ca. 17/18 Uhr

Sein weißer Kalkstein gab dem **Souk el Abyad** (›weißer Markt‹) den Namen, der auf den Ruinen seines niedergebrannten Vorgängerbasars 1817 neu errichtet wurde. Die überwölbte Mittelhalle und die von ihr abgehenden Seitengassen mit den markanten Tonnengewölben durchziehen die Altstadt von Norden nach Süden. In der Kreuzfahrerzeit führte diese Marktstraße vom Hospitalitertor im Norden Akkos als Via Regis (›Königsstraße‹) über den Markt in Richtung Hafen. Heute herrscht hier, nach einer Renovierung der Fassaden, buntes Markttreiben. Man kauft arabische Süßigkeiten, Gewürze und Fisch.

Akko

Rasthaus mit Geschichte: die Karawanserei Khan el Umdan

Khan Faranji 7

Sehr schön ist der **Khan Faranji** aus der zweiten Hälfte des 16. Jh., die älteste erhaltene Karawanserei von Akko. Karawansereien dienten als Umschlagplatz für Waren, aber auch als Rastplatz für Reisende und deren Tiere. Der Name – *Faranji* bedeutet Franke im Sinne von Ausländer – verweist auf die französischen Erbauer und Händler, die im Jahr 1791 in Ungnade fielen und von El-Jazzar Pascha vertrieben wurden.

Khan el Umdan 8

Durch hohe und schmale, manchmal auch überdachte Geschäftsgassen geht es weiter zum **Khan el Umdan,** die schönste und besterhaltene der vier Säulenkarawansereien in der Altstadt. Sie wurde um 1785 von Ahmed el Jazzar erbaut und umfasst zwei Etagen, getragen von Säulen aus den Ruinen Caesareas. Im Innenhof steht ein graziler Glockenturm, der 1906 hinzugefügt wurde.

Zur Zitadelle

Zitadelle Tel. 04 991 13 75, Sa–Do 9–17, Fr 9–13.30 Uhr

Ein sehr schöner Spaziergang führt nun zurück zum Ausgangspunkt und zur Zitadelle. Beim Verlassen des Khan el Umdan hält man sich nach rechts und geht parallel zur Hafenmauer bis zum Fischrestaurant Abu Christo. Kurz danach steigt man die Stufen zur Mauer des Kreuzritterpiers hinauf.

Zwischen der 1737 von Franziskanermönchen erbauten Kirche **St. Johannes** 9 und dem **Leuchtturm** 10 treffen sich im Sommer Kinder, die von der hohen Mauer ins Meer springen. Vorbei am malerischen **Alten Hafen** 11 geht man dann über den Parkplatz zur Haga Street und folgt dieser bis zur **Zitadelle** 12 . Sie ist das imposanteste Bauwerk innerhalb der Mauern von Akko und entstand im 18. Jh. auf Fundamenten aus der Kreuzfahrerzeit. Die Bastion wurde so angelegt, dass sie im Falle einer Belagerung der

Stadt autark bleiben und jedem Angriff trotzen konnte (diese Bewährungsprobe blieb der Zitadelle jedoch erspart). Unter der Zitadelle finden sich zugeschüttete Gewölbe, die man aus statischen Gründen lange nicht räumen konnte. Doch 2005 legten Archäologen hier fast vollständig erhaltene Bereiche einer Kreuzritterstadt der Hospitaliter frei. Gefunden wurden eine Kapelle, Straßen, Geschäfte aus der Kreuzritterzeit sowie ein Speisesaal. Von der gesamten Anlage sind vermutlich bisher weniger als 10 % ausgegraben. Ca. 10 000 Menschen sollen in der Festung gelebt haben.

Wichtigstes Gebäude innerhalb der Zitadelle ist der **Schatzturm** (Burj el Khazane), Akkos höchstes Bauwerk, das einen fantastischen Ausblick bietet.

Museum of Underground Prisoners

Öffnungszeiten und Eintritt wie Zitadelle

Während der britischen Mandatszeit diente die Zitadelle als Zentralgefängnis, auch für politische Häftlinge. Juden wie Araber wurden hier von den britischen Besatzern gefangen gehalten, viele exekutiert. 1947 sprengten jüdische Untergrundkämpfer ein Mauerstück exakt zum Zeitpunkt des Hofgangs und 200 Gefangene entkamen.

Inzwischen beherbergt das Gefängnis das **Museum of Underground Prisoners.** Zu besichtigen ist u. a. der Schafottraum, in dem sieben jüdische Untergrundkämpfer von den Briten gehenkt wurden. Auch Ze'ev Jabotinsky, Schriftsteller, Zionist und Gründer jüdischer Freiwilligencorps, saß hier ein.

Museum der Schätze in der Mauer 13

Tel. 04 991 10 04, www.ozarot.net, Sa–Do 10–17, Fr 10–16 Uhr, 25 NIS

Etwas abgelegen liegt im Nordosten der Altstadt das ethnografische Museum **Treasures in the Wall** (Schätze in der Mauer). Angelegt wie ein Souk in der osmanischen Zeit, widmet es sich in den Gewölben und Räumen des Burj el Commander (osmanischer Kommandantenturm) in Hunderten von Exponaten dem Alltag Akkos. Zu sehen sind das Mobiliar reicher Händler, aber auch Werkstätten von Schmieden, Schreinern und Schuhmachern.

Infos

Visitors Center: 1 Weitzmann St., Altstadt, Tel. 17 00 70 80 20 (landesweite Nummer), 04 995 67 06/07, www.akko.org.il, im Sommer So–Do, Sa, Fei 8.30–18, Fr 8.30–17 Uhr, im Winter Schließung 1 Std. früher. Vermittlung von Unterkünften und Ausflügen in die Umgebung, Stadtführungen etc., außerdem Dauerausstellung archäologischer Funde. Eine kleine Wissenschaft ist die Preisgestaltung mit diversen Einzel- und Kombitickets für Akko und u. a. Rosh HaNiqra, aktuell unter www.akko.org.il/en/Entrance-fees.

Übernachten

Wohnpalast – **The Efendi Hotel** 1 : Louis IX. St., Tel. 074 729 97 99, www.efendi-hotel.com. Von der Terrasse ein traumhafter Blick aufs Meer, die Lobby lichtdurchflutet, die Zimmer hell, hoch und gediegen möbliert. Das Boutiquehotel (12 Zimmer, 3 Etagen, Spa), mit Abstand teuerstes und bestes Haus am Platze, wurde in zwei ehemalige osmanische Stadtpaläste gebaut. DZ ab 1200 NIS.

Ordentlich – **Rimonim Palm Beach** 2 : Palm Beach (am Eingang zum alten Akko), Tel. 04 987 77 77, www.rimonimhotels.com. Schöne, großzügige Zimmer, Pool auf dem Gelände des Country Clubs. In der Nähe gibt es einen Strand mit unterschiedlichen Badezeiten für Frauen und Männer, zur Altstadt geht man zu Fuß eine Viertelstunde. DZ ab 800 NIS.

Wohnen wie die Kreuzritter – **Akkotel** 3 : 1 Salahuddin St., Altstadt, Tel. 04 987 71 00.

ZUGANG ZUR ALTSTADT

Wer mit dem eigenen Auto nach Akko kommt und den Parkplatz beim Leuchtturm am südwestlichen Ende der Landzunge ansteuert, gelangt am Ende der Besichtigungen durch den **Templar's Tunnel** zurück zum Parkplatz. Dieser unterirdische, aus dem 12. Jh. stammende Gang ist zum Teil in die Felsen gehauen und wurde erst in späterer Zeit durch ein Gewölbe aus behauenen Steinen überbaut. Eine Pumpanlage sorgt dafür, dass der 350 m lange Tunnel nicht durch eindringendes Meerwasser geflutet wird.

Boutiquehotel mit Kreuzfahrerambiente und 16 unterschiedlich großen Zimmern, im Restaurant speist man unter Gewölben, von der Dachterrasse bietet sich eine tolle Aussicht. Nette Hotelbetreiber, die auch bei der Organisation von Touren und Ausflügen helfen. DZ ab 680 NIS.

Nettes Hostel in der Altstadt – **Walid's Akko Gate Hostel** 4 : 13/14 Salahuddin St., Altstadt, Tel. 04 991 04 10, www.akkogate.com. Nettes, einfaches Altstadthotel, nach einem Zimmer mit Blick auf die Straße fragen. Bett im Schlafsaal ab 80 NIS, DZ ab 320 NIS.

Essen & Trinken

Rund um die El-Jazzar-Moschee gibt es viele Imbisse und kleine Restaurants.

Preisgekrönt – **Uri Buri** 1 : 2 Ha-Hagana St., Lighthouse Square, Tel. 04 955 22 12, www.uriburi.co.il, Mi–Mo 12–23 Uhr. Kiwisuppe mit Pernod, Fischcarpaccio, Anchovisfilet in Limonen, Öl und Pfeffer, rotes Grapefruit-Sorbet – das sind ein paar der Spezialitäten des preisgekrönten Restaurants am Parkplatz

Akko und Umgebung

Die überdachten Gassen des Obstmarkts bieten Schutz vor Sonne und Regen

nahe dem Leuchtturm. Besitzer Uri Buri (Uri heißt er, Buri steht für Fisch), ein landesweit bekannter bärtiger Mann aus Galiläa, zaubert aus Fisch Köstlichkeiten, für die Gourmets aus dem ganzen Land anreisen. Persönlich geht er von Tisch zu Tisch, erkundigt sich, ob es geschmeckt habe. Man kann sich auch in Mini-Portionen quer durch die Speisekarte arbeiten. Kleines Manko: Es gibt nur wenige offene Weine, dafür aber eine gute Auswahl an Flaschenweinen. Ab 200 NIS.

Arabisch – **Abu Christo** 2 : Marina, Tel. 04 991 00 65, tgl. 10–24 Uhr. Beliebtes Touristenlokal nahe dem Leuchtturm, das alleine wegen seiner schönen Terrasse am Meer den Besuch lohnt. Fisch und Fleisch gibt es gegrillt, dazu kann man köstliche Vorspeisen. bestellen. Ab 120 NIS.

Abends & Nachts

Disco – **Palm Beach Club** 2 : im Rimonim Palm Beach Hotel, im Sommer tgl. bis 3 Uhr, im Winter nur Fr, ab 60 NIS.

Aktiv

Baden – **Argaman Beach** 1 : Der Argaman Beach (›Purpurstrand‹), wenige Hundert Meter südlich der Altstadt, ist einer der schönsten Strände Israels mit spektakulärer Aussicht auf die Hafenmauer von Akko.

Termin

The International Fringe Theater Festival (Okt., Tel. 04 838 47 77, www.accofestival.co.il): Das alternative Festival verwandelt die gesamte Altstadt in eine Theaterbühne. Die Künstler und Schauspieltruppen kommen aus dem In- und Ausland, etliche Stücke werden in Englisch aufgeführt.

Verkehr

Bahn: Vom **Bahnhof,** David Remez St., ca. 2 km außerhalb der Altstadt, stdl. Verbindungen nach Nahariya sowie alle 30 Min. nach Haifa und Tel Aviv (dort umsteigen nach Jerusalem und zu Zielen im Süden). Infos: Schnellwahl *5770, www.rail.co.il.

Busse: Von der **Central Bus Station,** David Remez St., Tel. 04 954 95 55, alle 10–15 Min. nach Nahariya, 1–2 x stdl. nach Haifa (dort Anschluss in andere Landesteile). Auskünfte erteilt **Egged:** Schnellwahl *2800, Tel. 03 694 88 88.

kündigten Gesandten Gottes hielt. In der gepflegten Gartenanlage steht auch das Haus, in dem Baha Ullah im Exil lebte. Der **türkische Aquädukt** aus dem 18. Jh. auf der rechten Straßenseite versorgte Akko einst mit Wasser.

Von Akko nach Nahariya ▶ 1, E 3

Bahai-Schrein

Garten tgl. 9–16, Mausoleum Fr–Mo 9–12 Uhr
Auf der Weiterfahrt nach Norden liegt etwa 3 km hinter Akko der **Bahai-Schrein,** der zusammen mit dem Schrein in Haifa das höchste Heiligtum dieser Glaubensgemeinschaft darstellt. 1892 wurde hier Husseini Ali (s. S. 75) beigesetzt, der sich für den vom Bab angekündigten Gesandten Gottes hielt.

Nahariya

Nahariya (ca. 52 000 Einw.), in den 1930er-Jahren von deutschen Juden gegründet, ist ein Badeort mit kleinen Hotels und Pensionen, Strandklubs und einer Flaniermeile für den Abendbummel. Es gilt als Rentnerrefugium, wenngleich die touristische Entwicklung aufgrund der Nähe zum Libanon seit jeher beeinträchtigt ist. Zu den schönsten Stränden Israels gehört allerdings das schon mehrfach wegen seiner Sauberkeit ausgezeichnete Strandbad **Galei-Galil** im Norden des Ha Ga'aton Boulevard.

KIBBUZ LOHAMEI HAGETAOT

An der Schnellstraße Nr. 4 zwischen Akko und Nahariya liegt der **Kibbuz Lohamei HaGetaot,** der von Überlebenden des Warschauer Gettos gegründet wurde. Er beherbergt nach Yad Vashem in Jerusalem das zweitgrößte Holocaust-Mahnmal Israels. Das hiesige Zentrum für humanistische Erziehung, das **Ghetto Fighters' House** bzw. **Itzhak Katzenelson Holocaust and Jewish Resistance Heritage Museum,** umfasst das **Museum of the Holocaust and Resistance** sowie **Yad La Yeled,** eine Gedenkstätte für 1,5 Mio. im Holocaust umgekommene Kinder. Letzteres ist als Lehr- und Geschichtsmuseum für Kinder gedacht, spricht aber auch Erwachsene an (20 NIS). Bei dem Rundgang bewegt man sich im Innern eines Rundbaus von oben nach unten und passiert dabei zehn Stationen. Über Lautsprecher hört man in Englisch und Hebräisch die Originalerzählungen von überlebenden Kindern. Bilder zeigen das Warschauer Getto, Deportationen und Konzentrationslager. Man wird vertraut gemacht mit Einzelschicksalen wie dem der Anne Frank. Nach dem Besuch können Kinder und Jugendliche unter pädagogischer Begleitung ihre Eindrücke kreativ verarbeiten und umsetzen. Zum Kibbuz gehört ein Gästehaus.
Museum: obligatorische Voranmeldung unter Tel. 04 995 80 80 und 04 993 32 71, www.gfh.org.il, So–Do 9–16 Uhr, 30 NIS.

Akko und Umgebung

Übernachten

Businesshotel – **The New Carlton:** 23 HaGa'aton Blvd., Nahariya, Tel. 04 900 55 55, www.carlton-hotel.co.il. Angenehmes Haus mit klassischem Business-Komfort, Pools, Wellnessbereich, sehr schöne Zimmer. Zum Meer sind es ein paar Minuten. Ab 800 NIS.

Ordentliche Bleibe – **Frank:** 4 Haaliyah St., Nahariya, Tel. 04 992 02 78, www.hotel-frank.co.il. Ordentliche Zimmer mit Blick auf das Meer. DZ ab 570 NIS.

Am Meer – **Madison Hotel:** 17 Haliya St., Tel. 073 200 50 00, www.madison-hotel.co.il. Zimmer und Studios in modernem Design, naher Strand, freier Eintritt für Gäste in den benachbarten Country Club. DZ ab 500 NIS.

Kibbuz-Unterkunft – **Nes Ammim Guest House:** ca. 8 km nordöstlich von Akko, Tel. 04 995 00 00, www.nesammim.com. Ein Kibbuzgästehaus in schöner Landschaft, das gleichzeitig als Begegnungsstätte für Juden und Christen fungiert. Tagesgäste sind hier nach Voranmeldung herzlich willkommen. Es gibt Zimmer, Apartments mit Küche, einen großen Pool sowie einen Garten, der ein botanisches Kleinod ist. DZ ab 450 NIS.

Essen & Trinken

Am HaGa'aton Boulevard reiht sich ein Straßencafé ans das andere. Sie sind tagsüber wie abends beliebte Treffpunkte für Stadtbewohner und Touristen.

Schnitzel und Shrimps – **Penguin Café und Restaurant:** 33 HaGa'aton Blvd., Nahariya, Tel. 04 992 42 52, www.penguin-rest.co.il, tgl. 8–1 Uhr. Die beste Wahl im Ort, das Restaurant wird bereits in dritter Generation von der Familie Oppenheimer betrieben. Das große Speiseangebot reicht von Schnitzel bis zu chinesischen Spezialitäten. Ab 60 NIS.

Verkehr

Bahn: Vom **Bahnhof,** HaGa'aton Blvd., ca. alle 30 Min. nach Haifa, stdl. nach Tel Aviv, alle 2–3 Std. nach Jerusalem. Fahrplanauskunft: Schnellwahl *5770, www.rail.co.il.

Busse: Mehrmals stdl. Verbindungen nach Haifa. Die Busse fahren ca. alle 30 Min. nach Tel Aviv (umsteigen für andere Landesteile), mehrmals tgl. nach Jerusalem, je nach Saison 4 x tgl. nach Rosh HaNiqra (Busse um 10, 13, 16 und 18 Uhr). **Egged:** Schnellwahl *2800, Tel. 03 694 88 88.

Sherut-Taxis: Vom HaGa'aton Blvd. fahren die Taxis nach Rosh HaNiqra, Akko und Haifa.

Mietwagen: Avis, 66 Weizman St., Tel. 04 951 18 80, www.avis.co.il.

Montfort ▶ 1, F 3

Nicht ganz leicht zu finden ist das nächste Ziel gut 30 km östlich von Nahariya, **Montfort.** Die in bewaldeten Hügeln gelegene Festung wurde 1226 von französischen Kreuzrittern erbaut und später an den Deutschritterorden verkauft, der sie mit Unterstützung von Papst Gregor XI. prunkvoll ausbaute. 1271 belagerte der Mamelucke Baibars – zum zweiten Mal nach 1266 – die Festung, konnte sie aber auch diesmal nicht stürmen. Als er die Burg schließlich mithilfe von Stollen zum Einsturz bringen wollte, ergaben sich die Kreuzritter und handelten freies Geleit aus. Seither blieb die Anlage dem Verfall überlassen.

Nach Montfort führen zwei Wege. Von Nahariya fährt man auf der Straße Nr. 89 etwa 33 km nach Osten bis **Mi'ilya** und geht von dort die restlichen 2 km zu Fuß. Die andere Zufahrt zweigt kurz vor **Rosh HaNiqra** (s. S. 277) nach Westen Richtung Goren und Sasa ab. Etwa 1 km nach dem **Kibbuz Eilon** (s. S. 279) fährt man in den Park Keziv zum Aussichtspunkt Montfort. Von dort führt ein Wanderweg in rund 45 Min. zur Festung.

Nach Rosh HaNiqra
▶ 1, E 2/3

Akhziv-Nationalpark

www.parks.org.il, Sept.–Juni tgl. 8–17, Juli/Aug. 8–19 Uhr, 43 NIS, 61 NIS inkl. Eintritt für Rosh HaNiqra

Ca. 4 km nördlich von Nahariya liegt an der Stelle eines zerstörten arabischen Dorfs der **Akhziv-Nationalpark.** Hier kann man am

Nach Rosh HaNiqra

Beliebter Ort für Eheschließungen: die Kreuzritterfestung Montfort

schönen Strand baden und picknicken. Im Park befindet sich auch die Haltestelle des Small Train, der in rund 45 Min. nach Rosh HaNiqra zuckelt (Sa und Fei 11–17 Uhr alle 30 Min., s. S. 279).

Republik Akhzivland

Tel. 04 982 32 50, tgl. 10–15 Uhr, Besichtigung 20 NIS, Strandzugang 35 NIS

Auf der Weiterfahrt nach Norden passiert man kurz hinter dem Nationalpark und südlich des etwas versteckt liegenden **Banana Beach** (Strand, Camping, Restaurant) ein Richtung Küste weisendes Straßenschild mit der Aufschrift »Eli Avivi«, das geradewegs in die autonome **Republik Akhzivland** führt. Im kleinsten Freistaat der Welt kann man mit dem Regenten unter Umständen persönlich ins Gespräch kommen, die Gegenstände seiner Sammelleidenschaft bewundern und im Zelt übernachten (s. Thema S. 278).

Ziemlich exakt bis Akhzivland, selten aber weiter südlich als bis zum ruhigen Badeort Nahariya reicht der Radius der Katjuscha-Raketen, die früher häufig von der Hisbollah aus dem Südlibanon abgefeuert wurden. Aber auch die Israelis provozieren durch Grenzverletzungen und die immer wieder aufbrechenden Grenzfeindlichkeiten haben bisher die touristische Entwicklung dieser Region eher gehemmt.

Rosh HaNiqra

Auf der Schnellstraße Nr. 4 geht es nun nahe dem Meer durch Wälder leicht aufwärts. Das Buch Josua nennt bereits das südlich von Rosh HaNiqra gelegene Misrafot Majim als Grenzort der israelitischen Stämme. Alexan-

Autonome Republik Akhzivland

Der kleinste Freistaat der Welt leistet sich keine diplomatische Auslandsvertretung, hat keinen UN-Sitz und seine militärische Abwehr besteht, wenn man davon überhaupt sprechen will, aus zwei bellenden Hunden. Besuch in einem Mikrostaat.

Eli Avivi, Präsident der Republik Akhzivland

An Akhzivland würde man auf dem Weg von Nahariya nach Rosh HaNiqra wahrscheinlich vorbeifahren, gäbe es nicht das Hinweisschild an der Straße. Ein schmaler Schotterweg führt, unmittelbar nach dem gleichnamigen Nationalpark, hoch auf einen Hügel am Meer zu einer mehrstöckigen Villa. Das Erdgeschoss ein Steinbau, die Aufbauten aus Holz. Und in der Tür des einzigen Hauses von Akhzivland wartet schon Eli Avivi, ein Mann, der so aussieht, wie man in Kinderbibeln Petrus darzustellen pflegt. Avivis braungebranntes Gesicht wird von einem hellen Rauschebart umrahmt, er trägt einen weißen Kaftan mit schwarzem, locker hängendem Gürtel sowie leichte Ledersandalen. Ein Mann aus Galiläa. Jetzt, im hohen Alter, zeigt er sich aus gesundheitlichen Gründen nicht mehr so häufig seinen Gästen und schickt gerne seine Frau vor, eine gebürtige Münchnerin und sehr resolut.

Das Haus ist Wohnhaus, archäologisches Museum und antiquarische Rumpelkammer in einem, eine Art Villa Kunterbunt für Erwachsene. Kein Zimmer, in dem nicht Anker, Galionsfiguren, Dreschflegel, Obstpressen, Lampen oder Tonscherben aus nachchristlicher Zeit, Vasen, Kannen, Fragmente von Säulen und Kapitellen ausgestellt sind. Dort, wo sich der Besucher, erschlagen von der Fülle der Exponate, erschöpft aufs Bett sinken lässt, befindet man sich im Schlafzimmer des Präsidenten und Museumschefs Eli Avivi und seiner Frau Rina. In der Stube, wo der Zollbeamte Eli Avivi den Besuchern später die drei Ein- und Ausreisestempel für Akhzivland in den Reisepass drückt, befindet man sich in der Wohnküche des Paars.

Eli Avivi, Jahrgang 1930, schloss sich mit 13 Jahren der Palmach-Bewegung an, einer Untergrundarmee, die gleichermaßen gegen Briten und Araber kämpfte. »1951 habe ich dieses Haus hier entdeckt und mir einen Pachtvertrag für Haus und Land über 99 Jahre geben lassen. Aber ein Jahr später kam die israelische Armee und wollte alles zerstören, weil das Haus einst einem Muslim gehörte.« Avivi begann einen Sitzstreik und wich nicht von seinem Anwesen, zog vor Gericht durch alle Instanzen und wurde sogar wegen seines Widerstands kurzzeitig inhaftiert. »Aus Protest gegen die Vertreibung durch mein eigenes Volk gründete ich diese Republik.« Die Gerichte erklärten sich allesamt für nicht zuständig: Eli Avivi setzte sich durch.

Akhzivland lebt wie kein anderes Land vom Tourismus, der hier nahe der libanesischen Grenze oft unter dem Beschuss der südlibanesischen Hisbollah leidet. »Es ist Pech, dass die Reichweite der Raketen etwa 100 m hinter meinem Haus endet. Bei jedem zweiten Angriff bersten in Akhzivland alle Glasscheiben.« 2051 wird die Republik Akhzivland aufgelöst. »Ich werde dann längst tot sein«, lächelt Avivi, »mein Grab wird auf Akhzivland liegen. Ich wünsche mir nur, dass man Akhzivland wenigstens als Museum bestehen lässt.«

Nach Rosh HaNiqra

der der Große ließ 323 v. Chr. einen Tunnel für seine Truppen graben, die nach dem Sieg über das nördliche Tyros einen schnellen Durchzugsweg brauchten, der den Weg über das Gebirge ersparte.

Im Ersten Weltkrieg bauten die Briten die erste Autostraße, während des Zweiten Weltkriegs trieben sie einen 250 m langen Tunnel durch den Stein: den noch heute teilweise zugänglichen Eisenbahntunnel der Strecke von Beirut über Haifa nach Kairo, der für den Truppennachschub aus Ägypten vonnöten war. Während des Unabhängigkeitskriegs 1948 sprengte man Teile des Tunnels, um eine Invasion aus dem Libanon zu erschweren.

In **Rosh HaNiqra** endet die Fahrt auf einem Parkplatz mit Meerblick und Souvenirladen und dem kleinen Tourist Center. Der auf einem Kliff gelegene Grenzort zum Libanon bietet einen wunderbaren Blick über die teils sandige, teils felsige Nordküste. An den wenigen klaren Tagen kann man bis Haifa sehen, und im Meer entdeckt man einige kleine Inseln, darunter **Akhziv Island,** die von Schnellbooten angefahren werden.

Grotten

Tel. 04 985 71 90, www.rosh-hanikra.com, im Sommer So–Do 9–18, im Winter So–Do 9–16, Fr und vor Fei 9–16, Sa 9–18 Uhr, 45 NIS, Kombiticket mit Sehenswürdigkeiten in Akko 68 NIS, Fahrradausleihe 72 NIS

Steil fallen die Kalksteinwände 70 m in die Tiefe. Hartes und weiches Gestein liegen hier übereinander und das Meer hat in Tausenden von Jahren die **Grotten** von Rosh HaNiqra ausgespült. Interessant ist die 15-minütige Bild-und-Ton-Schau in einer Grotte, die das Grenzleben von einst auferstehen lässt (in Deutsch, Englisch und anderen Sprachen).

Vom Aussichtspunkt kann man zu Fuß oder mit der stetig pendelnden und angeblich steilsten Kabinenseilbahn der Welt, der **Cable Car,** das 9 m über dem Meeresspiegel gelegene Plateau in Höhe der Höhlen erreichen und dort durch die ca. 400 m langen Gänge spazieren. Mit dem Leihrad oder dem Elektro-Car kann man an der Strandpromenade einen Ausflug unternehmen.

Kibbuz Eilon

Tel. 04 985 81 91 und 04 985 81 31, www.keshetei.org.il, Unterkünfte s. u.

Der **Kibbuz Eilon,** ca. 12 km östlich von Rosh HaNiqra Richtung Montfort (s. S. 276) gelegen, beherbergt das **Keshet Eilon Music Center and International String Mastercourse,** ein 1990 gegründetes, weltbekanntes Musikzentrum. Die Meisterkurse für Saiteninstrumente, die hier gegeben werden, locken Professoren und Schüler aus der ganzen Welt an. Als Besucher kommt man Mitte August bei der Konzertreihe »Sounds of Eilon« zu Hörgenüssen, wie man sie in dieser Gegend nicht erwarten würde. Es gibt ganzjährig nette Übernachtungsmöglichkeiten.

Übernachten

Geräumige Bungalows – **Kibbuz Eilon:** s. o., Tel. 052 373 88 51, zipivillas@012.net.il, Ende Juli–Mitte Aug. geschl. Man wohnt in geschmackvoll eingerichteten und geräumigen Bungalows. Sobald man auf die Terrasse hinaustritt, steht man schon mitten in der Natur. Einfach erholsam. DZ ab 450 NIS.

Wohnen im Freistaat – **Republik Akhzivland:** Tel. 04 982 32 50. Von hier aus kann man auch gut den nahen Nationalpark erkunden und dort schwimmen. DZ ab 150 NIS, Camping 90 NIS.

Essen & Trinken

Neben einer Snackbar gibt es in Rosh HaNiqra ein koscheres Restaurant mit Terrasse.

Meerblick – **The Cliff Diners Barosh:** Tel. 04 952 01 59, 053 613 02 32, So 11.30–18, Mo–Do 11.30–22, Fr 11.30–16 Uhr. Koschere israelische Küche. Ab 60 NIS.

Verkehr

Bahn: Vor dem Tourist Center fährt der **Small Train** ab, der Sa und Fei 11–17 Uhr alle 30 Min. den Akhziv-Nationalpark ansteuert (s. S. 276, ca. 45 Min., 56 NIS).

Busse: Vom Tourist Center 4 x tgl. nach Nahariya (12, 14.30, 17 und 18 Uhr).

Sherut-Taxis: Abfahrt vor dem Tourist Center nach Nahariya.

Kapitel 4
Galiläa und Golan

Nazareth ist das spirituelle Zentrum Galiläas, das vom Hermongebirge und der nördlichen Staatsgrenze bis zum Jesreel-Tal im Süden reicht. Im Osten grenzt es an das Jordantal bzw. den Golan, im Westen an den küstennahen Gebirgszug Karmel. Das Leben in Galiläa (hebr. HaGalil) verläuft beschaulich und die Menschen sind ihren Traditionen eng verbunden. Hügel, Berge, Bäche, Wasserfälle, Pinien- und Zedernwälder prägen die liebliche Landschaft mit fruchtbarem Ackerland.

Die stark zergliederte nördliche Gebirgslandschaft umfasst Safed, Galiläas Hauptstadt, und den 1208 m hohen Meron, Israels höchsten Berg. Das südliche Galiläa ist ein bis zu 598 m hohes Hügelland, in dem viele Episoden der von den Evangelisten beschriebenen Lebensgeschichte Jesu spielen. Darin liegt der Reiz Galiläas: Die Natur bietet eine überwältigende Kulisse, um auf den Spuren Jesu die Wurzeln der Geschichte des Christentums und des Abendlands zu entdecken. Tiberias am See Genezareth ist das Zentrum des Bade- und Kurtourismus. An der Südspitze des Meers von Galiläa liegt mit Deganya der erste Kibbuz Israels.

Im Norden Galiläas und im Golan besucht man Naturparks wie das Hula-Tal und Banias. Das Hermongebirge ist Israels einziges Skigebiet und in der schneefreien Zeit lässt es sich hier nett wandern. Probieren sollte man auch die guten Weine der lokalen Winzer.

*Traditionelles Fischerboot auf dem See Genezareth –
kaum anders als zu Lebzeiten Jesu*

Auf einen Blick: Galiläa und Golan

Sehenswert

Nazareth: Die Geburtsstadt Jesu ist das Ziel vieler Pilger, die in der Verkündigungskirche beten. Nazareth selbst verzaubert durch sein arabisches Flair (s. S. 284).

Tiberias: Thermalquellen und die guten Bademöglichkeiten im See Genezareth haben Tiberias zum beliebten Urlaubsziel gemacht. An der Uferpromenade tobt abends das Leben, tagsüber erkundet man von hier die Region Galiläa (s. S. 293).

Beit She'an: Die großartige archäologische Stätte birgt die Überreste von mehr als 20 Städten und erzählt eine 5000 Jahre alte Besiedlungsgeschichte (s. S. 304).

Berg Hermon: Der Gipfel an der syrischen Grenze lockt viele Naturfreunde an und ist mit 2814 m hoch genug, dass man dort im Winter Skifahren kann (s. S. 320).

Schöne Routen

Von Tiberias um den See Genezareth: Diese Tour führt zum ersten Kibbuz Israels, in den Park von Gan HaShelosha und zur archäologischen Stätte Beit She'an. Vom Thermalort Hammat Gadar fährt man an den Ausläufern des Golan vorbei zum Franziskanerkloster und der Weißen Synagoge von Kapernaum, besucht das Haus des Petrus, den Berg der Seligpreisungen bei Tabgha und die Kirche der Brotvermehrung (s. S. 293).

In den Golan: Die Tour führt über den Banias-Nationalpark zum Berg Hermon und in den Drusenort Majdal Shams, den ein Grenzzaun von seinem syrischen Schwesterdorf trennt. Anschließend geht es abwärts zum Aussichtspunkt Quneitra und weiter nach Qatzrin mit der Golan Heights Winery und den Dvorah-Wasserfällen (s. S. 318).

Meine Tipps

Vered HaGalil Guest Farm: Das nördlich von Tiberias liegende Gestüt bietet Unterkunft und Ausritte (s. S. 302).

Hamat Gader: Die 51 °C heißen Thermalquellen mit Alligatorfarm am See Genezareth sind eine beliebte Touristenattraktion (s. S. 308).

Abenteuerpark Ma'ayan Baruch: Er gehört zum Kibbuz Ma'ayan nördlich von Kiryat Shmona. Hier kann man auf dem Hatzbani-Fluss Kajakfahren oder Eislaufen (s. S. 316).

Golan Heights Winery: Diese Weinkellerei in Qatzrin ist zu besichtigen, Kostprobe inklusive, Einkauf ab Winzer möglich (s. S. 322).

Aktiv

Auf dem Jesus Trail durch Galiläa: Die 65 km lange Wanderung von Nazareth nach Kapernaum entlang Stationen des Evangeliums ist auch für naturbegeisterte Nicht-Christen ein Heidenspaß (s. S. 286).

Auf den Berg Tabor: Nahe dem Dorf Kefar Tavor liegt über dem Jezreel-Tal der 588 m hohe Berg der Verklärung Jesu. Die Aussicht von oben ist atemberaubend und reicht über ganz Galiläa (s. S. 292).

Mit dem Rad um den See Genezareth: Die Tour in überwältigender Landschaft ist etwas über 50 km lang und mit erfrischenden Badestopps auch in einem Tag machbar (s. S. 294).

Trekking auf dem Israel National Trail: Die ca. 965 km lange Strecke von der libanesischen Grenze im Norden bis nach Eilat am Roten Meer kann auch in Teilstrecken erwandert werden (s. S. 319).

Nazareth und Umgebung

Höhepunkt dieser Tour ist ohne Frage Nazareth, eine sympathische Stadt. Mit dem Berg Tabor und Kana bleibt man auf den Spuren Jesu. Ein faszinierender Ort für archäologisch Interessierte sind die Ausgrabungen von Beit She'arim.

Nazareth ▶ 1, G 5

Karte: S. 291

Viele Besucher sind von **Nazareth** (mit Schwesterstadt Nazareth-Illit 122 000 Einw.) zunächst enttäuscht. In einem Tal entwickelte sich hier eine moderne, von arabischer Bevölkerung dominierte Stadt (arab. El Nasra), die beileibe nicht die sakrale Atmosphäre verströmt, die man von einem solchen Ort erwarten würde. Der nahöstliche Glaubenskonflikt zeigt sich hier schon am City Square, dem Aufgang zur Verkündigungskirche. Der islamische Schrein des Shahab el-Din gedenkt eines Neffen Saladins, der im 12. Jh. Kreuzfahrer aus dem Morgenland vertreiben half. Über Shahabs Mausoleum weht in Blau – statt wie üblich in Grün – die Fahne des Islam mit dem Schwert darauf. In Arabisch steht zu lesen »Es gibt nur einen Gott, und Mohammed ist sein Prophet«. Neben der Kuppel des Schreins haben Mitglieder der ›Jama'at Ansar Allah‹, der Unterstützer Allahs, einen Lautsprechermast aufgestellt. Dröhnend tragen sie den Gebetsruf des Muezzin auch nach oben zur Verkündigungskirche. In Nazareth

Undenkbar: eine Pilgerreise nach Israel ohne Nazareth und Verkündigungskirche

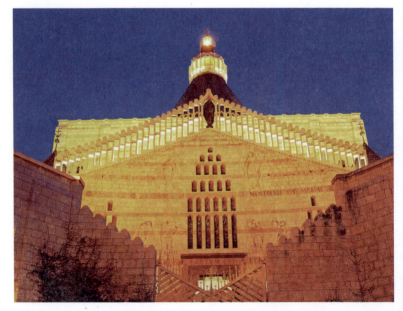

Nazareth

verkündete der Erzengel Gabriel die Geburt Jesu und nach Nazareth kehrte die heilige Familie nach ihrer Flucht aus Ägypten zurück. Der Besuch von Nazareth ist für viele ein spirituelles Erlebnis, aber auch das wird einem nicht immer ungestört gegönnt. Viele Priester und Mönche, die Hüter der heiligen Stätten, pflegen gegenüber Kirchenbesuchern einen barschen Ton. Im Grunde ist die Stadt heute eine Schnellabfertigung für Pilgergruppen: rein in die Kirche, beten, Segen, Amen und auf Wiedersehen.

Geschichte

Vor der Verkündigung Mariä spielte Nazareth keine erwähnenswerte Rolle in der Geschichte, obwohl seit der Bronzezeit eine landwirtschaftliche Siedlung nachgewiesen ist. Nach dem Bar-Kochba-Aufstand suchten jüdische Hohepriester und andere aus Jerusalem Vertriebene hier Zuflucht und unterdrückten in der Folgezeit jede Art christlichen Engagements in Nazareth, bis sie von den Byzantinern besiegt und verjagt wurden.

Ab dem 5. Jh. konnten christliche Kirchen und Gedenkstätten errichtet werden. Der Pilgerstrom setzte wenig später ein, als über Nazareth Berichte laut wurden, wonach sich hier Wunder ereigneten und die örtliche Synagoge die Schulbank und das Buch besitze, in dem Jesus als Kind seine ersten Schreibversuche unternahm.

Die Araber zerstörten die Stadt im 7. Jh. 1099 erhoben die Kreuzritter das längst wieder aufgebaute Nazareth zur Hauptstadt Galiläas und bauten Kirchen – der Beginn des Pilgertourismus. 1263 wurde die Stadt von Mamelucken erobert, 1620 konnten die Franziskaner unter der toleranten Herrschaft des Drusen Fakhr el Din ein Kloster gründen. Im Unabhängigkeitskrieg eroberte Israel die arabische Stadt, in der heute die größte Gemeinschaft arabischer Israelis lebt.

Ein wenig verwirrend ist die Namensgebung für Straßen, die neuerdings vierstellig durchnummeriert sind. Der Stadtplan aus dem Tourist Office (s. S. 288) an der Casa Nova Street hilft bei der Orientierung.

Sehenswertes

Verkündigungskirche

Tel. 04 656 00 01, www.nazareth-en.custodia. org, tgl. 8–18, Grotte 5.45–18, zum stillen Gebet 18–21 Uhr, Rosenkranzgebet Di 20.30 Uhr, Eucharistische Anbetung Do 20.30 Uhr, Lichterprozession Sa 20.30 Uhr, Eintritt frei

Die **Verkündigungskirche** an der Casa Nova Street ist der religiöse Dreh- und Angelpunkt aller Pilgergruppen. 1969 wurde der architektonisch betont modern konzipierte Kalksteinbau eingeweiht. Für ihn musste eine Kirche aus dem 18. Jh. weichen. Die Basilika besteht aus zwei übereinander liegenden Kirchen, in die ältere Elemente aus der Zeit der Byzantiner und der Kreuzfahrer einbezogen wurden. An dieser Stelle stand einst das Haus der Maria, in dem Gabriel die Geburt des Heilands ankündigte.

Ein ummauerter Vorhof umgibt den Sakralbau. Der **Kreuzgang** ist reich verziert mit Wandmosaiken, die sehr schöne Volkskunstdarstellungen aus aller Welt zeigen. Die Fassade trägt im Giebel Reliefs der Verkündigung Gabriels sowie Darstellungen der Evangelisten. Die Bronzeportale zeigen Schlüsselszenen des Christentums und des Lebens Jesu: Sündenfall, Taufe, Bergpredigt, Kreuzigung und Auferstehung.

Mittelpunkt im Innern der Kirche ist der 1,5 m tiefer liegende achteckige Altarvorraum, in dem Pilgergruppen vor der Verkündigungsgrotte Gottesdienste zelebrieren. In der geräumigen **Grotte** mit der von Kreuzfahrern errichteten **Engelskapelle** markieren zwei Säulen die Standpunkte Marias und Gabriels während der Verkündigung.

Vor dem **Martyrion,** einer Nebengrotte mit schönem Mosaik, soll Marias Haus gestanden haben. Im Boden des Hauptschiffs erkennt man das Christusmonogramm, bestehend aus den griechischen Anfangsbuchstaben des Namens Christus: einem zum Chi (X) abgewandelten Stern und dem Rho (P).

Die **Oberkirche** mit großem Hauptaltar und zwei Seitenaltären wird von Mosaiken und Malereien geschmückt, die Christen aus aller Welt gestiftet haben.

Nazareth und Umgebung

AUF DEM JESUS TRAIL DURCH GALILÄA

Tour-Infos
Strecke: Nazareth–Kapernaum
Länge: ca. 65 km
Dauer: 4–5 Tage
Saison: Febr.–Mai und Ende Sept.–Nov.
Planung: Die Internetseite www.jesustrail.com bietet u. a. Karten, GPS-Material, Unterkunftslisten, Höhenprofile. Buchtipp: »A Village to Village Guide to Hiking the Jesus Trail« (ISBN 978-0-9843-5332-3).
Organisierte Tour: Wer die Wanderung nicht auf eigene Faust unternehmen will, wendet sich ausschließlich per E-Mail an info@jesustrail.com oder info@jesustrailtours.com. Tourpakete (6 Tage/5 Übernachtungen, Gepäcktransport inkl.) gibt es ab ca. 950 €.

»Jesus ist nicht im Bus gereist, sondern zu Fuß marschiert«, sagt David Landis, der mit einem Israeli den Jesus Trail durch Galiläa ausgeheckt hat. Aus bestehenden Pfaden und Feldwegen wurde so ein reizvoller Trail, der die Stationen des Evangeliums miteinander verbindet.
Die Übernachtung in Nazareths atmosphärischem **Fauzi Azar Inn** (s. S. 288) ist nicht nur wegen der Nähe zum Startpunkt des Trails ideal; viele Wanderer wohnen hier, bevor es im wahrsten Sinn des Wortes über Stock und Stein geht, Hügel hinauf und hinunter, durch kleine Bäche watend, über Weiden, oft mit Blick auf den nur scheinbar zum Greifen nahen See Genezareth.
Die ca. 65 km lange Strecke führt von Nazareth über Kana nach Kapernaum Richtung Tiberias. Die Etappen sind mit 11– 21 km pro Tag für durchschnittliche Wanderer geeignet. Das klingt nach wenig, aber die Mittagshitze raubt einem oft den Elan und zwingt zum Pausieren. Wo immer

man nächtigt, ob Farm, Kibbuz oder privat, man bricht zeitigst auf, stets ausgestattet mit reichlich Wasser; 5 l pro Person und Tag muss man veranschlagen. Die Versorgung unterwegs ist gut.
Von **Nazareth** aus wandert man am ersten Tag 13,5 km – zuerst hinab ins Tal nach **Zippori** mit sehenswerten Ausgrabungen des antiken Sepphoris. Neben einem römischen Theater und der zugänglichen Wasserversorgungsanlage sind Reste einer Synagoge aus dem 5. Jh. sowie deren prächtige Mosaike erhalten (u. a. Tierkreiszeichen, Helios, Pan, Prometheus, Dionysos). In den Dörfern ist man an Pilger gewöhnt, vor allem an amerikanische Gruppen. Der erste Tag endet dort, wo einst die Hochzeit zu Kanaan stattfand.
Tag zwei mit einer Strecke von gut 15 km ist geprägt vom Marsch durch Wälder. Bei **Ilanya** besucht man die **Yarok-Ziegenfarm,** einen Bio-Betrieb mit Gästehaus. Übernachtet wird allerdings 4 km weiter im Kibbuz Lavi; dort hält man sich strikt an die Shabbatregeln.
Von **Lavi** geht man am dritten Tag bis ins **Arbel-Tal**, mit 19 km die längste Etappe. Das Highlight des Tages sind die Überreste einer römischen Straße sowie der Weg hoch zu den **Hörnern von Hittim** (Hattin), eine unspektakuläre Doppelkuppe, berühmt aber wegen der Schlacht, bei der hier die Kreuzfahrer 1187 gegen Salah el Din unterlagen. Für die Übernachtung bietet sich das Moshav **Arbel** mit netten Gästehäusern an, etwa bei den Shavits in ihrem Arbel Guest House mit Einzel-, Doppel- und Mehrbettzimmern.
Reich an Sehenswürdigkeiten ist der vierte und letzte Tag. Das beginnt mit dem Blick von den **Arbel-Kliffs**, der bei klarem Wetter vom Golan bis ins Jordantal reicht. Man erreicht den **Berg Tabor** (s. S. 292) mit der Basilika der Verklärung, erlebt stimmungsvolle Pilgergebete in **Tabgha** (s. S. 310), dem Ort der Brotvermehrung, und am **Berg der Seligpreisungen** (s. S. 311), dem Ort der Bergpredigt. Im Fischerdorf **Kapernaum** (s. S. 309), wo Jesus wohnte, endet die Tour.
Mit dem Shuttle geht es zurück nach Nazareth oder weiter nach Tiberias. Wer noch nicht genug hat: Eine 128 km lange, etwas anstrengendere Strecke führt über Tiberias weiter am See Genezareth entlang und zurück zum Ausgangspunkt Nazareth.

Josephskirche
Tgl. 7–18 Uhr
Von der Oberkirche gelangt man zur nördlich liegenden **Josephskirche**, erbaut 1914 und nicht annähernd so beeindruckend wie die Verkündigungskirche. Sie wurde an der Stelle errichtet, auf der sich das Haus und die Werkstatt von Joseph befunden haben sollen. Hier lernte Jesus das Zimmermannshandwerk. Eine schmale Treppe am Taufbecken führt in die nur durch Gitter zu sehende Josephsgrotte, die als Kultstätte und später als Getreidelager diente.

Marienzentrum Nazareth
15 Casa Nova St., Tel. 052 447 60 83, www.cimdn.org, Mo–Sa 9.30–12, 14.30–17, Eintritt frei
Unterhalb der Kirche liegt das Internationale **Marienzentrum Nazareth.** Es widmet sich der Erforschung des Mysteriums der Gottesmutter und wird von den christlichen Kirchen des Heiligen Landes und internationalen Marienexperten betrieben. Bei den vorbereitenden Bodenuntersuchungen für den Bau des Zentrums stießen Archäologen auf ein Haus aus der Zeit Jesu; damit wurde erstmals ein Gebäude aus dem jüdischen Nazareth entdeckt. Neben einer interaktiven Ausstellung zur Rolle der Mariengestalt für die Kirchen der Welt gibt es eine Multimediashow, u. a. auch in Deutsch. Auf dem Dach wurde ein Garten mit biblischen Pflanzen angelegt.

Synagogenkirche
Mo–Sa 8–12, 15–19 Uhr, Eintritt frei
Von der Verkündigungskirche führt ein steiler Fußweg hinauf zum Basarviertel mit der griechisch-katholischen **Synagogenkirche.** An dieser Stelle siedelt der Volksglaube die Synagoge an, in der Jesus als Kind lesen und schreiben lernte und sich den jüdischen Einwohnern später als Messias präsentierte.

Nazareth und Umgebung

Mensa-Christi-Kirche

Da in der Kirche derzeit keine Messen gelesen werden, muss man den Schlüssel bei den Nachbarn holen; dafür wird eine kleine Spende erwartet

Die im Jahr 1861 von Franziskanern erbaute **Mensa-Christi-Kirche** liegt in einer der steilen Gassen westlich der Verkündigungskirche und ist an ihrer roten Kuppel leicht zu erkennen. Sie steht an dem Ort, wo Jesus nach der Auferstehung mit seinen Jüngern gespeist haben soll. Als Tisch diente ein Felsblock, aus dem Pilger früher kleine Stücke als Souvenir herausbrachen. In der Kirche mit Marmoraltar sind feine Malereien italienischer Künstler des 19. Jh. zu bewundern. Die sogenannte Jesus-Quelle außerhalb der Kirche ist bereits seit 1921 versiegt.

Gabrielskirche

Mo–Sa 8–17, So 12–14 Uhr, Eintritt frei

Letzte Station ist die **Gabrielskirche** von 1776 mit dem Marienbrunnen am nördlichen Stadtrand. Von den griechisch-orthodoxen Christen wird sie statt der Verkündigungskirche als wahrer Platz der Verkündigung angesehen. Mit ihrer Halle und den beiden Flügeln erinnert sie an eine Festung. Die alte Brunnenöffnung liegt in der Krypta unter dem Altar. Der Brunnen aus dem 19. Jh. führt kein Wasser mehr. Über dem Brunnen in der Krypta steht an der Wand in Arabisch »Verkündigung der Jungfrau und Wasserbrunnen«. Sehenswert ist die aus der Zeit der Kirchengründung erhaltene, mit Einlegearbeiten verzierte und vergoldete Holzikonostase, die Kirchenbesucher und Altarraum trennt.

Mary's Well and the Ancient Bath House

Mary's Well Square, Tel. 04 657 85 39, www.nazarethbathhouse.org, Mo–Sa 9–18 Uhr, Tour für bis zu 4 Pers. pauschal 120 NIS, ab 5 Besuchern 28 NIS/Pers.

Etwas weltlicher ist das alte Badehaus nahe der Gabrielskirche und dem modernen Marienbrunnen, dessen Wasser seit der Erscheinung des Erzengels Gabriel Heilkraft nachgesagt wird. Es gehört heute zum Souvenirshop »Cactus«. **Mary's Well and the Ancient Bath House** ist der ganze Stolz des israelisch-belgischen Paars Elias und Martina, die 1993 bei Renovierungsarbeiten auf dieses Badehaus aus römischer Zeit stießen. Sie begannen mit der Freilegung und präsentieren heute bei Führungen eine spannende archäologische Stätte.

Nazareth Village

Tel. 04 645 60 42, www.nazarethvillage.com, Mo–Sa 9–17 Uhr, Eintritt 50 NIS

Das **Freilichtmuseum** zeigt das Leben zu Zeiten Jesu. Die Bewohner tragen Kleidung wie damals üblich in Galiläa, Tischler und Weber zeigen ihr Handwerk, wie es vor 2000 Jahren ausgeführt wurde, zur passenden Jahreszeit ernten Kinder Oliven, nachts gibt es Touren im Schein von Öllampen. Bei Voranmeldung bekommen Gruppen ein Mahl wie zu Bibelzeiten.

Infos

Nazareth Tourism Association: Khan Al-Basha Building, Casa Nova St., Tel. 04 601 10 72, www.nazarethinfo.org, Mo–Fr 8.30–17, Sa 8.30–14 Uhr.

Übernachten

Beeindruckende Aussicht – **Golden Crown Hotel:** 2015 Mount of Precipice, Tel. 04 600 06 80, www.goldencrown.co.il. Das erste 5-Sterne-Hotel der Stadt thront samt Pool auf dem Hügel über Nazareth und lohnt schon wegen des einmaligen Blicks den Besuch, auch wenn man hier nicht zu wohnen beabsichtigt. DZ ab 750 NIS.

Mit viel Flair – **Villa Nazareth:** Mary's Well Square, Tel. 600 05 69, www.villa-nazareth.co.il. Die Villa im Zentrum der Stadt ist mit ihren 18 geräumigen und stilvoll möblierten Zimmern, dazu Restaurant und Bar, ein veritabler Wohlfühlplatz. DZ ab 480 NIS.

Wunderbar – **Fauzi Azar Inn:** im Souq, Tel. 04 602 04 69, www.abrahamhostels.com/nazareth. Marmorböden, Deckenfresken – man wohnt in einer heimelig anmutenden, 200 Jahre alten arabischen Villa, die neben den üblichen Einzel- und Doppelzimmern auch einen Schlafsaal bietet. Das Personal ist extrem

Nazareth

In Nazareth überwiegt die arabische Bevölkerung – was sich auch in der Schaufenstergestaltung widerspiegelt

freundlich und hilfsbereit. Mindestaufenthalt 2 Nächte, DZ ab 300 NIS.

Essen & Trinken

Die Restaurants in der Touristenzone sind auf eine Speisung der Massen ausgelegt und bieten zu günstigen Preisen gute arabische Hausmannskost, u. a. das **Al Salam,** Paul VI. St., und das **Astoria,** Casa Nova St.

Mediterran-arabische Küche – **Tishreen:** 56 El-Bishara Mary's Well, Tel. 053 944 28 30, 04 608 46 66, www.tishreen2.rest.co.il, tgl. 12–23 Uhr. Den ersten Sympathiepunkt macht das Tishreen wegen seiner Popularität bei Einheimischen. Dazu kommen die mehr als ordentliche lokale Küche und die Terrasse mit einem herrlichen Blick auf Nazareth. Ab 130 NIS.

Traditionell – **Al Reda:** 21 Bishara St., Tel. 04 608 44 04, tgl. 11.30–23.30 Uhr. Das Café-Restaurant ist in einem alten osmanischen Gebäude untergebracht und bietet einen tollen Blick von der Terrasse. Serviert werden in märchenhaft-nostalgischem Ambiente exzellent verfeinerte arabische Vor- und Hauptspeisen. Auch ein Gästeapartment kann gemietet werden. Ab 90 NIS.

Große Vorspeisenauswahl – **Diana:** 51 Paul VI. St., Tel. 04 656 82 03, tgl. 11–24 Uhr. Für Freunde von Vorspeisen verbirgt sich hinter der unscheinbaren Fassade dieses Lokals ein Paradies – mit unglaublicher Fantasie verfeinert man hier die gängigen *mezze*. Zu den empfehlenswerten Hauptspeisen gehören Fleischspieße mit Pinienkernen oder Lamminnereien. Fisch, Calamari und Steaks runden die Karte ab. Ab 80 NIS.

Einkaufen

Das Angebot konzentriert sich auf Devotionalien. Schön ist der arabische **Souq** in der Casa Nova Street, wo man neben Lebensmitteln, Gewürzen, Rosenkränzen und Wasserpfeifen auch Souvenirs findet. Immer feilschen!

Termine

Programminformationen findet man unter www.nazarethinfo.org.
Feste der sakralen Musik (Ostern und Weihnachten): Spannende Konzerte. Es muss nicht immer Orgel sein, auch mit Instrumenten wie Oud und arabischer Trommel lässt sich Sakralmusik spielen.

Nazareth und Umgebung

Nazareth Festival der Arabischen Folklore (Spätsommer): Arabische und jüdische Israelis des Israeli-Arab Orchestra of Nazareth musizieren gemeinsam.

Near Nazareth Festival (Nov./Dez.): El Wroud St., Tel. 04 646 71 38, www.filmfreeway.com/NearNazareth. Internationale und israelische Streifen. Der Themenschwerpunkt liegt auf Menschenrechten, Religion und Toleranz.

Verkehr

Busse: Mehrmals tgl. von der Bushaltestelle Paul VI. St. nach Tiberias, Afula, Haifa, Tel Aviv und Jerusalem. **Egged:** Schnellwahl *2800, Tel. 03 694 88 88, www.egged.co.il.
Sherut-Taxis: Abfahrt in der Paul VI. St. nach Haifa, dort muss man für Tel Aviv, Jerusalem etc. umsteigen.

Beit She'arim ▶ 1, F 5

Karte: S. 291

Von Nazareth führt die kurvenreiche Straße Nr. 75 nach Westen Richtung Haifa. Hinter dem Ort Migdal HaEmeq geht es steil hinunter ins Tal, wo der **Kibbuz Jifat** 1 mit seinem kleinen Museum über Landwirtschaft und Ackerbau der Pionierzeit einen Abstecher lohnt. Nach ungefähr 13 km ist dann **Beit She'arim** 2 erreicht.

Dieser Ort, eine der heiligsten Stätten des Judentums, aber nicht in der Bibel erwähnt, lockt jedes Jahr Hunderttausende Besucher an: Hier schrieb der berühmte Rabbi Jehuda HaNasi die Mischna nieder, die bis dahin nur mündlich überlieferten Kommentare und Ergänzungen zur Thora. Archäologen fanden seit dem Jahr 1936 in der Nekropole 31 Katakomben, deren kleinste 40 und deren größte 400 Gräber enthielt, viele enthalten Sarkophage und merkwürdigerweise Zeichnungen heidnischer Götter.

Geschichte

Während des 2. Jh. versammelte sich in Beit She'arim der Sanhedrin, der jüdische Hohe Rat, der von Kaiser Hadrian wegen Unterstützung des Bar-Kochba-Aufstands von seinem vollständig zerstörten Sitz Javne, nördlich von Jerusalem, vertrieben worden war. Durch die Vertreibung aus Jerusalem konnte man die Toten nun nicht mehr auf dem Ölberg beisetzen. Aus diesem Grund entwickelte sich Beit She'arim zu einer großen bedeutenden Begräbnisstätte.

Im 4. Jh. zerstörten die Römer, vermutlich um einem erneuten jüdischen Aufstand vorzubeugen, die Totenstadt. Beit She'arim geriet im Laufe der Zeit in Vergessenheit, die Gräber verfielen ab dem 4. Jh. und wurden verschüttet. 1936 stieß der Forstaufseher Alexander Zaid bei der Suche nach einem Schaf zufällig auf die Katakomben. An ihn erinnert heute eine Statue.

Besichtigung

Tel. 04 983 16 43, www.parks.org.il, April–Sept. So–Do, Sa 8–17, Fr 8–16, Okt.–März So–Do, Sa 8–16, Fr 8–15 Uhr, 22 NIS, für Führungen muss man sich vorher telefonisch anmelden

Die alte **Synagoge,** nur in Fundamenten erhalten, wurde von den Römern um 350 zerstört. In den Trümmern des zweigeschossigen Gebäudes fand man etwa 1200 Münzen, die jüngsten datieren aus dem Jahr 350. Ebenfalls nur noch eine Ruine ist die **Basilika** aus dem 2. Jh.

Durch eine Fassade mit drei Bögen betritt man die **Katakomben** und steht am Beginn eines Labyrinths von Korridoren, Grabkammern und seitlichen Verästelungen mit Dutzenden von Steinsarkophagen. Sie sind reich verziert mit Motiven wie Pflanzenornamenten, Tierdarstellungen (u. a. Vögel, Löwen, Adler), Menoren und geometrischen Figuren. Meist in Hebräisch und Griechisch stehen auf den Sarkophagen Name und Herkunft der Toten zu lesen. Und oft warnt ein in Stein gemeißelter Fluch, wenn jemand die Ruhe der Toten störe, »komme ein böses Ende auf ihn zu«. Es half allerdings wenig, Grabräuber haben hier schon vor Jahrhunderten geplündert. Die schönsten Stücke, die sie zurückließen, werden heute im Jerusalemer Rockefeller-Museum (s. S. 171) und in dem kleinen Museum von Beit She'arim nahe dem Parkplatz ausgestellt.

Umgebung von Nazareth

Von den rund 30 interessanten Katakomben sind nur einige zugänglich, darunter Katakombe Nr. 14, höchstwahrscheinlich das Familiengrab des Rabbi Jehuda HaNasi. Sein Name ist hier zwar nirgends schriftlich erwähnt, aber dafür konnten auf Sarkophagen die Namen seiner Söhne identifiziert werden, die nach damaliger Tradition kaum in einem anderen Grab als in dem ihres Vaters bestattet worden sein dürften.

Beeindruckend ist auch die benachbarte Katakombe Nr. 20, die Höhle der Rabbis. Insgesamt 130 Marmor- und Kalksteinsarkophage entdeckten Archäologen in dem verwinkelten Grab mit seinen insgesamt 26 Räumen. Darüber hinaus fanden sie an den Wänden die Namen der hier Bestatteten und Zeichnungen heidnischer Götter wie etwa Aphrodite und Nike. Diese waren als kunstvolle Dekoration geschätzt.

Kafr Kana ▶ 1, G 5

Karte: oben

Ca. 10 km nördlich von Nazareth liegt das arabische Dorf **Kafr Kana** 3, wo einst die Hochzeit zu Kanaan stattfand. Hier vollbrachte Jesus sein erstes Wunder, bei dem er Wasser in Wein verwandelte, wie es in der Bibel (Johannes 2,1–11) überliefert ist.

Franziskanerkirche

Mo–Sa 8–17.30, So 12–17.30 Uhr

Sehenswert ist die am Platz der Hochzeit über byzantinischen Ruinen im Jahr 1881 erbaute **Franziskanerkirche.** Ihre Krypta, die man besichtigen kann, wurde um eine mittlerweile ausgetrocknete Quelle herum errichtet. Vor dem Altar stehen Kopien der Tonkrüge, wie sie zur Zeit Jesu verwendet worden. Sie erinnern an die Umwandlung von Wasser in Wein.

Nazareth und Umgebung

AUF DEN BERG TABOR

Tour-Infos
Start: Nazareth
Dauer: 2–3 Std.

Anreise: von Nazareth mit dem Auto über Afula (Straßen Nr. 60 und 65)
Karte: S. 291

In der Nähe des 1902 gegründeten Dorfes Kfar Tavor erhebt sich über dem Jezreel-Tal der 588 m hohe **Berg Tabor** 4 (Har Tavor), der Berg der Verklärung Jesu. Die schmale Serpentinenstraße Nr. 7266 führt auf den Gipfel. Der Blick ist atemberaubend und reicht bei klarer Luft bis Nazareth, über ganz Galiläa, manchmal bis zum Berg Hermon.
Erstmals wird der Berg im Alten Testament erwähnt. Die Richterin Debora, die mit in die Deboraschlacht zog, und der Feldherr Barak besiegten hier die Truppen des Kanaaniters Sisera.
Vor dem Gipfel verzweigt sich die Straße. Nach links führt sie zur griechisch-orthodoxen **Elijakirche**. In Genesis 14,17–24 ist Melchisedek erwähnt, der König von Salem, der dem Volksglauben nach an dieser Stelle auf Abraham traf. Die Kirche wurde 1911 aus den Resten byzantinischer und aus der Kreuzfahrerzeit stammender Ruinen erbaut, erhalten ist ein Mosaikboden. Ein Eisentor neben dem Gotteshaus weist den Weg in Melchisedeks Grotte. Durch ein Portal aus einer muslimischen Festung des 13. Jh. betritt man das Franziskanerkloster, zu dem auch eine Benediktinerabtei aus dem 12. Jh. gehört. Nach rechts führt die Straße zur 1924 erbauten Taborkirche, der **Basilika der Verklärung** (tgl. 8–12, 14–17 Uhr). Die Fassadentürme sind Moses (links) und Petrus geweiht. Glanzstück der Kirche ist das Mosaik in der Apsis. Es stellt die Geschichte der Verklärung dar. Nach dem Kirchenbesuch geht es auf den Aussichtspunkt nebenan.

See Genezareth und Umgebung

Die Region um den See Genezareth bietet Abwechslung jeder Art. Tiberias ist ein populärer Bade- und Kurort, Deganya war der erste Kibbuz in Israel. Viele Orte, wie z. B. Kapernaum und der Berg der Seligpreisungen, erinnern an Jesus, der nach der biblischen Überlieferung auf dem See übers Wasser ging.

Tiberias ▶ 1, H 4

Karte: S. 303
Tiberias (42 000 Einw.) ist das Schmuckstück am See Genezareth und ein populäres Ferienziel preisgünstig urlaubender Israelis. Wenngleich vom historischen Kern nach mehreren Erdbeben kaum etwas übrig ist, besitzt die Stadt viel Flair, ist sozusagen ein Little Tel Aviv am See – tagsüber sonnt man sich, geht schwimmen und treibt Wassersport, abends genießt man das lebendige Nachtleben entlang der 2 km langen Yigal-Allon-Promenade.

Die Stadt erstreckt sich entlang dem Westufer und wächst immer weiter die Hänge der umgebenden Berge hinauf. Berühmt ist Tiberias als Kurort wegen seiner heilenden Thermalquellen, die Rheuma, Erkrankungen der Wirbelsäule und der Nerven lindern helfen. Aufgrund seiner Lage von 213 m unter dem Meeresspiegel ist es im Sommer meist unerträglich heiß, ansonsten angenehm warm.

Geschichte

Tiberias ist mit Jerusalem, Hebron und Safed eine der vier heiligen Städte des Judentums, denn hier wurden zwischen dem 2. und 4. Jh. Mischna und Gemara und damit der Palästina-Talmud komplettiert. In Tiberias werden die Gräber bedeutender Rabbis verehrt.

Auf den Ruinen der kanaanitischen Stadt Hammat-Rakkat errichtete 20 n. Chr. Herodes Sohn Herodes Antipas zu Ehren des römischen Kaisers Tiberius (der Germanien bis zur Elbe unterworfen hatte) die Stadt. Nach der Zerstörung des Zweiten Tempels und der Vertreibung der Juden aus Judäa flüchteten viele nach Tiberias, darunter wichtige Gelehrte des jüdischen Hohen Rats. Mit dem Einfall der Araber fiel Tiberias kampflos. 749 zerstörte ein Erdbeben weite Teile der alten Stadt, die südlich des heutigen Tiberias liegt. Die neue Stadt gründete 1099 der normannische Kreuzritter Tankred, Fürst von Galiläa.

1187 eroberte Saladin Tiberias und setzte auf jeden toten Kreuzfahrer ein Kopfgeld aus. Im 16. Jh. versuchte der aus Spanien geflohene Jude Don Joseph Hanassi, unterstützt von seiner Schwiegermutter Donna Grazia Mendez de Luna, einen jüdischen Stadtstaat zu etablieren, wofür er sich das Wohlwollen des türkischen Sultan Suleyman gesichert hatte. Doch die auf Suleyman folgenden Herrscher verfolgten diese Pläne nicht weiter und viele Juden verließen Tiberias. Vor dem Unabhängigkeitskrieg 1948 lebten etwa 6000 Araber und 6000 Juden hier, die Araber flüchteten vor Ausbruch des Kriegs.

Probleme bereitet der sinkende Wasserspiegel des Sees Genezareth, Israels einzigem Süßwassersee, der bislang über die Hälfte des Trinkwasserbedarfs des Landes stillt. Durch zunehmende Verdunstung, ausbleibende Niederschläge und übermäßige Wasserentnahmen droht, so warnen vermehrt Wissenschaftler, ein dramatischer Qualitätsverlust des Trinkwassers.

Außerdem besteht die Gefahr, dass – bei ungebremster Entwicklung – der See mit unabsehbaren ökologischen Folgen langfristig trockenfällt. Krisengewinner sind die Archä-

See Genezareth und Umgebung

MIT DEM RAD UM DEN SEE GENEZARETH

Tour-Infos
Start: Tiberias
Streckenlänge: ca. 50 km
Dauer: mindestens 1 Tag; mit Badeaufenthalten, Besichtigungen und Übernachtungen sind 2–3 Tage empfehlenswert.
Strecke: Straßen Nr. 90 (Westseite des Sees), 87 (Nordseite) und 92 (Ostseite)

Beste Reisezeit: Okt.–März
Fahrradverleih: Astoria Galilee Hotel, 13 Bruriah St., Tel. 04 671 22 72, www.astoria.co.il, Radmiete 80 NIS/Tag (inkl. Helm, Pannenhilfe etc.)
Tipp: Shabbat ist der ideale Radfahrertag, ansonsten gilt: Autofahrer verhalten sich gegenüber Zweiradfahrern oft rücksichtslos.

Vom Startpunkt, dem **Astoria Galilee Hotel** im ufernahen Zentrum von Tiberias, startet man Richtung Norden mit einem Abstecher zur Seepromenade. Von hier blickt man über den See aufs Ostufer, die Bergkette dahinter. So komfortabel wie in Tiberias ist es für Radfahrer unterwegs nur selten. Die Society for Protection of Nature of Israel plant zwar seit Jahren einen Radweg um den Yam Kineret, doch viel wurde davon bisher nicht umgesetzt. So geht es außerhalb von Tiberias auf dem breiten Seitenstreifen der vielbefahrenen Schnellstraße weiter. An der Abzweigung **Kfar Naham Junction** führt ein bei Hitze kräftezehrender ca. 6 km langer Abstecher hinauf zum **Berg der Seligpreisungen** (s. S. 311). Um in Seenähe zu bleiben, hält man sich östlich, nun auf der Straße Nr. 87. Der Autoverkehr lässt hier deutlich nach. An den Hügeln zum See hin campieren junge Leute. Es gibt einige nette Strandcamps namens Nirvana oder Hawaii, wo man im See schwimmen und bei einem kühlen Getränk ausruhen kann.

Wer als Biker, inzwischen 16 km entfernt von Tiberias, **Kapernaum** (s. S. 309) besichtigen will, braucht eine lange Hose im Gepäck: kein Zutritt mit Shorts. Vorbei am **griechisch-orthodoxen** Kloster, dessen ziegelrote Kuppeln vor dem Blau des Wassers strahlen, entfernt sich die Straße vom See; der Ausblick ist von der Anhöhe bei klarem Wetter spektakulär.

Mit dem Übergang der Straße Nr. 87 in die breit ausgebaute östliche Nationalstraße 92, links die bis zu 350 m hohen Golanausläufer, rechts **Betseida** und der See, hat die Strampelei vorerst ein Ende. Man lässt es auf der 26 km langen Strecke bis zur Südspitze immer wieder mal laufen. Das Schild **Luna Gal Water Park** führt zu einem Aquapark am See mit mehreren Rutschen und Pools (Tel. 04 667 80 00, www.dugal.co.il, Fr, Sa, Fei 10–16 Uhr, ab 50 NIS).

Weiter südlich steht ein von Weitem sichtbares Holzschiff mit einem Werbebanner als Segel am Straßenrand – Reklame für das 1937 als erste israelische Siedlung am Ostufer gegründete **Ein Gev**. Der Kibbuz, reich an Obst- und Gemüseplantagen, unterhält ein eigenes Holiday Resort (Tel. 04 665 98 00, www.eingev.com, DZ ab 600 NIS).

Zum Kibbuz Ha'on gehören das Ha'on Holiday Village und die **Straußenfarm** (Ostrich Farm, Tel. 04 665 65 55, So–Do 9–15, Fr 9–13, Sa 9–15 Uhr, 18 NIS).

Zwischen Pool und See, am Strand Tretbootverleih, wählt man im **Ma'agan Kibbuzhotel & Holiday Village** (Tel. 04 665 44 11, www.maagan.com). Die Südspitze des Sees erreichend, nimmt der Autoverkehr leider wieder zu. Nach Abstechern zum allerersten, über 100 Jahre alten **Kibbuz Deganya** (s. S. 300) und – unmittelbar nach der Brücke links abbiegend – zur Jesus-Taufstelle **Yardenit** (s. S. 301) radelt man, vorbei an Stränden, ca. 12 km über **Hamat Tverya** (Tiberias, s. S. 296) zurück zum Ausgangspunkt.

ologen. Ihnen offenbart der sinkende Wasserspiegel neue Stätten: 2008 wurde ca. 30 m vor dem Ostufer eine Reihe von Steinpfählen entdeckt, die sich über mehrere Kilometer ziehen. Noch ist unklar, wozu sie dienten – waren es Grenzmarkierungen, Pfähle für Wachtürme oder vielleicht auch nur Befestigungen für Fischernetze?

Sehenswertes

Grab des Maimonides

An der Ben Zakai Street liegt das **Grab des Maimonides.** Rambam wird der Arzt, Philosoph und Religionsgelehrte kurz genannt, der unter dem Namen Rabbi Moshe Ben Maimon 1135 in der spanischen Stadt Córdoba das Licht der Welt erblickte, 1204 in Kairo starb, wo er seit 117 Oberhaupt der jüdischen Gemeinde war, und auf eigenen Wunsch in Tiberias beigesetzt wurde. Er hatte schon etliche bedeutende Werke verfasst, ehe er den ersten Kodex des jüdischen Rechts schrieb. Sein Werk »More Nebukim« (›Führer der Unschlüssigen, der Verwirrten‹) versuchte einen Ausgleich zwischen den Lehren Aristoteles' und jüdischem Glauben herzustellen. Maimonides beeinflusste die christliche Scholastik (Albertus Magnus, Thomas von Aquin) maßgeblich.

Zum Grab des Maimonides geht es durch einen von 14 Pfeilern gesäumten Aufgang (auf Hebräisch ist die 14, *yad,* gleichlautend mit dem Wort für ›Gedenken‹). Der mit einem schwarzen Tuch bedeckte Sarkophag steht in einem offenen Halbrund, über dem eine Stahlkonstruktion einen zur Königskrone abstrahierten Davidstern darstellt.

Links des Grabrunds findet man den Sarkophag des Rabbi Jochanan Ben Zakkai, der infolge seiner Klugheit vom römischen Kaiser Vespasian die Erlaubnis erhielt, die Hochschule von Javne zu gründen. Die drei anderen hier beigesetzten Rabbiner sind Rabbi Ami und Rabbi Assi (3. Jh.) sowie der Kabbalist Rabbi Isaiah Horowitz (17. Jh.).

Grab des Rabbi Akiba

In den Westhügeln von Tiberias findet man an der Hagevura Street das **Grab des Rabbi Akiba ben Josef,** eines der zehn von Kaiser Hadrian hingerichteten ›Märtyrergelehrten‹, des geistigen Wegbereiters des Bar-Kochba-Aufstands von 132 bis 135 gegen die Römer. Unübersehbar strahlt das weiße Mausoleum, zu dem viele Menschen pilgern, beten und um Hilfe bitten.

Hamat Tiberias Hot Springs

Elizer Kaplan Blvd., Tel. 04 612 36 00, www.chameytveria.co.il, So, Mo, Mi 8–20, Di, Do 8–22, Fr 8–16 Uhr, 90 NIS

Nach dem Hotel Holiday Inn an der südlichen Stadtausfahrt, direkt am See, sprudeln die **Hamat Tiberias Hot Springs,** um die sich manche Legende rankt. Von König Salomo wird erzählt, kränkelnde alte Männer hätten ihn gebeten, doch ein Heilmittel für ihre Leiden zu finden. Salomo schickte einige Teufel, die das Wasser erhitzen sollten, und zwar bis er sterbe, dann sei ihre Aufgabe erledigt. Aber Salomo machte sie, kaum begannen sie das Wasser zu erhitzen, taub, damit sie niemals von seinem Tod hören würden – und bis heute hat es ihnen offenbar keiner der zahlreichen Kurgäste verraten.

Das Wasser kommt aus 2000 m Tiefe, ist bis zu 39 °C warm und soll bei Rheuma, Arthritis und Hautleiden Wunder wirken. Es gibt einen Innen- und Außenpool sowie zwei Saunas; die Old Tiberias Hot Springs ist für religiöse Besucher reserviert und hat getrennte Bereiche für Männer und Frauen. Zu den im Spa angebotenen Anwendungen gehören Massagen und Schlammpackungen. Von den größeren Hotels verkehren Shuttle-Busse zu den Quellen.

Hamat Tverya National Park und Synagoge

Tel. 04 672 52 87, www.parks.org.il, April–Sept. tgl. 8–17, Okt.–März 8–16 Uhr, 14 NIS, Bäder So–Do 8–16, Fr 8–12 Uhr, Museum geöffnet wie Nationalpark

Südlich schließt sich der **Tiberias-Nationalpark** mit den Ruinen eines Badehauses des 6. Jh. und den Resten eines Mosaiks aus einer **Synagoge** des 4. Jh. an. Die Darstellung zeigt die zwölf Tierkreiszeichen, über denen zwei Menoren mit einem Thoraschrein gruppiert sind. Darunter flankieren zwei Löwen eine Inschrift. Außer dem Wort ›Shalom‹ ist alles in Griechisch und Aramäisch geschrieben. Frauenbüsten in den Ecken symbolisieren die vier Jahreszeiten.

Tiberias

Tiberias ist ein bei Israelis zu allen Jahreszeiten beliebtes Urlaubsziel

Außergewöhnlich ist die Vermischung heidnischer Tierkreiszeichen und jüdischer Symbolik. Da dieses Mosaik aus der Blütezeit Tiberias – als der jüdische Hohe Rat (Sanhedrin) und hohe Gelehrte hier weilten – stammt, lässt die Darstellung auf ein höchst liberales Klima im Tiberias jener Zeit schließen. Der mit Steinen abgedeckte Riss, der durch das Mosaik läuft, stammt von einer Mauer, die hier verlief.

An der Straße unterhalb der Synagoge befinden sich jüdische **Bäder** aus römischer Zeit. Das Wasser der zufließenden Bäche ist handwarm. Karten und Grafiken erklären die Geologie des Orts und erläutern die chemische Zusammensetzung des Wassers. Das zum Nationalpark gehörige, in einem ehemaligen Badehaus untergebrachte **Ernest Lehman/Haman Suleiman Museum** widmet sich der Geschichte des Heilbads Tiberias.

Klosterkirche St. Peter und Al-Bari-Moschee

Der Spaziergang an der Seepromenade entlang ist schon fast Pflichtprogramm, sobald sich die Sonne senkt. Am Nordende, nahe dem Shirat Hayam Boutique Hotel, befindet sich in dem beliebten kleinen Park zur Stadt hin das **Tiberias Open Air Museum**, ein Skulpturengarten. Weiter an der Promenade folgen die im 19. Jh. über den Resten einer Kreuzfahrerkirche erbaute franziskanische **Klosterkirche St. Peter** (Mo–Sa 8–12.30,

See Genezareth und Umgebung

14.30–17.30 Uhr, So nach Anmeldung unter Tel. 04 672 05 16, www.saintpeterstiberias.org) sowie die kleine **Al-Bahri-Moschee** (um 1880), deren Name sich mit ›Moschee am See‹ übersetzen lässt.

Galilee Experience
Tel. 04 672 36 20, www.thegalileeexperience.com, So–Do 9–22, Fr 9–16 Uhr, 35 NIS
Vor einer Rundreise durch Galiläa kann man die interessante Multimediashow besuchen, die im leider ziemlich heruntergekommenen Marinagebäude an der Seepromenade gezeigt wird. **Galilee Experience** vermittelt in knapp 40 Min., u. a. auch auf Deutsch, einen Überblick über 4000 Jahre Geschichte dieser Region, natürlich mit deutlich christlicher Herangehensweise.

Tiberium und Pegelmesser
Tiberium Tel. 04 672 56 66, ca. 19, 20, 21 Uhr bei schönem Wetter
Ein paar Schritte südlich folgt auf das **Tiberium,** eine allabendliche Musical Water Show mit Ton und Licht, der **Wasserstandsmesser,** eine Skulptur mit den Umrissen des Sees. Eine Digitalanzeige gibt den aktuellen Pegelstand an. 213 m unter NN gilt als kritischer Wert.

Griechisch-orthodoxes Kloster und byzantinische Kirche
Mo–Sa 8–16 Uhr
Am südlichen Ende der Promenade liegt das **griechisch-orthodoxe Kloster**. Es entstand 1837 auf den Ruinen einer Synagoge (17. Jh.). Teil des Klosters ist der **Leaning Tower,** der schiefe Turm von Tiberias, der sich leicht Richtung See neigt – zumindest wirkt es so.

Weiter südlich ist eine **byzantinische Kirche** (4./5. Jh.) zu besichtigen, das älteste Gotteshaus der Stadt. Der Mosaikfußboden zeigt Kreuzmotive und altgriechische Inschriften, eine lautet: »Jesus, unser Herr, schütze die Seelen deiner Diener.«

Infos
Tourist Office: 23 Habanim St., Archaeological Park, Tel. 04 672 56 66, So–Do 8.30–15.45, Fr 9–12 Uhr.

Übernachten
In Tiberias gibt es Hotels aller Kategorien, während der Ferienzeiten sollte man früh reservieren. Infos bei der **Tiberias Hotel Association,** www.tiberias-hotels.co.il.

Stilvolle Adresse für Nostalgiker – **The Scots:** 1 Gdud Barak St., Tel. 04 671 07 10, www.scotshotels.co.il. In dem von einem weitläufigen Garten umgebenen Gebäude aus dem 19. Jh. war einst ein Krankenhaus der schottischen Kirche untergebracht, heute residiert hier ein modernes Hotel. In dem liebevoll renovierten Gemäuer mit Kuppeln und Bögen herrscht eine nostalgische Atmosphäre, die sich besonders in den sogenannten *antique rooms* entfaltet. Vom Pool blickt man auf den entfernten See. Mindestens einmal sollte man im **Torrance Restaurant** in den ehemaligen Klinikgewölben speisen. Perfekt sind die Fischgerichte, beachtlich die angebotenen Weine aus Galiläa. DZ ab 1200 NIS.

Boutiquehotel – **Europa 1917:** 3 HaPalmach St., Tel. 04 616 99 99, www.gaibeach.com. Angenehme Hotels, die nicht zu einer großen Kette gehören, sind in Tiberias eher rar. Umso erfreulicher ist es, dass ein Ex-Bürgermeister in einem renovierten osmanischen Gebäude, 300 m vom Strand entfernt, dieses schöne Haus eröffnet hat. Fotos erinnern an die gute alte Zeit, als der Gast noch mit Kutsche vorfuhr. Die Zimmer sind modern eingerichtet. Schön sitzt man auf der Hotelterrasse, der Pool ist leider so klein ausgefallen, dass man ihn sich hätte ganz sparen können. Die ruhigen Zimmer liegen zur Seitenstraße hin. DZ ab 1200 NIS.

Hotel mit Geschichte – **Rimonim Galei Kinnereth:** 1 Eliezer Kaplan St., Tel. 672 88 88, www.rimonim.com. Ben Gurion war hier Stammgast – eine Empfehlung, mit der das renovierte und sympathische modernisierte Haus gerne wirbt. Das Spa gilt als eines der besten am Ort. Der Luxus hat seinen Preis. DZ ab 1100 NIS.

Schöne Seelage – **Gai Beach:** Derech Hamerhazaot (Promenade), Tel. 04 670 07 00, www.gaibeachhotel.com. Nonstop sehr lebhafte Unterkunft aus den 1980er-Jahren in Seelage, mit Pool und Sportmöglichkeiten, ideal für Familien. Zum Hotel gehört der Water Park nebenan (s. rechts). DZ ab 900 NIS.

Museumshotel mit Flair – **Casa Dona Gracia:** 3 Habrahim St., Tel. 1 800 88 88 58, www.donagracia.com. Das Museumshotel, wie es sich nennt, erinnert nicht nur dem Namen nach an eine reiche, vor der Inquisition geflohene Spanierin des 16. Jh., sondern pflegt – zumindest in der Lobby – auch das Flair der alten Zeit. Die Zimmer sind eher unispiriert möbliert. DZ ab 600 NIS.

Mit Tradition – **Astoria Galilee Hotel:** 13 Bruriah St., Tel. 04 672 23 51, www.astoria.co.il. Gepflegtes Mittelklassehotel, seit Generationen in Familienbesitz, 10 Autominuten zu den Stränden, mit Pool. DZ ab 400 NIS.

Essen & Trinken

Zum Aperitif und zum Essen trifft man sich in Tiberias an der **Yigal-Allon-Promenade,** wo es Dutzende Restaurants gibt, die sich erst zum späten Abend füllen.

Gegrilltes am See – **Decks:** Lido Beach, Gdud Barak St., Tel. 04 672 15 38, www.lido.co.il, tgl. 19–1 Uhr. Exzellentes Bar-Restaurant mit Kohlengrill – der hier Biblical Grill heißt. Sehr schön direkt am See gelegen, mit eigenem Anleger für Ausflugsschiffe. Ab 120 NIS.

Asiatische Küche – **Pagoda:** Lido Beach, Gdud Barak St., Tel. 04 672 55 13, www.lido.co.il. Chinesische, thailändische und japanische Küche – mit diesem fernöstlichen Dreiklang hat sich das Restaurant einen Namen gemacht. Man speist auf der Terrasse oder drinnen stark klimatisiert. Ab 100 NIS.

Abends & Nachts

Das Nachtleben spielt sich schwerpunktmäßig rund um die Promenade ab. Alle größeren Hotels bieten eigene Unterhaltungsprogramme, Pubs und Diskotheken. Äußerst beliebt – und unüberhörbar – sind die Disco-Kreuzfahrten auf dem See.

Lebhafte Sportbar – **Big Ben:** 12–3 Uhr. Der Traditionspub liegt dort, wo Seepromenade und Fußgängerzone zusammenlaufen.

Abtanzen – **Pirate Bar:** nahe dem Big Ben, 17–4 Uhr. Für die jüngere Generation, die mehr Wert auf Tanzen als auf Trinken legt.

Südsee-Feeling – **Bora Bora Beach & Bar:** Straße Nr. 90, nördl. Tiberias, So–Mi 10–19, Fr, Sa 10 Uhr bis spät, Tel. 04 672 25 58, www.borabora-beach.co.il. Im Tahiti-Style kommt in Tiberias' Norden dieser Privatstrand daher. Es gibt Sonnenliegen, einen Liegebereich mit Kunstrasen – und natürlich einen Sandstrand. Zur Bora Bora Beach Bar gehört ein Restaurant. Der Beach ist äußerst beliebt, am Abend treten oft Live-Bands auf.

Aktiv

Rund ein Dutzend Boote mit Platz für jeweils 100 bis 200 Passagiere schippern über den See – tagsüber auf den Spuren von Jesus, nachts zum Tanz unterm Sternenhimmel. Start meist gegen 19 Uhr.

Strandtrips – **Beach Hopping:** Im Hochsommer fährt ein Bus von 10–20 Uhr kostenlos um den See, hält an zahlreichen Stränden. Fahrplaninfos unter www.kinneret.org.il.

Bootstouren – **Kinneret Sailing Company:** Seepromenade, Tel. 04 665 98 00, http://eingev.co.il. Die Boote dieses Unternehmens pendeln regelmäßig zwischen Tiberias, Kapernaum und Ein Gev. **Lido Cruises:** Seepromenade, Tel. 04 671 08 00, decks@barak.net.il. Ausflüge mit Segelbooten.

Spaßbad – **Gai Beach Water Park:** beim Gai Beach Hotel, Tel. 04 670 07 00, 670 07 13, www.gaibeach.com, April–Okt. tgl. 9.30–17 Uhr, 90 NIS, Hotelgäste frei. Tolle Bad-Anlage mit Wasserrutschen verschiedener Schwierigkeitsgrade.

Baden – Die Strände sind gepflegt, mit Umkleidekabinen und Duschen ausgestattet und kosten ca. 20 NIS Eintritt. Schön sind der **Lido Kenneret Beach** nördlich der HaYarden Street und der **Sironit Beach** südlich des Gai Beach Hotels. Weniger überlaufene Strände findet man nur außerhalb der Stadt.

Wasserski- und Bootsverleih – U. a. beim **Gai Beach Hotel,** Tel. 04 670 07 00; **Galei Kinneret Hotel,** Tel. 04 672 88 88; **Quiet Beach Hotel,** Tel. 04 679 01 25.

Fahrradverleih – **Aviv Hostel:** 66 Hagalil St., Tel. 04 672 00 07. Man kann gute Räder mieten (80 NIS/Tag) und sich Touren anschließen, Pannenservice inklusive.

Deganya – Mutter aller Kibbuzim

Deganya war 1910 der Anfang der Kibbuzbewegung. Knapp ein Jahrhundert später mussten sich die Kibbuzim neu erfinden und von egalitären und sozialistischen Ideen verabschieden, um überleben zu können. Den meisten ist dies gelungen.

Vor der Einfahrt steht, stark verrostet, ein syrischer Panzer aus dem Unabhängigkeitskrieg 1948. Die Kibbuzniks hatten damals mit Gewehren und Molotowcocktails gekämpft und eine ganze Panzerbrigade in die Flucht geschlagen. Einem Kibbuznik nimmt man nicht so einfach sein Land weg, wie auch die israelische Regierung während der Verhandlungen um die Rückgabe des Golan an Syrien lernen musste.

Em Haqevutsot, die ›Mutter aller Genossenschaftsdörfer‹, nennt man Deganya nahe dem Südwestufer des Sees Genezareth zwischen Jordan und Beit She'an. Etwa 270 Kibbuzim gibt es landesweit. Ein Holzhaus und eine Lehmhütte waren 1910 die ersten beiden Gebäude Deganyas. Heute leben und arbeiten hier 700 Menschen. Zum Kibbuz gehören eine Grundschule, ein Kulturzentrum, eine reich ausgestattete Bibliothek – und eine Schokoladenfabrik.

Rachel, Jahrgang 1934 und seit 1964 in Deganya, erlebte noch den Kibbuz in seiner Reinform: »Wir haben unsere landwirtschaftliche Genossenschaft im Gegensatz zu anderen Kibbuzim aber nie ideologisch verbrämt. Wir waren immer eine Zweck- und Arbeitsgemeinschaft. Die Initiatoren der Kibbuzbewegung hatten sich ja aus wirtschaftlichen Gründen zusammengeschlossen und nicht, weil ihnen beispielsweise aus einem sozialistischen Gleichheitsdenken heraus ein bestimmtes Erziehungsideal vorschwebte.« (Bis vor Kurzem mussten in vielen Kibbuzim die Kinder getrennt von ihren Eltern leben.)

Wer im Kibbuz Deganya aufgenommen werden möchte, lebt hier ein bis zwei Jahre zur Probe. Erst danach entscheidet die Gemeinschaft über die endgültige Aufnahme, nötig dazu ist eine Zweidrittelmehrheit. Früher brachte jeder im Kibbuz seine Arbeitskraft ein, bekam dafür aber kein Geld, sondern eine Reihe von Gegenleistungen: Wohnen, Essen, Ausbildung und Studium der Kinder sowie medizinische Versorgung waren frei. Einmal im Jahr zahlte der Kibbuz an jedes Mitglied, abhängig von der Dauer der Zugehörigkeit, einen Betrag für die individuellen Lebenskosten wie Kleidung, Zigaretten, Urlaub, Geschenke und zweimal im Leben durfte der Kibbuznik in Deganya für je sechs Wochen auf Auslandsreise gehen, finanziert aus der Gemeinschaftskasse. Diese Idee funktionierte ohne Einschränkung, solange die Kibbuzim gut liefen, ihre Erträge gesichert und die Welt da draußen eine andere, noch nicht globalisierte war. Zum einen verminderten sich die Gewinnspannen für Obst und Gemüse und zum anderen stimmte es atmosphärisch nicht mehr in den Kibbuzim. Immer weniger junge Menschen wollten abgeschottet im Kibbuz-Kokon leben. Der gut ausgebildete Nachwuchs zog weg, suchte lukrative Jobs in der Industrie. Ein Großteil der Jugend fühlte sich vom Gemeinschaftsgefühl, dem einst stärksten Band im Kibbuz, eher geknebelt als befreit. Die Überalterung in den Kibbuzim nahm dramatische Formen an.

Bis vor wenigen Jahren steckte die gesamte Kibbuzbewegung so tief in der Krise, dass viele schon ihr Ende nahen sahen. Warum sollte die sozialistische Idee ausgerechnet in den Kibbuzim überleben, wo sie schon im Großen gescheitert war? Doch die Pessimisten übersahen die Erneuerungsfähigkeit. Etliche Kibbuzim verordneten sich – und den anderen zum Vorbild – eine radikale

Nicht nur in Deganya sind die Wohnhäuser der Kibbuzniks eher schlicht gehalten

Frischzellenkur. Das verabreichte Heilmittel: Privatisierung, Eigeninitiative, nachfrageorientierte Angebote, Öffnung, leistungsorientierte Bezahlung. Wenn auch einige Kibbuzim Konkurs anmelden mussten, die meisten gingen gestärkt aus der Wirtschafts- und Identitätskrise hervor. Als neue Einnahmequellen wurden Hotellerie und Fremdenverkehr entdeckt, mit zeitgemäßen Konzepten. Vorbei sind die Zeiten, da es genügte, ein paar selbst gezimmerte Hütten zwischen Oliven- und Orangenbäumen aufzustellen und dem Gast keine weitere Zerstreuung zu bieten.

Ungebrochen war immer – und ist es bis heute – der Andrang von Studenten, vor allem aus Europa und den USA, die sich hier für einen Monat oder länger gegen Kost und Logis im Rahmen eines Ferienjobs betätigen, Orangen pflücken, Datteln ernten, Melonen verpacken, in Kibbuzhotels mitanpacken. Eine Kibbuzgemeinschaft von innen zu erleben, ist eine einmalige Erfahrung und heute auch nicht mehr mit einem entbehrungsreichen Alltag verbunden.

Heute reicht das Kibbuzangebot von Wellnesskuren bis hin zu organisierten Exkursionen. Manche bieten erstklassige Theaterwerkstätten und Meisterkurse für Musik an, andere haben sich als internationale Begegnungsstätten und Kongressorte etabliert oder produzieren Kosmetika. Aus siechenden Kibbuzim wurden moderne Betriebe. Für Aufsehen sorgte ein Kibbuz, der sich wie Deganya einen Panzer vors Tor stellen könnte – aber aus ganz anderem Grund, wie Kritiker ätzen. Der Kibbuz Sasa im Norden von Galiläa stellt u. a. Reinigungsflüssigkeit her und panzert Armeefahrzeuge und Limousinen mit Kevlar. Hauptauftraggeber: die im Irak kämpfenden US-Truppen. Ein Kibbuz im Kriegsgeschäft – nicht nur für viele Alt-Kibbuznik ist das der völlige Verrat an der ursprünglichen Idee. Und Deganya? Dort produziert man Pralinen und Diamantwerkzeuge.

See Genezareth und Umgebung

Reiten – Vered HaGalil Guest Farm: 18 km nördlich von Tiberias an der Straße Nr. 90 nach Rosh Pinna, Tel. 04 693 57 85, www.veredha galil.com. Reitkurse, halb- bis mehrtägige Ausritte in die galiläischen Berge.

Kajaktrips – Abukayak: Jordan River Park, Tel. 04 692 10 78, 053 936 97 58, www.abukayak. co.il. Familienfreundlicher Naturpark mit Kajaktouren für Anfänger und Kinder.

Rafting – Kfar Blum & Beit Hillel Kayaks: Kfar Blum, Tel. 072 395 11 80, 04 690 26 16, www.kayaks.co.il. Unterschiedlich schwierige und lange Touren auf dem Jordan und dem Hatzbani (1–2,5 Std.). Kinder dürfen erst ab dem Teenageralter in die Boote.

Termine

Jacob's Ladder Festival (Mai/Dez., www.jl festival.com): Seit 1967 eine Institution – Bluegrass, Country, Irish Music, Rock und Blues im Kibbuz Ginosar Inn Hotel Sea of Galilee 9 km nördl. von Tiberias.

Verkehr

Busse: Von der **Central Bus Station** in der HaYarden Street bestehen stündlich Verbindungen nach Haifa, Tel Aviv und Jerusalem sowie mehrmals tgl. in die Orte Obergalliläas und des Golan. **Egged:** Schnellwahl *2800, Tel. 04 672 92 22, www.egged.co.il.
Sherut-Taxis: Abfahrt nahe der **Central Bus Station** in der Habanim Street.
Mietwagen: Avis, 2 Ha'amakim St., Tel. 04 672 27 66, www.avis.co.il; **Eldan,** 1 Habanim St., Tel. 04 672 28 31, www.eldan.co.il; **Hertz,** El Hadif-Tankstelle, Tel. 04 672 39 39, 04 672 18 04, www.hertz.co.il.

West- und Südufer

Karte: S. 303

Kibbuz Deganya ▶ 1, H 5

Man verlässt Tiberias auf der Straße Nr. 90 Richtung Süden. An der Südspitze des Sees Genezareth liegt **Deganya 1**, Israels erster Kibbuz (s. Thema S. 300). Aber Deganya ist auch noch wegen anderer Dinge berühmt. Zum einen wurde hier Verteidigungsminister und Kriegsheld Moshe Dajan geboren, und zum anderen fließt der Jordan durch das Kibbuzgelände. Zur ›Mutter aller Kibbuzim‹ (Tel. 04 675 56 60, www.dganit.co.il) gehören ein Museum ein und Kulturzentrum; das Country-Lodging-Hotel liegt im südlich gelegenen Kibbuzareal Deganya Bet. Zum See sind es nur ein paar Minuten.

1187 überquerte Saladin hier den Fluss und zog mit seinem riesigen Heer weiter zu den Hörnern von Hattin, einer doppelten Hügelkuppe. Die dortige Schlacht (s. S. 46) kostete Tausende Menschen das Leben und hatte gravierende Folgen: Saladin eroberte von den geschwächten Kreuzfahrern Stadt um Stadt. Als im Jahr 1291 dann auch Akko fiel, endete die Herrschaft des christlichen Königreichs Jerusalem.

Yardenit ▶ 1, H 5

Kibbuz Kinneret, Tel. 04 675 91 11, www.yarde nit.com, März–Nov. tgl. 8–18, Dez.–Febr. Sa–Do 8–17, Fr 8–16 Uhr, Taufzeremonien nur bis 1 Std. vor Schließung

Nur wenige Kilometer südlich von Deganya zweigt vor der Brücke über den Jordan, der hier aus dem See Genezareth fließt, der Weg nach **Yardenit 2** ab, eine touristisch durchorganisierte Tauffabrik. Wenn Jesus hier auch kaum getauft wurde, so kommen doch jährlich rund 1 Mio. Menschen nach Yardenit. Sie erwartet eine perfekte Jesusindustrie, die Kosmetika, Dattelmarmelade, Jordanwasser (erhältlich im Set mit Olivenöl und Kruzifix), heiliges Brot als Backmischung und den »Bethlehem Herald«, eine nachempfundene Zeitung zu Christi Geburt, im Angebot hat.

Eine Mauer trägt in Dutzenden Sprachen die Beschreibung der Taufe Jesu nach Markus 1, 9–11. Auf einem Weg kann man eine kurze Wanderung unternehmen. Man darf weder schwimmen noch fischen. Getauft wird, natürlich gegen Zertifikat, in großen Taufpools im Jordan, häufig in Gruppen. Im Restaurant werden Erfrischungen und einfache Speisen serviert.

West- und Südufer

Belvoir-Nationalpark
▶ 1, H 6

Tel. 04 658 17 66, www.parks.org.il, April–Sept. tgl. 8–17, Okt.–März 8–16 Uhr, 26 NIS

Nach etwa 13 km auf der Straße Nr. 90 Richtung Süden weist am linken Straßenrand ein kleines Schild auf den **Nationalpark Belvoir** 3 (Cochav HaYarden National Park) hin. Er schützt die einst mächtigste Kreuzfahrerburg, deren Besuch man auf keinen Fall auslassen sollte. Eine kurvenreiche, teils steile Straße führt auf 350 m. Von oben bietet sich ein wunderbarer Blick über den See Genezareth bis zum Golan und nach Jordanien, auch die Ruinen selbst sind sehr beeindruckend. Ritter des französischen Johanniterordens erbauten die Burg 1168. Von 1187 bis 1191 wurde sie von Saladin belagert, der jedoch aufgeben musste. Im 13. Jh. zerstörte man Belvoir, um eine Rückkehr der Kreuzritter für immer auszuschließen. Von den Arabern wurde Belvoir Kocha El Howa genannt, ›Stern des Windes‹, woraus im Hebräischen Kochav HaYarden wurde, ›Stern des Jordan‹.

Beit-Alfa-Synagoge
▶ 1, G 6

Kibbuz Hefzibah, Tel. 04 653 20 04, im Sommer tgl. 8–17, im Winter 8–16 Uhr, 22 NIS

Wiederum 13 km südlich von Belvoir biegt die Straße Nr. 71 ins westlich gelegene Afula ab. Nach 9 km gelangt man an die Abzweigung zu den Überresten der **Beit-Alfa-Synagoge** 4 aus dem 6. Jh., die 1928 von Kibbuzniks entdeckt wurde. Berühmt ist sie wegen ihres hervorragend erhaltenen Mosaikbodens, den eine Trümmerschicht über die Jahrhunderte hinwegrettete. Zu sehen sind religiöse Embleme wie die Menora, geometrische Muster sowie Tierabbildungen. Eine Inschrift weist einen Marianos und seinen Sohn Hanina als Schöpfer aus.

Das große, dreiteilige Mosaik erzählt mit viel Liebe zum Detail, wie Abraham seinen Sohn Isaak opfern will. Aber da stoppt ihn eine Engelshand, die aus einer Wolke fährt. Im Mittelteil sind die zwölf Tierkreiszeichen dargestellt, der Sonnengott Helios im Zentrum. Dahinter erkennt man im dritten Teil des Mosaiks die Bundeslade, einen Thoraschrein und das Ewige Licht, flankiert von zwei siebenarmigen Leuchtern.

Gan HaShelosha ▶ 1, G 6

Tel. 04 658 78 22, www.parks.org.il, April–Sept. tgl. 8–17, Okt.–März 8–16 Uhr, 40 NIS

Ca. 1 km östlich von Beit Alfa liegt **Gan Ha-Shelosha** 5 . Das ganze Jahr über sinkt die Wassertemperatur der Quellen nicht unter 28 °C. Gan HaShelosha heißt ›Garten der Drei‹ und erinnert an drei jüdische Siedler, die hier 1938 im Kampf mit Arabern umkamen. Der Park mit Café und Restaurant ist ein beliebtes Ausflugsziel. Es gibt Wasserrutschen, Liegewiesen, ein Sportzentrum und ein kleines Museum mit archäologischen Funden.

 Beit She'an ▶ 1, H 6

Karte: S. 303
Tel. 04 658 18 99, April–Sept. So–Do 8–17, Fr, Sa 8–16, Okt.–März tgl. 8–16 Uhr, 28 NIS

Zurück auf der Hauptstraße Nr. 90, sind es nur wenige Kilometer zum **Tel Beit She'an.** Es handelt sich um Israels wichtigste archäologische Grabungsstätte, in der bisher die Überreste von über 20 Städten gefunden wurden. Dies ist der Ort, über den ein jüdisches Sprichwort sagt, wenn das Paradies in Israel liege, dann sei Beit She'an die Eingangspforte. Nahebei befindet sich die Stadt **Beit She'an** (17 500 Einw.), die jedoch für Touristen nicht weiter von Interesse ist.

Der Eingang zum Grabungsgelände liegt nahe dem Beit She'an Shopping Center. Nach dem Ticketkauf im Visitors Center lässt man sich mit einem Shuttle zum archäologischen Gelände bringen.

Geschichte

Nachweisen lässt sich eine 5000 Jahre zurückreichende Besiedlungsgeschichte: von der Steinzeit über ägyptische Besatzung im 19. Jh. v. Chr. und israelitische Landnahme bis zur hellenistischen Zeit, als der Ort Skythopolis (›Stadt der Skythen‹) hieß.

Nach den Hasmonäern beanspruchten die Römer das Platzrecht und Pompejus gliederte die Stadt in den von Rom an langer Leine geführten Zehnstädtebund ein. Zu dieser Dekapolis gehörten u. a. Gerasa (Jarash) und Pella, die beide im heutigen Jordanien liegen. Die Byzantiner umgaben die Stadt mit einer ca. 4 km langen Mauer. Nach den Kreuzfahrern übernahmen die Araber Beit She'an, das seit der islamischen Eroberung im 7. Jh. Beisan hieß.

Seit 1921, als amerikanische Archäologen nahe dem einzig nicht verschütteten Monument, dem Theater, mit Ausgrabungen begannen, wird hier geforscht. Seit 1993 arbeiten Wissenschaftler auch in dem bewaldeten Bereich nordwestlich des Badehauses. Nahe der Hügelkette von Tel Iztabba, nördlich des Tel Beit She'an, entdeckte man eine unter den Omaijaden zerstörte Kirche mit gut erhaltenen Mosaiken. Einer Schätzung zufolge wurden in rund acht Jahren etwa 5 % der Anlage freigelegt, aber schon jetzt ist sichtbar, was für eine großartig geplante Stadt dies einst gewesen sein muss. Bestimmte Abschnitte des Geländes sind zeitweilig geschlossen.

Sehenswertes

Palladiusstraße

Die nur zum Teil rekonstruierte **Palladiusstraße,** eine prächtige römische Kolonnadenstraße, an der zahlreiche Geschäfte mit Marmorfassaden lagen, führte vom Zentrum der Stadt geradewegs auf das etwas östlich versetzte Theater zu. Ihr Pflaster bestand aus Basaltsteinen, die im Fischgrätmuster verlegt wurden. In einem der Gebäude kann man die Kopie eines Mosaiks besichtigen, das die griechische Schicksalsgöttin Tyche darstellt. Sie befindet sich in einem zentralen Medaillon und ist von einem geometrischen Muster umgeben. Hinauf zu dem halbrunden römischen Dionysostempel, der am Nordende der Palladiusstraße dem gleichnamigen Kult geweiht war, führte eine Treppe. Die Fassade enthält eine Inschrift, nach der hier eine Statue des römischen Kaisers Marcus Aurelius Antonius aufgestellt war. Während der byzantinischen Zeit wurde der Tempel jedoch zerstört und auf seinen Ruinen entstand ein Handelsviertel.

In Beit She'an findet sich u. a. Israels besterhaltenes römisches Amphitheater

Römisches Theater

Am Südende der Palladiusstraße erhob sich als optisches Gegengewicht zum Tempel das römische Theater aus dem 1. Jh. v. Chr. Von einem mit Basaltstein gepflasterten Platz führte eine breite Treppe in das Theater, das über zwei Haupt- und acht Seiteneingänge verfügte. In den unteren Sitzreihen befand sich die Ehrenloge.

Die ausgefeilte Akustik ließ noch in der obersten Reihe jedes auf der Bühne gesagte Wort deutlich hörbar ankommen. Ursprünglich fasste das Theater an die 7000 Besucher. Was heute davon übriggeblieben ist, bietet immer noch Platz für 200 Menschen. Die 90 m breite Bühne erhielt anstelle der früheren Steinplatten einen Holzboden.

Benutzt wurden für den Bau sowohl Kalkstein als auch Basalt. Das zweistöckige Bühnenhaus mit zwei Seitentürmen erlaubte die im antiken Theater geschätzten Deus-ex-Machina-Effekte: Waren die Irrungen und Wirrungen auf der Bühne so groß, dass nur noch ein Gott die Situation retten konnte, dann schwebte dieser mithilfe einer wohlkonstruierten Mischung aus Kran und Flaschenzug auf die Bühne.

Römisches Badehaus und Odeon

Westlich des Theaters liegt das **römische Badehaus.** Es stammt aus dem 2. Jh. v. Chr. Auch hier stand den Besuchern der insgesamt neun Hallen aller erdenklicher Komfort der damaligen Zeit zur Verfügung.

Beispielsweise gab es Warm- und Kaltbereiche, die Böden waren beheizt und mit kostbarem Marmor und kunstvollen Mosaiken ausgestattet. Die Heißwasserbecken wurden von den darunter liegenden Feuerkammern beheizt. Das **Odeon,** ein kleineres römisches Theater nordöstlich des Bads, wurde weitgehend zerstört. Erhalten blieben nur einige Sitzreihen, Marmorböden und der Orchestergraben.

Biblische Landschaft: der See Genezareth vor den Ausläufern der Golanhöhen

See Genezareth und Umgebung

Talstraße und Amphitheater

Eine zweite, bisher auf etwa 50 m Länge ausgegrabene prächtige Kolonnadenallee, die **Talstraße**, führte vom Stadtzentrum zum nordöstlichen Stadttor. Die Säulen waren mitsamt ihren Kapitellen 6,50 m hoch. Die Straße hat eine Breite von 23,50 m, jeder Gehsteig maß 6 m.

Am südlichen Ende der Römerstadt kämpften Gladiatoren im **römischen Amphitheater.** Es war von Mauern umgeben, die die Sitzreihen trugen. 6000 Zuschauer fasste die Arena, die mit dem Aufkommen des Christentums an Bedeutung verlor.

Im 4. Jh. muss die Stadt aus allen Nähten geplatzt sein, denn nahe dem Theater entwickelte sich ein dicht besiedeltes Wohnviertel, das noch zur Frühzeit der Araber bestand. Eine basaltgepflasterte Straße lief durch diesen Stadtteil und verband ihn mit dem Zentrum. Eine griechische Inschrift in einem der Pflastersteine spricht von einer neuen Wasserinstallation und der Verlegung des Pflasters im Jahr 522. Vom Hügel, mühsam zu besteigen bei Hitze, hat man einen wunderbaren Ausblick.

She'an Nights

10. März–Ende Okt. Mo–Do nach Sonnenuntergang, Info/Buchung unter Tel. 04 658 71 89, *3639 (8–16 Uhr), 55 NIS

Ein nächtliches Lichtspektakel auf dem Grabungsgelände bieten die multimedialen **She'an Nights,** die das Leben in der Römerzeit per Computertechnik auferstehen lassen, die Besucher mittendrin.

Ost- und Nordufer

Karte: S. 303

Hamat Gader ▶ 1, J 5

Tel. 04 665 99 99, *6393, www.hamat-gader. com, www.spavillage.co.il, Okt.–Mai Mo–Fr 8.30–22.30, Sa, So 8.30–17, Juni–Sept. Sa–Mi 8.30–17, Do, Fr 8.30–22.30 Uhr, 83 NIS, am Wochenende 96 NIS

Von der Südspitze des Sees Genezareth führt eine kurvenreiche Straße, vorbei an viel Stacheldrahtzaun und Sperranlagen, zum 9 km östlich gelegenen **Hamat Gader** 6 an der jordanischen Grenze. Hier entspringen in einem schattigen Park heiße, stark mineralhaltige Quellen, die schon zu römischer Zeit für (Schwefel-)Kuren dienten. Sofern man den intensiven Geruch erträgt, der faulen Eiern ähnelt, kann man hier sehr gut baden. Die kühlste Quelle liegt bei 30 °C, die wärmste bei 52 °C. Zum Park gehören auch die Ruinen eines römischen Badehauses nahe dem Jarmuk-Fluss, der den Grenzverlauf zu Jordanien markiert. Eine weitere Attraktion sind die Alligatorenteiche. 1982 importierte man aus Florida 100 Tiere, die sich unter der Sonne Israels wunderbar vermehren.

Ein Gev ▶ 1, H 4

Direkt am Ostufer fährt man nahe den Stränden auf der Straße Nr. 92 nach Norden Richtung **Ein Gev** 7, der ersten auf dieser Seeseite gegründeten Siedlung (1937). Zum Kibbuz gehören ein Ferienresort mit angrenzendem Strand und ein Terrassenrestaurant direkt am Seeufer. Rechter Hand erheben sich die Ausläufer der Golanhöhen. Am Ufer liegt **Luna Gal**, ein Wasserpark mit Pools und unterschiedlich schwierigen Rutschen (Tel. 04 667 80 00, www.touryourway.com/luna_ gal_water_park.html, ab 50 NIS).

Betseida ▶ 1, H 4

Im Nordosten des Sees liegt östlich des Jordan **Betseida** 8. Ein großes Areal ist abgesteckt, einzelne Felder sind mit Steinen speziell markiert und ein israelisch-amerikanisches Archäologenteam erhofft Großes: Sie wollen das seit fast 2000 Jahren verschwundene Betseida komplett ausgraben. Betseida ist der Ort, wo Jesus laut Neuem Testament mit fünf Gerstenbroten und zwei Fischen 5000 Menschen speiste. Hier heilte Jesus den Blinden und von hier stammten fünf seiner Jünger: Petrus, Andreas, Philippus, Jakobus und Johannes.

Ost- und Nordufer

Die Funde der Archäologen wie Münzen und Öllampen zeigen, dass in Betseida vornehmlich Juden lebten. Es wurde im Lauf des 1. Jh. verlassen, wohl weil der Wasserspiegel des Sees sank und sich das Ufer nach Süden verschob. Heute liegt das ehemalige Fischerdorf 2 km vom Gewässer entfernt. Ein Erdbeben im Jahr 115 dürfte das Ende besiegelt haben. »Wir finden also einen Ort, der praktisch genau so ist, wie er zu Jesu Zeiten war. Wir sehen die Häuser. Wir sehen die Straßen, auf denen Jesus ging«, sagt der Meraner Benediktinermönch und Archäologieprofessor Bargil Pixner, der die Stadt nach dem Sechstagekrieg zwischen Minen und Verteidigungsgräben, überwuchert von Dornenbüschen und Eukalyptusbäumen, entdeckte. Aber erst 20 Jahre später konnten die archäologischen Ausgrabungen im militärischen Sperrgebiet in Angriff genommen werden.

Drei Häuser aus Basalt sind freigelegt. In einem wurden Anker, Angelhaken und Nadeln zum Flicken der Fischernetze gefunden. In einem anderen entdeckte man einen Weinkeller mit vier Krügen, einen Ofen sowie zwei Basaltplatten zum Mahlen von Getreide. Als eine Archäologin versuchte, die obere Platte zu bewegen, reichte ihre Kraft nicht aus. Erst mithilfe einer zweiten Frau gelang es – so wie Jesus gesagt hatte: »Zwei Frauen werden das Getreide mahlen.«

In Betseida wird nach wie vor gegraben. Die Archäologen nehmen Freiwillige nach Bewerbung auf (Infos unter www.unomaha.edu/bethsaida). Besichtigungsmöglichkeiten erfragt man im Kibbuz Ginosar, Tel. 04 670 03 20, www.ginosar.co.il, dort wohnen auch die Grabungsteams im Nof Ginosar Hotel.

Kapernaum ▶ 1, H 4

Von der nördlichen Seespitze führt die Straße Nr. 87 in Richtung Westen nach **Kapernaum** [9]. 1000 Jahre war Kapernaum vergessen, bis es 1838 von dem amerikanischen Archäologen und Massada-Entdecker Edward Robinson wiedergefunden wurde. Anfangs hatte er von dem Ort einen »öden und traurigen Eindruck«, bis er auf die zerfallenen Ruinen eines Gebäudes stieß, »welches an Arbeitsaufwand und Ornamentierung alles übertrifft, was wir bis jetzt in Palästina gesehen haben«. Gemeint war eine Synagoge.

In Kapernaum wohnen heute, angrenzend an einen Campingplatz, nur die Mönche eines Franziskanerklosters, das den Ort 1894 kaufte, sowie die Brüder eines griechisch-orthodoxen Klosters, dessen roter Kuppelbau östlich der Synagoge ins Auge sticht (zugänglich östlich von der Straße Nr. 87). Die archäologischen Funde von Kapernaum belegen eine geschlossene Besiedlung von ca. 2000 v. Chr. bis etwa 1000 n. Chr.

Zur Zeit Jesu war Kapernaum römische Grenzgarnison und ein lebendiger Fischerort, in dem sich Jesus, der Nazareth nach der Verhaftung des Johannes verlassen hatte, niederließ. Während Nazareth ein abgelegenes Bergdorf war, lag Kapernaum an der Verbindungsstraße zwischen Damaskus und Beit She'an, jedoch nicht zu nah an der Hauptstadt Tiberias, wo Herodes Antipas residierte. »Aufgrund dieser Gegebenheiten«, meint Stanislao Loffreda, Archäologe in Kapernaum, »war es Jesus möglich, seine messianischen Botschaften unter vielen zu verbreiten, ohne sofort in Konflikt mit politischen und religiösen Oberhäuptern zu kommen.«

In Kapernaum begegnete Jesus Simon, genannt Petrus, und dessen Bruder Andreas, zwei Fischern, die er, so das Neue Testament, zu »Menschenfischern« (Matthäus 4,19) machte. Das Haus Petri wurde das Haus Jesu, von dem die Evangelisten immer wieder sprechen. Für das gesamte Dorf, das in der Bibel Kapharnaum heißt, entwickelte sich das Haus zu einer Stätte des Trosts und der Heilung. Auf dem See Genezareth, kurz nach der Brotvermehrung, ereignete sich die Stillung des Sturms, wonach Jesus – Petrus zu Gleichem ermunternd – über das Wasser ging.

Weiße Synagoge

Von der **Weißen Synagoge** sagt der Volksglaube, in ihr habe Jesus die Schulbank gedrückt. Doch der monumentale Bau, das steht nach Funden spätrömischer Münzen und der Untersuchung von Keramiken fest, ent-

See Genezareth und Umgebung

stand frühestens im 2. und spätestens im 4. Jh. n. Chr.

Außerdem stand die Schule nicht einmal an dem Platz, an dem man heute die Synagoge sieht, sondern im damaligen Dorf. In Kontrast zu den umliegenden Häusern, die aus schwarzem Basalt gebaut waren, verwendete man für die Synagoge weißen Kalkstein. 4 t wiegt der schwerste Monolith. Feine Stuckarbeiten und Friese schmückten das Gebäude. Die Synagoge, seit 1929 im Wesentlichen von zwei Franziskanerbrüdern restauriert, besteht aus Gebetshalle, östlichem Innenhof, südlicher Terrasse und einem Nebenraum der Gebetshalle, dessen Funktion ungeklärt ist. Die Fassade der rechteckigen Gebetshalle ist nach Jerusalem ausgerichtet, in diese Richtung beteten die Gläubigen.

Haus des Petrus
Tgl. 8–17 Uhr, 6 NIS, kein Zutritt mit Shorts

Als heilige Insel wird der Platz bezeichnet, auf dem das **Haus des Petrus** stand. Er ist leicht zu finden, denn seit 1990 befindet sich hier ein Beispiel moderner Architektur: eine etwas deplaziert wirkende, von acht Säulen getragene Kirche. Sie schwebt über dem Haus des Fischers, nimmt weitgehend den Blick auf die Ausgrabungen und ist einem Raumschiff ähnlicher als einem Fischerboot aus Galiläa – das zumindest war die Idee des italienischen Architekten. Stilisierte Wellen, Fische und Netze schmücken die Innenwände der Petrus-Gedenkstätte, die für Pilger-Gottesdienste genutzt wird.

30 m südlich der Synagoge wurden, unter der schwebenden Kirche liegend, mehrere Bebauungsebenen freigelegt: Privathäuser aus dem 1. Jh., darunter das Haus Petri, das im 4. Jh. zu einer Hauskirche umgewandelt wurde. In der Südwestecke fand man in griechischer Schrift den Namen Petrus und ein Fischerboot in die Basaltwand eingeritzt. Mit seinen Nachbarn teilte sich Petrus einen Innenhof. Die verputzten Mauern der Hauskirche waren reich geschmückt mit geometrischen und floralen Mustern in den Farben Rot, Rosa, Ziegelrot, Gelb, Dunkelbraun, Grün, Blau und Weiß. Auf den Fragmenten liest man einige Male den Namen und das Monogramm Jesu, genannt werden der Herr, Christus, Gott und auch liturgische Begriffe wie Amen und Kyrie eleison.

Andere Inschriften, in vier verschiedenen Sprachen, deuten auf einen regen Pilgerbesuch in dieser Kirche hin. In der zweiten Hälfte des 5. Jh. waren das Haus Petri und die Hauskirche verschüttet, und auf diese erhöhte Fläche baute man eine achteckige Kirche, die zwar das Haus Petri begrub, aber die spirituelle Nähe zu dem Platz herstellte.

An dem kleinen Rastplatz neben der Synagoge sind etliche archäologische Fundstücke ausgestellt, darunter Mosaike, Giebelfragmente, Säulen, Kapitelle und ein Meilenstein der Via Maris (›Meeresstraße‹) aus dem 2. Jh.

Tabgha ▶1, H 4

Auf dem Rückweg nach Tiberias passiert man die Siedlung **Tabgha** 10, der biblische Ort der Speisung der 5000. Die sieben in der Umgebung entspringenden Quellen – auf Griechisch ›Heptagon‹, woraus sich der arabische Name Tabgha entwickelte – heißen im Hebräischen Ein Sheva (›Sieben Quellen‹).

Kurz vor dem Pessachfest fuhr Jesus mit seinen Jüngern über den See Genezareth, um dort mit ihnen ungestört zu sein. Aber das Volk zog ihm nach und am Abend hatten sich 5000 Menschen versammelt, die Jesus verköstigen wollte. Es gab allerdings nur fünf Gerstenbrote und zwei Fische. »Jesus aber nahm die Brote, dankte und gab sie denen, die sich gelagert hatten: desgleichen auch von den Fischen, soviel sie wollten. Als sie aber satt waren, sprach er zu seinen Jüngern: Sammelt die übrigen Brote ein, damit nichts umkommt.« (Johannes 6,11–12). So geschah es am Ostufer, doch weil die Anreise dorthin zu gefährlich war, wurde der Ort des Gedenkens im 3. Jh. von Pilgern kurzerhand an das zugänglichere Nordwestufer verlegt. Die Brotvermehrung steht im Mittelpunkt eines Mosaiks – Brotkorb, zwei Brote, zwei Fische –, das Sie in der Kirche vor dem Altar sehen. Auf dem Felsen unter dem Altar hat Jesus nach der Überlieferung die Speisen dargeboten.

Kirche der Brotvermehrung
Mo–Fr 8–17, Sa 8–15, So 11–17 Uhr, www.tabgha.net

Die **Kirche der Brotvermehrung,** die den deutschen Benediktinern gehört, wurde im Jahr 1936, das Kloster 1956 fertiggestellt, 2015 durch einen Brandanschlag jüdischer Siedlerextremisten beschädigt. Im 5. Jh. befand sich hier bereits eine byzantinische Kirche mit den schönsten bis heute erhaltenen Mosaiken des Heiligen Landes. Das berühmteste, heute vor dem Altar der modernen Kirche, zeigt die zwei Fische und den Korb mit den Gerstenbroten. Auf dem fast vollständig erhaltenen großflächigen Nordmosaik erkennt man in einer Schilflandschaft Kormorane, Störche, Pfauen, Wildenten und Wasserhühner. Das Südmosaik, teilweise beschädigt, zeigt ein Nilometer, einen Wasserstandsanzeiger, wie er im ägyptischen Niltal noch heute oft zu finden ist, allerdings meist schon verfallen. Diese Darstellung war in der hellenistisch-römischen Kunst höchst beliebt. Unter dem Altar befindet sich ein Stück Naturstein, das als der Felsen verehrt wird, auf den Jesus bei der Speisung der Fünftausend die fünf Brote und zwei Fische legte.

St. Peterskapelle
Franziskaner errichteten 1933 unmittelbar am Seeufer aus Basaltstein die **St.-Peterskapelle,** die an die dritte Erscheinung des auferstandenen Gottessohns erinnert. Vor dem Altar, erbaut auf dem Platz von fünf Vorgängerkirchen, erhebt sich aus dem Boden ein Fels, der der Tisch des Herrn, an dem Jesus mit den Jüngern gespeist hat, sein soll.

Berg der Seligpreisungen 11
Kirche tgl. 8–12, 14.30–17 Uhr

Von Tabgha führt eine Straße zum **Berg der Seligpreisungen** hinauf, dem Ort der Bergpredigt. 1937 errichtete man hier die **Kirche der Seligpreisungen,** die von einer hübschen Gartenanlage mit Blick auf den See Genezareth umgeben wird.

Von Tabgha sind es wenige Kilometer zurück nach Tiberias (s. S. 293).

Die Kirche der Seligpreisungen steht an dem Ort, wo Jesus die Bergpredigt hielt

Nördliches Galiläa

Die Kabbala ist im Westen, auch durch die Pop-Sängerin Madonna und etliche Hollywood-Stars, zur Mystikmode avanciert. Zu den Wurzeln der Kabbala führt die Reise in den Ort Safed. Naturliebhaber sind im Hurshat-Tal- und im Hula-Nationalpark richtig.

Die Straße Nr. 90 führt von Tiberias am See von Genezareth in den Norden bis zur libanesischen Grenze, hoch in den Bergen Galiläas gelegen. Zentrum der ländlichen Region ist das 1882 gegründete **Rosh Pinna** 1, das auch einen kleinen Flughafen hat. Von Rosh Pinna fährt man auf der Straße Nr. 89 in nordwestlicher Richtung nach Safed. Die Bergstraße bietet wunderbare Ausblicke über die Ebene zwischen dem See Genezareth und dem Hula-Tal, die Berge des Golan im Hintergrund.

Safed und Umgebung

▶ 1, H 3

Karte: S. 317
Nach 8 km ist **Safed** 2 (Safet, Zfat, Tzfat, Tsfat) erreicht. Die Hauptstadt von Galiläa mit 30 000 Einwohnern ist die viertheiligste Stadt des Judentums. Ruinen einer Kreuzfahrerburg, ein Künstlerviertel und zahlreiche Synagogen sind die Sehenswürdigkeiten der auf 800 m in den Bergen Kanaans gelegenen Stadt, die erstmals in ägyptischen Eroberungslisten des 15. Jh. v. Chr. erwähnt wurde. Ein ständig wehender, kühlender Wind macht den Besuch zu einem sehr angenehmen Erlebnis. Die Wälder ringsum sind jung, sie wurden erst Anfang des 20. Jh. aufgeforstet.

Geschichte

Safed ist ein altes Zentrum der Kabbala. Kabbala heißt Überlieferung und bezeichnet die Geheimlehre und Mystik sowie die esoterische Bewegung im Judentum generell. Sie sucht in allem Tun das Heilige und möchte durch Deutung hauptsächlich der Thora den Willen Gottes genau erforschen, um im individuellen gottgefälligen Handeln dann vollkommen zu sein. Hauptwerk der Kabbala ist das Buch »Sohar« (›Glanz‹), in aramäischer Sprache höchstwahrscheinlich von dem spanischen Kabbalisten Mose Ben Sherem Tov de León verfasst, der, wie viele andere Juden aus Nordafrika und Spanien, nach Safed ausgewandert war. Sein Buch wurde später zu einem kanonisierten Text der Kabbala.

1100 nahmen die Kreuzritter Safed ein, töteten 1168 alle Juden und errichteten eine große Festung. 1187 fiel Safed an Saladin, der den sich kampflos ergebenden Kreuzrittern freies Geleit zusicherte. Die Burg zerstörte er völlig. Tempelritter bauten sie wieder auf. 1266 eroberte der Mamelucke Baibars Safed, erweiterte die Festung und erklärte die Stadt zur Hauptstadt von Galiläa.

Als Folge der Vertreibung der Juden und Muslime aus Spanien 1492 ließen sich viele jüdische Gelehrte und Rabbiner in Safed nieder und machten es zu einem Zentrum der Spiritualität und Theologie. In einem Brief an seine Verwandten lobte 1535 ein gewisser David de Rossi die Großzügigkeit des Sultans: »Die Gelehrten sind in dieser Stadt von jeder Kopfsteuer an die Regierung befreit.« 1578 wurde hier das erste Buch des Nahen Ostens gedruckt. Eroberer, Erdbeben und die Pest dezimierten die Stadt im 17. und 18. Jh. Vor dem Unabhängigkeitskrieg 1948 lebten in Safed 1700 Juden und 13 000 Araber.

Safed und Umgebung

Der Zustrom von Kabbalisten vor allem aus den USA hat Safed in den letzten Jahren merkwürdig verändert, geöffnet. In der netten Hauptgeschäftsstraße hat ein Makler seinen Glaskiosk mit Mietangeboten zugekleistert. Die Cafés in der Yerushalayim Street heißen Maximilian's, Art Café und Café Bagdad. Junge Frauen in Tops flanieren neben orthodoxen Juden in Ganzkörperschwarz. Im Künstlerviertel schieben sich die Besucher durch die engen Gassen eines bunten Judaika- und Souvenirbasars. Der Kommerz bildet das Rahmenprogramm zur Fortbildung in Spiritualität, wie sie etwa das International Center of Jewish Spirituality anbietet. Als Erstes lernen die Interessierten die sieben Noahidischen Gesetze, laienhaft gesagt sind das universelle Gebote, nach denen alle Menschen als Nachfahren Noahs leben sollen.

Sehenswertes in der Altstadt

In der Altstadt findet man sich mühelos zurecht. Im Zentrum liegt auf dem Hügel HaMetzuda (834 m) in einem schönen Park die nur mäßig erhaltene **Kreuzfahrerfestung.** Von dieser Zitadelle hat man eine schöne Aussicht bis zum See Genezareth.

Künstlerviertel

In der südwestlichen Ecke der Altstadt befinden sich in der **Artists' Colony** zahlreiche Galerien und kunsthandwerkliche Betriebe. Die Galerie eines Bildhauers hat außerhalb der Stadt sogar einen eigenen Ausstellungspark für Skulpturen. Im Künstlerviertel, das früher das arabische Viertel war, findet man zwar noch immer zahlreiche ansässige Künstler, doch scheinen in den letzten Jahren unter dem Einfluss einer den schönen Künsten wenig aufgeschlossenen Stadtverwaltung die ambitionierten Amateure überhand genommen zu haben. So oder so, sehenswert sind die Werke. Eine ansehnliche Ausstellung ist im Künstlerviertel in der alten Moschee untergebracht, dem **Safed Artists House** (Tel. 04 692 00 87, So–Do 9–16, Fr 9–14, Sa 10–14 Uhr, Eintritt frei).

Synagogen

Die große Sehenswürdigkeit in Safed sind aber fraglos die Synagogen. Sie befinden sich in den engen Gassen im nordwestlichen Altstadtviertel **Qiryat Batai Knesset,** wirken von außen unscheinbar, zeichnen sich im Innern aber durch wundervolle Thoraschreine und schöne Fresken aus. Gleich zwei Synagogen tragen den Namen von Ari (›Löwe‹) Adoni Rabbi Itzhak Luria, geboren 1543 in Jerusalem und ausgewandert nach Kairo, wo er 12 Jahre lang die Kabbala studierte und dann nach Safed zog, um hier bei Ramak, dem führenden Mystiker Rabbi Moshe Cordeviero, seine Studien fortzusetzen.

Nach Ramaks Tod führte Ari die Arbeit seines Lehrmeisters fort, bis er 1572 starb. Die außerordentlich schöne sephardische **Ha'ari-Synagoge,** die älteste der Stadt, wurde auf einem damals außerhalb liegenden Feld errichtet, an dem sich die Kabbalisten zum Beginn des Shabbat in einer Grotte zu versammeln pflegten. Ein Jahr nach Aris Tod erbaute man die aschkenasische Ha'ari-Synagoge, die 1852 von einem Erdbeben zerstört und anschließend neu errichtet wurde. Der Thoraschrein stammt aus dem 19. Jh.

Einem anderen Kabbalisten ist die **Caro-Synagoge** gewidmet. Rabbi Joseph Caro gelangte nach der Vertreibung aus Spanien nach Safed und wurde berühmt durch seine Schrift »Shulhan Aruch« (›Der gedeckte Tisch‹), eine Anleitung zu einem gottesfürchtigen jüdischen Leben. Der Buchtitel wurde zum geflügelten Wort: Sich gottesfürchtig an Thora und Talmud zu halten sei so einfach, wie sich an einem gedeckten Tisch zu bedienen.

Friedhöfe

Unterhalb der Altstadt liegen drei **Friedhöfe.** Auf dem ältesten sind führende Kabbalisten begraben: Ari, Ramak, Shlomo Alkevets (Verfasser der Hymne Lecha Dodi), Joseph Caro, Ja'cov Beirav (er wollte den jüdischen Hohen Rat von Jerusalem nach Safed verlegen) und Moshe Alsheich. Von hier, so sagte es Rabbi Ari, trage die reine Luft die Seele jedes Verstorbenen direkt in den Garten Eden.

In Safed haben sich viele Orthodoxe niedergelassen

Infos
Visitors Center: 17 Alkabetz St., Tel. 04 692 44 27, www.safed.co.il, So–Do 8.30–16, Fr 9–14 Uhr. Hier gibt's nicht nur gute Infos und Broschüren, sondern auch die Gelegenheit, eine archäologische Ausgrabung unter dem Center zu besuchen.
Im Internet: www.safed.co.il.

Übernachten
Hübsche Zimmer – **The Way Inn:** 23 Yod Zayin, Artists' Quarter, Tel. 04 657 99 84, www.thewayinn.co.il. In einem alten arabischen Haus im Künstlerviertel bietet dieses Haus hübsch eingerichtete Zimmer. Die Besitzer arrangieren Führungen und Treffen mit lokalen Künstlern. DZ ab 750 NIS.
Ehemalige Karawanserei – **Ruth Rimonim:** Artists' Quarter, Tel. 04 699 46 66, www.rimonimhotels.com. Das malerische Gebäude einer alten Karawanserei, der Ausblick auf den Meron-Berg und über Galiläa – grandios. Stilvoll, Spa und Pools. DZ ab 550 NIS.
Naturnah – **Safed Inn:** Hagdud Hashlishi/Meirom Canaan St., Tel. 04 697 10 07, www.safedinn.com. Etwa 5 Autominuten nördlich von Safed findet man sich mitten in der Natur auf dem Berg Cana'an in einem beschaulichen Hotel mit Einzel-, Doppel- und Viererzimmern wieder. DZ ab 400 NIS.

Essen & Trinken
Shawerma- und Snitzel-Imbisse, Cafés und Restaurans findet man rund um die **Yerushalaim Street.** Im Künstlerviertel gibt es ebenfalls viele hübsche Cafés.
Grüne Küche – **Tree of Life:** Hamiginim Square, Tel. 050 696 02 39, So–Do 9.30–22, Fr 9.30–17 Uhr. Veggie-Burger sind hier einer der Renner, beliebter Frühstückstreff.
Bodenständig – **Yemenite Food Bar:** 22 Alkabetz St., tgl. 9–17, Fr 9–14 Uhr. Fladenbrot mit Kräutern, Käse und Oliven.
Snacks in der Webstube – **Canaan Gallery Café:** 28 Alkabetz St., Tel. 04 697 44 49, tgl. 9–18 Uhr, www.canaan-gallery.com. Kaffee und Sandwiches an einem dafür ungewöhnlichen Ort – die Besitzer stellen Webarbeiten her. Ab 40 NIS.

Einkaufen
In der südwestlichen Ecke der Altstadt liegt das kommerzlastige **Künstlerviertel** (www.artists.co.il/safed).

Handgezogene Kerzen – **Safed Candles Gallery:** nahe der Ha'ari-Synagoge, Tel. 04 692 31 05, So–Do 9–19, Fr 9–12.30 Uhr.

Abends & Nachts
Events aller Art – **Khan Hachamor Halavan (Khan of the White Donkey):** 5 Tsvi Levanon St., Artists' Quarter, Tel. 077 234 57 19, www.thekhan.org. Der 700 Jahre alte ›Khan zum weißen Esel‹ dient als Kultur- und Veranstaltungszentrum, hat sich aber auch ›Halevav‹, dem gesunden Leben, verschrieben, weshalb es auf dem kunterbunten Programmkalender auch Yogaklassen und Vorträge zum Thema Gesundheit gibt.

Kulturzentrum – **Yigal Allon Theatre & Cultural Centre:** Hapalmach St., Artists Quarter, Tel. 04 686 96 00. Theater von Shakespeare bis modern, Kino – hier ist immer etwas los.

Aktiv
Kunst-Workshops – **The Way Inn:** 23 Yod Zayin, Artists' Quarter, Tel. 04 657 99 84, www.thewayinn.co.il. Etliche Galerien bieten Kurse an. Man kann sich als Maler versuchen, mit Stoffen arbeiten oder Kerzen herstellen. Informationen und Vermittlung gibt's hier.

Kabbala erleben – **International Center for Tzfat Kabbalah:** Tel. 04 682 17 71, www.tzfat-kabbalah.org. Das Center in der Altstadt, zu erreichen, indem man von der Ari-Synagoge die Treppe hinuntergeht, widmet sich mit Ausstellungen und Vorlesungen der Kabbala, vermittelt Interessierten Workshops und Seminare, beispielsweise zu Kunst und Musik in der Kabbala.

Termine
Wolfson Community Centre/The Saraya: Hapalmach St., Tel. 04 697 12 22. Konzerte, Matineen etc.

Klezmer Festival (Sommer): Bühne für Klezmer-Musik internationaler Interpreten. Infos: www.safed.co.il/klezmer-festival-safed.html.

Verkehr
Busse: Mehrmals tgl. vom Busbahnhof am Stadteingang, Tel. 04 692 11 22, nach Akko, Haifa, Tel Aviv und Jerusalem.

Meron ▶ 1, G 3

Meron 3 heißt der Ort, der es lohnt, von Safed 10 km weiter Richtung Westen zu fahren. Am 33. Tag (Lag Ba'Omer) nach dem Pessachfest, also meist im Mai, pilgern Zehntausende nach Meron zu den Gräbern des Kabbalisten Rabbi Shimon Bar Jochai und seines Sohnes Eleazer. Rabbi Bar Jochai legte ein Gelübde ab, damit die Thora niemals in Vergessenheit gerate. In Erfüllung des Gelübdes werden die Gesetzesrollen in einer feierlichen Prozession von Safed hierher getragen, wo eine riesige Zeltstadt die Pilgernden beherbergt. Nach der Prozession feiert man ein großes Festmahl mit frisch geschlachteten Lämmern.

Hula-Naturreservat
▶ 1, H 2

Karte: S. 317
Tel. 04 693 70 69, www.parks.org.il, So–Do 8–16, Fr 8–15 Uhr, 35 NIS

Über Rosh Pinna führt der Weg zurück auf die stetig ansteigende Hauptverbindungsstraße gen Norden. Nach 15 km erreicht man ein wunderschönes Landschaftsschutzgebiet, das **Hula-Naturreservat** 4 . Der gleichnamige See, der den Jordan mit speist, entstand vor 20 000 Jahren, als vom Golan herabströmende Lava den Jordanlauf unterbrach und eine Sumpflandschaft entstehen ließ. Weiße und gelbe Lilien wachsen hier. Das Reservat ist der nördlichste Platz der Erde, an dem wilder Papyrus gedeiht. Das Hula-Tal ist Rastplatz für Zugvögel, Heimat für Pelikane, Adler und Wildkatzen. In den 1950er-Jahren sollte das Tal ausgetrocknet und Torf abgebaut werden. Dagegen organisierten sich Naturschützer, die nicht nur dieses einmalige Tal retteten, sondern auch die heute mächtige und sehr umtriebige SPNI gründeten, die Society for the Protection of Nature in Israel. Der beschilderte Rundweg dauert ca. 1,5 Std. Das multimediale **Oforia Visitors Center** stellt Flora und Fauna vor.

Nördliches Galiläa

Metulla ▶ 1, H 1

Karte: S. 317

Die Straße Nr. 90 endet in **Metulla** 5, einem von Baron Edmond de Rothschild 1896 gegründeten Ort an der libanesischen Grenze. Berühmt wurde Metulla wegen des *good fence* (›guter Zaun‹), durch den einst Zehntausende Libanesen zur medizinischen Behandlung nach Israel einreisen durften. Im Jahr 2000 schloss Israels Regierung das Tor für den verfeindeten Nachbarn. Der Zaun wurde 2012 durch eine 5 m hohe Mauer ersetzt. Sie soll Scharfschützen aus dem libanesischen Dorf Kfar Kila die Sicht auf Metulla nehmen. Vom Aussichtspunkt Metullas, der versteckt hinter den Souvenirläden und Imbissständen liegt, reicht der Blick weit in den Libanon hinein.

Infos
Im Internet: www.metulla.muni.il

Übernachten
Originelle Suiten – **Mool ha Beaufort:** 22 Hanarkis, Mount Zefia, Tel. 04 953 02 32, 054 311 12 10. Das B & B liegt idyllisch über Metulla und hat 3 liebevoll eingerichtete Suiten. DZ ab 750 NIS.
Romantikhotel mit Spa – **Beit Shalom:** HaRishonim St., Tel. 04 694 07 67, 057 770 78 45, www.beitshalom.co.il. Boutiquehotel in zwei über 100 Jahre alten Häusern mit stilvollen Suiten. Ein Erlebnis ist das idyllische Gartenrestaurant. DZ ab 700 NIS.

Aktiv
Eislaufen, Squashen – **Canada Center:** Tel. 04 695 03 70, www.canada-centre.co.il, tgl. 11–22 Uhr. Sportzentrum mit olympischer Eislaufbahn, Pools, Squash, Bowling etc.
Kajakfahren, Eislaufen – Im **Abenteuerpark Ma'ayan Baruch** des **Kibbuz Ma'ayan** 6, Tel. 04 695 48 88, den man nördlich von Kiryat Shmona über eine nach Osten führende Straße erreicht, kann man Kajaks mieten und auf dem Hatzbani-Fluss Wildwasserfahren sowie im Winter Eislaufen. Auch Campingmöglichkeiten sind vorhanden.

Hurshat-Tal-Nationalpark ▶ 1, H 1

Karte: S. 317

Tel. 04 694 24 40, April–Okt. tgl. 8–17, Nov.–März 8–16 Uhr, 38 NIS

Zurück auf der Bergstraße Nr. 99, fährt man Richtung Osten und erreicht nach 5 km am Fluss Dan den **Hurshat-Tal-Nationalpark** 7. Das beliebte Ausflugsziel mit See, Zeltplatz und Bungalows ist berühmt für seine bis zu 2000 Jahre alten Eichen. Nach einer Legende schlugen hier einst zehn Boten des Propheten Mohammed ihr Lager auf. Da es jedoch nicht einmal einen Strauch gab, um die Pferde festzubinden, bohrten sie ihre Stöcke in den Boden. Am nächsten Morgen war daraus ein Eichenwald gewachsen, den heute Wasserfälle, Teiche und schattige Spazierwege zu einem paradiesischen Ort machen.

Übernachten, Essen & Trinken
Ökologisch geführt – **Kibbuz HaGoshrim:** beim Park, Tel. 04 681 60 00, www.hagoshrim-hotel.co.il. Malerisch gelegenes Hotel mit schönen Zimmern, Spa und Pool. Auch für Familien geeignet. Der **Pub Gosh** bietet eine der wenigen Gelegenheiten in dieser Region, gut zu essen. DZ ab 550 NIS.

Tel-Dan-Naturreservat
▶ 1, H 1

Karte: S. 317

Tel. 04 695 15 79, www.parks.org.il, April–Sept. So–Do 8–17, Fr 8–16, Okt.–März So–Do 8–16, Fr 8–15 Uhr, 29 NIS

Ebenfalls an der Bergstraße Nr. 99, etwa 1 km nördlich vom Kibbuz Dan, liegt der Eingang zum **Tel-Dan-Naturreservat** 8. Hier entspringt der Dan, der wichtigste Quellfluss des Jordan. Drei unterschiedlich lange Wege erschließen das grüne, von mehreren Bächen durchflossene Areal. 1967 kam es zwischen Syrien und Israel zu militärischen Auseinandersetzungen um die Nutzung des Wassers.

Tel-Dan-Naturreservat

Nördliches Galiläa und Golan

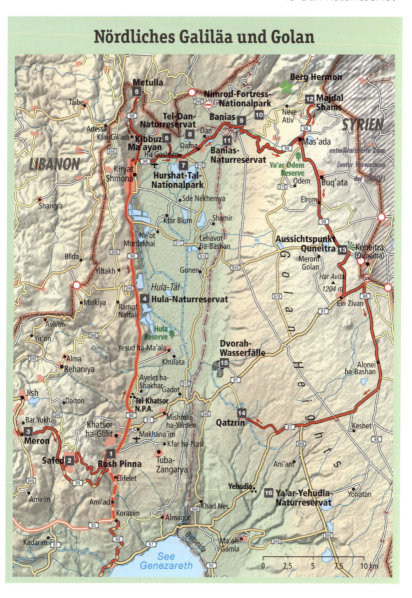

Ausgrabungen am Siedlungshügel Tel Dan in den 1960er-Jahren brachten Überreste der kanaanitischen Stadt Laish zutage, die später vom jüdischen Stamm Dan erobert wurde. Zu sehen sind die Rekonstruktionen eines kanaanitischen Stadttors und eines Tempel aus der Regierungszeit König Jerobeams I. 1993 entdeckten die Forscher einen schwarzen Basaltblock mit der Tel-Dan-Inschrift, einem Zankapfel der Orientalistik.

Golan

Der Golan hat es nicht verdient, aber es ist so: Spricht man über ihn, dann spricht man zuerst über alte und neue Kriegsschauplätze und – im Sinne von Land gegen Frieden – die immer unwahrscheinlichere Rückgabe der Region an Syrien. Dann erst wendet man sich den überwältigenden Landschaften des Golan zu, seinen Gebirgszügen, zerklüfteten Tälern und Wasserfällen.

Die Besetzung des Golan im Sechstagekrieg im Jahr 1967 und Syriens Versuch, im Oktoberkrieg 1973 sein südwestliches Gebiet zurückzuerobern – was damit endete, dass Israel sein Territorium nochmals erweitern konnte –, war zusammen mit der Einnahme Jerusalems die folgenreichste Eroberung, die Israel gemacht hat.

Das Basaltplateau, eine fruchtbare und zauberhafte Berglandschaft, brachte nicht nur landwirtschaftlichen Nutzen, v. a. hatte Israel einen Sicherheitsgürtel dazugewonnen. Dessen Bedeutsamkeit unterstrich die Regierung Begin, als sie den Golan dem Staatsgebiet eingliederte und mit einer konsequenten Besiedlungspolitik begann – Zehntausende Siedler leben hier inzwischen. Der Frieden im Nahen Osten und die Anerkennung Israels durch die arabischen Staaten haben einen Preis, um den hart und ohne Aussicht auf eine baldige Lösung gefochten wird: Vor dem Bürgerkrieg in Syrien hatte die Rückgabe des Golan eine annähernd so hohe Priorität wie die Jerusalem-Frage. Syrien wollte erst den gesamten Golan zurück und dann über Frieden verhandeln. Israel hingegen stellte einen Teilrückzug vom Golan nur gegen gleichzeitigen Frieden und volle diplomatische Anerkennung in Aussicht, womit beide Seiten einen weiteren Grund hatten, sich vor echten Friedensverhandlungen zu drücken.

1995 scheiterte Oppositionsführer Benjamin Netanyahu, der 2015 zum vierten Mal Israels Premierminister wurde, in der Knesset nur knapp mit einem Gesetz, das einen Rückzug vom Golan blockieren sollte – die Abstimmung endete 59 : 59. Währenddessen protestierten Siedler im Golan, lieferten sich Handgemenge mit der Polizei und errichteten Straßenblockaden. Nie, sagen sie, wollen sie ihr Land hergeben, lieber wollten sie dafür sterben. Auf Netanyahu dürfen sie zählen.

25 km breit ist der Streifen, den Israel erobert hat. Zwischen Syrien und Israel wurde auf der Grundlage der UN-Resolution 338 eine entmilitarisierte Zone eingerichtet, durch den syrischen Bürgerkrieg eine Pufferzone. In Süd-Nord-Richtung erstreckt sich der Golan vom Jarmuk-Fluss am Ostufer des Sees Genezareth bis zum Berg Hermon.

Die **Golanhöhen** beginnen beim Tel-Dan-Naturreservat (s. S. 316). Ab hier schlängelt sich die Straße Nr. 99 kurvenreich nach oben. Etliche Seitenwege führen zu Bunkern oder zu Gedenksteinen für die 1967 im Krieg getöteten Soldaten.

Banias und Umgebung
▶ 1, J 1

Karte: S. 317
Ca. 5 km hinter dem Tel-Dan-Naturreservat ist **Banias** 9 erreicht. Pan, dem Gott des Waldes und der Herden, ist am Fuß des Bergs Hermon ein Heiligtum neben der **Panhöhle** gewidmet. Hier entspringt der Banias (hebr. Hermon), einer der drei Quellflüsse des Jordan. Herodes erbaute an dieser Stelle einen Tempel und sein Sohn gründete später eine Stadt, Caesarea Philippi. Man fand Inschriften,

Banias und Umgebung

Aktiv

TREKKING AUF DEM ISRAEL NATIONAL TRAIL (SHVIL JISRA'EL)

Tour-Infos

Länge: 965 km (Teilstrecken möglich)
Dauer: ca. 5–7 Wochen gesamter Trail
Beste Reisezeit: Mitte Febr. und Mitte Mai
Vorbereitung: Voraussetzung sind Trekkingerfahrung, gute Kondition, im Negev Klettererfahrung. Unverzichtbar ist »Israel National Trail and Jerusalem Trail: Hike the land of Israel« (ISBN 978-9-6591-2490-9) von Jacob Saar, erhältlich im israelischen Buchhandel sowie bei Eshkol Publishing Ltd., Tel. 08 690 90 70, info@eshkol-b.co.il.
Karten: Israel Trails Committee, 2 HaNegev St., Tel Aviv, shvil@spni.org.il, Tel. 03 638-87 19, So–Do 9–15 Uhr.
Geführte Touren: tourism@spni.org.il

Es geht los in Beit Ussishkin nahe dem **Kibbuz Dan.** Von dort, 4 km von der libanesischen Grenze entfernt, verläuft der Trail durch den Norden des Golan über See Genezareth, Galiläa und Mittelmeerküste bis nach Eilat am Roten Meer. Es geht in Städte und Kibbuzim, an Mittelmeerstrände und durch etliche (kostenpflichtige) Nationalparks. Im Negev sind streckenweise Klettererfahrung und Ausdauer nötig, etwa in der Region des Ramon-Kraters. Die Tour, die auch von Süd nach Nord machbar ist, gilt als anstrengend und lockt jährlich Zehntausende Wanderer auf die großartige 965 km lange Strecke.

Vor relativ kurzer Zeit erst ist der Trail über die eingefleischte Trekkerszene hinaus international bekannt geworden. Zwei Gründe dafür sind, dass sich der Wanderer auf gut markierten Pfaden bewegt und sich ein komfortables Maß an Infrastruktur herausgebildet hat. Es gibt einfache Übernachtungsmöglichkeiten, oft nur eine Schlafmatte, manchmal ein Kibbuz. Man kann vor den langen Durststrecken, vor allem im heißen Süden mit der Negevwüste, Wasser kaufen und sich zu bestimmten Stellen bringen lassen; kalkulierter Verbrauch: 6–8 Liter pro Tag und Person. Für den kompletten Weg, der sich aus Sicherheitsbedenken heraus der Westbank nur mit Abstand und dem Gazastreifen gar nicht nähert, werden fünf bis sieben Wochen veranschlagt. Eine Kombination mit anderen Trails, etwa zum Hermongebirge, ist an etlichen Knotenpunkten möglich. Im Frühjahr, der empfohlenen Wanderzeit, erlebt der Hiker Israels blühende Natur am intensivsten. Viele Israelis lassen als *Trail Angels*, Wege-Engel, Wanderer kostenlos übernachten.

Golan

die der geschwätzigen griechischen Bergnymphe Echo huldigen. Im Neuen Testament wird Caesarea Philippi an prominenter Stelle genannt, als Jesus zu Petrus spricht: »Und ich sage dir auch: Du bist Petrus, und auf diesem Felsen will ich meine Gemeinde bauen« (Matthäus 16,18–19). Die Panhöhle mit der Quelle des Banias wird deswegen von vielen christlichen Pilgern besucht.

Burg Nimrod

Tel. 04 694 92 77, www.parks.org.il, April–Sept. tgl. 8–17, Okt.–März 8–16 Uhr, 22 NIS
Richtung Osten sind es 1,5 Std. Fußmarsch zum **Nimrod-Fortress-Nationalpark** 10 mit der gleichnamigen Festung. Sie wurde von Arabern erbaut, von den Kreuzrittern erobert und 1229 vom Sultan von Damaskus zerstört. Von den Burgruinen hat man eine herrliche Aussicht über das Jordantal.

Banias-Naturreservat

Quelle Tel. 04 690 25 77, Wasserfall Tel. 04 695 02 72, www.parks.org.il, April–Sept. tgl. 8–17, Okt.–März 8–16 Uhr, 28 NIS; Anfahrt Quellen ca. 3 km östlich des Kibbuz Snir auf der N 99 (Kiryat Shmona-Masadeh), Wasserfall ca. 2 km östlich des Kibbuz Snir auf der N 99, 29NIS
Etwa 2 km westlich, auf der anderen Straßenseite, liegt der Zugang zum großartigen **Banias-Naturreservat** 11 (Nahal Hermon Reserve). Umgeben von Zitronenbäumen, Eukalypten, Walnussbäumen, Eichen und Lorbeer wandert man unter einem klimatisierenden Blätterdach an dem reißenden Fluss entlang, erreicht den von der Quelle 7 km entfernten Wasserfall.

Infos
Im Internet: www.golan.org.il.

Berg Hermon ▶ 1, J 1

Karte: S. 317
Die israelischen Alpen liegen am 2814 m hohen **Berg Hermon.** Im Frühjahr, Sommer und Herbst kann man wandern, im Winter skifahren und snowboarden (tgl. 8–16 Uhr). Auf dem Berg Hermon wird in 1600 bis 2040 m Höhe im **Mt. Hermon Ski and Snowboard Center,** einem überschaubaren Skizirkus mit

Ein Hauch von Wildwest in Nahost: Ohne Schusswaffen reitet kaum ein Farmer der Golanhöhen auf die Koppel

mehreren Liften, gerodelt und gewedelt – ja, mit richtigem Schnee, wenn auch nur im Winter, Anfang Januar bis Ende Februar.

Das Equipment kann man ausleihen, was im einzigen israelischen Skigebiet alle tun. Der Tagesskipass kostet 245 NIS, die Halbtageskarte 180 NIS. Die zahlreich vorhandenen Unterkünfte im dazugehörigen, 12 km entfernten Skidorf **Neve Ativ,** genau genommen nur eine kleine Siedlung, bieten eine Reihe von Komplettpaketen. Der Sessellift ist natürlich auch im Sommer in Betrieb. Dann kann man hier wandern.

Wanderer können nach der Bergfahrt mit der Seilbahn auf eigene Faust losgehen. Es erwartet sie ein herrlicher Blick über den Golan und weit hinein in den benachbarten Südlibanon. Es gibt auch täglich eine geführte Wanderung. Treffpunkt ist um 10.30 Uhr an der Bergstation der Seilbahn. Um 11 Uhr beginnt dann die rund 1,5-stündige Tour Richtung Talstation (Anmeldung unter Tel. 15 99 55 05 60, 04 698 13 37). Ein Spaß ist auch die 950 m lange Sommerrodelbahn, auf der man mit 45 km/h nach unten saust (30 NIS). Infos unter Tel. 04 698 13 33, www.skihermon.co.il, Eintritt 49 NIS, Seilbahn 43 NIS.

Übernachten

Die zahlreichen Hotels, manche mit Fachwerkfassade und auf Schwarzwaldidyll getrimmt, bieten eine Reihe von Komplettpaketen für Urlauber, besonders für Skifahrer. Infos unter Tel. 15 99 55 05 60, 04 698 13 33, www.skihermon.co.il.

Mit Hermon-Bergblick – **Kalfon on Mount Hermon:** Neve Ativ, Tel. 04 698 15 32, Fax 04 698 28 31. Es gibt nur 6 Zimmer, am schönsten sind die unter dem Dach mit frei stehender Badewanne, Kamin und Blick auf das Hermongebirge. DZ ab 900 NIS.

Rustikales Wohnen – **Mills Iruah:** Neve Ativ, Tel. 054 462 68 14, 04 698 48 18. Außen Fachwerk, innen moderne Ausstattung mit rustikalem Touch. Die 11 Zimmer des Gästehauses sind sehr ordentlich. DZ ab 600 NIS.

Alm-Feeling in Nahost – **At Stephanie:** Neve Ativ, Tel. 04 698 15 20, 052 781 00 46, Tel./Fax 04 698 42 80. Die Besitzer haben ihr heimeliges Holzhaus, das auf 1000 m liegt, selbst entworfen und gebaut. Die Zimmer sind klein und fast schon kitschig rustikal möbliert, besonders schön sitzt man auf der Terrasse. DZ ab 550 NIS inkl. Frühstück.

Verkehr

Das Gebiet erreicht man am besten mit dem **Auto.** Die Zufahrt ist von 8–15.30 Uhr möglich. Von Neve Ativ gibt es stdl. **Busse** nach Kiryat Shmona, dort muss man nach Tiberias, Tel Aviv, Jerusalem und Haifa umsteigen. **Egged:** Schnellwahl *2800, Tel. 03 694 88 88, www.egged.co.il.

Majdal Shams ▶ 1, J 1

Karte: S. 317

Nach dem Besuch von Neve Ativ fährt man weiter in den nordöstlichen Zipfel des Golan nach **Majdal Shams** 12 , einen Drusenort von trauriger Berühmtheit. Die Szene hat etwas Schauerliches. Zwei hohe Stacheldrahtzäune, der eine syrisch, der andere israelisch, markieren die entmilitarisierte Zone. An den Zäunen stehen Männer, Frauen und Kinder aus zwei Dörfern, die miteinander reden. Dazu brauchen sie seit dem Sechstagekrieg Megafon und Lautsprecher; nicht alle haben Skype. Denn wo man früher zum Verwandtenbesuch ins nächste Dorf wanderte, ist die Grenze jetzt undurchlässig. Mit rund 10 000 Einwohnern ist die ›Stadt der Sonne‹, wie der aus dem Arabischen übersetzte Name Majdal Shams heißt, die größte Siedlung im Golan. Ihre drusischen Bewohner, viele mit syrischem Pass, wollen mehrheitlich mit Israel nichts zu tun haben. Den israelischen Pass verweigern sie und schickten den Nachwuchs bis zum Ausbruch des Bürgerkriegs in Syrien 2012 zum Studieren nach Damaskus. Die Absurdität von Majdal Shams' Situation thematisierte die Tragikomödie »Die syrische Braut«, eine israelisch-deutsch-französische Koproduktion (s. S. 125). Im Ort erinnert ein Denkmal an Sultan el Atrash, den Anführer der Revolte 1925 gegen die französischen Besatzer.

Golan

Essen & Trinken
Viele einfache Imbissmöglichkeiten im Ort.
Takeaway am See – **Birkat Ram:** am Birkat-See, Tel. 04 698 16 38, tgl. 8–18 Uhr. Drusische Spezialitäten. Ab 65 NIS.

Quneitra ▶ 1, J 2

Karte: S. 317
Von nun an bewegt man sich wieder auf der Straße Nr. 98 Richtung Süden. Nach etwa 18 km liegt linker Hand neben einem kleinen Parkplatz der Aussichtspunkt **Quneitra** 13, bestückt mit mehreren Fernrohren. Durch sie blickt man weit hinein nach Syrien und in die Geisterstadt Quneitra, unter syrischer Hoheit damals die Hauptstadt der Region. Bis 1967 war sie bewohnt von muslimischen Immigranten aus dem Kaukasus. Seit dem Sechstagekrieg ist die 40 km von Damaskus entfernte Stadt verlassen, und niemand wollte zurückkehren, als sie – nun in der entmilitarisierten Zone liegend – an Syrien zurückgegeben wurde. Südöstlich der Stadt liegt auf israelischem Gebiet eine Windkraftanlage, deren rot-weiße Propeller Energie für den Golan liefern.

Qatzrin und Umgebung ▶ 1, J 3

Karte: S. 317
Die Fahrt geht weiter nach **Qatzrin** (Katzrin) 14, das 14 km nordöstlich vom See Genezareth an der Straße Nr. 9088 liegt. Hier erbaute Israel seit 1977 die neue Hauptstadt des Golan – ›Festung‹ bedeutet der Name Qatzrin übersetzt. Die Siedlung mit heute rund 7000 Bewohnern, viele davon Neuimmigranten, wurde in Form eines Schmetterlings angelegt: Das Zentrum ist der Körper, die Wohngebiete bilden die Flügel. Geplant ist die Stadt für 15 000 Einwohner. Das am Reißbrett erdachte Qatzrin wirkt nicht sehr einladend und ist in erster Linie bekannt für das dort abgefüllte Mineralwasser.

Golan Heights Winery
Industrial Zone, Tel. 04 696 84 35, www.golanwines.co.il, So 8.30–17.30, Mo–Do 8.30–18.30, Fr 8.30–13.30 Uhr, Anmeldung 2–3 Tage vorher erforderlich, das Besucherprogramm variiert während der Erntezeit, einstündige Touren ab 52 NIS
Absolut lohnend hingegen ist der Besuch in der modernen, im Industriegebiet liegenden **Golan Heights Winery.** Nach Voranmeldung kann der Betrieb, der Israels beste Weine produzieren, besucht werden. Es gibt ein-, zwei- und dreieinhalbstündige Touren. Die Weinprobe in der Kelterei ist inklusive.

Golan Archaeological Museum
Tel. 04 696 96 36, So–Do 8–17, Fr 8–15 Uhr, 25 NIS
Beschwingt besucht man nach der Weinprobe im Zentrum das interessante kleine **Golan Archaeological Museum,** das Funde aus der Zeit von 500 000 bis 5000 v. Chr. zeigt. Außerdem zu sehen sind fossile Tierknochen sowie ein rekonstruiertes Haus des 4. Jh. v. Chr., in dem man Getreidemühlen aus Basalt, Tongeschirr und Kultobjekte fand. Im Hof werden Friese, Türstürze und andere Funde aus Synagogen und Kirchen präsentiert, darunter das Relief einer Menora, das in nur schwer zu bearbeitenden vulkanischen Basaltstein geschlagen wurde.

Dvorah-Wasserfälle
Reisende mit viel Zeit können noch einen Abstecher zu den **Dvorah-Wasserfällen** 15 machen, ein idyllischer Platz zum Rasten und stillen Verweilen. Es geht zunächst über die Straßen Nr. 9088 und 91 Richtung Quneitra. Nach der Benot-Ja'acov-Brücke zweigt eine kleine Straße zu den Wasserfällen ab.

Ya'ar-Yehudia-Naturreservat
Tel. 04 696 28 17, www.parks.org.il, April–Sept. tgl. 8–17, Okt.–März 8–16 Uhr, 22 NIS
Südlich von Qatzrin erstreckt sich bis nahe an den See Genezareth das **Ya'ar-Yehudia-Naturreservat** 16 mit lauschigen Plätzen in Eukalyptuswäldern. Einer von mehreren Wanderwegen (Dauer zwischen 2 Std. und 1 Tag)

Qatzrin und Umgebung

führt durch eine bizarre Felslandschaft am Fluss Zavitan entlang, vorbei an Wasserfällen und Teichen. Man betritt den Park bei Yehudia an der Straße Nr. 87, ca. 2 km südwestlich von Qatzrin.

Übernachten

Bei Israels Naturschützern – **Golan Field School:** Qatzrin, Tel. 04 696 12 34, rafim@spni.org.il. Nahe der Golan Heights Winery bieten Israels Naturschützer Übernachtungsgästen 34 klimatisierte Zimmer an und helfen bei der Planung von Touren zu den Naturschönheiten des Golan. DZ ab 580 NIS.

Essen & Trinken

Bierhalle – **Golan Brewery:** Qatzrin, Golan Magic Complex, Tel. 04 696 13 11, http://golanbrewhouse.rest-e.co.il, tgl. 11.30–24 Uhr. Über Golan Magic gibt es nahe am Sudkessel selbst gebrautes Bier und gute Kost. Den besonderen Geschmack des Bieres, heißt es, macht das verwendete Golan-Quellwasser aus. Ab 70 NIS.

Aktiv

Golan in 3-D – **Golan Magic:** Industrial Zone, Qatzrin, Tel. 04 696 36 25, www.magic-golan.co.il, So–Do 9–17, Fr 9–16 Uhr, 25 NIS. Im Imax-Stil präsentiert das Kino dieses kleinen Multimediaparks den Tiefflug über den Golan als 3-D-Film und erklärt danach an einem Golanmodell mit Ton- und Licht-Show die Geschichte des Gebiets und seiner Bewohner.

Olivenöl – **Golan Olive Oil Mill/Olea Essence Press:** Industrial Zone, Oil Rd., Qatzrin, Tel. 04 685 00 23, 050 288 87 09, www.oleaessence.com, So–Do 9–17, Fr 9–15 Uhr. Hier besichtigt man im Nachbau einer alten Qatzrin-Synagoge eine riesige Olivenpresse, verfolgt die Produktion des Öls. Im angeschlossenen Laden kann man Öle und Kosmetika der hauseigenen Olea-Linie erwerben.

Verkehr

Busse: Mehrmals tgl. Verbindungen von Qatzrin nach Tel Aviv, Jerusalem und Tiberias, **Egged:** Schnellwahl *2800, Tel. 03 694 88 88, www.egged.co.il.

Mit Auszeichnungen überhäuft: die guten Tropfen der Golan Heights Winery

Kapitel 5

Negev und Sinai

12 000 km², mehr als die Hälfte der Fläche Israels, nimmt der Negev ein. Die Berge von Eilat markieren die natürliche Fortsetzung des Negev in den Sinai, eine der wichtigsten biblischen Landschaften. Wind und Regen haben in Jahrtausenden eine Wüste mit Dünen, Hochplateaus, Trockentälern (Wadis), tiefen Kraterlandschaften und blühenden Oasen geformt. Auf die Trockenheit langer Sommer folgen im Winter heftige Regenfälle, die in den Wadis als gefährliche Wildbäche zu Tal donnern. Danach aber blüht die Wüste, schießen zumindest für kurze Zeit Tamariskensprösslinge und sogar Schilf aus der Erde.

Für Israel ist der Negev nicht einfach an Sand und Dünen verlorenes Land. Angesichts des kleinen Staatsgebiets mit entsprechend knappen Agrarflächen wird die Urbarmachung der Wüste seit Pionierzeiten als priorisierte Herausforderung gesehen. Auf der Fahrt sieht man riesige Gewächshäuser für den Anbau von Obst und Gemüse. Und wenn man an der Strecke den Hinweis auf eine Weinkellerei bemerkt und Weinberge ausmacht, ist das keine Fata Morgana. Im Negev wächst tatsächlich Wein, auch die großen Fischzuchten wären noch zu erwähnen. Hinter all dem steckt eine komplizierte Technik, die unter dem Negev liegende Brackwasserreservoirs zur Bewässerung nutzt.

Die Besiedlung des Negev beschränkt sich auf etwa 100 Städte, Dörfer, Weiler und Kibbuzim. Die Reise führt hier in die grüne Negev-Hauptstadt Be'er Sheva mit dem Abrahamsbrunnen, ins nabatäische Avdat und mitten in die Kraterlandschaft von Mitzpe Ramon. Den krassen Kontrast bildet schließlich Eilat am Roten Meer, ein kunterbunter Badeort.

Von Eilat geht es über die Grenze nach Ägypten auf die faszinierende Sinai-Halbinsel, wo Orte wie Sharm el Sheikh, Dahab und Nuweiba Badeurlauber, Taucher, Surfer und Schnorchler anlocken. Am Katharinenkloster begibt man sich auf alttestamentarische Spurensuche und wandert zum Sonnenaufgang auf den Mosesberg, wo Gott die Zehn Gebote offenbarte.

Bizarre, von der Erosion geschaffene Felswelt:
der Timna Park bei Eilat

Auf einen Blick: Negev und Sinai

Sehenswert

Ein-Avdat-Nationalpark: Natürlich entstandene Teiche, Quellen und Wasserfälle, Steinböcke und Gazellen in freier Wildbahn – zu erleben ist das rund um den spektakulären Canyon von Ein Avdat, das schon zur Zeit der Nabatäer an einer wichtigen Handelsroute lag (s. S. 335).

Eilat: Für Urlaubsspaß mit Wassersport und erstklassigem Nachtleben steht in Israel nur ein Ort – Eilat, der einzige Zugang des Landes zum Roten Meer, und die nahe Wüste bietet spannende Ausflugsmöglichkeiten (s. S. 342).

Katharinenkloster: Festungsartig, eine unerschütterliche Insel des Glaubens, liegt das griechisch-orthodoxe Kloster bereits seit dem 6. Jh. zu Füßen des Mosesbergs. Die Basilika schmücken Ikonen von unschätzbarem Wert, die Bibliothek bewahrt eine Schriftensammlung, die nur von der Biblioteca Vaticana übertroffen wird (s. S. 361).

Schöne Routen

Von Be'er Sheva nach Eilat: Man kann zu Wüstenexkursionen aufbrechen, merkwürdige Steinskulpturen an einem großartigen Krater betrachten, auf den Spuren der Nabatäer wandeln und am Ende in Eilat in Meer und Nachtleben eintauchen (s. S. 328).

Von Taba nach Sharm el Sheikh: Auf dieser ca. 230 km langen Strecke geht es an der Ostküste des Sinai (Ägypten) entlang, bis man mit dem Sharm el Sheikh die Südspitze der Halbinsel erreicht. Unterwegs passiert man fantastische Tauch- und Surfreviere sowie die bekannten Badeorte Dahab und Nuweiba, die vorübergehend schon mal zu Israel gehörten (s. S. 354).

Meine Tipps

Desert Estate Carmey Avdat: Weinanbau in der Wüste Negev – nahe Avdat kann man das Weingut Carmey besichtigen und die Erzeugnisse probieren (s. S. 338).

Dolphin Reef in Eilat: Besucher ab acht Jahren können mit einem Delfin schwimmen und tauchen (s. S. 344).

Ras-Mohammed-Nationalpark: Hier erlebt man die wunderbare Welt der Riffe, Korallen und Fische (s. S. 372).

Nachtleben von Sharm el Sheikh: Bunte Szene für Nachtschwärmer – Bars, Diskotheken, Spielcasinos und folkloristische Tanz-Shows (s. S. 373).

Hiken durch den Ein-Avdat-Nationalpark: Canyons, Wasserfälle, Quellen – bei einer Wanderung durch den Park sieht man mitunter Steinböcke und Gazellen (s. S. 335).

Kraterwandern um Mitzpe Ramon: Grandiose Ausblicke bietende Wanderstrecken führen am Rand des riesigen Ramon-Kraters entlang oder mittendurch (s. S. 340).

Vogelbeobachtung bei Eilat: Mit Kamera und Fernglas ausgerüstet, geht es zu Rast- und Brutplätzen von Vögeln in der Wüste (s. S. 346).

Wanderung auf den Mosesberg: Lohn für die Mühe ist ein herrlicher Ausblick über den südlichen Sinai und hinauf zum Golf von Aqaba (s. S. 367).

Von Be'er Sheva nach Eilat

Die Region um Be'er Sheva steht für den Pioniergeist, der die Wüste zum Grünen und Blühen bringt. Auch auf der weiteren Strecke reist man nicht nur durch monotone Wüstenlandschaft. In Mitzpe Ramon erlebt man eine einzigartige Kraterlandschaft, kann bei Beduinen in der Wüste wohnen, wandern und staunen, ehe man sich dem Rummel von Eilat hingibt.

Be'er Sheva ▶ 2, D 14

Be'er Sheva, die ca. 200 000 Einwohner zählende Hauptstadt des Negev, war bereits zu biblischen Zeiten eine auf Landwirtschaft ausgerichtete Siedlung. Ausgrabungen brachten fein gearbeitete Keramik und Schmuck zutage, woraus man auf erheblichen Wohlstand schließen kann.

Geschichte

Aus nachbiblischer Zeit ist über den Ort wenig zu berichten, außer dass sich Juden nach dem babylonischen Exil hier ansiedelten. Be'er Sheva selbst wurde erst 1900 durch die Türken gegründet. Zuvor gab es an dieser Stelle lediglich einige Quellen und Wasserstellen, zu denen Beduinen mit ihren Schafherden kamen. Während des Ersten Weltkriegs bauten die Deutschen eine Eisenbahnverbindung zum Sinai. 1917 nahm der englische General Allenby die Siedlung ein, die zu dieser Zeit weniger als 3000 Einwohner zählte. Im Unabhängigkeitskrieg 1948 besetzten Israelis die Stadt und vertrieben die Ägypter. Danach begann ein umfangreiches Besiedlungs- und Erschließungsprogramm.

Menschen aus aller Welt ließen sich hier nieder, in den 1990er-Jahren vor allem Immigranten aus der ehemaligen Sowjetunion. Heute ist Be'er Sheva Sitz der Ben-Gurion-Universität und eine betont moderne Industrie- und Agrarstadt. Im Großraum Be'er Sheva leben, verteilt auf über 120 Ortschaften, weit über 500 000 Menschen. Wirtschaftlich profitiert die Stadt ebenso vom boomenden Negev-Tourismus wie von der Forschung an der Uni und im Gav-Yam-Negev High-Tech-Park.

Sehenswertes

Für Touristen hat Be'er Sheva wenig Interessantes zu bieten. Einen gewissen Reiz besitzt die **Altstadt,** die auf die türkische Gründung zurückgeht.

Beduinenmarkt

Der **Beduinenmarkt,** der jeden Montag und Donnerstag von 7 bis 16 Uhr an der Straße nach Hebron stattfindet, lohnt allenfalls einen kurzen Besuch. Nur ganz wenige Beduinen aus dem Negev handeln mit Selbstgeknüpftem, der weitaus größte Teil des Angebot besteht aus Elektronikartikeln, Kleidung, Schuhen, gefälschten Designerprodukten und Ähnlichem. Es gibt Pläne, den Markt zu schließen.

Abrahamsbrunnen

Beer Avraham Visitors Center, 2 Hevron Rd., Besichtigung nach Anmeldung unter Tel. 08 623 46 13, www.abraham.org.il, So–Do 8.30–17, Fr 9–13 Uhr, Eintritt 34 NIS

An der Hevron Road liegt der rekonstruierte **Abrahamsbrunnen** mit Visitors Center (Videopräsentation zu Abraham). Hier besiegelten Abraham und König Abimelech der Legende nach den Bund, der Abraham die Nutzung des Wassers erlaubte.

Negev Museum of Art
60 Ha'atzmaut St., Tel. 08 699 35 35, www.negev-museum.org.il, Mo, Di, Do 10–16, Mi 12–19, Fr, Sa 10–14 Uhr, 12 NIS

Sehenswert ist das in einem osmanischen Gouverneurspalast von 1906 untergebrachte **Negev-Museum of Art,** das sich u. a. der Lokalgeschichte seit ottomanischer Zeit widmet, oft Sonderausstellung bietet. Vor allem im Sommer finden in dem renovierten Gebäude auch Musikveranstaltungen statt.

Infos
Tourist Information: Abraham Well, Hevron Rd., Tel. 08 646 49 00, www.beer-sheva.muni.il, So–Do 8–16, Fr, Sa 10–14 Uhr.
Im Internet: http://rng.org.il/en. Informative Website des **Negev Regional Council,** das für die touristische Erschließung der Wüstenregion zuständig ist.

Übernachten
Edles Businesshotel – **Leonardo Negev:** 4 Henrietta Szold St., Tel. 08 640 54 44, www.leonardo-hotels.com. Zentral nahe der Universität, auch bei der Organisation von Touren behilflich. Die Zimmer des von außen eher reizlosen Hotelklotzes sind gediegen. DZ ab 580 NIS.
Ordentliches Hostel – **Beit Yatziv:** 79 Ha'atzmaut St., Tel. 08 627 74 44, www.beityatziv.co.il. Hier wohnt man in guten Zimmern; die meisten Gäste sind Schülergruppen und Uni-Leute, die nicht nur das Ausflugsprogramm – u. a. Sternegucken im Negev – schätzen, sondern auch den erfrischenden Pool. DZ ab 400 NIS.

Essen & Trinken
Kulinarische Highlights hat Beersheva kaum zu bieten, vertreten sind die Nudelkette Spaghettim und viele Fast-Food-Läden.
Essvergnügen – **Beit Haful:** 15 Hahistradut St., Tel. 08 623 42 53, So–Do 9–24, Fr 8–13, Sa 20–23 Uhr. Freunde des Foul, eines dunklen Bohnenbreis, schwören auf dieses einfache Lokal. Ab 35 NIS.

Einkaufen
Beliebt zum Shopping ist die **Kanyon Mall,** Hanesi'im Junction.

Jüdisches Kunsthandwerk – **Taubel Center for the Preservation of Ethiopian Jewish Handicrafts:** 50 Arlozov St., Tel. 08 623 58 82, malka@kivunim7.co.il, So–Do 9–13, Di 18–20 Uhr. Außergewöhnliches Kunsthandwerk, v. a. von immigrierten Juden aus Äthiopien.

Abends & Nachts
Die Nachtschwärmer treffen sich rund um Trumpeldor Street und Hasimita Street.
Theater, Konzerte – **Be'er Sheva Cultural Center:** In dem Kulturzentrum finden Theater- und Konzertaufführungen statt. **The Center for the Performing Arts:** 41 Rager Blvd., Tel. 08 626 64 22, www.isb7.co.il. Heimat des 1973 gegründeten **Israel Sinfonietta** (Chefdirigent Justus Frantz), das zu den besten Sinfonieorchestern Israels gehört. Im Sommer gibt es regelmäßig Freiluftkonzerte.

Aktiv
Fallschirmspringen – **Skykef:** Sde-Tieman Airport, Tel. 1700 70 58 67, 08 610 84 13, www.skykef.co.il. Tandemsprünge (ab 850 NIS) und Kurse unterschiedlicher Länge.

Tipp
ALLES KÄSE

Sollten Sie nicht ohnehin von Be'er Sheva auf der Straße Nr. 40 Richtung Süden unterwegs sein, dann lohnt sich nach etwa 30 Minuten Fahrt ein Abstecher zur **Kornmehl Goat Cheese Farm.** Müsli, Pizza, Frischkäsezubereitung – was sich alles aus Ziegenmilch machen lässt, hier können Sie es vor dem Kauf probieren. Für das Frühstück, zwischendurch und zum Mittagessen öffnet auch das Restaurant der Kornmehls. Halutsa, Tel. 08 655 51 40, www.kornmehl.co.il, Di–So 10–18 Uhr.

Kunsthandwerk Fehlanzeige – auf Be'er Shevas Beduinenmarkt wechseln vor allem Lebensmittel, Elektronikartikel und Kleidung den Besitzer

Verkehr

Bahn: Von der **Central Station** oder **North University,** Tel. 02 577 40 00, www.rail.co.il, So–Fr 2 x stdl. Verbindungen nach Tel Aviv, dort Umsteigen für Verbindungen nach Jerusalem, Haifa, Akko, Nahariya.

Busse: Mehrmals stdl. ab der **Central Bus Station** in der Eilat St., gegenüber der Kanyon Shopping Mall, nach Jerusalem, Tel Aviv und Eilat. **Egged:** Schnellwahl *2800, Tel. 03 694 88 88, www.egged.co.il.

Mietwagen: Avis, 2 Amal St., Tel. 08 627 17 77, www.avis.co.il; **Shlomo Sixt,** 1 Pincas Ha'Hozev St., Tel. 08 628 25 89, www.en.shlomo.co.il.

Umgebung von Be'er Sheva

Tel Sheva ▶ 2, D 15

Tel. 08 646 72 86, www.parks.org.il, April–Sept. tgl. 8–17, Okt.–März 8–16 Uhr, 14 NIS

Die Ruinen des biblischen Be'er Sheva am **Tel Sheva,** 6 km nordöstlich der Stadt an der Straße nach Jerusalem, umfassen Teile der alten Stadtmauern und einige Gebäude. Die seit dem 8. Jh. v. Chr. von einer doppelten Mauer umgebene Stadt wurde von etwa 70 Familien – Hohepriestern, Steuerbeamten und Handelsbeauftragten – bewohnt. Sie verwalteten von hier die gesamte Region. Auf einer Fläche von 3 ha verwoben die Planer Verwaltungsbauten und Privathäuser mit einem Netz von Straßen, deren Standardbreite bei 2,50 m lag. Die übrigen Bauten, die man während des Rundgangs sieht, stammen aus dem Zeitraum vom 12. Jh. v. Chr. bis zum 8. Jh. n. Chr.

Mamshit-Nationalpark

▶ 2, E 16

Tel. 08 655 64 78, www.parks.org.il, April–Sept. tgl. 8–17, Okt.–März 8–16 Uhr, 22 NIS, Mamshit National Park Overnight Campground, Tel. 08 628 04 04, ab 53 NIS/Person

Richtung Dimona verlässt man Be'er Sheva auf der Straße Nr. 25. Die 40 km lange Fahrt führt an endlosen Dünen vorbei. Gelegentlich sieht man Beduinen, die dort ihre Zelte aufgeschlagen haben. **Dimona** (35 000 Einw.) lebt von der Textilindustrie und dem nahe gelegenen Atomreaktor. 3 km hinter der Stadt weist ein Schild nach Süden zum **Mamshit-Nationalpark,** der 2005 zum UNESCO-Welterbe erklärt wurde. Hier stieß der amerikanische Archäologe Edward Robinson 1838 auf die Ruinen der 3000 Jahre alten Stadt Mampsis, die östlichste Stadt des versunkenen Reichs der Nabatäer. Diese hatten im Negev noch fünf weitere Orte gegründet. Die Römer bauten Mampsis später zur Festung aus. Nach der arabischen Eroberung im 7. Jh. verfiel die Stadt.

Zu den Funden gehören zweistöckige nabatäische Wohnhäuser mit dicken Mauern und kleinen Fenstern. An den Wänden einiger Gebäude sind verwitterte Fresken zu erkennen. Aus byzantinischer Zeit stammen die Überreste der beiden Kirchenkomplexe, die Kloster und Bischofsresidenz umfassten. Im Bereich des Friedhofs fand man nabatäische Keramik, bemalt mit Nadel- und Gittermustern und stilisierten Pflanzen. Aus römischer Zeit wurden Öllampen und unbemalte Tongefäße entdeckt. Sehenswert ist im angrenzenden Wadi die teils restaurierte nabatäische Zisterne.

Arad ▶ 2, F 14

Vom Nationalpark fährt man auf der Straße Nr. 25 zunächst in östliche Richtung und biegt dann nach Norden in die Straße Nr. 258 ab. Nach 43 km ist **Arad** (26 000 Einw.) erreicht. 1962 kamen die ersten Familien hier an. Anfangs mussten sie noch in Zelten und Hütten leben – kein Halm wuchs zu jener Zeit in dieser Gegend. Heute verdeutlicht die auf einem 620 m hohen Plateau gelegene Kleinstadt den immensen Einsatz, mit dem die Israelis die Wüste Negev zum Blühen gebracht haben. Arad ist heute grün: Parks, Alleen und Beete, wohin man blickt. Die Stadt lebt von dem Unternehmen Dead Sea Works, das Mineralien wie Salz und Brom verarbeitet, und von den Gasfunden bei Rosh Zohar. Am östlichen Rand des Plateaus liegen die Hotels mit einem wunderbaren Blick auf den Negev und das Tote Meer. Arad ist eben auch als heilklimatischer Kurort für Asthmatiker bekannt.

Umgebung von Be'er Sheva

Ambitioniert ist das kleine **Glass Art Museum** der Künstlerfamilie Fridman, das Glasskulpturen zeigt (11 Sadan St., Tel. 08 995 33 88, www.warmglassil.com, So–Mi 10–13, Do, Sa 10–14 Uhr).

Tel Arad ▶ 2, F 14

Tel. 057 776 21 70, 08 699 24 44, www.parks. org.il, April–Sept. Sa–Do 8–17, Fr 8–16, Okt.–März Sa–Do 8–16, Fr 8–15 Uhr, 14 NIS

8 km westlich der Stadt Arad liegt **Tel Arad,** einst wichtige Station der Karawanenstraße zwischen Syrien und Ägypten. Hier entdeckten Archäologen kanaanitische Tempelruinen aus dem 19. Jh. v. Chr. sowie israelitische Anlagen aus dem frühen 1. Jt. v. Chr., darunter die Ruinen eines Jahwetempels, für den der Erste Tempel von Jerusalem als Vorbild diente. Die Siedlung aus der Bronzezeit lag unterhalb des Hügels, die israelitische Stadt dagegen wurde auf dem Hügel errichtet. Bei der Planung waren die Kanaaniter mehr auf Ästhetik als auf Funktionalität bedacht. Breite Straßen mit Kanalisation, große Plätze und Häuser sowie großzügige Tempel prägten das Bild.

Die Bewohner, vorwiegend Bauern und Händler, tauschten Waren mit Ägypten aus. Archäologen fanden ägyptische Tonarbeiten, Kupfer vom Sinai und sogar pharaonische Kartuschen auf Tonscherben. Die israelitische Oberstadt, die einer Zitadelle glich, wurde mehrmals zerstört, u. a. von Assyrern, Babyloniern und Römern. Im nordwestlich liegenden Tempel der Anlage entdeckte man beschriebene Tonscherben, darunter einige Briefe, die 70 v. Chr. an den Festungskommandanten Eliashiv Ben Ashiahu gerichtet worden waren.

Kibbuz Lahav ▶ 2, D 14

Tel. 08 991 33 22, www.joealon.org.il, So–Do 8.30–17, Fr 8.30–14 Uhr, 30 NIS

Auf dem Rückweg nach Be'er Sheva kann man einen Umweg machen und 15 km nordöstlich von Be'er Sheva den **Kibbuz Lahav** besuchen. Das Museum des hiesigen **Joe Alon Center** vermittelt einen guten Eindruck von der beduinischen Kultur. Zu sehen sind u. a.

Von Be'er Sheva nach Eilat

die Zelte mit ihrer Einrichtung sowie typische Instrumente, z. B. die Rababa, ein Saiteninstrument, dessen Klänge man vor Ort mit etwas Glück tatsächlich zu hören bekommt. Man kann beim Brotbacken zusehen und ein Kräutergarten macht mit den von Beduinen benutzten Heilpflanzen vertraut. Durch den Übergang zu sesshafter Lebensweise sind auch hier die alten nomadischen Traditionen im Verschwinden begriffen.

Über die Straßen Nr. 31 und 60 geht es anschließend zurück nach Be'er Sheva.

Infos
Tourist Information: Arad Industrial Area, Paz-Tankstelle, Tel. 08 995 41 60, Sa–Do 9–16 Uhr.

Übernachten
... in Arad:
Boutiquehotel – **Yehelim:** 72 Moav St., Tel. 077 563 28 06, 052 652 27 18, www.yehelim.com. Stilvolle Zimmer mit fantastischen Ausblicken von den Balkonen und ein schönes Spa sorgen für Erholung. DZ ab 800 NIS.
Wundervolle Wüstenlodge – **Kfar Hanokdim:** Tel. 08 995 00 97, www.kfarhanokdim.co.il. Auf dem Weg von Arad nach Massada erreicht man nach 10 km in die Kan'am-Tal diese Palmenoase und übernachtet in beduinischen Zelten oder Hütten. Auf Kamelen und Eseln unternimmt man Wüstenausflüge; ein Highlight sind die musikalischen Desert Sounds Workshops, bei denen man sich mit Trommelspektakel und Bauchtanz am Lagerfeuer ausleben kann. DZ ab 550 NIS.
Sehr freundlicher Service – **Inbar:** 38 Yehuda St., Tel. 08 997 33 03, www.inbar-hotel.co.il. Am Ortseingang gelegenes Haus mit großzügigen Zimmern. Geheizte Pools mit Süßwasser und Wasser vom Toten Meer. DZ ab 400 NIS.

Essen & Trinken
In Arad gibt es zahlreiche Imbisse und Cafés.
Asiatisch – **Mr. Shai:** 32 Palmach St., Arad, Tel. 08 997 19 56, Mo–Sa 12–15, 18–23 Uhr. Chinesische und thailändische Küche sind im Negev eine willkommene Abwechslung. Die Suppen und die Standardgerichte sind gut. Ab 60 NIS.

Einkaufen
Vielfältiges Angebot – **Arad Mall:** Shimon Street, Tel. 08 995 55 95. Gut einkaufen kann man in Arad in der Arad Mall.

Aktiv
Ton- und Licht-Show – **Sound & Light Massada:** Beeindruckende Show, die die bewegende Geschichte der auch von Arad zugänglichen Festung erzählt (s. S. 201).

Termine
Singer in the Air (Aug.): Festival israelischer Liedermacher in Arad. Infos bei der Touristeninformation (s. links).

Verkehr
Busse: Mehrmals tgl. von Arad nach Be'er Sheva, Tel Aviv, 1 x tgl. nach Jerusalem.
Egged: Schnellwahl *2800, Tel. 03 694 88 88, www.egged.co.il.

Shivta ▶ 2, C 17

Karte: S. 334
www.parks.org.il, April–Sept. tgl. 8–17, Okt.–März 8–16 Uhr, Eintritt frei
Über die Straßen Nr. 40 und 211 erreicht man die beeindruckenden Ruinen von **Shivta 1** (Sobota, Subeita, Isbeita). Die Stadt wurde im 1. oder 2. Jh. v. Chr. von den Nabatäern gegründet. Den Ausschlag gab die günstige Lage für den Handel zwischen Fernost und Arabien. In Shivta lässt sich am besten sehen, wie die Nabatäer ihre Städte und Siedlungen mit Zisternen ausstatteten. Jedes Haus hatte im Hof unter dem Pflaster seine eigene Zisterne, in die das Wasser vom Dach abgeleitet wurde. Die Stadt selbst besaß ein Doppelreservoir (eines für überlaufendes Wasser). Erhalten sind auch Reste von Kirchen und Wohnhäusern. Unter den Römern beherbergte Shivta die Nachschublager für den nördlichen Negev. Für kurze Zeit blühte die Stadt nochmals unter den Byzantinern auf, ehe sie in arabischen Händen den Niedergang erlebte und im 14. Jh. vergessen war. Erst 1935 wurde Shivta wiederentdeckt.

Die Nabatäer

Die Nabatäer, die vermutlich im 1. Jt. v. Chr. aus Arabien in das Gebiet zwischen dem Roten und dem Toten Meer einwanderten, waren ein bestens organisierter Staat von Kaufleuten und Kamelhändlern, und betrieben perfekt gesicherte Karawanenrouten. Im Negev stößt man auf die Spuren dieses legendären Volks.

Ruinen der Nabatäerstadt Mamshit

Im Jahr 312 v. Chr. traten die Nabatäer historisch erstmals in Erscheinung, als sie sich nach dem Tod Alexanders des Großen im Diadochenstreit um seine Nachfolge gegen die Griechen verteidigen mussten. Woher sie kamen, dafür gibt es kaum Indizien. Als Schrift benutzten sie das Aramäische, doch arabisch sind die Namen, die heute bekannt sind. »Vermutlich«, schrieb der Nabatäer-Forscher Manfred Lindner, »sind sie irgendwann aus Süd- oder Mittelarabien nach Nordwesten vorgedrungen.«

In ihrer frühen Periode, vom 5./4. bis zum 1. Jh. v. Chr., nahmen die Nabatäer vermutlich den Negev ein und überzogen ihn mit einem gut durchdachten Netz von Wegen. In dieser Zeit waren sie noch Nomaden oder Halbnomaden mit Schaf-, Ziegen- und Kamelherden. Vom griechischen Historiker Diodorus Siculus (1. Jh. v. Chr.) wissen wir, dass sie damals Dattelhonig, wie ihn die Beduinen noch heute kennen, mit Wasser vermischt zu trinken pflegten.

In der Blütezeit unter König Aretas III., der von 87 bis 62 v. Chr. regierte, erstreckte sich das Einflussgebiet der Nabatäer vom Sinai bis nach Damaskus. Die Nabatäer wechselten vom Nomadentum zum sesshaften Leben, nahmen Elemente der griechischen und römischen Kultur auf. Politischer, wirtschaftlicher und kultureller Mittelpunkt war die Felsenstadt Petra im heutigen Jordanien, an deren Größe und überwältigende Schönheit keine der Nabatäerspuren im Negev heranreicht. Von Petra aus kontrollierte man sämtliche Handelswege zwischen Arabien, dem heutigen Gibraltar, Nordafrika, der Levante sowie Fernost, darunter auch die wichtigen Umschlagplätze an der Schnittstelle von Weihrauchstraße und Straße der Könige im heutigen Jordanien.

Die Nabatäer waren ein gut organisierter Staat von Kaufleuten und Kamelhändlern, wie der griechische Geograf und Historiker Strabo schrieb. Durch ihre Hände gingen Gold, Kupfer, Eisen, Textilien, Elfenbein, Sklaven, Getreide, Gewürze, v. a. aber Weihrauch, Myrrhe und Balsam, die zum Teil als kultische Düfte in Tempeln Verwendung fanden. Die Verzahnung der nabatäischen Vertriebswege und Absatzmärkte erinnert in ihren Grundzügen an einen Welthandel, wie wir ihn in der heutigen Globalisierung kennen.

Im Negev unterhielten die Nabatäer mindestens sechs Städte: Oboda (Avdat, Abde), Mampsis (Mamshit, Kurnub), Elusa (Halutza, Khalasa), Nissana (Nitzana, El Avdya), Sobota (Shivta, Isbeita) und Rehovot (Rehovot, Ruheibe). Die Karawanenrouten waren größtenteils geheim und militärisch gesichert. Nach dem Tod von Aretas IV. 40 n. Chr. kam es zu einer Wirtschaftskrise. Die Nabatäer wurden Vasallen Roms und 106 n. Chr. wurde das einst mächtige Reich als abhängige Provinz dem römischen Imperium eingegliedert.

Von Be'er Sheva nach Eilat

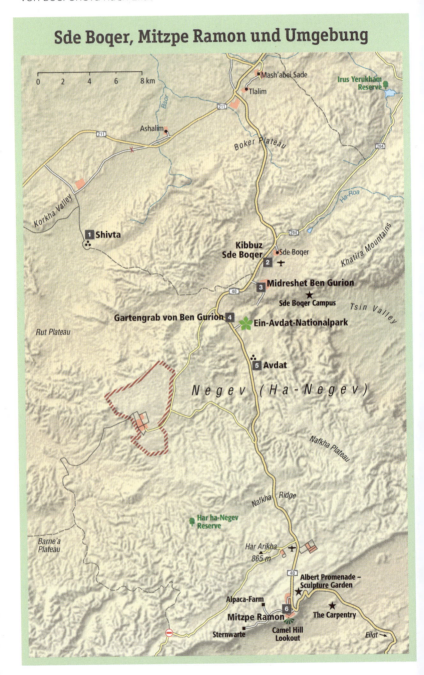

Sde Boqer und Umgebung ▶ 2, D 17

Karte: S. 334

Kibbuz Sde Boqer 2

Wohnhaus Ben Gurion Tel. 08 656 04 69, www.bgh.org.il, So–Do 8.30–16, Fr 8.30–14, Sa 10–16 Uhr, 20 NIS

Auf der Straße Nr. 211 fährt man nun zunächst die gleiche Strecke zurück und nimmt bei Telalim die Straße Nr. 40 Richtung Süden. Es geht hügelauf und hügelab, ehe man vor einer gewaltigen Bergkulisse die Obstgärten des 1952 gegründeten **Kibbuz Sde Boqer** sieht. Er wurde berühmt durch Israels ersten Premierminister David Ben Gurion, der 1953 nach Sde Boqer zog, um an der Begrünung der Wüste mitzuarbeiten. Sein **Wohnhaus** samt Bibliothek mit 5000, teils seltenen Büchern kann besichtigt werden.

Im Kibbuz selbst dreht sich vieles um die Völkerverständigung. Die Hamburger Bürgerschaft finanzierte den Bau des Hamburg House (s. S. 338).

Midreshet Ben Gurion 3

Tel. 08 659 97 07, 08 653 20 16, www.boker.org.il

Zwei Autominuten südlich des Kibbuz unterhält die Negev-Universität Be'er Sheva den Sde Boqer Campus mit dem Institut **Midreshet Ben Gurion**. Die Forschung konzentriert sich auf die Erschließung der Wüste und die Durchführung von Feldstudien im Negev. Für Besucher interessant sind die Exkursionen und Lernwanderungen durch den Negev, die vom Institut angeboten werden.

Gartengrab von Ben Gurion 4

Ben Gurion starb 1973 und wurde neben seiner fünf Jahre zuvor verschiedenen Frau Paula Gurion auf einem Hügel über dem Nordzugang von Ein Avdat (s. rechts) beigesetzt. Von dem **Gartengrab**, das man durch einen Park mit ziemlich zutraulichen Steinböcken erreicht, hat man einen schönen Blick auf den Fluss Zin, den schon Moses mit seinem Volk durchquerte.

Ein-Avdat-Nationalpark

Tel. 08 655 56 84, April–Sept. Sa–Do 8–17, Fr 8–16, Okt.–März Sa–Do 8–16, Fr 8–15 Uhr, 28 NIS, Kombiticket mit Avdat 46 NIS

Von Sde Boqer sind es ca. 3 km bis zum **Ein-Avdat-Nationalpark**, nicht zu verwechseln mit der Nabatäerstadt Avdat. In dem zerklüfteten Canyon befinden sich Wasserfälle, Quellen und natürliche Teiche. Baden ist zwar verboten, doch nur wenige halten sich daran. Woher sich das aus horizontalen Gesteinsschichten austretende Quellwasser speist, ist nicht geklärt, vermutlich strömt es aus unterirdischen Reservoirs, die in der Regenzeit von Sickerwasser gefüllt werden.

Die Wahrscheinlichkeit, Steinböcke oder Gazellen in freier Natur zu beobachten, ist morgens und am späten Nachmittag am größten. Bei der Anfahrt erreicht man zuerst den höher gelegenen Südeingang, fährt von hier in wenigen Minuten hinunter zum nördlichen Zugang.

Vom Parkplatz (an dem auch der Weg zum Ben-Gurion-Grab beginnt) führt ein gut 4 km langer Wanderweg, der **Zin Trail**, am Fluss entlang in den Canyon. Die weißen Wände der Schlucht erreichen eine Höhe von über 150 m. In etlichen der Höhlen versteckten sich im 6. Jh. Eremiten. Am Ende des knapp einstündigen Wegs liegt im Schatten der natürliche Pool **Ein Marof.**

Von hier geht man gut 200 m zurück, bis linker Hand Stufen zur Fallkante der Wasserfälle hinaufführen. Der Ausblick von oben ist wunderbar. Die Wanderung endet am oberen Eingang des Parks, dem Südzugang. Von hier geht es zu Fuß zum 3 km entfernten Nordzugang zurück oder man nimmt den Bus (alle 90 Min.). Alternativ kann man vom Pool des Wasserfalls direkt zum Ausgangspunkt zurückkehren, mit dem Auto zum Südeingang fahren und zum Wasserfall gehen.

Oase Ein Avdat – hier tränkten schon Moses und das Volk Israel beim Auszug aus Ägypten ihre Herden

Von Be'er Sheva nach Eilat

Avdat 5

Tel. 08 655 15 11, www.parks.org.il, April–Sept. Sa–Do 8–17, Fr 8–16, Okt.–März Sa–Do 8–16, Fr 8–15, 28 NIS, Kombiticket mit Nationalpark Ein Avdat 46 NIS

6 km südlich ist **Avdat** erreicht. Oboda hieß die auf 619 m gelegene Stadt unter den Nabatäern, die im 4. Jh. v. Chr. gegründet wurde und seit 2005 zum UNESCO-Welterbe gehört. König Obodas II. gab dem Versorgungsstützpunkt seinen Namen. Bei Ausgrabungen fand man das bisher einzige Militärlager der Nabatäer. Auf 1 ha beherbergte es etwa 2000 Soldaten mit ihren Reitkamelen. Als die Nabatäer ihre Karawanen auf die Route Eilat–Damaskus umleiteten und zudem Vasallen der Römer wurden, begann Avdats Niedergang.

Zu den wichtigsten Funden in Avdat zählen ein Kieselsteinmosaik, das ein Kreuz darstellt, sowie der Glockenturm einer Kirche, die an der Stelle eines nabatäischen Tempels erbaut wurde. Beachtenswert sind die 13 unterhalb der Zitadelle in den Fels gehauenen Zisternen der Nabatäer.

WÜSTER WEIN

Statt durch Weinberge geht die Fahrt erst einmal durch Negev-Einöde, dann aber sieht man die ersten Weinberge und hat das 1998 gegründete ökologische **Weingut Carmey Avdat** erreicht. Wein aus der Wüste? Wie gut er mundet, erfährt man bei Touren durch das Gut mit kleiner Verköstigung und Verkauf von Rot- und Weißwein sowie des ›desert dessert wine‹. Zum Übernachten gibt es Chalets ab 1000 NIS. **Desert Estate Carmey Avdat**, Avdat, Tel. 052 270 53 28, www.carmeyavdat.com.

Übernachten

Übernachtungsmöglichkeiten gibt es im Kibbuz Sde Boqer im **Hamburg House** (DZ ab 370 NIS) und im etwas schlichteren **Midreshet Sde Boker Guest House** mit 6-Bett-Zimmern (270 NIS/Pers.). Buchung: Tel. 08 653 28 01, 08 653 20 16, www.boker.org.il.
Familiär – **Krivine Guesthouse:** Ben Gurion Campus an der Straße Nr. 40, ca. 3 km südlich von Sde Boqer, Tel. 052 271 23 04, www.krivine-guesthouse.com. Gepflegte Unterkunft mit geräumigen Zimmern. DZ ab 450 NIS.

Mitzpe Ramon ▶ 2, D 18

Karte: S. 334
Attraktion des 5500 Einwohner zählenden Orts **Mitzpe Ramon** 6, 45 km südlich von Avdat, sind der 1042 m hohe **Rosh Ramon** sowie der **Makhtesh Ramon,** ein riesiger Erosionskrater: 8 km breit, 40 km lang und 380 m tief. Ein fantastischer Blick in den Makhtesh Ramon bietet sich vom Aussichtspunkt am Visitors Center, wo die geologischen Gegebenheiten erklärt werden und man Karten der Region bekommt.

Danach kann man sich auf einen der markierten Wanderwege begeben, die durch die erdgeschichtlichen Zeitalter führen (s. Aktiv unterwegs S. 340). Nordöstlich des Visitors Center hat ein israelischer Künstler aus Gestein Skulpturen geschaffen – sehr fotogen.

Bio Ramon

Tel. 08 6 58 87 55, im Sommer Sa–Do 8–17, Fr 8–16 Uhr, im Winter Schließung 1 Std. früher, 24 NIS

Mit dem Ticket des Visitors Center hat man jenseits des Parkplatzes kostenlosen Zugang zum Wüstenzoo **Bio Ramon,** der neben Wüstenpflanzen auch Schlangen, Skorpione und andere Tiere des Negev beherbergt.

Alpaca Farm

Tel. 08 658 80 47, 052 897 70 10, www.alpacas-farm.com, im Sommer tgl. 8.30–18.30, im Winter und Fr 8.30–16.30 Uhr, 30 NIS

Die **Alpaca Farm** liegt 3 km südlich von Mitzpe Ramon am Ramon-Krater. Hier wurden

Mitzpe Ramon

300 Lamas und Alpakas aus den Anden angesiedelt. Mittlerweile ist die Herde auf beachtliche 400 Tiere angewachsen. Die Mischung aus Farm, Streichelzoo und Freilichttiergarten ist nicht nur für Kinder ein wunderbares Erlebnis. Man kann auf Lamas und Kamelen kurze Ausritte unternehmen, die Wollgewinnung verfolgen und die Arbeit der Hirtenhunde beobachten. Gelegentlich werden auch Ausdauerrennen veranstaltet.

Infos
Visitors Center: am Krater, Tel. 08 658 87 54, Sa–Do 9–17, Fr 9–16, im Winter bis 15 Uhr, www.mitzpe-ramon.muni.il. Karten und Infos für Wanderungen, außerdem eine kurze Dokumentation über Naturbesonderheiten (35 NIS).

Übernachten
Zimmer mit Privatpool – **Beresheet:** 1 Beresheet St., Tel. 08 638 77 99, www.isrotelexclusivecollection.com. Am Kraterrand gelegen, bieten alle 112 Suiten einen schönen Blick über den Machtesh Ramon, 42 Suiten haben einen Privatpool. Spa und Pool (für alle) gibt's auch. Das Hotel vermittelt Helikopterflüge für eine Kraterbesichtigung. DZ ab 1000 NIS.

Ruhig – **Isrotel Ramon Inn:** 1 Ein Akev St., Tel. 08 658 88 22, www.isrotel.co.il. Die Lage ist sensationell. Hauptgebäude und Swimmingpool des komfortablen Hotels liegen am Kraterrand, und der Ausblick ist von Lobby und Pool grandios. DZ ab 800 NIS.

Boutiquehotel – **Inn Sense:** 8/1 Har Ardon/Har Kirton, Tel. 08 653 95 95, www.innsense.co.il. Mit luxuriösen Zimmern in modernem Design, einem guten Restaurant und der Möglichkeit, sich im Zimmer mit Ölen des Negev massieren zu lassen, erfreut das Hotel seine Gäste. DZ ab 850 NIS.

Wildwest-Flair – **Alpaca Farm B & B:** Tel. 08 658 80 47, 052 897 70 10, www.alpacas-farm.com. Vom südwestlichen Ortsende Mitzpe Ramons fährt man über Schlaglochasphalt 3 km durch die Wüste, dann öffnet sich das Tor. Hinter Gattern starren einen Alpakas an, Kakteen wuchern, der Wind wirbelt Staub auf, Ziegen blöken – die Farmidylle erinnert an eine Westernstadt. Am besten überblickt man sie vom Llama Hill, dem Hang, an dem eine Handvoll gemütlicher Gästehütten kleben. Abends wird es sehr beschaulich. DZ ab 550 NIS.

Zu Gast bei Beduinen – **Beerot Camp:** im Krater, Tel. 08 658 67 13, www.parks.org.il. Hier wohnt man als Gast von Beduinen in Zelten inmitten der Kraterlandschaft. Strom gibt es nicht. Vom Brot bis zum Fleisch wird alles über offenem Feuer zubereitet. Viele Krater-Wanderungen starten hier. Ab 75 NIS/Pers.; im Gästegebäude können bis zu 6 Personen nächtigen. 350 NIS.

Essen & Trinken
Snacks bekommt man an der Ortseinfahrt bei dem kleinen **Shopping Center.** Wer's gediegen mag, geht in Bar und Restaurant des **Isrotel.** Anlaufstelle im Ort ist das Bar-Restaurant **Havit** (Tel. 053 944 18 56, So–Do 12–0 Uhr) mit Terrasse.

Delikat – **Inn Sense:** s. Hotel, Tel. 08 653 95 95. Mit tagesfrischen Produkten aus dem Negev – und die gibt es reichlich – kreiert Chef Yair moderne Gerichte. Ab 120 NIS.

Abends & Nachts
Schon bei der Einfahrt in den Ort ahnt man ja, dass Nightlife hier eher mit Sternegucken (s. S. 341) und dem Heulen von Tieren in der Wüste zu tun hat – aber nicht ganz.

Gegen den Blues – **Mitzpe Ramon Jazz Club:** 8 Har Boker St., Tel. 050 526 56 28, www.jazzramon.wordpress.com. Die Eröffnung war in Mitzpe Ramon eine kleine Sensation: Bei Livemusik lässt man sich hier die Drinks schmecken und kommt schnell mit Einheimischen in Kontakt.

Aktiv
Mit Rad und Jeep in den Krater – **Desert Land Tour Agency:** Tel. 08 951 99 51, www.desertland.co.il. Trips in und um die Krater sowie Wüstentouren in den Negev, per Jeep, Mountainbike, auf Kamelen oder zu Fuß. Auch Klettertouren. **Karkom Tours:** Tel. 054 534 37 97, www.negevjeep.co.il.

Reiten – **Alpaca Farm:** (s. S. 338) Ausritte am Kraterrand entlang, in den Krater und in die Wüste, Buchung 1–2 Tage vorher.

Von Be'er Sheva nach Eilat

KRATERWANDERN UM MITZPE RAMON

Tour-Infos
Start: Mitzpe Ramon
Dauer: abhängig von der jeweiligen Tour 1 Std. bis ganzer Tag
Beste Reisezeit: Ende Sept.–April

Wichtige Hinweise: Nötig sind Wanderkarten aus dem Visitors Center, feste Schuhe, Sonnenschutz und ausreichend Wasser. Starten Sie die Touren stets frühmorgens.

Vor dem Start der Wander- oder Autotour lohnt zur Einführung unterhalb des Visitors Center der Besuch des kleinen öko-botanischen Wüstenzoos **Bio Ramon** (Ramon Park, Tel. 08 6 58 87 55, Sommer Sa–Do 8–17, Fr 8–16 Uhr, Winter Schließung 1 Std. früher, 24 NIS). In Terrarien leben Schlangen, Skorpione und andere Tiere des Negev; die Experten erklären die Natur der Wüste und geben gute Tipps für Kraterexkursionen, egal ob zu Fuß oder mit dem Auto. Ist das Visitors Center geschlossen, erhält man hier auch das nötige Kartenmaterial.

An den Kraterrändern des Machtesh Ramon erheben sich eindrucksvolle Felshügel, u. a. Mount Ramon und Mount Ardon. Die großartige Landschaft lädt ein zum Wandern, und dafür gibt es reichlich Möglichkeiten.

Camel Hill und Albert Promenade: Am Visitors Center, von dessen Rundbau aus man einen grandiosen Ausblick genießt, beginnt die kurze Wanderung zum Kraterrand mit bizarren Gesteinsformationen und erstklassigem Ausblick. Auf halbem Weg erreicht man den sogenannten Vogelbalkon, einen Überhang mit tollem Ausblick, unter dem Vögel im Krater kreisen, von da geht es weiter zu einem Aussichtspunkt, der Beduinen an ein Kamel erinnert und deswegen **Camel Hill Lookout** heißt. Zurück am Visitors Center geht es auf der **Albert Promenade** zum

Mitzpe Ramon

Skulpturengarten, den man über eine die Schnellstraße Nr. 40 überspannende Brücke erreicht. Noch weiter östlich liegt der Aussichtspunkt (Lookout) oberhalb des **Givat Ga'ash,** eines erloschenen Vulkans, um den herum die Lava zu bizarren Basaltformationen erstarrt ist.

Nabatäischer Saharonim-Grat: Ein wunderschöner Ausflug beginnt am **Be'erot Campground** (Straße Nr. 40, ca. 10 km südlich von Mitzpe Ramon, der Ausschilderung folgen). Von dort geht es erst nördlich, dann östlich durch **Ein Saharonim** zu spektakulären Gesteinsformationen. Vom Parkplatz braucht man gerade einmal eine Stunde hoch zum **Saharonim-Grat** (Saharonim Stronghold), einst ein Posten der nabatäischen Weihrauchstraße mit gutem Ausblick. Wer mag schließt die 4 Std. dauernde Wanderung (5,5 km) an, die über die Straße Nr. 40 zum **Wadi Gavanim Campground** und wieder zurück zum Parkplatz führt. Oft lassen sich hier Steinböcke und Wildesel beobachten.

Werkstatt des Zimmermanns: Nicht übermäßig schwierig ist der Trail zum Carpenter's Workshop (HaMinsara, auch ›The Prism‹ genannt), der vom Visitors Center in rund 3 Std. hinab in den Krater und dort in eine spektakuläre Wüstenlandschaft führt, u. a. zu einer Gesteinsformation, die wegen ihrer Ähnlichkeit mit Holz **Carpenter's Workshop** (›Werkstatt des Zimmermanns‹) genannt wird. Wer die Werkstatt sehen und dafür das Auto nutzen will, biegt von der Straße Nr. 40 im Krater nach rechts ab und erreicht nach 800 m einen Parkplatz; nicht weit davon entfernt liegt die Werkstatt.

Lotz-Zisternen: Zu einer im Winter wasserreichen Zisterne fährt man von Mitzpe Ramon/Abzweigung Ruhot Junction mit dem Auto rund 30 Min. (etwa 30 km) auf der Straße Nr. 171 zum Mount Harif; linker Hand liegt auf etwa halbem Weg die oft wasserreiche Hemet-Zisterne, die größte im Negev. Am Mount Harif geht es vom Camp auf einem rot markierten, ca. 3 km langen Pfad in ca. 50 Min. oder auf dem 9 km langen, erst blau, dann schwarz markierten Rundweg in ca. 3 Std. zu den **Lotz-Zisternen** (Borot Lotz) und wieder zurück. Im Frühjahr sprießen hier Gräser, blühen Blumen, in Pink leuchten Sonnenröschen. Der Name ›Lotz‹ bedeutet bei den Beduinen ›trübes Wasser‹. Wer nach diesem Trip noch eine besondere Aussicht sucht, fährt eine halbe Stunde weiter zum südöstlichen **Arod Lookout**.

Wer sich für **Nachtwanderungen** mit sternkundlichem Wüsten-Workshop interessiert, wendet sich an die SPNI Har HaNegev Field School oder an Astronomy Israel/Ira Machefsky (s. unten).

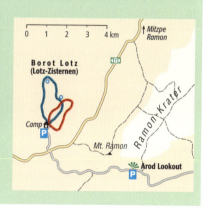

Sterne gucken – Der nächtliche Himmel über der Wüste ist rabenschwarz – um so heller leuchten die Sterne. Welche Lichtpunkte Milchstraße oder Kassiopeia sind, erfährt man bei fantastischen astronomischen Nachtexkursionen (›Star Observatory‹). Anbieter sind **SPNI Har HaNegev Field School** (auf dem Weg zur Alpaca-Farm knapp 3 km vom Stadtzentrum entfernt, Sa–Do 8–17, Fr 8–13 Uhr, obligatorische Voranmeldung Tel. 08 658 86 15, har@spni.org.il) und ›Starman‹ Ira Machefsky, ein ebenso kundiger wie unterhaltsamer Hobbyastrologe (Tel. 052 544 97 89, www.astronomyisrael.com).

Bogenschießen – **Desert Archery:** Tel. 050 534 45 98, www.desertarchery.co.il. Man schießt auf gar nicht so leicht zu treffende Ballons. 30 Min. 50 NIS.

Eilat und Umgebung

Eilat bedeutet Erholung am Roten Meer, Badeurlaub und Spaß ohne Ende im quirligen Nachtleben. Wer nicht nur in der Sonne brutzeln will, findet reichlich Abwechslung. Man kann die spannende Vogelwelt und das reiche Leben unter Wasser beobachten, mit Delfinen schwimmen, Wasserskifahren und, und, und – fast alles ist möglich.

 Eilat ▶ 3, E 25

Die Unterwasserwelt des Roten Meers und die ganzjährige Badesaison – die Wassertemperatur liegt selten unter 20 °C – haben **Eilat** (49 000 Einw.) zu Israels internationalem Ferien- und Wassersportort gemacht, berühmt auch für sein überbordendes Nachtleben. Die sehr schönen Korallenriffe im Golf von Eilat sind die am nördlichsten gelegenen der Erde. Das Eilat-Riff kennt 200 verschiedene Hart- und Weichkorallen; 1000 Fischarten wurden gezählt.

Surfer schätzen den zuverlässigen Wind. Wer weder surft noch taucht, dem steht in Eilat eine ansehnliche Flotte kleiner und größerer Schiffe und Glasbodenboote zur Verfügung, die Törns anbieten. Eilat ist auf Familienurlauber eingerichtet. Für Kinder gibt es Spielplätze, flache Schwimmbecken, einen Miniaturzug und sogar eine Camel Ranch. Um die Natur über Wasser zu genießen, muss man sich allerdings aus Eilat herausbewegen, etwa mit den Ornithologen des International Birding and Research Centre ins Wadi Arava (s. S. 346) oder in den wunderbaren Timna-Park (s. S. 352).

Die Orientierung in Eilat ist einfach. Westlich des mitten in der City liegenden Flughafens erstreckt sich die nicht sonderlich attraktive Stadtmitte von Eilat, die für Touristen zunehmend an Bedeutung verliert. Östlich des Airports, der in Kürze durch einen neuen außerhalb ersetzt wird, erstreckt sich der **North Beach** mit diversen Stränden, Shopping Mall, Cafés, Restaurants, Bars, zwei von Hotels eingerahmten Lagunen und dazwischen dem Jachthafen. Richtung ägyptische Grenze, am **South Beach**, findet man auf 5 km das sehr schöne Coral-Beach-Areal, das weniger überlaufen ist als der **North Beach**. Im Süden grenzt Eilat an das ägyptische Taba, bekannt geworden als Schauplatz vieler Friedensverhandlungen. Eilat liegt auf einem schmalen Küstenstreifen, wo Negev, Sinai und die Bergketten Jordaniens zusammentreffen. Zu den weniger geglückten Gegebenheiten Eilats zählt der Flughafen: Seine Start- und Landebahn liegt mitten in der Stadt und zerteilt sie.

Mit dem jordanischen Aqaba im Osten und dem ägyptischen Taba im Süden will Eilat, sobald es in ferner Zukunft einen nachhaltigen Frieden gibt, ein Dreiländer-Badezentrum am Roten Meer bilden. Aqaba und Taba haben die weiten Strände, die Eilat fehlen, und Eilat besitzt die Gastronomie, die Einkaufszentren und das Nightlife. Schon heute ist es von Eilat aus möglich, die Nachbarstadt Aqaba oder Petra, die Felsenstadt der Nabatäer, beide in Jordanien, zu besuchen oder einen Ausflug zum Mosesberg (s. S. 367) und dem Katharinenkloster (s. S. 361) in den Sinai-Bergen Ägyptens zu unternehmen.

Geschichte

Im Alten Testament wird Eilat mehrmals erwähnt. Bei ihrem Auszug aus Ägypten machten die Israeliten auf dem Weg ins Gelobte Land hier Halt. Über Eilat soll sich auch die Königin von Saba auf ihrem Weg zu Salomo in Jerusalem eingeschifft haben. Die Schiffe baute man aus dem Holz des Edom-Walds um Aqaba. Eilat gehörte in der folgenden Zeit vielen Herren: den Edomitern und den Nabatäern, die es Aila nannten, danach den Griechen, Römern, Byzantinern und den Kreuzfahrern, die es befestigten und ausbauten. Unter den Türken verlor Eilat jede Bedeutung.

Im März 1949 eroberten israelische Soldaten den ehemals jordanischen Ort in einer Blitzaktion, die berühmt wurde. Denn die Soldaten hatten die israelische Flagge vergessen und malten den Davidsstern kurzerhand auf ein Betttuch, das dann gehisst wurde. 1951 lebten in der Pioniergemeinde ein paar Männer und fünf Frauen, 1952 wurde das erste Baby geboren und 1956 erklärte man Eilat zur Stadt. Die Veteranen, die diese aufregenden Gründerjahre miterlebt haben, bezeichnen sie gerne als die Wildwestzeit Eilats.

Im Sechstagekrieg eroberte Israel den Sinai. Zwischen Eilat und Sharm el Sheikh an der Südspitze wurden die Grundsteine des heutigen Sinai-Tourismus gelegt, von dem Ägypten seit der Rückgabe 1982 reichlich profitiert. Eilat selbst hatte 1968 nur mehr 360 Hotelzimmer, jetzt sind es über 12 000. In den vergangenen Jahren bemühte sich Eilat besonders um Urlauber aus Osteuropa, was der Stadt inzwischen deutlich anzumerken ist: Überall hört man Russisch, liest Kyrillisch. Die Weltfinanzkrise 2009 hat diese Entwicklung allerdings jäh unterbrochen.

Die vor wenigen Jahren eröffnete Universität, der Eilat Campus of Ben Gurion University of the Negev, ist ein Ableger der Universität in Be'er Sheva (s. S. 328) und bietet Sozial- und Naturwissenschaften an.

Sehenswertes

Coral-Beach-Naturreservat
Coral Beach, gegenüber der Field School Eilat, Tel. 08 636 42 00, www.parks.org.il, April–Sept. tgl. 9–17, Okt.–März 9–16 Uhr, 35 NIS
Richtung Taba liegt 6 km vom Zentrum entfernt das **Coral-Beach-Naturreservat,** in dem man ohne Sauerstoffflasche und Atemgerät einen Blick in die Tiefen des Roten Meers

Im Dolphin Reef, einem großen Meeresgehege, kann man mit Delfinen tauchen

Eilat und Umgebung

Ganz Eilat ist ein Vergnügungspark – Ruhe findet man an der Sinai-Ostküste

genießen kann. Mehrere Stege führen vom Strand aus zum über 1 km langen Korallenriff. Hier markieren Bojen verschiedene Unterwasserpfade, die man auch schnorchelnd erkunden kann – Ausrüstung wird verliehen.

Underwater Observatory

South Beach, Tel. 08 636 42 00, www.coral world.co.il, tgl. 8.30–16 Uhr, zwischen 11 und 15 Uhr halbstündlich Fischfütterungen, 99 NIS, Kinder 79 NIS, das Ticket gilt für 3 Tage

Die Unterwasserwelt bewundern ohne selbst nass zu werden, kann man im **Underwater Observatory,** einem Rundbau in Form eines Korallenriffs. Der 1975 gegründete und seither ständig erweiterte Meerespark **Coral World** umfasst diverse Becken für Haie und Schildkröten, ein Aquarium mit Meeresmuseum sowie ein Observatorium, das 4,50 m unter dem Meeresspiegel einen Einblick in das farbenprächtige Leben eines Korallenriffs gestattet.

Ein spezielles Flutungssystem versorgt die Aquarien ständig mit frischem Meerwasser und dem darin enthaltenen Plankton. Durch Glas beobachtet man Seepferdchen, Schalentiere, Barrakudas, Clownfische, Trompeten- und Napoleonfische sowie Hunderte anderer Meerestiere, darunter giftige Exemplare wie den Skorpionfisch, der auf dem Meeresgrund im Sand eingegraben auf seine Beute lauert. In Freiheit kann man die Fische entweder im Observatorium oder vom Glasbodenboot »Coral 2000« aus beobachten, das täglich ab 10 Uhr zu 20-minütigen Fahrten ablegt (35/29 NIS).

Dolphin Reef

South Beach, Tel. 08 630 01 11, www.dolphin reef.co.il, So–Do 9–17, Fr, Sa 9–16.30 Uhr, 67 NIS; Schnorcheln und Tauchen mit Delfinen ab 8 Jahren, 290/339 NIS

2 km südlich des Zentrums an der Straße nach Taba sollte man keinesfalls den Besuch

des **Dolphin Reef** verpassen. Dabei handelt es sich um mehr als nur um ein Becken, in dem dressierte Delfine ihre Kunststücke vorführen. Besucher können mit den Delfinen schwimmen und tauchen, beim Füttern zuschauen oder helfen etc. Die Delfine werden auch mit großem Erfolg als Therapeuten eingesetzt, um verhaltensgestörte Kinder zu heilen. Das tägliche Schwimmen mit den Meeressäugern lässt die kleinen Patienten wieder Zutrauen auch zur menschlichen Umwelt finden, wobei noch völlig unklar ist, was die Delfine zu ihrer heilenden Tätigkeit befähigt. Tierschützer kritisieren allerdings sowohl das Delfinbecken als auch die Experimente mit den gefangenen Delfinen. Die früher übliche Auswilderung der Tiere wurde aufgegeben, da die Delfine meist aus der ihnen fremden Natur zurückkamen.

Zu der Anlage gehört ein **Strand,** dessen Benutzung im Eintrittspreis inbegriffen ist; drei beheizte **Relaxation Pools** mit Regen-, Meer- und Salzwasser können gegen Aufpreis gemietet werden (Mo–Sa 9–22.30 Uhr, 2 Std. 165 NIS).

Art Gallery und Eilat City Museum

HaMerkazi Park, Tel. 08 634 07 54, Mo–Do 10–20, Fr 10–14, Sa, Fei 12–20 Uhr, 14 NIS

Ein gelb-blauer Anker, der als einer der ersten im Handelshafen Eilats verwendet wurde, rundum bunte Fischskulpturen – **Art Gallery** nennt sich im HaMerkazi Park gegenüber des Flughafengebäudes die Freiluftgalerie rund um das interessante **Stadtmuseum,** das sich mit der alten und neueren Geschichte Eilats beschäftigt und u. a. auch die Bedeutung der Kupferminen von Timna erläutert. An den 10. März 1949, den Tag der Eroberung Eilats von Jordanien, erinnert ein Bettlaken. Die Soldaten hatten die israelische Flagge vergessen und malten den Davidstern kurzerhand auf das Tuch, das dann gehisst wurde. Aus den 1950er-Jahren stammt ein Bus, wie er im Negev im Einsatz war und 1954 durch einen jordanischen Angriff, bei dem elf Israelis starben, berühmt wurde. Kleines Manko des Museums: Die Erläuterungen fallen eher mager aus.

Camel Ranch

Shlomo River, Tel. 08 637 00 22, www.camel-ranch.co.il, Halbtagstouren Winter tgl. 8.30–19, Sommer 8.30–13, 15.30–21 Uhr, Ausritte ab ca. 140 NIS/Std.

Die **Camel Ranch,** ursprünglich als Filmkulisse für einen Western erbaut, ist ein beliebtes Ausflugsziel für Familien mit Kindern. Hier starten auch ca. 4-stündige Kamel- und Pferdetrips ins Wadi Shlomo. Nahe der Ranch beginnt der **Zefahot Trail,** ein mit grünen Schildern markierter Rundweg, ideal für einen leichten, rund 3-stündigen Spaziergang durch das Wadi Zefahot, das einen fantastischen Ausblick auf den Golf von Aqaba bietet.

Infos

Tourist Information: North Beach, Bet Hagesher/Bridge House, Tel. 08 630 91 11, www.eilat.city, So–Do 8–16, Fr, Sa, Fei 8–13 Uhr. Es gibt Informationsmaterial im Überfluss; die Mitarbeiter helfen bei allen Fragen rund um Ausflüge nach Jordanien tatkräftig aus.

Übernachten

Mit stolzen bis horrenden Preisen überbieten sich die Hotels an den Stränden. Erschwingliche Unterkünfte sind rar. Pauschalbucher zahlen deutlich weniger. Organisiert sind die Hotels in der **Eilat Hotel Association** (Tel. 08 633 80 34, www.eilathotels.org.il).

Am **North Beach** achte man – zumindest bis zur Inbetriebnahme des neuen Flughafens nördlich von Eilat (s. S. 342) – bei der Buchung von u. a. Dan Panorama und Rimonim Hotel darauf, dass die Zimmer nicht zum nahen City-Flughafen hin liegt. Der Lärm landender und startender Maschinen ist von früh bis spät beträchtlich.

Mit wundervollem Spa – **Herod's Palace:** North Beach, Tel. 08 638 00 00, www.herodshotels.com. Im Annex des ehemaligen Sheraton-Hotels gibt es wundervolle Vitalis-Spa-Kuren, die Zimmer sind geräumig und mit Stil möbliert. DZ ab 1250 NIS.

Komfort pur – **Isrotel King Solomon:** North Beach, Tel. 08 636 34 44, www.isrotel.com. Direkt an der Lagune, für den Preis wird einiges geboten. Außergewöhnlich große Zimmer,

Eilat und Umgebung

VOGELBEOBACHTUNG BEI EILAT

Tour-Infos
Start: 3 km nördlich von Eilat
Dauer: 2 Std. bis ganzer Tag, je nach gewählter Tour

Anfahrt: Sie fahren auf der Straße Nr. 90 nach Norden Richtung jordanische Grenze und biegen kurz vor dem Arava-Grenzübergang rechts ab.

Ornithologisch Interessierte sollten auf keinen Fall die Exkursionen des **International Birdwatching and Research Center** in Eilat (IBRCE) verpassen. Die 1984 gegründete regierungsunabhängige Organisation wurde mehrfach mit internationalen Umweltschutzpreisen ausgezeichnet. Jährlich nehmen rund 60 000 Menschen an ihren geführten Erkundungstouren teil. Die Einnahmen fließen u. a. in die Forschung sowie in den Erhalt eines einmaligen Reservats und Rastplatzes für Zugvögel. Hiesigen Ornithologen zufolge hält sich zu bestimmten Zeiten nahezu die gesamte Population verschiedener Vogelspezies in der Region um Eilat auf. Bis zu 1 Mrd. Exemplare sollen es nach Schätzungen zeitweilig sein. Für die Zugvögel, die im Herbst aus Europa und Asien südwärts nach Afrika fliegen – und im Frühjahr über Sahel, Sahara und Sinai zurück – dient die Region als Rastplatz.
Mit Fotoapparaten und Feldstechern ausgestattet fährt man mit den Vogelfachleuten zu Brut- und Rastplätzen in der Wüste, in den Bergen oder an Entsalzungsbecken. An bestimmten Orten bei Eilat, z. B. im Wadi Arava, das sich über 200 km vom Roten bis zum Toten Meer erstreckt, kann man um die 400 Vogelarten beobachten – Adler, Störche, Flamingos, Kraniche sowie Amsel, Drossel, Spatz, Fink und Star.
Im Angebot des IBRCE sind Jeeptouren und Spaziergänge. Eine Exkursion widmet sich den nachtaktiven gefiederten Freunden, eine andere führt zu einer Beringungsstation. Dort beringen Vogelkundler Zugvögel, um in Langzeitbeobachtungen Daten über Vogelzug, Lebensdauer oder Sterblichkeit zu gewinnen (Arava-Grenzübergang, Tel. 050 767 12 90, www.birds.org.il, www.ibrceilat.blogspot.de, Eintritt frei).

Restaurants, Bars und Disco gehören zu den besten in Eilat. DZ ab 950 NIS.
Thai-Dorf vor Bergkulisse – **Orchid:** South Beach, Tel. 08 636 03 60, www.orchidhotels.co.il. Gegenüber dem Underwater Observatory liegt die bezauberndste Hotelanlage Eilats, im Stil eines thailändischen Dorfs errichtet. Die Bungalows sind fernöstlich möbliert und stehen am Hang mit atemberaubendem Blick auf Meer und Berge. Selten in Eilat: Die WLAN-Nutzung ist im gesamten Hotel gratis. DZ ab 950 NIS.
Wohnen wie einst die Pharaonen – **Hilton Queen of Sheba:** 8 Antib, North Beach, Tel. 08 630 66 55, www.queenofshebaeilat.com. Das Hotel ist mit Szenen aus dem alten Ägypten geschmückt. Ein Flügel beherbergt geräumige Familienzimmer inkl. Küche. Zum Strand sind es 200 m. Pool, Einkaufszentrum, vier Restaurants. DZ ab 900 NIS.

Angenehm überschaubar – **The New Orchid Reef Hotel:** Coral Beach, Tel. 08 636 44 44, www.orchidhotels.co.il. Eilats einziges Boutiquehotel. Der Hotelstrand ist eher klein, aber sehr schön. Das Hotel selbst ist seit seiner Übernahme und Renovierung durch die Orchid-Gruppe ein luxuriöses Refugium mit Zimmern und Suiten, teils mit Pool- und Meerblick. DZ ab 700 NIS.

Blick über Meer und Berge – **Youth Hostel:** 7 Haarava St., Tel. 08 594 56 05, eilat@iyha.org.il. Eine der komfortabelsten Herbergen dieser Art im Land mit Blick über Meer und Edom-Berge, mangels günstiger Hotels und der Nähe zum Strand immer gut belegt. Dass Schulklassen und Jugendgruppen in Ferienstimmung laut sind, muss einkalkuliert werden. DZ ab 400 NIS.

Essen & Trinken

Restaurants gibt es reichlich. Am **North Beach** muss man nur vom Zion Beach nach Osten laufen, über die kleine Moshe Kol Memorial Bridge, eine Zugbrücke zur North Beach Promenade: Die Auswahl reicht vom Imbiss fürs Shawerma aus der Hand bis zur Bierbar mit Snacks und dem teuren Edelitaliener. Am **Neviot Beach** gibt es eine klimatisierte Filiale der Aroma-Cafés, WLAN für Gäste kostenlos.

Fisch und Fleisch – **Pedro Bistro:** 14 Yeelim St., Tel. 08 637 95 04, Mobil-Tel. 057 942 86 23, www.pedrobistro.rest-e.co.il, Mo–Sa 18–23 Uhr. Restaurant mit kleinem Gastgarten und gut sortierter Weinbar. Auf der Karte stehen marktfrische Salate, Fisch und Steaks. Ab 180 NIS.

Israelische Küche – **Bar Beach:** Coral Beach, Tel. 08 632 50 58, tgl. 12–1 Uhr. Israelische Spezialitäten, Meeresfrüchte und Fleischgerichte. Der Strand ist ein guter Platz, um mit dem Sundowner in der Hand ganz entspannt zu beobachten, wie die untergehende Sonne die nahen jordanischen Berge in Abendrot taucht. Ab 140 NIS

Toller Asiate – **Ginger Asian Kitchen & Bar:** North Beach Promenade, Tel. 08 637 25 17, www.gingereilat.com, tgl. 12–24 Uhr. Man isst hier Sushi, Sashimi und Nigri oder – noch besser – man bestellt à la carte: Tom-Yam-Suppe und japanische Vorspeisenklöße als Appetizer oder delikate Hühner- und Nudelgerichte als Hauptgang. Ab 130 NIS.

Pazifik-Flair – **Pago Pago:** North Beach nahe King Solomon Hotel, Tel. 08 637 66 60, www.pagopagorest.com, tgl. 12.30–23.30 Uhr. Das in der Lagune liegende Bar-Café-Restaurant wurde nach einem Brand von Grund auf erneuert. Es liegt malerisch und verströmt südpazifische Atmosphäre, bietet u. a. raffinierte Fleisch-und Fischspezialitäten. Empfehlenswerte Vorspeisen sind Muscheln und die *White Fish Ceviche*. Ab 120 NIS.

Für Genießer – **Eddie's Hide-A-Way:** 2 HaMasger St., Tel. 072 334 11 19, www.eddieshide-away.rest-e.co.il, Mo–Sa 18–23 Uhr. »Essen ist kein Überlebenskampf, sondern ein Genuss«, sagt Eddie, der seit über 30 Jahren in Eilat wohnt und ein wenig abseits des Trubels eines der ältesten Restaurants der Stadt betreibt. Auf der umfangreichen Karte stehen Fleisch- und eine große Auswahl an Fischgerichten, auch Vegetarisches. Ab 120 NIS.

Für Nudelisten – **Giraffe Noodle Bar:** North Beach, Herods Hotel Promenade, Tel. 08 631 65 83, www.giraffe.co.il, tgl. 12–23 Uhr. Nicht La Mammas Pesto-Pasta, sondern Reis- und Glasnudeln stehen im Mittelpunkt der Karte, die panasiatisch von Sushi bis zum Thai-Curry reicht. Ab 110 NIS.

Leckere Meeresfrüchte – **The Last Refuge/ HaMiflat Haaharon:** Coral Beach, Tel. 08 637 24 37, tgl. 12.30–23 Uhr. Spezialität: Meeresfrüchte. Empfehlenswert: die Fischsuppe und das Seafoodragout mit Pilzen. Ab 110 NIS.

Abends & Nachts

Eilat ist berühmt für sein Nachtleben. Die meisten Bars und Discos schließen, wenn der letzte Gast geht. Zentren für Nachtschwärmer sind der **North Beach** und östlich davon die **North Beach Promenade** (Royal Promenade). Dem regelmäßigen Kreischen folgend landet man hier bei **Yaniv Fireball**, einer Jahrmarktsattraktion, die ihre Gäste mit mehrfacher Erdbeschleunigung in einem Korb in die Luft katapultiert. Die wildesten Partys bis zum Morgen steigen im **Tourist**

Eilat und Umgebung

Center (1 Yotam St., südlich des Imax). Cotton Club, Babugi, Bardak Pub, Messi Bar und Bears (HaDubim) Pub öffnen ab 22 Uhr. Selena (8 Karmel St., tgl. 23–5 Uhr) ist ein populärer Open-Air-Club. Passenderweise liegt hier das **Nightmare – The Experience** (1 Yotan St., Tel. 050 892 56 55, www.nightmare.co.il, tgl. 18–3 Uhr, 60 NIS), ein kleines Horrormuseum mit Gänsehaut- und Schockeffekten.

Coole Bar – **Three Monkeys:** Royal Beach Promenade, North Beach, Tel. 08 636 88 77, 053 809 45 96, www.threemonkeyspub.co.il, tgl. ab 22 Uhr, ab 80 NIS. Eilats größter und beliebtester Platz zum Trinken und Tanzen. An vielen Abenden gibt es Livemusik, ab 22 Uhr ist auch die Promenadenterrasse voll, bewacht von drei großen Holzaffen.

Spektakulär – **Imax 3-D-Kino & Israeli Wax Museum:** 4 Yotam St., am Flughafen, Tel. 08 636 10 00, www.themax.co.il. Filme über Außerirdische, Weltraum und mittelalterliche Burgen sowie Dokus über die Unterwasserwelt. Zuletzt wurde das Kino – das Gebäude ist eine unübersehbare schwarze Pyramide – um ein amüsantes Wachsfigurenkabinett erweitert. Unter den 150 Figuren findet man David Ben Gurion, die Beatles, Shrek und Gattin (11–23 Uhr, 70 NIS).

Magische Show – **WOW – The International Show:** Tanz, Akrobatik, Illusion, Magie, Zauberei – mit klassischen und modernen Kunststücken wie Drahtseilakten und chinesischen Schlangenfrauen hält sich seit Jahren diese im Las-Vegas-Stil inszenierte, alljährlich neu konzipierte Show im Isrotel King Solomon, North Beach, Tel. 08 638 67 01, *8748, Mo-Sa 20.30 Uhr, Tickets ab 130 NIS, Isrotel-Gäste ab 95 NIS.

Einkaufen

Eilat ist eine **Freihandelszone,** d. h. man kann hier steuerfrei einkaufen, was sich in Israel wirklich bezahlt macht. Die Preise liegen um bis zu 20 % unter denen im übrigen Land, was die vielen Juweliere und Designershops am Ort erklärt. Entlang der **Strandpromenade** am North Beach (stimmungsvoll nach Einbruch der Dunkelheit) verkaufen fliegende Händler Silberschmuck und Souvenirs, DVDs, CDs, Maler zeichnen Porträts, Hellseher lesen aus der Hand, aus Tarotkarten und dem Kaffeesatz die Zukunft, Besucher lassen sich Tattoos malen, feilschen um Mitbringsel. Auf der schicken **North Beach Promenade** findet man Geschäfte, die Cartier, Breitling und Bulgari führen, dazwischen Cafés und Restaurants.

Mode – **Hayam Shopping Mall:** im Zentrum, wo South Beach und North Beach zusammentreffen, www.mallhayam.co.il. Es ist eine populäre Mall mit Läden der üblichen Ketten von Aldo über Castro und GAP bis Mango und Zara. Ein Food Court ergänzt das Angebot. **Hakenyon Hahadash Mall:** nordwestlich des Flughafens. Ebenfalls großes Einkaufszentrum mit den üblichen internationalen Markenshops. Eine weitere Mall findet sich an der Brücke am Jachthafen des North Beach: die **Queen of Sheba Hotel Mall** mit 4000 m^2 Ladenfläche. Pariser Flair, samt Bänken und Laternen, erwartet Besucher der hochpreisigen Mall des Royal Garden Hotels, **Le Boulevard.** Am günstigsten shoppt man aber sicher im **Big Center** am nördlichen Rand Eilats, wo man auch Einheimische trifft. Populär ist auch die **Ice Park Mall** (www.icemalleilat.co.il) an der Lagune von North Beach mit Eislaufbahn.

Aktiv

Am 5 km langen **North Beach,** der am Rand des Wadi Arava mit Blick auf die Edomberge liegt und von Restaurants und Hotels gemanagt und bewirtet wird, aalen sich die Sonnenhungrigen nach Art der Ölsardinen. Rettungsschwimmer patrouillieren am Strand, Snacks und Drinks werden zu laut dröhnender Musik serviert, 30 NIS kostet eine Liege mindestens, wenn man nicht Hotelgast ist.

Wasserspaß für jeden – **Flamingo Noa Beach:** Royal Beach, Tel. 08 631 59 19, www.flamingonoabeach.com. Es gibt Motor- und Tretboote, Mietkajaks, Banana-Rides, Wasserscooter, Wasserski, Paragliding, etc. (Tarife ab 45 NIS).

Größter Wassersportklub Eilats – **Hananya Beach:** Municipal Marina, Tel. 08 631 63 48, www.h1h.co.il. Viele Wassersportmöglichkeiten; regelmäßig läuft auch ein Glasbodenboot aus, ab dem späten Nachmittag rockt es

Auch Ausflüge mit Wüstenschiffen sind von Eilat aus möglich

im Meer bei Disco-Kreuzfahrten. Am schattigen Entertainment-Strand werden auch Ping Pong und Massagen angeboten.

Bootsausflüge – **Paradise Cruises:** Marina North Beach/Hananya Beach, Tel. 08 631 63 48, www.h1h.co.il. Segeltörns. Mehrmals tgl. starten Glasbodenboote am North Beach, um Nichttauchern die Unterwasserwelt näherzubringen; Infos in den Hotels.

Segeln – **Yacht Eilat:** Marina North Beach, Tel. 08 631 66 61, www.yachteilat.co.il. Segeltörns im Golf von Eilat, nach Coral Island und Taba (ab 150 NIS).

Kitesurfen – **KiteX Club:** Club Med Beach, Tel. 08 637 31 23, www.kitexeilat.co.il. Statistisch gibt es am KiteX-Beach 50 % des Jahres Wind mit Geschwindigkeiten zwischen 10 und 25 Knoten. Anfängerkurse starten regelmäßig.

Tauchen – Eilats bester Tauchspot ist das 1,2 km lange **Coral Beach Nature Reserve** (s. S. 343). Wegen seiner leichten Zugänglichkeit ist es gut für Tauchanfänger geeignet, auch Schnorchler kommen hier auf ihre Kosten. Preislich variieren die Anbieter kaum. Ein 4-tägiger Anfängerkurs kostet etwa 1300 NIS inkl. Ausrüstung (SSI, PADI, CMAS, ANDI, IAHD). Viele Tauchschulen organisieren auch Ausflüge nach Jordanien und auf den Sinai. Etliche Hotels haben Tauchschulen – auf eine 30-jährige Erfahrung blickt das **Manta Diving Center** im Isrotel Yam Suf zurück, Tel. 08 633 36 66, www.divemanta.com. Weitere bewährte Anbieter sind **Lucky Divers,** North Beach, Tel. 08 632 34 66, www.luckydivers.com; **Aqua Sport International,** Tel. 08 633 44 04, www.aqua-sport.com, **Shulamit's Diving Adventures,** Tel. 054 475 85 25, www.shulamit-diving.com, und die **Reef Diving Group** mit den **Marina Divers** am Coral Beach, Tel. 08 637 67 87, und dem **Dolphin Reef Dive Center,** Tel. 08 630 01 11, www.reefdivinggroup.co.il.

Eilat und Umgebung

Wüstentouren – **Desert Eco Tours:** Zofit Center, Tel. 08 632 64 77 oder 052 276 57 53, www.desertecotours.com. In der Umgebung von Eilat gibt es etliche spannende Ziele. Der **Red Canyon** nahe der ägyptischen Grenze ist eine rot schimmernde Sandsteinschlucht mit bizarren Felsformationen, südlich davon liegt **Ein Netafim,** die tropfende Quelle, ein Wasserfall mit natürlichem Pool. Der Veranstalter Desert Eco Tours organisiert solche Exkursionen, z. B. in die Wüste bei Nacht (4-stündige Jeep-Exkursion, 290 NIS), eine 2-Tages-Tour ins Wadi Arava und die Wüste Negev (1000 NIS/Pers.), Wanderungen um Eilat (360 NIS/Pers.); Touren gibt's auch für Mountainbiker.

Bimmelbahn – **Eilat-Express:** Der Miniaturzug verkehrt am North Beach.

Eiszeit in Eilat – **Ice Mall:** Yam Suf Tower Spiral House, Tel. 08 633 22 25, www.icemalleilat.co.il, tgl. 10–23 Uhr, ab 60 NIS. Der Komplex ist Eilats Verbeugung vor seinen vielen von Heimweh geplagten Gästen aus Russland und offenbar Sibirien. Bars und Tresen bestehen aus 150 t Gefrorenem; der Besucher trägt bei Minus-Graden Pelzmütze und Daunenanorak, die am Eingang verliehen werden, und man trinkt Wodka. Tagsüber kann man mit Kindern ab drei Jahren die Eisrodelbahn benutzen und die bizarre Eiswelt mit Skulpturen von Polarbären und Pinguinen bestaunen.

Wie gemalt – um solche wüstenhaften Naturschönheiten zu entdecken, genügt von Eilat ein Tagesausflug per Jeep

Termine

Red Sea Jazz Festival (Febr., www.redseajazz.co.il): Hervorragendes Festival mit tgl. bis zu zehn (Freiluft-)Konzerten, darunter die mitreißenden Jam-Sessions am Pool des Riviera-Hotels. Tickets mit/ohne Unterkunft unter Tel. 08 634 02 53.

Wüstenmarathon (Okt./Nov., Anmeldung/Infos unter www.desertrun.co.il): Marathon über 42, Läufe über 21, 10 und 5 km. Das Gelände mit lockerem Sand, vermischt mit Steinen, ist gut für Trail-Running-Einsteiger.

Verkehr

Ein Flughafen mitten im Stadtzentrum – ein Kuriosum. 2018 soll ihn der neue Ian and Assaf Ramon Airport (www.ramon-airport.com) 19 km außerhalb Eilats ablösen.

Flüge: Bei **Arkia,** Red Canyon Mall, Tel. 08 638 48 88 oder 03 690 37 12, www.arkia.co.il, bucht man Inlandsflüge von/nach Haifa und Tel Aviv (Sde-Dov-Airport). Dieselben Strecken bedient **Israir,** Tel. 03 795 70 00, www.israirairlines.com. **El Al,** Palm Avenue, Tel. 08 637 15 15, bietet mehrmals täglich Verbindung von/nach Ben Gurion Airport.

Busse: Von der **Central Bus Station** tgl. 5–17 Uhr alle 90 Min. sowie 19 und 1 Uhr Egged-Busse nach Tel Aviv sowie mehrmals tgl. u. a. nach Be'er Sheva, Jerusalem (via Totes Meer) und Haifa. **Egged:** Schnellwahl *2800, Tel. 03 694 88 88, www.egged.co.il. Städtische Buslinien verbinden mit South Beach, North Beach, ägyptischer und jordanischer Grenze.

Taxis: Eilats Taxifahrer sind berüchtigt. Achten Sie bei allen Fahrten darauf, dass der Taxameter eingeschaltet ist.

Mietwagen: Avis, Shalom Plaza Hotel, 2 Hatmarim Blvd., Tel. 08 637 31 64, www.avis.co.il; **Eldan,** 140 Shalom Center, Tel. 08 637 40 27, www.eldan.co.il; **Hertz,** Hatmarim Blvd., Canyon Haadom, Shop 8, Tel. 08 637 50 50/55, www.hertz.co.il; **Shlomo Sixt,** Shalom Plaza Hotel, Store 1018, Tel. 08 637 35 11, www.en.shlomo.co.il.

> ### Weiterreise auf die Sinai-Halbinsel
>
> Wer von Eilat aus in den Sinai einreisen möchte, fährt mit Egged-Bus Nr. 5 oder per Taxi nach Taba und überquert dann zu Fuß die Grenze. Auf der ägyptischen Seite warten normalerweise Taxis, es gibt eine Bushaltestelle und unmittelbar am Übergang liegt das Hilton Resort Nelson Village mit einer Autovermietung. Für den Grenzübertritt braucht man lediglich einen noch sechs Monate über die Reise hinaus gültigen Pass. Die für 14 Tage erteilte Einreisegenehmigung gilt aber nur für die Sinai-Halbinsel. Eine Weiterreise nach Festlandägypten ist ohne reguläres Visum nicht möglich. Israel verlangt eine Ausreisegebühr in Höhe von ca.100 NIS.

Eilat und Umgebung

Timna Park ▶ 3, E 24

Tel. 08 631 67 56, www.parktimna.co.il, Sept.–Juni Sa–Do 8–16, Fr, Fei 8–15, Juli–Aug. tgl. 8–13, Di zusätzlich 17–20 Uhr, 49 NIS, Nachtzuschlag 25 NIS

Richtung Norden verlässt man Eilat auf der Straße Nr. 90, vorbei am **Kibbuz Eilot** (mit Tierpark und Gästehaus, Tel. 08 635 88 16, www.eilot.co.il), der schon inmitten einer tropischen Landschaft liegt. Nach ca. 30 km zweigt eine kleine Straße nach Westen ab – hier beginnt ein unbedingt empfehlenswerter Ausflug. Man befindet sich im 60 km² großen **Timna Park** am Rand des Wadi Arava. Lesern des Klassikers »Die Sieben Säulen der Weisheit« von T. E. Lawrence ist das Wadi durch den Sturm auf Aqaba wohlvertraut.

Um 4000 v. Chr. wurden hier die ersten Stollen der Welt für den Kupferabbau in den Stein getrieben. Bis zu 80 000 Menschen arbeiteten dort. König Salomo trieb regen Handel mit dem Metall, ebenso wie später, im 4. Jh. v. Chr., die ägyptischen Pharaonen. Etwa 10 000 bis zu 45 m tiefe Schächte gibt es in Timna. Phönizier besorgten unter Salomo die Kupferbearbeitung: Lilien und Granatäpfel zierten die fein ziselierten Säulen und andere Arbeiten, die Salomo für den Tempel von Jerusalem anfertigen ließ.

Wahrzeichen des Timna-Tals sind die Säulen Salomos (Solomon's Pillars), zwei 50 m hohe, aus dem Fels heraustretende Sandsteinpilaster, die durch Erosion entstanden sind. Wind und Regen haben diese surreal wirkende Landschaft geformt und ganze Massive mit kleinen und großen Löchern und Rissen geradezu perforiert. Neben den Pilastern findet man Relikte eines ägyptischen Hathortempels, im 14. Jh. v. Chr. vermutlich von Pharao Sethos I. erbaut, sowie Felsinschriften und Darstellungen von ägyptischen Kriegern jener Zeit. Von Menschen geschaffen wurde der kleine See, an dem auch das Restaurant King Solomon's Khan liegt. Es gibt geführte Touren (u. a. Pink Canyon, The Great Dune), Bike-Trails für Könner (14,2 km Länge) und Familien (1 Std., Kinder ab 8 Jahren). Besonders eindrucksvoll sind aber die Exkursionen zum Sonnenuntergang und die Nachtausflüge, die nur in den Monaten Juli und August angeboten werden. Zur Einführung schaut man die Multimediashow ›The Mines of Time‹ über ägyptische Götter und die Kupferförderung der Pharaonen. Auf dem Timna-See kann man paddeln und an seinem Ufer zelten, im Dezember besteht die Möglichkeit, als Volontär an archäologischen Grabungen teilzunehmen.

Hai-Bar-Yotvata-Naturreservat ▶ 3, F 23

Tel. 08 637 60 18, www.parks.org.il, So–Do 8.30–17, Fr, Sa 8.30–16 Uhr, 53 NIS

Wenige Kilometer nördlich der Abzweigung zum Timna Park, ca. 40 km nördlich von Eilat, liegen rechter Hand bei Jotvata das **Hai-Bar-Yotvata-Naturschutzreservat** und der Kibbuz Jotvata. Hai-Bar bedeutet ›wildes Leben‹, und das begegnet einem, sobald man den Fuß in diesen steppenartigen Park gesetzt hat. Die Besucher werden begrüßt von neugierigen Straußen, außerdem leben Wildesel, Gazellen, Wildziegen, Steinböcke, Antilopen etc. in freier Natur. Zur Vogelbeobachtung sollte man ein Fernglas dabeihaben. Spannend ist die **Desert Night Life Exhibition Hall,** in der die Uhren zur Steuerung der Lichtanlage anders ticken. Damit Besucher nachtaktive Tiere des Negev, z. B. Wüstenmäuse, erleben können, wurde hier die Nacht zum Tag gemacht.

Kibbuz Lotan ▶ 3, F 23

Tel. 08 635 68 88, www.kibbutzlotan.com

Richtung Norden, kurz nach der Kreuzung mit der Straße Nr. 40, stößt man auf den **Kibbuz Lotan,** eine prima Adresse für Hobby-Ornithologen: Adler, Störche, Falken, Flamingos u. a. rasten oder nisten hier. Von der Saison hängt ab, was man zu sehen bekommt. Bereits ab Ende Februar fliegen die europäischen Zugvögel ganz tief über Eilat und den Kibbuz. Man kann direkt im Kibbuz wohnen und mit erfahrenen Ornithologen im Wadi

Antilopen sind nur eine der Tierarten, die man im Hai-Bar-Yotvata-Reservat sichten kann

Arava auf Exkursion gehen. Auch die Ökologie der Wüste ist dabei Thema.

Der 1984 gegründete, wegen seines Öko-Engagements mehrfach ausgezeichnete Kibbuz ist noch aus einem anderem Grund interessant. Seine Bewohner sind dazu verpflichtet, »aus der Welt einen besseren Ort zu machen«. Das beginnt bei der Mülltrennung, einem in Israel weitgehend unbekannten Konzept, und geht bis zu einer ökologisch schonenden Lehm-Stroh-Bauweise bei den Häusern. Die Gesamtidee des Kibbuz stellt der **Lotan Park** vor, der nach Voranmeldung besichtigt werden kann und mit einer Arche Noah aus Altreifen und Abfall sowie dem Captain-Composts-Garten auch auf Kinder ausgerichtet ist.

Übernachten

Mit Pool – **Lotan Guesthouse:** Daphna Abell, Tel. 054 979 90 30, www.kibbutzlotan.com/tourism/accom. Der ökologisch ausgerichtete Kibbuz bietet für Gäste 20 einfache, saubere Zimmer mit Dusche in klimatisierten Bungalows, weiterhin einen Pool und diverse Wellnessanwendungen. DZ ab 390 NIS.

Ein Netafim ▶ 3, E 25

Für den Rückweg nach Eilat empfiehlt sich folgende Route: Vom Kibbuz fährt man zurück zur Kreuzung mit der Straße Nr. 40, folgt dieser ca. 12 km und biegt dann in die Straße Nr. 12 ein, die durch eine schöne Landschaft Richtung Süden führt. Nach dem **Netafim Checkpoint,** 12 km vor Eilat, nimmt man einen links abzweigenden Weg zu den Quellen von **Ein Netafim.** Sie liegen auf dem ehemaligen Handels- und Pilgerweg nach Mekka – in den Felswänden sind 2000 Jahre alte geritzte Graffiti in Hebräisch, Arabisch, Aramäisch und Griechisch zu sehen! In höheren Lagen leben Steinböcke. Ornithologisch Interessierte können um den Yoash-Berg (734 m) Raub- und Greifvögel beobachten.

Sinai-Ostküste (Ägypten)

Die Ostküste des Sinai ist Ägyptens schönste Sonnenseite und Sharm el Sheikh, der größte Ferienort des Landes, das Ziel dieses Ausflugs ins Nachbarland. Dazwischen liegen die kleineren Badeorte Dahab und Nuweiba, die Wüste lockt mit Canyons und Oasen und etwas Kultur gehört auch dazu: Am Katharinenkloster im Zentralsinai besteigt man den berühmten Mosesberg, wo Gott Moses die Zehn Gebote offenbarte.

Man muss nur die Grenze von Eilat nach Taba passieren. Schon ist man auf dem Sinai, Ägyptens schönster Sonnenküste. Der Sinai kann die herrliche Verlängerung einer schon wunderbaren Israelreise sein. Bislang hat man sich, angefangen in Jerusalem, auf den Spuren der drei Offenbarungsreligionen bewegt und großartige Schauplätze v. a. jüdischer und christlicher Geschichte gesehen. Im Sinai geht es zu den Wurzeln: Hier hat Moses die Zehn Gebote empfangen. Man kann den Mosesberg zu Fuß erklimmen und im Katharinenkloster die Geschichte der frühen Christen verfolgen, aber auch für Badeurlauber und Wassersportler gibt es ausreichend gute Gründe, Israel für ein paar Tage den Rücken zu kehren.

Während man sich in Eilat oft wünscht, es gäbe mehr Platz, findet man auf dem Sinai eine unbeschreibliche Weite. Leider ist die Grenze nach Ägypten nicht ganz so durchlässig, wie man sich das wünscht. Die Passage mit dem Auto zieht einen immensen Papierkrieg nach sich und lohnt für den Reisenden

Eco-Lodge in paradiesischer Bucht: Basata Village

kaum. Dafür kommt man reibungslos zu Fuß über die Grenze und kann seine Reise auf dem Sinai problemlos per Mietwagen, Bus oder Sammeltaxi fortsetzen.

Die Revolution in Ägypten im Jahr 2011 und ihre Folgen gingen auch am Sinai nicht spurlos vorbei. Etliche, vor allem kleinere Hotels, Hüttencamps sowie Tauch- und Surfschulen mussten wegen der rückläufigen Touristenzahlen ihren Betrieb einstellen. Mit dem Sturz des Moslembruders und ägyptischen Präsidenten Mohammed Mursi 2013 durch das ägyptische Militär wuchsen die Befürchtungen, auch im touristischen Teil des Sinai könnten sich – wie im nördlichen, nicht-touristischen Teil geschehen – militante Islamisten verschanzen und Anschläge verüben. Anfang 2018 schien sich die Lage entspannt zu haben. Die Touristenzahlen stiegen wieder. Bei anhaltendem Trend ist mit Wiedereröffnungen geschlossener touristischer Einrichtungen zu rechnen.

Von Taba nach Nuweiba ▶ 4, F 5/6

Karte: rechts

Taba 1

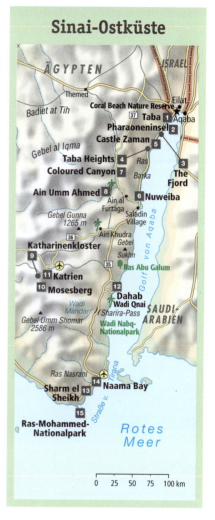

Taba, der kleine Grenzort zu Israel, besteht im Wesentlichen aus dem Casino-Hotel Hilton Resort Nelson Village und dem Grenzposten. In den vergangenen Jahren wurde der Ort konsequent begrünt. Von Taba wechseln viele für einen Badetrip oder einen Ausflug ins Nachtleben über die Grenze nach Eilat. Taba wurde 1989 als letzter Ort von Israel an Ägypten zurückgegeben, sieben Jahre nach dem übrigen Sinai. Die beiden Länder hatten unterschiedliche Auffassungen darüber, ob Taba schon Sinai oder noch Negev sei. Zudem hatten die Israelis bereits mit dem Bau des Sonesta-Hotels begonnen, dem heutigen Hilton Taba. Als die jungen Friedensbeziehungen durch Israels Invasion im Libanon 1982 auf einen Tiefpunkt sanken, gab es bis 1985 nicht einmal Gespräche über eine Rückgabe. Danach wurden sogar alte Karten aus osmanischer Zeit herangezogen, um eine Lösung zu finden, die sich dann letztendlich auf politischer Ebene fand. Ägypten zahlte knapp 40 Mio. US-Dollar Entschädigung und im April 1989 verlegte man die Grenze um 100 m nach Norden. Viele Reisegruppen, die eine Dreiländerreise Israel, Jordanien, Ägypten unternehmen, machen im Hilton Taba Zwischenstation.

Sinai-Ostküste (Ägypten)

The Fjord und Taba Heights

Bei der Fahrt gen Süden entlang der 63 km langen Küstenstraße von Taba nach Nuweiba erblickt man linker Hand **The Fjord** 3 . Stünde diese Bucht nicht unter Naturschutz, würde hier längst ein Megahotel residieren. So aber kann man vom hoch gelegenen Rasthaus auf diese einmalig geformte Bucht hinabsehen, in einem unberührten Fjord schwimmen und einen unverstellten Blick auf die nahen Berge genießen. Die Bucht selbst ist nur mit dem Auto zu erreichen.

Bei der Weiterreise entlang der Küste passiert man zahlreiche neue oder im Entstehen begriffene Hotel- und Bungalowanlagen. Inmitten des ägyptischen Nirgendwo beschlossen mutige Investoren, luxuriöse Hotels zu errichten. Den Anfang dieses größten Tourismusprojekts an der Ostküste des Sinai bildete **Taba Heights** 4 , eine Retortenstadt für Touristen. Gewachsenes Leben findet man hier kaum, denn der Ort besteht in erster Linie aus Hotels diverser Kategorien, Internetcafés, Spas, Fitnessstudios, Tauch- und Surfschulen sowie einem Golfplatz und einem Businesscenter.

Infos
Im Internet: www.tabaheights.com

Übernachten
… in Taba:
Stilvolles Strandhotel – **Tobya Boutique Hotel:** Km 2 Taba International Road, Tel. 0020 (0)69 353 02 75, www.tobyaboutiquehotel.com. Natürliche Baumaterialien, stilsicher schlichtes Design, handgewebte Teppiche, viel Holz, großzügige Räume mit Meerblick – das sind einige der Zutaten, die das Tobya so außergewöhnlich machen. Hinzu kommen ein großer Strand, Restaurants, die schöne Saloume-Bar und ein Casino, in dem ausländische Gäste ihr Glück herausfordern können. Das Künstlerpaar Sadek Abu el Dahab und Nadia Shalaby verwirklichte hier seinen Traum einer Oase der Entspannung, eine Zeitschrift nannte das Tobya »Perle des Sinai«. DZ ab 70 US-$.

Ein Hotel als Grenzerfahrung – **Taba Hotel & Nelson Village:** Tel. 0020 (0)69 353 01 40, www.steigenberger.com. Hier kann man es aushalten, auch wenn der Pool nicht riesig und der Strand nicht weitläufig ist. Zum Hotel gehören ein Casino und der Nachtklub »Rocks«. Das Hotel liegt nur einen Steinwurf vom Grenzübergang entfernt. DZ ab 58 US-$.

Schön gelegen – **Salah El Din:** gegenüber der Pharaoneninsel, Tel./Fax 0020 (0)69 922 00 03. Größter Trumpf des Hotels ist seine Lage – Zimmer und Küche können mit dem fantastischen Blick jedoch nicht mithalten. DZ ab 55 US-$.

Eco-Lodge für Ästheten – **Basata Village:** 12 km südlich von Taba, Tel. 0020 (0)69 350 04 81, www.basata.com. Keine Disco, gemeinsames Essen, schlafen in Strohhütten oder unter freiem Himmel – das ist das Erfolgskonzept des Deutsch sprechenden, vom sanften Tourismus beseelten Sherif Ghamrawy. Gute Bucht zum Schnorcheln, Tauchen ist verboten. Frühzeitig reservieren. DZ ab 600 LE, Campen ab 160 LE.

… in Taba Heights:
Weitläufige Anlage mit Lagune – **Miramar Resort:** Tel. 0020 (0)69 358 02 34, www.miramar.tabaheights.com, vorübergehend geschl. Am schönsten sind die Chalets rund um die künstliche Lagune, auf dem riesigen Gelände finden sich auch mehrere Pools (auch für Kinder). Das Hotel wird v. a. an jüdischen Feiertagen von israelischen Reisegruppen vereinnahmt – frühzeitig reservieren! Abends Tanzshows, die wunderschöne Bar dient auch als Tanzfläche.

Angenehme Zimmer und Suiten – **Bay View Resort:** Tel. 0020 (0)69 358 01 00, www.bayview.tabaheights.com, vorübergehend geschl. Gleiche 5-Sterne-Klasse wie das Miramar Resort, architektonisch nicht ganz so ansprechend; im Komfort kaum Unterschied.

Edles Strandhotel – **Sofitel Taba Heights:** Tel. 0020 (0)69 358 08 00, www.sofitel.com. Von allen Zimmern Blick über den Golf von Aqaba, flach abfallender, schöner Strand, vielfältiges Sportangebot, u. a. Kajakfahren, Hochseefischen. Wunderschön ist die Sternenkuppel im Foyer. DZ ab 60 US-$.

Von Taba nach Nuweiba

MIT DEM BOOT ZUR PHARAONENINSEL

Tour-Infos
Start: Bootsableger beim Salah El Din Hotel
Lage: am südlichen Ortsrand von Taba
Dauer: 1,5–2 Std.
Wichtige Hinweise: Die Bootsablegestelle ist nur per Auto erreichbar; Hotels bieten organisierte Touren an. Der Preis für die Überfahrt beträgt ca. 70 LE/Pers.
Karte: S. 355

In einer blauen Lagune liegt vor der Küste die **Pharaoneninsel** 2 (Gezira el Fara'un). Zwar hat das kleine, felsige Eiland nichts mit einem Pharao zu tun, ist deswegen aber nicht minder geschichtsträchtig. Wo heute die Touristen mit Ausflugsbötchen zur Insel übersetzen, legten einst die pharaonischen Expeditionen an, die in Jahresabständen zu den Schürfgebieten im Zentral-Sinai aufbrachen. Die Insel soll auch Teil des biblischen Hafens Ezion-Geber von König Salomo gewesen sein. Gesichert ist, dass der islamische Feldherr Saladin 1170 den Kreuzrittern das Eiland abnahm, darauf eine Festung erbaute und diese anschließend den frommen Mekkapilgern als Rastplatz überließ. 1900 soll ein englischer Forscher auf der Insel Wandinschriften in Arabisch gefunden haben. Als Jahre später eine Expedition den Fund auswerten wollte, waren die Felsen angeblich von der Witterung zerstört worden.
Heutige Besucher können die von Grund auf renovierte Festung erkunden, oft ist man auf dem übersichtlichen Inselchen dabei völlig ungestört. Im Innern des antiken Gemäuers sind viele kleine Räume zu besichtigen, die u. a. als Schlafzimmer, Küchen und Bäder dienten. In den Türmen waren Taubenhäuser untergebracht – Brieftauben waren damals ein wichtiger Bestandteil des Kommunikationssystems im Heiligen Land.

Essen & Trinken
... in Taba:
Man hat kaum Alternativen und isst am besten in einem der Hotels, die alle über Restaurants verfügen.

Pizza und Pasta – **Casa Taba:** am Strand des Taba Hilton, Tel. 0020 (0)69 353 01 40, tgl. 12–14, 18–24 Uhr. Dieses exzellente italienische Lokal bietet bei Vorspeisen, Fisch- und Fleischgerichten erstklassige Qualität. Beachtlich ist

Sinai-Ostküste (Ägypten)

auch die Auswahl der nicht ganz billigen, aber sehr guten Weine. Unbedingt reservieren. Ab 250 LE.

Aktiv

… in Taba Heights:
Wassersport – **Red Sea Waterworld:** Tel. 0020 (0)69 358 00 99, www.redseawaterworld.com. Shuttlebusse verbinden die Hotels mit dem Wassersportzentrum (u. a. Segeln, Tauchen, Surfen, Parasailing).
Golf – **Taba Heights Golf Resort:** Reservierung: Tel. 0020 (0)69 358 00 73, www.tabaheights.com/golf. Der zwischen dem Meer und den Bergen angelegte, von John Sanford designte 18-Loch-Platz liegt 4–70 m über dem Meeresspiegel.
Quad-Bike-Touren – **Ibis Tours:** www.ibisegypttours.com. Offroad mit dem Quad-Bike durch die Wüste (4 Std., 120 US-$/Pers.).
Ausflüge und Safaris – **Pro Tours:** Tel. 0020 (0)69 358 00 76, www.protourstravel.com. Im Angebot sind Ausflüge nach Kairo, zum Katharinenkloster, nach Eilat (Israel) und in die Felsenstadt Petra (Jordanien) sowie Jeepsafaris zum Coloured Canyon, zum Blue Hole und nach Ras Mohammed.

Verkehr

Touristen können die Grenze Eilat–Taba nur zu Fuß passieren.
Flüge: Vom **Taba International Airport,** Tel. 0020 (0)69 650 04 32, keine Inlandsflüge, nur internationale Charterflüge (2014).
Busse: Mehrmals tgl. vom **Busbahnhof** Verbindungen zwischen Taba und Nuweiba sowie von beiden Orten nach Dahab, Sharm el Sheikh und Richtung Kairo/Nildelta. Auskunft dazu wird erteilt unter Tel. 0020 (0)69 353 02 50.
Sammeltaxis: Steuern die gleichen Ziele wie die Busse an und fahren am Busbahnhof ab. Man kann Taxis auch an der Straße stoppen und für Sinai-Fahrten anheuern.

CASTLE ZAMAN

35 m über dem Meer hat Architekt Hani Rushdie seinen Traum von einem festungsähnlichen Ort der Erholung erfüllt, der angepasst an die Landschaft des Sinai ganz aus Basalt und Granit besteht. Wer dabei an eine Kreuzritterburg oder Saladinfestung denkt, liegt nicht ganz falsch. Fünf Jahre dauerten die Bauarbeiten. Alle Steine wurden auf dem Sinai von Hand gesammelt, nach Farben geordnet und verbaut. Es gibt einen natürlichen Pool mit grandiosem Meerblick bis hinüber nach Saudi-Arabien, unter der Festung einen merkwürdig-faszinierenden *Treasure Room* (Schatzraum), in den man nur durch eine Luke im Boden gelangt. Über Stufen betritt man einen Tunnel mit kleinen handgearbeiteten Fenstern – wozu? Zur Freude Hanis an einem noch unvollendeten Labyrinth.
Castle Zaman 5 : Taba-Nuweiba Road, 18 km nördl. von Taba Heights, Al-Borqa Mountain, Tel. 012 214 05 91, www.castlezaman.com. Rushdie nimmt derzeit nur Tages-, keine Übernachtungsgäste auf, die sich am Privatstrand oder am Pool entspannen. Das köstliche Dinner muss man mit mindestens einem Tag Vorlauf buchen; der Chef ist Anhänger der Slow-Cooking-Bewegung. Soft- und alkoholische Drinks gibt's an der Bar.

Mietwagen: Lotus Rent a Car, Taba Hilton Hotel, Taba, Tel. 0020 (0)12 950 17 61; **Orascom Limousines,** Hyatt Regency Hotel, Taba Heights, Tel. 0020 (0)12 297 72 26.

Nuweiba und Umgebung ▶ 4, F 6

Karte: S. 355

Nuweiba 6

Nuweiba selbst ist zwar unspektakulär, aber seine Strände und Wassersportmöglichkeiten sind wunderschön. Geröll und Sand, von Regengüssen und den nachfolgenden Fluten durch mehrere Wadis aus den Bergen ins Tal und an die Küste gespült, formten die Ebene, in der heute, am Golf von Aqaba, die Hafenstadt Nuweiba liegt.

Nuweiba ist eigentlich kein richtiger Ort, hat nicht einmal ein Zentrum. Das Leben ist hier weit davon entfernt zu pulsieren. Nuweiba besteht aus drei Ortsteilen: im Süden **Hafen** und Hilton Coral, 8 km nördlich die **City** mit dem kleinen Basar, Supermärkten, einigen Cafés und Restaurants. Im Norden folgen der Ortsteil **Tarabin** und die Strände der Hüttencamps, die sich über 50 km bis Taba Heights erstrecken.

Ein Geheimnis der Ortsplaner bleibt es, warum sie Nuweiba mit überbreiten Straßen durchzogen. Die Teerbahnen unterstreichen die Atmosphäre der Leere und Verlassenheit noch zusätzlich. Auch der Souk erinnert eher an ein paar Garagen mit Gelegenheitsverkauf. Dennoch: Zum Urlauben ist Nuweiba sehr erholsam. Das haben auch viele junge Leute entdeckt: Der alternative Dahab-Tourismus hat sich zuletzt in die zahlreichen Camps, Eco-Lodges und Hotels verlagert, die sich von Nuweiba aus Richtung Norden aneinanderreihen. Wer die Region von früher kennt, wird erschrecken, wie die einst wundervolle Küste südlich von Taba inzwischen mit Rohbauten und Dauerhotelruinen zugepflastert ist.

Übernachten

Breiter Strand – **Tropicana:** nahe dem Hilton, Tel. 0020 (0)69 352 10 56/7/8, www.tropicanagroupegypt.com. Komfortables Hotel, großer Pool, weiter Strand, auch All-inclusive-Angebote. DZ ab 85 US-$.

Für Sportbegeisterte – **Sol Taba:** 14 km nördl. von Nuweiba, Tel. 0020 (0)69 356 02 00, www.melia.com. Angenehm weitläufiges 4-Sterne-Sporthotel, komfortable Zimmer. DZ ab 55 US-$.

Oase der Ruhe – **Nuweiba Coral Resort:** Tel. 0020 (0)69 352 03 20, www.coralresortnuweiba.online. Eine Hotelanlage, so grün wie eine Oase, mit exzellentem Strand, hervorragenden Buffets und attraktiven All-inclusive-Angeboten. DZ ab 60 US-$.

Hübscher Strand – **El Waha Tourism Village:** Tel. 0020 (0)69 350 04 20. Schöner Sandstrand, geräumige Chalets, einfachere Bungalows, Campground mit Stellplätzen für etwa 20 Zelte nahe dem Meer. DZ ab 40 US-$.

Wohnen an der Kamelreitschule – **Habiba Beach Lodge:** Nuweiba, Tel. 0020 (0)122 217 66 24, www.habibaorganicfarm.com. Kleines Hüttenhotel mit hervorragendem Strandrestaurant, angeschlossener organischer Farm und eigener Kamelreitschule (nur Sept.–Mai). DZ ab 35 US-$.

Essen & Trinken

Hausmannskost – **Dr. Shishkebab:** Souk, Tel. 0020 (0)69 350 02 73, tgl. 9–24 Uhr. Gelungene ägyptische Vorspeisen und Grillgerichte. Ab 25 LE.

Einfach – **Mataamak:** Habiba Camp, Tel. 0020 (0)69 350 07 00, tgl. 17–23 Uhr. Frühstück, Mittag- und Abendessen – und alles gut. Ab 25 LE.

Aktiv

Nuweiba ist ein idealer Ausgangspunkt für Ein- oder Mehrtagesausflüge in die Berg- und Oasenwelt des Sinai, z. B. zum Coloured Canyon (s. S. 360), zur Oase Ain Umm Ahmed (s. S. 360) und zum Katharinenkloster (s. S. 361). Diverse Anbieter offerieren in den Hotellobbys Touren per Jeep und/oder Kamel zu Tageszielen (ab ca. 40 US-$/Pers.).

Sinai-Ostküste (Ägypten)

Tauchen – **Blueforce Diving:** Tel. 0020 (0)100 447 29 64, www.redseablueforce.com. Immer wieder empfohlen wird die Tauchbasis für Anfänger und Fortgeschrittene.

Kamelreitschule und Safaris – **Habiba Camp:** Tel. 0020 (0)122 217 66 24, www.habibaorganicfarm.com. Günstigste Kurspreise in Verbindung mit Hotelbuchung.

Verkehr

Busse: Mehrmals tgl. nach Dahab, Sharm el Sheikh, Taba und Richtung Kairo/Nildelta. Info: Tel. 0020 (0)69 352 03 71.

Sammeltaxis: Mehrmals tgl. nach Taba, Dahab, Sharm el Sheikh, Kairo/Nildelta.

Fähren: 2 x tgl. von Nuweiba nach Aqaba in Jordanien (11 und 18 Uhr). Tickets gibt es am Hafen. Die Fähren laufen oft mit bis zu 10-stündigen Verspätungen aus. Am verlässlichsten und saubersten ist die Fährlinie **AB Maritime,** Tel. 0020 (0)69 352 04 72, www.abmaritime.com.jo (tgl. außer Sa).

Coloured Canyon 7

Der Name **Coloured Canyon** erklärt, warum gerade diese Schlucht so berühmt und folglich viel besucht ist: Hier schimmert der Sandstein, und das unterschiedlich zu jeder Tageszeit, in Weiß und Gelb und vielen, mit Worten gar nicht mehr zu beschreibenden Rottönen.

Von Nuweiba fährt man nach Nordwesten. Nach ca. 9 km erreicht man die **Oase Ain Furtega 13** (Palmen, Beduinenhütten, Tee-Stopp), fährt von dort über das **Wadi Nekheil** (schöner Ausblick vom Bergkamm) auf einfacher Piste zum Coloured Canyon. Die letzten 2 km muss man zu Fuß zurücklegen, denn das Wadi verjüngt sich und ist an manchen Stellen nur 1 bis 2 m breit. Die stark erodierten Sandsteinmassive mit ihren 60 m Höhe wirken durch die Enge noch viel höher, als sie wirklich sind. Den Canyon kann man mit einem Beduinenführer auf verschiedenen, teils schwierigen Wanderwegen erkunden. Sehr dicke Menschen könnten an mindestens einer Stelle Probleme haben, sich zwischen den Felsen hindurchzuzwängen.

Ain Umm Ahmed 8

Das schöne **Ain Umm Ahmed** (›Quelle der Mutter Ahmeds‹) gehört zu den wenigen Oasen, die vom Tourismus weitgehend unbehelligt blieben, und lohnt einen Aufenthalt von zwei Tagen (Selbstverpflegung!). Man erreicht es über die Straße nach Nakhl (Richtung Ahmed-Hamdi-Tunnel, Abzweigung bei Km 20). Von einem Wadi geht es über einen Pass in die Oase, die sich – wie vom Lookout gut zu sehen – hinter einer in Ocker, Blau und Rot schimmernden Mondlandschaft mit ihrem Gürtel aus Palmen an den Fels schmiegt.

Einige Beduinen leben hier und heißen Besucher sehr willkommen. Am Wasser entlang kann man bis zum 3 km entfernten **Wadi el Ain** wandern, wo um eine Quelle Akazien

Auf diesem Plateau hat Moses die Zehn Gebote empfangen – und vielleicht schon damals die wunderbare Aussicht über das Sinai-Gebirge genossen

wachsen. Den nahe gelegenen Berg **Ras el Kelb** (999 m) sollten nur Kletterer unter Führung eines Beduinen besteigen.

Katharinenkloster

▶ 4, D 7

Karte: S. 355
Tel. 02 24 82 85 13, www.sinaimonastery.com, Mo–Do, Sa 9–12 Uhr, Fei geschl.
Ungefähr 32 km südlich von Nuweiba führt eine gut ausgebaute Straße zum **Katharinenkloster** 9 im Zentral-Sinai. Es ist eine landschaftlich beeindruckende Tour zu einer der Top-Sehenswürdigkeiten Ägyptens. Wie eine Trutzburg liegt das UNESCO-Welterbe am Fuß des Mosesbergs auf einem Hochplateau inmitten einer fantastischen Bergwelt (wo es in den Wintermonaten übrigens empfindlich kalt werden kann). Es hat sich all die Jahrhunderte, umgeben von Muslimen, geschickt gegen Zerstörung und Angriffe behauptet. Hat man das Kloster betreten, glaubt man in ein vom Schriftsteller Umberto Eco entworfenes Labyrinth einzutauchen.

Im Katharinenkloster sind Pilger nicht wirklich willkommen. Die vom Tourismus überlasteten Mönche sehen sich weder als Seelsorger noch zelebrieren sie Messen. Sie fühlen sich in ihrem Eremitendasein durch den touristischen Massenansturm gestört. Dass viele Reisende an diesem Schauplatz biblischer Tradition wenigstens einmal im Leben gewesen sein wollen, beeindruckt sie im Alltag

Rätselhaft: Wer war Moses?

Moses führte die Israeliten aus Ägypten und empfing auf dem Berg Sinai die Zehn Gebote. So steht es in der Bibel zu lesen. Wer aber war der Mann? Die Forschung tut sich schwer mit einer klaren Antwort auf eine Glaubensfrage.

So sah ihn Hollywood: Charlton Heston in »Die Zehn Gebote«

Eine der rätselhaftesten Figuren der Menschheitsgeschichte ist Moses, im Judentum und im Islam als Prophet verehrt. An Dutzenden Orten in Israel, Jordanien und auf dem Sinai soll er mit seinem Stab Wasser aus dem Fels geschlagen haben. Archäologen zweifeln, denn die Bibel ist voll von Übertreibungen und Ungenauigkeiten. Dass der kleine Moses wegen der befohlenen Tötung aller Babys in einem Korb auf dem Nil ausgesetzt, von einer Pharaonentochter gefunden und von ihr aufgezogen wurde, sei eher unwahrscheinlich. In nahöstlichen Erzählungen, z. B. im babylonischen Gilgamesch-Epos, kommt dieses Motiv häufig vor. Möglicherweise ist Moses ein Sammelname für mehrere Fürsten eines Stammes. Fraglich erscheint vielen Forschern auch, ob er überhaupt Israelit war. Seine Frau Zippora hielt ihn anfangs für einen Ägypter, sein Sohn war nicht beschnitten.

Diese Bibelstellen bildeten einen der Ansatzpunkte für Sigmund Freuds Beitrag zur Mosesgeschichte. Moses, sagte der Jude und Vater der Psychoanalyse, sei u. U. kein Hebräer gewesen, sondern ein ägyptischer Prinz oder Hohepriester, der die Juden in Ägypten vom Monotheismus überzeugte – dafür habe er den Israeliten die Flucht aus der Sklaverei versprochen. Diese früher höchst umstrittene Deutung stünde im Kontext einer Periode von Unruhen, die Ägypten erschütterten. Die Forschung geht mit Freud davon aus, dass das Alte Testament Fiktionsliteratur ist, wie es Rolf Krauss vom Ägyptischen Museum in Berlin belegt sieht. Das Buch habe v. a. dazu gedient, mit über 500-jährigem Abstand die Vergangenheit zu glorifizieren. Nach Krauss' – in Fachkreisen mit breiter Zustimmung quittiertem – Befund ist Moses der Pharao Amenmesse, der 1203 v. Chr. versuchte, seinen Vater Sethos II. vom Thron zu stürzen. Den »Rohstoff für seine Dichtung«, so Krauss, könnte der Bibelverfasser aus der dreibändigen Geschichte Ägyptens des alexandrinischen Gelehrten Manetho übernommen haben. Amenmesses und Moses' Biografien, soweit sie die Bibel und Quellen wie Josephus Flavius erzählen, ähneln sich bis ins Detail: Beide sind ägyptische Prinzen, ihre Eltern sind vom Verwandtschaftsverhältnis her Tante und Neffe, sowohl Moses als auch Amenmesse heiraten eine Nubierin und müssen Ägypten wegen Totschlags und des Thronstreits, den sie verlieren, verlassen.

Der Ägyptologe Jan Assmann geht in seinem Buch »Moses ein Ägypter« der Frage nach, ob Echnaton der ägyptische Moses war. »Um die Mitte des 14. Jh. v. Chr. hat König Amenophis sich in Echnaton umbenannt, alle traditionellen Kulte geschlossen, ... die Hauptstadt Amarna verlegt und dort nur noch den einen Gott Aton (Sonnenscheibe) verehrt: der erste monotheistische Umsturz der Geschichte.« Hat also der Kopenhagener Alttestamentler Niels Lemche recht, der die Verfasser des Alten Testaments als Romanautoren sieht, die geschichtliche Tatsachen bewusst umdeuteten und wo nötig fingierten, so wie den Bibelhelden Moses? Es gibt Fragen, die sind und bleiben Glaubenssache.

Katharinenkloster

wenig. Auch wenn die Mönche viele Schätze aus Bibliothek und Ikonensammlung der Öffentlichkeit vorenthalten – was man zu sehen bekommt, ist immer noch atemberaubend: den Platz des brennenden Dornbuschs, die mit Ikonen geschmückte Basilika oder das Gebeinhaus.

Vom Parkplatz aus führt ein sanft ansteigender Schotterweg in knapp 10 Min. zum Plateau des Klosters. An einem Stand nahe der Touristenpolizei verkauft ein Beduine Dr. Ahmeds Kräutersäfte, die u. a. Linderung bei Kopfschmerzen und Bauchweh versprechen.

Legende und Geschichte

Namensgeberin des Klosters ist Katharina, eine junge Frau aus Alexandria, die Anfang des 4. Jh. während der Christenverfolgung den Märtyrertod starb. Katharina war klug, schön, belesen und aus bestem Hause. Ihr Todesurteil unterschrieb sie, als sie versuchte, Kaiser Maximianus von seinem Glauben abzubringen. Bei der öffentlichen Enthauptung floss Milch statt Blut aus ihrem Körper, erzählte man sich. Danach brachten Engel den Leichnam auf den Gipfel des Bergs, wo ihn Mönche fanden und eine Kapelle errichteten. Ein Stück der Marmorsäule, an die Katharina vermutlich angebunden war, findet sich in der Kapelle. Erst im 10. Jh. benannte man das Kloster, bis dahin der Gottesmutter geweiht, offiziell in Katharinenkloster um.

Die Geschichte hängt (sie ist historisch nicht belegt) mit der Ausbreitung des Christentums zusammen, das der hl. Markus nach Ägypten trug. Die ersten Eremiten kamen im Jahr 300 an den Berg Sinai, um nur für Gott in Askese zu leben, wie Antonius. Kaiser Konstantin und seine Mutter Helena pilgerten 327 zur Stelle des brennenden Dornbuschs und Helena stiftete 330 eine der Gottesmutter geweihte Kapelle auf dem Berg Sinai. Eine Pilgerwelle unter der Aristokratie des byzantinischen Reichs brach aus und eine Reihe von Geistlichen blieb gar für immer, um auf dem Berg Kälte, Hunger und Hitze zu trotzen.

Im 6. Jh. errichtete Kaiser Justinian eine schützende Befestigung, weil Mönche und Pilger von Wegelagerern überfallen wurden. Den Bau der Hagia Sofia in Konstantinopel und der hiesigen Basilika befahl ebenfalls Justinian (530). Heute gleicht die christliche Stätte mit ihrer 15 m hohen Granitmauer einer Festung, die seit jeher wertvolle Sammlungen von Ikonen und Manuskripten beherbergt.

Mohammeds Schutzbrief

Dass das Kloster in islamischem Herzland die Jahrhunderte fast unbeschadet überstand, hängt mit dem Schutzbrief des Propheten Mohammed zusammen. Ägypten wurde 640 n. Chr. friedlich islamisiert, und obwohl das Kloster plötzlich so etwas wie ein vorgeschobener Posten der Christenheit war, konnte es sich sicher fühlen – 15 Jahre, bevor sich der Islam in ganz Arabien verbreitet hatte, war der Prophet Mohammed im Kloster zu Gast gewesen und von den Mönchen höchst zuvorkommend behandelt worden.

Der frühe Islam verzichtete ausdrücklich auf Zwangsmissionierung und -bekehrung, und so stellte der Prophet einer Abordnung von Brüdern, die ihn in Mekka aufsuchte, ein Schutzschreiben für das Kloster aus. Besiegelt mit seinem Handabdruck sicherte er ausdrücklich den Erhalt der geistlichen Stätte und die Glaubensfreiheit der Mönche zu (eine Kopie des Dokuments findet man am Eingang des Klosters).

Die Mönche pochen auf die Echtheit des Briefs, die Wissenschaft geht jedoch eher von einer recht gekonnten Fälschung aus. Dagegen spricht wiederum ein Bezug in Sure 95 des Korans, in welcher der Prophet einleitend »beim Feigenbaum und dem Ölbaum und dem Berg Sinai und diesem sicheren Gebiet« schwört.

Wie auch immer – das Papier verfehlte seine Wirkung nicht: Ein ägyptischer Herrscher nach dem anderen erneuerte den Schutzbrief für das Kloster, das etwa 100 derartige Dokumente besitzt. 1517, als osmanische Truppen den Sinai besetzten, stahlen diese das Original, übergaben es dem Sultan in Istanbul als Geschenk und hinterließen dem Kloster nur die bis heute erhaltene Kopie.

Sinai-Ostküste (Ägypten)

Das Katharinenkloster heute

Das älteste von christlichen Mönchen bewohnte Kloster gehört nicht zur koptischen Kirche Ägyptens, sondern zur griechisch-orthodoxen Kirche. Früher lebten hier Mönche aus vielen Ländern, heute sind es insbesondere Griechen, Syrer und Armenier, die ihren gemeinsamen Tag um 4 Uhr beginnen und gegen 17 Uhr beenden. Der Orden genießt größte Unabhängigkeit, die sich in der Wahl des Erzbischofs von St. Katharina, dem kleinsten Bistum der Welt, manifestiert. Den Bischof, gleichzeitig auch Abt, weihen der Patriarch von Jerusalem, ein ökumenischer Patriarch der griechisch-orthodoxen Kirche Griechenlands sowie die Bischöfe von Alexandria, Konstantinopel (Istanbul), Rom und Moskau.

Sehenswertes

Nur ein kleiner Teil der gesamten Klosteranlage ist für Besucher geöffnet. Das Kloster erstreckt sich über zwei Ebenen und besitzt eine Grundfläche von 85 x 75 m. Die 13 bis 15 m hohen, rötlichen Granitmauern aus dem 6. Jh. sind in bestem Zustand. Der Eingang befindet sich an der Nordostseite. Der Schutzbrief des Propheten und ein Brief des Leipziger Theologen Konstantin von Tischendorf hängen in einem dunklen Gewölbe, das an einem Buchladen vorbei zur äußeren Gasse des Klosters führt. Links geht es zum brennenden Dornbusch, rechts zur Basilika Justinians.

Mosesbrunnen und Museum

Gegenüber der Nordwestecke der Basilika befindet sich ein stillgelegter **Brunnen,** aus dem angeblich Moses getrunken haben soll. Darüber liegt das **Museum.** Es zeigt in neun Räumen, die als heilige Sakristei bezeichnet werden, wundervolle Ikonen, darunter byzantinische Meisterwerke aus dem 6. Jh.

Zu sehen sind auch Manuskripte in Aramäisch, seltene Gebetsbücher, wertvolle Bibeln, Kreuze, liturgische Gegenstände aus Silber, Gold, Elfenbein und Edelstein. Größter Stolz des Klosters sind die in einer Glasvitrine gezeigten Blätter aus dem Codex Sinaiticus (s. Tipp S. 365), der zum Großteil im Britischen Museum in London aufbewahrt wird.

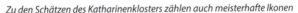

Zu den Schätzen des Katharinenklosters zählen auch meisterhafte Ikonen

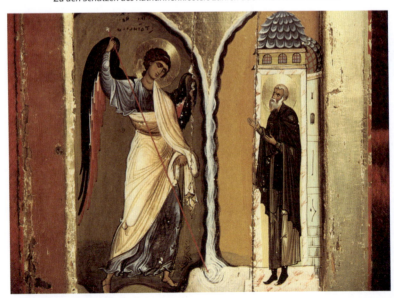

Katharinenkloster

Frühbyzantinische Basilika

Die 40 x 20 m große **frühbyzantinische Basilika** betritt man seitlich durch die **Vorhalle,** eine mit Ikonen dekorierte Galerie und weltweit die wichtigste Einzelsammlung. 2000 Ikonen beherbergt das Kloster, die älteste datiert aus dem 6. Jh. Das Kloster geriet nie in den Bilderstreit des 8. und 9. Jh., der mit einem Verbot der Anfertigung und Verehrung von Heiligenbildern endete und sogar deren Zerstörung und Schwärzung verlangte. Am Ende der Vorhalle sind in Vitrinen Kopien einiger wertvoller Bibeln aus Äthiopien, Persien, Georgien und Griechenland ausgestellt. Schön sind auch die nach außen führenden Holzportale. Die Darstellungen von Christus mit verschiedenen Tieren sind Originale.

Auf dem Niveau des brennenden Dornbuschs (s. rechts) liegt das breite **Mittelschiff** der Basilika, getragen von zwei Reihen mit je sechs Säulen und gesäumt von zwei schmalen Seitenschiffen. Das Innere wirkt mit seinen Ikonen, Kerzenleuchtern und Lüstern heute sehr überladen.

Die **Apsis** zeigt ein original erhaltenes frühchristliches Mosaik: die Verklärung Christi auf dem Berg Tabor (Matthäus 7,2–5). Um Jesus gruppieren sich Moses und Elias, zu seinen Füßen liegt Petrus, seitlich knien Jakob und Johannes. 32 Medaillons rahmen die zentrale Szene ein. Sie zeigen Bilder der zwölf Apostel, 16 Propheten, die beiden Stifter des Mosaiks (links und rechts in der Ecke) sowie König David (im Medaillon unter Jesus) und eine Kreuzdarstellung (im Medaillon über Christi Haupt). Moses steht am brennenden Dornbusch und nimmt die Zehn Gebote entgegen (über dem Doppelfenster).

Der marmorverkleidete **Altar** beherbergt links und rechts zwei Schreine der Katharina (mit Goldkrone geschmückter Kopf, mit Goldringen dekorierte Hand Katharinas), Schenkungen der russischen Zaren Peter der Große (1680) und Alexander II. (1860). In den nicht zugänglichen **Seitenschiffen** reiht sich Kapelle an Kapelle. Eine weitere Besichtigung der Basilika ist, außer für privilegierte Reisegruppen, nicht möglich.

Tipp

CODEX SINAITICUS

Der komplette Kodex ist für Forscher wie Laien zugänglich – in digitalisierter Form. Schritt für Schritt wurden die Blätter mit der Webpräsentationstechnik Silverlight bearbeitet. Nun kann man im Internet per Mausklick durch den Band blättern, einzelne Textpassagen wie mit einer Lupe vergrößern, den handgeschriebenen altgriechischen Text in Reinschrift darstellen und sogar eine Transkription zur jeweiligen Textstelle aufrufen. Die virtuelle Zusammenführung des Kodex startete 2008 unter www.codex-sinaiticus.net/de. An dem Projekt beteiligt waren namhafte Forscher und Institute wie das Katharinenkloster, die British Library, die Russische Nationalbibliothek und die Universität Leipzig.

Brennender Dornbusch

Durch die Basilika zurückgehend, am Mosesbrunnen und am Klostereingang vorbei, stößt man am Ende der Gasse auf den durch eine Mauer geschützten sogenannten **Brennenden Dornbusch.** Die seltene Pflanze wächst ausschließlich auf dem Sinai und gilt als extrem langlebig.

Glockenturm und Moschee

Der **Glockenturm,** ein Zarengeschenk aus dem 19. Jh., besitzt zehn Metallglocken und eine aus Holz. Sie wird allmorgendlich geschlagen, während die Metallglocken nur an Fest- und Sonntagen zu hören sind.

Neben dem Turm liegt die **Moschee,** die Archäologen zufolge in der Grundstruktur ein umgebautes Gästehaus und im 11. Jh. zur Besänftigung des Vandalen-Kalifen und Christenfeinds Al Hakim erbaut wurde.

Sinai-Ostküste (Ägypten)

Bibliothek

Vornehmlich Fachbesuchern ist die **Bibliothek** südlich der Basilika zugänglich. Sie beinhaltet rund 2000 Bücher und Manuskripte vom 3. bis 19. Jh. in zwölf Sprachen, u. a. Griechisch, Syrisch, Armenisch, Arabisch und Polnisch, und ist damit die größte Handschriftensammlung (3500 Bände) nach der des Vatikans. Zu ihr gehören die ältesten Bibeltexte, darunter der **Codex Syriaticus** (2. Jh.) sowie Teile des nicht minder bedeutenden **Codex Sinaiticus** (4. Jh.), der wiederum eng verbunden ist mit der Geschichte des Leipziger Theologen **Friedrich Konstantin von Tischendorf** (1815–74).

Der sächsische Theologe war ab 1844 auf Order des Zaren Alexander des Großen, Schutzherrn der Christenheit im Orient, mehrmals für Studienzwecke in St. Katharina und stieß dort u. a. mithilfe eines Mönchs auf den Codex, den er schließlich an sich nahm. »Ich verspreche«, schließt der als Faksimile im Klostereingang ausgestellte Brief Tischendorfs, »dieses Manuskript unbeschädigt und in gutem Zustand dem Kloster zurückzugeben.« Die Rede ist vom Codex Sinaiticus, der jedoch nie mehr ins Katharinenkloster zurückkehrte, sondern – nach zahlreichen Umwegen – seit 1933 zum größten Teil im Britischen Museum in London liegt, das 347 Bibelpergamente für 100 000 Pfund kaufte. Ein anderer Teil des Tischendorf-Funds, nämlich 53 Pergamente mit dem Namen Codex Friderico Augustanus, befindet sich heute in Leipzig: Tischendorfs Geschenk an König Friedrich August I., den großzügigen Finanzier seiner Forschungsreisen.

Angeblich war es ein Abfallkorb mit Pergamenten zum Verheizen, in dem Tischendorf den Codex entdeckt hatte, ein in Großbuchstaben und griechischer Sprache verfasstes Schriftstück. Die Bedeutung für die Bibelforschung erahnte der Theologe sofort, war der Sinaifund doch umfangreicher als etwa der bis dahin bekannte Codex Vaticanus. Zudem umfasste er sowohl Altes (teilweise) als auch Neues Testament (vollständig). Möglicherweise ist die Geschichte des Funds aus dem Papierkorb aber nur eine nachgeschobene Rechtfertigung von Tischendorf, denn sie widerspricht allen Schilderungen, wonach die Mönche (und das ist bis heute so) sehr genau wussten, welche Schätze sie besitzen.

Tischendorf war auf der Suche nach unentdeckten Bibelhandschriften schon viele Jahre im Orient unterwegs gewesen und hoffte, mit der ältesten Kopie nun dem Wortlaut der echten Bibel ein Stück näherzukommen. Tatsächlich zeigte sich bei der Übersetzung, die Tischendorf in Rekordzeit anfertigte, dass die vier Schreiber des Kodex der Nachwelt die einzige bekannte Kopie des griechischen Neuen Testaments hinterlassen hatten.

Unsicher ist, wo der Codex angefertigt wurde. Möglicherweise in der Umgebung von Caesarea, nachdem Konstantin der Große das Christentum als Religion in seinem Reich anerkannt und 331 befohlen hatte, die neue Religion in Wort und Schrift zu verbreiten. In detektivischer Kleinarbeit revolutionierte Tischendorf mit Übersetzung, Vergleich und Analyse des Codex Sinaiticus die Bibelforschung. Seither ist u. a. klar, dass das Evangelium von Markus älter ist als die Evangelien von Matthäus und Lukas.

1975 machten die Mönche nach einem Brand hinter einer Wand eine weitere sensationelle Entdeckung: Sie fanden u. a. syrische Manuskriptrollen und ein Dutzend Pergamente, die Bestandteil des Codex Sinaiticus sind.

Der in Texas geborene Father Justin hat in seiner Computerwerkstatt nun begonnen, den Codex (soweit hier vorhanden) und die übrige Bibliothek (illuminierte alte Handschriften und dicke Folianten) mit einer Spezialkamera einzuscannen und digital zu katalogisieren. Irgendwann soll alles, auch der weltweit verstreute Codex, zusammengeführt werden – zuerst im Internet, dann in Bildbänden.

Ikonengalerie

So wenig zugänglich wie die Bibliothek ist auch die benachbarte **Ikonengalerie,** der größte Schatz des Katharinenklosters. Den unermesslichen Reichtum an Unikaten kann man nur erahnen, wenn man die vergleichsweise unspektakuläre Ikonenauswahl in der Basilika und im Museum gesehen hat.

Katharinenkloster

WANDERUNG AUF DEN MOSESBERG

Tour-Infos
Dauer: halber Tag
Start: am Parkplatz des Katharinenklosters, morgens gegen ca. 2/3 Uhr; Nov.–März kann man die Tour auch bei frühem Tageslicht beginnen, ohne die Mittagshitze fürchten zu müssen, verpasst dann aber natürlich den beeindruckenden Sonnenaufgang.

Planung: Die Wanderung kann man auf eigene Faust unternehmen, obgleich man laut offizieller Vorgaben für ca. 100 LE einen beduinischen Führer anheuern muss.
Hinweis: Viele Wanderer gehen nachmittags los, übernachten auf dem Berg. Dort kann es vor allem im Winter nachts eisig kalt werden.
Karte: S. 355

Der 2285 m hohe **Mosesberg** 10, der heilige Berg der Christenheit, bietet einen grandiosen Blick über den Sinai. Gottes Lohn für die Mühe des Aufstiegs ist das erhebende Gefühl, am selben Ort zu stehen wie einst Moses. Am Fuß des Berges warten geschäftstüchtige Kameltreiber mit ihren Tieren auf Kunden. Mindestens 130 LE kostet es, sich etwa zwei Drittel der Strecke bis zum Mittelplateau tragen zu lassen. Die Tiere folgen dem meistbegangenen Weg Sikket el Basha. Den Berg, den Moses mit weit über 80 Jahren erklommen haben soll, besteigen junge Rucksackreisende und Pauschaltouristen ebenso wie viele alte Leute, oft Gläubige, die sich mit dem Erlebnis einen lang gehegten Wunsch erfüllen. Häufig genug gehen sie dafür gefährlich nah an die Grenzen ihres körperlichen Vermögens, wie man es hier tagtäglich immer wieder erleben kann. Vor dem letzten steilen Stück lädt das Mittelplateau mit einer großen Zypresse zur Rast ein. Hier soll der Herr Elija erschienen sein und es zwei Höhlen gegeben haben. In der einen verbarg sich Elija vor den Israeliten, die ihn töten wollten. Die zweite Grotte war sein Versteck, nachdem er die Priester des Gottes Baal ermordet hatte. Eine verlassene Kapelle erinnert an den Propheten. Vom Mittelplateau führen stufenartige Felsblöcke zum Gipfel. Kurz davor liegt ein weiteres kleines Plateau. Ein Stein trägt einen Abdruck, der nach einer beduinischen Legende der Fußabdruck eines Kamels des Propheten ist und in Verbindung mit Mohammeds Nachtreise in den Himmel steht (nach offizieller islamischer Auslegung fand diese Reise mit dem Pferd Al Buraq allerdings in Jerusalem statt, nach Mekka und Medina daher auch drittheiligster Ort der Muslime).
Oben angekommen, mehrmals von Kamelen überholt, hat man alle Mühen vergessen. Die einen genießen das Panorama, wenn das Morgenrot das Grau der Dämmerung vertreibt und den Blick weit über den Sinai freigibt. Andere blicken ergriffen zum Himmel und beten leise, während Pilgergruppen gerne Kirchenlieder singen. Anstelle einer von Kaiser Justinian im 4. Jh. errichteten Kapelle steht auf dem Gipfel ein Neubau aus den 1930er-Jahren. Daneben erinnert eine Moschee an den als heilig verehrten Nebi Saleh, der hier in den Himmel aufstieg.
Konditionsstarke nehmen beim Abstieg die anstrengende und steile ›Mosesstiege‹, die vom Mittelplateau zum Kloster führt. Die 3700 Granitstufen hat ein Mönch in Erfüllung eines Gelübdes angelegt. Die Ausblicke von diesem gelenkestrapazierenden Weg sind großartig.

Sinai-Ostküste (Ägypten)

Garten und Gebeinhaus

Den **Garten** des Klosters versorgt eine Bergquelle mit ausreichend Wasser. Hier gedeihen Oliven, Aprikosen, Orangen und verschiedene Gemüsesorten.

Lohnenswert ist ein Besuch in der **Kapelle des Tryphon,** in der die Skelette der verstorbenen Mönche aufbewahrt werden. Der felsige Steinboden rund ums Kloster macht das Anlegen von Gräbern unmöglich, weshalb die frisch Verstorbenen für gut ein Jahr auf einem Durchgangsfriedhof neben der Kapelle in der Erde begraben werden, bis ihre Leichname skelettiert sind. Dann kommen sie ins **Gebeinhaus,** wo eine dem Klosterleben entsprechende Hierarchie herrscht: Soweit es sich um einfache Mönche handelt, werden die Knochen auf einen Haufen geschichtet, die Schädel auf einen anderen. Märtyrer und Bischöfe dagegen verstaut man in Holzkästen in ausgewählten Nischen der Kapelle.

Katrien 11

Das Katharinenkloster liegt knapp 4 km entfernt vom Ort **Katrien,** auch Migla, Katreen, Katrin, St. Katherine oder St. Catherine genannt und geschrieben. Hier eine Nacht zu bleiben birgt den Vorteil, dass man am Morgen schon im Kloster unterwegs ist, wenn die Touristenbusse erst anrollen. An dem abgelegenen Ort gibt es relativ viele Unterkünfte, weil die Gegend um St. Katherine Ausgangspunkt für Wanderungen, Trekking und ähnliche Aktivitäten ist.

Infos

Die Mönche des Katharinenklosters achten auf exakte Einhaltung der **Öffnungszeiten:** Mo-Do, Sa 9–12 Uhr, an bestimmten Feiertagen geschl., die Daten sind unter der Kairoer Telefonnummer 0020 (02) 24 82 85 13 oder unter Fax 0020 (02) 24 82 58 06, 0020 (0)69 347 03 48 zu

Vor dem Katharinenkloster warten beduinische Kameltreiber auf Kunden

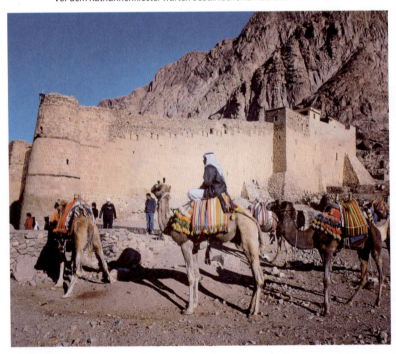

erfragen. Anmeldung zur Besichtigung von Bibliothek und Kapelle des brennenden Dornbuschs (bevorzugt Fachbesucher) ebenfalls unter diesen Nummern.
Im Internet: www.st-katherine.net

Übernachten

Sportmöglichkeiten – **Catherine Plaza:** Tel. 0020 (0)69 347 02 88, www.cit-eg.com. Komfortables Hotel mit Swimmingpool, mehreren Restaurants, Billard, Gelegenheit zum Mountainbiking, Trekking (ein- und mehrtägig). DZ ab 50 US-$.

Ordentliches Gästehaus – **St. Catherine Tourist Village:** Wadi El Raha, Tel. 0020 (0)69 347 03 24, Fax 0020 (0)69 347 03 74. Beliebt bei Reisegruppen. DZ ab 50 US-$.

Wohnen wie Mönche – **Monastery Guesthouse St. Catherine:** am Katharinenkloster, Tel. 0020 (0)69 347 03 53. Modernisiertes, angenehmes Klosterhostel. DZ ab 50 US-$.

Schlafen bei Beduinen – **Al Karm Ecolodge Sheikh Awad:** Tel. 0020 (0)69 347 00 32, www.sheikhsina.com. Von Beduinen betriebenes, abgelegenes Camp. In karger Umgebung beschränkt man sich auf das absolut Wesentliche – im Gebirge zu wandern und Kraft zu tanken. DZ ab 80 LE.

Essen & Trinken

Ägyptische Kost – **Katreen Resthouse:** neben Ikhlas. Einfache Speisen. Ab 80 LE.

Einfaches Lokal – **Ikhlas:** nahe der Bäckerei, Tel. 0020 (0)69 347 04 55. Schlichtes, aber empfehlenswertes Essen. Ab 70 LE.

Verkehr

Busse und **Servicetaxis** verkehren mehrmals tgl. nach Nuweiba, Dahab und Sham el Sheikh.

Dahab ▶ 4, E 7

Karte: S. 355
Dahab 12 heißt übersetzt ›Gold‹, der Name verdankt sich der Farbe des Strands bei bestimmtem Licht. Berühmt ist der Ort bei Tauchern für das legendäre Blue Hole, bei Surfern für seine windreichen Reviere und bei Reisenden mit kleinerem Budget für das freakige Leben, das dem Ort den Ruf einer Hippiekolonie, einer Aussteigerenklave eingebracht hat. Weite Sandstrände fehlen bei Dahab allerdings.

Dahab besteht aus mehreren Abschnitten. Für Besucher recht uninteressant ist **Dahab-City,** wo sich die Busstation sowie die Verwaltungs- und viele Wohngebäude befinden. **Mashraba** und **Masbat** bilden den Teil Dahabs, in dem sich das touristische Leben abspielt. Entlang der neu gestalteten Uferpromenade reihen sich Restaurants, Minisupermärkte, Souvenirgeschäfte, Camps, Hotels, Internetcafés und Tauchschulen aneinander. Weiter südlich liegen die schönen Strände, auch die wenigen Luxushotels. Im nördlich angrenzenden **Assalah,** u. a. Wohnsitz der Beduinen, gibt es mehrere kleine Geschäfte und ein paar Restaurants.

Dahab – das ist vor allem die traumhafte **Assalah Bay,** mit ihren Palmen eine der schönsten Buchten des Sinai, um die herum sich gut drei Dutzend Kaffeehäuser, Billigrestaurants und einige wenige Discos drängen. Auf Luxus legt man hier keinen so großen Wert. Dahab ist ein internationaler Hangout, ein Platz, wo man entspannten Urlaub macht. Die Zeiten aber, da man hier, sich in Beduinenkissen räkelnd, seinen Joint rauchte, sind längst vorbei. Dieses Publikum hat sich eher nach Norden, in die Camps um Nuweiba zurückgezogen, während Dahab heute das Refugium derjenigen Urlauber ist, die das laute, das grelle Sharm el Sheikh nicht mehr ertragen können.

Infos

Im Internet: www.dahab.net – gut gepflegtes Portal der Deutschen Julia Lippold mit vielen aktuellen Infos (z. B. Ferienapartments) zu allem, was man wissen muss.

Übernachten

Bis auf wenige luxuriöse Hotels sind Dahabs Unterkünfte einfach und günstig. Etliche **Camps** bieten Matratzenlager in schlichten Zimmern oder Bambushütten mit Gemeinschaftsbädern und meist auch -küche.

Sinai-Ostküste (Ägypten)

Mit Surfcenter – **Ganet Sinai:** Hotel Strip südl. von Dahab, Tel. 0020 (0)69 364 04 40, www.ganetsinai.net. Hotel mit geräumigen Zimmern, schönem Strand und Surfcenter. DZ ab 70 US-$.

Entspanntes Publikum – **Swiss Inn Resort Dahab:** Hotel Strip südl. von Dahab, Tel. 0020 (0)69 364 04 71, www.swissinn.net. Beliebte Unterkunft in schöner, sandiger Bucht, mit Surfcenter. DZ ab 55 US-$.

Weiter Blick über Meer und Dahab – **Le Meridien Resort:** Tel. 0020 (0)69 364 04 25, www.starwoodhotels.com. Im Süden Dahabs liegt auf einer leichten Anhöhe und an einem der schönsten Strandabschnitte das neueste Luxushotel mit modern eingerichteten Zimmern, mehreren Pools und sehr guten Restaurants. DZ kosten ab 45 US-$.

Sympathische Zimmer – **Ali Baba:** Assalah, Tel. 0020 (0)69 364 05 04, www.alibabahotel.net. Gemütliches neues Hotel mit geräumigen Zimmern. DZ ab 650 LE.

Traumhafte Lage – **Ibis Styles:** Qunai Valley, Tel. 069 364 25 80, www.mercure.com. Dieses Hotel hat Flair: Es liegt zwar weitab vom Schuss, dafür aber inmitten einer traumhaften Bucht, die Berge als Kulisse, sehr stimmungsvoll. DZ ab 30 US-$.

Mini-Hotel mit Charme – **Bamboo House:** Masbat, Tel. 0020 (0)100 464 67 60, Fax 0020 (0)69 364 04 66. Hübsches kleines Hotel mit nur 7 Zimmern und schönem Blick von der Dachterrasse. DZ ab 350 LE.

Essen & Trinken

An der **Assalah Bay** reiht sich Café an Café, Restaurant an Restaurant. Angeboten werden meist einfache, preiswerte Gerichte. Bier gibt es fast überall. Gewarnt sei vor ägyptischem Schnaps – so viel Aspirin kann keiner schlucken, wie man gegen diesen Kater bräuchte!

Asiatisch – **Neptune:** Masbat, Tel. 0020 (0)69 364 02 62, tgl. 12–15, 17–24 Uhr. Dahabs einziges und sogar ganz gutes chinesisches Restaurant. Nicht irritieren lassen: Die beiden als Samurai Verkleideten am Eingang sind nur die Kellner. Ab 150 LE.

Szenetreff – **Jay's Restaurant:** Masbat, Tel. 0020 (0)12 355 33 77, tgl. 12–24 Uhr. Wöchentlich wechselnde Karte mit ägyptischen, europäischen und asiatischen Speisen, Szenetreff. Ab 120 LE.

Veggie & Reggae – **Shark Restaurant:** Masbat, Tel. 0020 (0)10 561 00 23, tgl. 12–24 Uhr. Nur Abendessen im Liegen, reichhaltige Karte, auch vegetarische Gerichte, kein Alkoholausschank. Ab 110 LE.

Skurril – **Lakhbatita:** Mashraba, Tel. 0020 (0)101 900 99 03, tgl. 12–24 Uhr. Besitzer Ramez war ein ortsbekannter Freund schöner Frauen und harter Getränke. Dann, so erzählt er, hörte er die Stimme Gottes, die ihn auf den rechten Weg führte. Ramez gab das Hallodrileben auf, sammelte quer durch Ägypten Antiquitäten und möblierte mit dem Durcheinander (arab. *lakhbatita*) sein – selbstredend alkoholfreies – Restaurant. Von der Decke hängen Zwiebeln und Knoblauch gleich kiloweise. Jenseits der Promenade servieren Ramez und seine italienische Frau Paola sehr gute italienische Küche, darunter hervorragende Pizza aus dem Holzofen und frischen Fisch. Besonders lecker: die Pizza mit Shrimps, Garnelen in Öl und Knoblauch. Ab 70 LE.

Abends & Nachts

Wegen des ausgelassenen Nachtlebens kommt bestimmt niemand nach Dahab – da fährt man besser weiter ins hochtouristische Sharm el Sheikh (s. S. 371).

Tanzbar – **Tree:** Masbat, Promenade, Tel. 010 244 47 81, tgl. ab 21 Uhr. Hier gibt's das teuerste Bier außerhalb der Hotels; der Laden ist vor allem dienstags voll, die Stimmung ausgelassen.

Rammelvoll – **Rush:** Assalah, tgl. ab 21 Uhr. Die Poolbar ist vor allem freitags voll und glänzt gelegentlich mit Modenschauen.

Nett – **Blue Beach Bar:** Blue Beach Club, Assalah, Tel. 069 364 04 13, tgl. ab 17 Uhr. Nette Musikbar, lockeres Ambiente.

Rooftop-Bar – **Nesima Roof Lounge:** Nesima Hotel & Restaurant, Mashraba, Tel. 0020 (0)69 364 03 20, www.nesima-resort.com. Angenehm luftige Dachterrassen-Bar mit coolen Drinks und schönem Blick aufs Meer. Drinks gibt's ab 50 LE.

Sharm el Sheikh und Umgebung

Zahlreiche einladende Cafés säumen die Promenade im Badeort Dahab

Aktiv

Surfen – Die **Masbat Bay** ist wegen des schwierigen Einstiegs zum Surfen nur für Könner geeignet. Entlang der Küste ist bei Flut 50–70 cm Wasser auf dem Riffdach, dort kann man besser starten. Zum Kiten eignet sich **Ras Abu Galum.**

Tauchen – **Inmo Divers Home:** Tel. 0020 (0)69 364 03 70, www.inmodivers.de (Open-Water-Kurs 280 €). Von der Hardcore-Destination hat sich Dahab zum professionellen Tauchreiseziel entwickelt. In der Umgebung gibt es ca. 40 Tauchbasen. Das kilometerlange Saumriff vor der Küste bietet mit etwa 30 Tauchplätzen Tauchern aller Erfahrungsstufen interessante Ziele. Inmo Divers Home (mit Hotel) gilt als erfahrenstes Tauchzentrum.

Reiten – **Blue Beach Club:** Assalah, Tel. 0020 (0)69 364 04 13. Reitstall.

Verkehr

Busse: Tgl. mehrmals nach Sharm el Sheikh, Nuweiba, Taba, Kairo, zum Katharinenkloster. Die Busse starten von der Hauptstation im Südwesten von Dahab-City, Abfahrtszeiten erfragt man in den Hotels.

Sammeltaxis: Mehrmals tgl. nach Sharm el Sheikh, Dahab, Taba und Richtung Kairo.

Sharm el Sheikh und Umgebung ▶ 4, E 8/9

Karte: S. 355

Beinahe an der Südspitze des Sinai liegt »Charme el Sheikh« und »Charme el Chic«, wie die Tourismusleute gerne kalauern. Ganz billig ist der Urlaub in **Sharm el Sheikh** [13] nicht, die Anreise vielleicht ausgenommen. Für sein Geld, rechtfertigt man in Sharm, bekomme man aber auch etwas. Kein Gebäude sei höher als drei Etagen. Der Urlauber genieße also von überall einen Blick auf die wunderbaren Berge. Und überhaupt, so fragt man hier gerne rhetorisch, sehe Sharm mit seinen

Sinai-Ostküste (Ägypten)

vorherrschend weiß getünchten Häusern und Hotels nicht ebenso einladend aus wie ein griechisches Inselstädtchen auf den Kykladen? So etwas habe seinen Preis. Den Großteil der Urlauber stellen mittlerweile nicht mehr Taucher und Surfer, sondern ganz normale Badetouristen.

Gut 27 000 Hotelbetten zählte der Ort 2016. Die Hauptstadt des Sinai-Tourismus erstreckt sich über 16 km, beginnend im Süden mit dem Dorf **Sharm el Sheikh** an der **Sharm el Sheikh Bay** und der **Sharm el Maya Bay** mit dem **Sharm Old Market,** dem alten Ortszentrum. Das wichtige und lebhafte Touristenzentrum liegt fünf Autominuten nördlich an der Naama Bay. Noch in den 1980er-Jahren schlugen Camper dort ihre Zelte neben frei laufenden Kamelen auf. Alles war mehr oder weniger so, wie es die israelischen Besatzer nach ihrem Rückzug vom Sinai hinterlassen hatten. Heute säumen weiß, blau, gelb getünchte 5-Sterne-Hotels die ovale Bucht. Eine Promenade trennt die Anlagen vom Strand, wo sich im weißen Sand Sonnenschirm an Sonnenschirm reiht.

Naama Bay 14

Sharms Touristenbasar liegt an der **Naama Bay.** In der lebendigen Fußgängerzone findet man Juwelier- und Souvenirgeschäfte, Apotheken, Banken und Supermärkte. Große Hotels, die außerhalb des Zentrums liegen, stellen morgens und am späten Nachmittag Shuttlebusse zur Verfügung. Taxis fahren rund um die Uhr. Fliegende Händler verkaufen entlang der Promenade und an den Strandzugängen vor allem deutsche und italienische Zeitungen. Man spricht deutsch, russisch, englisch und italienisch – auch die dienstbaren Ägypter, die die Aussicht auf einen relativ guten Verdienst und satte Trinkgelder aus Kairo, Alexandria, Luxor und Port Said in die Enklave am Meer zog.

Fürs Entertainment sorgen im Nightlife von Sharm Tanztruppen mit Shows, die mal modern, mal folkloristisch sind. Am Abend flanieren Frauen in Miniröcken und Tops, Männer in weißen Hosen und bunten Hemden auf der Promenade oder durch die Fußgängerzone. In den Cafés raucht man Wasserpfeife mit Apfelgeschmack, *shisha tufah,* und trinkt Tee mit Minze. Erst um Mitternacht erwacht das wahre Nachtleben im D. M., im Pasha/Bus Stop (samstags mit Ministry-of-Sound-DJs) oder der Camel Rooftop Bar.

Ras-Mohammed-Nationalpark 15

www.rasmohamed.com, tgl. 8–17 Uhr, 30 LE
Ca. 20 km südlich von Sharm el Sheik ist der **Ras-Mohammed-Nationalpark** ein ›Muss‹ für jeden Sinaibesucher, egal ob Taucher, Schnorchler oder einfach nur Naturfreund. Ras Mohammed, einer der großen Meeresparks der Erde, ist ein teils von Geröll überschüttetes Riff, das von vulkanischen Kräften über die Wasseroberfläche hinausgehoben wurde, sodass die Ränder oft fast senkrecht bis zu 80 m abfallen.

Vom höchsten Punkt der Halbinsel (65 m über dem Meeresspiegel) aus bietet das **Shark Observatory** mit drei Terrassen Aussicht auf die Bucht und das Meer, in dem Taucher das bunte Unterwasserleben näher erfahren können als irgendwo sonst. Barrakudas, Trompetenfische, Napoleonfische und sogar kleine Haie und Delfine kann man hier sehen.

Infos

Sharm el Sheikh hat kein eigenes Fremdenverkehrsbüro. Einfach zu erteilende Auskünfte erhält man im **Government Building,** Tel. 0020 (0)69 376 27 04, Sa–Do 8–13 Uhr, www.sharmelsheikh.com.

Übernachten

Sharm el Sheikh ist mit Abstand der teuerste Badeort in ganz Ägypten, empfehlenswerte günstige Hotels gibt es vergleichsweise wenig. In jedem Fall muss man rechtzeitig buchen. Wer sich bereits in Ägypten aufhält, sollte Zimmer nicht direkt beim Hotel, sondern lieber über ein Reisebüro organisieren, das ist billiger.
Tophotel – **Four Seasons:** Four Seasons Blvd., Tel. 0020 (0)69 360 35 55, www.fourseasons.com/sharmelsheikh. Eines der Tophotels von

Sharm el Sheikh und Umgebung

Ägypten, von den edel möblierten Zimmern hat man einen spektakulären Blick über die Straße von Tiran. DZ ab 330 US-$.

In Terrassenlage – **Renaissance Golden View Beach Resort:** Om el Sid, Tel. 0020 (0)69 366 46 94, www.marriott.de. Wie ein Bergdorf zieht sich das Hotel in Terrassen hinunter zum Meer. Es gibt vier Pools; traumhaft sind die Zimmer mit *Sea View;* vor dem hoteleigenen Strand gibt es ein kleines Hausriff, ins Meer gelangt man über einen schwimmenden Steg *(Jetty).* DZ ab 70 US-$.

Komfort pur – **Hyatt Regency:** The Garden's Bay, Tel. 0020 (0)69 360 12 34, www.sharmelsheikh.regency.hyatt.com. Eines der schönsten und modernsten Hotels von Sharm ell Sheikh, weitläufige Anlage, große, komfortable Zimmer, Riesenpool mit Strömungsanlage. Einziger Makel: Strand und Meerzugang sind eher klein. DZ ab 55 US-$.

Gutes Taucherhotel – **Camel:** Naama Bay, Tel. 0020 (0)69 360 07 00, www.cameldive.com. Mit 38 Zimmern fast familiäre Atmosphäre, zentral, ruhig, behindertengerechte Zimmer, die Tauchlehrer des Camel Dive Center sind auch trainiert auf Behindertentauchen. DZ ab 40 US-$.

Mit kleinem Privatstrand – **Cataract Layalina:** Naama Bay, an der Fußgängerzone, Tel. 0020 (0)69 360 02 80, Fax 0020 (0)69 360 02 82. Nett ausgestattete Zimmer, Pool am Hotel. DZ ab 40 US-$.

Hüttendorf-Treff – **Shark's Bay Umbi Diving Village:** Shark's Bay, Tel. 0020 (0)69 360 09 41, www.sharksbay.com. Für Leute, die eine echte Alternative zu den teuren 5-Sterne-Häusern suchen; die Unterkunft hat eine eigene Tauchschule. DZ ab 350 LE.

Essen & Trinken

Sharm el Sheikh besteht fast nur aus Hotels mit groß angelegter Gastronomie. Auch McDonald's und Kentucky Fried Chicken sind mit Filialen vertreten. Selbst bei einem dreiwöchigen Urlaub könnte man kaum alle Lokale besuchen. Aus der Masse einige Empfehlungen (tgl. 12–15, 18–24 Uhr):

Erstklassig – **Fares:** Hadaba, Horus Mall, Tel. 0100 929 00 90, tgl. 11–23 Uhr. Das Fares gibt es auch am Old Market (Tel. 010 965 05 07), aber hier in der Horus Mall isst man eindeutig besser. Bestellen Sie einen Tisch auf der Terrasse; drinnen ist es zu laut. Den Fisch suchen Sie selbst aus. Lassen Sie ihn sich ganz nach Ihren eigenen Wünschen zubereiten; kein Alkohol. Ab 450 LE.

Japanisch-polynesisch – **Kokai:** im Ghazala Hotel, Tel. 0020 (0)69 360 01 50. An der Promenade der Naama Bay liegt das japanisch-polynesische Restaurant mit köstlichen Fleisch- und Fischgerichten, Fisch nach japanischer Art wird am Tisch zubereitet. Reservierung empfohlen. Ab 300 LE.

Ägyptische Küche – **Andrea:** Naama Bay, gegenüber vom Hard Rock Café, Tel. 0020 (0)69 360 09 72. Rustikale Filiale eines Kairoer Ausflugsrestaurants, das sich auf Grillgerichte und ägyptische Vorspeisen spezialisiert hat. Ab 140 LE.

Hausmannskost mit Hausmusik – **Tam-Tam Oriental Café:** im Ghazala Hotel, Tel. 0020 (0)69 360 01 50. An der Promenade der Naama Bay hat man die seltene Gelegenheit, ägyptische Hausmannskost kennenzulernen, dazu gibt's ägyptische Musik. Ab 120 LE.

Abends & Nachts

Beinahe jedes größere Hotel hat eine Bar, Disco und/oder Nachtklub. Als Attraktionen locken Tanzshows, oft recht professionelle Folkloregruppen. Bei einigen Discos kontrollieren Türsteher – oder tun zumindest so, denn abgewiesen soll in Sharm eigentlich niemand werden, außer vielleicht Männer, die allein unterwegs und nirgends auf der Welt so richtig gerne gesehen sind.

Lounge mit Mega-Buddhafigur – **Little Buddha:** Naama Bay Hotel, Tel. 0020 (0)11 45 00 20 31, www.littlebuddhaegypt.com, tgl. 21–3 Uhr. Was in Paris und Las Vegas ein Publikumsmagnet ist, können nun auch Sharm-Besucher genießen – Lounge, Sushibar, In-Treff, über die Tanzenden wacht in mystischem Licht Buddha. Das ist das stilvolle und schicke Little Buddha, das neue Maßstäbe im Nachtleben von Sharm setzte. Snack und Drink ab 280 LE.

Kühl – **Soho Square:** White Knights Bay, zwischen Savoy Hotel & Resort und Sierra Hotel,

Sinai-Ostküste (Ägypten)

Tel. 0020 (10) 00 10 91 09, www.soho-sharm.com. Statuen, Eis- und Bowlingbahn, Restaurants, Nachtklubs und Bars, eine davon eine Eisbar mit Minusgraden. Ab 250 LE.

Chillen zu gedämpfter Musik – **Mojo Lounge:** Lido Sharm, Tel. 0020 (0)69 360 26 03 16. Ruhige Thai-Lounge mit weißen Sofas, großer Terrasse, gedämpfter Musik und vorzüglichem Essen. Drinks ab 150 LE.

Der Sharm-Klassiker – **Pacha/Bus Stop:** Sanafir Hotel, Naama Bay, Tel. 0020 (0)69 360 01 97, www.pachasharm.com, tgl. ab 21 Uhr. Sharms Topklub – der Name »Pacha« erinnert an eine der ersten Megadiscos auf Ibiza, das Programm orientiert sich an den Pool- und Schaumpartys ›Ibiza style‹. Legendär sind donnerstags die House-Nation-Partys. Ab 260 LE.

Partystrand – **Terrazina Beach:** Terrazina Beach, Sharm el Moya, Tel. 0020 (11) 18 92 99 99, 00 20 (10) 05 00 66 21, www.terrazzina.com, tgl. ab 12 Uhr. Wummernder Techno-Beat als Soundteppich über dem Strand, Partystimmung unter brütender Sonne, Tanz auf dem Jetty, Karaoke-Abende und Beach Partys – Terrazina heißt schlicht Dauerbespaßung.

Einkaufen

Alle wichtigen und schönen Geschäfte findet man rund um die **Fußgängerzone der Naama Bay.** Im **Naama Cente**r kauft man auf drei Etagen Souvenirs, Handarbeiten von Beduinen, handgeknüpfte Teppiche, Figuren und Statuen, Schnitzereien und Gewürze; in den Shops rund um die Fußgängerzone Markenkleidung, Schmuck und Sportbedarf. Im Ortsteil Hadaba/Om el Sid liegt die gelungene und weitläufige **Mercato-Mall** mit Bars, Restaurants, Elektronik-, Mode-und Sportgeschäften. Für Schnäppchenjäger: *Sales* gibt's hier ziemlich oft.

Aktiv

Die örtliche Wassersportindustrie lockt mit Videos und Plakaten zu Trips mit dem Glasbodenboot, zum Wasser- und Jetskifahren, zum wilden Gruppenritt auf der Wasserbanane oder zum Paragliding. War Sharm in den 1980er-Jahren eine Urlauberoase, die man kaum verließ, so ermöglichen heute Reiseagenturen und Mietwagenfirmen, dass man organisiert oder auf eigene Faust von hier aus den Sinai erkundet, v. a. die traumhafte Sonnenküste des Ost-Sinai. Die Möglichkeiten sind schier unerschöpflich – Tauchen, Schnorcheln, Surfen und jeder andere Wasserspaß (Banana Riding, Jetski, Glasbodenbootfahren, Kitesurfen etc.) werden überall angeboten. Ausrüstung und Kurse organisieren die Hotels und zahlreiche Anbieter an den Stränden.

Spaßbad – **Aqua Blu Sharm:** Om El Sid, nahe Alf Leilawa Leila, Tel. 0020 (0)69 366 59 93, www.aquablusharm.co.uk, tgl. 10 Uhr bis Sonnenuntergang. Rasante Wasserrutschen namens Twister und Kamikaze, aber auch sanfte Rutschen und seichte Becken für Kids, ein toller Spaß.

Sharm el Sheikh und Umgebung

Abtauchen – **Glasbodenboote:** Wer die Unterwasserwelt trockenen Fußes beobachten will, stolpert geradezu über Anbieter für entsprechender Fahrten. Ab 20 €/Pers.

Gas geben – **Gokart:** Es gibt zwei Anbieter. Besser, weil sicherer, ist **Ghibli Raceway:** Naama Bay, nördlich vom Hyatt Hotel, Tel. 0020 (0)69 360 39 39, www.ghibliraceway.com, tgl. 11–24 Uhr, ab 400 LE. Auf der Asphaltpiste brettert man mit Helm und Go-Kart-Flitzern um die Kurven.

Nervenkitzel – **Sinai X-treme Park:** Naama Bay, nahe Hyatt Hotel, Tel. 0020 (0)69 669 69 68, tgl. 14–2 Uhr. Trampolinspringen, Sandsurfen, Paintball, Bungee Rocket (von 0 auf 165 km/h in 1,3 Sek.).

Wüstensafaris – Für **Wüstensafaris mit dem Jeep** und für **Ausritte** mit Araberpferden und Kamelen werden Prospekte mit allen Details überall in Sharm el Sheikh verteilt; Buchungsmöglichkeiten für diese Touren gibt es in allen Hotels.

Golf – **Jolie Ville Golf & Resort:** Om Marikha Bay, Tel. 0020 (0)69 360 32 00, www.maritimjolieville.website. 18-Loch-Meisterschaftsplatz (Par 72) mit Bermuda-Gras.

Verkehr

Von Sharm erreicht man – sofern das Visum für ganz Ägypten gilt – mit Bussen und Flugzeugen alle Landesteile Ägyptens. Für die Strecke zur israelischen Grenze ist man auf Auto, Bus oder Taxi angewiesen.

Mietwagen: In Sharm el Sheikh vertretene Anbieter sind u. a. **Avis,** Morgana Trade Center, Tel. 0020 (0)12 27 94 44 00, www.avis.com, und **Sixt,** Sharm el Sheik International Airport, Tel. 012 22 30 82 95, www.sixt.com.

Der Meerespark Ras Mohammed ist über und unter Wasser schön

Kapitel 6

Autonomes Palästina

Die Palästinenser und alle arabischen Staaten sahen von Anfang an in dem 1967 von Israel eroberten Westjordanland (Westbank) und dem Gazastreifen besetztes Gebiet: occupied territories – so steht es auch auf allen arabischen Karten. Während der von der militant-radikalen Hamas regierte Gazastreifen derzeit für Touristen nicht zugänglich ist, sind auf der von der gemäßigten Fatah geführten Westbank Reisende herzlich willkommen; die Situation hat sich hier in den vergangenen Jahren deutlich entspannt. Dennoch sollte man vor einem Besuch Erkundigungen zur aktuellen Lage einziehen, etwa beim Auswärtigen Amt.

Zwei weitgehend getrennte Straßennetze verbinden arabische Orte und jüdische Siedlungen. Die von Israel erbaute Mauer durchschneidet Landschaften und Orte willkürlich. Dennoch ist eine Nacht in Bethlehem, Jericho oder Ramallah mit seinem Kulturangebot und dem lebhaften Nachtleben durchaus ein Zugewinn und man bekommt einen Eindruck vom Leben der Palästinenser. Interessante Gesprächspartner sind auch Mitarbeiter der hier zahlreich operierenden internationalen Hilfsorganisationen, die man an beinahe jedem Ort antrifft.

Alltag in Gazastreifen und Westjordanland: Familien protestieren für die Freilassung ihrer in Israel inhaftierten Männer, Väter und Söhne

Auf einen Blick: Autonomes Palästina

Sehenswert

⭐ **Bethlehem:** Nicht nur zu Weihnachten pilgern Christen zur Geburtskirche Jesu, um dort zu beten und in der Milchgrotte den Boden zu berühren, der sich durch einen Tropfen Milch der stillenden Muttergottes nach der Überlieferung in weißen Kalkstein verwandelte (s. S. 387).

⭐ **Jericho:** Der Ort ist die vermutlich älteste Siedlung der Welt. Von den Ausgrabungen am Tel el Sultan führt eine Seilbahn hinauf zum Kloster der Versuchung. Hier befindet sich unter dem Altar jener Stein, auf dem Jesus gesessen haben soll, als ihn der Teufel versuchte (s. S. 393).

⭐ **St. Georgskloster/Wadi Qelt:** Spektakulär an einer Felsklippe des Wadi Qelt hängt dieses griechisch-orthodoxe Kloster, dessen blau strahlende Kuppeln schon von Weitem zu sehen sind. Im Inneren bewundern Besucher Fresken und einen schönen Mosaikfußboden aus dem 6. Jh. (s. S. 396).

Schöne Route

Nach Jericho und ins Wadi Qelt: Abschüssige und viel befahrene Schnellstraßen haben üblicherweise keinen besonderen Reiz, doch die Strecke hinab nach Jericho ist ein Erlebnis. Nach der Erkundung des Orts begibt man sich am Berg der Versuchung auf Jesu Spuren, ehe man im Wadi Qelt das Georgskloster ansteuert (s. S. 393).

Meine Tipps

The Walled Off Hotel in Bethlehem: Der berühmte britische Street-Art-Künstler Banksy hat an der israelischen Sperrmauer Dutzende Graffiti hinterlassen. In Bethlehem gestaltete er ein ganzes Hotel (s. S. 389).

Freedom Theatre in Jenin: Das engagierte Theaterprojekt im Flüchtlingslager Jenin will Kindern und Jugendlichen helfen, ihre Fähigkeiten zu entfalten, und mit Mitteln der Kunst gesellschaftliche Veränderungen herbeiführen (s. S. 387).

Höhlen von Machpela: Die Höhlen in Hebron beherbergen die Gräber der Patriarchen Abraham, Isaak und Jakob und ihrer Frauen – für Juden, Muslime und Christen gleichermaßen ein heiliger Ort (s. S. 393).

Qasr al Yehud/El Maghtas: Am Jordan bei Jericho liegt El Maghtas, wo Johannes Jesus taufte. Von israelischer Seite war die Stelle bisher nur selten zugänglich, das hat sich seit dem Papstbesuch 2009 geändert (s. S. 396).

Von seinem Haus in Jaffa blieb diesem Palästinenser nur der Schlüssel

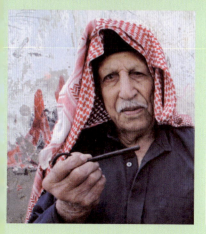

Auf den Berg der Versuchung: Bei Jericho erhebt sich dieser Berg, wo Jesus 40 Tage lang in einer Höhle fastete und dabei dem Teufel begegnete. Seither strömen Pilger hierher, Mönche errichteten ein Kloster. In dessen Kapelle befindet sich der Stein, auf dem Jesu saß und dem Bösen widerstand (s. S. 395).

Westjordanland (Westbank)

Moderne und alte Geschichte prallen im Westjordanland aufeinander. Hebron ist eine Stadt, die ganz besonders für die damit verbundenen Probleme steht. Bethlehem und Jericho dagegen sind als wichtige Orte der Jesus- und Menschheitsgeschichte eher touristisches Zukunftskapital eines irgendwann souveränen Palästina.

Unterwegs von Jerusalem ins Land diesseits des Jordan begegnet man ihr oft: der von Israel so vehement als Schutzwall verteidigten Mauer. Sie zieht sich neben der Straße her, gewaltig und groß, ist an vielen Stellen mit Graffiti besprüht. »Ctrl+Alt+Delete« hat jemand auf die Wand gesprüht. Diese Abkürzungen stammen aus der Computersprache und sind der Befehl zum erzwungenen, aber kontrollierten Absturz eines Systems, wenn ein Neustart anders nicht mehr möglich ist.

Ramallah ▶ 2, F 10

Karte: S. 385

Mit **Ramallah** 1 (39 000 Einw.) beginnt die nördliche Westbank. Der früher wohlhabende Ort, einst wegen seiner Lage auch Luftkurort, ist in Friedenszeiten eine quirlig-arabische Stadt. Ramallah, in dessen Nähe auch die palästinensische Brauerei Taybeh residiert, hat sich als ›Big Olive‹ mit seinen Wasserpfeifenca-

Von Mauern eingeschlossen: das Westjordanland

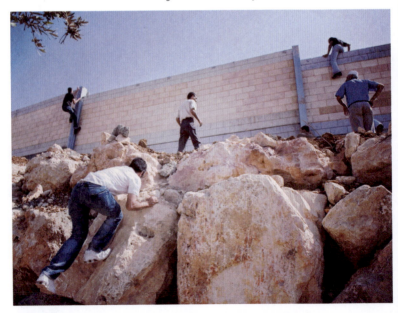

Ramallah

fés, der Vielzahl unterschiedlicher Restaurants und seinem hippen Nachtleben zur Ausgehzone Palästinas gemausert. Damit ist es der eher für Liberalität stehende Gegenentwurf zum Hamas-geknechteten Gazastreifen. In Ramallah haben sich Ministerien und Behörden der palästinensischen Regierung niedergelassen.

Rund um den Manara Square erstreckt sich das Zentrum. Das 1 km entfernte **Mausoleum Jassir Arafats**, ständig bewacht von der Ehrengarde, findet man in der Al Ithaa Street (tgl. 9–21 Uhr). Einen guten Blick darauf bietet die **Mukataa**, Arafats einstiger Amtssitz. Im **Khalil Sakakini Center** wird moderne palästinensische Kunst ausgestellt. Oft finden hier auch Veranstaltungen und Vernissagen statt. Ein Dauerthema ist der Konflikt mit Israel (4 Raja St., Tel. 059 950 46 46, www.sakakini.org).

Checkpoints

Beim Besuch der Westbank werden Reisende mindestens einmal an einem Checkpoint stoppen müssen. Die frühere Straße Nr. 60 von Jerusalem über Ramallah nach Nablus wurde infolge des Mauerbaus nach Osten verlegt. Ramallah erreicht man von Süden kommend über den Checkpoint Qalandia, einen der größten Kontrollpunkte Israels. Zwischen Ramallah, dem Qalandia-Flüchtlingslager und dem ebenfalls palästinensischen Ar-Ram gelegen, werden an dieser Grenze Pass oder Personalausweis kontrolliert, man muss überdies Jacken, Mäntel und Taschen öffnen. Man sollte die Kontrollen ruhig über sich ergehen lassen – wer sich widersetzt, wird zurückgeschickt oder festgehalten, gefilzt, befragt – unangenehm. Schikanen israelischer Grenzsoldaten sind an der Tagesordnung.

Sehenswertes

Palestinian Museum
Museum St./Omar Ibn Khatteb St., Birzeit, Tel. 02 294 19 48, www.palmuseum.org, So, Di–Do 10–18, Fr 14–18 Uhr, Eintritt frei

Das noch im Aufbau befindliche Museum wird die palästinensische Nationalgalerie. Dokumentation der bestehenden palästinensischen Geschichte und Kunst sowie Förderung der Kunstszene – das sind die Ziele des Hauses, das architektonisch gleichermaßen markant wie unaufdringlich über der Umgebung thront. Der ›Garten des Widerstands‹ ist mit seiner Bepflanzung mit typischen Gewächsen der Region ein Herzstück der Anlage. Die regelmäßigen Ausstellungen befassen sich u. a. mit Jerusalem, Gaza und der Besatzung.

Infos
Im Internet: www.ramallah.ps (Infos zur Stadt, ihrer Geschichte, den Sehenswürdigkeiten und zum Alltag der Bewohner).

Übernachten
Top-Hotel – **Millennium Palestine Ramallah:** 2 Emil Habibi St., Tel. 02 298 58 88, www.millenniumhotels.com. Ramallahs bestes und zentral gelegenes Hotel, in der Lobby natürlich nicht ohne Arafat-Porträt, bietet Konferenzmöglichkeiten, Restaurants, Bars und Pool. Die Zimmer sind dem Businesspublikum entsprechend modern und funktional eingerichtet. DZ ab 550 NIS.

Für Langzeitgäste – **Gemzo Suites:** 11 Al-Moba'deen St., Al-Bireh City, Tel. 1 700 700 700, www.seatholidays.com. Klassisches Apartmenthotel. DZ ab 170 US-$.

Essen & Trinken
Trendy – **Snowbar Garden Pool & Bar:** Ein Musbah, Tel. 02 296 55 71, 059 926 46 63, Mai–Okt. 8–2 Uhr. ›Al Snobar‹, wie der Laden auch heißt, ist im Sommer Tag und Nacht der In-Treff mit erfrischendem Pool, idyllischem Gartenrestaurant und einer sehr populären Bar. Das arabische Essen ist da fast schon Nebensache. Pool ab 40 NIS, Gastronomie ab 80 NIS.

Große Vergangenheit – **Darna:** Al Sahel St, Tel. 295 05 90, www.darna.ps. Das Darna in der Altstadt hat eine Bar und modern designte Gasträume. Dass man hier nicht irgendwo tafelt, unterstreicht die »Wall of Fame« mit Fotos prominenter Gäste. Im Sommer sitzt man auf der Terrasse, im Winter drinnen am Kamin. Besitzer Osama Khalaf kredenzt, pointiert formuliert, *Nouvelle cuisine à la Palestine*. Ab 70 NIS.

Die palästinensische Universität Bir Zeit

Bildung ist eine Waffe. Israel hat die Palästinenser häufig mit Bildungsentzug bestraft. Doch ein ungebildetes Volk hört auch leicht auf die falschen Leute. Dagegen kämpft die palästinensische Bir-Zeit-Universität, der in der Vergangenheit etliche Male der Lehrbetrieb untersagt wurde. Sie bildet Palästinas Elite von morgen aus.

Mehr als 12 000 Studenten, knapp zwei Drittel davon Frauen, sind an der größten palästinensischen Westbank-Universität in Bir Zeit, 9 km nördlich von Ramallah, u. a. in den Fakultäten Philosophie, Natur- und Wirtschaftswissenschaften, Ingenieurwesen, Informatik und Jura immatrikuliert. Bir Zeit ist hervorgegangen aus einer 1924 gegründeten Mädchenschule. Der Name der Universität stand stets für den vornehmlich intellektuellen palästinensischen Widerstand, den die misstrauischen Israelis hier in Kollaboration mit dem militanten Widerstand wähnten, den Verdacht aber meist in den Vorwurf packten, das wissenschaftliche Niveau sei zu niedrig.

1988 wurde der Lehrbetrieb von Israel zum 15. und seither letzten Mal – damals wegen der Intifada – eingestellt. Die seinerzeit 280 Dozenten schickte man nach Hause, für mehr als vier Jahre. Selbstredend konnten die Studenten nicht an israelischen Hochschulen weiterstudieren oder ihre Examen ablegen. Der Unterricht lief in Privatwohnungen weiter. Zu den Alltagsschwierigkeiten gehört bis heute, dass Studenten an Checkpoints zurückgewiesen oder aufgehalten werden und deswegen Vorlesungen und Prüfungen verpassen.

Heute wird Bir Zeit mit inzwischen über 500 Dozenten nicht mehr nur als die Ausbildungsstätte der zukünftigen palästinensischen Führung eines souveränen Staats, sondern eines bisher kaum existenten Bildungsbürgertums angesehen. Der Mangel an einer Elite, die nicht auswandert, sondern im Land bleibt, ist gravierend. »Wir bilden junge Leute nicht nur für ihre berufliche Karriere aus«, sagt der frühere Universitätspräsident Hanna Nassir, »sondern auch, um nach den Jahrzehnten der Abhängigkeit eine produktive Wirtschaft aufzubauen. Unsere Universitäten haben ein Mandat, in einem weiten Sinne verantwortungsvolle, aktive und demokratische Bürger heranzubilden.«

Zu den Pflichtgrundkursen gehören für alle, egal ob Mediziner oder Archäologen, arabische und europäische Philosophie sowie die Geschichte der industriellen Revolution und der palästinensischen Freiheitsbewegung. Unter den arabischen Universitäten des Nahen Ostens ist Bir Zeit eine der wohl akademisch liberalsten Lehranstalten. Junge Leute aus dem Gazastreifen studieren hier ebenso wie Söhne und Töchter reicher Araber, die ihre Kinder nicht den Verlockungen europäischer Universitätsstädte aussetzen möchten, sie aber dennoch weniger gegängelt und profunder ausgebildet wissen wollen, als dies etwa an den Universitäten von Kairo oder Amman möglich ist. Dort ist Memorieren nach alter arabischer (Koranlern-) Tradition oft noch wichtiger als problemlösendes Denken. Bir Zeits Sprachen sind Arabisch und Englisch.

Lange Jahre hatte die PLO, unterstützt von den Golfstaaten, die Universität finanziert. 1994 übernahm die Europäische Union den palästinensischen Anteil von 45 %. Den Rest erbringen Förderer und Stiftungen. Die Studenten beteiligen sich mit 35 % an den Kosten, abgerechnet wird nach einem von Fach zu Fach unterschiedlichen Sockelbetrag je Lehreinheit. Frankreich richtete im

Knapp zwei Drittel der Studenten an der Bir-Zeit-Universität sind Frauen

Jahr 1995 eine Fakultät für Rechtswissenschaften ein, Deutschland fördert die Sportausbildung, Japan stiftete einige Hundert Computer. Da möglichst niemandem aus finanziellen Gründen das Studium verwehrt bleiben soll, gibt es zahlreiche Förder- und Stipendiatenprogramme, mit deren Hilfe über 45 % der Immatrikulierten ihr Studium finanzieren.

Bir Zeits großer Vorzug ist Lebensnähe. Man arbeitet hier nicht nur um der Forschung willen – das Wissen wird weitergegeben. Dank Bir Zeit lernen analphabetische Palästinenser noch im Erwachsenenalter lesen und schreiben. Andere bekommen beim Aufbau ihres Unternehmens Hilfe von Wirtschaftswissenschaftlern, bis hin zur Einführung in den Umgang mit Computern und in korrekte Buchhaltung. Und Bir Zeit wäre nicht Bir Zeit, wenn es nicht einen ganz besonderen Studiengang gäbe, den alle PAS nennen: palästinensisch-arabische Studien. Der Fokus liegt auf Nahostpolitik und der palästinensischen Frage. Hochrangige Politiker sind dafür als Dozenten verpflichtet. Für viele Studenten ist es die akademische Aufarbeitung von Kindheit, Jugend und Alltag (www.birzeit.edu).

Zu den ungewöhnlichsten Aufgaben des Bir Zeit Uni-Präsidenten gehört es übrigens, Studenten wieder aus israelischer Gefangennahme freizubekommen. Für die Verhaftung genügt manchmal schon ein Facebook-Aufruf zum ›Widerstand gegen die Besatzer‹.

Westjordanland (Westbank)

Italienisch – Pronto Resto-Café: Montazah, Tel. 02 298 73 12, tgl. 9–24 Uhr. Die ersten Gäste kommen zum Frühstück auf einen Espresso, die späteren zum Dinner: Pasta und andere italienische Spezialitäten. Ab 60 NIS.

Abends & Nachts

Rustikales Ambiente – Ziryab: Rokab St., Tel. 02 295 90 93, tgl. 11–24 Uhr. In einer Atmosphäre, die ein wenig von einer Alpenhütte inspiriert zu sein scheint, speist man Fleisch, Fisch und Meeresfrüchte. Ab 60 NIS.

Treff im Park – Sangria's: 22 Jaffa St., Tel. 02 295 68 08, tgl. 12–1 Uhr. Im Sommer trifft man sich am Wochenende in dem Parkrestaurant, trinkt an der Bar und isst eine Kleinigkeit – und wird gesehen. Ab 40 NIS.

Cooler Treff – Stones: Old Main St., Tel. 02 296 60 38, tgl. 7–24 Uhr. Tagsüber trifft man sich zum Café, abends zum Drink.

Trendiges Café – Zam'n Premium Coffee House: Al Tireh, tgl. 7–23 Uhr, Tel. 02 295 06 00. In dem etwas schickeren Viertel Al Tireh surft man mit seinem Laptop, genießt einen Latte und freut sich über die alten Filmposter, die an der Wand hängen. Ab 20 NIS.

Theater und Kino – Al-Kasaba Theatre & Cinematheque: Hospital St., Tel. 02 296 52 92, www.alkasaba.org. Filme, Theater.

Aktiv

Kulturtreff – Deutsch-Französisches Kulturzentrum/Centre Culturel Franco-Allemand: Al-Salam St., Tel. 02 298 19 22, www.fgcc-ramallah.org. Das Institut, zuständig für die palästinensischen Gebiete, bietet Sprachkurse, Kunst- und Kulturreihen und organisiert Ausstellungen.

Termin

Ramallah Contemporary Dance Festival (April/Mai, www.sareyyet.ps): Getanzt wird im Sarayet Ramallah, dem Kulturzentrum, und im Al Kasaba Theatre & Cinemathèque. Die internationale Beteiligung ist erheblich.

Verkehr

Sherut-Taxis: Regelmäßig nach Jerusalem (Damaskustor) und Nablus.

Nablus und Umgebung

▶ 1, F 8

Karte: S. 385

Nablus 2

Über die palästinensische Universitätsstadt Bir Zeit (s. Thema S. 382) gelangt man nach **Nablus** (Shechem), mit ca. 140 000 Einwohnern die größte Stadt des Westjordanlands und vorwiegend von Arabern bewohnt. Wie Hebron ist Nablus seit 1967 wegen der Gewalt zwischen Israelis und Palästinensern in den Schlagzeilen. Einen Besuch sollte man von der aktuellen Sicherheitslage abhängig machen.

Flavia Neapolis, wie Nablus einst hieß, wurde 72 n. Chr. vom römischen Kaiser Vespasian nahe dem antiken Sichem (s. u.) gegründet. Hier hatte Abraham von Gott das gelobte Land erhalten, Jakob für 100 Goldstücke Land gekauft und hier wurde Joseph begraben. Während der byzantinischen Zeit entstanden Kirchen. Die Kreuzritter befestigten die Stadt und machten sie zur zweiten Hauptstadt nach Jerusalem. Ein Erdbeben zerstörte Nablus 1927 fast völlig. 1980 stellten noch über 40 Firmen die berühmten, auf Olivenöl basierenden Seifenprodukte her, heute sind es nur mehr zwei, die älteste seit über 250 Jahren. Billigware löste den Niedergang des teuren Handwerks aus.

Südlich des **Midan Hussein** im Zentrum liegt die **Altstadt** mit mehreren Moscheen, pittoreskem Markt und labyrinthischen Gassen. Östlich befindet sich die Ruinenstätte **Tel Balata**, das biblische Sichem, das Archäologiefans interessieren dürfte. Südöstlich liegen die **griechisch-orthodoxe Kirche**, 1914 erbaut auf den Grundmauern einer Kreuzfahrerkirche, und der **Jakobsbrunnen,** an dem Jesus – Versuch der Aussöhnung mit den verfolgten Samaritern – eine Samariterin um Wasser bat, was sie ablehnte. Im 4. Jh. wurde die erste Kirche über dem Brunnen errichtet. Nördlich liegt das überkuppelte **Grab des Joseph,** Sohn Jakobs und Rahels, der nach Ägypten verkauft worden war.

Nablus und Umgebung

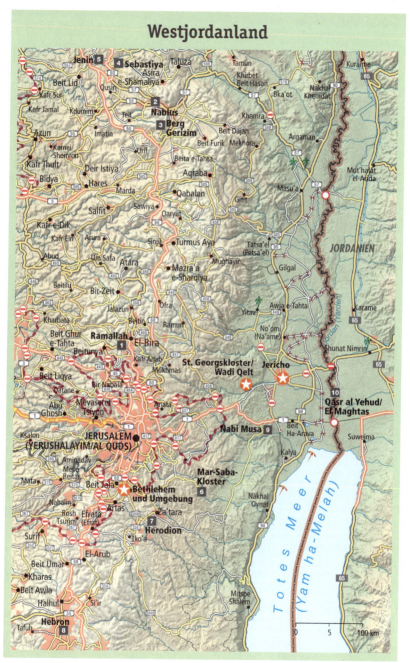

Westjordanland (Westbank)

Berg Gerizim [3]

3 km südlich der Altstadt liegt der 881 m hohe **Berg Gerizim** (Jebel el Tor), der heilige Berg der Samaritaner. Nach der Überlieferung wollte Abraham hier seinen Sohn Isaak opfern. Die Samaritaner, eine seit dem babylonischen Exil vom Judentum abgespaltene Religionsgemeinschaft, deren 400 Mitglieder heute fast ausnahmslos in Nablus leben, ziehen für ihr 40-tägiges Pessachfest an den Fuß des Bergs, erklimmen ihn, in weiße Gewänder gehüllt, schlachten und essen auf dem Gipfel ein Lamm – genau so, wie es 2. Mose 12 vorschreibt. Besucher können an dem Ritual als Zuschauer teilnehmen.

Im 4. Jh. v. Chr. erbauten die Samaritaner auf dem Berg einen Tempel, der von den Hasmonäern zerstört und vom römischen Kaiser Hadrian 140 n. Chr. durch einen Jupitertempel ersetzt wurde. Kaiser Konstantin wählte den Berg im 4. Jh. für den Bau einer Marienkirche aus und verbot den Samaritanern den Zugang zu ihrem heiligen Platz.

Sebastiya [4]

12 km nordwestlich von Nablus liegen in dem arabischen Dorf **Sebastiya** die Ruinen der Hauptstadt Samaria des israelitischen Nordreichs (10. Jh. v. Chr.). Hier herrschten der König Omir und Ahab nach der Abspaltung vom Südreich, bis die Assyrer 723 v. Chr. das Nordreich eroberten, Samaria zerstörten und seine Bewohner entführten. Alexander der Große baute die Stadt, die auch der Provinz den Namen gab, wieder auf, und Herodes benannte sie zu Ehren des Kaisers Augustus 300 Jahre später in Sebastos um, der griechische Ausdruck für Augustus.

Johannes der Täufer wurde hier begraben, im Dorf liegen Krypta und Ruinen der **Johanneskirche**. In der Juden, Christen und Muslimen gleichermaßen heiligen Höhle sollen auch die Propheten Elija und Obadja sowie die Eltern von Johannes bestattet worden sein. Der heutige Kuppelbau ist eine Moschee. Ob hier jedoch wirklich die Gebeine von Johannes ruhen, ist zweifelhaft.

Ein kurzer Fußweg führt vom Dorf zu den frei zugänglichen **Ruinen von Samaria** mit Herodes Augustustempel, von dem nur noch das Fundament zu sehen ist, und dem Königspalast Omirs, den König Ahab luxuriös gestaltete und erweiterte. Die Römer legten zwischen West- und Osttor eine Kolonnadenstraße an. Eine Mauer umschloss die Stadt.

Jenin ▶ 1, G 6

Karte: S. 385
Jenin [5] (45 000 Einw.), gesprochen ›Dschenin‹, nördlichste Stadt der Westbank, zieht mehr und mehr Besucher an. Es gilt als Ausgangspunkt der zweiten Intifada, denn von hier sollen die meisten Selbstmordattentäter gekommen sein. 2002 rückte nach einem Anschlag in Netanya (30 Tote, 150 Verletzte) die israelische Armee zur Vergeltung in das Flüchtlingslager Jenin ein. Dutzende Menschen kamen um. Menschenrechtsorganisationen sprachen von einem Massaker.

Seit 2000 ist Jenin Sitz der **Arab American University**, der ersten privaten Uni in Palästina, in der u. a. Geistes- und Sprachwissenschaften, IT und Ingenieurwesen gelehrt werden (www.aauj.edu).

Cinema Jenin

1 Azzaytoon St., Tel. 04 250 24 55, www.cinema jenin.org
Im deutschsprachigen Raum hat der von Feldern und Olivenhainen umgebene Ort vor allem durch den Regisseur Marcus Vetter und seinen bewegenden Film »Das Herz von Jenin« (s. S. 87) größere Bekanntheit erlangt. Ein weiteres Projekt, von Vetter mitinitiiert und ebenfalls filmisch begleitet (»Ein Kino für den Frieden«), widmete sich dem zwei Jahre dauernden Wiederaufbau des örtlichen Kinos, des **Cinema Jenin**. Internationale Sponsoren, von der deutschen Bundesregierung bis zu Pink-Floyd-Mann Roger Waters, förderten das Projekt, gegen das vor allem die heimische Bevölkerung Widerstand leistete. Viele störten sich zu Beginn an der Zusammenarbeit mit Israelis und der friedensorientierten Aus-

richtung des Projekts. 2010 wurde schnell ein sehr populäres Kino eröffnet, 2018 musste es schließen und einer geplanten Shopping Mall weichen. Es bleiben die Erinnerungen an ein großes Projekt zur Verständigung. Das Gästehaus gibt es weiterhin (s. u.).

Freedom Theatre

Jenin Refugee Camp, School Street,
Tel. 04 250 33 45, www.thefreedomtheatre.org
Ein weiteres Projekt, das Hoffnung weckt, ist das **Freedom Theatre** im **Jenin Refugee Camp.** Dessen Begründer war – gemeinsam mit einem ehemaligen Führer der Al-Aqsa-Märtyrer-Brigade sowie israelischen Künstlern und Aktivisten – der palästinensische Filmemacher und Schauspieler Juliano Mer Khamis. Er wurde nach Brandanschlägen 2011 von Maskierten erschossen, als er mit seinem kleinen Sohn gerade im Theater war. In Khamis' Sinn versteht sich das Theater als politisches Kulturzentrum, das gerade den perspektivlosen Kindern und Jugendlichen eine Vision vom Frieden geben will. Khamis selbst verstand seine Arbeit als Fortführung des Engagements seiner 1995 verstorbenen Mutter Arna, die bereits während der ersten Intifada ein Straßentheater für junge Leute gegründet hatte. Khamis' Film »Arna's Children« dokumentiert ihre Arbeit. Wer das Flüchtlingscamp besuchen möchte, lässt sich am besten über das Theater einen Führer vermitteln.

Übernachten

Komfortabel – **North Gate Hotel:** Palestine St., Tel. 04 243 57 00, www.northgate-hotel.com. Die Zimmer sind geräumig; besser wohnt man in Jenin nicht. DZ ab 360 NIS.
Einfach – **Cinema Jenin Guesthouse:** Tel. 04 250 24 55, 1 Azzaytoon St., gegenüber der Busstation. Reisende treffen hier auf Mitarbeiter von NGOs und Journalisten. In der Küche kann man gemeinsam kochen und essen. DZ ab 250 NIS.

Verkehr

Von Jerusalem, Ramallah, Nablus, Haifa und Nazareth ist Jenin gut per **Bus/Sherut** zu erreichen. Von der Anreise mit dem eigenen Auto ist wegen der zu erwartenden langen Wartezeiten an den Checkpoints abzuraten.

> **Achtung, Zone!**
> Nach dem Oslo-II-Abkommen haben die israelische Armee und die palästinensischen Behörden unterschiedliche Befugnisse, je nachdem, ob ein Ort in den palästinensischen Autonomiegebieten in Zone A, B oder C liegt. In Zone A (17 % der Autonomiegebiete, u. a. die Städte Ramallah, Bethlehem, Jericho, Hebron) haben die palästinensischen Behörden volle Autonomie. In Zone B (21 %) gilt eine gemeinsame Verwaltung; die Zivilgewalt liegt bei Palästina, die militärische bei Israel. Zone C (62 %) ist unter alleiniger israelischer Verwaltung geblieben.

✪ Bethlehem  ▶ 2, F 11

Karte: S. 385
Nur ein Katzensprung ist es von Jerusalem ins 8 km entfernte **Bethlehem** (48 000 Einw.), wo die südliche Westbank beginnt. Die fruchtbare Umgebung, geprägt von Getreidefeldern, Obstplantagen, Weinbergen und Olivenhainen gab der Stadt aus der Bibel ihren Namen: ›Haus des Brots‹ (hebr. Beit Lehem), ›Haus des Getreides‹ (arab. Beit Lahm). Bei der Anreise ist gut zu sehen, wie jüdische Siedlungen, die eifrig weitergebaut werden, immer näher an Bethlehem heranrücken.

Seit dem 24. Dezember 1995 untersteht Bethlehem nach dem vereinbarten Rückzug der israelischen Besatzer der palästinensischen Autonomiebehörde. Doch die zweite Intifada hat das Aufblühen der Stadt gestoppt und die monströse Mauer im Norden sowie strapaziöse Kontrollen am Checkpoint halten viele Touristen von der Anreise ab. Zahlreiche Gebäude wurden durch Israels Armee zerstört oder beschädigt.

Wegen der Geburtskirche Jesu ist Bethlehem, 1967 von den Israelis erobert, einer der wichtigsten christlichen Wallfahrtsorte

Westjordanland (Westbank)

im Heiligen Land. Aber auch hier gilt: Der Besuch muss als spirituelles Erlebnis empfunden werden. Die Stadt selbst besitzt nicht die Ausstrahlung, die viele Pilger erwarten – auch nicht zur Zeit des Weihnachtsgottesdiensts, der in alle Welt übertragen wird. Und um die Geburtskirche und den Zeitpunkt, wann die Weihnacht denn zu feiern sei, streiten sich die verschiedenen christlichen Konfessionen nicht weniger heftig als in Jerusalem um die Putzordnung in der Grabeskirche.

Vor ungefähr 3000 Jahren wurde hier David geboren. Vor dem Eingang der Stadt liegt das **Grab Rahels**, der Frau Jakobs, die bei der Geburt ihres Sohns Benjamin starb. Vor allem Frauen, die keine Kinder bekommen, pilgern zu dem leeren überkuppelten Grab und bitten Rahel um Nachwuchs. Der Ort ist heute nur mehr bedrückend. Die Häuser der rundum wohnenden palästinensischen Familien sind ›zum Schutz‹ des Rahel-Heiligtums fast komplett von der israelischen Mauer umgeben.

Bethlehem ist rund 2700 Jahre alt – den Beweis dafür lieferte 2012 ein Tonsiegel, das auf dem Gelände der Jerusalemer City of David gefunden wurde. Die Scherbe stammt aus der Zeit des Ersten Tempels und trägt den Namen der Stadt – die erste Erwähnung Bethlehems außerhalb der Bibel.

Geburtskirche

Tgl. geöffnet, Eintritt frei

Den zentralen **Manger Square** mit seinen Souvenirläden dominiert die **Geburtskirche**, die über jener Höhle erbaut wurde, in der Jesus zur Welt gekommen sein soll. Das Datum der Geburt variiert allerdings je nach Konfession: Nach römisch-katholischer Ansicht wurde Jesus in der Nacht zum 25. Dezember im Jahr 5 v. Chr. geboren, nach griechisch-orthodoxer Auffassung am 6. Januar 4 v. Chr., nach armenischem Glauben am 18. Januar 4 v. Chr. – und die Wissenschaft geht vom Jahr 7 v. Chr. aus. Auf das Jahr 0, auf dem die abendländische Zeitrechnung basiert, pocht keine der Konfessionen.

Die erste Geburtskirche wurde im 4. Jh. von Kaiser Konstantin errichtet. Im 6. Jh. ließ Justinian sie um eine fünfschiffige Basilika erweitern. Die Kreuzfahrer ergänzten den Bau mit Bronzetüren, die von Marmor gerahmt wurden, und krönten hier ihre Könige.

Man betritt das Gebäude durch das nur 1,20 m hohe **Tor der Demut**, das man vor dem Einfall der Türken so tief setzte, um zu verhindern, dass sie mit ihren Pferden in die Kirche ritten und dadurch den heiligen Platz entweihten. Die Größe des ursprünglichen Bogenportals ist noch gut zu erkennen. Ein silberner Stern in der **Geburtsgrotte** markiert die Stelle, wo Jesus geboren wurde. Öllampen brennen Tag und Nacht. Diese Grotte darf nur von griechisch-orthodoxen Gläubigen für Messen benutzt werden. Katholiken ist es lediglich erlaubt, den Silberstern zu beweihräuchern – sie müssen in der Krippengrotte zelebrieren, an der Stelle, an der das Neugeborene nach der Überlieferung in den Futtertrog gelegt wurde. An Weihnachten wird vom lateinischen Patriarchen ein hölzernes Christuskind aus der Katharinenkirche in die Krippengrotte getragen, wo es bis zum Dreikönigsfest bleibt.

Bethlehem

Bethlehem ist einer der wichtigsten christlichen Wallfahrtsorte im Heiligen Land

Bis 2014 wurde die Geburtskirche mit großem Aufwand restauriert und erstrahlt seither wieder in frischem Glanz.

Franziskanerkapelle und Milchgrotte

Tel. 02 274 24 25, tgl. geöffnet, Eintritt frei
Über die Milk Grotto Street gelangt man in die **Franziskanerkapelle** von 1872 mit der darunterliegenden **Milchgrotte** (arab. Magharet Sitti Mariam, ›Höhle meiner Herrin Maria‹), in der die Jungfrau nach der Überlieferung das Jesuskind stillte. Dabei soll Milch auf den Boden getropft sein und ihn in weißen Kalkstein verwandelt haben. Fromme Mütter und Ammen sagen dem Gestein eine milchfördernde Wirkung nach.

Infos

Palestine Tourist Information: Manger St., Old Municipal Building, Tel. 02 274 15 81, 02 274 37 53, www.vicbethlehem.wordpress.com, http://travelpalestine.ps und www.thisweekinpalestine.com.

Übernachten

Banksys Hotel – **The Walled Off Hotel:** 182 Caritas St., Tel. 02 277 13 22, www.walledoffhotel.com. Der Blick in die Ferne, hinweg über weite Landschaften, genau das gibt es hier nicht, und das ist Programm. Die Zimmer bieten Aussicht auf die israelische Sperrmauer, die auf der anderen Straßenseite verläuft. Der berühmte britische Street-Art-Künstler und Hotelbesitzer Banksy, der jedes Zimmer in ein bewohnbares Kunstwerk verwandelt hat, sieht in dem Hotel sein Statement gegen die Mauer. Die einfachen Zimmer (›baracks‹) sind mit israelischem Armeemobiliar ausgestattet. ›Budget baracks‹ ab 200 NIS, DZ ab 740 NIS.

Arabisches Flair – **Intercontinental Jacir Palace:** Hebron Rd., Tel. 02 276 67 77, www.jacirpalace.ps. Ein Luxushotel! Das beeindruckende Gebäude im arabischen Stil stammt von 1910 und liegt nur wenige Gehminuten von der Geburtskirche entfernt. Elegante Zimmer, guter Service, Schönes Restaurant im Innenhof mit libanesischer Küche. DZ ab 600 NIS.

Machsom Watch – die Frauen vom Checkpoint

Sie tragen Anstecker mit einem Auge als Logo und der Aufschrift »Frauen gegen die Besetzung und für Menschenrechte in Palästina«. Israelische Aktivistinnen setzen sich an Checkpoints dafür ein, dass Palästinenser dort von Israels Militär nicht länger menschenunwürdig behandelt werden.

Es begann an einem eiskalten Morgen im Februar 2001. Da machten sich Roni Hammerman, Jahrgang 1940, und Yehudit Keshet, Jahrgang 1943, Tochter deutscher Juden, mit drei Freundinnen auf zum israelisch-palästinensischen Checkpoint Nr. 300 zwischen Jerusalem und Bethlehem. Von der israelischen Journalistin Amira Haas, die in Gaza und im Westjordanland lebt, hatten die Frauen über die demütigenden Kontrollen und die Menschenrechtsverletzungen durch israelische Soldaten an den Checkpoints (hebr. Machsom) erfahren. Es gab Berichte von hochschwangeren palästinensischen Frauen, die so lange kontrolliert und grundlos festgehalten wurden, bis sie an dem Kontrollpunkt ihre Kinder gebaren, manchmal nurmehr tot. Meist hatten die Soldaten die Wehen für vorgetäuscht gehalten oder bewaffnete Siedler blockierten den Weg. Rechtliche Konsequenzen hatte das – soweit bekannt – nie.

Es war die Anfangszeit der zweiten Intifada. Konnte das wahr sein? Yehudit Keshet und die anderen Frauen wollten es damals wissen – das war der Beginn von Machsom Watch, einer Menschenrechtsorganisation, der ausschließlich Frauen angehören, inzwischen weit über 500 Aktivistinnen. Täglich stehen die Frauen, mindestens zu zweit, an etlichen der 600 Checkpoints im Land, beobachten, schreiben detaillierte Berichte, die in Israel für Aufregung sorgen und die jeder auf der Machsom-Homepage – geordnet nach Checkpoints – nachlesen kann.

An den Checkpoints helfen die Aktivistinnen Kranken, meist Alten oder Frauen mit Kindern, die Kontrollen schneller zu passieren. Sie verhandeln mit den Soldaten, damit diese Lebensmittellieferungen zügiger durchlassen. Die Machsom-Frauen gehören heute zu den schärfsten Kritikerinnen der israelischen Besatzungspolitik. Die Checkpoints seien der verlängerte Arm eines Systems, das nur ein Ziel kenne: »Land zu gewinnen und eine ethnische Säuberung durchzuführen, die zwar nicht Mord bedeutet, aber Menschen zwingt, ihre Heimat zu verlassen«, so Keshet.

Für den Vorwurf der »ethnischen Säuberung«, der Araberfeindlichkeit und der Apartheid gegenüber Palästinensern wurde Keshet in Israel als Nestbeschmutzerin heftig attackiert. Keshet nimmt nichts zurück, sagte in einem Interview: »Ich bin nicht die einzige, die das sagt. Die Menschen werden gleichsam zu Staub zerrieben, kulturell, sozial, wirtschaftlich, politisch, das ist eine Art ethnischer Säuberung. Man sagt ihnen, sie sollen gehen, man will sie nicht haben. In Israel reden die Leute immer offener darüber, dass es das Beste wäre, wenn wir die Araber ganz loswerden könnten. Vor zehn Jahren wäre es noch inakzeptabel gewesen, das zu sagen, auch wenn vielleicht viele Leute so gedacht haben. Aber heute ist das ganz normal.« Machsom Watch ist Träger des Aachener Friedenspreises (www.machsomwatch.org).

Zentrale Lage – **Manger Square Hotel:** Manger St, Tel. 02 277 88 88, www.mangersquarehotel.com. Bei den netten Zimmern hat man die Wahl: Blick auf die Altstadt oder auf das Umland. Gäste klagen allerdings über das doch sehr schlicht ausfallende Frühstück. DZ ab 320 NIS.

Essen & Trinken

Gegrillte Hühner, Falafel und Shawerma sind die Standardgerichte, die man in den kleinen Restaurants rund um den **Manger Square** findet. Eine Reihe neu eröffneter Cafés hat die Umgebung zu einem charmanten Viertel werden lassen.

Populäres Café-Restaurant – **Square Restaurant & Coffee Shop:** Manger Square, Tel. 02 274 98 44, tgl. 9–24 Uhr. Französische Zwiebelsuppe, T-Bone-Steak, Cordon Bleu: die Speisekarte dieses Café-Restaurants ist abwechslungsreich (leckere Salate). Eine Wasserpfeife rundet das Essen ab. Ab 40 NIS.

Vorspeisen vom Feinsten – **Afteem:** Manger Square, Tel. 02 274 79 40, tgl. 9–24 Uhr. 1948 wurde das Afteem gegründet und ist in Sachen Foul, Felafel und anderen Vorspeisenköstlichkeiten der unübertroffene Großmeister in Bethlehem. Ab 15 NIS.

Einkaufen

Am Manger Square und dem dahinterliegenden **Souk** findet man Lebensmittelgeschäfte und vereinzelt Souvenirläden. Das Angebot umfasst Devotionalien aller Art, eine Spezialität von Bethlehem sind Schnitzereien aus Olivenholz.

Kunsthandwerk – **Palestinian Heritage Center:** Manger St., Tel. 02 274 23 81, www.phc.ps, Mo–Sa 10–20 Uhr. Traditionelles Kunsthandwerk bewahren, palästinensischen Frauen Arbeit geben und das Auskommen ihrer Familien sichern – das sind die Ziele des Heritage Centers. Gewänder mit feinen Stickereien, Schmuck, Lampen, Krüge, Teppiche und Palästinensertücher kann der Besucher kaufen; Verkaufslokal ist u. a. ein zauberhaftes Beduinenzelt. Maha Soca, die das Center im Jahr 1991 gründete, wurde dafür vielfach ausgezeichnet.

Aktiv

Palästina etwas anders – **Alternative Tourism Group:** Tel 02 277 21 51, www.atg.ps. Man kann Olivenbäume pflanzen (als Ersatz für von Israel zerstörte), sich Fremdenführer fürs Sightseeing anheuern – oder Palästinenser in ihrem Zuhause kennenlernen. Engagierte Bürger erklären, wie die israelische Mauer ihr Leben verändert und sie zu Gefangenen gemacht hat.

Termin

Heiligabend: Das größte Ereignis im Jahresverlauf ist die Weihnachtsmesse des lateinischen Patriarchen in der Geburtskirche. Um Mitternacht schreitet er aus der Sakristei der benachbarten Kirche (in der die Griechisch-Orthodoxen ihre Messe feiern) mit der Statue des Jesuskinds im Arm, die er in die Mitte des Altars legt. Traditionell reist zu der dreistündigen Mitternachtsmesse auch der muslimische Präsident der Palästinenser mit Kabinettskollegen an.

Verkehr

Sherut-Taxis: Regelmäßige Verbindungen nach Jerusalem (Damaskustor).

Busse: Von Jerusalem ist Bethlehem am einfachsten zu erreichen mit einem der blau-weißen Kleinbusse der Linie 21, die ab **Damaskustor** von 6 bis 21.30 Uhr verkehren, einfache Fahrt ca. 10 NIS, Dauer 20 Min.

Umgebung von Bethlehem

Karte: S. 385

Mar-Saba-Kloster ▶ 2, G 11

So–Do 8–16 Uhr

14 km östlich von Bethlehem liegt mitten in der judäischen Wüste im Qidrontal das **Mar-Saba-Kloster** 6 . Im 5. Jh. zogen sich in diese Höhlen viele Mönche zurück, darunter auch der Gelehrte Saba. Der Klosterbau ist weithin sichtbar, v. a. wegen seiner Kuppel

und des Frauenturms, von dem aus Frauen das Kloster überblicken können, das sie nicht betreten dürfen. Der heute nur noch von einer Handvoll Mönche bewohnte Konvent wurde auf den durch Eroberungen und Erdbeben teilweise zerstörten Vorgängerbauten errichtet. Im Innern sind in einem gläsernen Sarg die Gebeine Sabas aufgebahrt. Interessierte müssen in Bethlehem erfragen, ob das Kloster derzeit per Taxi erreichbar ist.

Herodion ▶ 2, E 12

Tel. 02 595 35 91, www.parks.org.il, April–Sept. tgl. 8–17, Okt.–März 8–16 Uhr, 29 NIS
Südöstlich von Bethlehem liegt das von Israels Nationalpark-Organisation verwaltete **Herodion** 7 . Zwischen 24 und 15 v. Chr. ließ Herodes der Große den als Mausoleum gedachten Palast errichten, der die Umgebung um 100 m überragt und auf den ersten Blick einem schlummernden Vulkan ähnelt. Damals führte eine Marmortreppe zu dem Mauerring von Türmen, der Gemächer, Bäder und Gärten umschloss. Ob Herodes hier tatsächlich, wie von ihm verfügt, beigesetzt wurde, ist ungewiss. Archäologen suchen noch nach dem Grab. Während der jüdischen Kriege fiel das Herodion an die Aufständischen und im 5. Jh. errichteten Mönche ein Kloster in den Ruinen. Von der Hügelspitze genießt man einen guten Ausblick.

Hebron ▶ 2, E 13

Karte: S. 385
35 km südlich von Jerusalem liegt **Hebron** 8 (El Khalil), die mit 220 000 Palästinensern und 600 jüdischen Siedlern zweitgrößte Stadt im Westjordanland. Gemäß der Abkommen von Oslo ist die Stadt in das von Palästinensern kontrollierte Gebiet H1 und das von Israelis kontrollierte Gebiet H2 aufgeteilt. Im Jahr 2002 übernahm die israelische Armee als Folge der zweiten Intifada und unter Verletzung der Oslo-Vereinbarungen wieder die gesamte Kontrolle und ließ seit 2005 im Sektor H1 illegale Wachtürme, Sperrzäune, Mauern und Straßenblockaden errichten – so berichtet es die Temporary International Presence in the City of Hebron (TIPH, www.tiph.org), eine nach Oslo eingerichtete unabhängige Beobachtertruppe. Sie registriert Verstöße gegen bestehende Abkommen und meldet diese an Palästina, Israel sowie die TIPH-Trägerländer Schweiz, Schweden, Norwegen, Italien, Türkei und Dänemark. Außerdem bemüht sich die TIPH um eine Fortführung des Dialogs und um Konfliktlösungen. Doch das wird zunehmend schwieriger. Die Siedler errichten auf palästinensischem Territorium immer mehr illegale Siedlungen mit schmucken roten Backsteinhäuschen. Ihre Zufahrtsstraßen durchschneiden die Felder, Gärten und Olivenhaine der palästinensischen Bauern, die die Siedlerstraßen nicht überqueren dürfen. Straßenschilder gibt es. Groß und schön, wenn sie zu den neuen israelischen Siedlungen weisen, umgestürzt oder in den Graben geworfen, wenn sie zu den alten palästinensischen Dörfern zeigen. Die UNESCO erklärte Hebron zum Weltkulturerbe.

Geschichte

Im 18. Jh. v. Chr. lebten in Hebron, so schildert es die Bibel, riesenhafte Menschen, die Enakiter. David wurde hier zum König gekrönt und Abraham erstand hier die Höhlen von Machpela (s. S. 393), die der römische Kaiser Justinian im 6. Jh. mit einer Kapelle überbauen ließ. Im 7. Jh. wurde die Kirche zu einer Moschee umgewandelt. Unter den Kreuzrittern war Hebron christlicher Bischofssitz. Im 16. Jh. siedelten sich sephardische Juden an, die aus Spanien geflüchtet waren.

Nach dem Unabhängigkeitskrieg 1948 gehörte Hebron zu Jordanien und fiel erst mit der Besetzung des Westjordanlands 1967 an Israel. Die Bewohner hatten kampflos kapituliert und aus allen Häusern weiße Tücher wehen lassen. Die Auseinandersetzungen verschärften sich, als eine Gruppe ultraorthodoxer Juden 1968 sich in einem Hotel verbarrikadierte und schließlich 1972 die Gründung der stacheldrahtgeschützten Siedlung Qiryat Arba erreichte.

Im Jahr 1979 besetzte eine Mutter mit ihren elf Kindern das Hadassa-Hospital im einstigen jüdischen Viertel – sie durfte bleiben, beschützt von israelischer Polizei, obwohl die Regierung davor beschlossen hatte, Juden das Aufenthalts- und Wohnrecht für Hebron zu entziehen. Das Gegenteil passierte. Immer mehr, zumeist ultraorthodoxe Juden, zogen zu. Seit 1980 der arabische Bürgermeister der Stadt ermordet wurde, regiert die Gewalt. Den traurigen Höhepunkt stellt das Massaker in der Moschee von Hebron 1994 dar, bei dem 29 Betende von dem jüdischen Extremisten Baruch Goldstein ermordet wurden. Dass Hebron ein Pulverfass ist, bestätigte sich erneut Ende 2008. Jüdische Siedler sollten nach einem Urteil des Obersten Gerichts von Israel in Hebrons Zentrum ein besetztes Haus räumen. Als Israels Armee die Räumung vollzog, begannen Siedler palästinensische Bewohner anzugreifen, ihre Gräber zu schänden, den Propheten Mohammed als Schwein zu beschimpfen und auf die Palästinenser zu schießen. Israels Regierung wertete das offiziell als Pogrom. 2016 kam es zu Spannungen, als jüdische Siedler angeblich illegal Palästinenserhäuser besetzten, die sie nach eigener Darstellung rechtmäßig erworben haben wollen.

Sehenswertes

Höhlen von Machpela

Tel. 02 996 53 33, So–Do 8–16 Uhr, Eintritt frei
Muslime, Juden und Christen verehren Hebrons heilige Stätte, die **Höhlen von Machpela** (Haram El Khalil/Ibrahimi Mosque). Abraham hatte sie als unbebautes Land »mit der Höhle darin und mit allen Bäumen auf dem Acker umher« (1. Mose 23,17) als Grab erworben. Die Mamelucken erweiterten die Moschee über dem Grab im 13. Jh. und errichteten zu Ehren der drei im Islam hoch verehrten Patriarchen vier Minarette, von denen zwei erhalten sind. Unter den Mausoleen im Hof der Moschee befinden sich die leeren Gräber Abrahams, seines Sohns Isaak, seines Enkels Jakob und ihrer Frauen Sara, Rebekka und Lea. Seit Kreuzritter die Gräber aufbrachen und Muslime sie anschließend wieder versiegelten, hat kein Mensch mehr die Gruften betreten. Der Überlieferung nach sollen an der Stelle auch schon Adam und Eva begraben worden sein – weswegen viele von den Gräbern der vier Patriarchen sprechen. Zwei Säle der Moschee dienen als Synagogen. Soldaten und Militärrabbiner wachen darüber, dass kein Gläubiger den Bereich der Andersgläubigen betritt. Von Besuchern wird Zurückhaltung und diskrete Kleidung erwartet.

Souq

Charmantes arabisches Flair hat in ruhigen Zeiten der **Souq**, wo Schmiede und Keramiker ihr Handwerk ausüben. Man bekommt hier auch das berühmte blaue Glas, das in Hebron gefertig wird. Die Stimmung kann umschlagen, wenn sich eine Gruppe orthodoxer Juden unter schwerem Militärschutz durch die Stadt eskortieren lässt.

Verkehr

Sherut-Taxis: Verbindungen über Bethlehem nach Jerusalem (Damaskustor).

Jericho ▶ 2, H 10

Karte: S. 385
Der Weg nach **Jericho** (21 000 Einw.) ist eine der beeindruckendsten Strecken des Landes. Von über 800 m führt er aus den Bergen Judäas hinab in die 395 m unter dem Meeresspiegel gelegene Stadt. In einer knappen Stunde legt man einen Höhenunterschied von 1200 m zurück. Man spürt, wie die Temperatur immer mehr ansteigt und die Hitze bleiern über der Jordansenke liegt. Jericho, seit Mai 1994 von der Palästinensischen Autonomiebehörde regiert, ist die tiefstgelegene und älteste Siedlung der Welt.

Bis zur zweiten Intifada war der Ort ein beliebtes Ausflugsziel der Jerusalemer, die auf dem hiesigen Markt ihren Wochenendeinkauf tätigten. Andere spielten in dem heute geschlossenen Casino Austria Roulette oder Blackjack und nächtigten im Interconti, das die Spielhölle beherbergte. All das war einmal. Nach dem Abkommen von Sharm el

Westjordanland (Westbank)

Sheikh im Jahr 2005, mit dem die zweite Intifada endete, wurde Jericho als erste Stadt wieder palästinensischer Führung übergeben. Doch Israel kontrolliert an Checkpoints die Zufahrt.

Geschichte

Nach biblischer Überlieferung war Jericho eine der ersten Städte, die von den Israeliten im Gelobten Land erobert worden war. Christen verbindet mit Jericho die Taufe im Jordan und der Berg der Versuchung, auf dem Jesus 40 Tage zubrachte. Jerichos Ursprünge gehen auf das 8. Jt. v. Chr. zurück. Tel el Sultan (s. u.) gilt als einer der gesicherten Orte, an dem die Menschen vom Nomadentum zur Sesshaftigkeit wechselten. Alexander der Große stellte Jericho im Jahr 336 v. Chr. unter seine persönliche Obhut und Marcus Antonius schenkte Stadt und Oase seiner Geliebten, der ägyptischen Pharaonin Kleopatra. Im ersten jüdischen Krieg wurde Jericho von den Römern zerstört und versank in Bedeutungslosigkeit.

Zur Zeit des britischen Mandats schenkten die Engländer Jericho den Arabern, die das Land wiederum an Juden verkauften. 1948 wurde Jericho Jordanien zugeschlagen. Im Sechstagekrieg eroberte Israel die Stadt zurück. Heute ist Jericho eine vom nicht üppigen Tourismus und der Landwirtschaft mehr schlecht als recht lebende Kleinstadt.

Sehenswertes

Tel el Sultan
Tel. 02 232 15 90, im Sommer tgl. 8–18, im Winter 8–17 Uhr, 10 NIS
Am Grabungshügel **Tel el Sultan,** dem alten Jericho, stießen Archäologen auf die Reste einer Stadt aus dem 8. Jt. v. Chr. Die Stätte ist allerdings nur für archäologisch Interessierte zu empfehlen. Der Rundweg ist gut ausgeschildert. Zum Teil ist der über 8 m hohe, ungefähr 7500 v. Chr. erbaute und damit älteste bekannte Turm der Welt erhalten. Im Norden des Tel sind Reste der früher 6 m hohen Hyksosmauer zu finden.

Hishampalast
Tel. 02 232 15 90, tgl. 8–17 Uhr, 10 NIS
Die 20 000 m² große Anlage des **Hisham-Palasts** (Khirbet el Mafjar), Ruine eines Omaijadenpalasts, betritt man von Süden durch das einstige Haupttor. Unter Kalif Hisham Ibn Abdel Malik 724 bis 734 in Auftrag gegeben, aber niemals gänzlich fertiggestellt, wurde das Bauwerk von den Einheimischen später als Steinbruch benutzt. Was heute noch sichtbar ist, zeigt starken persischen Einfluss.

Im Innenhof fällt ein riesiges restauriertes rundes **Maßwerkfenster** auf, das die Dimensionen des geplanten Palasts plastisch werden lässt. Der einst von prachtvollen Gärten umgebene Wohn- und Regierungspalast mit Moschee besaß im Keller eine Therme. Viele architektonisch interessante Bruchstücke der Anlage sind im Jerusalemer Rockefeller-Museum untergebracht (s. S. 171), doch das Meisterwerk, den **Mosaikboden,** kann man im Ruheraum des nördlich gelegenen Bads finden. Der beste Blick bietet sich vom oberen Ende der kleinen Treppe, die auf der Rückseite des Bads nach oben führt. Das Mosaik stellt Szenen aus der Natur dar: Bäume und Rehe, einen Löwen, der eine Antilope reißt, etc.

Infos
Tourist Information Center: Main Square, Tel. 02 231 26 07, tgl. 8–17 Uhr
Sultan Tourist Center & Téléphérique: Tel. 02 232 15 90, www.jericho-cablecar.com, tgl. 8–21 Uhr, 55 NIS. Bei der Talstation der Kabinenseilbahn am Berg der Versuchung (s. S. 392) gibt es auch Infos.

Übernachten
Jerichos Hotelszene leidet spürbar unter der politischen Lage. Die meisten Besucher sind Tagesgäste, die sich nur ein paar Stunden in der Stadt aufhalten.
Mit Gartenpool – **Jericho Resort Village:** Bisan St., Tel. 02 232 12 55, www.jerichoresorts.com. Großes Hotel am nördlichen Ortseingang, elegante Zimmer, Bungalows mit Küchenzeile, Pool im Garten. Es werden Ausflüge organisiert. DZ ab 530 NIS.

Nabi Musa

AUF DEN BERG DER VERSUCHUNG

Tour-Infos
Start: Jericho
Dauer: 3–4 Std.
Wichtige Hinweise: Vom Fuß des Bergs fährt man bequem und mit tollem Ausblick mit einer Seilbahn zum Kloster oder geht zu Fuß. Für den Aufstieg (400 Höhenmeter Unterschied) muss man je nach Kondition mit 20 bis gut 40 Min. rechnen. Der Klosterbesuch erfordert dezente Kleidung.

Jerichos zweite große Sehenswürdigkeit ist der 348 m hohe **Berg der Versuchung** (Djebel Qarantal), auf dem Jesus nach seiner Taufe im Jordan durch Johannes 40 Tage lang gefastet haben soll. Das Kloster griechisch-orthodoxer Mönche wurde 1905 errichtet. Hat man es betreten, dann fühlt man sich wie in einem kleinen Dorf. Durch eine enge Gasse geht der Besucher am Refektorium und anderen Räumen und Zellen vorbei zu einer kleinen Kapelle. Unter dem erhöht gelegenen Altar befindet sich ein Stein, den Pilger küssen: Jesus saß nach der Überlieferung auf ihm, als ihn der Teufel versuchte. Mit Erlaubnis der Mönche kann man das Kloster später durch den Hinterausgang verlassen, um in rund 25 Min. zum Gipfelplateau zu wandern. Von dort bietet sich eine herrliche Aussicht.

Vor dem Abstieg oder der Abfahrt mit der Seilbahn kann man nahe dem Kloster im **Sultan Restaurant** einkehren. Der Ausblick von der Terrasse ist sehr schön. An der Talstation liegt das **Restaurant Walls of Jericho.** Télépherique & Sultan Tourist Center, Tel. 02 232 15 90, www.jericho-cablecar.com, tgl. ca. 8–18/18.30 Uhr, 55 NIS kostet die Fahrkarte hin und zurück.

Essen & Trinken

Einfache Grillspeisen bekommt man in Jericho mühelos. Am und auf dem Berg der Versuchung gibt es Ausflugsrestaurants.
Sagenhafter Bick – **Sultan Restaurant:** Berg der Versuchung, Bergstation, Tel. 02 232 15 90, tgl. 9–18 Uhr. Die Aussicht ist überwältigender als das Essen. Ab 80 NIS.
Vorspeisen und Fleisch – **Green Valley:** Ain al Sultan St., Tel. 02 232 23 49, tgl. 11–22 Uhr. Serviert werden Mezze und einfache Grillgerichte. Ab 50 NIS.
Palästinensische Spezialitäten – **Essawi Restaurant:** am Marktplatz, 8–23 Uhr. Beliebt bei Reisegruppen. Am besten bestellt man Shawerma oder Huhn, dazu arabische *mezze*. Schöner Blick vom 1. Stock. Ab 40 NIS.

Verkehr

Taxis fahren nach Jerusalem (Damaskustor), Bethlehem, Nablus und Ramallah. Zum Berg der Versuchung kommt man ebenfalls nur mit dem Taxi oder dem eigenen Wagen.

Nabi Musa ▶ 2, G 11

Karte: S. 383
Ca. 11 km südlich von Jericho lohnt der pittoresk gelegene muslimische Wallfahrtsort **Nabi Musa** 9 (›Prophet Moses‹) einen Abstecher. Hier wird eines der vielen Gräber des mit 120 Jahren verstorbenen Mose vermutet, genau wie z. B. jenseits des Jordan nahe dem Kloster Syagha am Berg Nebo, wo Gott Moses

Westjordanland (Westbank)

das verheißene Land gezeigt hatte. Dennoch wollen viele Muslime hier nahe der Moschee mit dem leeren Ehrengrab Moses beigesetzt werden und alljährlich kommen in Friedenszeiten Zehntausende Pilger an diesem Ort zusammen. In einem der Gräber soll Aisha beigesetzt worden sein, die erste Frau des Propheten Mohammed.

Qasr al Yehud/El Maghtas ▶ 2, E 12

Karte: S. 385
April–Okt. tgl. 9–16, Nov.–März 9–15 Uhr
In 15 Autominuten Richtung jordanische Grenze erreicht man bei El Maghtas am Jordan **Qasr al Yehud** 10, die Stelle, an der Johannes der Täufer Jesus getauft haben soll. 44 Jahre lang war es militärisches Sperrgebiet Israels, doch nachdem auf jordanischer Seite die ›Festung der Juden‹ mit Millionen-Investitionen zur Touristenattraktion ausgebaut worden war und die katholische Gemeinschaft im Heiligen Land drängte, zog Israel auch auf seiner Seite des Jordan nach und installierte im Fluss einen Zaun, damit keiner die Grenze zu Jordanien überquert. Pilger stürzen sich nun – neben Yardenit (s. S. 302) am See Genezareth – auch hier ins manchmal trübe Wasser und kaufen danach Souvenirs ein.

Auf der gegenüberliegenden, jordanischen Seite erblickt man die orthodoxe Johanneskirche. 1996 hatten Archäologen dort Fundamente einer byzantinischen Kirche entdeckt, die dem Gedächtnis der Taufe Jesu geweiht war. Uneinig sind Theologen und Historiker, wo tatsächlich die Taufe Jesu durch Johannes den Täufer stattfand.

Das Matthäus-Evangelium spricht vom judäischen Ufer des Jordan, das Johannes-Evangelium von Betanien, auf der anderen Seite des Jordan. Seit der Entdeckung der byzantinischen Spuren halten Experten die Taufstelle jenseits des Jordans für die ›echtere‹. Der Vatikan hat sich bisher nicht entschieden. Offizielle Pilgerfahrten finden hüben wie drüben statt.

✪ St. Georgskloster/ Wadi Qelt ▶ 2, G 11

Karte: S. 385
Tgl. 9–13 Uhr, Eselsritt für ca. 90 NIS
Das **St. Georgskloster** im Wadi Qelt zu finden, ist nicht ganz leicht. Von der steilen Straße Nr. 1 Jerusalem–Jericho geht es nach ca. 20 km spärlich ausgeschildert links ab zum **Wadi Qelt.** Mehrmals sieht man am gegenüberliegenden Hang das imposante Gebäude, das wie ein Schwalbennest am Felshang klebt. Vom Parkplatz wandert man auf einem

St. Georgskloster / Wadi Qelt

Wie ein Nest klebt das St. Georgskloster im Wadi Qelt an einer Felsklippe

steilen Pfad in ca. 20 Min. dorthin. Es gibt auch zwei grün und rot markierte, ca. 15 km lange Wanderwege nach Jericho (kein Kartenmaterial erhältlich). Von der Jericho-Seite kommend, führt ebenfalls eine Straße ins Wadi Qelt, das man bei Regen besser meidet. Ein örtlicher Führer ist schon aus Sicherheitsgründen ratsam.

Blau strahlen die Kuppeln des 1871 erbauten griechisch-orthodoxen Klosters unübersehbar über den Taleinschnitt. Errichtet wurde es an der Stelle eines Konvents aus dem 5. Jh., in dem jüdische Religionseiferer 614 alle Mönche niedergemetzelt hatten. Geweiht ist das Kloster Georg von Koziba, nicht Georg dem Drachentöter. An der Stelle der Abtei soll Elija auf dem Weg zum Sinai gerastet haben, und Joachim wurde des Lebens nicht froh, da ihm seine Frau Anna keine Kinder gebären konnte – bis ihm hier ein Engel die Geburt einer Tochter prophezeite, die Maria heißen sollte. In der Kirche findet man einen sehr schönen Mosaikboden und in einer Gruft die Gebeine der im Jahr 614 ermordeten Mönche.

Vom Checkpoint aus kann man durch das aufregend schöne Wadi Qelt bis zur Kreuzung mit der Straße Nr. 1 fahren, die nach Jerusalem zurückführt.

Gazastreifen

Landschaftlich wäre der Gazastreifen durchaus reizvoll: viel Grün, fruchtbares Agrarland, lange Mittelmeerstrände und hübsche Fischerhäfen. Doch die politische Wirklichkeit lässt diese Schönheiten in den Hintergrund treten – sofern man überhaupt Zugang bekommt.

1,6 Mio. Menschen leben im 365 km² großen **Gazastreifen,** über die Hälfte davon in Flüchtlingslagern. Seit Mai 1994 ist der Gazastreifen autonomes Palästina, mit eigener Polizei, eigener Verwaltung – und einer mit Stacheldraht und Eisenzäunen bewehrten Grenze zu Israel. So war es zumindest geplant, bis die zweite Intifada ausbrach und die mit Israel unversöhnliche Hamas die Region militarisierte, die gemäßigte Fatah ausmanövrierte, den Hass auf deren Anhänger schürte und mit Raketenbeschuss immer wieder den Zorn des Nachbarn Israel provozierte. 2008/09 marschierte Israel im Rahmen der Operation Gegossenes Blei (s. S. 57) im Gazastreifen ein und zerstörte an Infrastruktur, was bei früheren Angriffen noch nicht zerstört worden war. Schon am ersten Kriegstag fielen 100 t Bomben auf 50 Ziele und töteten 225 Palästinenser, darunter den Chef der Hamas-Polizei. Das Kriegsziel, die Hamas zu zerstören, wurde nicht erreicht.

Grenzübertritt
Ausländische Besucher können nur über den **Checkpoint Eretz** an der Nordgrenze des Gazastreifens einreisen. Autos mit israelischer Nummer dürfen die Grenze nicht passieren. Mit Ausnahme von Diplomaten und Angehörigen der palästinensischen Regierung müssen alle Besucher den Grenzkorridor zu Fuß passieren. Auf der anderen Seite warten in der Regel Taxis. Schikanen israelischer Grenzsoldaten sind an der Tagesordnung. Israel verweigerte Touristen häufig die Einreise.

Hauptleidtragende der desaströsen Lage ist bis heute die Bevölkerung, die unter menschenunwürdigen Zuständen in schrecklicher Armut lebt und hilflos festsitzt. Denn Umzüge ins Westjordanland verbietet Israel. Seit die Hamas 2007 de facto die Macht über den Gazastreifen gewonnen und die Bevölkerung gleichsam als Geisel genommen hat, kommt es sowohl zur Jagd auf christliche Palästinenser als auch auf Anhänger der Fatah, die oft unter dem konstruierten Vorwand der Kollaboration mit Israel gefoltert und ermordet werden. Wer widerspricht, etwa den dauernden Raketenbeschuss Israels öffentlich missbilligt und Verständnis für die Reaktion der Nachbarn zeigt, dem droht zumindest die Ächtung. Der Hass gegen die Tyrannei der Hamas-Islamisten ist riesengroß. Die Hamas halte ihre Herrschaft in dem Küstenstreifen mit Folter und Hinrichtungen im Schnellverfahren aufrecht, erklärte die New Yorker Organisation Human Rights Watch.

Wirtschaftlich sieht es seit Jahren nicht minder schlimm im Gazastreifen aus. Die auf Handwerk und Landwirtschaft fußenden Unternehmen, meist kleine Familienbetriebe, haben durch die fast komplette Abriegelung des Gazastreifens ihre Abnehmer in Israel, auf der Westbank und in Ägypten verloren. Pendler, die nicht mehr zu ihren Jobs in Israel fahren können, sind zur Arbeitslosigkeit verurteilt (Arbeitslosenquote: ca. 50 %). So leben nach Zahlen der UN über 81 % der Menschen im Gazastreifen unter der Armutsgrenze, haben pro Tag und Kopf ca. 1 US-Dollar zur Verfügung. Das schon immer ärmliche Pro-Kopf-Einkommen hat sich seit 1999 mehr als

Mehr als die Hälfte der Bewohner des Gazastreifens lebt in Flüchtlingslagern

halbiert. Bei gleichbleibenden Bedingungen wird Gaza laut einem UN-Report 2020 eine nach zivilisatorischen Maßstäben nicht mehr bewohnbare Region sein. Eine Verbesserung ihrer Lage versprachen sich 2018 viele in Gaza von der angekündigten Aussöhnung von Fatah und Hamas und der Bildung einer Einheitsregierung – und Wahlen 2018/19.

Gaza-Stadt ▶ 2, B 13

Die Straße vom Checkpoint Eretz nach **Gaza-Stadt** (525 000 Einw.) besteht aus einer löchrigen Asphaltdecke, die regelmäßig von überlaufender Kanalisation überflutet wird. Die Häuser in der Stadt sind heruntergekommen, von israelischen (Vergeltungs-)Angriffen teils zerstört. Am deutlichsten wird das in den beiden Hauptstraßen von Gaza, der **Sharia Omar El Mukhtar** und der **Sharia El Wahida**.

In den Arkaden, die die Blütezeit dunkel erahnen lassen, reiht sich Geschäft an Geschäft. Schuhe, Kleidung, Krimskrams, veraltete Elektroartikel sind im Angebot, gelegentlich findet man ein Café oder ein Kebab-Restaurant. Die Stadt lebt nur auf, wenn etwa ein bunt geschmückter Hochzeitskonvoi laut hupend durch die Straßen fährt und zahlreiche Kinder johlend nebenher laufen.

Der **Hafen** ist in ruhigen Zeiten geradezu unwirklich pittoresk. Am Abend prüfen die Fischer am Strand die Netze und machen ihre Boote für den nächsten Tag fangfertig, während die Sonne über dem Meer untergeht. Nach dem Krieg (Operation Protective Edge) stellte 2014 eine internationale Geberkonferenz 5,2 Mrd. US-Dollar für den Wiederaufbau von Gaza zur Verfügung. 580 Mio. US-Dollar hat die Europäische Union gegeben.

Geschichte

Der Gazastreifen ist nach heutigem Kenntnisstand seit 2000 v. Chr. besiedelt. Er lag an der wichtigen Handelsroute von Syrien nach Ägypten und wurde auch von den Nabatäern genutzt – das Wort ›Gaza‹ bedeutet im Arabischen so viel wie ›Schatz‹.

Die Bibel erwähnt Gaza erstmals als kanaanitische Siedlung. Samson wurde hier festgesetzt und starb. Durch seine günstige geografische Lage war Gaza einst reich und ein beliebtes Eroberungsziel. Nacheinander besetzten Griechen, Römer, Araber, die Kreuzfahrer, Türken, Briten, Ägypter und Israelis die

Von ihrem Haus in Jaffa sind diesem palästinensischen Ehepaar nach der Vertreibung wie so vielen nur die Schlüssel geblieben

Stadt. Napoleon, aus dessen Zeit eine Zitadelle stammt, nannte Gaza 1799 den Wächter Afrikas, das Tor nach Asien.

Flüchtlingslager

Ein Pulverfass sind die Flüchtlingslager, in denen nach unterschiedlichen Schätzungen bis zu 800 000 Menschen leben. **Bureij, Nuseirat** und **Khan Younis** sind die bekannteren Massenlager. Wer gute Nerven hat, kann die Camps besuchen – aber nur in palästinensischer Begleitung. Die meisten hier haben nur eins gelernt: Intifada. 82 % der Menschen sind unter 35 Jahre alt. Den Zugang zu Bildung verwehren war eine der kollektiven israelischen Bestrafungsmethoden für diese Generation von Palästinensern. Es ist der ideale geistige Nährboden, auf dem die Hamas ihren Hass säen kann.

Universitäten

Die **Islamische Universität Gaza** (Dschami'a al Islamiya bi Ghazzah, www.iugaza.edu.ps, neben dem Hauptquartier der UNRWA, Tel. 08 264 44 00), mit Israels Zustimmung 1978 von der Moslembruderschaft gegründet, ist die wichtigste Bildungsinstitution im Gazastreifen und heute unter der Kontrolle der militanten Hamas. Die knapp 21 000 Studenten studieren an den elf Fakultäten nach Geschlechtern getrennt. Die Universität steht im Verdacht, der Hamas zur Herstellung und Lagerung von Waffen zu dienen. Israel bombardierte Anfang 2009 den Campus, zerstörte weite Teile der Universität.

Infos

Die Website www.visitpalestine.ps widmet sich mit aktuellen (Touristen-)Informationen auch Gaza. Freien Zugang zu Informationen ermöglicht der Dialogpunkt Deutsch des Goethe-Instituts im Institut Français, Gaza-Stadt, Rue Charles de Gaulle, So–Do 9–17, Sa 14–18 Uhr.

Übernachten

Ordentliche Unterkünfte findet man am ehesten in Strandnähe.

Orientalisch Wohnen – **Al Deira:** Rashid St. Tel. 08 283 81 00, www.aldeira.ps. Von den Balkonen Meerblick, die Zimmer geräumig und liebevoll gestaltet, die Hotelküche tadellos – das hat sich herumgesprochen. Frühzeitig buchen. DZ ab 410 NIS.

Eines der wenigen friedlichen Bilder von Gaza-Stadt: der pittoreske Hafen

Essen & Trinken

Falafel und Shawerma gibt es an zahlreichen Imbissen. Das Angebot der übrigen Speisekarten spiegelt häufig unmittelbar die politische Lage wider. Wird den Fischern von der israelischen Armee verboten, aufs Meer hinauszufahren, dann gibt es in Fischrestaurants eben nur Huhn statt Fangfrischem.

Außerirdisch – **Roots Club:** Cairo St., Tel. 059 707 20 72. Die verschleierte und auch nicht verschleierte Schickeria, Business-Elite und NGO-Mitarbeiter haben hier als Kontrast zum allgegenwärtigen Elend des Alltags ihre komfortable Oase der Ruhe gefunden. In der Ambassador Banquet Hall tafelt gerne die Polit-Elite, auf der Green's-Terrasse speist man, umgeben von viel Grün, arabische Spezialitäten, raucht Wasserpfeife. Alles edel, alles teuer, ein bizarrer Ort im armen Gaza. Ab 90 NIS.

Fisch und Meeresfrüchte – **Al-Salam:** Rashid St., Tel. 08 283 31 88. Nahe dem Al Deira-Hotel findet man am Strand eines der besten Fischlokale Gazas. Man kann den Fisch selbst aussuchen, er wird nach Wunsch zubereitet. Ab 40 NIS.

Einkaufen

Palästinensisches Kunsthandwerk – **Arts and Crafts Village:** Jamal Abdel Naser St., Tel. 08 284 64 05, Fax 08 284 64 05. In den Ateliers und Werkstätten wird das palästinensische Kunsthandwerk gepflegt. In den Werkstätten kann man Kleidung, auch Trachten, Teppiche, Kissen, handgemachte Lampen und Souvenirs aus Kupfer, Keramik und Holz kaufen – die beste Unterstützung zum Erhalt palästinensischer Tradition.

Rafah und Umgebung

▶ 2, A 14

Die Palästinenser von **Rafah** (130 000 Einw.) bezahlten für den Camp-David-Frieden 1979 mit der Teilung ihrer Stadt: Ein Teil von Rafah ging mit dem Sinai in ägyptisches Hoheitsgebiet über, der andere Teil verblieb beim Gazastreifen.

Nahe Rafah liegen die Ruinen des Flughafens Jassir Arafat International Airport, der u. a. von Deutschland finanziert und 1998 in Anwesenheit von US-Präsident Bill Clinton feierlich eröffnet wurde. Den Bau des Flughafens ermöglichten die Oslo-Abkommen. Während der zweiten Intifada wurde der Flughafen von Israelis zum Großteil zerstört. Die der Autonomiebehörde gehörende Fluggesellschaft Palestinian Airlines hat den Betrieb eingestellt.

Im Grenzbereich zerstörten Ägypten und Israel bis 2018 hunderte Tunnel, durch die vor allem während der Herrschaft des ägyptischen Islamistenpräsidenten Mohammed Mursi (2012/2013) schwere Waffen, Baumaterial, Treibstoff, Autos in den Gazastreifen geschmuggelt worden waren. In der Folge kam es durch die dramatische Energieverknappung regelmäßig zu stundenlangen Stromausfällen. Über die Tunnel wurden aber auch viele alltägliche Waren importiert, deren Einfuhr in den Gazastreifen Israel blockiert. Eine 4000 Güter und Waren umfassende Liste erlaubte die Einfuhr von 40 Gütern. Verboten waren u. a. Tee, Kaffee, Backwaren, Lebensmittelkonserven, Bücher, Kleidung, Musikinstrumente und der zum Wiederaufbau zerstörter Häuser dringend benötigte Beton. Nudeln wurden nach Intervention eines US-Senators wieder zugelassen. Weitere Linderung versprach die Lockerung der Gaza-Blockade, eine unmittelbare Folge internationalen Drucks auf Israel nach dem Angriff auf die Gaza-Solidaritätsflotte.

Bei israelischen Vergeltungsaktionen wird Rafah häufig bombardiert; Bulldozer reißen Häuser ein, z. B. von Attentäter-Familien. Rund 100 000 Menschen leben in Lagern, die inzwischen mit der eigentlichen Stadt zusammengewachsen sind. Die Vereinten Nationen warnen anhaltend vor dem totalen Kollaps Gazas. 2015 durften Schwerstkranke zur Behandlung ausreisen. 2016 war die Grenze zu Ägypten für Arzt- und Klinikbesuche und andere humanitäre Zwecke immerhin an 42 Tagen, 2017 an 36 Tagen passierbar. Im Gazastreifen nennt man das – Hoffnungsschimmer.

Kulinarisches Lexikon

Im Restaurant

Ich habe Hunger.	Ana r'ev/re'ava.
Ich habe Durst.	Ana zame/zme'a.
Gibt es hier ein Restaurant?	Jesch po bassiva missada?
Haben Sie vegetarische Gerichte?	Jesch lachem mana tsimschonit?
Café	bet kafe
Speisekarte	tafrit
Essen	ochel
Frühstück	aruchat boker
Mittagessen	aruchat zoharajim
Abendessen	aruchat erve
Besteck	sakum
Messer/Gabel	sakin/masleg
Löffel/Teelöffel	kaff/kapit
Glas/Tasse	koss/sefel
Teller	zalachat
Serviette	mapit
scharf	schatta
süß/sauer	matock/chamutz
Salz/Pfeffer	melach/pilpel
Zucker	sukar
Öl/Essig	schemen/chsomets
Guten Appetit.	Bete'awon.
Darf ich bitte zahlen?	Efschar leschalem?
Die Rechnung, bitte.	Awakesch leschalem.
Stimmt so (Trinkgeld).	Se bischwilcha.

Snacks, Suppen und Vorspeisen

amba	Mango-Pickles
babaganug	Auberginencreme
bourekas	Teigblätter, gefüllt mit Käse, Kartoffeln, Spinat oder Pilzen
chavitah	Omelett
falafel	Gemüsefrikadellen
gilderne joch	Hühnersuppe zum Shabbat
hummus	Hummus (Kichererbsenbrei)
kibbeh	Getreidefleischklöße
kneidlach	Hühnerbrühe mit Einlage
labnah	Joghurtsalat
lewanim	Kürbiskerne
mana rischona	Vorspeise
marak	Suppe
mazza	gemischter Vorspeisenteller
sajit	Oliven
shakshouka	würziges Omelett mit Tomaten
tehina	Sesamcreme

Fisch und Meeresfrüchte

amnun, mosusht	St. Petersfisch
bakala	Hechtdorsch
barbunia	Rotbarbe
buri, sultan ibrahim	Meeräsche
dag	Fisch
dag chadkan	Stör
dag cherev	Schwertfisch
dag malu'ach	Salzhering
forel	Forellen
gefillte fisch	kalte oder warme Fischpastete mit Zwiebeln, Eiern, Mandeln etc.
karpion	Karpfen
lavrak, sargus	Seebrasse
lochs	Lachs
lucus	Weißer Zackenbarsch
perot jam	Meeresfrüchte
sakombira	Makrele
sfanmun	Wels
sofach	Aal
sole, moshe rabbainu	Seezunge
zirbida	Rotbrasse

Fleisch und Geflügel

backar	Rind
bassar	Fleisch
barvas	Ente
of	Huhn, Geflügel
ejgel	Kalb
gedl	Zicklein
holischkes	Kohlrouladen

kebab	Hackbällchen vom Lamm, Rind		

Nachspeisen und Obst

afarseck	Pfirsich
awatiach	Wassermelone
baklawa	Honig-Nuss-Blätterteig
banana	Banane
bejgl	Bagel (Hefegebäck)
blinzes	Pfannkuchen mit süßer Quarkmischung
challa	Shabbatzopf
glidah	Eis
hamantaschen	Hefeteig oder Strudel mit Mohn und Pflaumenmus
konafa	Gebäck mit Sirup, Mandeln, Pistazien
latkes	Kartoffelpuffer (mit Zimtzucker, Apfelmus, Sauerrahm)
mahallebi	Milchreis mit Rosenöl
melon	Melone
mischmesch	Aprikose
pa'al	Trauben
sufganjot	Krapfen, gefüllt mit Marmelade
tapu'ach	Apfel
tapuss	Orange
tut sade	Erdbeere
uga	Kuchen
ugia	Kekse

Getränke

arak	Anisschnaps
birra	Bier
chalaw	Milch
ja'in (lawan/adom)	Wein (weiß/rot)
kaffe	Kaffee
kaffw hafux	Milchkaffee
mits	Saft
majim	Wasser
majim mineralhim, soda	Mineralwasser
mahshke	Getränk
mahschkekal	Softdrink
te	Tee

---

kebab	Hackbällchen vom Lamm, Rind
knisches	mit Fleisch, Kartoffeln, Zwiebeln gefüllte Teigtaschen
kreplech	gefüllte Nudeltaschen (ähnlich Maultaschen)
of sumsum	Sesambackhuhn
shashlik	Lamm oder Rind mit Tehina
steyk	Steak
tale	Lamm
tschulent	Shabbateintopf (Bohnen, Kartoffeln, Fleisch)

Gemüse und Beilagen

agvaniot	Tomaten
bassal	Zwiebeln
beyza	Ei
challa	Shabbatzopf
chassa	Kopfsalat
chazilim	Aubergine
chema	Butter
chips	Pommes frites
gesar	Karotte
gwina	Käse
gwina lewana	Quark
itriot	Nudeln
jerakot	Gemüse
kischuin	Zucchini
lachmanja	Brötchen
lechem	Brot
margarina	Margarine
melafon	Gurke
naknik	Wurst
ores	Reis
pilpil	Paprikaschote
pita	Fladenbrot
ptitim afujim	reiskorngroße Weizennudeln
riba	Marmelade
sche'u'it	Bohnen
tapuchey adama	Kartoffeln

Sprachführer

Hebräisch ist die erste offizielle Amtssprache in Israel. Die hebräische Schrift mit ihren 22 Konsonanten wird von rechts nach links geschrieben. Vokalisierungszeichen ersetzen die fehlenden Selbstlaute. Häufig werden Zahlen aber auch in den uns vertrauten arabischen Ziffern geschrieben. Die Zahlworte sind veränderlich, je nachdem ob sie Weibliches oder Männliches bezeichnen.
Das **Arabische**, die zweite Amtssprache in Israel und eine der offiziellen Sprachen der Vereinten Nationen, wird wie das Hebräische von rechts nach links geschrieben. Die Zahlen dagegen schreibt und liest man von links nach rechts. Ähnlich dem Hebräischen werden auch im Arabischen Vokalisierungszeichen benutzt. Die Buchstaben verändern sich je nachdem, ob sie am Wortanfang, in der Mitte, am Ende oder alleine stehen. Für Einkäufe in den arabischen Gebieten kann es nützlich sein, wenigstens die Ziffern zu beherrschen.

Allgemeines

	Hebräisch	Arabisch
guten Morgen	boqer tov	sabah il cheir
guten Abend	erev tov	massa il cheir
gute Nacht	laila tov	tisbah il cheir
hallo	shalom (›Friede‹)	ahlan
auf Wiedersehen/tschüss	lehitraot/jalla bai	maasalama/salam, bai
bitte/danke	bevakasha/toda	menfadlak/shuqran
gern geschehen	einbe'adma	afuan
entschuldigung	slicha	ana assif
hoffentlich	ani mekaveh	inshallah (›so Gott will‹)
ja/nein	ken/lo	naam/la

Unterwegs

links/rechts/ geradeaus	smol/jamminna/jaschar	shimal/jemir/dughi
Nord/Süd	tsafon/daron	shamal/ganub
Ost/West	maarav/mizraks	shark/gharb
Bahnhof, Haltestelle	tachana	mahatet
Bus	autobus	autobis
Platz	kikar	midan
Fahrkarte	kartiss	tazkara
Flughafen	sedetufah	matar
See	agam	bohera
Meer	jam	bahr
Haus	beit	dar, beit
Dorf	kfar	kafr
Kirche	knessija	kinesa
Moschee	missgad	masdschid, dschama
Fluss	nahal	nahr
Straße	rehov	sharea
nah/weit	karov/aksok	karib/baid

Zeit	Hebräisch	Arabisch
Sonntag	johm rishon	jom el het
Montag	johm sheni	jom el itnin
Dienstag	johm shlishi	jom el talat
Mittwoch	johm revi'i	jom el arba
Donnerstag	johm chamishi	jom el chamis
Freitag	johm shishi	jom el gomaa
Samstag	shabat	jom el sebt
jetzt	achschaw	el'an
heute/gestern	hajohm/etmol	enaharda/belbareh
morgen	machar	buqra
früh/spät	mukdam/me'uchar	baker/met'achar
Vormittag/Nachmittag	hatzaharayim/ achhatz	sabah/dohr
Stunde	scha'a	sa'aa
Tag	johm	jom
Woche	shavua	esbua
Monat	chodesh	shahr
Jahr	shana	sana
Abend	erev	mesaa
Nacht	laila	leil

Notfall

Hilfe!	Ezrah!/Hatsylu!	El nagda!
Polizei	mischtara	bolis
Unfall/Panne	te'una/pantscher	hadessa/otl
Schmerzen	ke'evim	alam
Arzt/Ärztin	rohfi//rohfaa	tabib
Zahnarzt	rohfi sanajim	tabib esnan, dontist
Apotheke	beit merkahchat	saydalia

Übernachten

Hotel	beit mahlon	funduq, lokanda
Einzel-/Doppelzimmer	cheder levoded/sugi	hogra lefard/lefarden
mit Bad/mit Dusche	im ambatja/im miklaksat	be hamam/be dosch
mit Frühstück	im aruchat boker	be iftar
mit Balkon	im mirpesset	be terrass
Toiletten	sherutim	hammam, toilette
Klimaanlage	misug avir	mokayef
Halbpension	chatzi pension	be iftar we asha
Vollpension	pension maleh	be iftar we ghada we asha
Warmwasser	majim chamim	maja dafye

Einkaufen	Hebräisch	Arabisch
Laden	chanut	mehall
Einkaufszentrum	kanjon	mall
Supermarkt	supermarket/musagim klalim	ba'al supermarket
Markt	shuq	suq
Buchladen	chanot sefarim	maktaba
Bäckerei	ma'afija	fom
Lebensmittel	ma'achal	mauad gheza'e
Postamt/Postkarte	beit dohar/gluyah	maslahet el barid/kart bostal
Brief	michtav	gauab
Briefmarken	bulim	tabea
Rechnung	cheshbon	hesab
Bank	bank	bank
Geld	kessef	filus
Kreditkarte	kartis aschrai	kart e'taman
Geldautomat	kaspomat	makinet
billig/teuer	sol/jakar	rachis/ghali, ketir
richtig	nachon	tamam, sah

Zahlen (w/m)

	Hebräisch	Arabisch
1	achat, echad	wahid
2	shtayim, shnayim	itnin
3	shalosh, shlosha	talata
4	arba, arba'a	arbaa
5	chamesh, chamisha	chamsa
6	shesh, shisha	sitta
7	sheva, shiva	saba
8	shmone, shmona	tamanya
9	tesha, tish'a	tissa
10	eser, asara	ashra
11	achat-esre, echad-asar	ehdashr
12	shtem-esre, shnem-asar	etnashr
20	essrim	ashrin
30	shloshim	talatin
40	arbaim	arbain
50	chamshim	chamsin
60	shishim	sittin
70	shivim	sabain
80	shmonim	tamanin
90	tishim	tissain
100	mea	meyah
1000	elef	alef
10 000	asseret alafim	ashret alef

Die wichtigsten Sätze

Allgemeines	**Hebräisch**	**Arabisch**
Wann …?	Mahtie …?	Meta …?
Wie geht es?	Manishma?	Kif …?
Danke gut!	Beseder!	Becheir shokran!
Wie spät ist es?	Ma hasha'a?	Kam el sa'a?
Es ist …	Hasha'a …	Heya …
Mein Name ist …	Shmi …	Ismi …
Wie heißt das auf Hebräisch/Arabisch?	Eich amrim/ bi ivrit?	Ismu eh da/ shu ismu bil arabi?

Notfall

Können Sie mir bitte helfen?	Ha'im ata jaksol (m)/at jexola (w) lazor li bewakascha?	Barguk tesa'edni menfadlak?
Ich brauchen einen Arzt.	Ani zakuk(m)/zekuka (w) ehamlits al rofe.	Mehtag tabib.
Hier tut es weh.	Koev li po.	Huna al alam.
Ich bin krank	Ani chole (m)/chola (w)	Ana merid (m)/Ana merida (w)

Unterwegs

Wo ist …?	Ajfo …?	Wen …?
Wann fährt der erste/ letzte Bus?	Matal joze ha'otobus hstishon/ha'acharon?	Meta beyerhal elautobis elaual/elachir?
Ich möchte ein Auto mieten.	Ani ani rotse (m)/rotsa (w) liskor rexev.	Berid aagar sijara.
Wo ist eine Tankstelle?	Efo tachanat hadalek hakrova?	Wen mahatet benzin?
Wie weit ist es?	Ma hamerksak?	El mesafa kebira?
Ich habe eine Panne.	Jesh il pantsher.	Endi agla najme.
Ich habe mich verlaufen.	Ani avud (m)/Ani avuda (f)	Ana daji.
Wo ist eine Toilette?	Efo jesh sherutim?	Wen el hammam/toilett?

Übernachten

Wo gibt es ein Hotel?	Efo jesh malon?	Wen hotil huna?
Ist hier ein Zimmer frei?	Jesh po cheder panuj?	Fi hogra khalje?
Was kostet eine Übernachtung?	Kama se ole le laila echad?	El laila betetkalef kam?

Einkaufen

Ich möchte Geld wechseln.	Ani rotse/rotsa lehamir kessef.	Berid aghayer felus.
Wo kann ich … kaufen?	Efo efschar ilknot …?	Men wen bashteri …?
Ich hätte gerne …	Ani roze/roza …	Berid … men fadlek.
Wieviel kostet das?	Kama se ole?	Bikam hasa?

Register

Abbasiden 43
Abbas, Mahmoud 37, 50, 55
Abdullah (Emir) 48
Abdullah (König) 48, 156, 158
Abraham 40, 58, 65, 75, 157, 328, 384, 386, 392, 393
Agnon, Samuel J. 83, 84
Aijubiden 46
Ain Furtega 13 (Sinai) 360
Ain Umm Ahmed (Sinai) 360
Akhziv-Nationalpark 276
Akko 268
– Alter Hafen 271
– Bahai-Schrein 275
– El-Jazzar-Moschee 269
– Hamam el Pasha 270
– Khan el Umdan 271
– Khan Faranji 271
– Kreuzfahrerstadt 269
– Leuchtturm 271
– Museum der Schätze in der Mauer 273
– Okashi-Kunstmuseum 270
– Souk el Abyad 270
– St. Johannes 271
– Türkischer Basar 270
– Zitadelle 271
Al-Aqsa-Intifada 55
Alexander der Große 42, 58, 269, 277, 333, 386
Alijah Beit 48
Ali Mohammed (Bab) 75, 265
Alkohol 112
Anreise 94
Antiochus (König) 42
Antipater 42
Araber 63
Arad 331
Arafat, Jassir 23, 50, 52, 53, 54, 59, 381
Arbeitsaufenthalte 12
Arbel 287
Architektur 90
Ärztliche Versorgung 119
Aschkenasim 63

Ashdod 239
Ashkelon 237
Ashura 111
Assalah Bay (Sinai) 369
Assyrisch-israelitischer Krieg 41
Auskunft 112
Auto 98
Avdat 333, 338

Baden 112
Bahaismus 75
Baha Ullah 75, 265, 275
Baibars 233, 234, 276, 312
Balduin I. (König) 46, 159, 269
Balduin IV. (König) 46
Balfour, Arthur James 47
Balfour-Erklärung 47
Banias 318
Banias-Naturreservat 320
Barak, Ehud 55, 57
Barenboim, Daniel 77
Bar Kochba 43, 180
Bar-Kochba-Aufstand 58, 162, 237, 296
Barrierefrei reisen 112
Bat-Dor 83
Batsheva Dance Company 83
Bauhausarchitektur 90, 211, **216**
Bed & Breakfast 100
Beduinen 64
Be'er Sheva 328
Begin, Menachem 52, 177
Beit-Alfa-Synagoge 303
Beit She'an 304
Beit She'arim 290
Belvoir-Nationalpark 303
Ben Gurion, David 49, 213, 335
Ben Ja'ir, Eleazer 200
Ben Jehuda, Eliezer 64
Ben Kosiba, Simon (Bar Kochba) 43
Ben Ner, Guy 90
Berg der Seligpreisungen 311
Berg Gerizim 75, 386
Berg Hermon 320

Berg Karmel 261
Berg Tabor 292
Bethlehem 387
Betseida 308
Bevölkerung 23, 62
Bezalel Academy of Arts and Design 89
Bibelpark Neot Kedumim 233
Bildende Kunst 87
Bima 70
Bir Zeit (palästinensische Universität) 382
Botschaften 113
Britische Mandatszeit 47
Buchara-Juden 63
Bundeslade 41

Caesarea 245
Camp-David-Abkommen 52, 59, 403
Camping 101
Castle Zaman (Sinai) 358
Chagall, Marc 87, 178, 184, 215, 260
Chanukah 111
Chasan 70
Christliche Hospize 101
Codex Sinaiticus 365
Cohen, Avishai 77
Cohn, Lotte 90
Coloured Canyon (Sinai) 360
Coral-Beach-Naturreservat 343, 349

Dabke 83
Dadaismus 90
Dahab (Sinai) 369
Dajan, Moshe 51, 302
Daliyat el Karmel 251
Darwish, Mahmoud 85
David (König) 41, 139, 197
Declaration of Principles 53
Deganya 302
Design Museum Holon 223
Diamanten 222

Der Haupteintrag ist **fett** hervorgehoben.

Dimona 330
Dizengoff, Meir 214, 215
Dos and Don'ts 114
Dritter Kreuzzug 47
Drogen 115
Drusen 63
Dvorah-Wasserfälle 322

Eid el Adha 111
Eid el Fitr 111
Eilat 342
Ein-Avdat-Nationalpark 335
Ein Boqeq 201
Ein Gedi 197
Ein-Gedi-Naturreservat 197
Ein Gev 308
Ein Hod 249
Einkaufen 115
Ein Netafim 353
Einreisebestimmungen 94
Eislaufen 106
Elektrizität 116
Elija (Prophet) 151, 159, 253, 257, 262, 263, 367, 386, 397
Erste Intifada 50, 52, 59
Erster jüdischer Krieg 43
Erster Kreuzzug 46
Erster Tempel 41, 58, 67, 139, 156, 171
Erster Weltkrieg 47
Erweitertes Autonomieabkommen 53
Eshkol, Levi 51
Essen 102
Essener **195,** 200
Exodus 40

Fairuz 80
Falaschen 63
Fallschirmspringen 106
Fatah **50,** 56, 59, 398
Fatimiden 43
Fauna 27
Feidman, Giora 76
Feiertage 110, 116
Feldschulen 101
Ferienwohnungen 101
Feste 110
Film 86, 123
FKK 116

Flora 27
Fotografieren 118
Frauen 118
Friedrich I. Barbarossa 47
Fünf Bücher Mose 67, 75

Galiläa 281
Gan HaShelosha 304
Gartengrab von Ben Gurion 335
Gavron, Assaf 84
Gaza-Stadt 399
Gazastreifen 398
Gedara 235
Geld 118
Gemara 69, 293
Geografie 22, 24
Geschichte 22, 40
Gesundheit 119
Golan 318
Golf 106
Gottfried von Bouillon 46, 172
Graham, Martha 83
Grossman, David 84
Gutman, Nachum 214, 215

Habibi, Emil 85
Hagana 48, 210, 213
Hai-Bar-Yotvata-Naturreservat 352
Haifa 256
– Bahai-Schrein 265
– Bat Galim 261
– Clandestine Immigration and Naval Museum 263
– Dagon-Silo 259
– Galim Beach 261
– Gan Ha'Em 261
– German Colony 260
– Getreidemuseum 259
– Haazamut Avenue 259
– Hadar-Viertel 260
– Haifa City Museum 260
– Haifa Museum of Art 260
– Höhle des Elija 262
– Karmel 261
– Karmeliterkloster Stella Maris 263
– Mané-Katz-Museum 265
– Mitzpor Ha-Shalom 265

– National Maritime Museum 262
– National Museum of Science, Technology and Space 261
– Nordau Mall 260
– Paris Square 259
– Skulpturengarten Mitzpor Ha-Shalom 265
– Stella-Maris-Seilbahn 261
– Tikotin Museum der japanischen Kunst 265
– Wadi Nisnas 260
Halacha 65
Hamas **50,** 54, 55, 56, 57, 59, 398
Hamat Gader 308
Hebron 392
Helena (Mutter von Konstantin I.) 43, 162, 167, 363
Herman, Yaron 77
Herodes Antipas (König) 293, 309
Herodes der Große (König) 42, 146, 156, 200, 210, 245, 318, 386, 392
Herodion 392
Herzl, Theodor 58, 64, **184**
Hohepriester 42, 152
Holocaust Day 223
Holon 223
Homosexualität 129
Hora 81
Hospize 101
Hotels 100
Hula-Naturreservat 315
Hurshat-Tal-Nationalpark 316
Hussein (König) 50, 52

Idan Raichel Project 77
Idumäer 42
Ilanya 287
Inbal Dance Company 83
Informationsquellen 123
Internetzugang 120
Isfiya 251
Islam 73
Israel National Trail 319
Israel Philharmonic Orchestra 77

Register

Jabotinsky, Ze'ev 272
Jabra, Jabra Ibrahim 85
Jaffa **219**
- Alter Hafen 221
- Andromeda-Felsen 221
- Flohmarkt 219
- Große Moschee 220
- HaPisgah-Garten 221
- Haus Simon des Gerbers 223
- Ilana-Goor-Museum 223
- Kedumim Square 221
- Old Jaffa Antiquities Museum 221
- St. Peter 221
- Uhrturm 219
Janco, Marcel 90, 249
Jenin 386
Jericho 393
Jerobeam (König) 41, 317
Jerusalem **138**
- Al-Aqsa-Moschee 157
- Al-Khanka-Moschee 164
- Al-Omaria-Moschee 164
- Aqabat el Taqiya Street 154
- Archaeological Park Davidson Center 155
- Archäologisches Museum Wohl 152
- Armenisches Bodenmosaik 172
- Armenisches Viertel 147
- Berg Skopus 169
- Berg Zion 149
- Bezalel Academy of Arts and Design 177
- Biblical Zoo 191
- Bird Observatory 192
- Bloomfield Science Museum 179
- Botanischer Garten 179
- Broad Wall 151
- Burnt House 152
- Cardo Maximus 151
- Christliches Viertel 164
- Damaskustor 140
- Davidsgrab 149
- Davidsstadt (City of David) 169
- Dominus-Flevit-Kapelle 167
- Dormitionkirche 149
- Dreifaltigkeitskathedrale 177
- Ecce-Homo-Basilika 160
- Erlöserkirche 164
- Felsendom 158
- Garten Gethsemane 166
- Gartengrab 172
- Geißelungs- und Verurteilungskapellen 160
- German Colony 178
- Gethsemanegrotte 166
- Gihon-Quelle 170
- Goldenes Tor 141
- Gräber Absaloms, Josaphats und Beni Hesirs 170
- Grabeskirche 161
- Hadassa Medical Center 183
- Hebrew University 169
- Herodestor 140
- Herzl-Museum 183
- Hinnom-Tal 170
- Holocaust-Museum 149
- Hurva-Synagoge 151
- Isaac Kaplan Old Yishuv Court Museum 152
- Islamisches Museum 157
- Israel-Museum 180
- Jaffator 140
- Jakobuskirche 147
- Jochanan-Ben-Zakkai-Synagoge 151
- Josaphat-Tal 170
- Jüdisches Viertel 150
- Kapelle und Moschee der Himmelfahrt 167
- Khalidi-Bücherei 154
- King David Hotel 177
- Kirche der Nationen 166
- Kirche der Schmerzen Mariä 161
- Kirche Johannes des Täufers 164
- Klagemauer 153
- Klosterdorf Deir-el-Sultan 164
- Knesset 178
- König Salomos Steinbruch 171
- L. A. Mayer Museum for Islamic Art 178
- Liberty Bell Garden 178
- Löwentor 141
- Machane-Yehuda-Markt 173
- Mamilla 144
- Mardigian-Museum 147
- Maria-Magdalenen-Kirche 167
- Mariengrab 166
- Markuskapelle 149
- Mea She'arim 176
- Medrese Tanqasia 155
- Misttor 141
- Montefiore-Windmühle 177
- Muristan 164
- Museum on the Seam 172
- Muslimisches Viertel 154
- Ölberg 166
- Old City Train 192
- Omariya-Schule 160
- Oskar Schindlers Grab 149
- Pater-Noster-Kirche 167
- Qidron-Tal 170
- Ramban-Synagoge 151
- Rockefeller-Museum 171
- Russisches Viertel 177
- Salomos Ställe 157
- Salvatorkloster 164
- Sanhedrin-Gräber 172
- Shiloah-Teich 170
- Siebenberg House Museum 152
- Stadtmauer 140
- St. Andrews Scottish Memorial Church 178
- St.-Anna-Kloster 159
- Stephanskirche 166
- St. Peter in Gallicantu 150
- Sultans Teich 178
- Tariq Bab es Silsila Street 154
- Teiche von Bethesda 159
- Tempelberg 156
- Time Elevator 192
- Turba Tashtimutiya 154
- Turba Turkan Khatun 154
- Via Dolorosa 159
- Western Wall Tunnel 153
- Wilsonbogen 153
- Yad Vashem 179
- Zedekias Höhle 171
- Zion Square 173
- Zionstor 141
- Zitadelle 146
Jihad 74

Der Haupteintrag ist **fett** hervorgehoben.

Jojakim (König) 41
Jom HaAtzmaut 110
Jom HaShoah 110
Jom Kippur 110
Jom-Kippur-Krieg 51, 59
Jordan **26**, 302, 394
Joseph 40, 75, 384
Josua 41
Juda 41
Judentum 65
Jugendherbergen 101

Kabbala 312
Kafr Kana 291
Kajakfahren 107
Kambyses (König) 42
Kanaan 40, 58, 65
Kanafani, Ghassan 85
Kaniuk, Yoram 84
Kapernaum 309
Karavan, Dani 90, 235
Karmeliter 263
Karten 120
Katharinenkloster (Sinai) 361
Katrien (Sinai) 368
Keinan, Talja 90
Keret, Etgar 84
Khalifa, Sahar 85
Kibbutz Contemporary Dance Company 83
Kibbuz Beit Govrin 236
Kibbuz Beit Oren 250
Kibbuz Deganya 300, 302
Kibbuz Eilot 352
Kibbuz Ein Gedi 197
Kibbuzgästehäuser 100
Kibbuz Givat Brenner 235
Kibbuz Hafez Hayyim 235
Kibbuz Jifat 290
Kibbuz Lahav 331
Kibbuz Lakhish 237
Kibbuz Lohamei HaGetaot 275
Kibbuz Lotan 352
Kibbuz Ma'ayan 316
Kibbuz Palmakhim 239
Kibbuz Sasa 301
Kibbuz Sde Boqer 335
Kinder 120
Kippa 71
Kishon, Ephraim 82, 84

Kleidung und Ausrüstung 120
Klein, Omer 77
Klezmer 76
Klima 122
Konrad III. (König) 46
Konstantin I. 43, 363, 366, 386, 388
Konzil von Nicäa 43
Kopatsh, Gil 82
Koran 73
Koschere Küche 104
Kreuzzüge 44, 46, 58
Kunst 76
Kuren 119
Kyros (König) 42, 58

Landau, Sigalit 90
Lawrence, T. E. 48
Leshem, Ron 84
Levi, Jacki 82
Lieberman, Avigdor 36, 57, 59
Literatur 83, 123
Lod 232
Ludwig VII. (König) 46

Machsom Watch (Menschenrechtsorganisation) 390
Majdal Shams 321
Makhtesh Ramon (Ramon-Krater) 338
Makkabäer 42, 146, 200, 239
Mamshit 333
Mamshit-Nationalpark 330
Mar-Saba-Kloster 391
Massada 43, **198**
Maße 126
Medien 126
Megiddo-Nationalpark 242
Mehrwertsteuer 115
Mehta, Zubin 77
Meir, Golda 52, 179
Menora 72
Meron 315
Mesusa 72
Metulla 316
Midreshet Ben Gurion 335
Mietwagen 98
Mihrab 75
Militär 37
Minbar 75

Mini-Israel 120
Minjam 70
Mischna 69, 293
Mitzpe Ramon 338
Mitzpe Shalem 197
Mohammed (Prophet) 73, 74, 141, 148, 158, 363
Montfort 276
Moschee 75
Moses 40, 58, 65, 354, **362**, 367
Mosesberg (Sinai) 367
Muezzin 75
Mulid el Nabi 111
Musik 76

Naama Bay (Sinai) 372
Nabatäer 331, 332, 333, 338
Nabi Musa 395
Nablus 384
Nachhaltig reisen 128
Nachtleben 127
Nahal Arugot 197
Nahal David 197
Nahariya 275
Nahverkehr 99
Nationalparks 28
Natur 24
Nazareth 284
Nebukadnezar II. (König) 41, 67, 139, 156, 237
Netanya 240
Netanyahu, Benjamin 36, 55, 57, 59, 318
Neve Ativ 321
Neve Zohar 201
Nimrod-Fortress-Nationalpark 320
Notfälle 128
Nuweiba (Sinai) 359

Öffnungszeiten 128
Olmert, Ehud 55
Omaijaden 43
Om Kalthum 80
Operation Frieden für Galiläa 52
Operation Gegossenes Blei 57
Operation Gerechter Preis 56
Orchester West-östlicher Divan 77

Register

Orlev, Uri 84
Oslo I 53
Oslo II 53, 387
Osmanische Zeit 47
Oz, Amos 84

Palästina 377
Paragliding 106
Parteien 23, 36
Peel Report 48
Pentateuch 65
Peres, Shimon 23, 32, 53, 54
Pessach 110
Petah Tiqwa 47
Pharaoneninsel (Sinai) 357
PLO 50, 52, 382
Politik 23, 38
Post 129
Ptolemäer 22, 42, 269
Purim 110

Qasr al Yehud/El Maghtas 396
Qatzrin 322
Qibla 75
Qiryat Gat 237
Qumran 194
Quneitra 322

Rabbi Akiba 43, 296
Rabbi Itzhak Luria (Ari) 313
Rabbi Jehuda HaNasi 290, 291
Rabbi Joseph Caro 313
Rabbi Moshe Ben Maimon (Maimonides) 295
Rabbi Moshe Cordeviero (Ramak) 313
Rabbinat 67
Rabbi Shimon Bar Jochai 315
Rabin, Yitzhak 53, 54, 59, 179, 218
Rabinyan, Dorit 84
Radfahren 106
Rafah 403
Rafting 107
Ramadan 111
Ramallah 380
Ramla 234
Ras-Mohammed-Nationalpark (Sinai) 372
Rauchen 129

Rechtssystem 36
Rehabeam (König) 41
Rehovot 234
Reisekasse 129
Reisezeit 122
Reiten 107
Religion 23, 64
Republik Akhzivland 277, 278
Resolution 181 49
Rishon Le Zion 234
Rivlin, Reuven 23
Rosh HaNiqra 277
Rosh HaShana 110
Rosh Pinna 312
Rotes Meer 27
Rothschild, Edmond de 234, 249, 316
Rundreisen 17

Safed 312
Sahdsche 83
Saladin (Sultan) 46, 58, 141, 158, 159, 162, 163, 164, 167, 236, 245, 293, 302, 303, 312, 357
Salomo (König) 41, 58, 67, 139, 156, 171, 242, 257, 296, 342, 352, 357
Salomon, Charlotte 89
Samaritaner 75, 386
Sasportas, Yehudit 90
Saul (König) 41, 197
Scharon, Ariel 55, 59
Scharon-Plan 55
Schiiten 73
Schindler, Oskar 149, 182
Schlacht von Hattin 46
Schulz, Bruno 89
Schwule und Lesben 129
Sde Boqer 335
Sebastiya 386
Sechstagekrieg 51, 58, 144, 150, 318, 322, 343
See Genezareth 24, **293**
Segeln 107
Seleukiden 42
Selim I. (Sultan) 47, 58
Sephardim 62
Shabbat 66, 110
Sharm el Sheikh (Sinai) 371
Shawout 110

Shibli, Ahlam 90
Shivta 332, 333
Sicherheit 130
Sinai 354
Skifahren 107
Sodom 203
Souvenirs 116
Sprache 64
Staatsgründung 49
St. Georgskloster/ Wadi Qelt 396
Studienaufenthalte 12
Suez-Krise 51, 58
Sukkot 111
Suleyman der Prächtige (Sultan) 47, 58, 140, 144, 146, 178
Sunna 73
Sunniten 73
Surfen 107
Sykes-Picot-Abkommen 48
Synagoge 70

Taba 355
Taba Heights (Sinai) 356
Tabgha 310
Tallit 71
Talmud 65, 69
Tanz 81
Tauchen 108
Tefillin 72
Tel Arad 331
Tel Aviv 208
– Azrieli Center 215
– Bauhaus Center 216
– Bauhaus-Museum 216
– Beit Hatfutsot – The Museum of the Jewish People 217
– Carmel Market 214
– Charles Bronfman Auditorium 214
– Dizengoff Center 215
– Eretz Israel Museum 217
– Feuer-und-Wasser-Brunnen 215
– Florentin 209
– Gan Meir Park 215
– Große Synagoge 214
– Habima Theatre 214
– Hagana-Museum 213
– HaTachana 208
– HaYarkon Park 218

Der Haupteintrag ist **fett** hervorgehoben.

- Helena Rubinstein Pavilion for Contemporary Art 214
- Independence Hall Museum 213
- Jaffa 209
- Migdal Shalom Meir 211
- Nachum Gutman Museum of Art 214
- Neve Tzedek 208
- Old Port 215
- Palmach-Museum 218
- Rothschild Boulevard 211
- Sarona 215
- Simta Almonit und Simta Plonit 215
- Strände 218
- Tel Aviv Museum of Art 214
- Yitzhak Rabin Center 218

Tel-Dan-Naturreservat 316
Telefonieren 130
Tel Maresha 236
Tel Sheva 330
Templer 215, 257, 260
Templerorden 46, 158
The Fjord (Sinai) 356
Thora 67
Tiberias 293
Timna Park 352
Tischendorf, Friedrich Konstantin von 366
Titus Flavius Vespasian 43, 146, 245
Toiletten 131
Totes Meer 25, **194**
Tourismus 23, 33
Trinkgeld 131
Trinkwasser 31, 131

Übernachten 100
Umwelt 29
Unabhängigkeitskrieg 49, 150, 214, 234, 392
Urban II. (Papst) 46, 58

Verkehrsmittel 96
Verwaltung 34
Vogelbeobachtung 108

Wadi Arava 342, 346, 352, 353
Wadi el Ain (Sinai) 361
Wadi Nekheil (Sinai) 360
Wadi Qelt 396
Währung 118
Wandern 108
Washingtoner Rahmenabkommen 53
Wasserknappheit 30
Websites 123
Wechselkurs 118
Weissenstein, Rudi 78
Weizmann, Chaim 49, 234
Wellness 131
Westjordanland 380
Wirtschaft 23, 32
Wüstentouren 108

Ya'ar-Yehudia-Naturreservat 322
Yardenit 302
Yehoshua, A. B. 84

Zamir, Daniel 77
Zedekia (König) 41, 171
Zeit 131
Zeloten 43, 200
Zikhron Ya'akov 249
Zionismus 64, 235
Zionistenkongress 22, 76, 184
Zippori 287
Zizith 71
Zoll 94
Zweistaatenlösung 56, **57**, 59
Zweite Intifada 50, 55, 59, 386, 387, 398, 403
Zweiter Kreuzzug 46
Zweiter Tempel 42, 43, 58, 67, 141, 153, 155, 156
Zweiter Weltkrieg 48

REISEN UND KLIMAWANDEL

Wir sehen Reisen als Bereicherung. Es verbindet Menschen und Kulturen und kann einen wichtigen Beitrag zur wirtschaftlichen Entwicklung eines Landes leisten. Reisen bringt aber auch die Verantwortung mit sich, darüber nachzudenken, was wir tun können, um die Umweltschäden auszugleichen, die wir mit unseren Reisen verursachen.

Atmosfair ist eine gemeinnützige Klimaschutzorganisation. Die Idee: Über den Emissionsrechner auf *www.atmosfair.de* berechnen Flugpassagiere, wie viel CO_2 der Flug produziert und was es kostet, eine vergleichbare Menge Klimagase einzusparen. Finanziert werden Projekte in Entwicklungsländern, die den Ausstoß von Klimagasen verringern helfen. *Atmosfair* garantiert die sorgfältige Verwendung Ihres Beitrags.

Abbildungsnachweis/Impressum

Abbildungsnachweis

DuMont Bildarchiv, Ostfildern: S. 30/31, 139, 176, 195, 219, 251, 268, 274, 306/307, 330 (Argus); 163, 196, 343, 396/397 (Wrba)
Manuel Hauptmannl, Frankfurt: S. 153
Huber-Images, Garmisch-Partenkirchen: S. 165, 222 (Amantini); 117 o., 204 (Borchi); 252 (Puku); Umschlagklappe vorn, 21, 117 u., 137, 157, 202/203, 247, 271, 292, 305, 311, 344, 349, 360/361, 374/375 (Schmid); 368 (Stadler); 333 (Szyszka)
laif, Köln: S. 53, 399 (Amra/Polaris); 50 (apa-images/Polaris); 65 (Biskup); 109 u. (Chatelin); 388/389 (de Bode); 38, 127, 320, 323, 390 (Gerald); 80/81 (Grassani/Invision); 82, 211, 228, 257, 284, 289, 350/351, 371 (Hilger); 85 (Hoa-qui/Eitan/eyedea); 121 o. li. (Hub); 103 (Jaenicke); 376, 379, 400/401, 402 (Khatib/Redux); 71, 150 (Kirchgessner); 66 (Koren/Polaris); 179, 277, 354 (Krause); 171 (Luider/Hollandse Hoogte); 314 (Malherbe); 364 (Manaud/Le Figaro Magazine); Titelbild (E. Martin / Le Figaro Magazine); 336/337 (M. Martin); 60/61 (Morandi/hemis.fr); 148 (Opperskalski); 160 (Polaris); 235 (Public); 35, 262 (Schliack); 25, 188, 255, 267 (Shabi); 49, 261 (The New York Times/Redux); 97 (Visser/Hollandse Hoogte); 380 (Vrijdag)
Look, München: S. 134 (age fotostock); 93 M., 93 u. (Design Pics); 91, 109 o. li., 121 u., 216, Umschlagrückseite u. (Fleisher); 199 (Greune); 93 o., 133, 324, Umschlagrückseite M. (Stankiewicz)
Mauritius Images, Mittenwald: S. 296/297 (age); 26 (age/PhotoStock-Israel); 121 o. re. (Alamy/Alon); 109 o. re. (Alamy/Henkin); 278 (Alamy/Israel Images); 28/29 (Alamy/Levy); 362 (JT Vintage); 146 (Macia); 183 (United Archives); 353 (Warburton-Lee)
picture-alliance, Frankfurt a. M.: S. 42 (akg images); 54, 72/73 (dpa); 301 (Fishman/ecomedia); 383 (epa/Safadi); 68/69, 241 (Godong/ Deliss); 45 (KPA/Top Foto)
Pri-Or Photo House, Tel Aviv: S. 79 (Rudi Weissenstein)
Michel Rauch, Berlin: S. 9
Schapowalow, Hamburg: S. 280 (Amantini); Umschlagrückseite o. (SIME/Serrano)
Visum, Hamburg: S. 88/89 (Steche)

Zitat: S. 66. Essad Bey, Mohammed: Biographie, Aufbau Verlag, Berlin 1991

Kartografie
DuMont Reisekartografie, Fürstenfeldbruck
© DuMont Reiseverlag, Ostfildern

Umschlagfotos

Titelbild: Ein orthodoxer Jude in Gespräch mit palästinensischen Händlern im muslimischen Viertel von Jerusalem; Umschlagklappe vorn: Markt in Bethlehem; Umschlagrückseite: Felsendom in Jerusalem

Hinweis: Autor und Verlag haben alle Informationen mit größtmöglicher Sorgfalt geprüft. Gleichwohl sind Fehler nicht vollständig auszuschließen. Alle Angaben erfolgen ohne Gewähr. Bitte schreiben Sie uns! Über Ihre Rückmeldung zum Buch und über Verbesserungsvorschläge freuen sich Autor und Verlag:
DuMont Reiseverlag, Postfach 3151, 73751 Ostfildern, E-Mail: info@dumontreise.de

5., aktualisierte Auflage 2018
© DuMont Reiseverlag, Ostfildern
Alle Rechte vorbehalten
Autor: Michel Rauch
Lektorat: Anja Lehner, Gudrun Raether-Klünker
Grafisches Konzept: Groschwitz/Tempel, Hamburg
Printed in China